Helmut Roewer
IM VISIER
DER GEHEIMDIENSTE

Helmut Roewer

IM VISIER DER GEHEIM-DIENSTE

Deutschland und Russland im Kalten Krieg

Gustav Lübbe Verlag

Gustav Lübbe Verlag in der Verlagsgruppe Lübbe
Originalausgabe

Copyright © 2008 by Verlagsgruppe Lübbe
GmbH & Co. KG, Bergisch Gladbach

Textredaktion: Dr. Anita Krätzer, Schwarzenbek
Register: Heike Rosbach, Nürnberg
Sämtliche Fotos in diesem Band stammen,
wenn nicht anders vermerkt, aus dem Privat-
archiv des Autors.
Satz: Bosbach Kommunikation & Design GmbH,
Köln
Gesetzt aus der Trump
Druck und Einband: Ebner & Spiegel GmbH, Ulm

Alle Rechte, auch die der fotomechanischen und
elektronischen Wiedergabe, vorbehalten.
Kein Teil dieses Buches darf ohne ausdrückliche
Genehmigung des Verlages in irgendeiner
Form reproduziert oder übermittelt werden, weder
in mechanischer noch in elektronischer Form,
einschließlich Fotokopie.

Printed in Germany

ISBN 978-3-7857-2326-5

5 4 3 2 1

Sie finden die Verlagsgruppe Lübbe im Internet unter:
www.luebbe.de
Bitte beachten Sie auch: www.lesejury.de

Helmut Roewer erreichen Sie im Internet unter:
www.helmut-roewer.de

Für Claudia

Inhalt

I. Kapitel:
Keine Stunde null. Das Jahr 1945 — 11
Werwolf und andere Fabeltiere.
Die sowjetischen Organe bei der Arbeit — 14
Gulag oder Stalin-Preis.
Geheimdienstler und Wissenschaftler als Beutegut — 26
Kolonialland. Die sowjetischen Organe bei der Arbeit II — 44
Eldorado. Die Tätigkeit der sowjetischen Dienste — 55
Fenster nach Westen.
Auslandsspionage der sowjetischen Dienste — 68
Zwischen Beresina und Oder. Die gewaltsame Neuordnung
des sowjetischen Einflussgebiets — 77
  Weiß-rot oder ganz rot: Polen — 77
  Eine Nation als Spielball: die Ukraine — 79
  *Zwischen Hanse und St. Petersburg:
  die baltischen Staaten* — 82
  Ausgerottet: Ostpreußen — 86

II. Kapitel:
Der Zar ist tot – es lebe der Zar.
Stalins letzte Jahre und der Anfang
der Ära Chruschtschow — 89
Mit konspirativen Mitteln. Die neuen deutschen Dienste — 89
  *Dienste auf Krücken:
  die Verfassungsschutzbehörden* — 90
  *Der falsche Doktor Schneider und ein Störenfried
  namens Heinz: der Bundesnachrichtendienst
  und seine Konkurrenz* — 115
  *Rot lackierte Gestapo: das Ministerium für Staats-
  sicherheit und die Verwaltung für Koordination* — 132
Tauwetter und Hagelschlag. Stalins Tod und der 17. Juni 1953 — 139

Anna und andere Herren. Amtshilfe aus Prag
für den großen Bruder in Moskau ... 157
Haut den Lukas. Mord als Mittel der Staatsräson ... 177

III. KAPITEL:
DER MANN HINTER DEM SPIEGEL.
BERLIN- UND KUBA-KRISE UND DAS ENDE
DER ÄRA CHRUSCHTSCHOW ... 189

Pack die Badehose ein.
Geheimdienstplatz Berlin und die Berlin-Krise ... 190

*Haust du meinen, hau ich deinen: Geheimdienstalltag
im Nachkriegs-Berlin* ... 191

*Amateure ohne Chance: Kampfgruppe gegen
Unmenschlichkeit und Untersuchungsausschuss
freiheitlicher Juristen* ... 198

Von wo kommt eigentlich der Feind? Der Mauerbau ... 214

Leute, die Bescheid wussten: das Ostbüro der SPD ... 216

*Leute, die anderes wussten: Meldungen des BND
zum Mauerbau* ... 226

*Schlag ans eigene Kinn: die Auswirkungen der
Berlin-Krise auf die Sowjetunion* ... 238

Mit atomaren Mitteln. Die Kuba-Krise und die Konfrontation in Europa ... 241

Sturmgeschütz mit Linksdrall. Die *Spiegel*-Affäre ... 247

IV. KAPITEL:
ZEMENTIERUNG UND VERKALKUNG.
DIE ÄRA BRESHNJEW ... 271

W wie Widerstand. Innenpolitische Aspekte der
deutsch-russischen Auseinandersetzung und deren geheimdienstliche Beeinflussung ... 271

*There's Music in the Air:
die Rolle der Propagandasender* ... 274

*Klapsmühle statt Genickschuss:
Andropow als KGB-Chef* ... 286

Rübezahl aus Russland: der Fall Solschenizyn ... 293

*Samisdat und preußischer Ikarus: der Umgang
mit Dissidenten und der Fall Biermann* ... 300

Wanda – Wandel durch Annäherung. Äußere Aspekte
der deutsch-russischen Auseinandersetzung   316

  Wer steuert hier wen?
  Herbert Wehner und die Geheimdienste   320

  Was kostet ein Bundeskanzler?
  Die Wienand-Steiner-Affäre   330

  Des Kanzlers Unterhosen: die Affäre Guillaume   333

  Umwölkter Blick nach Osten: der BND   351

Kriegsraketen – Friedensbomben. Die Destabilisierungskampagne gegen die Bundesrepublik   356

  Rückkehr der Gespenster: die Wiedergeburt der KPD
  unter dem Namen DKP und deren Rolle als U-Boot   357

  Hü und hott: der NATO-Doppelbeschluss und
  der Versuch, ihn zu kippen   366

  Genosse Maulwurf: die geheimdienstliche
  Unterwanderung der SPD   373

  Gänsch-Männ: die Legende vom Agenten
  Hans-Dietrich Genscher und das Auswärtige Amt   383

  Im Aldi für Raketen: Technik- und Wissenschafts-
  spionage gegen die Bundesrepublik   391

Schwerter zu Stricknadeln. Unbeabsichtigte Nebenwirkungen der Destabilisierungskampagne   397

V. KAPITEL:
BERG RUNTER IST AUCH BERG RAUF.
DAS ENDE DER SOWJETUNION UND
DIE DEUTSCHE EINHEIT   411

Von der Sowjetunion lernen … Politische Sprüche
und politische Wirklichkeit   411

Kontrolle ist besser. Ein Luftschloss namens KoKo
und ein Guckloch namens Lutsch   418

Herbstmanöver. Die Wende in der DDR zwischen
Konspiration und Revolution   433

  In Pullach und Köln:
  Bundesnachrichtendienst und Bundesamt
  für Verfassungsschutz in den 1980er-Jahren   434

  Hannoversche und Normannenstraße: MfS, StäV
  und der Umsturz in der DDR   462

*Fahrt in den Abgrund: die inneren Bedingungen
der DDR und das Aus der Staatssicherheit*   475
Großer Bruder, wo steckst du? Sowjetische Schwankungen   494
*Auferstanden aus Ruinen:
die Saga vom operativen Vorgang Herbstrevolution*   508

Putsch im Putsch. Der Untergang der Sowjetunion   521
Lieb Vaterland, magst ruhig sein. Die Neunzigerjahre   540

NACHWORT   567

ANHANG
Anmerkungen   569
Abkürzungsverzeichnis und Anmerkungen
zur Transkription   586
Quellen- und Literaturverzeichnis   591
Personenregister   640
Ortsregister   653

IM VISIER DER GEHEIMDIENSTE

I. Kapitel:
Keine Stunde null. Das Jahr 1945

Als der grossdeutsche Generalfeldmarschall Wilhelm Keitel in Berlin-Karlshorst in der ersten Morgenstunde des 9. Mai 1945 mit hochmütiger Miene seine Unterschrift unter die Urkunde zur bedingungslosen Kapitulation der deutschen Wehrmacht setzte, war der Zweite Weltkrieg in Europa bereits seit eineinviertel Stunden zu Ende.[1] Aber es war keine Stunde null, wie vielfach zu lesen war. Dafür sorgte schon ein Mann namens Iwan Serow, der bei der Kapitulationszeremonie dem Deutschen über die Schulter schaute. Serow, den seine Gegner den sowjetischen Heydrich nannten, hatte trotz seiner jungen Jahre bereits eine breite blutige Spur durch Osteuropa gezogen.

Iwan Serow wurde 1905 geboren. Einundzwanzigjährig trat er der Kommunistischen Partei bei, zwei Jahre später der Roten

Iwan Serow (im Profil), am frühen Morgen des 9. Mai 1945 hinter Generalfeldmarschall Wilhelm Keitel stehend, der soeben in Berlin-Karlshorst die Kapitulationsurkunde für die deutsche Wehrmacht unterzeichnet. Offenbar ist Serow dann geschwind auf die andere Seite des Tisches gesprungen: Gleich darauf steht er hinter dem sichtlich enervierten Marschall Georgi Shukow.

Armee, die ihn zur Generalstabsausbildung auf die Frunse-Akademie schickte. Doch erst mit der Großen Säuberung kam seine Stunde.

Serow wechselte 1938 in die sowjetische Geheimpolizei NKWD, wo soeben der Georgier Lawrenti Berija seinen Dienst als Generalkommissar für Staatssicherheit angetreten hatte. Der machte Serow zunächst zum Chef der Hauptverwaltung Miliz, das war die Zentralverwaltung der gewöhnlichen Polizei für das Gebiet der gesamten Sowjetunion. Ein gewaltiger Karrieresprung für den dreiunddreißigjährigen Major der Roten Armee – ein Sprung, der nur möglich war, weil unter Berija auch das große Aufräumen im Sicherheitsapparat begonnen hatte, dem Tausende von altgedienten Tschekisten zum Opfer fielen.

Bereits im Herbst 1939 stand die nächste Aufgabe an. Serow wurde Innenminister der Ukrainischen Sozialistischen Sowjetrepublik. Eine bedeutsame Aufgabe, denn in der Folge des Hitler-Stalin-Pakts vom August 1939 und des deutschen Angriffs gegen Polen war am 17. September 1939 der sowjetische Überfall auf das geschlagene Polen von Osten her gefolgt, der in die verabredungsgemäße Teilung des Landes einmündete. Das östliche, nunmehr sowjetische Polen wurde mit erheblichen Teilen der Ukrainischen SSR zugeschlagen. Aus sowjetischer Sicht kam es nunmehr darauf an, die dortige Bevölkerung von den Segnungen des Sozialismus zu überzeugen. Im Klartext bedeutete das die Enteignung von Gewerbetreibenden und Bauern und die physische Liquidierung der führenden Schicht der polnischen Intelligenzija.

1941 rückte Serow, wieder in Moskau, zum stellvertretenden Minister des NKWD auf. Seine Domäne wurde die Deportation ganzer Völkerschaften. Nach den Polen, Weißrussen, Ukrainern, Esten, Litauern und Letten rückten nach Beginn des Deutsch-Russischen Krieges die Russlanddeutschen auf den Platz eins der Liste des Deportationsterrors. Im weiteren Verlauf des Krieges kamen die Kalmücken, die Karatschajer, die Krimtartaren und die Karbadiner an die Reihe; sie alle standen im Verdacht, keine willfährigen Untertanen des Sowjetsystems zu sein. 1944 übernahm Serow eine weitere zusätzliche Funktion. Er wurde Beauftragter des NKWD bei der 1. Belorussischen Front der Roten Armee, die den Schwerpunkt des Angriffs auf das Deutsche Reich bildete. Serows Einsatz hier galt der Unterdrückung nationaler politischer Ansätze in der zurückeroberten Ukraine und in Polen.

Mit den sowjetischen Truppen des Marschalls Georgi Shukow erreichte der Generaloberst der Staatssicherheit Berlin. Gleich nach der Kapitulationszeremonie berichtete Serow seinem Chef Berija über deren Verlauf und das Verhalten der Beteiligten nach Moskau. Berija legte diesen Bericht unverzüglich den Genossen Stalin und Molotow vor. Darin hieß es: »Das Benehmen der Deutschen bei der Ankunft auf dem Flughafen und in den zur Übernachtung zugewiesenen Räumen war ausgesprochen herausfordernd... Die Besprechungen des Gen. Shukow mit den Alliierten verliefen normal, abgesehen von einer Verzögerung der Unterzeichnung der Kapitulation um zwei bis drei Stunden, da der Mitarbeiter des Außenministeriums, der Gesandte Smirnow, im aus Moskau übermittelten Text der Kapitulationsurkunde vier Zeilen ausgelassen hatte, die Alliierten das bemerkten und die Unterzeichnung zurückwiesen.«[2]

Stalin ernannte Serow am 21. Juni 1945 zum stellvertretenden Chef der Sowjetischen Militäradministration in Deutschland (SMAD). Sein Vorgesetzter war der Marschall der Sowjetunion Shukow. Es ist allerdings kaum zweifelhaft, wer von den beiden in Wirklichkeit das Sagen hatte. Auch wie die Herren zueinander standen, ist belegt: Die Memoiren des Marschalls der Sowjetunion geben deutlich Auskunft. Auf den einhundertfünfzehn einschlägigen Seiten kommen Dutzende von Namen vor, die der Oberbefehlshaber der 1. Belorussischen Front und spätere Befehlshaber der sowjetischen Truppen in Deutschland 1945/46 für erwähnenswert gehalten hat. Nur einer fehlt. Der von Iwan Serow.[3]

Für die Sowjets bedeutete der Standort Deutschland zweierlei: Er war Teil des eigenen Machtbereichs, und er war ein vorgeschobener Posten für künftige Zeiten. Dementsprechend handelten die hier eingesetzten konkurrierenden Dienste. Sie waren ein brutaler Unterdrückungsapparat nach innen und ein Vorposten für die weitere Expansion.

Zur Etablierung der Sowjetmacht nach innen ergriff Serow als Erstes eine altbekannte Maßnahme. Er ließ Lager errichten, um wirkliche oder vermeintliche Feinde des Sowjetsystems einzusperren. Diese NKWD-Lager sind unter der Bezeichnung Speziallager oder kurz Spezlager in die frühe deutsche Nachkriegsgeschichte eingegangen. Hierfür nutzte die sowjetische Geheimpolizei ehemalige nationalsozialistische Konzentrationslager. Symbolträchtiger konnte kaum zum Ausdruck gebracht werden, dass dem totalitären NS-Staat ein weiteres totalitäres Regime nachgefolgt war.

Werwolf und andere Fabeltiere.
Die sowjetischen Organe bei der Arbeit

In die Lager wurde gesperrt, wer nach dem Willen der neuen Herrscher dorthinein gehörte. Ganz oben auf der sowjetischen Agenda standen die Werwölfe. Das, so wurde gemunkelt, war eine Organisation, die sich vom Feind überrollen ließ und in seinem Rücken den Kampf fortführen sollte. Kein Wunder, dass die Sowjets derartige Behauptungen bitterernst nahmen, denn sie entsprachen ihren eigenen Denk- und Handlungsmustern, die sie im Krieg gegen NS-Deutschland mit der Partisanenbewegung angewendet hatten. Zwar entsprachen die Rahmenbedingungen für eine Partisanenkriegführung im Frühsommer 1945 in keiner Weise der Situation in Russland von 1942 bis 1944, es fehlte zum Beispiel ein unbesetztes Hinterland, doch immerhin, man konnte ja nicht wissen, zumal man dem Fanatismus der in den Untergang taumelnden

Nationalsozialisten noch über das Kriegsende hinaus einiges zutraute.

Schauen wir uns also die Werwölfe an, über die so Unterschiedliches und Unvereinbares berichtet worden ist. Der Werwolf war ein Fabeltier, halb Mann, halb Wolf, und er passte prächtig in den germanischen Mythenschwulst der NS-Bewegung. Schon Hitlers Hauptquartier in der Ukraine bei Winniza hatte 1942 diese Bezeichnung als Decknamen geführt. Als sich im Herbst 1944 die alliierten Armeen den Reichsgrenzen in Ost und West in dramatischer Weise näherten, erging die Weisung Hitlers, eine Werwolforganisation ins Leben zu rufen. Diese sollte sich überrollen lassen und im Rücken des Feindes den Kampf fortführen. Chef des Werwolfs wurde ein SS-Obergruppenführer namens Prützmann.

Hans Prützmann schien hierfür besonders geeignet, hatte er doch seit dem Beginn des Deutsch-Russischen Krieges im Jahr 1941 als Höherer SS- und Polizeiführer (HSSPF) hinter der Ostfront genau das gnadenlos bekämpft, was ihm der Führerbefehl jetzt zu schaffen befahl. Ihm zur Seite trat als Stabschef der SD-Funktionär Karl Tschiersky. Dessen Betätigungsfeld war zuvor das Unternehmen Zeppelin gewesen, eine Sabotageorganisation des SD, die mit angeworbenen sowjetischen Kriegsgefangenen arbeitete. Zwar unternahmen die beiden Männer einige Versuche, eine Werwolforganisation auf die Beine zu bringen, doch mit ihrem eigenen Glauben an diese Sache kann es nicht weit her gewesen sein, denn Werwolfchef Prützmann setzte sich gegen Kriegsende von Berlin nach Flensburg ab, wo ihn die Briten schließlich auflasen. Der von ihm befürchteten Auslieferung in die Sowjetunion entzog sich der oberste Werwolf. Am 21. Mai 1945 setzte er seinem Leben durch Zyankali ein Ende.

In Einzelfällen ist von Werwölfen explizit berichtet worden. So schrieb beispielsweise der Romanautor Erich Loest in seinen Memoiren, er sei selbst ein solcher Werwolf gewesen:

»Da tauchte eines Morgens ein Heldenwerber auf, ein Hauptmann mit dem Deutschen Kreuz in Gold und der Goldenen Nahkampfspange, und hielt eine Rede, die in der These gipfelte, noch seien die wunderbaren kriegsentscheidenden Waffen nicht ganz fertig, eine winzige Spanne müsse der Feind noch hingehalten werden, diese Galgenfrist müssten die Jungen erkämpfen, die unerbittlichsten, besten, härtesten. Werwolf!... Da meldete L. sich, unter anderem, weil er den Fußmarsch, Hungermarsch nach Görlitz fürchtete, und weil er wusste, dass es keine Lebenschance für ihn gab, wenn gerade an seinem Abschnitt der russische Sturm losbrach. Noch einmal würde er ausgebildet werden und schließlich im Rücken des Feindes kämpfen, verschworen mit wenigen, die schlau und zäh waren wie er.«[4]

Wir sind ein wenig skeptisch, ob sich alles so zutrug, wie der Chronist Loest berichtet hat, und behalten im Hinterkopf, dass hier einer schrieb, der die Laufbahn des sozialistischen Schriftstellers eingeschlagen hatte. Am 6. Mai 1945 jedenfalls wanderte der Neunzehnjährige erst einmal in der Tschechoslowakei in US-amerikanische Kriegsgefangenschaft. Den Kampf im Rücken des Feindes hatte er sich verkniffen.

Andere machten es angeblich, einige Kilometer von Loests Heldentaten entfernt, ganz anders. In der nordböhmischen Stadt Aussig jagten sie am 31. Juli 1945 das Munitionsdepot im Stadtteil Schönpriesen in die Luft. Dem Attentat folgte ein Massaker an den in der Stadt befindlichen Sudetendeutschen auf dem Fuß. Das war die Rache für den Werwolfanschlag. So ist es jahrzehntelang erzählt worden.

Heute wissen wir es besser. Mit hoher Sicherheit kann davon ausgegangen werden, dass sowohl der Anschlag auf das Munitionsdepot als auch die angebliche Gewaltreaktion der Bevölkerung hierauf gezielte Aktionen der Abteilung Z waren. Hinter der ominösen Bezeichnung verbarg sich der ins tschechische Innenministerium integrierte Geheimdienst.

Beides hatten die Kommunisten mit sowjetischer Hilfe gleich nach der deutschen Kapitulation im Mai 1945 in ihre Hand gebracht. Das Ziel des Gewaltstreichs war klar: Während in Potsdam noch die Großen Drei über das Schicksal Deutschlands debattierten, sollte ein weithin sichtbares Fanal für die Notwendigkeit der restlosen Vertreibung der Deutschen aus dem Sudetenland gesetzt werden. Zur richtigen Informationslenkung und Vertuschung der wahren Zusammenhänge ernannten die Tschechen ausgerechnet den Regisseur des Aussig-Massakers, den Geheimdiensthauptmann Bedrich Pokorny, zum offiziellen Untersuchungsführer der Ereignisse von Aussig. So konnte nichts schiefgehen. Die Rechnung ging auf: Die Vertreibung der Sudetendeutschen wurde in Potsdam beschlossen.

Noch ein Wort zu den Tätern: Die Hintermänner waren die tschechischen Spitzenkommunisten, allen voran der kommunistische Innenminister der Tschechoslowakei Václav Nosek. Von ihm darf angenommen werden, dass er sich zuvor mit dem Genossen Berija abstimmte. Deren Handlanger Pokorny hatte einen bizarren geheimdienstlichen Vorlauf hinter sich, der es uns leicht macht, das Motiv seines Handelns zu ergründen, denn der Mann war nichts weiter als ein skrupelloser Opportunist. Er arbeitete 1933 bis 1939 beim tschechoslowakischen militärischen Geheimdienst. Als sich dessen Leitungskader im März 1939 während der deutschen Okkupation buchstäblich im letzten Moment per Flugzeug nach Großbritannien absetzten, gehörte Pokorny nicht dazu. Er wurde aus der Armee entlassen. Nunmehr schlüpfte er in den Rock eines Revisionsbeamten der Steuerverwaltung in Brünn, und er wurde noch etwas ganz anderes, nämlich Agent des deutschen SD. Knapp vor Toresschluss der deutschen Protektoratsregierung machte Pokorny eine neuerliche elegante Wende. Er trat am 29. April 1945 heimlich der KPČ bei und kämpfte ab sofort wieder auf der richtigen Seite, nämlich vom gleichen Tag an für den kommunistischen tschechoslowakischen Geheimdienst, jene ominöse Abteilung Z. Er blieb dem Geheimdienstfach treu, selbst wenn seine Laufbahn nicht eben geradlinig verlief. Eine Verhaftung im Januar 1951 und Verurteilung zu sechzehn Jahren Haft überstand er ziemlich ungeschoren, denn 1955 war er wieder mit dabei im alten Gewerbe. Doch 1968 war er plötzlich tot. Hartnäckig hielt sich das Gerücht, er sei als unbequemer Mitwisser ermordet worden.[5]

Zurück nach Deutschland: Um es zu wiederholen, der Werwolf war in Wirklichkeit eine Schimäre. Das wusste auch die sowjetische Geheimpolizei NKWD. Trotzdem liquidierten die Russen im September 1945 nach ihrer eigenen Zählweise 359 Werwolfgruppen mit 3336 Werwölfen.[6] Doch das Ahaerlebnis kommt erst, wenn man ein wenig weiterliest und feststellt, dass diese Gruppen fast ausschließlich aus bewaffneten Ausländern bestanden. In der Tat ein Problem. Es waren vor allem marodierende ehemalige Fremdarbeiter und ausländische Wehrmachts- und SS-Angehörige, die alles andere wollten, nur nicht nach Hause, und das schon gar nicht, wenn dieses Zuhause in der Sowjetunion lag. Doch was war mit den deutschen Werwölfen? Der Werwolf wurde erst durch die Verfolgungsmaßnahmen zur eigenständigen Größe, und zwar weil sich hier eine Gelegenheit für Denunziationen gegenüber dem unbequemen Nächsten, dem ehemaligen Geliebten, dem querulatorischen Nachbarn oder sonst wem auftat. Dabei durfte sich der Denunziant des Wohlwollens der Besatzungsmacht sicher sein. Denn auch für den NKGB/MGB-Offizier vor Ort galt, dass er seine sozialistische Wachsamkeit unter Beweis zu stellen hatte, und das ging am besten, indem er sein Plansoll mithilfe von Festnahmen erfüllte.

Da war zum Beispiel Alfred Ullmann. Der Sechzehnjährige lebte zu Kriegsende bei seinen Eltern im sächsischen Johanngeorgenstadt. Vom Werwolf wusste er, wie seine Zeitgenossen auch, aus dem Volksempfänger. Ansonsten war das Städtchen in diesem Winkel des Reiches von nationalsozialistischen Aktivitäten, die auch nur vage in diese Richtung gedeutet hätten, verschont geblieben. Das soll nicht heißen, dass der junge Ullmann nicht in der Hitlerjugend gewesen wäre. Natürlich war er das; wie auch anders? Am 23. Oktober 1945 wurde er festgenommen. Soldaten der Roten Armee verfrachteten ihn nach Zwickau. Doch bereits am selben Abend gab man ihm Hosenträger und Schnürsenkel zurück und schickte ihn zusammen mit einem Kameraden auf die Straße. Dass die beiden Jugendlichen, kaum in Freiheit, damit gegen die Ausgangssperre verstießen, juckte offensichtlich niemanden. Die Betroffenen waren dadurch gezwungen, einen heimlichen Nachtmarsch von sechzehn Kilometern anzutreten, um nach Hause zu gelangen.

Doch die wiedererlangte Freiheit währte nicht einmal einen Tag, denn am Abend des 24. Oktober 1945 wurde Ullmann im Haus seiner Eltern erneut von Funktionären des NKGB festgenommen. Achtundfünfzig Jahre später kommentierte er den Vorgang so, dass das Ereignis insofern sein Gutes gehabt hätte, als die Eltern nunmehr wenigstens wussten, was Sache war. Doch hört man den Galgenhumor deutlich heraus. Denn das, was jetzt kam, war eine fünfjährige Odyssee. Nach kurzer Gefängnishaft folgten die Speziallager: Mühlberg an der Elbe und Buchenwald bei Weimar. Die überstand nur, wer gesundheitlich robust genug war und das Glück hatte, nicht nach Sibirien verfrachtet zu werden. 1947 waren dies immerhin 1004 Jugendliche, die als angebliche Werwölfe inhaftiert worden waren. Ihnen wurden in der Haft Uniformen der deutschen Wehrmacht verpasst. Sodann dienten sie als Ersatz für ausgefallene Arbeitskräfte.

Unter den Jugendlichen waren auch etwa vierzig junge Männer aus dem thüringischen Greußen. Sie wurden zur Jahreswende 1945/46 durch ein NKWD-Kommando verhaftet. Der Vorwurf lautete, sie seien die ortsansässige Werwolfgruppe. Wie kam es zu der absurden Anschuldigung? Im Ort war ein maschinengeschriebener Werwolfaufruf gefunden worden und im Kino ein Drohbrief mit Werwolfrune, der einem Kommunisten namens Willi Wolf galt. Dass sich etliche der Betroffenen untereinander nicht einmal kannten, entsprach der Wahrheit, doch die wurde mit Prügeln korrigiert.

Nachdem die jungen Männer spurlos verschwunden waren, schalteten deren Angehörige die Kripo ein. Die kam zu der merkwürdigen Erkenntnis, dass der angeblich bedrohte Kommunist und der Drohbriefschreiber identisch waren. Doch was half das schon? Eine Wohnungsdurchsuchung bei Wolf führte zu einem Pistolenfund und zur Festnahme durch das NKWD. Doch was die Tschekisten in vergleichbaren Fällen zu rüden Reaktionen veranlasst hätte, fanden sie in Sachen Wolf nicht aufregend. Also ließen sie den Mann wieder frei. Das lässt in seinem Fall nur eine Folgerung zu: Wolf war Spitzel des NKWD und seine Tat eine Provokation zur Normerfüllung. Für die Festgenommenen hatte das bittere Konsequenzen. Sie blieben mindestens bis zur Auflösung der Speziallager im Jahr 1950 in Haft; einige kamen darin um, vierundzwanzig von ihnen blieben für immer verschwunden. Der Denunziant wurde wegen aller möglichen Delikte verurteilt, aber, so viel sozialistische Ordnung musste sein, in der Revisionsinstanz freigesprochen.

Auch ein weiterer Fall eines angeblichen Werwolfs nahm recht bald ein schlechtes Ende, der des Obristen Erwin Stolze. Ihn griffen sowjetische Geheimdienstler der Militärabwehr Smersch am 31. Mai 1945 in Berlin auf. Stolze war einer der wenigen alten Hasen im deutschen Geheimdienst. Den Ersten Weltkrieg hatte der junge Student als Offizier mitgemacht. Nach Jahren an der Front wollte er wieder an das unterbrochene Studium anknüpfen, doch reichte in wirtschaftlich desolater Lage das Geld nicht. Stolze wurde Gelegenheitsarbeiter. Als er sich bei der Reichswehr auf eine Zivilbedienstetenstelle unter dem Stichwort Abwehr bewarb, hatte er keine Ahnung davon, dass das Wort den militärischen Geheimdienst umschrieb, in dem er die folgenden zweiundzwanzig Jahre tätig werden sollte. Stolze war zunächst in der Oststaaten-

Spionage tätig, 1937 wechselte der mittlerweile reaktivierte Offizier ins Sabotagefach. Bei Kriegsausbruch leitete er die Gruppe I (Minderheiten) in der Zersetzungs- und Sabotageabteilung Abwehr II. Unter Stolzes Anleitung entstand zum Beispiel 1940 die Ukrainer-Formation mit der Tarnbezeichnung Nachtigall, die im Sommer 1941 den deutschen Vormarsch nach Lemberg mitmachte. Stolze blieb bis zur Auflösung des Amtes Ausland/Abwehr im Sommer 1944 auf seinem Dienstposten, danach wechselte er ins Reichssicherheitshauptamt über.

Den sowjetischen Smersch-Offizieren muss bald klar geworden sein, welcher Fisch ihnen hier ins Netz gegangen war, denn Stolze konnte über alles Auskunft geben, was an deutschen Unterwanderungsaktivitäten vor und während des Zweiten Weltkrieges gelaufen war. Sie verschleppten Stolze nach Moskau, wo er noch ab und an Mitgefangenen begegnete, die später in der Bundesrepublik davon berichteten. Deswegen nahmen seine ehemaligen Kameraden von der Abwehr an, er sei in der Haft verstorben. Doch dem war nicht so. Stolze wurde am 27. Januar 1952 als Kriegsverbrecher zum Tode ver-

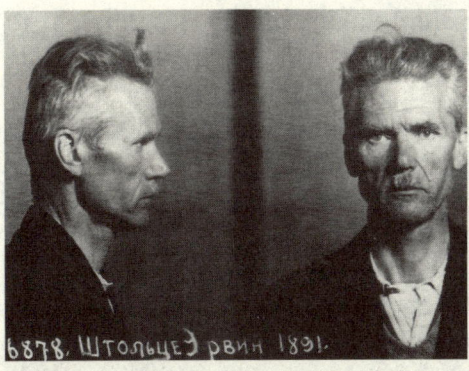

Sabotage- und Zersetzungsfachmann Erwin Stolze, sowjetisches Haftfoto. Seine handschriftliche Aussage vom 25. Dezember 1945 wurde beim Nürnberger Prozess gegen die Hauptkriegsverbrecher verlesen.

urteilt und zweieinhalb Monate später, am 26. März, durch Kopfschuss hingerichtet.[7] Stolzes Hinrichtung war eine Rachehandlung, diesen aus sowjetischer Sicht so peinlichen Zeugen für die Abtrünnigkeit ganzer Völkerschaften für immer mundtot zu machen.

Mit der gleichen brutalen Konsequenz wurde gegen alle anderen Abwehroffiziere vorgegangen, die Zeugen der sowjetischen Lüge vom sozialistischen Vaterland geworden waren – eine Lüge, die kaschieren musste, dass Hunderttausende angeblicher Sowjetmenschen mit den Deutschen zusammengearbeitet hatten. Wie gnadenlos die Organisatoren und Mitwisser dieser Zusammenarbeit beseitigt wurden, zeigt das Beispiel des Abwehr-II-Offiziers Wolfgang Abshagen. Der ehemalige Berufssoldat des Kaiserreiches war nach dem Ersten Weltkrieg aus der Armee ausgeschieden. Im Gegensatz zu vielen seiner Kameraden war es ihm geglückt, wirtschaftlich Fuß zu fassen; die aufblühende Filmindustrie machte es möglich. Abshagen ging es gut. Doch mit der Wiederaufrüstung in Deutschland besann man sich auf ihn. Abshagen erhielt den Dienstgrad eines Hauptmanns d. R. Während des Krieges wurde er zur Abwehr II eingezogen. Er diente als Adjutant des Abwehr-II-Chefs und führte dessen Kriegstagebuch. Wenn also einer die Vorgänge kannte, dann er. Als der Krieg am 8. Mai 1945 zu Ende war, schien es, als gehöre er erneut zu den glücklichen Überlebenden. Doch es kam anders.

Auch im Fall Abshagen blieb das Schicksal des Verschollenen über die Jahre hin im Dunkeln. Es sollten fünfundfünfzig Jahre vergehen, bis sein Sohn Hans Ulrich Abshagen, der als neunzehnjähriger Soldat ebenso wie der Vater in russische Gefangenschaft geraten war, die amtliche Todesnachricht der russischen Generalstaatsanwaltschaft in Händen hielt. Wolfgang Abshagen hatte den Krieg nur um drei Monate überlebt. Am 21. August 1945 wurde er in Brest als angeblicher Spion erschossen.[8] Sein Fall ist doppelt tragisch: Der Sommer 1945 war die Zeit höchster Lebensgefahr für die in Gefangenschaft geratenen Abwehrleute, und den überlebte er nicht. Abshagens Tragik bestand darin, dass er sich nicht nur den Sowjets, sondern auch dem NS-Regime verhasst gemacht hatte. Seine Unterschrift war auf dem Freigabeschein für eine Sprengladung zu lesen. Deren Empfänger hieß Claus von Stauffenberg. Hitler überlebte bekanntermaßen die Explosion. Stauffenberg wurde erschossen, Abshagen eingesperrt. Doch die sowjetischen Funktionäre kümmerte nicht, dass sie hier einen soeben dem Tod von der Schippe gesprungenen NS-Gegner aufgegriffen hatten. Für sie zählte allein das Etikett Abwehr II, und das bedeutete Todesstrafe.

Für die sonst noch übrig gebliebenen deutschen Geheimdienstakteure gab es ebenfalls keine Stunde null. Man hatte gelernt abzutauchen, und man tat gut daran, sich an diese Gepflogenheiten zu halten. Denn der umgehende Heldenklau betraf nicht nur die Wissenschafts- und Ingenieurselite des Dritten Reiches; auch nach den Geheimdienstlern wurde intensiv gefahndet. Am 14. Juli 1947 hatte der gefangene Exoberst Stolze in Moskau zu Protokoll gegeben:

Dem NS-Regime glücklich entronnen, im August 1945 von den Sowjets hingerichtet: Abwehr-Major Wolfgang Abshagen.

»Zu Beginn des April 1945 hat Schellenberg an alle Geheimdienststellen den Befehl erteilt, für den Fall der Ankunft von Truppen der Roten Armee fiktive Personaldokumente für die Mitarbeiter vorzubereiten. Damit sollte das Geheimdienstpersonal sich verstecken, um besondere Anweisungen zu erwarten. Alle operativen Dokumente mussten in diesem Fall vernichtet werden. Ich habe diesen Befehl ausgeführt.«[9]

Der von Erwin Stolze erwähnte Walter Schellenberg war SS-Brigadeführer und Chef des im Reichssicherheitshauptamt im Sommer 1944 vereinigten deutschen Geheimdienstes. Er selbst hatte im April die Ankunft der Roten Armee in Berlin nicht unnütz abgewartet, sondern sich in angeblich diplomatischer Mission ins neutrale Schweden abgesetzt. Er besaß Fantasie genug, um sich vorzustellen, wie die Sowjets mit ihm, dem mehrjährigen Chef des SD-Ausland, umgehen würden. Wie Schellenberg zog es die Masse der deutschen Geheimdienstler vor, nicht bei den Sowjets an Land zu kommen. Notfalls lief man lieber mit fliegenden Fahnen zu den US-Amerikanern über. Mit einem besonders prominenten Fall dieser Art, dem des Generalmajors Reinhard Gehlen, werden wir uns noch gesondert zu beschäftigen haben.

Doch nicht alle hatten so viel Glück. Die einstigen langjährigen Chefs von Abwehr I und III, Hans Piekenbrock und Franz-Eccard von Bentivegni, gerieten gegen Kriegsende als Divisionskommandeure in sowjetische Kriegsgefangenschaft. Das geheimdienstliche Vorleben blieb der Militärabwehr Smersch nicht lange verborgen. Schließlich war der eine bis 1943 Chef der militärischen Spionage und der andere ebenso lange Chef der militärischen Spionageabwehr gewesen. Mit Bentivegni hatten die Sowjets ein besonderes Hühnchen zu rupfen. Er war in den Jahren 1942/43 der Hauptverantwortliche für die Zerschlagung der sowjetischen Spionageringe in Berlin, Brüssel, Paris und anderswo gewesen. Erst später gaben Geheimdienstfantasten diesen Spionageringen die Bezeichnung Rote Kapelle. Sie meinten, es sei eine große einheitliche Spionageorganisation gewesen; die hatte es jedoch so nie gegeben. Für Piekenbrock und Bentivegni hatte die sowjetische Kriegsgefangenschaft üble Folgen. Beide wurden als Kriegsverbrecher abgeurteilt und erhielten die damals üblichen fünfundzwanzig Jahre Zwangsarbeit zugemessen. Sie kamen 1955 auf freien Fuß und starben wenige Jahre darauf an den Haftfolgen.

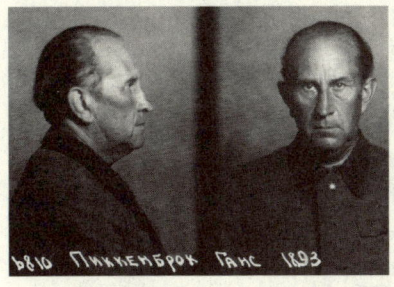 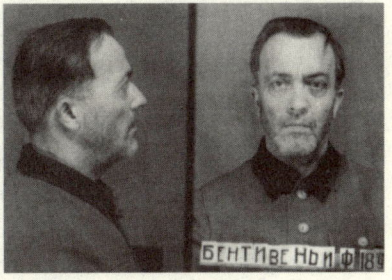

Geheimdienstler in sowjetischer Haft: Hans Piekenbrock und Franz-Eccard von Bentivegni.

Es gab aber auch einige schier unglaubliche Fälle, in denen sich deutsche Geheimdienstler freiwillig in sowjetische Hand begaben. So der SS-Mann Friedrich Panzinger. Der gelernte Jurist war 1934 als Einunddreißigjähriger zur politischen Polizei in Bayern gestoßen. In der Gestapo machte er rasch Karriere. Von März 1941 bis Juli 1944 war er als Gruppenleiter IV A im Reichssicherheitshauptamt für die Bekämpfung der Gegner des NS-Staates und für die Sabotageabwehr verantwortlich. In dieser Zeit wirkte auch er entscheidend beim Abräumen der verschiedenen sowjetischen Spionageringe in Europa mit. Und nicht nur das. Von ihm und seinen Leuten wurden sowjetische Agenten gleich dutzendweise umgedreht und in Funkspiele eingebaut, das heißt, sie sendeten ihrer sowjetischen Führungsstelle fortan das, was die Gestapo ihnen zuvor diktiert hatte – und das war sorgfältig ausgesuchte Desinformation. Die bekanntesten dieser Umgedrehten waren der Russe Anatoli Gurjewitsch alias Viktor Sukolow alias Kent, der Pole Leopold Trepper alias Jean Gilbert alias Otto und der Deutsche Johann Wenzel alias Hermann (oder russisch: German) alias der Professor.

Zurück zu Friedrich Panzinger. Der musste von September 1943 bis Mai 1944 das absolvieren, was man bei der SS eine Frontverwendung nannte. In seinem Fall war das die Stelle eines Befehlshabers der Sicherheitspolizei und des SD in Riga.

Allein das hätte genügt, um ihn nach dem Krieg an einen amerikanischen oder russischen Galgen zu bringen. Doch es kam anders.

Panzingers letzte Dienststellung im NS-Staat war die des Amtschefs V im Reichssicherheitshauptamt, also des Leiters der Kripo im Deutschen Reich. Er mag sich vorgestellt haben, dass er als reiner Kriminalpolizist würde durchgehen können wie so mancher seiner Kollegen, denen das tatsächlich gelang. Im Mai 1945 begab er sich deshalb in sowjetische Gefangenschaft. Die sowjetische Geheimpolizei brauchte rund zehn Jahre, um alles verwertbare Wissen aus dem Mann herauszuquetschen. Insbesondere diente er auch für Gegenüberstellungen mit ehemaligen sowjetischen Agenten, von denen das NKWD annahm, sie hätten zwischenzeitlich auf zwei Schultern getragen. Trotz seiner offensichtlichen Kooperationsfreude wurde Panzinger zu fünfundzwanzig Jahren Haft verurteilt. 1955 kam er als nicht amnestierter Kriegsverbrecher auf freien Fuß. In seinem Gepäck hatte er einen sowjetischen Spionageauftrag, mit dem wir uns später noch einmal befassen müssen.

Gulag oder Stalin-Preis.
Geheimdienstler und Wissenschaftler als Beutegut

Der Mann mit dem feldgrauen Wehrmachts-Krad der Marke Puch zog es vor, nicht erneut bei der örtlichen NKWD-Dienststelle im thüringischen Sondershausen vorzusprechen. Sein Name war Karl Roewer, ein Spezialist für Fernlenkwaffen. Er knatterte zur Grenze zwischen der Sowjetischen und Britischen Besatzungszone, schob dann das Gefährt die letzten hundert Meter auf einem Waldweg durch die Nacht, setzte auf einem Bohlensteg über und war erneut im Westen.

Dort war er im Frühjahr 1945, kurz vor Kriegsende, schon einmal gestrandet. Genauer gesagt, angelandet von einem

Schnellboot der deutschen Kriegsmarine, das unter dem Kommando des Leutnants zur See Gerhard Kienbaum stand. Kienbaum fuhr auf der Ostsee Geleitschutz und hatte die Passage auf seinem Boot angeboten, kurz bevor er in Gdingen, das die Deutschen damals Gotenhafen nannten, ablegte. Die Männer kannten sich von der Technischen Hochschule Danzig, wo der eine als Oberassistent tätig war. Kienbaum hatte auf die am Kai liegenden Frachtdampfer gezeigt und gemeint, auf denen würde er nicht nach Westen schippern. Der zur Mitreise aufgeforderte Roewer nahm nur zu gern an und brachte neben kargem Gepäck auch noch die wenigen Leute seines Danziger Arbeitsstabes auf dem S-Boot unter. Die Herren hatten sich während des Krieges mit der Fernlenkung von Torpedos beschäftigt, jetzt wurden sie im Untergangstaumel des NS-Staates als kriegswichtig nach Westen ausgelagert, denn vor den Toren Danzigs schoss in diesen Tagen die sowjetische Artillerie.[10] Ziel der Reise war Flensburg, und am Ende des Kapitels wird gezeigt, wie es Roewer trotz denkbar schlechter Voraussetzungen gelang, dem sicheren Tod von der Schippe zu springen.

Die Stadt Flensburg war in diesen Wochen und Monaten des Frühjahres 1945 eine Idylle eigener Art. Hier residierte noch über das Kriegsende hinaus eine deutsche Reichsregierung unter dem Großadmiral Karl Dönitz. Ihn hatte der zum Selbstmord entschlossene Hitler testamentarisch zu seinem Nachfolger bestimmt – ein staatsrechtliches Kuriosum allerersten Ranges, aber alle hielten sich daran. Munter wurden von hier aus Beförderungen ausgesprochen, Orden vergeben und Todesurteile bestätigt. Hier in Flensburg sammelten sich auch die Reste des einst übermächtigen Reichssicherheitshauptamtes. Einigen Fantasten schwebte vor, einen neuen Geheimdienst etablieren zu können. Sie hofften auf Differenzen zwischen den Westmächten und den Sowjets und wollten auf diesen Zug aufspringen.[11]

Am 23. Mai 1945 machte die britische Armee dem Spuk ein

Ende und verhaftete die Beteiligten. Auf sie warteten Kriegsverbrecherprozesse. Doch das galt nicht für alle. Einige der aufgegriffenen Geheimdienstler und Gestapoleute erfuhren eine Vorzugsbehandlung. Zunächst wurden sie als Auskunftspersonen ausgequetscht, alsbald als Agenten verwendet und, nachdem sie ihre Schuldigkeit getan hatten, mit neuer Identität auf die Straße gesetzt.

Ein solcher Fall war Horst Kopkow. Der fünfunddreißigjährige SS-Standartenführer hatte ab 1941 im Amt IV (Gestapo) das Referat Sabotageabwehr geleitet. Er war einer der Hauptverantwortlichen für die Zerschlagung der sowjetischen Agentenringe in Deutschland 1942/43 gewesen. Nach dem Attentat auf Hitler hatte man dem überzeugten Nationalsozialisten die Leitung der Soko 20. Juli übertragen und sein im Sinne des Regimes erfolgreiches Aufräumen unter den Verschworenen mit der Verleihung des Deutschen Kreuzes in Silber gewürdigt. Nun diente er den Briten.

MI5 war selbstredend an diesem Fachmann für die Bekämpfung der sowjetischen Geheimdienste gelegen. Der britische MI5-Major Gwyer vernahm Kopkow nicht nur eingehend, sondern ließ ihn auch Ausarbeitungen über die deutschen und sowjetischen Geheimdienste machen. Als die Briten ihn nicht mehr brauchten, verpassten sie Kopkow den Namen Cordes. Fortan lebte er völlig unbehelligt in Gelsenkirchen.[12]

Aussagen wie die von Kopkow ermöglichten es der britischen Spionageabwehr, Leute dingfest zu machen, die sie mit großer Geste in die Sowjetunion und damit in den sicheren Tod abschoben. Was war der Grund für dieses barbarische Tun? Es war das Diktat des schlechten Gewissens. Denn gegen jede Abrede unter den Alliierten hatten die britischen Truppen nach einer Weisung des Kriegspremiers Winston Churchill im Mai 1945 die in Schleswig-Holstein befindlichen Verbände der deutschen Wehrmacht in Lagern zusammengefasst und unter Waffen gehalten – in etwa 200000 deutsche Soldaten unter ihren alten Kommandeuren. Diese verrückte Armee war eine unverhohlen antisowjetische Geste, und selbstverständlich fiel das auch den Sowjets auf, die nicht müde wurden, dagegen zu protestieren.[13]

So machten sich denn die Briten, die sich hiergegen schwerhörig verhielten, daran, alle übrigen Absprachen übergenau zu erfüllen. Das traf in Deutschland solche und solche. Zum Beispiel den ehemaligen SS-Gruppenführer Hermann Behrends. Den griff die Militärpolizei am 5. Juli 1945 in Flensburg auf. Der Doktor juris gehörte zu den alten Kämpen des NS-Regimes. 1933 war er der erste Chef des SD in Berlin gewesen, des parteiinternen Nachrichtendienstes. 1936 avancierte er zum Leiter des SD-Inland, reichsweit. Als enger Vertrauter Reinhard Heydrichs fummelte er an den Fälschungen mit, die später einmal die Tuchatschewski-Intrige genannt wurden. Behrends wurde für seine Dienste mit einem Reichstagsmandat belohnt. Im Krieg nahm er zunächst verschiedene Verwaltungsfunktionen wahr. Am 1. April 1944 schließlich wurde er zum Höheren SS- und Polizeiführer für Serbien, den Sandschak und Montenegro mit Sitz in Belgrad ernannt und, als es wegen der fortschreitenden Kriegslage dort nichts mehr zu morden und hinzurichten gab, in gleicher Funktion als HSSPF Ostland und Russland-Nord eingesetzt. Im Klartext bedeutete das: Er kam in den Kurlandkessel, wo die Reste der ehemaligen Heeresgruppe Nord bis zum Kriegsende ausharrten. Dort entkam er rechtzeitig vor der Kapitulation über die Ostsee. Die Briten internierten den Gefangenen zunächst in Wales, um ihn in Ruhe aushorchen zu können, dann überstellten sie ihn nach Jugoslawien, wo Behrends am 16. April 1946 aufgehängt wurde.

Auch andere schoben die Briten gleich nach Kriegsende in den Osten ab. Da waren zunächst einmal Hunderttausende von ehemaligen sowjetischen Soldaten, die in den unterschiedlichsten Formationen auf der deutschen Seite gefochten hatten. Wo immer sie den Krieg beendeten, die Westalliierten sperrten sie ein und lieferten sie unter Anwendung von Waffengewalt an die Sowjets aus. Sie alle gingen einem schmählichen Ende entgegen. Denn nichts hatte der Herrscher im Kreml mehr gefürchtet als den Entschluss der NS-Führung, vom rein militärischen zum politischen Krieg überzugehen. Ob solche Befürchtungen angesichts der Rassenkriegführung des größenwahnsinnigen deutschen Diktators realistisch waren, mag dahingestellt sein.

Der Prozess gegen den Oberbefehlshaber der Russischen Befreiungsarmee, Andrej Wlassow, und seine engsten Mitarbeiter und deren Hinrichtung durch den Galgen war nur die sichtbare Spitze des Eisbergs. Ungezählte niedere Chargen waren bereits zuvor durch Genickschuss liquidiert worden, andere verschwanden für den Rest ihres Lebens in Lagern und in der Verbannung. Darunter auch zahlreiche russische Emigranten und etliche Deutsche, die in diesen Verbänden Dienst getan hatten. Der Vorwurf, der diesen Leuten gemacht wurde, war denkbar plump. Er lautete auf Spionage für den Klassenfeind. Die Zahl derer, die sich tatsächlich in diesem Handwerk betätigt hatten, war jedoch eher gering.

Ausgerechnet die wirklichen Spione hatten die höchste Überlebenschance, denn sie durften damit rechnen, unter neuer Feldpostnummer in der alten Profession weitermachen zu können. Ein solcher Mann war beispielsweise Eduard Winter. Wer in DDR-Biografien blättert, wird einen honorigen Geschichtswissenschaftler entdecken. Seit 1947 an der Universität Halle, auch deren Rektor für drei Jahre, war er sodann von 1951 bis zur Emeritierung im Jahr 1966 Ordinarius am Institut für Geschichte der Völker der UdSSR der Ost-Berliner Humboldt-Universität.

Ein Marxist von altem Schrot und Korn? Nicht ganz. 1919 war Winter zum katholischen Priester geweiht worden. Er ging an die Deutsche Universität in Prag, wo er fortan Kirchengeschichte lehrte. Nach der deutschen Besetzung von Prag ließ Winter das Wort Kirchen bei seinen Geschichtsvorlesungen einfach beiseite, ließ sich von seinen kirchlichen

Amtspflichten entbinden und trat der SS bei. Der Herr Professor tat noch ein Übriges: Er wurde Agent des SD. Was Winter im SS-Geheimdienst genau tat, ist unbekannt. Bekannt ist dagegen, dass er sich bei Kriegsende von Prag nach Wien absetzte. Ab hier weist seine Vita erhebliche Lücken auf. Klar ist lediglich, dass er sich in der Viermächtestadt bei einem der dort agierenden sowjetischen Dienste als Agent verdingte. 1947 schickten ihn seine Auftraggeber nach Halle, 1951 wechselte er nach Ost-Berlin. Hier gaben ihn seine russischen Vormänner an das im Aufbau befindliche MfS ab, wo er in den folgenden Jahren als Agent für deren Hauptverwaltung Aufklärung spionierte.

Diener vieler Herren: der Historiker und Mehrfachagent Eduard Winter.

Wie auch die sowjetischen Dienste jede Verfolgungsaktivität zurückstellten, wenn es um die Anwerbung von Agenten ging, lässt sich am Beispiel des Scheinehepaars Čebotarev illustrieren. Der 1917 geborene Boris Čebotarev war Sohn russischer Bürgerkriegsflüchtlinge, die sich 1923 in der Tschechoslowakei niederließen. Dort wurde Boris 1935/36 Mitglied des NTS, einer militanten, gegen die Sowjetunion gerichteten Emigrantenorganisation. Diese Mitgliedschaft scheint er bis 1943 beibehalten zu haben. Das brauchte er in den Kriegsjahren keineswegs zu verheimlichen, denn nach dem Frühjahr 1939 waren Böhmen und Mähren von Deutschland okkupiert, und spätestens mit dem Deutsch-Sowjetischen Krieg wurden die NTSler bei den deutschen Diensten gern gesehene Leute.

Čebotarev war klug genug, um zu bemerken, dass die deutsche Herrschaft den Bach runterging. Deswegen schloss er sich 1944 tschechischen Partisanen an. Doch das half ihm wenig. Sobald seine Gruppe in den Operationsbereich der Roten

Armee geriet, nahm Smersch, die sowjetische Militärabwehr, den Exilrussen fest. Es war der 15. März 1945. Vernehmung und Verurteilung zu zehn Jahren Haft folgten auf dem Fuß. Ebenso die Agentenverpflichtung; der neue konspirative Mitarbeiter hieß nun vorübergehend Schramkow.

Er wurde 1947 in die Tschechoslowakei zurückgeschickt, wo die Sowjets soeben dabei waren, die seit Kriegsende im Amt befindliche Volksfrontregierung gegen eine rein bolschewistische auszutauschen. Čebotarev-Schramkows Einsatzgebiet war die antisowjetische Emigrantenorganisation NTS. Hier kannte er sich schließlich aus. Nach fünf Jahren gab es von dort nichts mehr zu berichten, deswegen wurde Čebotarev an den tschechischen Staatssicherheitsdienst StB weitergereicht. Immer nach dem Motto: Es hat noch nie geschadet, bei einem der Bruderdienste einen eigenen Mann im Boot zu haben. Das war auch den Tschechen klar, und sie entschlossen sich, den geerbten Agenten zum Westeinsatz in die junge Bundesrepublik zu schicken.

Das war nicht ohne Risiko, denn man wusste natürlich nicht, ob er dort abspringen würde. Deswegen wurde Čebotarev unter Aufsicht gestellt. Er erhielt für den Einsatz eine Ehefrau zugeteilt. Diese Rolle spielte Irina Čebotarevna. Sie war das Kind eines sowjetischen Diplomatenehepaars, das sich bereits in den 1920er-Jahren abgesetzt hatte und in Deutschland Asyl erhielt. Irina studierte Medizin, heiratete einen deutschen Arzt und war ebenfalls Mitglied im NTS. 1943 wurde sie in die Tschechoslowakei evakuiert, wo sie fortan als Ärztin praktizierte. 1951 war's damit vorbei. Aus Irina wurde die StB-Agentin Natascha. Sie wurde auf Boris Čebotarev angesetzt, den sie auftragsgemäß heiratete. Bei ihrem neuen Ehemann war die Auftragslage umgekehrt: Er überwachte sie. Im Juli 1954 fingierte der tschechische Staatssicherheitsdienst eine Flucht. So reiste das Ehepaar nach West-Berlin ein. Die Čebotarevs hielten sich trotz einer vorübergehenden Festnahme drei Jahre lang, dann flohen sie wegen einer vermuteten erneuten Festnahme

Irrlichter im deutsch-russischen Geheimdienstdschungel: Boris und Irina Čebotarev.

am 3. November 1957 in die Tschechoslowakei zurück. Der Agentenfleiß zahlte sich aus; Boris Čebotarev erhielt einen gut dotierten Job in der tschechischen Wissenschaftsverwaltung.

Doch der eigentliche Clou beim Headhunting waren nicht die verschreckten deutschen Geheimdienstler und Gestapoleute, NS-Würdenträger und sonstigen Kriegsverbrecher, sondern die deutsche Elite aus Naturwissenschaft und Technik. Hier war reiche Beute zu machen, denn keineswegs war es so, wie später vielfach zu lesen, dass alles, was in der naturwissenschaftlichen Forschung Rang und Namen hatte, von den Nazis außer Landes getrieben wurde. Gewiss, es gab auch solche, und es waren viele. Doch die Gleichung gut-gleich-emigriert geht nicht auf. Viele blieben auch – und gern – im Lande, denn die Möglichkeiten, die das NS-Regime bot, setzten ungeahnte Kräfte frei. Das galt für die Grundlagenforschung und erst recht für den praktischen technischen Fortschritt. Flugzeug- und Schiffsbau, Raketentechnik und Kernspaltung, Funk und Fernsehen mögen als Stichwörter genügen. Die alliierten Geheimdienste aus Ost und West sahen es als ihre vornehmste Pflicht, die Fachleute dieser Denk- und Arbeitsprozesse ausfindig zu machen und zum Nutzen ihrer Auftraggeber außer Landes zu schaffen.[14] Die US-Amerikaner nannten ihre

Aktion Paperclip (Büroklammer); eine entsprechende Fallbezeichnung der sowjetischen Dienste ist nicht überliefert. Das bedeutet nicht, dass NKWD und NKGB nicht einschlägig tätig geworden wären. Vielmehr ist das Gegenteil richtig. Stalins Mann fürs Grobe, Berija, erhielt den Auftrag, alles heranzuschaffen, was für die Sowjetunion nützlich sein könnte.

Bei der Betrachtung des Wissenschaftlerklaus ist der Blick häufig auf die Frage der Kernforschung beschränkt worden. Das ist zu eng. Ein kurzer Ausflug in die Geheimdienstwelt der Kernforschung ist dennoch am Platze. Die sowjetischen Dienste hatten noch während des Zweiten Weltkrieges völlig richtig erkannt, dass durch die Atomforschung in den USA und in Deutschland eine Superwaffe in Reichweite gerückt war. Zur sowjetischen Atomspionage in den USA, die den Hauptanteil dieser Erkenntnisse lieferte, ist das Wesentliche anderweitig längst beschrieben worden. Bliebe hinzuzufügen, dass es zwei Deutsche waren, die im Zentrum der Nachrichtenbeschaffung wirkten: der emigrierte Wissenschaftler Klaus Fuchs und seine zeitweilige Führungsoffizierin im sowjetischen Militärgeheimdienst GRU, Ursula Kuczynski. Doch das war nur der eine Nachrichtenstrang. Der andere stammte aus Deutschland selbst.[15]

Am 3. März 1945 wurde auf dem Truppenübungsplatz nahe dem thüringischen Städtchen Ohrdruf eine Atombombe gezündet; am 12./13. März folgte ein zweiter, weniger eindrucksvoller Versuch.[16] Ob die Atombombe wirklich eine war, mag dahinstehen; wichtig ist für unser Thema nur eines: Ein Agent der sowjetischen Militäraufklärung GRU erhielt Kenntnis davon. Und, was noch wichtiger ist, er hatte die Möglichkeit, seiner Führungsstelle in Moskau diese sensationelle Nachricht ziemlich zeitnah zu übermitteln. Am 23. März 1945 legte GRU-Chef Iwan Ilitschew dem Chef des Generalstabs der Roten Armee, Alexej Antonow, die Agentenmeldung vor. Auf dem Verteiler der Vorlage standen zudem: Stalin und Molotow. Ilitschew schrieb:

»In der letzten Zeit haben die Deutschen in Thüringen zwei großen Explosionen durchgeführt. Sie fanden in einem Waldgebiet unter strengster Geheimhaltung statt. Vom Zentrum der Explosion wurden Bäume bis zu einer Entfernung von fünfhundert bis sechshundert Metern gefällt. Für die Versuche errichtete Befestigungen und Bauten wurden zerstört. Kriegsgefangene, die sich im Explosionszentrum befanden, kamen um. Andere Kriegsgefangene, die sich in einem Abstand zum Zentrum der Explosion aufhielten, trugen Verbrennungen an Gesicht und Körper davon, deren Grad von der Entfernung zum Zentrum abhing… Die Bombe enthält vermutlich U 235 und hat ein Gewicht von zwei Tonnen. Sie wurde auf einem speziell dafür konstruierten Flachwagen transportiert. Mit ihr zusammen wurden Tanks mit flüssigem Sauerstoff gebracht. Die Bombe wurde permanent von zwanzig SS-Männern mit Hunden bewacht.

Die Bombenexplosion wurde von einer starken Detonationswelle und der Entwicklung von hohen Temperaturen begleitet. Außerdem wurde ein starker radioaktiver Effekt beobachtet. Die Bombe stellt eine Kugel mit einem Durchmesser von 130 Zentimetern dar.«[17]

Geheimdienstchef Ilitschew bezeichnete die Quelle der Meldung als zuverlässig. Wer war sie? Wir wissen es nicht. Die beste deutschsprachige Untersuchung zum Thema Atomprojekt stammt von Rainer Karlsch. Seine Forschungsergebnisse sind eher wortreich als sachlich bezweifelt worden. Karlsch sagt, dass die Meldung nicht von einem der unmittelbar beteiligten Kernphysiker stammen könne; dafür sei sie technisch zu unexakt. Das mag zutreffen. Deshalb werden wir versuchen, den geheimdienstlichen Weg der Meldung zu verfolgen, und zwar rückwärts, vom Empfänger zurück zur Quelle.

Dem GRU-Chef Ilitschew lag am oder kurz vor dem 23. März 1945 eine Agentenmeldung vor, die sich auf Ereignisse bezog, die am 3. und am 12./13. März 1945 stattgefunden hatten. Die

Meldung hatte vermutlich Zwischenträger, denn sie brauchte etwa zehn Tage von Ohrdruf/Thüringen bis Moskau. Ohne Kenntnis der Originalmeldungen ist man auf einige Spekulationen angewiesen. Relativ sicher ist, dass der Text des Ilitschew-Berichts mit dem der Agentenmeldung weitgehend übereinstimmte. Etwas anderes wäre für Ilitschew kaum infrage gekommen, denn er wusste, wie sehr der Herr im Kreml Wert auf das legte, was die sowjetischen Geheimdienstler »graue Informationen« nannten, also die Originaltexte der Agenten.[18]

Die Entfernung und Geschwindigkeit der Übermittlung legt die Folgerung nahe, dass der Transportweg vom Agenten zur Moskauer Führungsstelle der Funk war. Noch etwas fällt auf. Der Agent berichtete von beiden stattgefundenen Explosionen in einer Meldung, wobei wir heute annehmen, dass das Ereignis Nummer eins am 3. März das eindrucksvollere von beiden war. Die Zusammenfassung legt den Schluss nahe, dass der Agent nicht Zeuge der Ereignisse war. Angesichts der Bedeutung, die er selbst den Ereignissen beimaß, hätte er bei unmittelbarer Kenntnis des ersten Ereignisses nahezu sicher unverzüglich im Anschluss an die Explosion hierüber berichtet. Es ist deswegen unwahrscheinlich, dass der Agent in den Kreisen der vor Ort beteiligten SS-Leute zu suchen ist.

Wenn der Agent eine Person war, die auf Mitteilungen der vor Ort Beteiligten angewiesen war, scheiden diese als Agenten, nicht aber als Informanten aus. Diese Informanten können sowohl die unmittelbar eingebundenen SS-Funktionäre als auch die Wissenschaftler gewesen sein. Das SS-Wachpersonal scheidet auf der Informantenseite aus; es hätte über die Zusammensetzung des Sprengstoffes mit Sicherheit nichts zu sagen gewusst. Bleiben die anderen Beteiligten. Hier ist es reizvoll, deren Weg nach dem deutschen Zusammenbruch ein wenig nachzuzeichnen – und schon geraten einige Personen auf die Bildfläche, die nicht über jeden Zweifel erhaben sind, der gesuchte sowjetische Agent gewesen zu sein.

Wie wäre es mit dem späteren Stalin-Preisträger Manfred von Ardenne, 1934 bis 1945 Lehrbeauftragter für Physik an der Universität Berlin und im letzten Jahr des NS-Staates Mitglied im Reichsforschungsrat? Er brachte die nächsten zehn Jahre wohlbehalten in der Sowjetunion zu, um sodann in der DDR bis zu ihrem Ende ein privates Forschungsinstitut zu betreiben.

Dann war da der Sprengstoffexperte Friedrich Berkel, Mitarbeiter des Heereswaffenamtes und dessen Abwehrbeauftragter. Der SS-Mann blieb auch nach dem Krieg am Ort des Geschehens und leitete von 1945 bis 1966 die Firma Seeger und Co. in Stadtilm. Außerdem der Mathematiker Gustav Hertz, bis 1935 Ordinarius. Dann legte er aus politischen Gründen sein Professorenamt nieder, um in einem eigens für ihn eingerichteten Forschungslabor den Bau eines Zyklotrons zu erarbeiten. Gleich nach Kriegsende engagierte er sich weiter, und zwar im schönen Suchumi,[19] das in der Sowjetunion lag und ihm den Stalin-Preis bescherte.

Bemerkenswert war auch der Physiker Friedrich Georg Houtermans, seit 1927 in der KPD engagiert, 1933 Emigration nach England und von dort weiter ins Vaterland aller Werktätigen. Die Tätigkeit in Charkow ging nicht besonders gut aus. Im Dezember 1937 sperrte ihn das NKWD unter den üblichen Vorwürfen ein; es war die Zeit der Großen Säuberung. Da er nach dem Hitler-Stalin-Pakt noch am Leben war, wurde er nach NS-Deutschland ausgetauscht. Im Sommer 1940 wider Erwarten von der Gestapo freigelassen, arbeitete er am Institut des Manfred von Ardenne mit. Sein Spezialgebiet war die Auslösung von Kettenreaktionen.

Und schließlich Peter Adolf Thiessen; er leitete ab 1935 zehn Jahre lang das Kaiser-Wilhelm-Institut für physikalische Chemie in Berlin. Es folgten elf Jahre Sowjetunion und 1956 die Rückkehr in die DDR. Thiessen wurde nach dem Krieg von einem der ehemaligen Mitstreiter, Erich Schumann, verdächtigt, der Informant der Sowjetunion für den Bau von deren Atombombe gewesen zu sein. Es entbehrt nicht der

Komik, dass die mit der Überwachung der Geheimen Reichssache Atomprojekt betrauten SD-Funktionäre die Herren Thiessen und Schumann genau umgekehrt beurteilten. Während sie Schumann als politisch-weltanschaulich fragwürdig einschätzten, hielten sie Thiessen für politisch zuverlässig. Thiessen gehörte zu den entscheidenden Organisatoren der Rüstungsforschung. Er leitete die Fachgruppe Chemie im Deutschen Forschungsrat. An der Ausführung der Versuche und den Detailplanungen der deutschen Atombombenentwicklung war er indessen nicht beteiligt. Aber er hörte mit hoher Sicherheit davon. Der Mann, der alles kannte und Thiessen ins Bild setzte, war Walter Gerlach, ein Mann mit dem sperrigen Titel Bevollmächtigter des Reichsmarschalls für die kernphysikalische Forschung. Gerlach und Thiessen trafen sich in der fraglichen Zeit etliche Male in sehr intimen Runden, um ihren Wissensstand abzugleichen. Die Herren unterhielten sich offenbar auch über die Frage des persönlichen Schicksals nach dem Endsieg, der immer deutlicher die Möglichkeit einer endgültigen Niederlage enthielt. Hierbei soll Thiessen als Einziger auf das Ziehen der sowjetischen Karte angespielt haben. Dies ging so weit, dass seine Biografin vermeldete, Thiessen habe im März 1945 Kontakt zum kommunistischen Widerstand gesucht und gefunden.

Aber kannte er auch die beiden Versuche von Ohrdruf? Sehr wahrscheinlich ja. Am Morgen des 22. März 1945 kam der Leiter des Atombombenprojekts Gerlach zur Berichterstattung nach Berlin. Er suchte die Reichskanzlei auf und sprach mit dem Leiter der Parteikanzlei, Martin Bormann. Für die späteren Verschwörungsspezialisten vom Schlage Walter Schellenbergs und Reinhard Gehlens wäre jetzt alles klar gewesen, denn sie hatten schließlich die Ente formuliert, Bormann sei *der* Topagent der Sowjetunion gewesen; doch das war Geheimdienstlatrine. Wandert man durch das Traditionskabinett in der Lubjanka, dem alten und gegenwärtigen Geheimdienstquartier in Moskau, sucht man nach dem Konterfei eines Martin Bormann vergebens. Deswegen zurück zu Gerlach und Thiessen: Nach dem Besuch in der Reichskanzlei traf sich Gerlach in Berlin-Dahlem mit allen wichtigen Verantwortlichen des Projekts und versäumte es auch nicht, sich von Thiessen zu verabschieden. Worüber werden die Herren geredet haben? Nun, mit Sicherheit über die Versuche. So und erst jetzt am 22. März 1945 kam Thiessen zu seinen Erkenntnissen über die beiden Explosionen von Ohrdruf. Nunmehr musste er den Abfluss der Meldung organisieren. Ein Funkgerät hatte er mit Sicherheit nicht und eine Funkstrecke nach Moskau schon gar nicht. Jetzt waren seine kommunistischen Neufreunde an der Reihe. Sie brauchten nicht einmal einen Tag. Am 23. März 1945 lag die brisante Meldung dem Herrn im Kreml vor.

Fehlt noch der Funkagent, der die Übermittlung nach Moskau übernahm. GRU-Leute in Berlin waren nach dem von Abwehr und Gestapo veranstalteten großen Aufräumen der Jahre 1942/43 rar geworden. Die meisten der Überführten wurden hingerichtet. Einige konnten abtauchen oder gerieten aus nahezu unbegreiflichen Gründen nicht in Verdacht, doch sie alle verloren den Anschluss an die Zentrale in Moskau. Einige der geschnappten Agenten machten bis Kriegsende Funkspiele unter der Aufsicht des Gestapo-Kommissars Thomas Ampletzer, das heißt, sie versorgten die Moskauer Führungsstelle fleißig mit deutscher Desinformation. Sie waren, allen Verschwörungstheorien zum Trotz, jedoch mit Sicherheit nicht die Funker der deutschen Atombombenmeldung, denn diese war keine Desinformation mit Funkspielcharakter, sondern sie stimmte. Es muss also jemand anders gewesen sein.

Nur in einem Fall scheint es der GRU nach dem Desaster von 1942/43 gelungen zu sein, eine Gruppe von Funkagenten in die deutsche Reichshauptstadt zu schleusen. Es handelte sich um drei Agenten unter der Führung des fünfundvierzigjährigen Georg Thiele. Der einstige Spanienkämpfer war im September 1944 in Begleitung der ehemaligen Wehrmachtsangehörigen Erwin Flegel und Gerhard Barth im jugoslawischen Partisanengebiet abgesetzt worden. Diese Mischung von kommunistischem Kämpfer und erst kürzlich aus dem Machtbereich Deutschlands entronnenem Soldaten muss sich bewährt haben, denn diese drei, und vermutlich nur sie, schafften es, in den folgenden zwei Monaten bis nach Berlin vorzudringen. Nach eigenen Worten nahmen sie Kontakt zu deutschen Antifaschisten und sowjetischen Kriegsgefangenen auf, die in der Reichshauptstadt zur Zwangsarbeit eingesetzt waren. Thiele und Co. konnten sich bis Kriegsende in der Reichshauptstadt halten.[20] Dass über sie die brisante Nachricht nach Moskau abfloss, ist vorstellbar, ja, sogar wahrscheinlich.

Um es zu wiederholen: Die oberste sowjetische Führung wusste nur zu genau, was sich im Feindstaat Deutschland und bei der Konkurrenzmacht USA anbahnte. Erheiternd liest sich, wie falsch die britische und die US-amerikanische Regierung dieses Wissen einschätzten. Am 24. Juli 1945 entschloss sich US-Präsident Harry S. Truman, während der Potsdamer Konferenz Stalin Mitteilung über die Existenz der Bombe und ihren beabsichtigten Einsatz in Japan zu machen. Der britische Premier Churchill notierte:

»Ich stand ungefähr fünf Meter entfernt und beobachtete Stalin mit gespannter Aufmerksamkeit. Es war ungemein wichtig, die Wirkung abzuschätzen, die diese umwälzende Neuigkeit auf ihn ausübte. Ich sehe alles vor mir, als sei es gestern gewesen. Stalin schien hocherfreut. Eine neue Bombe! Von ungeheurer Sprengkraft! Wahrscheinlich kriegsentscheidend gegen Japan. Welcher Glücksfall! Das war mein im Moment gewonnener Eindruck, und so war ich überzeugt, dass ihm die Bedeutung dessen, was gesagt wurde, völlig entging... Es wäre nichts leichter für ihn gewesen, als zu sagen: ›Vielen Dank für diese Mitteilung über Ihre neue Bombe. Ich bin natürlich kein Techniker. Darf ich morgen Früh meine Sachverständigen für Kernphysik zu Ihnen schicken?‹ Aber Stalins

Züge blieben heiter und unbeschwert, und die Unterhaltung der beiden großen Staatschefs ging gleich darauf zu Ende. Während wir auf unsere Autos warteten, fand ich mich neben Truman. ›Wie ist es abgegangen?‹, fragte ich. ›Er stellte keine einzige Frage‹, antwortete er.«[21]

Und so, können wir hinzufügen, legte Stalin die beiden anderen herein.

In Wirklichkeit wurde mit höchstem Druck an der Verwirklichung einer sowjetischen Atombombe gearbeitet. Mehrere Teams sowjetischer Wissenschaftler waren, in Uniform gesteckt, der Roten Armee bei ihrem Einmarsch auf dem Fuß gefolgt, um Ausschau nach dem deutschen Forschungsstand und dem dazugehörigen Personal zu halten. Sie konnten nur mit Mühe verhindern, dass der Raketenversuchsplatz in Peenemünde durch einrückende Einheiten der Roten Armee unter Major Anatoli Wawilow dem Erdboden gleichgemacht wurde. Auch an anderen Plätzen wurden die Technikjäger vielfach fündig. Mit Grimm mussten die Sowjets allerdings zur Kenntnis nehmen, dass die US-Armee über die in Jalta gesteckten Grenzen nach Osten vorgedrungen war und Thüringen besetzt hatte, wo die US-Dienste zu Recht den Schwerpunkt der deutschen praktischen Atomversuche und des Raketenbaus vermuteten. Als sich die amerikanischen Truppen im Juni 1945 hinter die Werra zurückzogen, nahmen sie Etliches mit, was den Russen lieb und teuer gewesen wäre.

Zunächst ließen die Sowjets in ihrer Besatzungszone die Betroffenen an Ort und Stelle weitermachen. Doch alsbald setzte sich durch, diejenigen, die man im einschlägigen Sprachgebrauch als Spezialisten bezeichnete, vom NKWD einsammeln zu lassen und in die Sowjetunion zu deportieren. Nur wenige gingen freiwillig. Den meisten blieb gar keine andere Wahl, als sich zu beugen, wenn auch der Umstand, dass sie ihre Familien mitnehmen durften, und die Aussicht auf ein gutes Gehalt den Zwangsexport etwas abmilderten. Für viele der Betroffenen endete dieser unfreiwillige Umweg in die Sowjetunion erst in den 1950er-Jahren. Dabei waren die letzten Jahre des Aufenthalts meist mit Nichtstun angefüllt, das die sowjetischen Dienstherren als Abkühlungszeit bezeichneten. Denn die Betroffenen sollten bei ihrer Rückkehr nach Deutschland, was für die meisten von ihnen mutmaßlich Westdeutschland bedeutete, nicht der Rüstungsindustrie des Klassenfeindes von Nutzen sein.

Über die Frage, was die deutschen Spezialisten in der Sowjetunion zur Atomforschung sowie zum Flugzeug- und Raketenbau beitrugen, ließe sich trefflich streiten. Am 29. August 1949 glückte der Sowjetunion der Atomwaffenversuch von Semipalatinsk im fernen Kasachstan. Jetzt hatten die Sowjets zumindest optisch mit den US-Amerikanern gleichgezogen. Und mit dem Start des ersten Sputniks ins All war der Nachweis erbracht, dass in der Raketentechnik neue Tore aufgestoßen worden waren. Sieht man die ersten sowjetischen Muster an, so kann man durchaus sagen: Die gute alte deutsche V2 lässt grüßen.[22]

Die Greifkommandos des NKWD nahmen in den Jahren nach dem Krieg nicht jeden. Viel zu tief saß das Misstrauen, einen britischen Agenten untergejubelt zu bekommen. Dieses Misstrauen war so alt wie die Sowjetunion. Es hatte einen realen Kern mit dem Namen Lettisches Komplott, jenem bizarren Versuch der britischen Geheimdienstleute Bruce Lockhart und Sidney Reilly, im Sommer 1918 die lettischen Wachtruppen des Kreml zum Putsch gegen die bolschewistische Regierung anzustiften. Das ging bekanntlich in die Hose. Doch das Ereignis hinterließ in der ohnedies zur Paranoia neigenden Kremlführung tiefe Spuren. Noch in der Zeit der Großen Säuberung glaubte man, hinter jedem Strauch einen britischen Agenten zu erblicken. Und Stalin pflegte zum Jahreswechsel 1940/41 die Meldungen über den bevorstehenden deutschen Angriff als britische Desinformation abzutun. Die Sache hatte also Tradition.

Einer der Spezialisten, den die Sowjets mit größtem Missbehagen betrachteten (und für einen britischen Spion hielten), war der Oberassistent an der Technischen Hochschule Danzig, Karl Roewer. Wir sahen ihn bereits am Anfang des Kapitels in Flensburg anlanden. Einem britischen Greifkommando für deutsche Wissenschaftler fiel auf, dass dieser Mann in St. Petersburg geboren wurde. Well, das war doch Leningrad, oder? Ein Russe gar? So schob man ihn ohne viel Federlesens zum sowjetischen Nochverbündeten ab.

Dort lag nichts näher, als ihn in den wieder in Betrieb genommenen Raketenwerkstätten von Sondershausen zu verwenden. Das war ein guter Job, denn deutsche Raketen wurden mit reinem Alkohol angetrieben, der dort immer noch in großen Mengen lagerte. Der Sprit war zwar vergällt und damit für deutsche Kehlen ungenießbar, aber mit etwas Geduld ließ er sich für Russen trinkbar machen. Diese Leistung wurde dankbar honoriert. Als es jedoch darum ging, die Spezialisten aus Sondershausen in die Sowjetunion zu verfrachten, wurden die NKWD-Leute misstrauisch. Dieser Mann sprach nicht nur fließend Russisch, sondern er kam auch noch von den Engländern. Das wollte man gesprächsweise klären.

Da Roewer diese alarmierende Neuigkeit gegen Raketen-Wodka-Währung rechtzeitig bezog, beschloss er, die Klärung nicht abzuwarten, nahm ein Wehrmachtsmotorrad der Marke Puch, das er für herrenlos hielt, und verschwand aus der Sowjetischen Besatzungszone. Nachspiel: Als er 1971 in die Sowjetunion reisen wollte, fragte die fürsorgliche sowjetische Botschaft in Bonn nach, wie er es mit seiner sowjetischen Staatsangehörigkeit zu halten gedenke. Auf eine solche, so beeilte er sich mitzuteilen, verzichte er dankend.

Der Deportation dank Raketenschnaps entkommen: Karl Roewer.

Kolonialland.
Die sowjetischen Organe bei der Arbeit II

Die deutsche Niederlage machte aus dem Teil Deutschlands, der von der Roten Armee besetzt wurde, sowjetisches Kolonialland. Für die überwiegende Mehrheit der Deutschen bedeutete diese Besetzung keine Befreiung. Selbst für diejenigen, die das Ende der NS-Herrschaft herbeigesehnt hatten, waren die neuen Herren um kein Jota besser. So schrieb beispielsweise Ruth Andreas-Friedrich in ihr Tagebuch:

»In Klein-Machnow wohnt Inge Zaun. Sie ist achtzehn Jahre alt und wusste nichts von Liebe. Jetzt weiß sie alles. In sechzigfacher Wiederholung. ›Wie soll man sich denn wehren‹, meint sie gleichgültig, fast stumpf, ›wenn sie an die Türe donnern und sinnlos um sich rum schießen? Jede Nacht neue, jede Nacht andere. Als sie mich das erste Mal vornahmen und Vater zwangen, ihnen zuzuschauen, dachte ich, dass ich stürbe. Später…‹, sie macht eine matte Handbewegung. ›Seit ihr Kapitän ein Verhältnis mit mir hat, ist es zum Glück nur noch einer. Er hört auf mich und hilft, dass sie die Mädchen in Ruhe lassen.‹ Mich schaudert. Vier Jahre hat uns Goebbels erzählt, dass uns die Russen vergewaltigen würden. Dass sie schänden und plündern, morden und brandschatzen. Gräuelpropaganda!, empörten wir uns und hofften auf die alliierten Befreier. Wir wollen jetzt nicht enttäuscht sein. Wir könnten es nicht ertragen, wenn Goebbels recht behielte. Zwölf Jahre waren wir dagegen. Einmal muss man auch dafür sein dürfen. Wenn uns das jetzt nicht gelingt…«[23]

Die Tagebuchschreiberin hatte es sich während der NS-Diktatur zur Aufgabe gemacht, Verfolgten beim Untertauchen zu helfen; ihre Organisation hieß Onkel Emil. Andere entdeckten ihre Neigung zum Widerstand erst, als alles schon vorbei war, und die spuckten dann große Töne.

Neben den schier unbeschreiblichen Szenen, die sich in Deutschland im ersten Halbjahr 1945 abspielten, gibt es andere sichere Indikatoren, dass das Deutsche Reich auf den Status eines Koloniallandes herabsank. Auch hier hat es später viel Kleister gegeben, um die Fakten verschwinden zu lassen. In den letzten Tagen des April 1945 starteten in Moskau kleine Gruppen kommunistischer deutscher Funktionäre, die einen sehr speziellen Auftrag im Gepäck mitführten. Zwei dieser Gruppen waren nach ihren Anführern Ulbricht und Ackermann benannt. Diese beiden waren interessante Gestalten, und es lohnt sich, sie ein wenig zu betrachten.

Der Sachse Walter Ulbricht kam 1893 in Leipzig als Sohn eines Schneiders zur Welt. Während des Ersten Weltkrieges 1915 zur Infanterie eingezogen, war er zunächst in der Etappe an der Ostfront und dann auf dem Balkan. Als er 1918 zur Westfront sollte, zog er es vor zu desertieren. Er wurde gefasst und kam mit einer unglaublich milden Strafe davon. Bei Kriegsende in Leipzig zurück, schloss er sich Anfang 1919 der KPD an. Der farblose Mann wurde nun Funktionär. Bis zum Ende der 1920er-Jahre hatte er es zum Reichstagsmandat gebracht. Doch erst in der NS-Zeit kam Ulbricht groß raus. Es gelang dem Emigranten wie keinem Zweiten, den absoluten Gefolgsmann Moskaus zu geben. Das war nur möglich, weil er neben dem Talent, alle Kursänderungen zu erspüren, über ein hohes Maß an Intrigantentum verfügte, sodass es ihm gelang, alle irgendwie gefährlichen Konkurrenten durch die sowjetischen Freunde beiseiteräumen zu lassen. Dafür bot Moskau zur Zeit der Großen Säuberung ideale Voraussetzungen.

Dem Genossen Ulbricht assistierte der Genosse Funk, der in Wirklichkeit Herbert Wehner hieß, beim Genossenliquidieren nach besten Kräften. So kam Ulbricht nach ganz oben. Der KPD-Vorsitzende Wilhelm Pieck war für ihn eine ungefährliche Galionsfigur. Die Zeit des Krieges mit dem Deutschen Reich brachte Ulbricht in allen möglichen Stellungen der Frontpropaganda gegen die deutsche Wehrmacht zu. Er ressortierte somit bei der Abteilung 7 der Politischen Hauptverwaltung der Roten Armee. Davon gleich mehr.

Der zweite Mann war Anton Ackermann. Das war allerdings nur sein Parteiname. Er war 1905 als Sohn eines Strumpfwirkers zur Welt gekommen und auf den Namen Eugen Harnisch getauft worden. 1926 trat er der KPD bei. Dort muss der begabte junge Mann schnell aufgefallen sein, denn bereits 1929 schickten ihn die Genossen an die Internationale Leninschule nach Moskau. Das war die Kaderschmiede für Weltrevolutionäre und vor allem ein Sprungbrett für eine solide Funktionärskarriere.

Bis 1933 blieb Harnisch alias Ackermann in Moskau. Dann folgte ein illegaler Abstecher nach NS-Deutschland, und kurz darauf tauchte er wieder in Moskau und später im Spanischen Bürgerkrieg auf. Von dort emigrierte er nach Frankreich. Damit hatte er ein gerüttelt Maß an Glück, denn in der blutigsten Zeit der Großen Säuberung war er von Moskau fern. Dorthin kehrte er erst nach dem Beginn des Zweiten Weltkrieges zurück. Er wurde Redakteur der Zeitung *Das freie Wort* und rückte 1943 zum Chefredakteur des Senders für das Nationalkomitee Freies Deutschland auf. Auch dies war eine Tätigkeit für die Abteilung 7 der Politischen Hauptverwaltung der Roten Armee, deren Propaganda-Kind das NKFD und der etwas später aus der Taufe gehobene Bund Deutscher Offiziere (BDO) war.

Bereits im Herbst 1941 zeichnete sich ab, dass auf dem wichtigen Gebiet der Beeinflussung und Zersetzung des Gegners der Einfluss der Komintern auf die Rolle des Stichwortgebers und des Personalreservoirs zurückgedrängt werden würde. Planendes und durchführendes Organ wurde die 7. Abteilung der Politverwaltung der Roten Armee (GlawPURKKA), die bereits am dritten Tage des Krieges mit dem Deutschen Reich, also am 25. Juni 1941, beauftragt worden war, alle Aktionen gegen die deutsche Wehrmacht und auch gegen die deutsche Bevölkerung zu koordinieren. Das war ein wenig überraschend, denn zum einen war die Politverwaltung der Roten Armee ursprünglich zu einem ganz anderen Zweck geschaffen worden, nämlich dem der parteipolitischen Justierung des Offizierskorps. Zum anderen drängten sich neben der Komintern die GRU, das NKWD und das NKGB um diese Aufgabe.

Die Entscheidung Stalins, die GlawPURKKA in den Vordergrund des Zersetzungstheaters zu schieben, ist nur mit seiner sehr persönlichen Auffassung von Machtkonzentration und Gewaltenkontrolle zu erklären. Am 20. Juli 1941 hatte sich Stalin zusätzlich zu seinen anderen Ämtern in Staat und Partei zum Volkskommissar der Verteidigung ernennen lassen. Das Instrumentarium der Politkommissare der Roten Armee unterstand ihm somit unmittelbar. Leiter der 7. Abteilung war 1941 der vierunddreißigjährige Michail Burzew; er blieb bis 1953 auf diesem erst jetzt besonders einflussreichen Posten. Die Aufgabe war klar: den Kriegsgegner, allen voran das Deutsche Reich, mit den Mitteln der Propaganda und Zersetzung zu zermürben.

In der Praxis bedeutete das, die Goebbels'sche Propaganda zu übertrumpfen. Die Anfänge dieses Tuns fielen denkbar jämmerlich aus.[24] Erst nach der deutschen Niederlage bei Stalingrad änderten sich die Bedingungen. Sie mündeten in einen großen Theatercoup: die Gründung des Nationalkomitees Freies Deutschland (NKFD) und seines kleinen Bruders, Bund Deutscher Offiziere (BDO). Beide Vereinigungen waren rein sowjetischen Ursprungs, die Eltern saßen im ZK der KPdSU, und die Geburtshelfer in der Abteilung 7 der Politischen Hauptverwaltung der Roten Armee und im NKWD.

Das NKFD wurde am 12./13. Juli 1943 in Krasnogorsk bei Moskau aus der Taufe gehoben.[25] Zweihundertacht sorgsam ausgewählte Personen waren die aufgebotenen Statisten. Das galt sowohl für die angereisten deutschen KP-Emigranten als auch hinsichtlich der Kriegsgefangenen, die als Delegationen der einzelnen Kriegsgefangenenlager deklariert worden waren. Die Rolle des Vorsitzenden erhielt der kommunistische Dichter Erich Weinert. Um ihn herum gruppierten sich weitere Kommunisten und etliche kriegsgefangene Soldaten.

Zum Verdruss der Sowjets war es indessen nicht geglückt, ranghohe Offiziere mit an den Angelhaken zu nehmen. Der höchste Offiziersdienstgrad war der eines Majors. Die deutsche Generalität in den Gefangenenlagern war zu diesem Zeitpunkt nicht bereit, eine allzu offene Zusammenarbeit mit den Kommunisten zu praktizieren. Deswegen musste eine Ersatzlösung her. Sie wurde in Form des rein soldatischen BDO geschaffen, der Unabhängigkeit von der kommunistischen sowjetischen Führung demonstrieren sollte, die in Wirklichkeit selbstredend nicht vorhanden war. Die offizielle Gründungsversammlung des BDO fand am 11. und 12. September 1943 in Lunjowo statt.

Beide Institutionen enthielten bis ins Jahr 1944 hinein die vage Möglichkeit, den Nukleus für eine deutsche Gegenregierung zu bilden – nämlich solange nicht klar war, ob es in absehbarer Zeit gelingen werde, die Wehrmacht vernichtend zu schlagen und Adolf Hitlers Regierung zum Teufel zu jagen. Doch nach dem Zusammenbruch der deutschen Oderfront im Januar/Februar 1945 verloren NKFD und BDO rapide an Bedeutung. Bald nach Kriegsende wurden sie vollends bedeutungslos. Am 2. November 1945 löste sich das NKFD sang- und klanglos auf.[26]

Es wäre allerdings verfehlt anzunehmen, dass sich mit dem Ende der beiden trojanischen Pferde NKFD und BDO die Aufgaben ihrer Akteure erledigt hätten. Das Gegenteil trifft zu. Deutsche Spitzenleute aus dem A-7-Theater wie Walter Ulbricht und Anton Ackermann bildeten noch vor Kriegsende die erste Staffel derer, die in der Sowjetischen Besatzungszone das Sagen haben sollten. Das gilt keineswegs nur für die echten Kommunisten, die in Moskau und anderswo in sowjetischem Namen die Propaganda- und Zersetzungsstrippen gezogen hatten, sondern auch für die einschlägig tätigen sowjetischen Offiziere und die zahlreichen ehemaligen Wehrmachtssoldaten, die die Antifa-Schulen durchlaufen hatten. Aus ihnen speisten sich die Initiativgruppen. Deren Dreiteilung entsprach der sowjetischen Armeegliederung.

Während Brandenburg und Mecklenburg von der 1. Belorussischen Front unter Marschall Georgi Shukow erobert wurden, kämpfte weiter südlich davon, im Gebiet von Böhmen und Sachsen, die 1. Ukrainische Front unter Marschall Iwan Konjew und nördlich davon, im Raum Pommern, die 2. Belorussische Front unter Marschall Konstantin Rokossowski. Die Gruppe Ulbricht gehört zur 1. Belorussischen Front, die Gruppe Ackermann zur 2. Ukrainischen Front und die Gruppe Sobottka zur 2. Belorussischen Front. Die Zielorte der Initiativgruppen waren dementsprechend Berlin, Dresden und Stettin. Erst mit der Umgliederung der Roten Armee in eine einheitliche Gruppe sowjetischer Streitkräfte in Deutschland hörte die Dreiteilung auf.

Sehen wir uns die dreißig Teilnehmer der drei kommunistischen Initiativgruppen an, die den Nukleus für die künftige deutsche Dienerschaft der sowjetischen Herrschaft bilden sollten, so fallen eine Reihe von Geheimdienstlern auf, die zuvor (und danach) bei sowjetischen Diensten unter Vertrag standen, so beim NKGB, bei der GRU oder der Abteilung Internationale Verbindungen (OMS) der seit zwei Jahren scheinbar aufgelösten Komintern: Richard Gyptner (OMS), Otto Winzer (OMS), Kurt Fischer (GRU), Peter Florin (Partisanenbewegung, recte: NKGB), Arthur Hofmann (vermutlich NKGB), Herbert Hentschke (GRU) und Rudolf Herrnstadt (GRU). Aus diesem Septett blieben nur Hentschke und Hofmann dem Metier hauptamtlich für längere Zeit treu. Hentschke ging 1951 zum Außenpolitischen Nachrichtendienst der DDR und beendete 1981 seinen aktiven Dienst als Generalmajor der Staatssicherheit; Hofmann kam 1953 zum MfS und trat 1970 als Oberst in den Ruhestand. Gyptner, Winzer und Florin machten später im diplomatischen Dienst der DDR Karriere. Winzer brachte es immerhin bis zum DDR-Außenminister, zu einem Posten, den er über zehn Jahre, von 1965 bis 1975, bekleidete. GRU-Mann Fischer wurde Innenminister in Sachsen und sodann Chef der Deutschen Volkspolizei. Am 22. Juni 1950 starb er, kurz vor seinem 50. Geburtstag. Den Griff nach den Sternen versuchte GRU-Mann Herrnstadt. Dem steilen Aufstieg ins Politbüro der SED folgte 1953 der rasante Absturz; davon wird noch die Rede sein.

Bei der Betrachtung der Vorgänge in der Sowjetischen Besatzungszone springt ins Auge, dass das Personal, das die Dinge in die Bahnen lenken sollte, keineswegs auf diese Tätigkeit

Vier Sowjetagenten auf dem Weg zur Staatsspitze: Kurt Fischer, Peter Florin (Aufnahme von 1991), Otto Winzer und Richard Gyptner.

Die Stimme ihres Herren oder fröhlicher Agententreff? Die verantwortlichen Redakteure der Berliner Zeitung *und Agenten der GRU Georg Stibi, Rudolf Herrnstadt und Gerhard Kegel am 8. November 1948 beim Jahrestag der Oktoberrevolution zusammen mit dem Sowjetobristen Alexander Kirsarow, Funktionär der 7. Abteilung und zugleich Chefredakteur der sowjetischen Tageszeitung* Tägliche Rundschau *(rechts die erste Ausgabe).*

vorbereitet war. Im Gegenteil, die Mitarbeiter der Abteilung 7 der Politischen Hauptverwaltung der Roten Armee waren jahrelang mit etwas beschäftigt, was mit Aufbau und Gestaltung nichts zu tun hatte, sondern sie betrieben Propaganda, Desinformation und Zersetzung. Das galt vor allem für die sowjetischen Offiziere, aber auch für die Deutschen, die dort mitgemacht hatten. Bestenfalls bei einigen der kommunistischen Kader durfte man so etwas wie Erfahrungen mit dem politischen Leben voraussetzen, aber nur bei denen, die schon vor 1933 tätig gewesen waren. Die Jungkommunisten hingegen kannten Deutschland bestenfalls als vage Kindheitserinnerung.

Angesichts solcher Startbedingungen kann es niemanden verwundern, dass es in der Sowjetischen Besatzungszone drunter und drüber ging. Entscheidendes trugen hierzu ferner die völlig unklaren Befehlsstränge und die sich überlagernden Kompetenzen der verschiedenen sowjetischen Einrichtungen sowie die Diadochenkämpfe der sowjetischen Geheimdienste bei. Die linke Hand wusste nicht, was die rechte tat, und zu allem Überfluss geisterten Trophäen-Brigaden durchs Land. Wer sich hierunter Leute auf der Suche nach Naziklamotten fürs heimische vaterländische Museum vorstellt, der irrt. Der Begriff war ein Euphemismus für die vollständige Ausplünderung der Sowjetischen Besatzungszone. Mancherorts wurde dergleichen Demontage oder Reparationslieferungen genannt.[27] Doch beide Maßnahmen standen in schreiendem Gegensatz zueinander. Entweder man wollte die deutsche Industrie für Reparationsleistungen heranziehen, oder es ging darum, ihre Produktionseinrichtungen in die Sowjetunion zu verlagern. Nur in dem schmalen Bereich, der unter unmittelbarer Aufsicht des NKWD stand, also bei den Uranlagerstätten, den Produktionsanlagen für Raketen und Strahlflugzeuge sowie den Forschungsstätten für die chemisch-physikalische Grundlagenforschung, scheint die Quadratur des Kreises halbwegs gelungen zu sein. Und zwar, indem die Uranförderung in eine sowjetische Aktiengesellschaft mit dem Decknamen Wismut unter geheimdienstlicher Aufsicht überführt wurde[28] und die übrigen Produktionsstätten nebst dazugehörigem Personal vom NKWD zwangsweise in die Sowjetunion verfrachtet und dort unter Aufsicht gehalten wurden.[29]

Wenn aus dem Chaos in der Sowjetischen Besatzungszone dennoch eine Art Zusammenleben organisiert wurde, so lag das vor allem ausgerechnet an zwei Männern, denen das von ihrem Vorleben her wohl kaum zuzutrauen gewesen wäre. Der eine war Sergej Tjulpanow, der andere hieß Wladimir Semjonow. Tjulpanow wurde 1901 geboren. Im Bürgerkrieg hatte sich der jugendliche Sergej Iwanowitsch der Roten Armee angeschlossen. Dort muss er bald aufgefallen sein, denn er avancierte zum Politkommissar. Nach der Demobilisierung studierte er Wirtschaftswissenschaften, und alles deutete darauf hin, dass das junge Parteimitglied in Leningrad eine Professorenkarriere einschlagen würde. Doch 1941 wurde für Tjulpanow wie für viele Russen alles anders.

Da Tjulpanow ausgezeichnet Deutsch sprach, erhielt er nach seiner Einberufung zur Roten Armee die Leitung der Politabteilung 7 an der Leningrader Front übertragen. Im August 1942 wurde er an einen anderen Schwerpunkt des Geschehens versetzt: Er wurde Leiter der Politabteilung 7 der Stalingrader Front. Hier rekrutierte er Leute wie den Bismarck-Urenkel Heinrich Graf von Einsiedel.[30] Viele weitere Erfolge sollten sich anschließen, denn mit dem deutschen Debakel bei Stalingrad erhöhte sich das Potenzial der deutschen Verrats-Aspiranten ganz beträchtlich.

Tjulpanow war vierundvierzig Jahre alt, als der Krieg zu Ende ging. Er wechselte aus der Zersetzungstätigkeit bei der Politischen Hauptverwaltung der Roten Armee, wo er zum Schluss für das Nationalkomitee Freies Deutschland verantwortlich war, in die frisch gegründete SMAD. Dort erhielt er den Posten eines Leiters der Informationsverwaltung. Es ging also weiterhin um Beeinflussung zugunsten der Sowjetunion –

mit dem kleinen, aber feinen Unterschied, dass die Beeinflussten jetzt nicht mehr zu Sabotage und Desertion, sondern zur konstruktiven Mitarbeit aufgefordert werden mussten. Das war kein leichtes Unterfangen, denn die wenigsten Bewohner der SBZ waren freiwillig hierzu bereit. Hier wirkte nicht nur die NS-Propaganda nach, sondern die Betroffenen wurden Tag für Tag persönlich mit der Willkürherrschaft der Besatzungsmacht konfrontiert. Tjulpanow setzte auf die üblichen Hebel der Beeinflussung, an erster Stelle auf die Presse.[31]

Markante Köpfe: Oberst Sergej Tjulpanow, 1945 bis 1949 Chef der Informationsverwaltung der SMAD, und der Geheimdienst-Diplomat Wladimir Semjonow, der sich für die Reinkarnation von Wladimir Lenin hielt.

Der andere Mann von besonderem Einfluss war Wladimir Semjonow. Zehn Jahre jünger als Tjulpanow, war er bei Kriegsende also erst vierunddreißig Jahre alt. Aber er hatte schon eine denkwürdige Karriere hinter sich, die zweispurig als Diplomat und Geheimdienstmann verlaufen war – eine Kombination, die in der Sowjetunion niemand ungewöhnlich oder gar anstößig fand. Im Sommer 1940 hatte der Neunundzwanzigjährige zum ersten Mal hautnahen Kontakt mit Deutschland bekommen, denn er wurde als Erster Botschaftsrat an die sowjetische Botschaft in Berlin entsandt. Mit Kriegsbeginn im darauffolgenden Sommer wechselte er in derselben Funktion an die Gesandtschaft in Stockholm, die zumindest nominell von der großen Vorzeigedame der Russischen Revolution, Alexandra Kollontai, geleitet wurde. Doch wenn man meint, Semjonow habe sich in Schweden mit skandinavischen Problemen befasst, so irrt man, denn das eigentliche Zielland dieses Geheimdienst-Diplomaten blieb Deutschland. Semjonow war vor allem NKGB/NKWD-Resident. Alles, was an Sowjetspionage und -beeinflussung gegen das Deutsche Reich über Skandinavien abgewickelt wurde, ging über seinen Schreibtisch, auch die Versuche, im Sommer 1943 mit Deutschland zu einem Separatfrieden zu gelangen.

Mit Kriegsende war Stockholm als sowjetischer Aktionsplatz Nebensache geworden, sodass Semjonow für Höheres zur Verfügung stand. Er wurde Politischer Berater beim Chef der SMAD. Wenn überhaupt einer das Format hatte, sich im Intrigen- und Korruptionssumpf der sowjetischen Deutschlandpolitik über Wasser zu halten, dann war er es. Er war zudem dank seiner guten Verbindungen in die sowjetische Führungsspitze und deren Geheimdienstkader vermutlich der mächtigste Mann in der SBZ; der kontinuierlichste war er allemal, denn nach der Gründung der DDR rückte er zum außerordentlichen und bevollmächtigten Botschafter seines Landes in Ost-Berlin auf. Bescheidenheit war seine Sache nicht. »Ich war der Herr von halb Deutschland«, pflegte er diese Zeit zu resümieren. Kollegen und Untergebene witzelten, dass er sich für eine Inkarnation von Wladimir Lenin hielt, und in der Tat: Semjonows Größenwahn zeigte sich, als der Geheimdienst-Diplomat daranging, seine Aufsätze zur marxistisch-leninistischen Theorie unter dem Namen K. Iwanow zu publizieren – das war auch Lenins Zeitungsschreiber-Pseudonym gewesen.[32]

Gleich nach Stalins Tod 1953 wechselte Semjonow als stellvertretender Außenminister nach Moskau und schloss nach 1978 für acht Jahre seine Laufbahn als Botschafter in Bonn ab. Wenn man also die folgenden Jahrzehnte der deutsch-russischen Beziehungen betrachtet, muss man sich Semjonow als Agierenden stets mitdenken. Das Ende des Staates, dem der Russe auf verschlungenen Wegen so treu gedient hatte, bekam er noch mit. Semjonow starb am 18. Februar 1992.

Eldorado.
Die Tätigkeit der sowjetischen Dienste

Von Anfang an war in der SBZ eine ganze Reihe sowjetischer Geheimdienste tätig. Zunächst konzentrierten sich ihre Residenturen in Potsdam, ab 1947 in Berlin-Karlshorst, Waldowstraße 53–54. Die Beschreibung der in der SBZ und späteren DDR tätigen Sowjet-Dienste macht nicht nur deswegen Mühe, weil sie heimlich agierten. Mehrere Organisationsänderungen erschweren die Orientierung. Hier ein Überblick über die Strukturen der Apparate:

NKGB (ab 15. März 1946: MGB)	
Wsjewolod Merkulow; Oktober 1946: Viktor Abakumow	
1. Verwaltung	Auslandsaufklärung
2. Verwaltung	Spionageabwehr
3. Verwaltung	Transportsicherung
4. Verwaltung	Terror und Diversion
5. Verwaltung	Chiffrier- und Regierungsnachrichtendienst
6. Verwaltung	Schutz der Partei- und Staatsführung
Abteilung K (ab Nov. 1945)	Schutz der Atomindustrie
Abteilung S (ab Nov. 1945)	Atomspionage

Zentrum aller sowjetischen Geheimdienstbemühungen war das NKWD, das Volkskommissariat des Innern, das seine Wurzeln bis zum Gründungsakt der bolschewistischen Geheimpolizei Tscheka im Dezember 1917 zurückverfolgen konnte. Das NKWD war sowohl für die Überwachung im Innern als auch für die Auslandsspionage zuständig. Letztere war bei der Auslandsabteilung INO angesiedelt. Im Frühjahr 1941 erfolgte etwas überraschend die Teilung des NKWD. Bei dem abgespaltenen Volkskommissariat für Staatssicherheit NKGB wurde die eigentliche Geheimdienstarbeit nach außen und nach innen konzentriert.

Die Neuerung war allerdings nicht von langer Dauer. Bald nach dem deutschen Angriff auf die Sowjetunion im Sommer 1941 wurde sie rückgängig gemacht, und die Staatssicherheit kam zum NKWD zurück. Auch das war jedoch nicht von langer Dauer. Mitten im Krieg, im April 1943, wurde das NKGB erneut verselbstständigt. Wiederum trat der Berija-Vertreter Wsjewolod Merkulow an seine Spitze. Diese Abspaltung bedeutete allerdings nicht, dass das NKWD damit geheimdienstfrei gewesen ist. Die dem Volkskommissariat des Innern unterstehende Hauptverwaltung für Gefangene unterhielt beispielsweise eine eigenständige Residenturverwaltung, eine Umschreibung für das ausgedehnte organisierte Spitzelwesen in den Lagern.

Doch damit nicht genug. Zur selben Zeit, als im Frühjahr 1943 das NKGB aus dem NKWD erneut ausgegründet wurde, kam es am 19. April 1943 zur Abspaltung der Sonderabteilungen des NKWD, jener für die Überwachung der Roten Armee zuständigen Einrichtungen der Geheimpolizei. Sie wurden aus dem Volkskommissariat des Innern herausgelöst und als eigenständige Organisation dem Volkskommissariat der Verteidigung unterstellt. In der offiziellen Geschichtsschreibung der Sowjetunion ist um diese Maßnahme viel Aufhebens gemacht worden. Doch die Wahrheit dürfte auch in diesem Fall ziemlich simpel sein. Stalin, der neben vielen anderen Ämtern auch das des Volkskommissars der Verteidigung innehatte, wollte ein weiteres, unmittelbar ihm unterstelltes Instrument der Machtausübung schaffen, um zu verhindern, dass eine der Einrichtungen eine zu starke Stellung erhielt. Außerdem hatte er guten Grund, der seit dem Sieg der Roten Armee bei Stalingrad selbstbewusster auftretenden Armeeführung klarzumachen, dass sich in ihrer unmittelbaren Umgebung ein Überwachungsorgan befand.

Das neue Gebilde hieß Smersch (Смерш). Nichts kann die Zielrichtung dieser angeblichen Spionageabwehr besser beleuchten als die Geschichte ihrer Namensfindung. Während zunächst daran gedacht war, eine gängige Parole als Namen zu wählen, nämlich Smert nemzkim schpionam, zu Deutsch: Tod den deutschen Spionen, wurde die Parole zu Smert schpionam (Смерть Шпионам!) zusammengestrichen. Diese allgemeine Drohung soll bereits 1919 in einem Aufruf von Lenin gestanden haben. Hierauf habe, so will es die sowjetische Legendenschreibung, Stalin in der entscheidenden Sitzung des Rats der Volkskommissare hingewiesen und hinzugefügt: »Warum soll es hier nur um deutsche Spione gehen?«[33]

Wenn man hinzudenkt, dass nach sowjetischer Lesart jeder ein Agent des Feindes war, der nicht nach der sowjetischen Pfeife zu tanzen beabsichtigte, so wird schnell klar, wohin bei Smersch die Reise ging. Das wird bestätigt, wenn man sich die Gliederung von Smersch vor Augen führt, wie sie dann auf der Front- und auf der Armee-Ebene eingerichtet wurde: Smersch behielt die eingeübten Geheimpolizeistrukturen. Bezeichnenderweise trug die Abteilung, die den Auftrag hatte, die Rote Armee selbst zu überwachen, die Nummer 1. Die zweite Abteilung war die eigentliche Spionageabwehreinheit mit dem Auftrag der Aufdeckung von Agenten, was immer man darunter verstehen mochte. Die vierte Abteilung führte Untersuchungen durch, sprich, sie erprügelte von Gefangenen die Geständnisse. In der fünften Abteilung, der Prokuratur, wurden Anklage und Aburteilung durch Troikas erledigt, jene Dreiergremien, die alles in einem waren, Geheimpolizei sowie erste und letzte Gerichtsinstanz.

Gliederung von Smersch auf der Frontebene	
1. Abteilung	(Überwachung der eigenen Verbände)
2. Abteilung	Operationsabteilung (Aufspüren von Agenten)
3. Abteilung	Geheimabteilung (Nachrichtenverbindungen, Registratur)
4. Abteilung	Untersuchungsabteilung (Vernehmungen)
5. Abteilung	Prokuratur (Anklage und Aburteilung)
Personalabteilung	(einschließlich Überwachung des eigenen Personals)
Finanzabteilung	

Zum Chef von Smersch ernannte Stalin Viktor Abakumow. Der fünfunddreißigjährige Generaloberst war seit 1932 beim NKWD, wo ihm das Stühlerücken bei der Großen Säuberung eine überaus rasante Karriere ermöglicht hatte. 1939 war er bereits stellvertretender Volkskommissar des Innern. Zu Beginn des Deutsch-Sowjetischen Krieges wurde er Leiter der Militärabwehr und zugleich stellvertretender Volkskommissar der Verteidigung. Die unmittelbare Unterstellung unter den sowjetischen Diktator wusste Abakumow so zu nutzen, dass er mit seinen Formationen, die eigentlich mit Kriegsende ihre Funktion verloren hatten, völlig selbstständig gegen selbst definierte Gegner vorging. Dem Herrn im Kreml muss das gefallen haben, sonst hätte er Abakumow (sehr zum Ärger von Berija) nicht nach Umwandlung des Volkskommissariats für Staatssicherheit (NKGB) in das Ministerium für Staatssicherheit (MGB) im Oktober 1946 zum Minister ernennen lassen. Erst 1951 gelang es Berija, seinen lästigen Konkurrenten durch eine Intrige zu Fall zu bringen. Abakumow jedoch über-

Die einflussreichsten Konkurrenten um die Gunst des Diktators auf einem Monumentalschinken des sowjetischen Realismus: die Spitzenfunktionäre der sowjetischen Staatssicherheit Viktor Abakumow, Wsjewolod Merkulow und Lawrenti Berija. Den Umstand, dass Abakumow seinen Widersacher Berija um mehr als Haupteslänge überragte, traute sich der Maler offenbar nur zart anzudeuten.

lebte sowohl Berija als auch Stalin. Doch das nützte ihm wenig, denn schon im Jahr nach Stalins Ableben wurde er zum Tod verurteilt und am 19. Dezember 1954 erschossen.

Vollends verwirrend ist, dass neben den genannten Formationen noch der militärische Geheimdienst GRU existierte, die Hauptverwaltung Aufklärung beim Generalstab der Roten Armee. Die GRU unterstand seit 1942 dem Generalleutnant Iwan Ilitschew. 1943, im Jahr des allgemeinen Geheimdienstrevirements, wurde die GRU aufgespalten, und zwar in einen Teil, der unter Ilitschew beim Generalstab der Roten Armee blieb, und in einen Teil bei der Politischen Hauptverwaltung, der dem Generaloberst Fjodor Kusnezow, einem Parteiapparatschik, unterstellt wurde.

1945 stolperte Ilitschew. Dass er gegen Schluss des Krieges die besseren Informationen über den Kriegsgegner Deutschland und über das Atomprojekt in den USA beschaffen konnte, war in den Augen des allmächtigen NKWD-Konkurrenten Lawrenti Berija unverzeihlich. Also brachte er den ihm genehmen Fjodor Kusnezow in Stellung, der Ilitschew unter dem Vorwand der erneuten Zusammenfügung beider GRU-

Teile bereits im Juli 1945 ablösen konnte. Ilitschew musste sich fortan mit der Vertreterposition begnügen. Das hinderte ihn nicht, in den Folgejahren in der SBZ aufzutauchen. Was genau er dort tat, liegt nach wie vor im Dunkeln, aber vermutlich organisierte er von dort Geheimdienstoperationen gegen die ehemaligen Verbündeten. Hierbei half die in Wünsdorf bei Berlin angesiedelte RU-(Aufklärungs-)Verwaltung.

Wie bei Geheimdiensten üblich, bildeten die verschiedenen Dienste in der SBZ ihre Strukturen. Oberster Chef, zumindest von NKWD und NKGB, war, wie eingangs schon erwähnt, Iwan Serow. Da er zugleich Stellvertreter des Chefs der SMAD war, hätte es nahegelegen, die Geheimdienstarbeit in die Verwaltungsstruktur der sowjetischen Militärverwaltung zu integrieren, sie ihr also zu unterstellen. Doch weit gefehlt. Als typischer Berija-Mann – zumindest in diesen Jahren – unterhielt Serow einen eigenständigen Draht zu seinem Vormann in Moskau, der völlig abseits der Befehlsstruktur der SMAD verlief. Wie sah es nun unter ihm aus? Die sowjetische Geheimpolizei unterhielt neben ihrem Zentralapparat in der SBZ, der ebenfalls von Serow dominiert wurde, eine mehrfach untergliederte hierarchische Struktur.

Spitzengliederung der MGB-Residentur Karlshorst
MGB-Resident für die SBZ, Stand: 1947
Geheime Politische Abteilung
Abwehrabteilung
Ökonomische Abteilung (Zonen-Wirtschaft)
Überwachungsabteilung
Untersuchungsabteilung (auch: Kriegsverbrecherfahndung)
Archivabteilung
Statistikabteilung
Chiffrierabteilung
Personalabteilung
Militärische Abteilung

```
┌─────────────────────────────────────────────────────────────────┐
│ Territoriale MGB-Gliederung in der SBZ                          │
│ MGB-Resident in Karlshorst                                      │
│ August 1946 GO Nikolaj Kowaltschuk                              │
└─────────────────────────────────────────────────────────────────┘
                                 │
┌─────────────────────────────────────────────────────────────────┐
│ Opersektor (operativer Sektor) = Länderebene                    │
│ Berlin: 1945 GM Alexej Sidnjew; 1947 GM Alexej Wul (bis 1950)   │
│ Brandenburg: 1945 GL Pjotr Fokin; 1950 GM Stepan Filatow        │
│ Mecklenburg: 1945 GM Dmitri Nikitin; 1947 O Michail Schestakow  │
│ Sachsen-Anhalt: 1945 (?) GM Georgi Martirossow; 1947 O Michail Denskewitsch │
│ Thüringen: 1945 GM Grigori Beschanow; 1946 O Andrej Miroschnitschenko │
│ Sachsen: 1945 GM Sergej Klepow; 1948 O Kusma Jegischin          │
└─────────────────────────────────────────────────────────────────┘

┌─────────────────────────────────────────────────────────────────┐
│ Operokrug (operativer Bezirk) = Bezirksebene                    │
└─────────────────────────────────────────────────────────────────┘

┌─────────────────────────────────────────────────────────────────┐
│ Opergruppa (operative Gruppe) = Kreis- bzw. Ortsebene           │
└─────────────────────────────────────────────────────────────────┘
```

Interessanter als diese Fragen des Behörden-Einmaleins ist es zu klären, wer hier tätig war und was diese Leute machten. Vorweg gesagt: nicht viel Gutes. Das verwundert nicht, denn vielen der plötzlich nach Deutschland geschwemmten Sowjetfunktionäre ging es wie Alice im Wunderland. Hierbei kam vielen die verworrene Organisations- und Befehlsstruktur zugute, die manch einem die Möglichkeit bot, sowohl Mitarbeiter des NKGB/MGB (Staatssicherheit) als auch des NKWD/MWD (Innenministerium) zu sein. Das hatte den bedeutenden Vorteil, dass die Betreffenden von zwei Stellen Gehalt beziehen konnten, wobei die Gehälter im Sicherheitsbereich beträchtlich über der vergleichbaren Besoldung innerhalb der Roten Armee lagen. Doch damit nicht genug. Viele versorgten sich zusätzlich aus dem Lande.

Den Vogel scheint General Alexej Sidnjew, der MGB-Chef aus Berlin, abgeschossen zu haben. Er wurde 1948 festgenommen. Sidnjew hatte sich satte achtzig Millionen Reichsmark aus den Beständen der Reichsbank unter den Nagel gerissen. Doch mochte sich der tüchtige Mann nicht nur auf eine vergängliche Währung verlassen. Eine Wohnungsdurchsuchung ergab den Besitz eines sechshundertteiligen Silberbestecks, ferner gut hundert Gold- und Platinpreziosen, fünfzehn goldene Uhren sowie mehrere französische Gobelins aus dem 17. und 18. Jahrhundert. Bei seiner Vernehmung belastete Sidnjew Vorgesetzte wie den allmächtigen Iwan Serow auf das Schwerste, weshalb sich das Militärtribunal entschloss, Sidnjew möglichst rasch hinzurichten.[34]

Auch sonst taten die Formationen von Innenministerium, Staatssicherheit und Militärabwehr in der SBZ aus deutscher Sicht nicht viel Lobenswertes. Die Herren und wenigen Damen hatten oft reiche Erfahrungen mit der Sowjetisierung von fremden Völkern sammeln können. Dass sie diese jetzt auch im besetzten Deutschland anwendeten, kann niemanden wundern. Am übelsten erging es den Menschen des ersten Zugriffs. Hierfür liegen uns einige NKWD-Zahlen aus der Zeit ab dem 1. Januar 1945 vor. Erst jetzt, mit der ab dem 12. Januar 1945 beginnenden Großoffensive der Roten Armee von der Weichsel nach Westen, geriet deutsches Staatsgebiet unter sowjetische Herrschaft.[35] Die der Roten Armee unmittelbar folgenden Eingreifverbände des NKWD taten in den folgenden Wochen zweierlei: Sie mobilisierten deutsche Arbeitskräfte, und sie inhaftierten und erschossen feindliche Elemente. Hinter der Chiffre der Mobilisierung verbarg sich das Zusammentreiben der als arbeitsfähig erscheinenden Personen, ihr Transport in die Sowjetunion und die Zuweisung zur Zwangsarbeit. Der entsprechende Befehl des Volkskommissariats der Verteidigung vom 3. Februar 1945, der dies anordnete, ließ keinen Zweifel offen: »Alle Deutschen im Alter zwischen siebzehn und fünfzig Jahren sind, so weit zur physischen Arbeit tauglich, zu mobilisieren und zur Verwendung von Arbeiten in der UdSSR in Arbeitsbataillonen zu 750 bis 1200 Mann zu formieren.«[36]

Es traf etliche Zehntausend Menschen. Sie verschwanden auf Nimmerwiedersehen in der Sowjetunion. Die Deportationen dauerten bis April 1945 an. Gleichzeitig wurden bis zum 15. April 1945 weitere 215 669 Menschen als feindliche Elemente verhaftet. Nach der sowjetischen Lesart waren dies:

Agenten, Terroristen, Saboteure	8470
Mitglieder nationalsozialistischer Organisationen	123 166
Angehörige von Armeen, die gegen die Sowjetunion kämpfen	31 319
Angehörige der Polizeiorgane von Gefängnissen, KZs u. Ä.	3319
Leiter von Großbetrieben und aus der Verwaltung sowie Journalisten	2272
Landesverräter	17 495
andere feindliche Elemente	29 628

Von diesen Personen wurden 290 sogleich an Ort und Stelle erschossen, 5000 Verhaftete verstarben bei der Durchführung der Maßnahmen, wie es in der Sprache der Geheimpolizei ebenso vernebelnd wie drastisch hieß.[37] Doch das war nur der Anfang. Allein in den letzten Kriegs- und ersten Friedenstagen, zwischen dem 16. April und dem 13. Juni 1945, nahmen die Einheiten des NKWD erneut 206 909 Personen fest, die als »feindliche Elemente« klassifiziert wurden. Außerdem führten die NKWDler prophylaktisch Erschießungen durch, um vor Angriffen auf die Rote Armee abzuschrecken. Im Befehlsbereich von Iwan Serow mussten in diesen Tagen allein 567 Volkssturmleute aus diesem Grund ihr Leben lassen.[38]

Wie die feindlichen Elemente definiert wurden, lässt sich heute nicht mehr genau sagen. Fest steht hingegen, dass es sich bei ihnen keineswegs bevorzugt um große und kleine Nazis handelte – nicht etwa, weil in der SBZ ein Mangel an ihnen geherrscht hätte, sondern weil die Besatzungsmacht höchst pragmatisch ehemalige NS-Funktionäre in ihren Stellungen beließ oder diese zurückholte. Das erschien weniger riskant, als auf Leute zurückzugreifen, die etwa als Sozialdemokraten oder Christen in scharfer, ja lebensbedrohlicher Opposition zur NS-Diktatur gestanden und dadurch Mut und Eigenständigkeit bewiesen hatten. Diese rückten sehr viel schneller in den Rang feindlicher Elemente auf, als sie sich das je hätten träumen lassen. Hierfür gibt es ungezählte Beispiele. Eines der ersten, zudem ein prominentes, war der von den US-Amerikanern eingesetzte Thüringer Regierungspräsident Hermann Brill. Der SPD-Mann musste bereits am 16. Juli 1945 dem später vorübergehend zum Kommunisten gewendeten Wolfgang Paul weichen. Insgesamt herrschte die nackte Willkür: Es war weitgehend vom Zufall abhängig, welches Sicherheitsorgan wen wie einschätzte. In der Causa Brill beispielsweise hatte sich das NKWD gegen den politischen Berater Wladimir Semjonow durchgesetzt.[39]

Glück hatte, wer nur aus seiner Funktion entlassen wurde, ohne gleich ins Lager zu kommen. Auch hier ist heute kein System mehr zu erkennen. Fest steht nur, dass sich die Lager des NKWD mit Hunderttausenden von Menschen füllten, von denen viele infolge der katastrophalen Bedingungen ums Leben kamen. Die Biologielehrerin Herta Kretschmer etwa, deren Vergehen darin bestanden hatte, Pg gewesen zu sein – also Parteigenossin, Mitglied der NSDAP –, beschrieb den Beginn ihrer Gefängnis- und Lagerhaft wie folgt:

»Am 19. Januar [1946], einem Montag, kam vormittags ein Soldat ins Labor. Nichts Überraschendes. Manches Mal brachte einer irgendeine Probe zum Untersuchen. Doch er nannte nur fragend meinen Namen und sagte ruhig: ›Sollen mitkommen zum Kommandanten.‹ Ganz überraschend war auch das nicht. Einen Gang entlang, einen anderen, durch eine Tür, noch einen Gang, dann schloss er auf und ließ mich allein. In einer Zelle... Die Wagen fahren hinunter in die Stadt, über die Spreebrücke, dann hinaus aus der Stadt. Man sieht aus nach den Leuten auf der Straße. Einige werfen Zettel raus mit Nachrichten für die Angehörigen. Ich war nicht auf den Gedanken gekommen.

Die Fahrt geht über Peitz – was kümmert's mich –, über Lieberose. Irgendwo Halt. Auf einer Chaussee. Auf der einen Seite stehen große Rubinien, auf der anderen ist unter Kiefern ein Zaun, ein Tor darin. Der Zaun reicht weit. Warten vor dem Tor. Dann gehen wir hinein. In das Lager Jamlitz. Ohne den Namen zu wissen...
  Die Situation wurde schwierig, gefährlich, als die Rationen gekürzt wurden. Es verlautete, sie würden den Rationen draußen angeglichen. 250 oder 300 Gramm Brot je Tag wurden es, und auch weniger Suppenbeigaben. In Mühlberg soll die Bevölkerung versucht haben, LKWs mit Verpflegung fürs Lager zu stürmen, empört darüber, dass ›die da drin‹ mehr bekamen als sie selbst. Die höheren Rationen waren irreführend. Denn im Lager gab es keine Zusatzmöglichkeiten wie draußen, keinen Garten, keine Hamsterfahrten, Stoppeln, Freunde auf dem Lande oder mit Garten. Hier drinnen gab es winzige Zusätze von Magazineinsätzen und seltene Nachschläge und die anrüchigen Zusätze einiger ›Verhältnisse‹. Aber für Männer gab es auch diese nicht. Das große Sterben der Männer setzte ein. Bis über hundert am Tag. Als der Toten zu viel geworden waren, wurden die Rationen wieder erhöht.«[40]

Wie kamen die neuen Herren der SBZ zu den Informationen, die sie so handeln ließen, wie hier beschrieben? Nun, es war das altbekannte Mittel nachrichtendienstlicher Informationsbeschaffung, die in erster Linie auf Denunzianten und Spitzeln baute. Die Biologin fuhr fort:

»Ich blieb nicht lange allein [in der Zelle]. Eine alte kleine Frau kam, freundlich und bescheiden. Erzählte mir, sie und ihr Mann haben in Lübbenau ein kleines Häuschen; der Mann wurde zum Volkssturm eingezogen; bat, seine Pistole zu verwahren; als der Zusammenbruch nahte, vergrub sie die Waffe im Garten; Nachbarn hatten das bemerkt und sie angezeigt.«[41]

Da die sowjetischen Geheimdienste Statistiken liebten, sind Zahlen über die unter Vertrag genommenen Spitzel erhalten geblieben. Per 1. Januar 1946 arbeiteten in der SBZ 2304 Deutsche als Agenten; davon waren 458 erst im Vormonat angeworben worden. Die Anwerbungen gingen munter fort. 3083 deutsche Agenten meldeten allein die Inneren Truppen des NKWD für das Jahr 1946.[42] Hinzu kamen die von Smersch, NKGB und GRU. Wie üblich ist es interessanter, sich statt mit den Zahlen mit einzelnen Mitgliedern dieser ehrenwerten Gesellschaft auseinanderzusetzen. Nehmen wir zum Beispiel Bernhard Bechler.

Der Vogtländer Bechler wurde 1931 Berufssoldat. Im Zweiten Weltkrieg hatte er zunächst Glück. Bis zum Frühjahr 1942 konnte der junge Offizier auf gut beheizten Druckposten zubringen. Im März 1942 war damit Schluss. Hauptmann Bechler übernahm ein Infanteriebataillon im Grenadierregiment (mot.) Nr. 29. Das Bataillon war zur Begrüßung des neuen Kommandeurs angetreten, und Bechler sagte: »Ich bin Nationalsozialist und glaube an die große Aufgabe des Führers. Ich erwarte unbedingten Gehorsam, jede Kritik an der Person des Führers oder an seinen Maßnahmen wird streng bestraft, es lebe Deutschland, es lebe der Führer. Sieg Heil!«[43]

Bechler erreichte mit seinem Bataillon Stalingrad. Am 27. Januar 1943 ergab er sich mit dem spärlichen Rest seiner Soldaten. Sehr bald geriet Bechler in die Hände des Schriftstellers Friedrich Wolf, der als Promi bei der Abteilung 7 der Politischen Hauptverwaltung der Roten Armee diente. Wolf vollbrachte eine Bekehrung, und aus dem gläubigen Nazi war ein praktizierender Kommunist geworden. Wenige Wochen darauf zählte er zu den Gründungsmitgliedern des NKFD. Ein Jahr später war er wieder im Fronteinsatz, nun aufseiten der Roten Armee als Frontbeauftragter des NKFD. Die Gräuel, die die in Ostpreußen einfallenden Russen verübten, fand Bechler richtig; tadelnswert hingegen, diese Verbrechen beim Namen zu nennen. Also sorgte er durch Anschwärzen ehemaliger

Kameraden, die ihre Empörung geäußert hatten, dafür, dass diese unverzüglich aus dem Kampfgeschehen entfernt wurden. Einer, den das traf, war der Bismarck-Urenkel Heinrich von Einsiedel, der seit 1942 mit der Roten Armee kollaborierte. Es versteht sich, dass Bechler sich so den neuen Herren empfahl. Spitzeldienste übernahm er ebenfalls gern, und so brachte er es noch bis zum General – pardon, zum Genossen General.

Doch bevor es so weit kam, musste Bechler noch eine Kleinigkeit in seinem Leben bereinigen: seine Ehe. Ehefrau Margret Bechler hatte es nach dem Frontwechsel ihres Mannes im NS-Staat nicht gerade leicht gehabt. Nach dem Attentat vom 20. Juli 1944 wurde ihr von einem NS-Funktionär nahegelegt, sich von ihrem Ehemann zu distanzieren und die Scheidung einzureichen. Sie lehnte dies ab. Doch das wurde ihr von niemandem gedankt, denn Bechlers geheimdienstliche sowjetische Vormänner waren auf die gloriose Idee verfallen, bei Frau Bechler einen Abgesandten vorbeizuschicken, der sich als Kompagnon von Bernhard Bechler zu erkennen gab. Margret Bechler glaubte ihm kein Wort, sondern hielt den Auftritt für eine Provokation der Gestapo in Weimar, der sie das Ereignis unverzüglich mitteilte. Der Emissär, KPD-Mann Albert Jacob, musste diese Meldung mit dem Leben bezahlen.[44] Das blieb nach dem Einmarsch der US-Amerikaner nicht ohne Folgen. Margret Bechler wurde als Nazikollaborateurin festgenommen und nach dem Abzug der Amerikaner aus Thüringen von diesen an die Sicherheitsorgane des NKWD übergeben. Das Zuchthaus Bautzen und die Speziallager Jamlitz, Mühlberg und Buchenwald schlossen sich an.

1950 erfolgte die Übergabe der Frau an die DDR-Justiz, die im Zuge der berüchtigten Waldheimer Kriegsverbrecherprozesse eine Frau Margret Dreykorn zu lebenslanger Haft verurteilte. Der Name Bechler war in diesem Zusammenhang unerwünscht, denn Ehemann Bechler hatte bereits eine steile Karriere genommen. Gleich im Juli 1945 wurde der Fünfunddreißigjährige 1. Vizepräsident der soeben von der SMAD eingesetzten Landesregierung von Brandenburg, im Jahr darauf brandenburgischer Innenminister – eine Position, die nur Hundertfünfzigprozentigen übertragen wurde. Bechler war so einer. Und was unternahm er für seine zu Unrecht einsitzende Frau? Er sagte sich wie ein orientalischer Potentat von ihr los. Die Scheidung auf Sozialistisch unternahm er, indem er seine Frau wider besseres Wissen amtlich für tot erklären ließ. Nunmehr konnte er seine Geliebte heiraten, eine lupenreine Kommunistin.

Zwei Wendehälse zwischen Braun und Rot: Rudolf Bamler und Bernhard Bechler. Rechts die entsorgte Ehefrau: Margret Bechler.

Die tatsächliche Frau Bechler überlebte die Haft. Im April 1956 kam sie auf freien Fuß und ging nach Westdeutschland. Ihre Erinnerungen, die 1978 erschienen, entlarvten die Tätigkeit ihres Mannes. Doch das war bereits zu einer Zeit, als sich in der Bundesrepublik niemand mehr für dergleichen erwärmen konnte; vermutlich interessierte nur noch das Melodram.

Fenster nach Westen.
Auslandsspionage der sowjetischen Dienste

Wenn man in den Stellenbesetzungslisten der SMAD stöbert, trifft man auf einen Mann namens Alexander Korotkow. Das war sein wirklicher Name. Sein Arbeitsgebiet: stellvertretender politischer Berater des Chefs der SMAD. Kurz zuvor hatte

Alexander Korotkow noch Alexander Erdberg geheißen. Das war 1940/41 gewesen, als er die Seele des NKWD-Spionagegeschäfts gegen Deutschland war, und zur Speerspitze der Spionage gegen Deutschland wurde er jetzt wieder.[45] Sehen wir ihn uns ein wenig näher an.

Der gelernte Elektromonteur begann seine Geheimdienstkarriere eher harmlos. Er war Fahrstuhlmechaniker in der Lubjanka, der Moskauer Zentrale der sowjetischen Geheimpolizei. Das war 1927. Doch schon im nächsten Jahr gehörte der Siebzehnjährige zum Auslandsgeheimdienst INO, im Jahr darauf offiziell zum Moskauer Verlag Geograski. Das war die Zeit des Legendenaufbaus. Ab Anfang der 1930er-Jahre folgten Auslandseinsätze in Österreich, Frankreich und Deutschland. Wer mit ihm näher zu tun bekam, lernte ihn als Karl Kaufmann, Wassili Berger oder eben als Alexander Erdberg kennen. Erdberg galt vielen Deutschen, die mit ihm zu tun hatten, als angenehmer, gebildeter Russe, der 1935 offiziell an der sowjetischen Handelsmission in Berlin akkreditiert wurde.

Doch in Wirklichkeit war Korotkow-Erdberg ein knallharter NKWD-Mann und ein erfolgreicher noch dazu. Er warb und führte Agenten. 1938 geriet Korotkow im Rahmen der Großen Säuberung ins Blickfeld und wurde nach Moskau einbestellt – und dort allerdings lediglich aus dem NKWD entfernt. Er war vermutlich zu jung, um irgendwelchen Seilschaften anzugehören, die sich in diesen Jahren gegenseitig liquidierten. Doch bald schon wurde der Erfolgsspion reaktiviert. Der Grund war einfach: Der einstige Nachrichtenstrom aus Deutschland war durch die Säuberungsaktionen zum Rinnsal verkümmert. Radikal dezimierte Geheimdienste sind in der Regel keine ergiebig sprudelnden Quellen.

Dem allmächtigen NKWD-Chef Lawrenti Berija muss bald klar geworden sein, dass dies für ihn selbst zur Gefahr wurde. Berija hatte genug Gelegenheit, seinen Vormann Stalin zu studieren. 1938 suchte er Stalin 33-mal in seinem Arbeitszimmer auf; die Besuche dauerten insgesamt 45 Stunden und

25 Minuten; im Folgejahr waren es bereits 108 Besuche, die 184 Stunden und 45 Minuten beanspruchten.[46] Da kann es dem Machiavellisten an der Spitze der sowjetischen Staatssicherheit nicht verborgen geblieben sein, dass Stalin einer speziellen Sucht frönte: der nach Geheimdienstinformationen. Also steuerte Berija um und holte die aus der INO entfernten Geheimdienstspezialisten zurück, sofern sie nicht bereits totgeschossen worden waren. Unter den Reaktivierten war auch der Berliner Spezialist Alexander Korotkow. Er wurde an seinen alten Arbeitsplatz zurückgeschickt.

Bald sprudelten sie wieder munter, die NKWD-Quellen Auguste, Breitenbach, Chanum, Juna, Korse, Lutschist, Martha, Winterfeld, um nur einige zu nennen – und erstmals Starschina. Auguste, Chanum, Juna, Martha und Winterfeld gehörten zum Auswärtigen Amt. Ihre Namen sind bis heute nicht entschlüsselt. Anders verhält es sich mit den vier anderen. Breitenbach war der Kripokommissar und Gestapofunktionär Willy Lehmann, Starschina, zu Deutsch: Oberfeldwebel, der Oberleutnant im Reichsluftfahrtministerium Harro Schulze-Boysen, und der Korse war ein Oberregierungsrat im Reichswirtschaftsministerium; sein wirklicher Name lautete Arvid Harnack. Lutschist schließlich, zu Deutsch: der Strahlemann, war der Funker Karl Behrens. Die vier Letztgenannten fanden 1942/43 ein gewaltsames Ende; Lehmann wurde heimlich erschossen, die anderen drei wurden von der deutschen Justiz hingerichtet. Jetzt, 1945, war Korotkow zum dritten Mal nach Berlin entsandt worden. Er war nun Resident, also der Leiter der Spionage. Er blieb bis 1946, um dann in die Zentrale befördert zu werden. Es sollte nicht sein letzter dienstlicher Aufenthalt in Berlin gewesen sein.

Die Auslandsabteilung des NKGB ließ 1945, nach der Niederringung Deutschlands, keine unnütze Zeit verstreichen und wandte sich sogleich den neuen Gegnern im Westen zu oder, wenn man so will, den alten Verbündeten. Damit betraten die sowjetischen Geheimdienstler kein Neuland, sondern sie setzten die auch während des Zweiten Weltkrieges nie unterbrochenen Ausforschungsbemühungen gegen die Westalliierten mit erhöhter Kapazität fort. Hierfür war Berlin ein denkbar guter Standort.

Einer der Ersten, der den einstigen Verbündeten untergejubelt werden sollte, war der dreiundzwanzigjährige Anton Ruh. Ruh hatte einen etwas verzwickten Vorlauf, den nur richtig begreift,

Spezialist der Deutschlandspionage: Alexander Korotkow.

wer einen kleinen Umweg über die Spionagegewohnheiten der Sowjets in Großbritannien während des Krieges nimmt. Hier veranstaltete der sowjetische Militärgeheimdienst GRU einen Gag eigener Art. Das Ergebnis war ein klassischer Fall von Gegenspionage, und die Gelackmeierten waren die Herren aus den diversen britischen und US-amerikanischen Diensten.

Dreh- und Angelpunkt waren die aus Deutschland emigrierten Geschwister Jürgen und Ursula Kuczynski. Ursula diente der GRU seit den frühen 1930er-Jahren unter mancherlei Namen. Nach einem Intermezzo in der Schweiz war sie dank einer Scheinheirat mit dem Agenten Len Beurton in den Genuss einer britischen Aufenthaltsgenehmigung gekommen. Ihr Gastrecht nutzte sie zum Nachteil ihres Gastlandes nach besten Kräften aus.[47] Sie führte unter anderem, wie bereits erwähnt, den nach England emigrierten Klaus Fuchs, einen der produktivsten Atomspione der Sowjetunion. Auch Vater und Bruder, die nach England entkommen waren, gehörten bald zu Ursulas Informanten. Dem Bruder gelang dann das, was jedem Geheimdienst ein Horror ist: Er fand Eingang in den US-amerikanischen Luftwaffengeheimdienst Strategic Bombing Survey, der diesem tüchtigen Sowjetspion den Rang eines US-Oberstleutnants verlieh. Auf diese Weise erfuhren seine Meister in Moskau nicht nur viel über Planung, Ziele, Misserfolge und Erfolge des angloamerikanischen Bombenkrieges gegen Deutschland, sondern auch über das personelle Innenleben seines Zweitarbeitgebers. Schwester Ursula rekrutierte derweil mit Erich Henschke einen weiteren kommunistischen Emigranten. Der wurde sodann mit Zustimmung der Zentrale in Moskau dem US-Geheimdienst OSS untergeschoben, um dort weitere Emigranten als Fallschirmagenten anzuwerben, die bereit sein würden, spätestens nach Kriegsende gegen ihre scheinbaren Auftraggeber, die US-Amerikaner, weiterzumachen.

Einer der auf diese Weise Rekrutierten war besagter Anton Ruh, genannt Toni. Er kam im März 1945 bei einer US-Operation mit dem Codenamen Hammer in Berlin zum Einsatz. Ziel des Einsatzes war es, die Endkämpfe um die Reichshauptstadt aus der Nähe zu beobachten. Da Ruh in Wirklichkeit ihr Mann war, konnten die Sowjets steuern, was dieser meldete. Sie wussten zudem dank Ruh, wo die amerikanischen Agenten eingesetzt waren und was für Aufträge sie hatten. Sie gingen noch einen Schritt weiter. Ruh wurde auftragsgemäß im April 1945 von der Roten Armee überrollt und meldete sich bei der sowjetischen Militärabwehr Smersch. Von hier wurde er umgehend an die US-Boys zurückgegeben. Das Ziel war klar: Der Mann sollte im gegnerischen Dienst weitermachen. Währenddessen glaubten die US-Amerikaner immer noch mit beträchtlicher Naivität, dass die Russen ihre Verbündeten seien. 1945 bis 1947 blieb Ruh in London, doch erneut eingesetzt wurde er nicht. Anschließend kehrte er in die SBZ zurück, wo er alsbald als Staatsfunktionär Karriere machte. Als der Zweiundfünfzigjährige 1964 starb, war er Botschafter der DDR in Bukarest.

Auch die Kumpel von Ruh machten Karriere. Die Kuczynski kam ins Amt für Information der DDR. Doch die Bürotätigkeit war offenbar die Sache dieser Weitgereisten nicht. Sie wechselte 1956 ins Fach der freien Schriftstellerin. Als sie im Jahr 2000 starb, hatte sie so allerlei für den sozialistischen

Buchmarkt geschrieben. Den Vogel schoss Bruder Jürgen ab. Er verstand es, im einzigen sozialistischen Arbeiter- und Bauernstaat auf deutschem Boden das Leben eines bolschewistischen Salon-Bourgeois zu zelebrieren und sich obendrein von westdeutschen Sympathisanten als Dissident feiern zu lassen. Nun sind alle Beteiligten tot, aber die Operation Hammer machte noch einmal ihrem Namen alle Ehre: Am 8. Mai 2006 verlieh der US-Botschafter in Berlin den Hinterbliebenen von Ruh den Kriegsorden Silver Star. Doch, doch, das stimmt, denn so etwas Irres kann man nicht erfinden.[48]

Kommunistischer Funktionär als OSS-Agent mit dem Segen der GRU: Anton Ruh, der posthum 2006 mit dem US-Orden Silver Star ausgezeichnet wurde.

Wichtige und aktuelle Ausspähungsobjekte der ersten Nachkriegszeit waren für die sowjetischen Dienste die Truppen der ehemaligen Verbündeten, einschließlich der in Schleswig-Holstein kampierenden deutschen Armeegruppe Nord. Und, nicht zu vergessen, die polnischen Truppen, die in der britischen Armee gekämpft hatten. Hinzu kamen jene sechstausend Polen, die von britischen Truppen bei deren Abzug aus Sachsen-Anhalt nach Westen mitgenommen worden waren. Sie hielten sich jetzt in einem Lager bei Hannover auf. Das sowjetische Interesse ist nur zu verständlich, schließlich befanden sich Rote Armee und NKWD-Truppen nach Kriegsende in den heftigsten Auseinandersetzungen mit national-polnischen Kräften, und Stalin wollte Polen um keinen Preis den polnischen Vorkriegskräften überlassen. In das Lager Hannover wurde denn auch ein Pole mit dem Decknamen Kuschinskij eingeschleust, der munter über die dortigen Aktivitäten und Stimmungen berichtete. Ähnliches war aus dem Quartier des polnischen Generals Anders aus München zu vermelden.[49]

Das Interesse der Sowjets an diesen Polen nahm im selben Maße ab, wie es ihnen gelang, in Polen selbst die kommunistische Regierung zu stabilisieren. Die Beobachtung des polnischen Exils wurde auf den sich etablierenden polnischen Geheimdienst übertragen. Dort dienten Leute wie Waclaw Komar oder Marceli Reich. Komar war ein alter Fahrensmann in Sachen kommunistische Konspiration. Den Zweiten Weltkrieg überstand er ungeschoren in Frankreich und avancierte dort bei Kriegsende zum Chef der polnischen Militärmission, also zum akkreditierten Militärspion. Bald darauf wechselte er als Chef des militärischen Auslandsdienstes nach Warschau. Im Zusammenhang mit den antijüdischen Kampagnen, die ab Ende der 1940er-Jahre den Ostblock durchrasten, wurde er abserviert und eingekerkert.

Auch der andere Mann wurde vom Antisemitismus schwer heimgesucht. Marceli Reich hatte seine Schulzeit in Deutschland verlebt. Ende der 1930er-Jahre wurde der aus Polen Gebürtige nach dorthin abgeschoben. Die während des Zweiten Weltkrieges von der deutschen Besatzungsmacht exekutierte Vernichtung der polnischen Juden überstand er mit List und Glück. Was ihn zur anschließenden kommunistischen Geheimdienstkarriere prädestinierte, wissen wir nicht. Der wortgewaltige Mann hat es uns in seinen Memoiren verschwiegen.

Zunächst war am 25. Oktober 1944, also noch vor Kriegsende, der Eintritt in die polnische kommunistische Zensurbehörde. Im April 1946 folgte der Wechsel in den Auslandsgeheimdienst als Hauptmann und Leiter des England-Referats. Das war ein wichtiger Posten, da in London noch immer die Spitzen des polnischen Exils residierten, gefährliche Männer also.

1948 ging Reich noch näher ran. Nunmehr hieß er Marceli Ranicki, und er war offiziell Konsul an der Botschaft in London. Doch der Residenturleiter Reich-Ranicki hatte Pech. Im November 1949 ging einer seiner Geheimdienstleute, Krystof Starzynski, stiften. Er wechselte zum britischen Inlandsgeheimdienst MI5. Am 25. Januar 1950 wurde Reich, vermutlich wegen dieser Panne, aus dem polnischen Geheimdienst entlassen. Doch was zunächst wie ein schwerer Karrierebruch aussah, erwies sich für ihn nach wenigen Jahren als Glücksfall. Reich konnte 1958 in die Bundesrepublik ausreisen. Er schenkte dem deutschen Volk einen Literaturkritiker – sich selbst.[50]

Zurück nach Berlin: Neben den Spionageaktivitäten setzten die sowjetischen Dienste auf das Mittel der Beeinflussung. Nach der Abberufung von Korotkow, der am Beginn des Kapitels als der sowjetische Resident vorgestellt wurde, zog im Januar 1946 als Spitzenmann des NKGB/MGB Leonid Malinin in die Residentur nach Karlshorst. Der Generalmajor der Staatssicherheit aus Nowosibirsk, Jahrgang 1907, hatte bislang mit Deutschland dienstlich nichts zu tun gehabt. Er agierte sogleich so, wie er es aus Sibirien gewohnt war, doch er tat es ohne Fortune. Unter dem Decknamen Georgijew machte er sich höchstselbst an die Spitzenleute der CDU in West und Ost heran. Seine Zielpersonen wurden Ferdinand Friedensburg, Ernst Lemmer und Jakob Kaiser. Alle drei waren in dieser Zeit die Vormänner der Ost-CDU. Und: Alle drei sollten in den kommenden Monaten mit der sowjetischen Besatzungsmacht in Konflikte geraten und nach Westdeutschland fliehen, wo sie ihre Karrieren fortsetzen konnten.

Was MGB-Mann Malinin nicht ahnte: Seine potenziellen Konfidenten ließen sich zwar auf das Spiel mit ihm ein, doch sie berichteten über ihre Kontakte brühwarm den US-Diensten, die sich in der BOB, der Berlin Operation Basis, in West-

Berlin zu organisieren begannen.[51] Bei der BOB registrierte man den geheimnisvollen Russen zunächst als einen gewissen Desto. Doch allmählich schwante es den US-Amerikanern, dass sie hier den unvorsichtigen Chefagenten aus Moskau vor der Nase hatten. Um ihn loszuwerden und die gegnerische Residentur zu stören, griffen sie zu einem probaten Mittel: Sie enttarnten den angeblichen Gehilfen des politischen Beraters der SMAD in der Presse als das, was er in Wirklichkeit war, nämlich General der Staatssicherheit. Malinin wurde im Februar 1948 prompt aus Deutschland abberufen, von einem Ehrengericht zum Oberst degradiert und aus dem Geheimdienst entlassen. Bis zu seinem Tod arbeitete er in der sowjetischen Provinz als Ingenieur.[52]

Mit seinen Einflussagenten gescheitert: MGB-Resident in Karlshorst Leonid Malinin. Und seine nützlichen Idioten, die keine waren: Ferdinand Friedensburg, Jakob Kaiser, Ernst Lemmer.

Durch die Aufdeckung von Aktionen der geschilderten Art begannen nunmehr auch die US-amerikanischen Besatzungsorgane zu erahnen, was da geheimdienstlich auf sie zurollte. Sie beschlossen, mit einer Gewaltaktion dem Treiben der sowjetischen Dienste einen Riegel vorzuschieben. Unter dem Stichwort Hagberry fassten sie die einschlägigen Erkenntnisse zusammen, und am 22. Juli 1946 schlugen sie in ihrer Besatzungszone gegen den sowjetischen Tschikalow-Ring zu. Vierhundertsieben Tatverdächtige wurden festgenommen. Doch es war wie der Kampf mit der vielköpfigen Schlange, der ständig neue Köpfe nachwachsen. Das sollte die Zukunft zeigen.[53]

Zwischen Beresina und Oder.
Die gewaltsame Neuordnung des sowjetischen
Einflussgebiets

Während sich die sowjetische Militärmacht in der SBZ etablierte und ihre Fühler nach Westen vorstreckte, hatte sie ostwärts von Oder und Neiße massiv mit den Hinterlassenschaften der deutsch-sowjetischen Auseinandersetzungen zu kämpfen. Diese Feststellung trifft vor allem Polen, die Ukraine, die baltischen Staaten und Ostpreußen. Für die hiervon betroffenen Völker war es bitter, doch für die Sowjetmacht war es sonnenklar: Nachdem sie bis zur Elbe vorgedrungen war und damit so weit wie noch nie in der russischen Geschichte, stellten die Länder zwischen Russland und der SBZ sowjetisches Vorfeld dar, das es zu unterwerfen galt. Und so geschah es auch.

Weiß-rot oder ganz rot: Polen
Besonders übel traf es zunächst wieder die Polen. Durch den Hitler-Stalin-Pakt im Sommer 1939 waren sie zwischen die Mühlsteine geraten. Nach kurzem Krieg im September 1939 wurde das Land zwischen den beiden aggressiven Großmächten aufgeteilt. Was in diesem Zusammenhang angerichtet wurde, spottet jeder Beschreibung. Denn in einem waren sich die Sowjetunion und das Deutsche Reich einig: Es ging darum, die polnische Führungsschicht physisch zu vernichten. Beide Seiten nahmen dieses Ziel auf ihre Weise in Angriff, die Sowjetunion durch die Operativgruppen des NKWD, das Deutsche Reich durch die Einsatzgruppen des SD. Im Wintersportort Zakopane trafen sich die Geheimdienstoffiziere beider Staaten, um die Maßnahmen zu koordinieren.
Nach dem Beginn des Deutsch-Sowjetischen Krieges änderte sich die Situation insofern, als nunmehr ganz Polen unter deutsche Herrschaft geriet. Sogleich versuchte die so-

wjetische Seite, durch NKWD und Komintern verdeckte Operationen in Polen zu organisieren, die indessen fast alle ein übles Ende nahmen. Der Grund hierfür war, dass nicht nur Gestapo und SD gegen jegliche propolnischen Bestrebungen grausam zu Felde zogen; die hierbei erzielten Erfolge beruhten vielmehr auf deutsch-polnischer Zusammenarbeit. Sie wurde dadurch erleichtert, dass sich mit den nationalpolnischen Kräften einerseits und den kommunistischen Vasallen andererseits zwei unversöhnliche Gegner im selben Lande gegenüberstanden, die einander mindestens ebenso nachdrücklich bekämpften wie die verhasste Besatzungsmacht.[54] Nichts bringt diesen polnischen Dualismus besser zum Ausdruck als der Warschauer Aufstand von 1944. Im Juni/Juli 1944 hatte eine sowjetische Großoffensive die deutsche Heeresgruppe Mitte buchstäblich zerschlagen. In Gewaltmärschen rückte die Rote Armee in Richtung Weichsel vor. In diesem Augenblick entschloss sich die in London befindliche polnische Exilregierung, in Warschau den Startschuss für den von der polnischen Landesarmee durchzuführenden Aufstand gegen die deutsche Besatzung zu geben. Das Ziel war klar. Es kam den nationalpolnischen Kräften darauf an, die Befreiung der polnischen Hauptstadt selbst durchzuführen und sie nicht der Roten Armee oder der in ihrem Gefolge marschierenden polnischen Volksarmee zu überlassen.

Doch der Plan war ohne den Wirt gemacht. Genauer gesagt: ohne die Wirte. Die deutsche Führung dachte nicht daran, Warschau kampflos preiszugeben. Auf der anderen Seite hielt der sowjetische Diktator den Vormarsch seiner Truppen östlich der Weichsel an und betrachtete vom anderen Weichselufer, was die Deutschen in Warschau anrichteten. Das war brutal und folgerichtig. Er konnte gelassen abwarten, wie die beiden Kriegsgegner einander in außerordentlich verlustreichen Kämpfen gegenseitig dezimierten.

Ganze Kohorten kommunistischer Schriftsteller hatten später die Aufgabe, diese Sache zu vertuschen. Besonders schwer taten sich hierbei naturgemäß die Polen.[55] Die Kämpfe dauerten vom 1. August bis Anfang Oktober 1944, dann stand in Warschau buchstäblich kein Stein mehr auf dem anderen. Die polnische Nationalarmee unter Bór-Komorowski kapitulierte, und ihre Reste zogen in deutsche Gefangenschaft.[56]

Als vier Monate später, im Januar 1945, die letzte sowjetische Großoffensive losbrach, deren Ziel die deutsche Hauptstadt war, fielen die Ruinen von Warschau der Roten Armee drei Tage nach Angriffsbeginn kampflos in die Hände. Doch damit war das polnische Problem für Stalin nicht vom Tisch. Viele Monate und weit über das Kriegsende hinaus benötigten die NKWD-Truppen, um Polen zu unterwerfen.

Eine Nation als Spielball: die Ukraine

In der Ukraine lagen die Dinge etwas anders als in Polen. Der Vertrag von Riga, der den Polnisch-Russischen Krieg von 1919/20 beendete, hatte eine willkürliche Grenze durch die Ukraine gezogen, die das Land in einen sowjetischen und einen polnischen Teil zerschnitt. Erhebungen und politischer Terror folgten auf dem Fuß. Die Reaktion hierauf waren Gegenterror und sowjetische Mordkommandos. Spätestens seit Mitte der 1930er-Jahre arbeiteten ukrainische Exilorganisationen wie die OUN eng mit dem deutschen Militärgeheimdienst Amt Ausland/Abwehr zusammen. Das Nationalitätenproblem der Ukrainer hatte sich, ohne dass dies von der Wehrmacht angeregt worden wäre, nun dem Amt Ausland/Abwehr aufgedrängt. Es war wesentlich älter als das Amt und ging auf das Jahr 1918 zurück, als die deutsche Okkupationsarmee dem Land im letzten Jahr des Ersten Weltkrieges eine deutschfreundliche Regierung von Kaisers Gnaden aufnötigte. Über das Scheitern dieses Versuchs wurde an anderer Stelle berichtet.[57]

In den 1920er- und 1930er-Jahren gab es neben dem russischen auch ein ukrainisches Exil. Letzteres unterschied sich vom russischen vor allem dadurch, dass es so gut wie keine ausländischen Fürsprecher hatte, dafür aber von der Sowjetunion wesentlich länger ernst genommen wurde, weil man ihm nicht ohne Grund weiterhin Militanz und Selbstständigkeitsbestrebungen zutraute. Die rabiaten sowjetischen Bekämpfungsmaßnahmen dauerten bis Ende der 1950er-Jahre an. Sie wurden lediglich in den Jahren 1941 bis 1944 unterbrochen, als die Ukraine vollständig von deutschen Truppen besetzt war.

Bei ihrem Einrücken wurden die deutschen Soldaten mit Brot und Salz willkommen geheißen. Doch die Deutschen erwiesen sich nicht als Befreier, sondern als grausame Besatzer. Ausgerechnet in dem Gebiet, das für eine Zusammenarbeit mit dem Deutschen Reich besonders prädestiniert erschien, in der Ukraine, kam mit dem Gauleiter Erich Koch ein besonders übler Vertreter der deutschen Schreckensherrschaft ans Ruder.

Doch im Jahr 1943 begann das Königreich des Erich Koch zu schrumpfen, und 1944 wurde es gänzlich zerschlagen. Die Ukrainische Befreiungsarmee UPA, der bewaffnete Arm der OUN, begann, ihr Feindbild erneut zu justieren. Nicht mehr die deutschen Besatzer, sondern die im Vormarsch befindliche Rote Armee musste jetzt ins Visier genommen werden. Plötzlich stimmten deutsche und ukrainische Interessen wenigstens insofern wieder überein.

Die UPA stand unter dem Kommando von Roman Schuchewitsch alias Taras Tschuprynka. Schuchewitsch, der 1907 in Krakau zur Welt kam, war 1940/41 der ukrainische Leiter des Abwehrbataillons Nachtigall gewesen. Nach dessen Auflösung sprang er ab, und bis 1944 bekämpfte er die deutsche Besatzung. Dann wurde er wieder zum Bündnispartner der Deutschen.[58]

Die praktische Umsetzung der sich anbahnenden Zusammenarbeit lag nun erneut beim deutschen Militärgeheimdienst, besser gesagt, bei seinen Überbleibseln. Konkret war es das

Freund-Feind-Freund: der Kommandeur der UPA Roman Schuchewitsch alias Taras Tschuprynka. Durch die UPA erschossen: Sowjetgeneral Nikolaj Watutin.

Abwehrkommando bei der Heeresgruppe Süd, das sich nach der Auflösung des Amtes Ausland/Abwehr nunmehr Frontaufklärungskommando 202 nannte. Das FAK 202 stand unter der Führung des siebenundzwanzigjährigen Hauptmanns Dietrich Witzel, der in dieser Zeit unter dem Decknamen Kirn auftrat. Witzel hatte bereits einen bemerkenswerten Agentenweg hinter sich. 1941 operierte er in Afghanistan. Als die Lage zu heiß wurde, zog er von dort in den Kaukasus. Er suchte und fand den Anschluss an die militanten Ukrainer und ließ sich hinter die sowjetischen Linien schleusen. Von dort aus organisierte er die Versorgung mit Wehrmachtsgütern. Nach der Anlage eines Behelfsflugplatzes kehrte er Anfang November 1944 mit einer Ju 52 des Kampfgeschwaders 200 zu den deutschen Linien zurück; am 12. Dezember 1944 wurde er für diesen Einsatz mit dem Ritterkreuz ausgezeichnet.[59]

Die im KZ Sachsenhausen seit der misslungenen Ausrufung einer selbstständigen Ukraine im Sommer 1941 einsitzenden Führer der OUN, Stepan Bandera und Jaroslaw Stezko, kamen auf freien Fuß. Der Kampf der UPA dauerte bis in die 1950er-Jahre hinein an und sollte dem sowjetischen Geheimdienst noch viel Ärger bereiten. Im Kriegsjahr 1944/45 herrschte die Rote Armee bestenfalls über die Hauptverkehrsachsen; das übrige Land war unter Kontrolle der konspirativ operierenden UPA. Ihr prominentestes Opfer dieser Zeit war der sowjetische Armeegeneral Nikolaj Watutin, der Oberbefehlshaber der

1. Ukrainischen Front. Er wurde am 29. Februar 1944 im Gebiet von Rowno erschossen.⁶⁰

Zwischen Hanse und St. Petersburg: die baltischen Staaten
Ähnlich kompliziert gestalteten sich die Dinge in den drei baltischen Staaten. Doch im Gegensatz zur Ukraine befanden sich die deutschen Truppen in Teilen von ihnen bis zum letzten Tag des Krieges. Das lag daran, dass im Verlauf der sowjetischen Sommeroffensive 1944 die Heeresgruppe Nord von der Hauptfront abgeschnitten und in Kurland eingekesselt worden war.

Auch hier kam es zu einer gravierenden Änderung der Besatzungspolitik, an deren Spitze sich die SS gesetzt hatte. Esten und Letten mutierten allmählich von Untermenschen zu wertvollen Verbündeten. Zahlreiche junge Männer ließen sich für die Waffen-SS anwerben; ein Führererlass vom 10. Februar 1943 machte das möglich. Sofern deren Verbände im Kurlandkessel blieben, zogen es etliche ihrer Soldaten vor, nach der Kapitulation in den Untergrund zu gehen.

Vom SS-Mann zum Untergrundkämpfer: der Lette Alfreds Riekstins.

Ein solcher Mann war zum Beispiel der Lette Alfreds Riekstins. 1913 in Tukums geboren, schloss er sich nach der deutschen Besetzung Lettlands der Waffen-SS an. Im Kurlandkessel wurde der Waffen-Unterscharführer im April 1945 mit dem Ritterkreuz ausgezeichnet. Einen Monat später zog er mit seinen Waffen in die Wälder. Die Kämpfe hielten bis in die 1950er-Jahre an. Riekstins kam 1952 bei einem Feuergefecht mit sowjetischen Spezialeinheiten ums Leben.⁶¹

Wie schwer sich die sowjetischen Abwehrbehörden mit den eingeschlossenen Überresten der Heeresgruppe Nord und ihren Agentennetzen taten, ist am Wortreichtum abzulesen, mit dem nach dem Krieg die Abwehrerfolge gefeiert wurden. Die Schwierigkeiten der Sowjets beruhten vor allem auf der deutschfreundlichen Hilfsbereitschaft der Bevölkerung, die nun schon zum zweiten Mal in kurzer Frist die Okkupation durch die Rote Armee erdulden musste. Nunmehr richtete die Smersch ein furchtbares Strafgericht unter tatsächlichen oder vermeintlichen Nazikollaborateuren an. Über 200 000 Menschen wurden in den folgenden fünf Jahren allein in Lettland umgebracht. Wie heißt es in der einschlägigen offiziösen Darstellung: Der Sieg der Tschekisten war gesetzmäßig.[62]

Mit Bedauern mussten die Sowjets allerdings feststellen, dass ihnen die hauptamtlichen deutschen Geheimdienstler von SS und Wehrmacht kurz vor Toresschluss durch die Lappen gingen. Sie stiegen noch am 9. Mai 1945 auf den rettenden Dampfer Friedrich Albrecht und dampften gen Westen.[63]

Es dauerte nicht lange, bis deutsche Militärgeheimdienstler an dieser Front wieder mitmischten – wenn auch unter strikter Aufsicht. Das Unternehmen hatte den Decknamen Jungle und war ein Kind des britischen Auslandsdienstes MI6. Es diente der Spionage und der Infiltration der baltischen Staaten, die kommentarlos wieder in die Sowjetunion eingefügt worden waren. Für die Schleusung der Geheimdienstler hatten sich die Briten etwas Besonderes einfallen lassen. Sie nutzten den Seeweg über die Ostsee. Den Transport tarnten sie mit einem britischen Ostseefischerei-Schutzdienst (BBFPS). Das war eine nur mit etwas Mühe zu schluckende Camouflage, denn zur Britischen Besatzungszone gehörte gerade mal die Ostseeküste von Schleswig-Holstein.

Es war ein waghalsiges Unternehmen, mit Schiffen zur Ostseeküste der Sowjetunion zu schippern. So lag es denn nahe, sich für dieses Himmelfahrtsunternehmen einiger deutscher Fahrensmänner zu bedienen. Die Briten griffen auf erprobtes Personal zurück, denn für das Minenräumen in Nord- und Ostsee hatte man einiges an Schiffen und Personal der Kriegsmarine im Dienst behalten. Der Mann, der das Wagnis jetzt unternehmen sollte, war Hans-Helmut Klose, ein Marineoffizier, der seit 1936 zur See fuhr. Er hatte als S-Boot-Kommandant 1944/45 einige Landungen in der Rigaer Bucht und in Libau erfolgreich hinter sich gebracht, 1946/47 fuhr er vor Norwegen und im Skagerrak als Kommandant des Minensuchers M 460.

1948 brachten ihm die Briten bei, dass es bald um anderes, nämlich um Agententransporte gehen werde. Klose willigte ein. Das aus der britischen Kriegsbeute stammende deutsche Schnellboot S 208 wurde in HMS Gosport umbenannt. Am 29. April 1949 war es so weit. Gosport mit Kommandant Klose und sechs Agenten an Bord verließ mit der nötigen Diskretion den Einsatzhafen Kiel. Die Mitreisenden wurden in der Nacht vom 30. April zum 1. Mai 1949 in Palanga, nördlich von Memel (Klaipeda), mit dem Schlauchboot an Land gesetzt. Weitere Anlandungen folgten, bei denen später auch Agenten wieder abgeholt wurden.

Fünfzehn Mal steuerte Klose eines der Anlandungs- und Abholunternehmen, das letzte im April 1955 zur Kureverebucht auf Oesel. Im Verlauf der Unternehmungen war zum Teil von der Anlandung per Schlauchboot abgewichen worden. Stattdessen wurden die Agenten mit einem Wetterballon von Bord entlassen. Nicht jedem gefiel das, und so mussten die polnischen Agenten, die im Mai 1953 nach Stolpmünde auf die Reise gehen sollten, mit der Pistole gezwungen werden, die Ballonfahrt anzutreten.

Nicht immer ging die Reise ohne Schießereien ab, und so fragt man sich, ob die sowjetische Seite nichts mitgekriegt hatte oder ob sie Klose absichtlich gewähren ließ. Vermutlich beides. Bereits frühzeitig hatten sich die Sowjets Einblicke in die Marinestationen ihrer ehemaligen Alliierten in Nord- und Ostsee gesichert. Ein einschlägig tätiger Militäragent war beispielsweise Horst Ludwig. Der ehemalige Angehörige der deutschen Kriegsmarine hatte nach dem Krieg bei der Labour

Service Unit (LSU) in Bremerhaven angeheuert. Zum Agenten wurde der Mann Anfang der 1950er-Jahre, nachdem ihn sein Vater, der Fotohändler Emil Ludwig aus Weimar, für den sowjetischen Dienst angeworben hatte. Der flotte Marineleutnant Ludwig mit dem hübschen steuerfreien Nebeneinkommen schaffte auch den Sprung in die neu geschaffene Bundesmarine. Dort flog er als Waffenoffizier bei den Marinefliegern. 1960 flog er auf und wurde zu fünf Jahren Zuchthaus verurteilt.[64]

Doch bevor es so weit kam, wurde auch der Agententransport des Kapitänleutnants Klose beendet. Denn in der Tat heckten das MGB und zum Schluss das KGB eine Operation aus, die den Decknamen Lursen-S trug. Ziel war nicht nur das Unschädlichmachen der ankommenden Agenten, sondern geeignete Leute umzudrehen und dem Gegner wieder unterzujubeln. So geschah es. Hierbei unterlief den Sowjets ein kleines Missgeschick. Agent Hugo, der von Klose auf der elften Feindfahrt wieder an Bord genommen wurde, hatte ein seltsames Beutestück dabei. Eine Flasche mit Wasser. Es sollte angeblich dem Fluss Tobol bei Chadrusk und dem Kühlwasser eines Reaktors entstammen. Die Radioaktivität des Wassers war indessen so hoch, dass den britischen Geheimdienstlern Bedenken kamen, ob man ihnen hier nicht ein eigens für sie gefertigtes Präparat untergewuchtet hatte, denn eine solche Verstrahlung kam in Kühlwasser nicht vor – jedenfalls nicht im Vereinigten Königreich.

Bei der dreizehnten Feindfahrt wurde der Verdacht zur Gewissheit. Der abgeholte Agent war ein Doppelagent. Vermutlich von ihm erfuhren die MI6-Leute, dass die Operation Lursen-S gegen sie lief, deren Leitung der NKGB-General Lukasjewitsch innehatte. Ihm wurde von Major Albertas Bundulis, einem Letten, assistiert. Im April 1955 gaben die Briten auf. Zweiundvierzig Agenten waren hintransportiert worden, elf kamen auf dem S-Boot zurück. Die Untergrundkämpfe im Baltikum waren zu dieser Zeit schon längst beendet. 75 000

Zivilisten, 30 000 Freischärler und 80 000 sowjetische Sicherheitsleute hatten den Tod gefunden. Klose und seine Leute überlebten. Sie kamen später zur neu gegründeten Bundesmarine. Klose wurde Admiral. Mit zweiundsechzig ging er 1978 als Befehlshaber der Flotte in den Ruhestand. Am 19. Oktober 2003 ist er gestorben.[65]

Ausgerottet: Ostpreußen

Ein letzter Blick in diesem Kapitel gilt Ostpreußen. Im Verlauf der Januaroffensive 1945 der Roten Armee stieß deren 2. Belorussische Front in Hinterpommern zur Ostsee durch. Ost- und Westpreußen waren somit vom Reich abgeschnitten. Die Kämpfe wurden mit ungeheuerlicher Erbitterung geführt. Am 9. April 1945 kapitulierte Königsberg. Doch damit waren die Leiden der deutschen Bevölkerung nicht zu Ende – weit Schlimmeres folgte.

Während der Besetzung Ostpreußens schuf das NKWD acht operative Sektoren, nämlich Königsberg, Preußisch-Eylau, Wormditt, Elbing, Allenstein, Insterburg, Soltau und Johannisburg. Auf der Unterstufe operierten siebzehn Operativgruppen. Sie trieben die arbeitsfähigen Menschen zu Arbeitsbataillonen zusammen und deportierten sie in die Sowjetunion. Bis Ende Juli 1945 wurden zudem 2718 Verhaftungen vorgenommen. Die Menschen – die meisten waren Deutsche – wurden in den Lagern von Königsberg, Bartenstein, Insterburg und Tapiau eingesperrt. Der überwiegenden Mehrzahl warf man Agententätigkeit oder Terrorismus vor. Auch 201 SD- und Gestapofunktionäre sowie 1313 Pgs, also NS-Parteigenossen, wanderten hinter Stacheldraht. Was aus ihnen wurde, ist unbekannt.

Auch im Falle von Ostpreußen diente ein dichtes Agentennetz zur Sammlung der Informationen über tatsächliche oder vermeintliche Sowjetfeinde. Am 25. Juli 1945 standen nach einem Bericht von NKWD-Kommissar Fjodor Tutuschkin an

Berija bereits 1500 Informanten im Dienst der sowjetischen Geheimpolizei. Die meisten von ihnen waren aufgrund von kompromittierendem Material in den Dienst gepresst worden.[66]

Mit der nach der Konferenz von Potsdam beginnenden Vertreibung der Deutschen aus Ostpreußen wurde dieses Kapitel der deutschen Geschichte beendet. Aus Königsberg, der Stadt Immanuel Kants, wurde Kaliningrad – ein würdiger Name für ein militärisches Sperrgebiet. Erst fünfzig Jahre später rückte die Stadt für einen Augenblick ins öffentliche Interesse. Da war aus Königsberg und seinem Umland eine russische Enklave geworden, umschlossen von Staaten der europäischen Union. Wie hingelangen? Geschickten russischen Verhandlern gelang es, die EU-Diplomaten über den Tisch zu ziehen. Diese akzeptierten selbst verfertigte Transitvisa – eine klassische geheimdienstliche Legalschleuse. Doch bis es dazu kam, vergingen über fünfzig Jahre.[67] Von denen wird in den folgenden Kapiteln die Rede sein.

II. Kapitel:
Der Zar ist tot – es lebe der Zar.
Stalins letzte Jahre und der Anfang der Ära Chruschtschow

Nach der deutschen Niederlage 1945 war die politische Welt grundlegend neu gestaltet. So jedenfalls schien es. Doch kaum einer der alten und der neuen Herrscher mochte sich damit abfinden. Was von manchem als Konsolidierung bezeichnet wurde, war unter der Decke von zähem Ringen begleitet, dessen Methoden kaum als fein zu bezeichnen sind. Davon wird das folgende Kapitel handeln. Vieles davon war von den Aktionen des Herrschers im Kreml diktiert. An sein Ableben knüpften sich die Hoffnungen ganzer Völkerschaften. Als es dann endlich stattfand, wurde die Welt alsbald eines Besseren belehrt – als Erste die Deutschen. Auch davon wird im Folgenden die Rede sein.

Mit konspirativen Mitteln. Die neuen deutschen Dienste

»Die deutsche Wiedervereinigung ist zur Not mit konspirativen Mitteln herzustellen.« Der Mann, der das sagte, hieß Konrad Adenauer. Er äußerte diesen Satz wie beiläufig im Juni 1949 gegenüber einem Journalisten namens Günter Diehl. Adenauer war zu diesem Zeitpunkt Vorsitzender der westdeutschen CDU. Dass er wenige Monate später mit einer Stimme Mehrheit, nämlich seiner eigenen, zum ersten Kanzler der Bundesrepublik gewählt werden würde, stand noch in den Sternen. Was also trieb diesen Mann um, solch abenteuerliche Aussagen zu machen? Diehl jedenfalls hielt sie dafür und beschloss, diese Auslassung des Alten jahrzehntelang für sich zu behalten. Er kolportierte sie erst fünfundvierzig Jahre später in seinen Memoiren.[1]

Dienste auf Krücken: die Verfassungsschutzbehörden
In der Tat, im Sommer 1949 ähnelte das Denken an staatlich organisierte Konspiration noch dem Ruf nach dem Zauberbesen. Adenauer wusste nur zu gut, dass die sich anbahnende neue Staatlichkeit Deutschlands eine von westalliierten Gnaden war. Und doch: Was da geäußert worden war, hatte einen Hintergrund, der dem Publikum noch in den Kulissen verborgen war.

Auf der Vorderbühne hatte der Parlamentarische Rat getagt, jenes Gremium, das unter dem Vorsitz von Adenauer in den Jahren 1948/49 eine provisorische Staatsverfassung erarbeitet und beschlossen hatte – das Grundgesetz. Es wurde ein Provisorium mit langer Lebensdauer. Doch zunächst hatte das, was den alliierten Militärgouverneuren zur Genehmigung vorgelegt worden war, nicht in allen Punkten deren Zustimmung gefunden. Zum Erstaunen der Parlamentarier hatten die Gouverneure im April 1949 ein Veto verfasst, das als Frankfurter Polizeibrief in die Verfassungsgeschichte eingegangen ist. Dieses erstaunliche Dokument enthielt wahrhaftig ungewöhnliche Weisungen zur Ergänzung des Verfassungsentwurfs, nämlich Sätze wie diesen hier: »Der Bundesregierung wird auch gestattet, eine Stelle zur Sammlung und Verbreitung von Auskünften über umstürzlerische, gegen die Bundesregierung gerichtete Tätigkeiten einzurichten. Diese Stelle soll keine Polizeibefugnisse haben.«[2]

Damit war der Nukleus für ein weiteres Provisorium geschaffen worden, das sich, wie das vorzukommen pflegt, als besonders zählebig erweisen sollte. Die Rede ist von den Verfassungsschutzbehörden. So nämlich wurden die neuen Inlandsgeheimdienste getauft. Sie litten von Anbeginn an einem Geburtsfehler und an wenig gutem Leumund, denn vor lauter schlechtem Gewissen mochte sich niemand in der neuen politischen Kaste der Republik zu ihnen bekennen. Das war nur zu verständlich. Zum einen ist es mit der Demokratie in ihrer puren Form nur schwer unter einen Hut zu bringen, wenn eine bestimmte politische Betätigung stigmatisiert wird, zum andern waren die Neu-Demokraten, was die eigene Rolle in der Nazidiktatur anlangte, keineswegs alle über jeden Zweifel erhaben. Manch einer mochte kein gutes Gefühl dabei haben, im eigenen Land einen Geheimdienst agieren zu wissen, der möglicherweise in unerwünschten Dreckecken herumstöberte.

Diese zwiespältigen Gefühle regten sich natürlich erst recht gegenüber dem Personal, das die heikle Aufgabe übernehmen sollte. Auch war nicht für jedermann leichten Herzens hinnehmbar, dass die alliierten Hochkommissare hier das Sagen hatten. Allzu deutlich haftete den neuen Behörden der Ruch an, zum alliierten Überwachungsinstrument für jegliche politische Betätigung in Deutschland zu werden. Diese Furcht war keineswegs unbegründet. Viele Jahre lang gingen alliierte Verbindungsoffiziere in den Verfassungsschutzbehörden ein und aus und mischten sich nach Kräften ein.

Zu den weiteren Kuriosa der neuen Inlandsdienste gehörte die Anwendung des föderalen Prinzips. Das bedeutete, dass nicht nur eine Bundesbehörde, sondern zusätzlich in jedem Bundesland eine entsprechende Behörde geschaffen wurde. Die Briten hatten in ihrer Besatzungszone bereits vor Gründung der Bundesrepublik die ersten Grundsteine gelegt. Sie orientierten sich hierbei am britischen Inlandsdienst MI5, der, so weit er im Gebiet des Vereinigten Königreiches mit Ausnahme Nordirlands tätig wurde, keine Polizeibefugnisse besaß.

Am 11. Oktober 1948 schrieb der britische Regionalkommissar W. H. Bishop an den nordrhein-westfälischen Ministerpräsidenten Arnold einen vertraulichen Brief, in dem er in höflichem Ton die Weisung erteilte, einen Inlandsnachrichtendienst einzurichten, den er als Büro beim Innenminister bezeichnete.[3] So geschah es. Am 17. März 1949 wurde ein Inlandsdienst, genannt Informationsstelle, abgekürzt I-Stelle, im nordrhein-westfälischen Innenministerium eingerichtet. Die I-Stelle baute keineswegs auf der grünen Wiese, wie man annehmen könnte, sondern die innenpolitische Informationsbeschaffung lief bereits seit Jahr und Tag, wenn auch nach innen und außen verdeckt. Sie wurde durch das Staatskommissariat zur Bekämpfung von Misswirtschaft und Korruption erledigt. Kenner der Szenerie stutzen an dieser Stelle und fragen sich, wo sie dergleichen schon mal gelesen haben. Und richtig: Es sind dieselben Ausdrücke, die im Dezember 1917 in Sowjetrussland zur Bildung der berüchtigten Geheimpolizei Tscheka geführt hatten. Da nimmt es kaum noch wunder, dass es ausgerechnet die Kommunisten im neu zusammengesetzten Landtag von Nordrhein-Westfalen waren, die dergleichen zu errichten gefordert hatten. Ob sie ahnten, was daraus wurde?

Im Übrigen gilt es anzumerken, dass die Forderung der kommunistischen Landtagsabgeordneten nicht allein ideologisch begründet war, sondern die Verhältnisse in der Besatzungszone hatten wirklich etwas von einem Tollhaus. Selbst ernannte politische Polizeiorgane und Nachrichtendienste trieben ihr Unwesen. Im Regierungsbezirk Düsseldorf wurde beispielsweise am 1. September 1945 ein Mann namens Philipp Auerbach eingestellt. Der Mann war erst vor Kurzem aus dem KZ freigekommen. Jetzt sollte er eigentlich bei der Entschädigung von NS-Opfern tätig werden. Er nutzte seine formale Position als Staatsdiener jedoch dazu, dass er sich den Dienstgrad eines Oberregierungsrats zulegte und ein politisches Referat erfand. Hier sammelten sich alle möglichen Gestalten, die es sich zur Aufgabe machten, Leute, die sie zu Nazis erklärten, gewaltsam zu enteignen. Als ihm der Boden am Rhein zu heiß wurde, entschwand Auerbach nach Bayern. Dort brachte er es immerhin bis zum Generalanwalt der rassistisch, politisch und religiös Verfolgten und zum Präsidenten des Landesentschädigungsamtes. 1951 flog die von ihm geleitete Korruptionsseilschaft mit Donnergetöse auf. Auerbach beging im Jahr darauf Selbstmord.[4]

Angesichts dieser Verhältnisse leuchtet es ein, dass die Landesregierung bei der Ausweitung der Aufgaben für das Staatskommissariat behutsam und heimlich zu Werke ging. Man sprach von polizeilichem Sonderdienst, der auch in die Fläche des Landes ausgedehnt wurde. Später nannte man diese Funktionseinheiten der Kripo 14. Kommissariat, kurz K 14. Daran wird der Unvoreingenommene nichts zu bekritteln finden, doch wer die quälenden Debatten um Funktion und Befugnisse der Inlandsdienste in der Bundesrepublik verfolgt hat, wird sich ein Lächeln kaum verkneifen können. Ausgerechnet in dem Bundesland, das später als Wortführer für die funktionelle Trennung, ja Abschottung zwischen Polizei und Nachrichtendiensten aufgetreten ist, wurde dieses Prinzip in geradezu abenteuerlicher Weise unterlaufen. Denn nach Gründung der I-Stelle im Innenministerium gab diese unter dem Briefkopf des Ministeriums, dessen Teil sie war, Weisungen zur Informationsbeschaffung an die Polizei in der Fläche des Landes heraus, sodass kein Mensch ahnen konnte, dass hier ein Nachrichtendienst unter dem Tschako der Polizei auf Beschaffungstour ging.

Was das Staatskommissariat zur Bekämpfung von Misswirtschaft und Korruption bis zur Gründung der I-Stelle im Innenministerium zusammengetragen hatte, konnte sich sehen lassen. In einem geheimen Bericht für den Ministerpräsidenten und den Innenminister hatte Staatskommissar Werner Jacobi das Wesentliche knapp zusammengestellt. Wenn man so will, liest man hier den ersten Verfassungsschutzbericht:

Düsseldorf, den 10. Mai 1949

DER STAATSKOMMISSAR ZUR BEKÄMPFUNG VON
KORRUPTION UND MISSWIRTSCHAFT
         Geheime Chefsache
Drei Ausfertigungen
1. Ausf.: Ministerpräsident Arnold
2. " : Innenminister Dr. Menzel
3. " : Staatskommissar Jacobi

Denkschrift

1. Diese Denkschrift ist nur in dreifacher Ausfertigung vorhanden. Verteiler siehe oben.
2. Von ihr dürfen Abschriften oder Auszüge nicht gemacht werden.
3. Außer den Obengenannten kennen Amtsgerichtsrat Ostendorf und Krim. Dir. Gerken die Denkschrift.
4. Der Inhalt dieses Schriftstückes darf anderen Personen auch mündlich nicht bekannt gegeben werden.

A. Vorgang

In persönlichen Besprechungen wurde vor acht Monaten zwischen Ministerpräsident u. Innenminister Nordrhein-Westfalen einerseits und Staatskommissar Jacobi, A. G. Rat Ostendorf u. K. D. Gerken andererseits vereinbart, dass der Geheime Meldedienst durch die drei Letztgenannten zu erstellen sei.

  Das ist geschehen.

  Ein weites Meldenetz erstreckt sich über ganz Westdeutschland. Darüber hinaus sind vorgeschobene Meldeköpfe in der Ostzone gebildet, die über Briefumschlagstellen unmittelbar von uns gesteuert werden.

B. Koordinierung

Ministerpräsident Kopf, Hannover, und Innenminister Käber, Kiel, schlossen sich der aufgebauten Organisation an. Sie werden wegen der Schwierigkeit der Einrichtung einer eigenen I.-Stelle (Fehlen an Fachkräften, Notwendigkeit einer zentralen Steuerung) sich finanziell durch Zuschüsse aus Dispositionsfonds beteiligen, ihre Informations- und Ermittlungswünsche stellen und über die Zersetzungsarbeit der Rechts- und Linksextremisten laufend unterrichtet werden.

  Mit dem Land Hessen (Min. Rat. Stürmer), dessen

I.-Stelle sich im Aufbau befindet, wurde Zusammenarbeit vereinbart.

Mit den übrigen westdeutschen Ländern besteht lose Fühlungnahme mit dem Ziel, Nordrhein-Westfalen als Schwerpunkt des Geheimen Meldedienstes auszurichten, damit störendes Nebeneinanderarbeiten und die Gefahr der Enttarnung des Erkundungsdienstes verhindert werden.

Weiterhin besteht Fühlungnahme mit dem Ostbüro der S.P.D. Hannover insoweit, als dort anfallendes Material, das über den Parteirahmen hinausgeht und staatspolitisches Interesse hat, uns zur Auswertung übergeben wird. Darüber sind unterrichtet: Dr. Schumacher, Heine, Thomas. Es wird erstrebt, mit CDU und FDP gleiche Vereinbarungen zu treffen.

C. Stand der Organisation vom 10.05.1949
 1. *Steuerung liegt in Händen von Staatskommissar Jacobi unter Mitarbeit des A. G. Rat Ostendorf und Krim. Dir. Gerken. Andere Angehörige des Staatskommissariats sind nicht eingeweiht.*
 2. *Meldeköpfe in der Ostzone befinden sich in Berlin, Zerbst i. Anhalt, Quedlinburg, Eisenach und Stettin.*
 3. *V.-Männer sind eingesetzt in Schleswig, Pinneberg, Lübeck, Hannover, Osnabrück, Nordhorn, Bielefeld, Detmold, Remscheid, Düsseldorf, Dortmund, Köln, Münster, Aachen, Frankfurt/Main, Wiesbaden, Stuttgart.*
 4. *befinden sich in Hannover, Osnabrück und Düsseldorf.*

D. Finanzierung
Sie erfolgte bisher ausschließlich aus dem Dispositionsfonds des Staatskommissars.

E. Bisherige Ergebnisse:
 1. Es wurde festgestellt, dass außer den Geheimen Melde-

diensten der Besatzungsmächte folgende Informationsdienste vorhanden sind:
a) legale der SPD, CDU und FDP
b) illegale: 1. SS- und SD-Nachrichtenring (München)
 1. Strasser-Dienst über Schweiz an Zentralpunkt Bremen
 2. KPD: eigener Dienst für Landesleitung Nordrhein-Westfalen
  Geh. Meldedienst für russ. Mil. Mission in Bad Salzuflen
  Geh. Meldedienst gekoppelt mit SED
 3. Antifa.-Geh.-Dienst = entlassene Kriegsgefangene aus Russland, sogenannte Stalin-Schüler, Nicht-KP-Angehörige
  Sitz: Mülheim
II. Ermittelt sind
 4 illegale Nachrichtenzentralen
 5 illegale Kurieranlaufstellen
 3 illegale KPD-Stützpunkte für 5er- u. 10er-Gruppen
 1 illegaler Meldekopf der Strasser-Bewegung
 1 illegaler Meldekopf des SS- u. SD-Nachrichtenringes
 1 Zentralstelle für rechtsextreme Offiziersvereinigung
 3 Schulungsstellen im Ostsektor von 5er- u. 10er-Gruppen für Verseuchung des Westens (3–4-wöchige Lehrgänge)
 32 im Osten geschulte KPD-Funktionäre und Kuriere
III. V.-Leute sind eingebaut in vier staatsfeindlichen Organisationen (Strasser, SS-Nachrichtenring, KPD-Leitung und Antifa-Dienst).

F. Im Aufbau begriffen:
Kartei über alle staatsfeindlichen Organisationen, Funktionäre und der im illegalen Geh. Meldedienst stehenden Personen (Alarmkartei nach 3 Stufen für den X-, Y- und Z-Fall).

G. Das vorstehend im Telegrammstil erläuterte eigene Nachrichtennetz könnte in die I.-Stelle des Innenministers überstellt werden, wobei hervorzuheben ist, dass die I- und II-Erkundungen aus Tarnungsgründen von der IIIer-Tätigkeit einsatzmäßig zu trennen wären und außerhalb des Innenministeriums liegen müssten. Dies selbstverständlich in klarem Unterstellungsverhältnis bei der I.-Stelle des Innenministers.

Jacobi[5]

Bemerkenswert ist bereits die Unterschrift *Jacobi*, die dem Leiter der Behörde gehörte, einem gestandenen SPD-Genossen, der hier in der Düsseldorfer Geheimdienstzentrale das Sagen hatte. Der Bericht weist zudem aus, dass sich die Tätigkeit dieses offiziell nicht vorhandenen Geheimdienstes auf die gesamte Britische Besatzungszone erstreckt hatte. Die Definition des nachrichtendienstlichen Gegners war zweigliedrig, nämlich politisch und nachrichtendienstlich definiert. Das bedeutet, es wurden sowohl missliebige politische Organisationen wie auch gegnerische Geheimdienste ausgespäht. Daneben enthält das Dokument hinsichtlich der Verhaltensweise dieses Dienstes ein weiteres, wenn auch verdecktes Detail. Im Gliederungspunkt G ist von I- und II-Erkundungen sowie von IIIer-Tätigkeit die Rede. Das waren überkommene Bezeichnungen, die aus dem einstigen militärischen deutschen Geheimdienst stammten, dem Amt Ausland/Abwehr. Dort standen die römischen Ziffern für Spionage (I), Sabotage und Zersetzung (II) und Spionageabwehr (III). Vor allem die Ziffer II, also die Zersetzungs- und Beeinflussungsarbeit am Gegner, wurde in dieser frühen Phase des entstehenden westdeutschen Staats für völlig normal gehalten. Korrespondierend zu dieser Zielvorgabe waren die Installierung der vorgeschobenen Stellen in der Sowjetischen Besatzungszone und die Zusammenarbeit mit dem Schumacher-Dienst der SPD, auf den später noch eingegangen wird.

Die Übereinstimmung mit Bezeichnung und Denkweise des Amtes Ausland/Abwehr kam nicht von ungefähr. In Düsseldorf war ein Mann dafür verantwortlich, der genau aus diesem Geheimdienst der ehemaligen Wehrmacht stammte. Es war der Oberstleutnant a. D. Johannes Horatzek (ursprünglich: Horaczek). Er hatte eine lange Strecke als Nachrichtenbeschaffer im deutschen Militärgeheimdienst, der Abwehr, hinter sich. Sein bevorzugtes Zielland war, seiner Herkunft gemäß, Polen gewesen.

Nach dem Krieg hatte dieser Profi eine Art Privatdienstvertrag mit dem Land Nordrhein-Westfalen abgeschlossen, wodurch er zum Hauptvertrauensmann avancierte – auch dies eine Dienststellung, wie sie beim Amt Ausland/Abwehr für Agenten führende Nichtoffiziere üblich gewesen war. Horatzek betrieb sein Unternehmen von Wuppertal aus. Die Beschaffer, die er um sich scharte, stammten bevorzugt, ebenso wie er selbst, aus dem ehemaligen Militärgeheimdienst. Die Gedankenwelt, in der diese Männer lebten, kannte weder Länder- noch Staatsgrenzen. Dem entsprachen auch die Beschaffungsaktivitäten dieses Dienstes, den es eigentlich gar nicht gab. Man agierte bundesweit und ebenso bis weit in den Ostblock hinein.

Diese merkwürdige, grenzüberschreitende (selbst ernannte) Zuständigkeit hatte einen konkreten Grund: die SPD. Unter der Leitung des Spitzengenossen Erich Ollenhauer machten sich nämlich auch Sozialdemokraten sehr konkrete Gedanken, wie das verdeckte politische Geschäft organisatorisch in den Griff zu bekommen sei. Gerade in der SPD wurde nach der Zwangsvereinigung von SPD und KPD in der Sowjetischen Besatzungszone im Jahr 1946 die Notwendigkeit für ein verdecktes operatives Geschäft als brennend notwendig empfunden. Anders waren die Verbindungen zu den alten Genossen im Osten nicht zu halten. Es ist daher leicht nachzuvollziehen, dass die Spitzen der SPD den nordrhein-westfälischen geheimdienstlichen Nukleus unter dem SPD-Mann Jacobi als Keimzelle für einen bundesdeutschen Nachrichtendienst ansahen. Zur Zeit dieser Planspiele lebten die sozialdemokratischen Parteiführer noch in der Hoffnung, dass sie aus der ersten Bundestagswahl als Sieger hervorgehen und in die Regierungsverantwortung gelangen würden.

Daraus wurde bekanntlich nichts, und die erste ins Amt gewählte Bundesregierung dachte nicht im Traum daran, den Düsseldorfer Laden als Grundstock für die Bundesbehörde zu übernehmen. Dabei mag es durchaus sein, dass sie nicht ahnte, wie schlagkräftig dieser bereits war. Doch die SPD mochte keinesfalls klein beigeben. Besser ein solcher Dienst unter eigener Kontrolle, als informationslos außen vor zu bleiben.

Dass dieser Dienst so gut funktionierte, lag nicht nur an dem Beschaffungsprofi Horatzek, sondern vor allem auch an seinem ersten Leiter, dem Staatskommissar Werner Jacobi. Als der vierzigjährige Jurist im Oktober 1947 sein Amt antrat, war er auf dem Gebiet des Nachrichtenwesens sicher ein völliger Neuling. 1933, nach dem Machtantritt der Nationalsozialisten, war der SPD-Mann aus dem Staatsdienst rausgeflogen. Er schlug sich als kaufmännischer Angestellter durch. 1937 kam prompt eine Zuchthausstrafe gemäß der Gummibandvorschrift zur Vorbereitung von Hochverrat. KZ-Haft folgte,

Hü und hott in Düsseldorf: SPD-Staatskommissar Werner Jacobi, Exabwehrmann Johannes Horatzek als Beschaffungsleiter und der ehemalige Flüchtling Fritz Tejessy als Behördenchef.

und Jacobi kam erst im Frühjahr 1945 wieder auf freien Fuß. Seine sogleich wieder aufgenommenen politischen Aktivitäten brachten ihn rasch voran. Unbelastete Juristen waren in Westdeutschland rare Ware. Dem Landtagsmandat in Nordrhein-Westfalen folgte schon 1949 ein Bundestagsmandat im Ersten Bundestag in Bonn. Deshalb gab er das Amt des Staatskommissars und heimlichen Geheimdienstchefs im Juli 1950 auf.

So kam es, dass Düsseldorfs SPD-Innenminister Walter Menzel sich nach einem anderen gestandenen Sozialdemokraten umsehen musste, um hier das Heft in der Hand zu behalten. Die Wahl fiel auf Fritz Tejessy, und sie darf getrost als ziemlich schräg bezeichnet werden. Tejessy kam 1895 in Brünn, dem heutigen Brno, zur Welt, im damaligen Österreich-Ungarn also. Bereits als junger Mann schloss er sich der Sozialdemokratie an. In Kassel wurde er Zeitungsredakteur. Ein anderer Sozialdemokrat aus Kassel, Albert Grzesinski, holte, als er preußischer Innenminister wurde, Tejessy Ende der 1920er-Jahre nach Berlin und machte ihn zum Personalreferenten bei der Polizei. Diese kurze Karriere dauerte bis zum Sommer 1932, als Papens Preußenschlag die legale preußische Landesregierung in die Wüste beförderte. Auch Personalreferent Tejessy wurde seinen Job los.

1933, nach dem Machtantritt der Nationalsozialisten, floh Tejessy ins Ausland. Zunächst gelang es ihm, sich in der Tschechoslowakei zu halten, 1939 ging die Flucht von dort aus weiter. Die skandinavischen Staaten blieben Episoden. Von dort ging es in östlicher Richtung über Riga um die ganze Erde herum bis in die USA. (Die Fahrt durch die Sowjetunion hat später das Gerücht beflügelt, der Flüchtling habe mit dem Kommunismus geliebäugelt, oder, schlimmer noch, er sei bei dieser Gelegenheit als Agent angeworben worden. Tatsachen, die dies stützen würden, sind, wie so häufig, nie ans Tageslicht gekommen.) An der amerikanischen Ostküste angelangt, wurde Tejessy Textilarbeiter und Ende der 1940er-Jahre arbeitslos.

Im Sommer 1949 kam dann das rettende Angebot, in alter Funktion ins nordrhein-westfälische Innenministerium zu kommen. Kaum in Düsseldorf etabliert, wurde Tejessy die Leitung des nordrhein-westfälischen Verfassungsschutzes übertragen. Das war im Dezember 1949. Tejessy blieb elf Jahre lang bis zu seiner Pensionierung 1960 in diesem Amt. Als er ging, atmete manch einer auf. Dass er kein Geheimdienstler mit Stallgeruch war, mochte noch hingehen. Dass er jedoch den Rechtsstaatler gab, der nachrichtendienstliche Beschaffung unterband, war schon weniger einzusehen. Wie bei dieser Art der Amtsführung die Zusammenarbeit mit dem Beschaffungsleiter der Behörde, Johannes Horatzek, klappte, sei der Fantasie des Lesers überlassen.

Tejessy sah in seiner Behörde keinen Geheimdienst, sondern eine Art politische Beratungsinstanz. Von der Beschaffung, Sammlung und Aufbereitung sicherheitsrelevanter Informationen für Polizei und Staatsanwaltschaft mochte er nicht viel wissen. Er schwebte über den Wassern. Darüber hinaus nervte er seine Leute mit seiner Lust an der Bürokratie und verplemperte viel Zeit damit, Positionskämpfe mit dem Bundesamt auszufechten, das er als überflüssig ansah.[6]

Auch die Gründung des Bundesamtes für Verfassungsschutz stand unter keinem guten Stern. Wieder war es die Personalauswahl, die aus dem Start der Behörde einen Flop machte. Im Besetzungsgerangel um den Chefposten setzten die Briten ihren Kandidaten durch. Es war der Jurist Otto John. Der Fehlgriff hätte kaum perfekter sein können.

Als der Einundvierzigjährige im Dezember 1950 seinen Dienst antrat, hatte er bereits ein abwechslungsreiches Leben hinter sich. Aufgrund guter persönlicher Beziehungen erklomm der junge Doktor der Jurisprudenz bereits 1937 den Sessel eines Syndikus der Deutschen Lufthansa. Den Kriegsdienst konnte der geschmeidige Mann durch eine lang hingezogene Unabkömmlichstellung vermeiden. Hilfreich war für ihn, dass er im Nebenamt die Dienste eines im Ausland tätigen V-Manns des Amtes Ausland/Abwehr versah. Kontakte zu NS-Gegnern ließen einige von diesen zur Überzeugung gelangen, dass John als Kanal zu den Westalliierten zu gebrauchen sei. Seine für die Lufthansa und das Amt Ausland/Abwehr kombinierten Reisen ermöglichten ihm eine problemlose Tarnung jeglicher Reisetätigkeit. Ob John daher, wie später häufig dargestellt, in den engeren Kreis der Verschwörer des 20. Juli einzureihen ist, scheint fragwürdig. Dass es ihm gelang, kurz nach dem Attentat auf den Diktator mit einem Passagierflugzeug auf die Iberische Halbinsel zu entkommen, war jedenfalls sein Glück. Sein Bruder musste dies büßen; er wurde in Berlin als Mitwisser hingerichtet.

Von Spanien gelangte John über Portugal nach Großbritannien und hier ohne Umwege in den Propagandaapparat des britischen Foreign Office, der unter Leitung von Sefton Delmer Zersetzungsarbeit gegen das Dritte Reich leistete. Bemerkenswert ist, wie zügig die sonst eher misstrauischen Briten John übernahmen. Manch einer hat hieraus gefolgert, dass er bereits zuvor beim Geheimdienst seiner Majestät angeheuert hatte. Auch nach Kriegsende blieb John seinen neuen Geldgebern treu. Er fungierte als Jurist aufseiten der Siegermacht, als es um die Aburteilung deutscher Kriegsverbrecher ging.

Nicht jedem gefiel das. So dem erst kürzlich in sein Amt gelangten Bundeskanzler. Er demonstrierte auf die ihm eigene Art, dass ihm John aufgedrückt worden war. Ein Jahr lang führte John das Amt lediglich kommissarisch, bevor sich Adenauer entschloss, dem für die Ernennung nach dem Buchstaben des Gesetzes zuständigen Bundeskabinett Johns Bestallung zur Beschlussfassung vorzulegen.

Während noch über Sinn und Unsinn eines innenpolitischen Nachrichtendienstes debattiert wurde,[7] versuchte das Bundesamt für Verfassungsschutz, zu einem normalen Dienstbetrieb

BfV-Gliederung 1951–1957		
Präsident Dr. Otto John (bis 20.7.1954)/Dr. Hans Jess (i. V./bis 1.8.1955)/ Hubert Schrübbers		
	Vizepräsident Albert Radke	
Abteilung I Verwaltung Dr. Müllenmeister	Abteilung II Beschaffung Richard Gerken	Abteilung III Auswertung Rudolf Merz

zu finden. Die anstehenden Aufgaben waren von niemandem zu übersehen. Sie wurden von außen diktiert, so beispielsweise von den nazistischen Organisationen, die dabei waren, ihre Stimme wiederzufinden, vor allem aber durch den Ost-West-Konflikt, dessen Demarkationslinie unübersehbar mitten durch Deutschland lief.

Hinzu kam 1951 der Koreakrieg – mit bemerkenswerten Folgen für die Deutschen. Nunmehr forcierten die US-Amerikaner das Tempo, mit dem der Bundesrepublik eigene Beiträge zur westlichen Blockbildung abverlangt wurden. Die deutsche Wiederbewaffnung war in weiten Teilen der Bevölkerung außerordentlich unbeliebt. Proteste gegen die erneute Aufrüstung waren folglich an der Tagesordnung.

Hierdurch wurden Polizei und Geheimdienste vor völlig neue Herausforderungen gestellt. Während es zur deutschen Staatstradition gehörte, gegen Oppositionelle der Regierungspolitik mit polizeilichen und geheimdienstlichen Mitteln vorzugehen, stellte sich hier erstmals die Frage, ob das zulässig sei. Schließlich standen politische Meinungskundgaben unter dem Schutz des soeben verabschiedeten Grundgesetzes. Proteste gegen die Regierungspolitik der Wiederbewaffnung waren mithin nicht mehr per se mit hochverräterischem Tun gleichzusetzen, wie man dies aus der guten alten Zeit gewohnt war. Das schreibt sich hier leichter, als es in den 1950er-Jahren in den Köpfen der Zeitgenossen vor sich ging. Die häufig eher schlicht ausgestatteten Polizisten hatten schon in der kaiserlichen und erst recht in der nationalsozialistischen Ära Proteste unterdrückt. Die neuerdings geforderte Unterscheidung zwischen staats- und regierungsfeindlicher Betätigung war eine völlig fremde Kategorie, die nur wenige verstanden.

Die eigentliche Bruchlinie staatsfeindlichen Treibens im Fall der Wiederbewaffnungsgegner verlief dort, wo die Proteste lediglich als Vehikel dienten, um die Bundesrepublik zu unterminieren. Kommunistische Infiltrationspolitik sattelte genau auf diesem neuralgischen Punkt der innenpolitischen Auseinandersetzungen auf. So wurden aus Klassenkämpfern Friedensapostel und aus Vertretern der Westintegration Deutschlands kapitalistische Kriegshetzer. Das alles war nicht besonders neu, und es blieb bis zum Ende der kommunistischen Herrschaft eine gern eingesetzte Masche, fremde Probleme zu instrumentalisieren. Die Friedensbewegung der frühen 1980er-Jahre sollte das letzte groß angelegte Unterwanderungsmanöver werden. Doch so weit sind wir noch nicht.

Auch jetzt schon, in den 1950er-Jahren, wurde die Friedenskarte mit Eifer gespielt. Die Töne wurden indessen schriller, je klarer sich der politische Wille zur Westintegration abzeichnete. Im Gegenzug wurde die Abwehr rauer. In dichter Folge wurden Vereinsverbote nach rechts und links erlassen[8] sowie Verbote gegen die beiden Exponenten im Lager der politischen Parteien beim Bundesverfassungsgericht beantragt. Nach rechts außen sollte es die Sozialistische Reichspartei (SRP), nach links die KPD treffen.

Beide Verfahren wurden mit schrägen Propagandatönen aus Ost-Berlin orchestriert. Aber ganz anders, als diese Begleitmusik glauben machte, wurde nicht den Kommunisten, sondern der Naziorganisation SRP kurzer Prozess gemacht, während sich das Verfahren gegen die KPD über mehr als fünf Jahre hinzog. Als das Verbot schließlich 1956 ausgesprochen wurde, war die KPD ohnedies ins politische Abseits gedrängt. Das

Gewaltregime östlicher Prägung, für das die westdeutschen Kommunisten standen, übte in der Bundesrepublik nur noch auf eine verschwindende Minderheit Anziehung aus. Vor allem der missglückte Volksaufstand am 17. Juni 1953 hatte viele von ihren letzten Illusionen befreit. Bei der Wahl zum Zweiten Deutschen Bundestag am 6. September 1953 entfielen nur noch 2,2 Prozent auf die KPD. Damit hatten die westdeutschen Wähler ein vernichtendes Urteil über die Kommunistische Partei gesprochen.

Mit den Verboten gegen die KPD und ihre organisatorischen Hilfstruppen wie VVN, FDJ und andere schlug die Stunde der Verfassungsschutzbehörden, denn es galt nunmehr, den Sumpfblüten der kommunistischen Konspiration das Wasser abzugraben. Das gelang zu einem guten Teil. Die endlose Liste der Hochverratsverfahren gegen kommunistische Funktionäre, die die Verbote souverän missachteten und einfach weitermachten, als sei nichts geschehen, legt hierüber Zeugnis ab.[9]

Alles hätte seinen geordneten Weg nehmen können, wenn nicht bei den frühesten Aktivitäten des Bundesamtes eine blamable Schlappe passiert wäre: die Vulkan-Affäre. Dabei sah es am Anfang nach einem großen Abwehrerfolg aus. Am 10. April 1953 gab der deutsche Vizekanzler Franz Blücher gegenüber der aufhorchenden Öffentlichkeit bekannt, dass achtunddreißig zum Teil sehr bekannte Geschäftsleute, die im Ost-West-Handel tätig waren, am Vortag als östliche Agenten festgenommen worden seien. Was steckte hinter der Meldung?

Am 4. April 1953 hatte sich in Berlin der Abteilungsleiter im DDR-Geheimdienst APN, Gotthold Kraus, zur Berlin Operation Basis (BOB) des US-Geheimdienstes CIA abgesetzt. APN war der Außenpolitische Nachrichtendienst der DDR. Er unterstand ursprünglich dem DDR-Außenministerium und dort, ganz nach sowjetischem Vorbild, dem Ministervertreter. Das war in diesem Falle Anton Ackermann, ein lupenreiner Emigrant aus Moskau. Der eigentliche Beschaffungsapparat des APN firmierte unter der Bezeichnung Institut für wirtschaftspolitische Forschung (IWF). Hier tat der DDR-Funktionär Kraus Dienst. Das hielt ihn nicht davon ab, sich von der CIA anwerben zu lassen. Anfang April 1953 wurde seine Stellung unsicher, sodass er die Weisung erhielt, sich zusammen mit seiner Familie in den Westen abzusetzen. Er brachte einen scheinbar wertvollen Karton mit, die Agentenkartei des IWF. Die Amerikaner schoben die Pappen sogleich an die Westdeutschen weiter. Agenten pflegen, wenn ein Überläufer im Spiel ist, eine leicht flüchtige Ware zu sein. Die Festnahmen der als Agenten enttarnten Geschäftsleute, die in der Kartei verzeichnet waren, erfolgten daher prompt. Am Tag darauf wurde die Sache an die große Glocke gehängt. Eingeweihte mutmaßten später, Vizekanzler Blücher sei vorgeprescht, da er wegen einer Abwesenheit von Adenauer die Chance zu einem großen Auftritt gewittert habe. Was ihn zudem dazu bewog, das Bundesamt für Verfassungsschutz als Quelle zu nennen, lässt sich heute nicht mehr aufklären.

Doch der Erfolg war nur ein Scheinerfolg. Aus dem Fall Vulkan wurde die Vulkan-Affäre. Fünfundzwanzig der Inhaftierten wurden bereits nach kurzer Zeit wieder auf freien Fuß gesetzt, weil ihnen beim besten Willen nichts nachzuweisen war. Einer der Festgenommenen nahm sich in der U-Haft das Leben. Zurück blieb nur der Bodensatz der Aktion – einige DDR-Agenten, keineswegs Geschäftsmänner und zudem Leute, die es im Dritten Reich bereits schwer gebeutelt hatte. Ludwig Weiss, ein ehemaliger KZ-Häftling, der vom DDR-Dienst APN als Agentenführer ausgeguckt worden war. Mit von der Partie Josef Gebhardt, ein weiterer ehemaliger KZ-Häftling, und Hans Bugenhagen, der bereits als Jugendlicher für Jahre in sowjetischer Kriegsgefangenschaft verschwunden war und später den Anschluss an ein normales bürgerliches Leben nicht hatte finden können. Verurteilt wurden nur diese drei. Die anderen führten später teilweise kostspielige Schadensersatzklagen gegen die Bundesrepublik.

Angesichts des Propagandagedröhns, das die Bundesregierung veranstaltet hatte, war das eine blamable Schlappe, und ein Sündenbock musste her. Der damalige Bundesinnenminister Gerhard Schröder gab vor dem Bundestag eine Erklärung ab, die das Amt und seinen Präsidenten im Regen stehen ließ, obwohl Schröder wusste, dass es die US-amerikanischen Neufreunde waren, die den Bock geschossen hatten (was sie noch Jahrzehnte später wortreich bestritten haben). Wenn man die weiteren Ereignisse mit etwas Abstand in den Blick nimmt, so schwankt man jedenfalls, welches die größere Eselei war, denn Innenminister Schröders unloyales Verhalten hatte schlimme Folgen. Der bespöttelte und zum Abschuss freigegebene Präsident des BfV, Otto John, tat nämlich am 20. Juli 1954 einen ungewöhnlichen Schritt: Er trat in Berlin zu den Sowjets über.[10]

Vor dem Absprung: Otto John (ganz links) bei der Gedenkveranstaltung am 20. Juli 1954 im Berliner Bendlerblock.

Das war ein Spektakel, wie es die junge Bundesrepublik noch nicht erlebt hatte. Dementsprechend zahlreich sind die Geschichten und Interpretationen, die darüber in Umlauf kamen. Versuchen wir einen Extrakt zu destillieren. John befand sich am 20. Juli 1954 in Berlin. Er nahm dort als Überlebender des Widerstandes am zehnten Jahrestag des misslungenen Attentats auf Hitler teil. Am Abend verschwand er, vermutlich stark angesäuselt, über den Grenzübergang nach Ost-Berlin. Mit von der Partie war ein Mann namens Wolfgang Wohlgemut. Dieser Doktor med. war fürwahr ein schräger Vogel. Der Lebemann und Trompetenbläser hatte sich schon als junger Mann beim Jugendverband der KPD engagiert und seine medizinischen Weihen während einer Assistenz beim legendären Ferdinand Sauerbruch an der Berliner Charité bezogen. Der Röhm-Putsch brachte ihm dann eine Verhaftung durch die Gestapo ein und der Zweite Weltkrieg eine Einberufung zur Luftwaffe. Kaum war der Krieg beendet, da hatte er 1945 den glänzenden Einfall, die Prominentenpraxis des Hitler-Leibarztes Theodor Morell in der Uhlandstraße in Berlin-Charlottenburg zu übernehmen. Ach ja, und dann war da noch etwas: Wohlgemut war Freund des Verfassungsschutzpräsidenten John und zugleich Agent des sowjetischen Geheimdienstes KGB – eine prächtige Kombination. John und er fuhren also ins nächtliche Ost-Berlin. Ihr Ziel lag in Karlshorst. Den russischen Diensthabenden der KGB-Residentur klappte das Kinn auf die Brust, als sie gewahr wurden, wer der späte Besuch tatsächlich war.

Agent im Frack: der Modearzt und John-Kontaktmann Wolfgang Wohlgemut.

Nicht ganz so erstaunt war hingegen der KGB-Funktionär Wadim Kutschin. Dieser Mann, der sich Oberst Karpow nennen ließ, war zu diesem Zeitpunkt vierunddreißig Jahre alt und seit 1950 Gehilfe des MGB-/KGB-Residenten in Karlshorst, also der zweite Mann dort. Kutschin führte seit 1953 die Operation Proton. Das war der Deckname, unter dem John beim sowjetischen Geheimdienst geführt wurde. Das Interesse der Sowjets an John war älteren Datums. Bereits während des Zweiten Weltkrieges hatte Moskaus Mann im MI6, Kim Philby, seinen sowjetischen Dienstherren gemeldet, dass sich John als angeblicher Widerstandsmann den Briten anzudienen versuchte. Das stimmte. Johns Nachkriegsaktivitäten waren ebenfalls sorgfältig registriert worden. Nach seiner Ernennung zum Chef des BfV rückte er auf der Interessenskala ganz nach oben.

Nun jedoch wurde das MGB/KGB aus erster Hand über den neuen Mann in Köln informiert, denn ihm saß eine erstrangige sowjetische Quelle sozusagen auf dem Schoß. Es war die Chefsekretärin Johns, Vera Schwarte. Die Dame war vom Fach; sie war bereits ab 1934 zehn Jahre lang die Chefsekretärin von Wilhelm Canaris gewesen. Als dieser 1944 festgenommen wurde, wanderte auch sie in Untersuchungshaft. Ab 1945 waren es die Sowjets, die diese erstrangige Geheimnisträgerin ausquetschten. Sie taten noch ein Übriges, indem sie die Exsekretärin anwarben und zum Schein nach Westdeutschland entfliehen ließen. Dort kam sie wieder im alten Metier unter.

Den deutschen Verfassungsschutzchef im Blick: KGB-Mann Wadim Kutschin alias Oberst Karpow leitete die Operation Proton.

Das war schon schlimm genug, doch etwas anderes setzte dem Fall Schwarte die Krone auf. Seit 1946 wussten die US-Amerikaner, dass die tüchtige Canaris-Sekretärin von den Sowjets umworben worden war. Warum die US-Boys sie trotzdem gewähren ließen, bleibt ein Rätsel. Möglicherweise war sie identisch mit der Agentin des US-Dienstes CIC, die den Decknamen Gertie trug und dort seit 1946 unter Vertrag war.

Spätestens seit dem Einzug von Vera Schwarte ins Vorzimmer von Otto John müssen sich die Russen gefragt haben, ob man ihnen einen Bären aufbinden wollte, denn die Mosaiksteinchen über den deutschen Geheimdienstchef ergaben das bizarre Bild eines Außenseiters, der über das Wiedererstarken des Nationalsozialismus räsonierte, von den neuen Machtstrukturen in Bonn offenbar isoliert und dem Alkohol mehr als nützlich zugetan war. Als sie dann auch noch das deutliche Signal erhielten, John wolle mit ihnen in Kontakt treten, lag der Verdacht nahe, dass sie hier jemand aufs Glatteis bugsieren wollte. KGB-Mann Wadim Kutschin entschloss sich (nach genügender Absicherung gegenüber Moskau), den Stier bei den Hörnern zu packen, und versuchte, ein Treffen mit John zu vereinbaren. Doch die Parteien hatten Schwierigkeiten, einen für beide Seiten akzeptablen Ort zu finden. Da bot sich Johns Dienstreise nach West-Berlin an. Die Nachricht an John, dass er sich in Ost-Berlin mit einem hochrangigen Vertreter der Sowjetunion treffen könne, erreichte ihn über eine Informationskette: Kurier und Anbahner war der deutsche KGB-Agent Max Wonsig. Dieser hatte den Kontakt zum Modearzt Wolfgang Wohlgemut hergestellt. Wohlgemut bestellte John nach der Gedenkfeier in Plötzensee zu sich nach Hause zum Sauftreff. Und von hier aus brachen die Herren zum Tête-à-tête nach Ost-Berlin auf. Sie nutzten den Wagen von Wohlgemut. KGB-Mann Wonsig war auch hier mit von der Partie; vermutlich steuerte er das Auto. In Ost-Berlin angekommen, stiegen die Männer in ein Fahrzeug des KGB um, das sie nach Karlshorst brachte.

Jetzt war Wadim Kutschin am Zuge. Er versuchte, John anzuwerben. Doch das misslang offensichtlich. Der weitere Ablauf ist sonst nicht zufriedenstellend zu erklären. Wir versuchen, uns die Szenerie vorzustellen: Der sichtlich benebelte John sieht sich dem unverhohlenen Angebot gegenüber, Mitarbeiter des KGB zu werden. Das widersprach diametral seiner Absicht. Er sah sich als politische Größe im Kampf gegen die nationalsozialistische Restauration in der Bundesrepublik und war auf der Suche nach Verbündeten. Das, was der sowjetische Geheimdienstler ihm jetzt bot, war in seinen Augen lächerlich: ein verdecktes Spiel zulasten seines Landes.

Die Sowjets waren verblüfft. Doch eines war Kutschin und seinem Vorgesetzten, dem KGB-Residenten in Ost-Berlin Witali Tschernjawski, völlig klar: Man konnte den Vogel, der ihnen hier ins Nest geflogen war, unmöglich ins Auto setzen und nach West-Berlin zurückkarren. Bei einem angeworbenen Agenten Otto John wäre das kein Problem, sondern ein notwendiger operativer Schritt gewesen. Doch hier lagen die Dinge anders. Der Nichtangeworbene bedeutete ein unkalkulierbares Risiko. Würde er die Sowjets nicht bloßstellen, wenn er erst mal wieder zu Hause war? Also galt es, Zeit zu gewinnen. So verpassten sie John ein Betäubungsmittel, sodass dieser endgültig aus den Latschen kippte. Jetzt war die Abstimmung mit der Zentrale fällig. Schnell war die Alternative klar. Wenn die Agentennummer nicht lief, musste man John zum Bleiben nötigen und ihn dann eine Propagandablase aufpusten lassen. Als der Verfassungsschützer wieder zu Sinnen kam, spielte man ihm eine getürkte Radionachricht vor, nach der John freiwillig in die DDR übergewechselt sei. John, der wie erwartet seinen Rückweg in die Bundesrepublik verbaut sah, entschloss sich jetzt zum Bleiben und war bereit, sich hierzu öffentlich zu erklären.

Um die Dinge zu zementieren, wurde jetzt aus der Scheinnachricht vom Übertritt Johns in die DDR eine echte ADN-Meldung. Sie ging um die Welt. Die folgenden Tage waren in Ost-Berlin von hektischer Betriebsamkeit ausgefüllt, um John für einen öffentlichen Auftritt zu präparieren. Am 11. August 1954 war es so weit. John trat vor die Weltpresse. Die Sowjets hielten sich diskret im Hintergrund. Die Bühne hatten sie einem Ost-Berliner Propagandistenklub überlassen, dem Ausschuss für deutsche Einheit.

Das war ein hübscher Peitschenschlag, der da auf die Bundesrepublik niederging. Nicht jeder fand das witzig, welch braune Jauche dort aus roten Kübeln ausgegossen wurde, denn längst nicht alles war reine Propaganda. Die Folge war, dass die Regierung Adenauer und an vorderster Front deren Innenminister Gerhard Schröder ins Taumeln gerieten. Bereits nach wenigen Tagen ließ sich die wohlfeile Story vom entführten Verfassungsschutzchef nicht mehr halten. Nun wurde vonseiten der Bundesregierung alles versucht, diese ungeheure Schlappe auf den entsprungenen Verfassungsschutzchef selbst abzuwälzen, auf sein Versagen, seinen Alkoholismus, seine angebliche Homosexualität, seine angeblichen Verbindungen zur sowjetischen Roten Kapelle, seine fachliche Unfähigkeit. Doch dem Kenner der Materie konnte nicht verborgen bleiben, dass da ein Grundwiderspruch bestand. Entweder war es unverantwortlich, einen Mann dieses Zuschnitts in solch einer Position wirken zu lassen, oder man wusste im politischen Bonn nicht, was sich da im Verborgenen tat. Ein vom Bundestag eingesetzter Untersuchungsausschuss brachte das trotz bestehender Mehrheitsverhältnisse, wenn auch dezent, zum Ausdruck.

Die Folgen für das Bundesamt waren katastrophal. Monatelang war die Behörde ohne Chef. Zwar wurde mit Hans Jess noch im Juli 1954 ein kommissarischer Leiter ernannt. Das konnte aber nicht darüber hinwegtäuschen, dass der Siebenundsechzigjährige nur eine Notlösung sein konnte, denn schon seit zwei Jahren leitete dieser Mann, der in den Weimarer Jahren Direktor des mecklenburgischen Landeskriminalamtes gewesen war, kommissarisch das Not leidend gewordene Bundeskriminalamt und nun zusätzlich auch noch das Bundesamt für Verfassungsschutz – eine Kombination, die offenbarte, wie schwer es fiel, unbelastete Sicherheitsleute für Spitzenpositionen zu finden.

In der Behörde selbst ging es in dieser Zeit drunter und drüber. Neben den akribischen und meist wenig hilfreichen dienstaufsichtlichen Untersuchungen hatte das Amt die Möglichkeit zu verkraften, von einem entlaufenen Chef beim geheimdienstlichen Gegner bis auf die operativen Grundmauern enttarnt worden zu sein. Zwar ergaben spätere Vernehmungen

Die Staatsaffäre John im Bundestag. Auf der Regierungsbank (ganz links) der Mann, der durch seine Illoyalität vermutlich das Spektakel auslöste: Bundesinnenminister Gerhard Schröder.

von John, dass er nicht viel mitgeteilt habe, da er wichtige Details wie die Quellennamen nicht kannte, doch halten diese Einlassungen einer Nagelprobe nicht stand. Zunächst die äußeren Fakten:

Von August bis Dezember 1954 hielt sich John in der Sowjetunion auf. Neben dem Fallführer Wadim Kutschin wurde ein Mann auf ihn angesetzt, der zu den abgebrühtesten Leuten des Deutschlandgeschäfts gehörte: Alexander Korotkow, der, wie erwähnt, 1945 als Resident des NKGB nach Deutschland zurückgekehrt war. Ein Jahr später wieder in Moskau, wurde Korotkow Chef des Direktorats für Illegale im sowjetischen Auslandsdienst. Damit war er fast an der Spitze angekommen. Als John in der Sowjetunion weilte, spielte man den angeblichen Urlauber an John heran. Sie sprachen über Deutschland, und dann sprachen sie über Geheimdienstarbeit.[11] John wird verblüfft gewesen sein, was die Sowjets so alles über ihn und sein Amt wussten (Vera Schwarte hatte es möglich gemacht). Er war mit Sicherheit zunächst geschockt, und dann fing er an zu plaudern.

Was die Sowjets als Rohübersetzungen an das MfS durchreichten, zeigt einen in der Sowjetunion verhörten John, der nach anfänglichem Zögern jegliche Zurückhaltung aufgab. So gab er Namen von Quellen zum Besten, vor allem so weit diese in rechtsextremen Verbänden tätig waren, er lieferte zudem wichtige Hinweise auf die Spitzenquelle des BfV in der kurz vor ihrem Verbot stehenden KPD und enttarnte Mitarbeiter einschließlich solcher, die in der Bundesrepublik dezentral und verdeckt als Residenten arbeiteten. Unter den Letzteren ein Journalist des *Spiegel,* den John deswegen nicht hatte fest einstellen wollen, weil der zuvor gehässig über das Amt geschrieben hatte. Die Russen werden gefeixt haben. Alles in allem präsentierte sich ihnen ein geschwätziger Landesverräter.

Nach dem Dezember 1954 hatten die Sowjets jedes Interesse an John verloren. Das Spiel war ausgespielt und die Quelle ausgeschöpft. Jetzt wurde der Expräsident lästig. Also wurde er in die DDR zurückexpediert und den deutschen Genossen vom Staatssekretariat für Staatssicherheit zur fürsorglichen Obhut übergeben. Offiziell erhielt John den Posten eines Sekretärs beim Ausschuss für deutsche Einheit – mehr oder minder eine politische Kasperle-Funktion. Das muss auch John aufgegangen sein, denn nunmehr dachte er darüber nach, wie er unbemerkt in den Westen zurückgelangen konnte. Damit geriet der Fall zur Schmierenkomödie, denn es trat der Nachrichtendienst des Königreiches Dänemark in Aktion. In dessen Auftrag fuhr der dänische Journalist Henrik Bonde-Henriksen John am 12. Dezember 1955 in seinem Privat-PKW von der Straße Unter den Linden durch das Brandenburger Tor.

Doch die Flucht in den Westen war für John keine Reise in die Freiheit. Er wurde unverzüglich festgenommen. Am 22. Dezember 1956 verurteilte ihn der Bundesgerichtshof zu vier Jahren Zuchthaus.[12] John saß zwei von vier Jahren ab. Im Gegensatz zu vielen anderen, die das Leben derart gebeutelt hatte, wurde er recht alt. Er starb kurz nach seinem 88. Geburtstag am 26. März 1996. In der Zwischenzeit hatte er fünf Anläufe unternommen, seine Verurteilung im Wege der Wiederaufnahme revidieren zu lassen. Vergeblich.[13]

Johns Freund und Cicerone Wolfgang Wohlgemut versuchte erst gar nicht, in die Bundesrepublik zurückzukehren.

Er arbeitete bis 1974 in seinem erlernten Beruf als Arzt in der NVA-Klinik in Bad Saarow – einer Residenz des sowjetischen Militärgeheimdienstes GRU. Vier Jahre später nahm sich Wohlgemut das Leben.

Das also war der Start des Bundesamtes für Verfassungsschutz. Ein Teil des dabei bewiesenen behördlichen Unvermögens war auch dem Umstand zu verdanken, dass die Regierung Adenauer keine festgefügten Vorstellungen über das besaß, was der jungen Demokratie an geheimdienstlichen Aktivitäten zugemutet werden konnte. So kam es, dass in dieser Phase der Unklarheit, die ein halbes Jahrzehnt andauerte, die abenteuerlichsten Konkurrenzunternehmen ins Kraut schießen konnten. Einige davon, wie die Organisation Gehlen und der Friedrich-Wilhelm-Heinz-Dienst, werden wir jetzt Revue passieren lassen.

Der falsche Doktor Schneider und ein Störenfried namens Heinz: der Bundesnachrichtendienst und seine Konkurrenz
Die von der Größe und der Gewichtigkeit der geheimdienstlichen Hintermänner bedeutsamste Einrichtung war die Organisation Gehlen, kurz Org. Gehlen oder noch kürzer Org. Erster Leiter der Org. war ihr Namensgeber, der Generalmajor a. D. der großdeutschen Wehrmacht Reinhard Gehlen, der sich fortan Doktor Schneider nannte. Die Beurteilung dieses Mannes ist durch den Umstand außerordentlich erschwert, dass über ihn vorwiegend in zwei einander ausschließenden Kategorien berichtet wird: Als großartiger Durchblicker, ausgezeichneter Kenner der Sowjetunion und der Roten Armee usw. tritt er außer in seiner Autobiografie in einer Reihe von Schriften auf, die bevorzugt von Wehrmachtsoffizieren stammen, die später im Bundesnachrichtendienst Lohn und Brot fanden. Die US-Amerikaner Charles Whiting und Edward Spiro, Letzterer unter dem Pseudonym E. H. Cookridge, steigerten all das noch zum Lorbeerkranz des Meister- bzw. Jahr-

hundertspions. Den gehässigen Gegenpol bildete der Chefgeheimdienstexperte der DDR, Julius Mader, der in Gehlen nichts anderes sah als einen Kriegsverbrecher und korrupten Nazigeneral, der nur in einem Staat wie der Bundesrepublik hatte am Ruder bleiben können.

Reinhard Gehlen stammte aus Erfurt. 1920, zwei Jahre nach dem Ende des Ersten Weltkrieges, trat der damals Achtzehnjährige als Offiziersanwärter in die Reichswehr ein, seit 1935 gehörte er zum Generalstab des Heeres. Als er im April 1942 Abteilungschef Fremde Heere Ost wurde, war er gerade vierzig geworden. Drei Jahre lang leitete er diese Abteilung. Sie war zuständig für die Feindlage Sowjetunion. Das waren in erster Linie die Zustandsbeschreibung der Roten Armee und die Analyse der möglichen Absichten der sowjetischen Kriegführung. Leistete Gehlen das? Liest man die nach dem Krieg erschienenen Werke des letzten Generalstabschefs Heinz Guderian, des letzten Generals der Nachrichtentruppen Albrecht Praun, des Wehrmachtstagebuchführers Percy Ernst Schramm und vieler anderer, vor allem auch Gehlens Memoiren, so kann man nur sagen: Hut ab.[14] Doch die Herren saßen an einer gewaltigen Legendenstrickmaschine. Nichts von dem, was in den Akten versammelt ist, und auch das berühmte Kriegstagebuch des Oberkommandos der Wehrmacht, das seit vielen Jahrzehnten gedruckt vorliegt, hält den Legenden vom präzis voraussagenden Gehlen stand.[15] Das Gegenteil ist vielmehr zutreffend.

Wenige Tage vor Kriegsende scheint auch Gehlen geschwant zu haben, dass der Krieg seines Führers gegen den Bolschewismus nicht gut ausgehen würde. Jetzt dachte er gezielt an morgen. Reinhard Gehlen, der es Ende 1944 auf seinem Posten noch zum Generalmajor brachte, hatte mehr Glück als Verstand. Jahrelang hatte er mit seinen Fehlprognosen der Kriegführung schweren Schaden zugefügt. Dann ereilte ihn am 9. April 1945, genau einen Monat vor Toresschluss, als er sich mühte, im Führerbunker ein Bild der vormarschierenden sowjetischen Truppenmassen zu zeichnen, der große Lottogewinn. Der empörte Diktator schmiss ihn wegen Defätismus raus. Aber er ließ ihn weder erschießen noch aufhängen. Nein, Gehlen wurde ordnungsgemäß und auf eigenen Wunsch in die Führerreserve des Heeres versetzt. So konnte er ungehindert in seiner Generalsuniform herumstolzieren, anstatt, was jetzt eigentlich dran gewesen wäre, eine der ausgebluteten Divisionen zu übernehmen.

Diese Beurlaubung erleichterte ihm das nun Folgende kolossal. Auf seine Anweisung hin sorgten seine nächsten Untergebenen dafür, dass die Akten der Abteilung Fremde Heere Ost, fein säuberlich bereinigt, auf LKWs gepackt und nach Süddeutschland verfrachtet wurden. Gehlen zog es vor, sich ebenfalls nach Süddeutschland abzusetzen und dort so lange wie möglich versteckt zu halten. Er wusste, dass seine Aktenkisten einen Pharaonenschatz bargen – die Erkenntnisse der Abteilung Fremde Heere Ost über die Sowjetunion und speziell deren Rote Armee. Dafür würde es Abnehmer geben. Und damit hatte er recht.

Über das Wie und Warum ist alles gesagt worden, begnügen wir uns hier mit dem Ergebnis. Generalmajor Reinhard Gehlen lief pünktlich zu Kriegsende zu den US-Amerikanern über. Es war derselbe Gehlen, der, als sein Konkurrent Otto John im Ostsektor von Berlin verschwand, den Satz geprägt haben soll: »Einmal Verräter – immer Verräter«. Gehlen ging also zu den Amerikanern. Die brachten ihn, nachdem sie seine Wichtigkeit mit gehöriger Verzögerung erkannt hatten, zu einer mehrmonatigen Befragung in die USA. Denn in der Zwischenzeit dämmerte es ihnen, dass es mit der Freundschaft zu Good Old Joe, wie manche den Diktator der Sowjetunion zu bezeichnen beliebten, doch nicht zum Besten stand. Der Kriegsverbündete mutierte zum potenziellen Kriegsgegner. Hiermit Hand in Hand wuchs die Einsicht, dass man über das Riesenreich in Eurasien und erst recht über seine Armee so gut wie nichts wusste.

Zunächst mochte es noch angehen, dass man mit dem gemeinsamen Besatzungsregime über das geschlagene Deutschland alsbald Schiffbruch erlitt. Doch dann kamen Erkenntnisse, die erst nachdenklich, dann bald aber aggressiv stimmten. Die kalte Erpressung der mitteleuropäischen Staaten war so ein Fall. Polen, Ungarn, die Tschechoslowakei, Bulgarien, Rumänien, Albanien gerieten unter die sowjetische Knute. Jugoslawien ging freiwillig mit, so schien es zunächst zumindest. Italien, Griechenland und sogar Frankreich wackelten ganz erheblich. Zu allem Überfluss platzte am 29. August 1949 die Nachricht vom gelungenen Versuch der ersten sowjetischen Atombombenexplosion in Semipalatinsk in die schon nicht mehr vorhandene Idylle von der befriedeten Welt. Schmerzhaft bildete sich die Einsicht in die Größe und Rücksichtslosigkeit der sowjetischen USA-Spionage – Erkenntnisse, die aus der Venona-Aktion gewonnen wurden. Hinter dem Deckwort steckte der Einbruch in den sowjetischen Funkschlüssel. Und was den Behörden dann scheibchenweise dämmerte, war bestürzend. Sorglosigkeit schlug in massive Kommunismusfurcht um, und zur Kommunistenhatz eines Senators McCarthy war es nur noch ein kleiner Schritt. Und wichtig genug: Genau diese Politik der USA und ihr schleichender Wandel bestimmten die Ereignisse in Deutschland. Ohne sie wäre weder eine Org. Gehlen noch der hieraus entstehende Bundesnachrichtendienst möglich gewesen.

Die Org. Gehlen war in ihrem Frühstadium so mancherlei. Aus der Sicht ihrer Geldgeber war sie vor allem jedoch eines: eine unter amerikanischer Aufsicht stehende Residentur, deren Zielland die Sowjetunion war, also eine mit deutschem Personal bestückte geheimdienstliche Beschaffungsstelle, ein vorgeschobener Beobachtungsposten des US-Dienstes CIA an der vordersten Front des Kalten Krieges. Doch war sie das wirklich? Die Meinungen waren geteilt. Nach Auffassung ihres Chefs, Reinhard Gehlen, war die Org. ein deutscher Nachrichtendienst, wenn nicht gar *der* deutsche Nachrichtendienst. Das war zunächst Spintisiererei, denn die frühe Bundesrepublik besaß keinerlei Befugnisse, ihre außenpolitischen Belange selbstständig wahrzunehmen, geschweige denn einen eigenständigen Nachrichtendienst zum eigenen Nutzen zu betreiben. Richtig war allerdings, dass das Gehlen'sche Vehikel weit über das hinausging, was man einer Geheimdienstresidentur sonst zubilligt. Über den reinen Beschaffungsapparat hinaus wurden nämlich zügig eigene Auswertungsstrukturen aufgebaut. Dafür sorgte schon das Personal, das in die neue Einrichtung Einzug hielt.

Über dieses Personal ist öffentlich viel räsoniert worden. Nazivergangenheit und SS-Zugehörigkeit seien kein Hinderungsgrund für eine Einstellung gewesen, hieß es. Das stimmt. Oder auch nicht so ganz, je nachdem, wo man einen Trennungsstrich zieht. Für denjenigen, der die Zugehörigkeit zur Wehrmacht für ein Unwerturteil ausreichen lässt, ist die Sache klar. Doch klar ist auch, dass es ohne diese Leute keinen BND gegeben hätte. Die Dinge liegen also etwas komplizierter. Hierzu einige Beispiele.

Zunächst einmal zog Gehlen seinesgleichen nach. Es waren Offiziere des Generalstabs, die ihm persönlich bekannt waren. Das ist per se nichts Ungewöhnliches und bei einem Geheimdienst erst recht nicht. Was die Org. so anziehend machte, ist mit wenigen Worten umrissen: Sie bot Lohn und Brot und Unterkunft im zerschmetterten Deutschland. Und sie bot dies für Deklassierte, vor allem für ehemalige Offiziere der deutschen Wehrmacht. Was Wunder also, dass diese dem Gehlen'schen Werben nur zu gern folgten.

Einer dieser Leute war beispielsweise der ehemalige Generalleutnant Adolf Heusinger. Heusinger war während des Krieges Chef der Operationsabteilung im Generalstab des Heeres. Wenn überhaupt einer, so zählte er zu den Hauptverantwortlichen für die Kriegführung in Russland. Seiner Dienststellung gemäß war er einer der engsten und wohl auch einflussreichsten Berater des Oberbefehlshabers. Der hieß bekanntlich Adolf Hitler. Gleich nach dem Attentat des 20. Juli

1944 wurde Heusinger kurzfristig inhaftiert. Doch er schrieb an seinen Führer, dass er nichts damit zu tun habe. Der Brief kam selbstverständlich an. Später erdichtete Heusinger eine Art Widerstandstätigkeit und nannte das Opus *Befehl im Widerstreit*. Hier soll nicht moralisiert werden, doch es scheint angezeigt, auf den Umstand hinzuweisen, dass die Spitzenleute aus Hitlers Krieg gegen die Sowjetunion jetzt wieder in Stellung gegangen waren, um einem neuen Deutschland in Spitzenfunktionen zu dienen. Gerade der Umstand, dass sie im wahrsten Sinne des Wortes gegen Russland zu Felde gezogen waren, machte sie jetzt wieder hoffähig.

Gehlen und Heusinger waren bei Weitem nicht die Einzigen. Doch es genügte nicht, die alten Kameraden aus den Stäben mit Posten zu versorgen. Das wusste Gehlen nur zu genau. Um das zu tun, was seine amerikanischen Brötchengeber von ihm erwarteten, mussten Leute her, die etwas vom dreckigen Beschaffungsgeschäft verstanden. Diese Leute konnten nur aus dem einst bespöttelten Amt Ausland/Abwehr und aus der gefürchteten Konkurrenz, der SS, kommen. Diese hatte gegen Kriegsende im Reichssicherheitshauptamt nahezu den gesamten Apparat geheimpolizeilicher und nachrichtendienstlicher Tätigkeit okkupiert. Und genau hier hatten die Offiziere gesessen, die wussten, wie es geht. Sie waren jetzt wieder gesucht – und zwar nicht als Kriegsverbrecher, sondern als Fachpersonal.

Da war zunächst einmal Friedrich Baun. 1897 in Odessa geboren, war er wie kaum ein anderer geeignet, Russlandspionage zu betreiben. Im September 1939 war er im Amt Ausland/Abwehr mit der Leitung des Russland-Referats der Spionageabteilung Abwehr I beauftragt worden, und von Juni 1941 bis Mai 1945, also während des gesamten Russland-Feldzugs, leitete er Walli I. Das war der Deckname der gegen Russland gerichteten Spionageleitstelle an der Ostfront. Bereits im Frühjahr 1946 steckten ihn die Amerikaner in die Org. Dort wurde Baun Leiter der Beschaffung. Doch er hatte einen Fehler. Er vertrug sich nicht mit Gehlen, den er nicht grundlos für einen Geheimdienstlaien hielt. Gehlen schaffte es, diesen bösen Konkurrenten bei seinen amerikanischen Vormännern als Säufer anzuschwärzen. So wurde Baun bereits im August 1946 wieder als Beschaffungsleiter abgesetzt, 1950 schied er aus dem Dienst ganz aus.

Jetzt mussten andere ran. Ein solcher Mann, zudem mit dem gewichtigen Dienstgrad eines SS-Standartenführers, war der Oberst der Polizei Willi Krichbaum. Im Krieg war er Chef der Geheimen Feldpolizei gewesen, die erst im Amt Ausland/Abwehr, später jedoch im Reichssicherheitshauptamt angesiedelt war. Vergleichsweise bescheidener im Dienstgrad war ein weiterer SS-Mann, Heinz Felfe. Er kam aus dem SD-Ausland. Mit ihm holte sich Gehlen sein größtes Kuckucksei ins Amt. Felfe und die Folgen sind ein Kapitel für sich. Davon später, denn zuvor hatte Gehlen mit seinen Mannen noch ein gutes Stück Weges zurückzulegen.

Nicht ohne Grund galt Gehlen als Mann der Amerikaner. Ein amerikanischer Briefkopf jedoch war bei Bundeskanzler Adenauer, der mit Macht nach der Souveränität Deutschlands strebte, nicht unbedingt ein Empfehlungsschreiben. Wie also konnte man das Misstrauen des Alten unterlaufen? Nun, indem man ihm das an Informationen anbot, was er gern hören mochte. Und so lieferte Gehlen mit seiner Truppe Informationen über den Feind. Nein, nicht über die Sowjetunion, daran waren vor allem die Amerikaner interessiert. Adenauer hingegen freute, wenn er Neues über den politischen Gegner im eigenen Land erfuhr. Gehlen hatte das bald herausgefunden. Also lieferte er Geschichten und Geschichtchen über die Spitzenfunktionäre der SPD. War das seines Amtes würdig? Eigentlich nein. Doch seine amerikanischen Vormänner sahen es nicht ganz ungern, wenn Gehlen da im Innern wilderte, denn für ihre US-Maßstäbe war die SPD jenseits von Links und Böse. So wurde die Berichterstattung über die Sozialdemokratie für Gehlen ein Hebel zur Macht.

Aber bevor er sich mit bundesdeutschen Präsidententiteln schmücken durfte, musste die Konkurrenz beiseitegeräumt werden. Diese saß an gefährlichem Orte, nämlich im Kanzleramt. Dort feierte eine Institution fröhliche Urständ, die 1918, also noch während des Ersten Weltkrieges, gegründet worden war. Die Rede ist von der Reichszentrale für Heimatdienst. Das war eine Behörde, die der kriegsmüden Bevölkerung den Sinn des Hungerns und Sterbens fürs Vaterland erläutern sollte. Das ging bekanntlich schief. Doch einmal ins Leben gerufen, blieb die Zentrale für Heimatdienst bestehen. Dann, unter demokratischen Vorzeichen, hatte man ihr die Erziehung zur Demokratie auf die Fahnen geschrieben. Diese Fahnen wurden 1933 rot und trugen in der Mitte ein Hakenkreuz. Da war für die Systemzeit, wie man jetzt sagte, kein Platz mehr. Das Reichsministerium für Volksaufklärung und Propaganda trat unüberhörbar auf den Plan. Zwölf Jahre lang redete, schrie, beschwor, beschimpfte, salbaderte, krakeelte der Mann an der Spitze: Joseph Goebbels. Das ging so bis zum 2. Mai 1945. Dann nahm er Zyankali, nachdem er kurz zuvor seine Kinder hatte vergiften lassen.

Bald darauf war wieder Demokratie angesagt. Doch das, was hinter den verschlossenen Türen des Kanzleramtes entstand, nahm sich recht merkwürdig aus. Der Herr, der dort in Zivil ein Büro bezog, stammte aus einer überaus soldatischen Familie, hörte auf den Namen Gerhard Graf von Schwerin und war ein hochdekorierter Panzergeneral der deutschen Wehrmacht. Auch seinem Adjutanten mit dem Monokel im starren Auge sah man unschwer den ehemaligen Offizier an. Er hieß Joachim Oster. Sein Vater Hans war einer der wildesten Hitler-Hasser gewesen. Am 4. April 1945 hatte deshalb der SS-Standartenführer im Reichssicherheitshauptamt, Walter Huppenkothen, den völlig nackten Hans Oster an einem Seil aufgehängt. Manche deuteten die Reaktivierung des Sohnes als eine Art der Wiedergutmachung. Doch was planten diese Herren Exsoldaten in der Zentrale für Heimatdienst? Etwas durchaus Soldatisches, nämlich die Wiederbewaffnung Deutschlands. Dafür galt es, die Propagandatrommel zu rühren, denn dergleichen war bei der Masse der Bevölkerung durchaus unbeliebt. Im hintersten der Hinterzimmer dieser stillen Planer entstand aber bei Gelegenheit noch etwas ganz anderes. Warum, so fragten sich die Herren, sollen wir, wenn wir schon mit Informationen umgehen müssen, dergleichen nicht selbst beschaffen, aus erster Hand also das Benötigte zur Verfügung haben? So entstand der Gedanke eines eigenständigen Nachrichtendienstes. Dem Gedanken folgte die Tat. Fachkundiges Personal war rasch zur Stelle, denn Sohn Oster kannte die richtigen Leute. An deren Spitze stand Friedrich Wilhelm Heinz. An dieser Stelle müssen wir ein wenig Luft holen, denn was nun kommt, scheint wie ein Stück aus dem Tollhaus.

Sicherheitsberater im Kanzleramt: General der Panzertruppen a. D. Gerhard Graf von Schwerin. Und sein Nachrichtendienstchef: Friedrich Wilhelm Heinz.

Friedrich Wilhelm Heinz war ein Mann, dessen Porträt sich gegen wenige Pinselstriche sträubt.[16] 1899 geboren, kam er gerade noch zurecht, um sich als aktiver Soldat in die Schlachten des Ersten Weltkrieges zu stürzen. Dabei trug er eine ernsthafte Verwundung davon, die ihn indessen nicht daran hinderte, nach Kriegsende in einem Freikorps weiter Krieg zu spielen. Viele andere seines Alters taten das auch. Doch danach bildeten sich rasch Unterschiede heraus. Landsknechtsnaturen seines Schlages zog es nur zu häufig nach Links- oder Rechtsaußen. Mit der jammervollen Demokratie von Weimar hatte man nichts am Hut. Heinz ging zur SA, trat in den Stahlhelm ein und wurde überdies Mitglied der NSDAP. Doch nicht allzu lange, denn schon 1929 schlossen die Nationalsozialisten diesen rebellischen Mann aus ihren Reihen aus.

Nach der Machtergreifung der Nazis lebten Leute mit solchem Vorleben gefährlich. Heinz entschloss sich daher bei der ersten sich bietenden Gelegenheit, in die wieder aufrüstende Wehrmacht einzutreten. Die brauchte Offiziere, und er war so einer. Als kriegsversehrter Mann kam er zum Amt Ausland/Abwehr. Auch das war kein Zufall, denn dort sammelten sich die alten Kämpen der Freikorpszeit; einer zog den anderen nach. An der Spitze der Kolonne stand ein alter Konspirateur aus Freikorpszeiten: Konteradmiral Wilhelm Canaris.

Alsbald nach seinem Dienstantritt am Berliner Tirpitzufer muss Heinz mit Hans Oster in näheren Kontakt getreten sein. Der war Organisator einer Militärfronde, die während der von Hitler 1938 losgetretenen Sudetenkrise den Diktator abzuservieren gedachte. Heinz stellte auftragsgemäß einen Stoßtrupp zusammen. Insgeheim dachte er allerdings keineswegs daran, Hitler, wie ihm aufgetragen worden war, festzunehmen, sondern er erteilte Order, Hitler bei erster Gelegenheit über den Haufen zu knallen. Von einem offiziersmäßigen »Bitte melden zu dürfen, dass Sie, mein Führer, festgenommen sind« hielt Heinz nämlich wenig. Bekanntlich wurde aus der ganzen Sache nichts, weil die Generale kniffen; entschuldigend versteckten sie sich hinter dem Münchner Abkommen, dessen Erfolg den Anschlag nicht zugelassen habe.

Auch der weitere Dienstweg von Heinz lief nicht eben geradlinig. Immer wieder eckte er an, was zu Dienstenthebungen führte: im Herbst 1941, als er sich weigerte, sein Brandenburger

Bataillon in einem sinnlosen, ungedeckten Angriff verheizen zu lassen, und 1943, als er eine Absprache mit dem jugoslawischen Nationalistenführer Draza Mihailovič gegen die verhassten Tito-Partisanen zustande gebracht hatte. Hitler tobte, und die Sache wurde annulliert.

Im entscheidenden Augenblick des Sommers 1944 war Heinz Wehrmachtsstreifenführer im Wehrkreis III (Berlin), doch die Putschisten des 20. Juli befanden es nicht für nötig, Heinz einzuweihen, geschweige denn einzuweisen. Trotzdem wurde er im Anschluss an das Attentat von der Gestapo festgenommen. Vorübergehend wieder auf freiem Fuß, tauchte er in Berlin unter. Mithilfe der Fluchthelfergruppe Onkel Emil konnte er sich bis Kriegsende verbergen. Nach einem Intermezzo als Bürgermeister in der vor den Toren Berlins gelegenen Prominentensiedlung Pieskow-Saarow zog Heinz es vor, sich 1946 in den Westen abzusetzen. Er blieb seinem Metier treu und gründete mit dem Niederländer Jan Eland einen Nachrichtenhandel, der einträglich gewesen sein muss. 1950 wurde er als einer der Kandidaten für den Chefposten beim Bundesamt für Verfassungsschutz genannt, doch die Briten winkten ab; sie hatten mit Otto John ihren eigenen Mann.

Dann kam das entscheidende Angebot: Chef eines im Kanzleramt heimlich aufzubauenden militärischen Nachrichtendienstes zu werden. Doch die Tarnfirma *Zentrale für Heimatdienst* war nicht von langer Dauer. Heinz blieb indessen am Ball und wechselte mit seinem Dienst, der bald Strukturen angenommen hatte, ins Amt Blank, wo mittlerweile ziemlich ungeniert die Vorarbeiten für eine Wiederaufrüstung Westdeutschlands betrieben wurden. Hier firmierte Heinz mit seinen Mannen als Friedrich-Wilhelm-Heinz-Dienst, kurz FWH-Dienst.

Der FWHD nahm schneller Fahrt auf, als die Konkurrenz es für möglich gehalten hätte. Diese Konkurrenz war nicht nur die Gegnerseite östlich des Eisernen Vorhangs. Der Hauptwiderstand formierte sich vielmehr an Rhein und Isar. Vor allem dem Leiter der Org. Gehlen wurde schnell klar, welche Gefahr von diesem FWHD für ihn selbst ausging. Diese Einschätzung war äußerst realistisch. Gehlen-Prosa, wie tiefsinnige Auslassungen über die sibirischen Weiten und den Russen als solchen, waren sicher imponierend für jemanden, der im Schilde führte, erneut einen militärischen Feldzug gegen den Bolschewismus zu führen. Dergleichen fand Eingang in Denkschriften, an denen Strategen wie Adolf Heusinger mitgewirkt hatten. Die deutschen Interessen erforderten jedoch etwas ganz anderes, nämlich eine professionelle Erkundung der Absichten des sowjetischen Gegners und seiner Möglichkeiten, und zwar bezogen auf die sowjetischen Deutschlandpläne.

Konnte das Gehlen, konnte es Heinz? Wir können uns der Antwort nur durch Bewertung der vorhandenen Bruchstücke nähern, die beide Dienste hinterlassen haben. Auffällig an Gehlens Beschaffungsweise war die Aktion Hermes. Hinter dem Decknamen verbarg sich die akribische Befragung von Kriegsgefangenen, die aus der Sowjetunion entlassen wurden und von dort in die Westzonen Deutschlands zurückkehrten. Das waren Hunderttausende, und ihre Beobachtungen ergaben ein Puzzle über die wirtschaftliche und militärische Lage in der Sowjetunion. Diese Beschaffung von Informationen ist später als genial gelobt worden. Die Briten betrieben im Lager Friedland bei Göttingen ein ähnliches Geschäft, das sie recht plastisch auf den Namen Wringer (Auswringer) getauft hatten; auch durch Wringer liefen Hunderttausende von Kriegsgefangenen.

Die Idee zur Durchführung von Hermes und Wringer war naheliegend, zumal die durchführenden ehemaligen Offiziere der deutschen Wehrmacht im Prinzip nur fortsetzten, was sie in der Ägide der Abteilung Fremde Heere Ost bereits während des Krieges betrieben hatten, nämlich die Kriegsgefangenenbefragung. Allerdings bestand ein wesentlicher Unterschied. Seinerzeit waren es Sowjetsoldaten gewesen, unter diesen ein erklecklicher Anteil an Überläufern, die über die eigene aktuelle Lage Bericht erstatten konnten. Jetzt waren es deutsche Gefangene, die ihre letzten Monate und Jahre zumeist bei Zwangsarbeit in den abgelegenen Gebieten der Sowjetunion gefristet hatten. Aktuell waren bestenfalls die Rückreiseerlebnisse und die hierbei gemachten Beobachtungen über den Zustand der Bahnanlagen und eventuell gesehene Truppentransporte. Aus der Masse mag sich einiges Wertvolles ergeben haben, eine seriöse Datenaufnahme war es kaum.

Aus alledem und anderem, vor allem aus der wieder in Gang gekommenen Funkaufklärung, entstanden groß angelegte Operationsstudien. Sie trugen Titel, die nicht gerade bescheiden zu nennen waren: »Militärische Probleme eines Präventivkrieges, vom Stand der SU gesehen« oder: »Die Bedeutung des Alpengebietes im Fall eines kriegerischen Ost-West-Konflikts« oder: »Überlegungen über einen möglichen Aufmarsch- und Angriffsplan der Sowjets in Mitteleuropa«. Das waren, in den Augen von Leuten, die über die US-Militärdoktrin von Berufs wegen nachzudenken hatten, sicher bemerkenswerte Beiträge. Die Verantwortung für diese Art von generalstäblerischem Hochreck trug nicht etwa Gehlen, sondern der schon erwähnte ehemalige Chef der Operationsabteilung des Heeres Adolf Heusinger, seit März 1948 in der Org. Chef der Auswertung. Er firmierte dort als ein Dr. Horn. Neben und unter ihm arbeiteten unter anderem der General der Infanterie a. D. Hermann Foertsch, der Generalleutnant a. D. Alfred Kretschmer und der Generalleutnant a. D. Horst von Mellenthin. Das waren nur die Bekanntesten.

Mit den Generalstabsdenkschriften aus dem Hause Gehlen konnte Heinz nicht mithalten. Dafür hatte er weder das Personal noch die Muße. Bereits ein Vergleich der Mitarbeiterzahlen spricht Bände. Während der FWH-Dienst aus insgesamt etwa zweihundert Personen bestand, verfügte die Org. Gehlen dieser Jahre über mindestens dreieinhalbtausend Beschäftigte. Heinz setzte offenbar von Anbeginn an auf Agenten. Dabei sei nichts herausgekommen, lesen wir. Doch forscht man nach der Quelle für diese Schelte, so stößt man auf – Gehlen.[17] Eine Rekonstruktion des Aktenmaterials, das der FWHD hinterlassen hat, zwingt eher zum gegenteiligen Schluss. Heinz belieferte das Kanzleramt mit sehr konkretem Material. Es betraf vor allem die Dislokation der sowjetischen Streitkräfte in Deutschland, und es betraf Zielrichtung und Aufbaustand der Kasernierten Volkspolizei (KVP). Die KVP war der handfeste Nukleus für die in der SBZ/DDR aufzustellenden Streitkräfte. Bis zum 1. Juli 1952 hatte die KVP unter der Tarnbezeichnung Hauptverwaltung Ausbildung im Ministerium des Innern firmiert. Vermutlich haben Informationen dieser Art aus dem FWH-Dienst mehr zum Entschluss des Bundeskanzlers beigetragen, die Wiederbewaffnung Westdeutschlands zu betreiben, als bislang landläufig angenommen wird.[18] Das wäre in der Tat ein bemerkenswerter Erfolg für den Heinz'schen Nachrichtendienst. Das war auch in Pullach bekannt. Es löste dort Bänglichkeit aus.

Bei der Beurteilung von Heinz ist zu berücksichtigen, dass er gerade mal zwei Jahre hatte, um sein Können als Geheimdienstchef unter Beweis zu stellen. Das ist eine extrem kurze Zeit in der Aufbauphase eines Dienstes. 1953 war dann Schluss. Heinz wurde sang- und klanglos abgelöst. Hinter der Ablösung steckte ein Dossier, und hinter dem Dossier steckte ein Mensch. Vordergründig war es Otto John, der Präsident des Bundesamtes für Verfassungsschutz. Er reichte das Papier, in dem Heinz als Sowjetagent diffamiert wurde, an das Kanzleramt weiter. Doch der Hintermann der Affäre saß in Pullach. Mit dem, was Gehlen dort hatte zusammenbrauen lassen, fütterte er John, der naiv genug war, sich mit den Scheinergebnissen wichtig zu machen. Doch hinter dem Ganzen steckte nichts – zumindest was Heinz anbelangte. Dass er einen kuriosen Lebenslauf hatte, konnte niemanden überraschen. Seine NSDAP-Mitgliedschaft war ihm schwerlich ernsthaft zur Last zu legen, zumal die bereits in den 1920er-Jahren mit seinem Rauswurf geendet hatte. Es war vielmehr etwas ganz anderes, was gegen Heinz sprach. Dieser Mann war, wenn etwas gegen seine Überzeugungen ging, unlenkbar. So etwas störte? Ja.

An der Spitze der Leute, die jetzt in Bonn die personellen Strippen zogen, stand Hans Globke, der Chef des Bundeskanzleramtes. Der Mann hatte unter dem NS-Regime eine geradlinige Karriere im Reichsinnenministerium genommen. Dort hatte es der Ministerialrat für richtig gehalten, einen juristischen Kommentar zu den Nürnberger Rassegesetzen zu verfassen. Gezwungen hatte ihn niemand. Ob man aus diesem Grund aus Globke einen führenden Nazi machen musste, wie die Ost-Berliner Propaganda nicht müde wurde zu behaupten, ist fraglich. Er war vielmehr das Musterbild eines deutschen Mitläufers, allerdings auf allergehobenstem Niveau.

Jetzt diente er weiter. Nunmehr war es nicht mehr der Führer Adolf Hitler, sondern der Kanzler Konrad Adenauer, dem er die Treue geschworen hatte. Für Leute dieses Schlages musste ein Friedrich Wilhelm Heinz wie ein rotes Tuch wirken, ein wandelnder Vorwurf und schlimmer noch: Der Mann war durch kleinere Hinweise auf seine NS-Vergangenheit nicht zu lenken, sprich: zu korrumpieren. So kam das Dossier aus dem Hause John nur zu gelegen, und Heinz flog raus. Den Ausschlag hatte im Amt Blank schließlich das Votum des Generals a. D. Adolf Heusinger gegeben, der, wie erwähnt, vor Kurzem noch bei der Org. Gehlen seine Brötchen verdient hatte, wo er hochtrabende Denkschriften über die Sowjetunion zu Papier brachte. So einfach hingen die Dinge zusammen.

Wie war es nun in Wirklichkeit mit den Kontakten von Heinz zum sowjetischen Geheimdienst NKWD/NKGB/MGB/KGB bestellt? Zunächst einmal war es natürlich so, dass sich beide Seiten füreinander interessierten. Dieses Interesse ging jedoch, was die sowjetische Seite anbelangte, über das Ausspähen eines fremden Geheimdienstmannes weit hinaus. Die Ziele waren ehrgeiziger, und sie reichten bis weit in die 1930er-Jahre zurück: Heinz sollte als Agent angeworben werden. Er gehörte nämlich in der zu Ende gehenden Weimarer Zeit einer Personengruppe an, deren sich der sowjetische Dienst mit Fleiß und mit Nachdruck widmete – den linken Leuten von Rechts oder Nationalbolschewisten, oder wie immer man diese merkwürdigen Typen, unter denen sich auch viel Prominenz der damaligen Zeit befand, benennen mochte. Die Agentenernte in diesen Kreisen war reichhaltig. Die Freikorpshaudegen Beppo Roemer und Walter Stennes gehörten ebenso dazu wie einer der jungen Wilden namens Harro Schulze, der zu Beginn des Zweiten Weltkrieges, nunmehr unter dem Namen Schulze-Boysen, zu den ganz großen Hoffnungen des NKGB gehörte; manche haben ihn deswegen für einen Widerstandskämpfer gehalten.

Doch die Anwerbung von Heinz misslang. Der Mann, der die Anbahnung bewerkstelligen wollte, war einer der erfolgreichsten sowjetischen Agenten im Berlin der 1930er-Jahre. Er hieß Alexander Hirschfeld, war 1897 geboren und seit 1918 bei der Roten Armee. Die Akademie des Generalstabs absolvierte er in den 1920er-Jahren mit Erfolg; sodann wechselte er zur GRU. 1931 kam er unter diplomatischer Legende, also als scheinbarer sowjetischer Diplomat, nach Deutschland, erstaunlicherweise unter seinem Klarnamen. Er blieb bis 1938. Sein bedeutendster Erfolg war die Führung des Agenten Korsianez, des Korsen; dabei handelte es sich um den Beamten im Reichswirtschaftsministerium, Arvid Harnack. Auch aus ihm machten spätere Geschichtslegenden einen Widerstandshelden.

Die Anwerbung von Heinz hatte Hirschfeld nach der Romeo-Methode geplant. Keine Angst, die Herren waren nicht schwul. Nachrichtendienstlicher Angriffspunkt bei Heinz sollte vielmehr das Bett seiner Ehefrau sein. Das misslang. Als ein Kontaktmann des MGB/KGB Heinz Anfang der 1950er-Jahre Grüße von Alexander Hirschfeld überbrachte, konnte für diesen nicht zweifelhaft sein, wer der Auftraggeber des Boten in Wirklichkeit war. Doch Heinz spielte nicht im erwünschten

Sinne mit. Er absolvierte Treffs, ließ sich auf Gespräche ein, doch er biss nicht an. Im Gegenteil, er sorgte dafür, dass Abgesandte der anderen Seite festgenommen wurden.

Doch trotz seiner erwiesenen Unbestechlichkeit war die Diffamierungskampagne aus dem Hause Gehlen ein voller Erfolg. Heinz flog raus, auch wenn die äußere Form gewahrt wurde. Er suchte selbst um Entlassung nach. Doch er mochte nicht klein beigeben. Indessen, was will ein solch bunter Vogel gegen die Phalanx der Biedermänner schon groß anrichten? Sie stöberten, ob da nicht etwas war, und sie wurden fündig. Hatte nicht Heinz, als Zeuge vor Gericht nach dem Beruf gefragt, angegeben, er sei ein Oberst a. D.? Das war falsch; er hatte es bei der großdeutschen Wehrmacht nur bis zum Oberstleutnant gebracht. Von der großen Beförderungsschwemme der Jahreswende 1944/45 hatte er nicht mehr profitiert. Da hatte er, als Flüchtling vor der Gestapo untergetaucht, in Berlin gelebt. Selbst schuld, denn schließlich hatte er dem geliebten Führer nach dem Leben getrachtet. Das wurde vor Gericht zwar nicht ausdrücklich zu seinen Lasten erwähnt, doch es schimmerte, wenn man so will, deutlich durch. Also wurde Heinz im November 1954 wegen Meineides verurteilt. Jetzt war er auch noch vorbestraft und damit endgültig aus dem Rennen.

Noch einmal wollten die Sowjets es jetzt wissen. Heinz galt ihnen immer noch als interessanter Mann, und sei es als Propagandafigur gegen die westdeutsche Wiederbewaffnung. Ein früherer Mitarbeiter von Heinz mit Namen Jakob Kolb machte den Lockvogel. Kolb war nach Ost-Berlin ausgebüxt, denn gegen ihn war wegen der Veruntreuung von Agentengeldern ermittelt worden. Nunmehr deutete der Ostemissär seinem früheren Vorgesetzten an, er könne in seiner Prozesssache etwas für ihn tun, es gebe einschlägige, entlastende Dokumente in den dortigen Militärarchiven, nämlich die erfolgte, aber nicht mehr ausgehändigte Beförderung zum Oberst. Heinz ließ sich darauf ein und nahm erneut seinen Weg in den Ostsektor von Berlin. Doch in Karlshorst eingetroffen, ließen die sowjetischen Nachrichtendienstler keinen Zweifel daran, was sie in Wirklichkeit von ihm wollten. Heinz ging zum Schein sofort darauf ein. Seine Gesprächspartner waren hochbefriedigt – und entsprechend unaufmerksam, sodass es Heinz gelang, am folgenden Morgen heimlich aus Karlshorst zu entkommen. Das war keine Heldentat für seine Werber und Wächter, und sie verbreiteten flugs die Mär, sein Übertritt nach Ost-Berlin sei freiwillig erfolgt und er habe dort, wie schon andere vor ihm, Asyl erlangen wollen. Nach dieser Affäre war das öffentliche Ansehen von Friedrich Wilhelm Heinz endgültig ruiniert. Er starb, von der Öffentlichkeit unbeachtet, am 26. Februar 1968 in Bad Nauheim.

Mit dem Ausbooten von Heinz hatte Gehlen den Durchbruch erreicht. Aus der Org. wurde am 1. April 1956 der Bundesnachrichtendienst, und der Herr Doktor, wie er sich nennen ließ, mutierte zum Herrn Präsidenten. Es ist müßig zu fragen, was geschehen wäre, wenn die Personalentscheidung für das Spitzenamt des bundesdeutschen Auslandsdienstes anders ausgefallen wäre. Die Entscheidung für Gehlen war, milde ausgedrückt, unglücklich, zumal seine Amtszeit bis 1968 andauerte. Nicht alle fanden sein Tun in Ordnung. Den wohl schneidendsten Einblick in Gehlens Tätigkeit als Chef des BND hat der ehemalige hochrangige Abwehroffizier und BND-Mitarbeiter Oscar Reile in seinen Memoiren *(Treff Lutetia Paris)* hinterlassen. Hier tritt uns ein geheimdienstlich laienhaft handelnder Zauderer, umgeben von einer Riege von Speichelleckern, entgegen. Der übliche Untergebenenfrust? Die weiteren Ereignisse werden es zeigen.

Rot lackierte Gestapo: das Ministerium für Staatssicherheit und die Verwaltung für Koordination
Nun einen Blick auf die Gegenseite. Die in der SBZ tätigen sowjetischen Dienste haben wir bereits kennengelernt. Schon

vor der Gründung der DDR sollten deutsche hinzukommen. Zwar verkündete das DDR-Gesetzblatt vom 21. Februar 1950 erst ein halbes Jahr nach der Staatsgründung lapidar, dass die dem Ministerium des Innern bislang unterstehende Hauptverwaltung zum Schutz der Volkswirtschaft in ein Ministerium für Staatssicherheit (MfS) umgebildet werde. Hieraus konnte, wer wollte, den Schluss ziehen, dass es eine geheimpolizeilich arbeitende Behörde in der DDR bereits gab, die nunmehr zum selbstständigen Ministerium aufgewertet wurde; was diese Behörde tat, las man hingegen nicht.

Anfangs war das neue Ministerium eine nach innen gerichtete Geheimpolizei. Für die Auslandsaufklärung wurde im Jahr darauf, am 16. August 1951, der Außenpolitische Nachrichtendienst der DDR (APN) geschaffen, der dem Außenministerium unterstand. Seine Tarnbezeichnung lautete Institut für wirtschaftspolitische Forschung beim Außenministerium der DDR (IWF). Dessen erste Handlungen haben wir bei der Besprechung der Vulkan-Affäre bereits gesehen. Man kann nicht sagen, dass die Gründung der DDR-Geheimdienste, zu denen noch alsbald ein dritter bei der Kasernierten Volkspolizei hinzutrat, ohne die branchentypischen Pannen ablief.

Bevor diese Startbemühungen beschrieben werden, soll ein Blick auf das Ursprungspersonal geworfen werden. Es wurde, ebenso wie in den Westzonen auch, von der Besatzungsmacht ausgewählt. An die Spitze des MfS stellten die Sowjets mit Wilhelm Zaisser einen altgedienten Konspirateur. Der Sohn eines Gendarmeriewachtmeisters kam 1893 im Ruhrgebiet zur Welt. Er hatte eigentlich Lehrer werden wollen. Da kam ihm der Erste Weltkrieg in die Quere. Zaisser wurde Reserveoffizier. An der Ostfront infizierte er sich mit dem vom Deutschen Reich nach Russland exportierten Bolschewismus. In der Heimat zurück, trat er 1919 in die KPD ein, die den Ex-offizier sogleich in der illegalen Parteiarmee verwendete. Bei der Roten Ruhrarmee spielte er eine leitende Rolle wie auch beim missglückten Putsch des Deutschen Oktober im Jahr

1923. Als nach ihm zu Recht wegen Hochverrats gefahndet wurde, verschwand er in die Sowjetunion.

Hier bildete man Zaisser ebenso wie viele andere seines Schlages als GRU-Agenten aus. Es folgten Agenteneinsätze in Schanghai und Prag; seine Legende war die eines arbeitslosen Exoffiziers. Das ging so bis 1932. Dann sollten andere von seinen Erfahrungen zehren, denn Zaisser war fortan Lehrer in Babowka, der militärpolitischen Schule der GRU. Ein Einsatz als General Gomez im Spanischen Bürgerkrieg unterbrach seine Tätigkeit in Moskau. 1938 war er wieder zurück, um nunmehr ans Exekutivkomitee der Komintern ausgeliehen zu werden. Ab 1943 wurde Zaisser als Werber und Schulungsleiter in Kriegsgefangenenlagern eingesetzt. 1947 in der SBZ war er zunächst Polizeipräsident in Halle, auch Innenminister von Sachsen, um zum Jahreswechsel 1949/50 zum Leiter des Ausbildungswesens im Innenministerium der DDR aufzusteigen. Von hier aus kam der Sprung auf den Chefsessel des MfS. Ulbrichts Kandidat war der Mann nicht. Das war kein Zufall, denn die neue Geheimpolizei war nach Auffassung der Sowjets vor allem eines: ihr eigener verlängerter Arm. Da konnte es nicht schaden, wenn der Funktionär an der Spitze kein Herzenswunsch des deutschen Spitzengenossen in der Parteiführung war.

Der Mann, den die Sowjets zu Zaissers Vertreter ernannt hatten, war rundherum ein merkwürdiger Geselle. Er hieß mit Klarnamen Erich Mielke und hatte bis dahin nicht durch besondere Gedankenschärfe auf sich aufmerksam gemacht. Doch was soll's, als Aufpasser für Zaisser würde der Einmetersechzigmann allemal taugen.

Mielke hatte ein einschlägiges Vorleben aufzuweisen. Bereits 1931 hatte er als Mitglied des Parteischutzes der KPD im Auftrag der Parteigeheimdienstchefs Hans Kippenberger auf dem Berliner Bülowplatz kaltblütig einen Mord an den Berliner Polizeioffizieren Franz Lenk und Paul Anlauf begangen. Anschließend war Mielke, mit Papieren aus der Fälscherwerkstatt der KPD versehen, in die Sowjetunion geflohen. Dort erhielt er die obligatorische Grundbesohlung in geheimdienstlicher Konspiration. Bei den im Spanischen Bürgerkrieg so beliebten Abweichlermorden war auch Mielke zur Stelle. Ob er hierbei, wie vielfach behauptet, selbst Hand anlegte, ist unbewiesen. Klar ist lediglich, dass Mielke offenbar ein zu kleiner Fisch war, um, als sich die sowjetischen Genossen sang- und klanglos in Spanien dünnmachten, ebenfalls ein Promiticket zur Rückreise in die Sowjetunion zu erhalten.

Die nun folgenden Kriegsjahre in Europa verbrachte Mielke in Frankreich. Aus dem gefürchteten Trotzkisten-Jäger war ein Gejagter geworden. Wie und wo genau er diese Zeit überstand, ist bis heute unklar. Jedenfalls war der Mann mit dem Parteidecknamen Fritz Leistner zum Letten Richard Hebel mutiert. Dieser Mielke-Leistner-Hebel tat als Bausoldat in der einschlägigen NS-Bauorganisation Todt Dienst. Im Juni 1945 tauchte Mielke nach vierzehnjähriger Abwesenheit in Berlin wieder auf. Jetzt ging es rasch nach oben: Leiter einer Polizeiinspektion, Abteilungsleiter Polizei und Justiz beim Zentralkomitee der SED, Vizepräsident der Verwaltung des Innern in der SBZ, Leiter der Hauptverwaltung zum Schutz der Volkswirtschaft. Eigentlich hätte es nahegelegen, bei der Aufwertung der Mielke'schen Hauptverwaltung zum Ministerium diesen zum Minister zu bestellen, doch da blockten die Sowjets ab. Der Kriegsweg Mielkes war allzu undurchsichtig, um dieses Wagnis einzugehen. Doch zum Stellvertreter und Staatssekretär reichte es.

Es gibt kaum ein treffenderes Bild zur Illustrierung von Mielkes Charakter als ein Foto aus dem Jahre 1950, das Zaisser und Mielke mit ihren neuen Insignien der Macht zeigt: Russenmütze, Gestapo-Ledermantel und Generalsschulterstücke. Der wesentlich kleinere Mielke lächelt devot zu seinem Vorgesetzten hoch. So war er, und so blieb er. Ein brutaler Exekutor der Macht, der nach oben katzbuckelte.

Die Herren des neuen Ministeriums für Staatssicherheit: Wilhelm Zaisser und Erich Mielke.

Das weitere Führungspersonal des MfS setzte sich am Anfang aus ehemaligen nachrangigen KPD-Funktionären und umgeschulten Wehrmachtssoldaten zusammen. Wenige ehemalige Sowjetagenten waren die Ausnahme. SS-Leute gab es, soweit erkennbar, nicht, auch kaum ehemalige Mitglieder der NSDAP. Keiner der Genannten hatte eine einschlägige gründliche Ausbildung, sieht man einmal von dem Minister und seinem Vertreter ab. Eine wissenschaftliche Grundausbildung hatte keiner. Damit unterschied sich der DDR-Geheimdienst diametral von den im Westen entstehenden Behörden. Welches der bessere Weg war, wird sich sogleich zeigen, denn die Nagelprobe ließ nicht lange auf sich warten: der Volksaufstand in der DDR am 17. Juni 1953.

Neben dem MfS entstand ein militärischer Geheimdienst. Seine Geheimhaltung erschien besonders geboten, denn zunächst durfte es in der DDR offiziell keine deutsche Armee geben. Sie wurde allerdings gleich nach Gründung des ostdeutschen Staates als Kasernierte Volkspolizei ins Leben gerufen.

In ihr gab es auch einen Geheimdienst für die Auslandsaufklärung, vor allem die Militärspionage, mit der Deckbezeichnung Verwaltung 19. Nach offizieller Gründung der Nationalen Volksarmee (NVA) hieß dieser militärische Aufklärungsdienst Verwaltung für Koordinierung (VfK). Die VfK unterstand zwar nominell der militärischen Führung der DDR. In Wirklichkeit hatten aber auch hier sowjetische Offiziere das Sagen. Sie gehörten zur RU-(Aufklärungs-)Verwaltung, die ihren Sitz im sowjetischen militärischen Hauptquartier in Wünsdorf hatte.

Auch dieser neue deutsche Geheimdienst, die VfK, hatte mit ihrem Anfangspersonal wenig Glück. Der erste Chef war Generalmajor Karl Linke. Der im Jahr 1900 geborene Sudetendeutsche war ein treuer sowjetischer Gefolgsmann, der im Zweiten Weltkrieg als Saboteur und NKWD-Agent, als Partisan und Politkommissar gedient hatte. Er blieb auch später in sowjetischen Diensten. Erst 1951 ließen ihn seine Vormänner in die SED eintreten, im Jahr darauf kommandierten sie ihn in die Kasernierte Volkspolizei ab, damit er dort den Militärgeheimdienst gründete. Was er tat, fiel jedoch nicht zur Zufriedenheit seiner GRU-Vorgesetzten aus, denn im August 1957 degradierten sie Linke zum Oberst und schickten ihn in den Ruhestand. Den letzten Ausschlag hatte gegeben, dass Linkes Putzfrau, ein sozialistisches Statussymbol, von der CIA angeworben worden war.

Ein Jahr später, am 5. August 1958, verschwand der stellvertretende Kommandeur der VfK, Oberstleutnant Siegfried Dombrowski. Er hatte sich mit seiner Familie in den Westen abgesetzt und enttarnte die militärische Spionage der noch jungen DDR bis auf die Grundmauern.[19] Den Überläufer umzulegen war schneller beschlossen als getan. Als man ihn 1960 endlich in Süddeutschland identifiziert hatte, beschloss das MfS, ihn, wie es im MfS-Deutsch heißt, rückzuführen, sprich zu kidnappen und in die DDR zu transportieren. Doch die Familie mit dem Decknamen Hirsch war inzwischen erneut verzogen. Am 7. August 1977 brachte es schließlich die

Postkontrolle an den Tag: Dombrowski war zwei Monate zuvor bei einem Reifenwechsel auf der Autobahn zwischen Ingolstadt und Nürnberg an einem Herzinfarkt verstorben. Ein weiteres Jahr verging, bis sich das MfS dazu durchrang, den Vorgang abzuschließen.

Verwaltung für Koordinierung Stand: 1957/58 Kommandeur: O Willy Sägebrecht Stellvertreter: OTL Siegfried Dombrowski		
Abteilung A – Aufklärung	A 1	BMVg Bw/NATO-Tr.Dtl M Zwolski
	A 2	BGS Polizei M Ilgner
	A 3	Mil. Versorgung M Pechstein
	A 4	Luft-Streitkräfte OTL Büchel
	A 5	Operative Hilfsdienste H Vogt
Abteilung B – Auswertung		
Abteilung C – Tiefen-Aufklärung Westeuropa		
Abteilung D – Operative Technik L Gericke		
Abteilung F – Funk-Aufklärung OTL Scheibe		
Abteilung T – Technikspionage	Chemische Industrie	
	Rüstungsindustrie	
Abteilung X – Chiffrierwesen		

Die Früchte des Überläufers: Strukturdaten des Militärgeheimdienstes der DDR, die Dombrowski dem Verfassungsschutz anlieferte.

Kein guter Start bei der DDR-Militäraufklärung: VfK-Chefs Karl Linke, Willy Sägebrecht und der Überläufer Siegfried Dombrowski.

Für den Chef des Militärgeheimdienstes der DDR, den kommunistischen Funktionär Willy Sägebrecht, bedeutete das Verschwinden seines Vertreters das berufliche Aus. Sägebrecht amtierte erst seit 1957. Am 31. August 1959 wurde er abgelöst. Es versteht sich, dass von dieser Geschichte in seinen Memoiren mit dem gewaltigen Titel *Nicht Amboss, sondern Hammer sein* kein Sterbenswörtchen zu finden ist. Auf Sägebrecht folgte der gelernte Tischler Arthur Franke. Er leitete den Militärgeheimdienst bis 1975.

Tauwetter und Hagelschlag.
Stalins Tod und der 17. Juni 1953

»Es war, als ob die Welt stehen bleiben müsste... Auf einem Treppenabsatz der A[rbeiter- und] B[auern-] F[akultät] war eine Stalin-Büste postiert, daneben wachten Studentin und Student im Blauhemd, das Luftgewehr geschultert. L. nahm die Mütze ab und verneigte sich im Vorbeigehen. Dozenten drückten ihm stammelnd die Hand – es war, als ob ein liebster, engster Verwandter gestorben wäre, ihrer aller Vater.«[20]
   So erlebte das aufstrebende DDR-Talent Erich Loest den Tod von Josef Stalin am 5. März 1953. Das Ereignis brachte

ungezählte Kommentare hervor. Kaum einer, der nicht irgendeine Meinung dazu hatte – und sei es hinter vorgehaltener Hand. So schrieb ein Mann unter dem Pseudonym Christian Wulffen:

»Der alte Mann ist tot. Ich glaube nicht, dass jemand in unserer Stadt darüber traurig ist. Niemand in den Städten, die unter dem Verhängnis leben, das er vergab. Ob die Stadt Erfurt oder Königsberg, Prag oder Warschau heißt – niemand hat einen Grund, traurig zu sein. Vielleicht hat der alte Mann Freunde gehabt. Ich weiß es nicht. Ob diese Freunde um ihn trauern?«[21]

Ja, er hatte solche Freunde. Der Arbeiterdichter KuBa, der in Wirklichkeit Kurt Barthel hieß, hatte bereits vier Jahre zuvor eine *Kantate auf Stalin* in die Welt gesetzt. Zum Tod des Diktators fielen ihm erneut einige Reime ein:

»Gesiegt! Und alles, alles ist vollbracht.
Er ruht! Die Millionen sind die Seinen.
Sein Lächeln leuchtet uns auch diese Nacht.
Er hat uns arme Leute reich gemacht.
Wir aber weinen.«[22]

Dem Tod Stalins folgte für die Völker in der Sowjetunion die Periode, die als Tauwetter bezeichnet worden ist. Der Begriff stammte von Ilja Ehrenburg. Dieser Wendehals hatte zum Besten gegeben, dass nunmehr eine Tauwetterperiode im sowjetischen Zwangssystem zu verspüren sei. Natürlich alles nur zwischen den Zeilen. Doch vielen war bereits der Titel des Romans, eben: *Tauwetter*, deutlich genug. Allzu viele glaubten es allzu gern – mit fatalen Folgen.

Die Täuschung des Publikums war umfassend. Es war eine Selbsttäuschung. Auch das Ausland wurde von ihr heimgesucht, nicht nur die Satellitenstaaten. Jetzt, im Nachhinein, ist diese Täuschung leicht zu erklären und zu belächeln. Doch die Zeitgenossen sahen das aus ihrer Warte naturgemäß anders. Heute wissen wir, dass die Sowjet-Nomenklatura lediglich kurz den Atem anhielt, um zu sehen, wie der automatisch entbrennende Machtkampf ausgehen würde. Als das klar war, atmeten die Apparatschiks wieder durch.

Der Kampf um die Macht im Kreml war kurz und blutig. Für Deutschland hatte er besonders üble Folgen, da die Kontrahenten auch mit der Deutschland-Karte spielten. Bevor das im Einzelnen nachgezeichnet wird, werfen wir einen Blick auf die handelnden Personen. Was sich da am offenen Sarg des toten Diktators versammelte, war die Machtelite des Sowjetsystems, das Präsidium des Zentralkomitees der KPdSU(B). Die zur Schau getragene Einheit war Theater. Die Herren hassten einander von ganzem Herzen, und sie erwogen, wie sie sich gegenseitig am besten beseitigen konnten. Hierzu ordnete jeder seine Truppen. Das darf durchaus auch wörtlich verstanden werden.

Der Mann, der als Erster zugriff, war Lawrenti Berija. Neben seiner Mitgliedschaft im Parteipräsidium bekleidete er den Posten eines stellvertretenden Vorsitzenden des Ministerrats der Sowjetunion. Dieses Amt hatte ihm seit 1946 so etwas wie eine Oberministerschaft über die Behörden des Innern verschafft – jedoch immer nur so weit, wie Stalin ihn gewähren ließ. Jetzt wollte er mehr, und er drückte seine erneute und nunmehr zusätzliche Ernennung zum Minister des Innern durch. Damit nicht genug. Erneut verstand er es, das seit 1943 bestehende selbstständige Ministerium für Staatssicherheit MGB dem Innenministerium MWD zu unterstellen. Nach dem Wegfall des Diktators bedeutete diese neuerliche Machtkonzentration eine ungeheuerliche Machtfülle. Glaubt man den Worten seines Kontrahenten Nikita Chruschtschow, so machte sich Berija unverzüglich ans Werk, seine Polizeiarmee gegen die Parteiarmee zu mobilisieren. Das konnte, wenn es gelang, für die anderen Parteispitzen nur bedeuten, dass sie um ihr Leben fürchten mussten.

Offensichtlich war es Chruschtschow, der nun eine Anti-Berija-Allianz schmiedete. Er benötigte drei Monate. Dann hatte er mit Hintertreppendiplomatie seine Mehrheit zusammen, um den scheinbar übermächtigen Staatssicherheitschef in einer Aktion abzuservieren, die eher den Anstrich einer Harlekinade als eines Dramas hatte. In einem Showdown à la US-Western wurden Berija seine Verfehlungen vorgeworfen. Hierbei verhaspelte sich der aufgeregte Georgi Malenko so sehr, dass ihm nichts anderes mehr einfiel, als mit der elektrischen Klingel das verabredete Verhaftungssignal auszulösen. Herein stürzte ein halbes Dutzend hoher Offiziere der Roten Armee unter dem Kommando von Marschall Georgi Shukow. Mit gezogener Pistole nahmen sie den Überrumpelten fest. Nach Einbruch der Dunkelheit brachte man Berija im Armee-PKW heimlich aus dem Kreml, da die Frondeure ihre eigene offizielle Wachmannschaft fürchteten, denn sie unterstand dem Verhafteten. Also verfrachtete man ihn nicht in die Lubjanka, sondern in die Moskauer Militärstrafanstalt. Dort wurde er sechs Monate später mit seinen engsten Gefolgsleuten erschossen.[23]

In der Anklage war betont worden, Berija habe die Prinzipien des Marxismus-Leninismus im besetzten Teil Deutschlands zur Disposition gestellt. Im Klartext: Man warf ihm vor, er habe einkalkuliert, die sowjetische Herrschaft in der eben erst entstandenen DDR aufzugeben. Dem soll nun nachgegangen werden.

Die DDR stand seit ihrer Geburt am 7. Oktober 1949 auf wackeligen Beinen. Hieran änderte sich in den nächsten vierzig Jahren ihrer Existenz praktisch nichts, auch wenn Propagandagedröhn anderes glauben machen wollte. In Wirklichkeit war die Situation in der DDR von Anfang an nahezu aussichtslos. Sie verschärfte sich dadurch, dass der Klassenfeind in Steinwurfweite, nämlich westlich der Sektorengrenze, an seinem Erfolgsrezept der sozialen Marktwirtschaft bastelte. Das Wirtschaftswunder in Westdeutschland nahm seinen

Lauf. Auch hier mussten Propagandablasen her, die diffamierten, was der bespöttelte Kapitalist im Westen zuwege brachte. Doch galt auch hier, dass der Volksmund es besser wusste. »Überholen, ohne einzuholen«, nannte die Berliner Schnauze die Diskrepanz zwischen sozialistischer Propaganda und der tristen Wirklichkeit.

Und so kam es zu den Ereignissen des 17. Juni 1953. Es war zunächst ein kurzes Aufwallen des Volkszornes gegen diktierte Normerhöhungen, die vor allem die Arbeiterschaft trafen. Deren drohendes Mosern wurde mit Arroganz ignoriert. Da warfen die Ersten empört die Werkzeuge hin. Der wilde Streik auf den Baustellen der Berliner Stalinallee mutierte in rasendem Tempo zum Volksaufstand.

Das war nach der kommunistischen Lesart ein Widerspruch in sich, denn die Arbeiterklasse, die in der DDR scheinbar am Ruder war, konnte sich wohl kaum gegen sich selbst erheben. Also musste das Ereignis mühsam umgedichtet werden. Aus der Beinaherevolution wurde flugs eine Konterrevolution, die durch brüderliche Hilfe besiegt wurde. War es aber eine Konterrevolution, so mussten auch konterrevolutionäre Hintermänner her, die das brave Volk der Werktätigen aufgewiegelt hatten. Die saßen in Pullach bei München und im fernen Washington. Die hatten gezündelt. Doch hatten sie wirklich?

Glaubt man dem Augenzeugen Erich Loest, der zu einer Sitzung des Schriftstellerverbandes der DDR nach Berlin angereist war, dann war es so:

»Überzählig in den Straßen waren Männer in korrekten Anzügen, die einander in verwundertem bis fassungslosem Tonfall versicherten, man könne ja über allerlei diskutieren, aber so ginge es wirklich nicht! Das waren Genossen aus umliegenden Ämtern, auf die Straße geschickt mit der Weisung zu diskutieren, sich aber nicht provozieren zu lassen. Hier und da versuchte einer, die Feuerleger in eine aufklärende Debatte zu ziehen, aber die waren inzwischen aus auf Plakate und

Losungen, die sie heruntrerrissen. Gegenargument: Halt die Schnauze! Die Diskussionswilligen standen zu den Brandstiftern und Plakateabreißern im Verhältnis von zehn zu eins, aber sie blieben hilflos in beschämendem Maß. Das war an diesem Vormittag nur zu ahnen: Da und dort in West-Berlin hatten stimm- und zahlungskräftige Geheimdienstler um sich geschart, wer immer auf sie hören wollte, Arbeitslose und Kriminelle, Jugendliche mit dem Drang zum Abenteuer, Russenfeinde und Rowdys, sie hatten jedem, der ihnen folgen wollte, nach der Rückkehr fünfzig Mark auf die Hand versprochen, und dann waren die Trupps über die Grenze gezogen zum freiheitlich motivierten Brennen und Plündern. Später hat sich von West-Berliner Seite niemand zu diesen Aktionen bekannt, und doch gehörten sie zu dem wenigen, was an diesem Tag klappte; es hätte miserabel ins Bild vom ›Volksaufstand im Osten‹ gepasst.«[24]

Als Loest das schrieb, hatte er sieben Jahre Haft in der von ihm einst gepriesenen DDR hinter sich. Wird sein Bericht dadurch glaubwürdiger? Vermutlich nein. Die lange Reihe der während und nach den Ereignissen des 16. und 17. Juni 1953 hingerichteten DDR-Bewohner spricht dagegen. Eine andere Sprache kam auch aus dem Sender RIAS, dem Rundfunk im Amerikanischen Sektor. Hier überwogen zunächst die leisen Töne, die Aufrufe zur Mäßigung.[25] Sie zeigen deutlich: Auch die US-amerikanische Besatzungsmacht war von den Ereignissen in Ost-Berlin überrascht worden.

Interessant sind auch die Meldungen, die sich bei der Org. Gehlen ansammelten. Sie lassen sich aus der beim Bundesverteidigungsministerium geführten Standortkartei destillieren. Diese Standortkartei diente der Erfassung der Gruppe der Sowjetischen Streitkräfte in Deutschland (GSSD). Sie speiste sich zu einem beträchtlichen Teil aus Agentenmeldungen des BND. Für die Tage um den 17. Juni 1953 sind über hundert Einzelmeldungen erfasst, die Truppenbewegungen der GSSD betrafen. Die Meldungen der Agenten über die Operationstätigkeit der Roten Armee sind für den 17. Juni und die folgenden Tage besonders dicht. Das ist ein Spiegel der tatsächlichen Verhältnisse, da die Operationen der russischen Truppen genau zu diesem Zeitpunkt stattfanden. Die Org.-Meldungen belegen zudem, dass auch die sowjetische Führung von den Ereignissen überrascht wurde. Denn sonst hätten die Bewegungen der Roten Armee früher stattgefunden.

Die Konzentration der Berichte zu genau diesem Zeitpunkt zeigt aber auch noch etwas anderes. Es gab vonseiten des BND keine angeordnete und durchgeführte Vorfeldbeobachtung nach dem Motto: Es tut sich noch nichts in den Kasernen. Eine solche hätte es mit Sicherheit gegeben, wenn von westlicher Seite, unter Einschluss der Kontrollberichterstattung des BND, eine Planung des Aufstandes vom 17. Juni 1953 stattgefunden hätte. Mit anderen Worten: Der 17. Juni 1953 war kein westliches Machwerk, sonst hätte es eine begleitende Berichterstattung über die Frage gegeben, ob die östliche Seite etwas von den Vorbereitungen mitbekam. Diese Berichterstattung fehlt völlig. Der BND war an den Ereignissen des 17. Juni 1953 unbeteiligt. Er wurde ebenso wie die Gegenseite von den Ereignissen überrascht.

Werfen wir nun einen Blick auf die russische Seite. Wie schon angedeutet, wurde dort vor dem Hintergrund der Nachfolgekämpfe um das Stalin'sche Erbe mit der Deutschlandkarte jongliert. Selbstverständlich war es der sowjetischen Führung nicht entgangen, dass die DDR an Auszehrung litt. Indessen ist zu vermuten, dass es die Machthaber im Kreml zunächst bagatellisierten, wenn jährlich Hunderttausende dem Arbeiter- und Bauernstaat Valet sagten und bei Nacht und Nebel verschwanden. In russischen Dimensionen gemessen, mochten diese Zahlen zunächst nicht viel bedeuten. Weit störender war der propagandistische Effekt, denn es war ein Überlaufen zum Klassenfeind. Doch wie Einhalt gebieten? Berija war offenbar der Erste unter den Mächtigen, der sich diese Frage stellte. Er hatte seine Leute, die sie ihm nahebrachten.

Die Zuträger von Staatssicherheitsminister Berija saßen in Deutschland an allen möglichen Stellen. Da waren zunächst einmal die amtlichen Berichterstatter in den Residenturen der Auslandsaufklärung, allen voran die in Berlin-Karlshorst. Und dann waren da die Zuträger, Deutsche zumeist, die als sowjetische Geheimdienstmitarbeiter oder Agenten einen heimlichen Vorlauf hatten. Als deren wichtigste wären Rudolf Herrnstadt und Wilhelm Zaisser zu nennen.

Rudolf Herrnstadt wurde 1903 in Gleiwitz in Oberschlesien in wohlsituierten bürgerlichen Verhältnissen geboren. Nachdem er sein Jurastudium geschmissen und kurze Zeit erfolglos als freier Schriftsteller gewirtschaftet hatte, begann er 1928 als Hilfsredakteur beim *Berliner Tageblatt*. Dort lernte er alsbald die Privatsekretärin des Chefredakteurs, des legendären Theodor Wolff, kennen – und lieben. Diese junge Frau hieß Ilse Stöbe. Wenn Herrnstadt sie nach dem Krieg erwähnte, sprach er von seiner ersten Frau. Doch das war sie de jure keineswegs.

Herrnstadt machte beim *Tageblatt* Karriere. 1929 berichtete er bereits als Korrespondent aus Kattowitz, später aus Prag, Moskau und Warschau. 1929 wurde er zudem von der GRU als Agent angeworben; dort notierte man seinen Decknamen als Arbin.[26] 1931 warb er seinerseits Ilse Stöbe an; aus ihr wurde die GRU-Agentin Alta. Das Paar lebte ab 1933 zusammen in Warschau, er zunächst noch als Korrespondent des *Berliner Tageblatts*, sie als Korrespondentin für die *Neue Zürcher Zeitung* und für die *Thurgauer Zeitung*. Sie trat der NSDAP bei und betätigte sich in deren Auslandsorganisation. Beide unterhielten enge Abschöpfkontakte ins Warschauer diplomatische Korps, vor allem in die deutsche Botschaft. Hier in Warschau warb das Paar eine Reihe von Unteragenten an. Darunter beispielsweise den späteren Verleger Helmut Kindler, der seine Anwerbung wie folgt beschrieben hat:

»Herrnstadt und ich führten in der Woche, in der ich sein Gast in Warschau war, zahlreiche Gespräche über Zeitungen, Zeitschriften und Journalismus, meist zu dritt. Auch als es konkret um meine politische Einstellung ging, war Ilse Stöbe zugegen. Mit meinen wenn auch recht lückenhaften theoretischen Kenntnissen des Marxismus zufrieden, wollte Herrnstadt schließlich wissen, ob ich bereit sei, der Kommunistischen Partei beizutreten, wobei er betonte, dass diese Mitgliedschaft nach außen nicht in Erscheinung treten dürfte. Er wartete geduldig auf meine Antwort. Schließlich sagte ich ihm: ›Ich möchte keiner Partei beitreten, da ich finde, ein Journalist sollte unabhängig sein.‹ Sein Gesicht wurde abweisend, und so fügte ich hinzu: ›Unabhängig, nicht neutral.‹ Herrnstadt fragte daraufhin: ›Wie würden Sie Ihre unabhängige Position bezeichnen?‹, wobei sein ironischer Tonfall nicht zu überhören war. Meine Antwort: ›Ich bin Sozialist.‹ – ›Heißt das, Sie würden der Sozialdemokratischen Partei beitreten, wenn man Ihnen das antragen würde?‹ – ›Nein‹, erwiderte ich, ›ich sagte es schon: Ich möchte keiner Partei beitreten.‹«[27]

Damit wäre die Anwerbung um ein Haar gescheitert. Erst am nächsten Tag gelang es Ilse Stöbe, die verfahrene Kiste zu bereinigen. Die Szene ist doppelt interessant. Sie verweist alle späteren Aussagen über die Unvereinbarkeit von Parteimitgliedschaft und Agententätigkeit ins Reich der Legenden. Doch wichtiger noch, sie vermittelt eine seltsam anmutende Charakterskizze von Rudolf Herrnstadt. Am Tisch sitzt nicht ein kalt kalkulierender Agentenwerber, sondern ein kleinlich beschränkt argumentierender Doktrinär, der in den parteioffiziellen Bahnen der Feindschaft von SPD und KPD denkt und handelt.

Kindler war nicht der Einzige, den das Agentenduo Herrnstadt/Stöbe rekrutierte. Die bemerkenswerteste geheimdienstliche Neuanwerbung des Paares war Rudolf von Scheliha, Botschaftsrat an der deutschen Botschaft zu Warschau. Dem konservativen Diplomaten wurde ein geheimdienstlicher Hintergrund vorgetürkt, der keineswegs mit der Wirklichkeit übereinstimmte. Herrnstadt ließ den Diplomaten wissen, dass er für den britischen Dienst arbeite, und Scheliha schlug ein. Was veranlasste den Mann hierzu? Nun, falls man den späteren Ermittlungen der Gestapo Glauben schenken will, war ihm das Bare ausgegangen, denn Scheliha spielte – er spielte um Geld. Somit wurde er zum klassischen Ansprechkandidaten: Informationen gegen Bares, jeder Geheimdienst schätzt solch eine klare Beziehung.[28]

Ende August 1939 war es in der deutschen Botschaft in Warschau klar, dass es Krieg mit Polen geben würde. Alles überflüssige Personal wurde nach Deutschland abgezogen, so auch Scheliha. Sein Führungsagent Herrnstadt erhielt die Weisung, unverzüglich aus der polnischen Hauptstadt zu verschwinden. Über die baltischen Staaten reiste er in die Sowjetunion, wo er die kommenden Jahre geheimdienstlich am Ball blieb. Seine Freundin Ilse Stöbe nahm er nicht mit. Da es für sie, die vorgeblich aktive NS-Frau, unproblematisch war, nach Deutschland zurückzukehren, erhielt sie Order, die Führung von Scheliha zu übernehmen. Doch das ist eine andere Geschichte, die mit der Hinrichtung von Scheliha und Stöbe am 22. Dezember 1942 in Plötzensee endet.

Mit alledem hatte Rudolf Herrnstadt nichts mehr zu tun. Zwar korrespondierte er noch gelegentlich mit seiner Exgeliebten, doch hatte er sich in Moskau als GRU-Mann neu etabliert. Das galt auch privat. Die Dame seines Herzens hieß jetzt Walentina, eine Germanistik-Studentin.[29] Herrnstadt blieb bei der GRU, auch über den Beginn des deutschen Angriffs auf die Sowjetunion hinaus. Ende 1942 scheint er für wenige Monate an die Komintern ausgeliehen worden zu sein, im Frühjahr 1943 war er jedenfalls bei der Roten Armee zurück. Nunmehr diente er als einer der deutschen Spitzenleute bei der 7. Abteilung der Politischen Hauptverwaltung. Das war jene Einrichtung, deren Aufgabe die Zersetzung der deutschen Wehrmacht war.

Er wurde Chefredakteur der Zeitschrift *Freies Deutschland*, die angeblich das Organ des 1943 gegründeten Nationalkomitees Freies Deutschland (NKFD) war, in Wirklichkeit aber ein unter strikter Leitung der 7. Abteilung verfasstes sowjetisches Propagandablatt. Hier trat Herrnstadt einen Konflikt los, der erneut ein fragwürdiges Licht auf seinen Charakter wirft. Gegner dieser Auseinandersetzung war der noch junge, aufstrebende Spitzenfunktionär der KPD Anton Ackermann, der spätere Chef des Außenpolitischen Nachrichtendienstes der DDR und zu jener Zeit Chefredakteur des Radiosenders *Freies Deutschland*. Er war also das Radio-Pendant zur Zeitungsposition von Herrnstadt. Dieser schwärzte Ackermann zur Jahreswende 1943/44 wegen unkommunistischen Verhaltens bei den Sowjets an – ein zu dieser Zeit unter Umständen tödlich ausgehender Vorwurf. Das angebliche Delikt: Ackermann hatte zusammen mit mehreren Mitgliedern seiner Redaktionsmannschaft Weihnachten gefeiert und dabei kleine Geschenke ausgetauscht. Einige dieser Mitarbeiter waren kriegsgefangene Soldaten der deutschen Wehrmacht. Das Ganze war mithin unsowjetisch.

Gleich nach Kriegsende war Herrnstadt in Berlin zurück. Dort blieb sein Metier die prosowjetische Beeinflussung. Zu diesem Zweck gründete er noch 1945 im Auftrag der Besatzungsmacht den Berliner Verlag, der die *Berliner Zeitung* herausgab. Herrnstadt wurde ihr Chefredakteur. 1949 wechselte er auf den Chefposten des SED-Blatts *Neues Deutschland*. Gleichzeitig wurde er als Quereinsteiger in die Hierarchie der SED eingefügt – sieht man es aus der Sicht der sowjetischen Aufsichtsorgane, würde man in diesem Zusammenhang wohl eher von eingeschleust reden. Herrnstadt wurde Mitglied des Zentralkomitees der SED und, wichtiger noch, Kandidat des Politbüros. Damit war er ins Machtzentrum des Kolonialstaates DDR implantiert.

In den Aufzeichnungen, die Herrnstadt als Rechtfertigungsschriften nach seinem Sturz verfasst hat, ist unverhohlen von seinen Separatkontakten zu sowjetischen Geheimdienstfunktionären die Rede. Es waren Kontakte auf der höchsten Ebene, und sein Gegenüber hieß Ilitschew. Dieser Iwan Iwanowitsch Ilitschew ist bereits am Anfang des Buches einmal kurz in Erscheinung getreten, als es um die sowjetische Atombombenspionage in Deutschland ging.

Ilitschew, der in deutschen Publikationen auch als Illischow, Iljischow, Ilitschow oder Ilischew vorkommt, wurde 1905 geboren und erhielt nach der Schule zunächst eine Ausbildung zum Elektrotechniker. Sein Engagement im kommunistischen Jugendverband Komsomol befähigte ihn rasch zu Höherem. Als Vierundzwanzigjähriger trat er in die Rote Armee ein, im Mai 1938 schloss er die Militärpolitische Akademie der Roten Armee mit Erfolg ab. Es war die hohe Zeit der Großen Säuberung, sodass für den nun Zweiunddreißigjährigen alle Karrieretüren offen standen. Seine hieß: Leiter der Politabteilung der GRU.

Im August 1942, also in der Zeit, als es im Krieg mit dem Deutschen Reich Spitz auf Knopf stand, wurde er der (fünfzehnte) Chef des sowjetischen Militärgeheimdienstes. Das blieb er bis zum Juli 1945; danach musste er sich mit dem Stellvertreterposten zufriedengeben. Nach einem Umweg über das Informationskomitee des Außenministeriums wurde Ilitschew 1949 offiziell stellvertretender politischer Berater bei der Sowjetischen Kontrollkommission in Deutschland. In Wirklichkeit war dies der Posten eines Chefresidenten der sowjetischen Auslandsaufklärung in Berlin. 1952/53 war er Leiter der diplomatischen Mission der Sowjetunion in der DDR. Im Gestrüpp der sowjetischen Zuständigkeiten war er damit so etwas wie die koloniale Oberinstanz im sowjetischen Deutschland.[30]

Glaubt man den Worten Herrnstadts, so spielten sich seine Gespräche mit Ilitschew zum Beispiel anlässlich des unmöglichen Aufhebens, das um den 60. Geburtstag Walter Ulbrichts 1953 gemacht wurde, wie folgt ab:

»Ich erzähle Iljitschow. Er: ›Aber warum sind Sie nicht aufgetreten?‹ Ich: ›Die Beziehungen sind schon so gespannt. Besser, Sie tun dies.‹ Iljitschow: ›Gut, wir werden das über Pieck regeln.‹«[31]

Wieder zeigt sich der bekannte Herrnstadt. Er gibt den Puristen, der sich angeblich über den Personenkult à la Walter Ulbricht empört, den er in Wirklichkeit abschießen will. Wieder traut er sich nicht selbst, sondern spannt die sowjetischen Genossen vor. Das ging bekanntlich schief. Ulbricht blieb am Ruder, und Herrnstadt wurde bald darauf abserviert. Auch sein Vormann Iwan Ilitschew musste das Feld räumen. Er ging als Hoher Kommissar nach Österreich.

Der zweite Mann, der den sowjetischen konspirativen Sonderdraht innerhalb der Ost-Berliner Führung in Händen hielt, war Wilhelm Zaisser. Seine Laufbahn durch die diversen Geheimdienstapparate wurde bereits beschrieben. Am 8. Februar 1950 schließlich folgte die Krönung seiner Laufbahn. Zaisser wurde Minister für Staatssicherheit. Zugleich rückte er, ebenso wie Herrnstadt, ins Zentralkomitee der SED ein. Auch er versuchte vergebens, Ulbricht über die Geheimdienstschiene abzuschießen.[32] Ob er dabei in unmittelbarem Auftrag von Berija handelte, ist denkbar, aber nicht zu beweisen.

Mit dem Tod Stalins im März 1953 gerieten nicht nur in der Sowjetunion die Dinge ins Trudeln. Doch was geschah wirklich? Liest man die Sitzungsprotokolle, Verhörniederschriften und Memoiren, entsteht ein Kolossalgemälde mit schreienden Gegensätzen und Widersprüchen. Was Lenins Möchtegern-Nachfolgern 1923 der Deutsche Oktober gewesen war, hieß für Stalins Erben das vereinigte, neutrale Deutschland. In der Deutschlandfrage das Richtige zu tun, konnte damals wie jetzt im Machtkampf Platz und Sieg bedeuten. Bereits Stalin hatte Anfang der 1950er-Jahre in seinen letzten Lebensmonaten bemerkt, dass das geteilte Deutschland auf unabsehbare Zeit ein unkalkulierbares Risiko bedeutete. Er sollte recht behalten, denn mehr als alles andere musste die dauerhafte Teilung des

Landes den westlichen Teil in eine scharfe antisowjetische Position zwingen.

Stalins Erben sahen das ebenso. Sie unterschieden sich lediglich in der Wahl ihrer Mittel. Berijas Mittel waren die des Geheimdienstes. Ihm schwebte vor, die öffentliche Meinung mit einer geheimdienstlichen Flüsterkampagne so zu beeinflussen, dass es in Westdeutschland zur Aufgabe der Westintegration kam. Gesagt, getan. Die Auslandsresidenturen des sowjetischen Auslandsdienstes INO wurden angewiesen, über mögliche Reaktionen Bericht zu erstatten. Zugleich ging ein Auftrag an die zuständige Abteilung des MWD: die Verwaltung für Spezialoperationen unter Generalleutnant Pawel Sudoplatow. Der war ein erfahrener Mann. Er hatte nicht nur eigenhändig nasse Sachen erledigt, was die nur mühsam kaschierende Umschreibung für Auftragsmorde darstellt, sondern er hatte dem geheimdienstlichen Sabotageapparat des NKWD/NKGB während des gesamten Deutsch-Sowjetischen Krieges vorgestanden. Und er verfügte über die Mitarbeiter und Agenten, denen man die Desinformationsmaßnahme zutraute. Nach Sudoplatows eigenen Aufzeichnungen handelte es sich dabei vor allem um drei Personen: Soja Rybkina, Janusz Radziwill und Olga Tschechowa.

Soja Rybkina reiste Mitte Juni 1953 nach Ost-Berlin ab, um die Einflussagenten einzuweisen. Sie war zu diesem Zeitpunkt sechsundvierzig Jahre alt und hatte eine lange Geheimdiensterfahrung vorzuweisen. Bereits als Vierzehnjährige hatte sie der Tscheka als Kommissarin in einer Kolonie für Schwererziehbare gedient. 1929 wechselte sie dann als operative Mitarbeiterin zur INO. Stationen in China, Österreich und Finnland folgten. 1939 war sie in Moskau zurück, ab Anfang 1941 wurde sie mit der heiklen Aufgabe beauftragt, die aus Deutschland eintreffenden Agentenberichte auszuwerten. Wie sie in dieser Zeit mit den zahlreich eintrudelnden Barbarossameldungen, die Stalin nicht glauben wollte, umging, ist nicht überliefert. Jedenfalls stieg sie schnell zur stellvertretenden

Leiterin der Informationsabteilung der INO auf. Das war nur ein Zwischenspiel, denn alsbald siedelte sie unter der Legende eines Presseattachés als Residentin der INO nach Schweden über. Hier führte sie Agenten vor allem gegen den Kriegsgegner Deutschland, aber auch gegen das Gastland. Am 6. Februar 1944 wurde sie deswegen aus Schweden ausgewiesen. Die Deutschlandspionage blieb auch in den Folgejahren ihr Metier. Nun brachte sie ein Spezialauftrag nach Berlin.

Die Agenten, die sie aktivieren sollte, waren auch schon seit Längerem bei der Firma unter Vertrag. Janusz Fürst Radziwill war ein polnischer Großgrundbesitzer und langjähriger konservativer Abgeordneter im Sejm. Nach dem Überfall auf Polen wurde er im Herbst 1939 vom NKWD in Ostpolen festgenommen. Er verpflichtete sich 1940 als sowjetischer Agent, kam aus der Haft frei und wurde nach Deutschland entsandt. Sein Einsatz muss für die Sowjets höchst unbefriedigend verlaufen sein, denn im Herbst 1944 nahmen sie ihn erneut fest. Ob sein Einsatz in der Deutschland-Sache überhaupt über ein Planungsstadium hinauskam, erscheint zweifelhaft.

Anders sahen die Dinge bei Olga Tschechowa aus. Die einer deutschstämmigen Familie angehörende, im Kaukasus zur Welt gekommene Olga hatte mit siebzehn einen Neffen des Dichters Anton Tschechow geheiratet und Schauspielunterricht in Moskau genommen. 1921 siedelte sie nach Deutschland über. Die Angaben darüber, ob und seit wann die schöne Olga für den sowjetischen Dienst arbeitete, schwanken stark.[33] Die Autobiografie der Diva lässt diesen Punkt ihres Lebens selbstredend unberührt. Dass die Tschechowa bereits in den 1930er-Jahren zur Ausspähung von Adolf Hitler eingesetzt war, kann man nur vermuten. Zur Methodik der INO würde ein solcher Ansatz passen.

Wenn wir die Bilder, die den Diktator mit der Tschechowa zeigen, richtig deuten, gab der Führer der Schauspielerin gegenüber den charmanten Österreicher. Küss die Hand, meine Gnädigste. Aber von Bettgeflüster à la Goebbels konnte trotz nachrichtendienstlicher Paarungsplanung überhaupt keine Rede sein. Während des Zweiten Weltkrieges plante die operative Verwaltung von Sudoplatow, die Verbindung Tschechowa-Hitler für einen Mordanschlag auf den deutschen Diktator zu nutzen, doch im weiteren Verlauf des Krieges wurde der Plan aufgegeben, da er nicht mehr in Stalins Kalkül passte.

Nichtsdestotrotz erinnerte man sich in Moskau jetzt nur zu gern an die Tschechowa, und Soja Rybkina traf am 26. Juni 1953 mit ihr in Ost-Berlin zusammen. Was auch immer die beiden Damen an diesem Tag beredet haben mögen, es löste sich in Luft auf, denn am selben Tag wurde im fernen Moskau der Auftraggeber der Aktion, Lawrenti Berija, verhaftet. Von Stund an gingen im sowjetischen Geheimdienst die Uhren wieder einmal anders, und die Obristin der Staatssicherheit Soja Rybkina musste unter Bewachung von zwei GRU-Offizieren nach Moskau zurückreisen. Für Rybkina und ihren Chef Sudoplatow bedeutete das Ende ihrer geheimdienstlichen Deutschland-Tournee auch das Ende ihrer Agentenlaufbahn. Sie wurden aus dem NKWD entlassen.

So viel zum Geheimmanöver von Berija. Erstaunlicherweise sah der Plan der Gegenpartei Chruschtschow-Molotow bei Licht betrachtet recht ähnlich aus. Hiernach sollte die propagierte Entwicklung zum Sozialismus in der DDR abgebremst werden, um so den Weg in eine deutsche Neutralität zu ebnen. Als Voraussetzung dafür erschien es notwendig, der DDR ihre Hässlichkeit zu nehmen. Um die Ost-Berliner Mannschaft auf Vordermann zu bringen, wurde am 5. Juni 1953 Wladimir Semjonow zum dritten Mal nach Deutschland entsandt. Jetzt lautete sein Auftrag, die neue Linie notfalls mit anderem Personal durchzusetzen, also zunächst einmal Ulbricht abzuservieren. Doch das ging schief, denn mit allem hatten die Sowjets gerechnet, doch dass ausgerechnet das Volk die Schalmeientöne aus Moskau fehlinterpretieren und zur Selbsthilfe greifen würde, war niemandem in den Sinn gekommen. Auch kein Geheimdienst hatte irgendetwas mitgekriegt. So gab es aus sowjetischer Sicht nur ein Mittel, um gegenzusteuern. Dieses Mittel hieß Rote Armee und Standrecht. Es half. Die Lage wurde für die Kommunisten wiederhergestellt. Alle schönen Deutschland-Pläne waren damit über die Wupper, denn Westdeutschland wurde durch den Einsatz der sowjetischen Panzer in der DDR fester an den Westen geschmiedet, als das die teuerste US-Propaganda je hätte eintüten können. Und noch etwas anderes wurde bewirkt: So und nur so blieb Walter Ulbricht im Sattel. Er wackelte noch ein wenig, dann setzte er sich wieder durch. Sein innerparteiliches Strafgericht traf nun alle diejenigen, die gewagt hatten, gegen ihn das Wort zu ergreifen, an deren Spitze die sowjetischen Konfidenten Rudolf Herrnstadt und Wilhelm Zaisser. Sie wurden von ihren Posten entfernt und aus dem Zentralkomitee hinausgeworfen. Mehr ließen die Sowjets allerdings nicht zu, denn die beiden Herren hatten einst als treue, wenn auch konspirative Diener auf ihrer Gehaltsliste gestanden.

Für die am Aufstand Beteiligten galt diese Milde nicht. Soweit bekannt, wurden noch am 17. Juni oder am Tag danach achtzehn Menschen standrechtlich erschossen. Die Erschießungen wurden zur Abschreckung öffentlich bekannt gegeben. Das sah zum Beispiel so aus:

»Hiermit wird bekannt gegeben, dass Willy Göttling, Bewohner von West-Berlin, der im Auftrag eines ausländischen Aufklärungsdienstes handelte und einer der aktivsten Organisatoren der Provokationen und der Unruhen im Sowjetischen Sektor von Berlin war und an den gegen die Machtorgane und die Bevölkerung gerichteten banditenhaften Ausschreitungen teilgenommen hat, zum Tode durch Erschießen verurteilt wurde. Das Urteil wurde vollstreckt.
    Militärkommandant des Sowjetischen Sektors von Berlin gez. Generalmajor Dibrowa
    Berlin, den 18. Juni 1953.«[34]

Da waren sie also, die Agenten ausländischer Dienste. Hunderte wanderten für ihre Beteiligung am angeblichen Tag X hinter Gitter. Das Oberste Gericht der DDR setzte mit seinem Urteil vom 14. Juni 1954 gegen Werner Silgradt und andere einen Schlussakkord:

»Die Planmäßigkeit der Vorbereitung des Putsches am 17. Juni ergibt sich ferner daraus, dass der ehemalige russische Ministerpräsident und jetzige Führer der ›Vereinigung russischer Widerstandskämpfer gegen den Bolschewismus‹, Kerenski, sich nach dem Putsch im Beisein des Angeklagten Mangelsdorf rühmte, zur Vorbereitung des Putsches beigetragen zu haben. Er und seine Mitarbeiter seien am 17. Juni mit einem Flugzeug von Nürnberg nach Berlin geflogen und hätten vom Potsdamer Platz aus über Ultrakurzwellenfunk die Besatzungen der sowjetischen Panzer aufgefordert, sich mit den Provokateuren zu verbünden.«[35]

Nach so viel Hintermännertum war eines klar: Das Ministerium für Staatssicherheit hatte bei alledem keine besonders glückliche Figur abgegeben. Dass es genauso dumm dastand wie all die anderen Geheimdienste, die in und um Berlin ihren Geschäften nachgingen, half ihm wenig. Im Gegensatz zu diesen wurde ihm jedoch angelastet, die westliche Provokation, die angeblich zu den Ereignissen des 17. Juni führte, nicht erkannt zu haben. Es wurde abgestraft, indem es zum Staatssekretariat heruntergestuft wurde.

Sein neuer Chef war Ernst Wollweber. Auch Wollweber war ein alter sowjetischer Geheimdienstmann. Walter Ulbricht wird wenig erbaut gewesen sein, als die Sowjets seine Ernennung beschlossen. Bereits in der Weimarer Zeit hatte Wollweber dem konspirativen M-Apparat der KPD angehört. Von dort wechselte er zur sowjetischen Geheimpolizei NKWD, für die er in den 1930er-Jahren eine europaweit tätige Schiffssabotageorganisation aufbaute. 1940 wurde Wollweber auf Betreiben des Reichssicherheitshauptamtes in Schweden festgenommen. Bis 1944 hielt man ihn dort inhaftiert. Dann wurde der frisch gebackene Sowjetbürger nach Russland abgeschoben. Wollweber blieb bei seinem Leisten. Im März 1946 kehrte er nach Deutschland zurück, wo der angebliche Generaldirektor für Schifffahrt und spätere DDR-Staatssekretär für Verkehrswesen betrieb, was er gelernt hatte: Schiffssabotage im Auftrag der Sowjetunion. Im Juli 1953 rückte er an die Spitze des Sicherheitsapparats. Ulbricht benötigte weitere vier Jahre, um diesen unbequemen Aufpasser wieder loszuwerden.

Anna und andere Herren.
Amtshilfe aus Prag für den großen Bruder in Moskau

Die Satellitenstaaten der Sowjetunion wurden, sobald kommunistische Machtstrukturen notdürftig installiert waren, in die geheimdienstlichen Aktivitäten des großen Bruders eingebunden. Dabei war es keineswegs so, als sei es Moskau um ein partnerschaftliches Miteinander gegangen; es handelte sich vielmehr um eine klare Unterstellung unter die sowjetischen Geheimdienstapparate, die durch Berater unmittelbare Weisungsstränge errichteten. Damit entstand in den Satellitenstaaten ein dichtes Netz paralleler Befehlsstrukturen, deren Knoten nicht nur die kommunistischen Spitzenfunktionäre der Staats- und Parteiführung des Satelliten, sondern auch die Sicherheitsbehörden selbst und sogar einzelne ihrer Funktionseinheiten unmittelbar einbezogen. Klar war für die so Beaufsichtigten lediglich, dass all diese Fäden in Moskau endeten. Wir werden ihnen am Beispiel der Tschechoslowakei kurz nachgehen.

In der Tschechoslowakei hatte das Kriegsende zunächst die Hoffnung der Tschechen und Slowaken genährt, die politische Unabhängigkeit der Vorkriegsära wiederzuerlangen. Der Aufstand der Tschechen gegen die deutsche Besatzungsmacht in der Hauptstadt Prag in den ersten Maitagen 1945 schürte solche Illusionen. Die Führung der Sowjetunion sah dies natürlich anders, denn die Rote Armee war bereits auf Kanonenschussweite herangerückt, und eine selbst befreite Tschechei stimmte mit Stalins Unterwerfungsplänen nicht überein. Flugs wurde die Legende von der Befreiung Prags durch die Rote Armee gestrickt. Wer Augen im Kopf hatte zu sehen, konnte bereits am 9. Juni 1945 zur Kenntnis nehmen, dass der Oberste Sowjet der UdSSR eine entsprechende Medaille für die Befreiung Prags gestiftet hatte. Auf deren Rückseite stand zu lesen: 9. Mai 1945.[36] Das war der Tag der deutschen Kapitulation. Erst jetzt war die restliche Tschechoslowakei der Roten Armee wie eine reife Frucht in den Schoß gefallen. Nicht nur den tschechischen Selbstbefreiungsanlauf galt es zu kaschieren: Als besonders schlimm fanden es die Sowjets, dass sich Teile der von Deutschland bewaffneten Russischen Befreiungsarmee ROA des General Andrej Wlassow im Untergangstaumel des Deutschen Reiches auf die Seite der tschechischen Aufständischen geschlagen hatten. Es waren Zehntausende – lebende Zeugen für die Fragwürdigkeit von Stalins Herrschaft. Sie wurden erschossen, ihre Führer aufgehängt.

Der Hass der Tschechen richtete sich nach sechs rabiaten deutschen Besatzungsjahren, verständlich genug, gegen alles Deutsche. Dieser Hass bestimmte die Tagespolitik und entlud sich in Pogromen an den Sudetendeutschen und an deutschen Kriegsgefangenen. Aktivitäten dieser Art verstellten für viele den Blick auf die tschechische Realität: Das Land war in die unmittelbare Einflusssphäre Stalins geraten, ohne dass die Betroffenen sich dies eingestehen mochten, denn mit dem Segen der alliierten Siegermächte war in der Tschechoslowakei eine Volksfrontregierung gebildet worden. Doch es genügt ein Blick auf die Ressortzuständigkeiten, um die Wirklichkeit zu begreifen. Die bewaffnete Macht hatten die Kommunisten von Anbeginn an für sich reserviert. Das galt für Armee, Polizei und Geheimdienst. Wo Spitzenpositionen in diesen

Bereichen fremdbesetzt waren, stand stets ein Vertreter oder Stabschef mit kommunistischem Parteibuch in der zweiten Reihe bereit. Das Aussig-Massaker und seine Täter mögen als Beispiel für die Untergrabung der Sicherheitsapparate und ihre Verwendung genügen.[37]

Der tschechische Hass auf alles Deutsche traf, entgegen allem zur Schau getragenen kommunistischen Internationalismus, auch die deutschstämmigen Genossen der KPČ, die das Land ebenfalls verlassen mussten.[38] Dass diese Leute nach Norden, also in Richtung der Sowjetischen Besatzungszone, verschwanden, war klar, denn dort wurde jede Hand zum Aufbau des Sowjet-Sozialismus gebraucht. Unter ihnen waren Prominente und Unbekannte, die dann alsbald in der DDR eine Rolle zu spielen begannen. Ein Prominenter war zum Beispiel der Dichter Louis Fürnberg, dem die Nachwelt folgende Gedichtzeilen verdankt:

»Die Partei, die Partei, die hat immer recht,
und Genossen, es bleibt dabei…
die Partei, die Partei, die Partei.«

Leider hat die DDR keinen Langzeit-Heino hervorgebracht, sodass die Zuschauer des Mitteldeutschen Rundfunks heutzutage darauf verzichten müssen, zu Fürnbergs Lied im Marschtempo mitzustampfen.

Weniger prominent, aber deswegen nicht weniger wichtig für die aufstrebende DDR waren kommunistische Emigranten aus der ČSR wie Wilhelm Gaida, Franz Gold, Robert Korb, Alfred Kraus, Hermann Pustiovsky, Franz Schkopik und Martin Weikert, aber auch bis dato ganz unbeschriebene Blätter wie Erich Gaida, Otto Geisler, Burkhard Heinrich, Julius Michelberger, Rudi Mittig, Gerhard Neiber, Kurt Rosulek, Alfred Scholz, Josef Schwarz, Herbert Stöß, Rudolf Swatek, Emil Wagner und, nicht zu vergessen, Julius Mader. Sie alle spielten einmal eine prominente Rolle im Ministerium für

Staatssicherheit, und zwar als stellvertretende Minister, Hauptabteilungs- und Abteilungsleiter.

Aus der erstgenannten Gruppe der ehemaligen KPČ-Leute gelangten alle sieben gleich nach Gründung des MfS in führende Positionen. Gold, Korb, Kraus und Weikert gingen als Generale der Staatssicherheit in den Ruhestand. Auch die andere Gruppe von Männern aus der Tschechoslowakei bildete spätere Führungskader des MfS. Von ihnen brachten es Geisler, Mittig, Neiber, Scholz, Schwarz und Stöß zu Generalen. Lediglich Mader ist unter den Genannten ein Sonderfall: Major im besonderen Einsatz. Mit ihm werden wir uns noch ausführlich befassen.

Nach dem Staatsstreich vom Februar 1948, der die Kommunisten in der Tschechoslowakei endgültig an die Macht brachte, erfolgte auch im Innenministerium der nunmehrigen Volksrepublik ČSSR, so weit das überhaupt noch notwendig erschien, ein einschlägiges Stühlerücken. Die erste Abteilung des Ministeriums, der Auslandsgeheimdienst, von manchen in Abgrenzung zur gesamten Staatssicherheit (StB) als kleiner StB bezeichnet, erhielt einen neuen Chef. Sein Name war Jaroslav Miller. Im Februar 1948 war er noch Polizeiwachtmeister, 1952 schmückte ihn der Dienstrang eines Oberst der Staatssicherheit. Als Stellvertreter und Korsettstange für den Geheimdienstlaien amtierte Drábek, ein knallharter Stalinist, der in Wirklichkeit Bohumir Molnár hieß. Er war zugleich Mitarbeiter des sowjetischen Auslandsgeheimdienstes. Zu dieser Zeit vermieden es die Sowjets noch, ihre Leute an erster Stelle zu platzieren; diese mussten sich mit dem Stellvertreterposten begnügen. Das Sagen hatten sie trotzdem.[39] Unter Miller und Molnár arbeitete mit dem Decknamen Moser der Hauptmann der Staatssicherheit Milan Michl. Von 1954 bis 1962 leitete er die deutsch-österreichische Sektion, den Geheimdienstapparat, der für die Spionage gegen die Bundesrepublik Deutschland und die Republik Österreich verantwortlich war. Michl war Geheimdienstmann. Seine zynischen Ausfälle gegen die Prager Parteibürokratie ließ man ihm durchgehen, weil er beachtliche Erfolge bei der Ausspähung der Bundesrepublik aufzuweisen hatte. Er verstand es auf seine Art meisterhaft, mit der Klaviatur der geheimdienstlichen Nötigung Quellen in der Bundesrepublik anzuwerben und bei der Stange zu halten. Mit Fleiß verschaffte er sich die Übersicht über das einschlägige Agentenreservoir, das er zu Recht im Kreis der ehemaligen Sudetendeutschen und der Exil-Tschechen ausmachte. Durch akribische Archivrecherchen und Druck auf Verwandte, die in der Tschechoslowakei aufgestöbert wurden, baute Michl für die Betroffenen ein Drohpotenzial auf, das den einen oder anderen zur Mitarbeit veranlasste. Von der andernorts gelobten Werbemethode, die an die Vaterlandsgefühle der zukünftigen Agenten appellierte, hielt Michl nichts.

In den ersten Nachkriegsjahren waren es zunächst vor allem die in der Amerikanischen Besatzungszone stationierten US-Streitkräfte, denen die konspirative Neugier galt. Später rückten dann die westdeutschen Aufrüstungsbemühungen ins Zentrum der Spionage. Nach einer Statistik des US-amerikanischen Abwehrdienstes CIC standen in der Bundesrepublik von 1949 bis einschließlich 1954 aus 86 Spionagefällen 174 Personen vor Gericht; davon arbeiteten 86, also fast die Hälfte, für den tschechoslowakischen StB.

Von Prag aus steuerte beispielsweise der StB-Major Alois Barta Gegenspionageaktivitäten nach Deutschland hinein. Sein rührigster Rekrutierer war ein Mann, von dem lediglich mehrere Decknamen bekannt geworden sind: Hauptmann Burda, Otto Wenzel Löffler und Otto Wagner. Dieser Mann sprach im Juli 1950 in Weimar einen Westdeutschen namens Hans Kurt Pape an. Pape war in Kugellagergeschäften unterwegs. Da er Angestellter der US Rhein-Main Air Base in Frankfurt am Main war, lag es auf der Hand, dass es hier nur um Ware von zweifelhafter Herkunft gehen konnte, denn US-Militärausrüstung in der SBZ/DDR zu verkaufen konnte beim besten Willen nicht legal sein – auf keiner Seite der Grenze. Der StB-

Werber Burda redete nicht lange um den heißen Brei, und die Herren wurden handelseinig: Spionage gegen Bares.

Sie zogen in Frankfurt einen Nachtklub auf, in dem man die US-Boys von ihren überschüssigen Energien und ihren Dollars sowie von ihren Dienstgeheimnissen zu befreien hoffte. Auch für die Rekrutierung des notwendigen weiblichen Prostituiertenpersonals hatte das Duo Burda-Pape eine glänzende Idee. Sie gründeten ein Fotoatelier, das damit warb, von jungen Damen, die unbedingt zum Film wollten, gegen einen kleinen Obolus Testaufnahmen zu machen. So waren die späteren leichten Mädchen mühelos anzusprechen, denn sie kamen ja von selbst. Elisabeth Dörhöfer war eine solche Kandidatin. Sie war eine gut aussehende junge Frau, die eigentlich bei der Fluggesellschaft Pan Am ihre Brötchen verdiente. Doch ein doppeltes Einkommen, das ihr zudem Vergnügen bereitete, kam ihren Wünschen entgegen. Mancher US-Offizier ließ vor ihr die Hosen runter. Diesen entnahm sie alles, was für Spionagezwecke geeignet erschien.

Doch die Sache nahm mit der Festnahme der Dörhöfer an der deutsch-tschechischen Grenze ein jähes Ende. Sie trug eine Tasche mit Verratsmaterial bei sich, das ein US-Militärgericht mit sieben Jahren Gefängnis vergütete. Und ihr Chef Pape? Der ging unbehelligt seiner Wege, denn er selbst hatte die Sache durchgestochen. Das Zauberwort, das der tschechische Dienst StB in etlichen Fällen zur Rekrutierung des Agentenpersonals aussprach, war Kollaboration während der NS-Zeit. In der Tschechoslowakei konnten derartige Vorwürfe für den Betroffenen tödlich enden, sodass viele sich notgedrungen zur Zusammenarbeit entschlossen. Aber auch für die in die Bundesrepublik Entkommenen stellte Zusammenarbeit mit den NS-Behörden, Mitgliedschaft in der SS und Beteiligung an NS-Verbrechen eine prächtige Folie für nachrichtendienstliche Erpressungen dar. Das galt besonders dort, wo der angepeilte zukünftige Agent sich anschickte, Karriere in Politik oder Wirtschaft zu machen. Da die Probanden regelmäßig eine Retusche an ihrem Lebenslauf vorgenommen hatten, stand einer Anwerbung meist nichts im Wege. Der gravierendste Spionagefall, den Milan Michl vom StB auf diese Art produzierte, war der des Agenten Anna.

Agent Anna mit explosiver Dame: der SPD-Abgeordnete Alfred Frenzel, Mitglied des Deutschen Bundestages, und sein Aufbewahrungsbehälter für das Verratsmaterial (Container); die Sicht von unten zeigt die eingebaute Sprengkammer.

Hinter dem Decknamen Anna verbarg sich ein Mitglied des Deutschen Bundestages, der SPD-Abgeordnete Alfred Frenzel. Das Leben hatte es mit dem drei Monate vor der Jahrhundertwende Geborenen nicht gut gemeint. Frühzeitig verwaist, wuchs der junge Alfred im Sudetenland bei fremden Leuten auf. Den Dienst an der Waffe konnte der Halbwüchsige gegen Ende des Ersten Weltkrieges wegen seiner schwächlichen Konstitution umgehen. Erfolglos versuchte er sich in manchen Berufen und wurde schließlich kommunistischer Funktionär. Einem Rauswurf aus der KPČ wegen des Vorwurfs der Veruntreuung von Parteigeldern entging er durch Parteiaustritt. Ab 1933 engagierte sich Frenzel bei den Sozialdemokraten. Das war nach der NS-Okkupation der Tschechei 1939 keine solide Adresse mehr, sodass Frenzel nach Großbritannien emigrierte. Den Krieg machte er bei einer tschechoslowakischen Einheit der Royal Air Force mit, allerdings in der Funktion eines Kantiniers. – Wer wollte ihm das verdenken. Der Rückweg auf den Kontinent führte nur kurz durch die Tschechoslowakei, dann ließ sich Frenzel in Bayern nieder. Er wurde Mitglied der SPD, galt allgemein als solide, strebsam und antinazistisch und hatte, zum ersten Mal in seinem Leben, Erfolg. 1950 zog er als Abgeordneter in den Bayerischen Landtag ein. Drei Jahre später saß er für die SPD im Deutschen Bundestag. Hier holte ihn seine Vergangenheit auf zweifache Weise ein.

Frenzels Tochter, Elsa Nová, wohnte in Prag. Vater und Tochter verkehrten brieflich miteinander; das fiel der tschechischen Briefzensur auf. Die Weiterleitung der Erkenntnis an den Auslandsgeheimdienst war selbstverständlich. Von hier aus bedurfte es nur noch eines winzigen Schritts, um aus dem Abgeordneten Frenzel die Spitzenquelle Anna zu machen. Den entscheidenden Schritt ging Frenzel selbst. Politische Konkurrenten waren mit Geschichten über seine kommunistische Vergangenheit an die Öffentlichkeit getreten. Er dementierte, ließ es sogar auf einen Zivilrechtsstreit ankommen, um seinen Widersachern die Verbreitung der scheinbar unrichtigen Tatsache untersagen zu lassen. Hierzu bedurfte es seiner eidesstattlichen Versicherung. Frenzel gab sie ab und gewann, doch es war ein Pyrrhussieg.

Im April 1956 suchte ein alter Bekannter aus kommunistischen Vorkriegstagen, der Sudetendeutsche Alfred Hoffmann, Frenzel in dessen Domizil in Klosterlechfeld auf. Er bestellte Frenzel auf den 27. April 1956 zu einem wichtigen Treffen in den Münchner Hof nach Wien. Frenzel kam dieser Aufforderung nach; Hoffmanns Argumente müssen sehr überzeugend gewesen sein. Von diesem Tag an war Frenzel die Quelle Anna des StB. Sein Einzug in den Verteidigungsausschuss des Bundestages in dessen dritter Wahlperiode machte aus dem Agenten eine nachrichtendienstliche Goldgrube. Frenzel verriet alles, was ihm an Wissenswertem über die Wiederaufrüstung der Bundesrepublik in die Finger kam, und das war nicht eben wenig, denn er hatte zu den geheimsten Planungsunterlagen Zugang. Zur Zeit von Frenzels Verratstätigkeit war die angeblich geheime Bundeswehr-Dislokation für den Konfliktfall den Militärstrategen in Moskau ein offenes Buch mit vielen hundert Seiten.

Doch die Zeit wurde für den Endfünfziger allmählich knapp. Anwerbung und Führung des Agenten hatten die Hauptamtlichen von Michls deutsch-österreichischer Sektion besorgt, indem sie Frenzel zu Treffs nach Österreich oder in die Schweiz bestellten. Hierdurch entstanden naturgemäß zeitliche Verzögerungen für die Abgabe des mühsam zu kopierenden Materials, da sich diese Reisen aus Tarnungsgründen nur in langen Intervallen organisieren ließen. Den sowjetischen Beratern war dieser Verzug ein Dorn im Auge. Chefberater Tschernow erhielt unangenehme Mahnungen aus Moskau, die der feiste Bürokrat 1959 eilends beim StB umsetzte: Die Genossen sollten die Führung des Agenten Anna gefälligst professionalisieren und Frenzel-Anna durch einen Illegalen im Köln-Bonner Raum führen lassen. Nur so könnte eine schnelle Kopie der einmaligen Unterlagen und deren Weitertransport in die Hemisphäre des Friedens gewährleistet werden. Miller, Molnár und Michl gehorchten, zumal der StB soeben dazu übergegangen war, Illegale nach sowjetischem Vorbild in der Bundesrepublik zu stationieren. Es waren dies die Herren Augustin und Flegl.

Jindrich Augustin war unter dem Aliasnamen Frank Altmann nach einer Eingewöhnungsphase in der DDR in die Bundesrepublik eingeschleust worden. Nach den üblichen Umzügen nahm er eine Tätigkeit als Staubsaugervertreter in Köln auf. Er wurde zu Frenzels Führungsoffizier ernannt. Ihm zur Seite trat Vlastimir Flegl, der unter dem Decknamen Ernst Langer als Kurier operierte. Das Agentenpaar ging seiner Arbeit mit Eifer nach. Augustin-Altmann ließ es sich nicht nehmen, seinen Agenten zur Kontaktaufnahme sogar in dessen Bundestagsbüro zu besuchen. Das beschleunigte den Informationsfluss radikal und führte am 28. Oktober 1960 zur Festnahme von Augustin und Flegl bei einer Materialübergabe am Köln-Bonner Flughafen, als Flegl sich eben auf den Weg machen wollte, um Ergebnisse der Frenzel'schen Verratstätigkeit in den Ostblock zu schaffen.

Augustin und Flegl waren Opfer ihres eigenen Agentenfunks und ihrer nicht eben professionellen Tarnung geworden. Ihre Gegner saßen, wie sie selbst, in Köln. Es waren Mitarbeiter der Abteilung IV des Kölner Bundesamtes für Verfassungsschutz. An der Spitze ihrer Jäger stand ein ehemaliger SS-Mann, der Regierungsrat Erich Wenger. Wenger diente bis zum August 1944 als Spezialist für Spionageabwehr und Mitarbeiter der Gestapo an der deutschen Botschaft in Paris. 1950 stieß er zum gerade in Gründung begriffenen Bundesamt für Verfassungsschutz.

Wenger und seine Leute hatten sich unbeirrbar an die Spur des Ende der 1950er-Jahre erkannten militärischen Geheimnisverrats geheftet. Der Fall schien ihnen so brisant, dass sie selbst ihre Vorgesetzten nur vage ins Bild setzten, denn als Profis kalkulierten sie völlig richtig, dass die beiden Tschechen, denen sie nachjagten, nur kleine Fische sein konnten, während der eigentliche Verräter an der Quelle ein dicker Brocken sein musste. Am weiteren Vorgehen erkennt man die Handschrift der Gestapo: blitzschneller Zugriff und dann weitersehen. Im Fall von Augustin und Flegl war es ein Volltreffer, denn bei der Wohnungsdurchsuchung bei den beiden Tschechen gingen den Beamten die Augen über. Bei Augustin wurden sie nicht nur hinsichtlich der üblichen Spionageutensilien fündig, sondern es gab auch eine Reihe von Mikrofilmen, auf denen die Verratstätigkeit dokumentiert war. Stümperhaft waren beim Fotografieren nicht einmal die Stückzahlnummern der Geheimdokumente und die handschriftlichen Glossen und Weitergabevermerke abgedeckt worden, sodass jetzt nur noch ein Gang in die Geheimregistratur des Deutschen Bundestages notwendig wurde, um Alfred Frenzel als Urheber des Verrats zu identifizieren.

Was nun kam, würde man in einer Spionagestory als unglaubwürdig streichen. Am 30. Oktober 1960, zwei Tage nach Festnahme des Agentenduos, hielt der Abgeordnete Frenzel im Sitzungssaal des Bundesrats bei einem Treffen internationaler Delegierter von Naziopfer-Verbänden eine Ansprache. Er erhielt freundlichen Applaus. Selbst der anwesende Bundeskanzler Konrad Adenauer soll Frenzel zugenickt haben. Anschließend wurde der Abgeordnete durch einen Saaldiener ins Büro des Bundestagspräsidenten gebeten. Dort traf er auf eine Person, die dort eigentlich nichts verloren hatte, den Generalbundesanwalt in höchsteigener Person, Max Güde. Güde verlor nicht viel Worte, sondern fragte: »Herr Abgeordneter, sind Sie ein tschechischer Spion?« Frenzel bejahte und wurde festgenommen. Unglaublich, aber wahr. Nicht auszudenken, was man getan hätte, wenn Frenzel verneint und sich auf seine Immunität als Mandatsträger berufen hätte. Doch das tat er nicht.

Vier Jahre Doppelleben fielen von dem schwer herzkranken Mann ab, der alles andere war als der coole Spionageprofi, den dieser Job eigentlich erfordert hätte. Für ihn war es das Ende der Erpressung. Das macht Frenzel nicht zum Märtyrer, denn seinen gut bemessenen Spionagelohn hatte er ohne Bedenken eingestrichen. Am 18. April 1961 verurteilte ihn der Bundesgerichtshof wegen Landesverrats zu fünfzehn Jahren Zuchthaus. Das war die Höchststrafe. Führungsoffizier und Kurier wurden mit sechs bzw. fünf Jahren bedacht. Doch Augustin und Flegl brauchten die Unbequemlichkeit deutschen Freiheitsentzugs nicht lange zu erdulden. Bereits Weihnachten 1961 wurden sie gegen drei in der Tschechoslowakei wegen Kriegsverbrechen lebenslang einsitzende deutsche Generale ausgetauscht; Rudolf Toussaint, Ernst Hitzegrad und Richard Schmidt kamen nach über sechzehn Jahren tschechischem Kerker aus der Haft frei.

Nicht so Alfred Frenzel. Er wurde erst am 22. Dezember 1966 in die Tschechoslowakei abgeschoben. Die restlichen anderthalb Jahre Lebenszeit, die ihm verblieben, fristete der ehemalige Agent Anna dort unter kümmerlichen Verhältnissen. Als er im Juli 1968 achtundsechzigjährig starb, hatte der Prager Frühling soeben seinen Zenit erreicht; doch das ist bereits eine andere Geschichte.

Bleibt noch nachzutragen, dass die Herren Augustin und Flegl in der Heimat keinen freundlichen Empfang erhielten. Mit ihren Einlassungen vor dem Bundesgerichtshof hatten sie gegen die Moral sozialistischer Kundschafter verstoßen. Danach hatte ein ertappter Agent beim Klassenfeind zu schweigen.

Ein letztes Wort mag ihren Jägern gelten: Nicht einmal vier Jahre nach der Festnahme Frenzels flog Erich Wenger, Gruppenleiter für Beschaffung der Abteilung Spionageabwehr, aus dem Bundesamt für Verfassungsschutz. Mit ihm sprangen seine Mitarbeiter Johannes Strübing und Walter Aretz über die Klinge. Ein CSU-Innenminister hatte urplötzlich entdeckt, dass diese drei Beamten ehemalige SS-Leute waren. Eine ellenlange Affäre, der Telefonabhörskandal, verlangte nach Bauernopfern. Eine westdeutsche Geheimdienstschmiere, die die Sowjets mit Befriedigung zur Kenntnis nahmen, denn hier verlor ein Abwehrdienst seine besten und erfolgreichsten Leute.

Und weiter in der Militärspionage: Wie sehr die tschechische Seite auf Kriegsverbrecher setzte, um sie sodann vor den eigenen Karren zu spannen, lässt sich besonders aufschlussreich am Fall ihres Agenten Konrad II nachvollziehen. Hinter dem Decknamen des StB verbarg sich der Sudetendeutsche Werner Tutter. 1909 in Prag geboren, war er während der deutschen Herrschaft in der Tschechoslowakei Funktionär der NSDAP und Offizier der SS. Gegen Kriegsende, noch im April 1945, beteiligte er sich an Rachemassakern, die dem missglückten, von sowjetischen Agenten angezettelten Aufstand in der Slowakei auf dem Fuß folgten. Tutters Spezialität sei das Zurücktreiben von Bewohnern in ihre brennenden Häuser gewesen, schrieb sechsundfünfzig Jahre später ein tschechischer

Journalist. Ein Ort seiner Schandtaten war das Beskidendorf Plotschtina.

Nach dem Ende der NS-Herrschaft wechselte der perfekt Tschechisch sprechende Mann ebenso perfekt die Seiten. Den neuen Machthabern im tschechischen, kommunistisch geführten Innenministerium war er hochwillkommen. Dort wusste man über die Vorgeschichte des neuen Kollaborateurs nur zu gut Bescheid, doch seine Charakterlosigkeit war den neuen Dienstherren wichtiger, als ihn wie Hunderttausende seiner Landsleute der Strafverfolgung oder der Ausweisung auszusetzen. Ein erster Agenteneinsatz gen Westen ging vermutlich nicht gut. Im September 1946 nahmen ihn US-Soldaten in Wunsiedel fest und schoben ihn zwei Monate später über die tschechische Grenze ab. In der ČSSR wurde er durch die sowjetische Besatzungsmacht verurteilt. Ob das zum Schein geschah, steht in den Sternen.

1954 gab es in der Tschechoslowakei für Tutter nichts mehr zu tun, also wurde er als Perspektivagent in die Bundesrepublik entsandt. Hier war er ein Volltreffer. Er etablierte sich bald in der sudetendeutschen Szene im Bayerischen Wald, wurde Verbandsfunktionär und CSU-Kommunalpolitiker. Doch seine große Stunde schlug erst 1962. Das im Aufbau befindliche Fernmelderegiment 72 in Feuchtwangen stellte Tutter als Zivilangestellten ein. So kam er in den Fernmeldesektor F in Kötzting. Von hier aus wurde der Funkverkehr in der ČSSR überwacht. Der tschechische Dienst saß also mit am Tisch. Bis 1969 ging das gut, dann wurde Tutter abgeschaltet. Die Nachwirkungen des Prager Frühlings, vor allem aber das Überlaufen von Ladislav Bittman, den wir gleich noch kennenlernen werden, ließen die Befürchtung aufkommen, dass der Agent enttarnt sei. Er war es nicht. Am 9. März 1983 bestatteten die Bürger von Kötzting einen ihrer Honoratioren. Erst achtzehn Jahre später gruben die Tschechen aus, wer Werner Tutter in Wirklichkeit gewesen war.[40]

Ein Agent blickt dich an: der CSU-Politiker Werner Tutter (rechts stehend), vermutlich beim Empfang im Grenzdurchgangslager Hof-Moschendorf im März 1954.

Frenzel und Tutter waren, wir erwähnten es, bei Weitem nicht die einzigen Agenten, die der deutsch-österreichischen Sektion ins Netz gingen. Aus der Flut der Beispiele mögen noch Nižanský und Peuker erwähnt werden, der eine ein Slowake, der andere ein Deutscher. Ladislav Nižanský hatte in der slowakischen Armee als Offizier gedient, damit fast zwangsläufig auf der deutschen Seite, als man 1944 daranging, den vom NKWD in der Slowakei angezettelten Aufstand mit Gewalt zu unterdrücken. Hierbei kam es zu den üblichen Gräueltaten. Nach dem Ende der deutschen Herrschaft im Mai 1945 ging die tschechoslowakische Seite daran, aus den dingfest gemachten proslowakischen Verbänden Agenten zu rekrutieren. Das Druckmittel war der Galgen.

Auch Nižanský wurde mit scheinbarem Erfolg angeworben und nach Westdeutschland entsandt. Seine Zielorganisation war der Propagandasender Radio Free Europe in München, wo er tatsächlich unterkam. Doch der Agent offenbarte sich seinen neuen Auftraggebern, die ihn nicht nur beim Sender, sondern auch als Doppelagenten verwendeten. Die Tschechen müssen das mitgekriegt haben, doch sie verfügten nun über kein funktionierendes Druckmittel mehr. Also inszenierten sie in

Abwesenheit einen Schauprozess, in dem sie Nižanský mit großem öffentlichem Getöse zum Tode verurteilten. Doch die US-Amerikaner juckte dergleichen wenig, Nižanský blieb, wo er war, unbehelligt auf seinem Posten in München. Dort ging er in Ruhestand, und dort ließ er sich 1996 als Deutscher einbürgern. Doch das war sicher ein Fehler, denn im Jahr 2004 stellte die deutsche Justiz den sechsundachtzigjährigen Mann mit großem öffentlichem Trara vor Gericht. Nach sechzig Jahren? In Deutschland kein Problem, denn hierzulande verjähren Verbrechen des Völkermords nie. Ein Jahr später wurde der Mann freigesprochen – für die deutsche Presse kein Thema.

Der zweite, jedoch mit einer ganz anderen Zielrichtung arbeitende Agent war der bayerische Beamte Emil Peuker. Der Sudetendeutsche aus Reichenberg war vor dem Krieg wegen Finanzmanipulationen mehrfach mit dem Gesetz in Konflikt geraten. Den Kriegsdienst umging er. Nach dem Krieg wurde er zunächst als Antifaschist anerkannt, was ihm ein Bleiberecht bot. Doch Peuker entschloss sich 1946 zur Flucht in den Westen, wo er nun als Antikommunist Anerkennung und eine Anstellung beim Landesausgleichsamt fand. Bei seiner Anwerbung durch Michls Männer machte er nicht viel Umstände und wurde alsbald zum Spezialisten für Desinformationsmaßnahmen. Seine Aufgabe: die Denunziation bayerischer Politiker als vermeintliche Exnazis. Peuker trieb sein Handwerk so ungeniert, dass er 1959 unter Spionageverdacht festgenommen wurde. Doch die Beweise waren dünn. Kaum wieder auf freiem Fuß, flüchtete er unter spielfilmreifen Umständen über Österreich in die Tschechoslowakei, die letzten hundert Meter einen geheimen Grenztunnel nutzend.

Überhaupt die Desinformation. Der Einsatz Peukers war lediglich ein Auftakt. Getreu dem sowjetischen Vorbild gründete der Prager Geheimdienst 1964 eine eigenständige Sektion für Desinformation, deren Tätigkeit in den Folgejahren seltene Blüten treiben sollte. Die Sektion D unterstand Major Jiři Stejskal (Deckname Borecký); sein Vertreter wurde einer der Offiziere der deutsch-österreichischen Sektion, Hauptmann Ladislav Bittman. Das Duo lieferte gleich zu Beginn sein Meisterstück ab.

Dabei begann alles ganz harmlos, nämlich mit einer Anfrage von tschechischen Fernsehjournalisten, die irgendeine Geschichte am böhmischen Teufelssee drehen wollten. Dazu bedurften sie, weil dort seit 1945 die Öffentlichkeit wegen angeblicher militärischer Geheimnisse ausgesperrt war, der Erlaubnis des Innenministeriums. Bittman, der nebenbei auch Sporttaucher war, wurde beauftragt, am Drehort den See abzusuchen, ob irgendwelche Geheimnisse aus der NS-Zeit im See ihr Unwesen trieben. Er wurde fündig. Auf dem Seegrund lagen Sprengstoffkisten der deutschen Wehrmacht. Diese Nazirückstände im See zu entdecken und der Öffentlichkeit einfach so zu präsentieren erschien den Leuten von Sektion D kein sinnvolles Unternehmen. Vielmehr kamen sie auf folgende Idee: Sie deponierten nun sorgfältig mit Bitumen verschlossene, verwitterte Wehrmachtskisten im nahe gelegenen Plöckensteiner See. Erst jetzt durften die Sprengstoffkisten im Teufelssee entdeckt werden. Nachdem man dort erwartungsgemäß fündig geworden war, lenkte man die Aufmerksamkeit einer nun schon überregionalen Öffentlichkeit auf den Plöckensteiner See. Wer beschreibt die Überraschung, als es auch hier zu Kistenfunden kam. Fachleute des Innenministeriums führten eine Untersuchung durch und stellten fest, dass die Plöckenstein-Kisten keinen Sprengstoff, sondern Papier enthielten. Jetzt hielt die Weltöffentlichkeit den Atem an. Eine Pressekonferenz des Innenministers sollte Klarheit über den Inhalt bringen. Schon der Umstand, dass der Minister selbst sprechen sollte, ließ Sensationelles erwarten.

Der festgesetzte Termin rückte unaufhaltsam näher. Derweil traten die Verantwortlichen von einem Fuß auf den andern: der Herr Innenminister Štrougal, der neue Geheimdienstchef Josef Houska, sein Vertreter Bohumil Molnár, der Chef der Sektion Desinformation Jiři Stejskal und nicht zuletzt dessen Vertreter Ladislav Bittman. Auf der Leiter der Hierarchie drohte einer dem anderen den Untergang an, wenn diese Sache schieflaufen sollte. Die Herren hatten allen Anlass, genau dies zu fürchten, denn sie kannten den Inhalt der Kisten nur zu genau. Es war Altpapier, und seine Präsentation wäre ein ungewöhnlicher Lacherfolg geworden. Präsentiert werden sollten indessen nach einer Absprache mit den Desinformations-Freunden aus Moskau brisante deutsche Akten aus der NS-Zeit. Die Russen hatten die Lieferung zugesagt, doch sie ließ auf sich warten. Man kann sich leicht vorstellen, mit welchem Genuss Iwan Agajanz die tschechischen Kollegen im eigenen Saft schmoren ließ. Denn genau er war es, der Bittman grünes Licht für die Aktion im Plöckensteiner See gegeben hatte.

Der dreiundfünfzigjährige Generalmajor der Staatssicherheit war seit vier Jahren Chef der neu gegründeten Abteilung Desinformation des KGB. In Bittmans Plan hatte er sogleich die Möglichkeit erspäht, auf diese Weise belastendes Dokumentenmaterial aus Moskauer Archiven loszuwerden, ohne sich mit der Frage herumärgern zu müssen, warum ausgerechnet jetzt und ausgerechnet jetzt erst Derartiges auf den offenen Markt kam. Mit dem Kistenfund waren solche Fragen mit einem Streich erledigt. Blieben nur noch die Auswahl und die Lieferung der Dokumente. Als dann endlich kam, was längst angekündigt war, brach den Tschechen erneut der Schweiß aus. Zwar waren es durchaus Originale, die da säckeweise per Flugkurier nach Prag expediert worden waren, doch die Russen hatten sich nicht einmal bemüht, ihre eigenartige Aktenheftung und die zahlreichen kyrillisch geschriebenen Bemerkungen ihrer Auswerter und Archivare zu entfernen. So wurde noch massenhaft Handarbeit notwendig, obwohl man hierauf ursprünglich im Interesse der Glaubwürdigkeit hatte verzichten wollen.

Trotzdem wurde die Operation Neptun aus Moskauer und damit Prager Sicht ein voller Erfolg: Bisher unveröffentlichte

Dokumente über die deutsche Beteiligung am Naziputsch in Österreich 1934, die Ausspähung des Kriegsverbündeten Italien, die Spionagekarriere des sudetendeutschen Adligen Max von Hohenlohe und Berichte über die Liquidationseinsätze deutscher Einsatzgruppen in der Ukraine gelangten nun ans Licht der Öffentlichkeit. Von harmlosen und weniger harmlosen Gemütern erntete der tschechoslowakische Staat viel Dank für seine unerschütterlichen Bemühungen, das Naziunrecht konsequent aufzuklären. Nur wenigen schwante, dass hier eine gezielte und wohlsortierte Auswahl ans Tageslicht gebracht worden war. Denn nach wie vor galt: An nichts hatte die Sowjetunion weniger Interesse als an einer ungefilterten Einsichtnahme in ihre Beuteakten aus der Zeit des Dritten Reiches.

Die Schaffung des Fundortes Plöckensteiner See hatte für die Sowjets den wunderbaren Nebeneffekt, dass wie durch Zauberhand immer mal wieder ein Dokument auftauchen und präsentiert werden konnte, weil es angeblich soeben erst gefunden worden war. Bei den Auseinandersetzungen um die angebliche NS-Verstrickung des Bundespräsidenten Heinrich Lübke im folgenden Jahr 1965 musste zum Beispiel das Plöckenstein-Archiv als vermeintlicher Fundort erneut herhalten.

Der Spiritus Rector der Neptun-Geschichte wurde im Dezember 1964 belobigt. Doch er war zu dieser Zeit bereits ein Wackelkandidat geworden. Mit dem Zusammenbruch des Prager Frühlings im August 1968 kam für den Geheimdienstmajor Ladislav Bittman, der wie kaum ein zweiter Tscheche im sowjetischen Auftrag in den 1960er-Jahren der Bundesrepublik Schaden zugefügt hatte, das dienstliche Aus; er wurde ohne Begründung aus Wien nach Prag zurückgerufen. Bittman war klug genug, dem Rückruf nicht Folge zu leisten. Er setzte sich bei Nacht und Nebel in die Bundesrepublik ab. Sein Ziel waren die USA, da er einem Aufenthalt in Deutschland nicht trauen mochte. Sein Gebiet war die Deutschlandspionage; er wusste, dass sein Verbleib in Deutschland alsbald ein Entführungskommando auf seine Fährte bringen musste. So rechnete er mit der CIA, die ihn ein volles Jahr lang ausquetschte und dann in ein ziemlich selbstbestimmtes Leben entließ.

Der Prager Frühling brachte in der Welt der Geheimdienste so manches durcheinander. Nicht nur die Fälle Bittman und Tutter wirkten weit nach Deutschland hinein, sondern auch der Absprung des StB-Generals Jan Šejna. Er setzte sich am 25. Februar 1968 in den Westen ab. Auffällig, dass die Sowjetunion gegen die Aufnahme des Überläufers in den USA protestierte. Šejnas Sprung ins kalte Wasser ließ an einer Stelle Blasen aufsteigen, wo sie niemand vermutet hatte – und zwar in Immental. Dort in der Vulkaneifel beendete am 8. Oktober 1968 der Schuss aus einem Jagdgewehr das Leben des Bundeswehroffiziers Hermann Lüdke. Der Flottillenadmiral hatte im Vormonat seinen aktiven Dienst beendet. Mit dem üblichen militärischen Brimborium war der stellvertretende Leiter der Abteilung Logistik im Brüsseler NATO-Hauptquartier in den Ruhestand verabschiedet worden. Während ihm der Generalinspekteur der Bundeswehr in Bonn die notwendigen Worte des Abschieds mit auf den Weg gab, wartete bereits eine Delegation aus dem Militärischen Abschirmdienst, um Lüdke einer peinlichen Befragung zu unterziehen. Hierbei kam zur Sprache, dass im Fotolabor Dancker in der Bonner Sternstraße ein Minoxfilm entwickelt worden war, auf dem nicht nur Urlaubsfotos, sondern auch geheime NATO-Dokumente verewigt worden waren. Lüdke wusste von nichts, sagte er. Wenige Tage später war er tot – erschossen.

Man wird das Vorgehen des MAD in der Causa Lüdke kaum für der Weisheit letzten Schluss halten können. Wozu um alles in der Welt sollte es gut sein, den frisch Pensionierten mit dem Vorwurf allerschwerster Spionage zu konfrontieren und ihn dann laufen zu lassen? Mustert man die Fakten durch, so will sich keine Erklärung für diese Vorgehensweise einstellen. Die Verdachtsmomente gegen den Admiral waren merkwürdig genug: Auf dem inkriminierten Film war außer dem Geheimzuhaltenden auch ein Bild zu sehen, das Lüdkes Wagen mit dem Nummernschild BN-HL 26 zeigte. Es ist wie der Biss in die Zitrone: ein Agent mit seinen Initialen auf der Autonummer, die er zur Sicherheit auch noch auf dem Spionagefilm ablichtet. Anhaltspunkt zwei: Der Name auf der Filmtüte lautete Ludke. Doch der Admiral a. D. hatte den Film nicht abgeholt. Hatte er auch vergessen, die Ü-Striche in seinem Namen anzubringen? Das klingt schrill. Wozu dann also der Befragungsheckmeck? Wollte man einen Stein ins Wasser werfen und sehen, was passiert?

Aber niemand überwachte den Mann bis zu seinem Tode. Jetzt lag er da. Brustschuss und tot. Es ist klar, dass im politischen Bonn alsbald die Gerüchtewindräder ihre Motoren anwarfen. Als nahezu zeitgleich fünf weitere Personen durch Tod unerwartet aus dem Dienst der Bundesrepublik schieden, unter ihnen der Vizepräsident des BND, Horst Wendland, gab es kein Halten mehr, und jeder hatte eine gute Idee.[41] Die meisten davon spielten im Land der Verschwörungen. Wie hingen die Dinge zusammen? Hingen sie überhaupt zusammen? Beim MfS tippte man auf das KGB. Das mag zutreffen, doch ist zu bezweifeln, dass sich der Fall so simpel abspielte, wie er erschien, nämlich: Tschechischer Überläufer stellt StB- bzw. KGB-Agenten im Brüsseler NATO-Hauptquartier bloß, dieser wird von den westdeutschen Sicherheitsbehörden angezählt und gibt sich die Kugel.

Die Geschichte ist nicht rund. Doch wie wäre diese hier: Das KGB befürchtet, dass der Überläufer Šejna eine Quelle im NATO-Hauptquartier aufdeckt; also präpariert es mit echtem Verratsmaterial einen Minoxfilm, als dessen Autor der pensionierte Admiral ermittelt werden soll. So handelt ein Geheimdienst, wenn er eine wichtige Quelle schützen will, deren Enttarnung er befürchtet. Falsche Fährte nennt man die Methode. Sie scheint gut funktioniert zu haben. Gab es eine so hochrangige Quelle? Die Antwort lautet Ja. Es waren sogar mehrere. Wir werden sie in den nächsten Kapiteln kennenlernen. Sie hießen Ursel Lorenzen, George Hambleton und Murat – der Letztgenannte ein GRU-Agent, der bis heute noch nicht enttarnt wurde. Die anderen Todesfälle des Oktober 1968 lagen vielleicht ähnlich, haben aber mit dem Fall Lüdke vermutlich unmittelbar nichts zu tun.

Erschossen in der Vulkaneifel: Hermann Lüdke.

Eine letzte Bemerkung zur Amtshilfe aus Prag, bevor wir in die 1950er-Jahre zurückkehren: Nach dem Scheitern des Prager Frühlings fielen die tschechoslowakischen Geheimdienstler alsbald wieder in den alten Trott. Wie sehr, das kam nach dem Sturz des Kommunismus in der Tschechoslowakei scheibchenweise zutage. So wurde beispielsweise erst 2006 aufgedeckt, dass der Vorsitzende der tschechischen Kommunistischen Partei (KSČM), Vojtěch Filip, jahrelang in der Bundesrepublik für den Staatssicherheitsdienst StB Agenten angeworben hatte.[42] Man darf annehmen, dass da noch manche Leiche ans Licht kommen wird.

Haut den Lukas.
Mord als Mittel der Staatsräson

Die 1950er- und 1960er-Jahre waren die Zeit, als die Großmächte mit den beiden Deutschlands Schlitten fuhren. Auf deutschem Boden schien ihnen alles erlaubt, was dem Gegenüber hinter dem Eisernen Vorhang schaden konnte. Politik und geheimdienstliches Handeln waren lediglich zwei Seiten derselben Medaille. Während die US-Amerikaner das Prinzip des Rollback (Zurückdrängens) erfanden, setzte Moskau nach ersten Entspannungs-Flötentönen erneut auf das Prinzip Weltrevolution. Es besagte, dass die Segnungen des Sozialismus den widerstrebenden Staaten zur Not mit einer guten Portion Gewalt zu servieren seien. Das hatte schon Lenin zum Besten gegeben. Hierbei war das geheimdienstliche Vorgehen von Anbeginn integraler Bestandteil der sowjetischen Außenpolitik. Es bestand aus den Elementen Ausspähung, Zersetzung und Liquidierung.

Als sich am 1. September 1961 ein Mann namens Josef Lehmann bei den deutschen Behörden in Westdeutschland meldete, glaubten die Polizisten zunächst, einen Bekloppten vor sich zu haben. Das ist Polizeialltag. Doch als er dann Stück um Stück mit Einzelheiten aufwartete, die er schwerlich erfunden haben konnte, staunten sie nicht schlecht. Danach hieß er Bogdan Staschinskij, und er war ein Auftragsmörder des KGB. Seine Jagdstrecke waren Spitzenfunktionäre des NTS und der OUN. NTS bedeutete Volksarbeitsbund (Narodno Trudwoj Sojus). Hinter der Bezeichnung verbarg sich eine russische, strikt antisowjetische Emigrantenorganisation, die in den 1920er-Jahren gegründet worden war und ihren Sitz seit 1930 in Belgrad hatte. Während des Zweiten Weltkrieges vielfach in deutsche Geheimdienstaktivitäten eingebunden, reorganisierte sich der NTS in den 1950er-Jahren mit Hauptsitz in Frankfurt am Main und Filialen in West-Berlin.

Die OUN (Organisation Ukrainischer Nationalisten) war gleichfalls nach dem Ersten Weltkrieg gegründet worden. Ihr Ziel war die Herstellung eines unabhängigen ukrainischen Staates. Die OUN war anfangs keine reine Emigrantenorganisation. Das Gebiet, um das es ging, lag in verschiedenen Staaten, die Sowjetunion war nur einer davon; andere ukrainische Gebietsteile waren von den Siegermächten des Ersten Weltkrieges Polen und der Tschechoslowakei zugeschlagen worden. Sie hatten zuvor zum Habsburger Reich gehört.

Auch die OUN hatte vielfach Kontakte mit dem deutschen militärischen Geheimdienst geknüpft. Es war für beide Seiten keine glückliche Verbindung, denn nachdem mit dem deutschen Angriff auf die Sowjetunion für die Ukraine vermeintlich die Stunde der Befreiung schlug, entpuppte sich die deutsche Besatzung alsbald als wüstes Unterdrückungsregime. Erst im Herbst 1944, als es mit der deutschen Kriegführung den Bach runterging, bekamen die deutschen Kommandotruppler wieder Wind unter die Flügel und versuchten, eine einheimische Untergrundarmee zu schaffen. Die machte den Sowjets bis in die 1950er-Jahre hinein viel Ärger. Die Befehlszentrale der OUN lag in München, und es gehörte nicht viel Fantasie dazu, sich vorzustellen, dass Geld und Infrastruktur von der Org. Gehlen stammten.

Beide Organisationen, NTS und OUN, gehörten seit ihrer Gründung zu den Hauptfeindobjekten für den Auslandsdienst der sowjetischen Geheimpolizei. Eine Vielzahl von Auftragsmorden zieht sich wie ein roter Faden durch die Jahrzehnte währenden Auseinandersetzungen. So blieb es auch nach dem Zweiten Weltkrieg. Zwar waren die Praktiken des NKGB/KGB in dieser Zeit keine echte Überraschung für die westliche Seite, doch brachten immer wieder Überläufer mit ihren Aussagen ein grelles Licht in dieses Dunkel. So der in der Bundesrepublik operierende Hauptmann der Staatssicherheit, Nikolaj Chochlow.

Was der Zweiunddreißigjährige mitzuteilen hatte, war nicht ohne. Chochlow war zu Beginn des Deutsch-Sowjetischen Krieges in ein Jagdbataillon des NKWD eingezogen worden. 1943 trat er zur 4. Verwaltung des NKGB über. Das war die Sabotage- und Diversionstruppe von Pawel Sudoplatow. Sie operierte in dieser Zeit bevorzugt weit im Hinterland der deutschen Front und brachte missliebige Personen um. An derartigen Himmelfahrtsunternehmen beteiligte sich auch Chochlow, der als deutscher Oberleutnant namens Otto Witgenstein legendiert war. Nach Kriegsende blieb Chochlow bei der Firma. Agenten- und Diversionseinsätze in Rumänien und Österreich folgten. 1952 hieß seine Zielperson Alexander Kerenski, jener Kurzzeit-Ministerpräsident der russischen Februarrevolution von 1917, der jetzt in Paris residierte. Doch Chochlow nahm von der Tat Abstand, vermutlich ohne seinen Auftraggebern hierüber klaren Wein einzuschenken. Sonst wäre nicht erklärbar, warum der KGB-Mann einen neuerlichen Mordauftrag erhielt. Dieses Mal sollte es der in Frankfurt am Main residierende Vorsitzende des NTS, Alexander Okolowitsch, sein. Doch die Operation Rhein, wie das Mordmanöver hieß, fiel ins Wasser, denn Chochlow gab sein Vorhaben am 20. Februar 1954 auf und lief zu seinem Opfer über.

Was Chochlow zu erzählen wusste, reichte bis zum Mord an Leo Trotzki zurück, mit dem er seinen früheren Vorgesetzten, Naum Ejtingon, zu Recht schwer belastete. Derartige Redseligkeit durfte aus sowjetischer Sicht nicht ohne Folgen bleiben. Ein Todesurteil war schnell bei der Hand. Nunmehr wurde Chochlow selbst Zielperson der Sonderverwaltung. 1957 wurde auf ihn in Frankfurt ein Mordanschlag mit radioaktiven Tabletten versucht, dem Chochlow jedoch entkam. Danach siedelte er in die USA über. Hier plante in den 1970er-Jahren der KGB-Resident in New York einen neuerlichen Anschlag, jedoch verweigerte die Zentrale in Moskau die Zustimmung. Chochlow wurde nach dem Zerfall der Sowjetunion begnadigt.

Weniger glimpflich ging der Fall des Alexander Truschnowitsch aus. Der Arzt war NTS-Vorsitzender in West-Berlin. Er hatte in sowjetischen Augen eine ganze Latte todeswürdiger Verbrechen begangen. So war er zum Beispiel während des Deutsch-Sowjetischen Krieges Militärarzt bei der Wlassow-Armee gewesen, deren Ende in Prag im vorigen Kapitel beschrieben wurde. Später leitete Truschnowitsch in Hessen ein Lager für entwichene Sowjetmenschen, in das diese als Displaced Persons von der US-Besatzungsmacht eingewiesen worden waren. Als sich der NTS-Mann dann auch noch als antisowjetischer Publizist betätigte, brachte er das Fass zum Überlaufen. Am 13. April 1954 schlug ein Entführungskommando zu. Die Sowjets bedienten sich deutscher Amtshilfe. Die ostdeutsche Staatssicherheit war den sowjetischen Genossen gern zu Diensten und entsandte ihren Agenten Heinz

Glaeske, der den russischen Exilanten in den Ostsektor von Berlin verschleppte. Nun übernahmen ihn die Russen. In den Annalen des heutigen russischen Aufklärungsdienstes SWR ist knapp verzeichnet, dass Truschnowitsch auf sowjetischem Territorium ums Leben kam.

Ein zusätzlicher Skandal bei den Morden an Truschnowitsch und anderen ist, dass die US-amerikanischen Dienste über das, was da an Mordaktionen ins Haus stand, bereits seit 1953 im Bilde waren. Denn am 15. Februar jenes Jahres war der sowjetische MGB-Major Pjotr Derjabin in Wien zu den Amerikanern übergelaufen. Der Zweiunddreißigjährige machte detaillierte Angaben über die Exekutionsabteilung des MGB, die er in seinen Vernehmungen als Spez-Büro Nr. 1 bezeichnete. Doch das nahm man zunächst offenbar auf die leichte Schulter. Später, als die Vorhersagen von Derjabin eingetreten waren, änderte sich dies, und er avancierte zum wohlgelittenen und -besoldeten Abwehrspezialisten. 1985 schickte ihn die CIA in den Ruhestand.

Verschleppt und umgebracht: NTS-Aktivist Alexander Truschnowitsch. Aufnahme um 1947.

Die Liste der von NKGB/MWD/KGB und MfS in den sowjetischen Machtbereich verschleppten Menschen ist lang. Meist fand das Kidnapping in Berlin statt, vereinzelt aber auch an der deutsch-deutschen Grenze. In den ersten Besatzungsjahren waren es Hunderte, was vor allem daran lag, dass der US-amerikanischen Besatzungsmacht Menschenraub, der sie nicht selbst betraf, gleichgültig war. Die Gewichte verschoben sich erst, als der Kalte Krieg Form und Richtung bekam. Neben Exilrussen, die der Sowjetmacht generell als feindlich galten, waren es vor allem Deutsche, die Opfer solcher Entführungen wurden. Die Gründe hierfür waren vielfältig. Es mochten Ent-

Auftrag Mord: KGB-Chef Alexander Scheljepin, der Mörder Bogdan Staschinskij und seine Opfer Stepan Bandera und Lew Rebet.

sprungene des Systems sein oder kommunistische Abweichler welcher Provenienz auch immer. Dergleichen erschließt sich für den heute Nachstöbernden nicht auf Anhieb. Ein solcher Fall war beispielsweise der des Rätekommunisten Alfred Weiland.[43] In welchen Verästelungen des kommunistischen Glaubens bei Weiland eine Abweichung zur Moskauer Dogmatik vorlag, mag unerörtert bleiben; wichtig ist allein, *dass* es so war.

Neben diesen Fällen waren es, wie gesagt, vor allem die russischen Exilanten, die mit rabiatesten Mitteln bekämpft wurden. Zu diesem Zweck reiste zum Beispiel im Jahr 1958 ein Mann namens Wolfgang Wildpret in die Bundesrepublik ein. Sein Auftrag lautete, den russischen NTS-Funktionär Wladimir Poremski zu ermorden. Wildpret war von Beruf Verbrecher, und er kalkulierte völlig zutreffend, dass es lohnender sei, sich in der Bundesrepublik zu stellen, als eine Tat zu begehen, deren Lohn in der DDR zweifelhaft ausfallen würde. Er malte sich nicht zu Unrecht aus, dass, selbst wenn ihm die Rückkehr nach dem Mord gelang, er zumindest eines wäre: ein unbequemer Mitwisser. Also ließ er es.

Der nächste Überläufer, der dann im August 1961 bei den deutschen Behörden erschien, war ein ganz anderes Kaliber. Er hieß mit Klarnamen Bogdan Staschinskij und war neunundzwanzig. Seit 1951 diente er bei der Firma. Nach entsprechender Ausbildung wurde Staschinskij 1957 an die KGB-Residentur nach Berlin-Karlshorst versetzt. Sein Auftrag war die Ermordung der Führungsfiguren der ukrainischen OUN und des russischen NTS.

Der Mann mit den Decknamen Siegfried Träger, Josef Lehmann und Hans Joachim Budeit schritt zur Tat. Im Herbst 1957 ermordete er den NTS-Mann Lew Rebet. Im Oktober 1959 folgte der OUN-Chef Stepan Bandera. Es waren Morde ohne Spuren. KGB-Mann Staschinskij verwendete die im Labor der Firma eigens zu diesem Zweck entwickelten Instrumente. Es handelte sich um eine Luftdruckpistole, mit der ein schnell flüchtiges Nervengas verschossen wurde. Es tötete das Gegenüber in kürzester Frist und hinterließ keine nachweisbaren Spuren. Dass die Waffe für den Schützen ebenfalls ein tödliches Risiko barg, nahmen die Moskauer Auftraggeber in Kauf.

Staschinskij überstand die beiden Attentate und kehrte nach Karlshorst zurück. Dort verlieh ihm der KGB-Resident im Auftrag von KGB-Chef Alexander Scheljepin den Rotbannerorden. Grund der Verleihung: die Durchführung einer wichtigen Regierungsangelegenheit. Dann passierte, geheimdienstlich betrachtet, eine Panne. Der Mörderagent lernte in Ost-Berlin ein deutsches Mädchen kennen und lieben. Im April 1960 heirateten die beiden. Der Sohn Peter kam zur Welt, starb jedoch bereits als Säugling im Sommer 1961. Das traurige Ereignis war der Auslöser für das, was jetzt kam. Der Agent berichtete seiner Ehefrau über sein wahres Vorleben. Sehr bald stand für beide der Entschluss fest, und der hieß: abhauen in den Westen. Am 12. August 1961, einen Tag vor dem Mauerbau, setzten sie den Entschluss in die Tat um.

Als Staschinskij sich den deutschen Behörden stellte, mochte ihm zunächst niemand glauben. Doch nachdem er die Kripo zielsicher zu seinen Tatorten geführt hatte, blieb kein Zweifel. Am 1. September 1961 wurde Staschinskij festgenommen, im Jahr darauf verurteilte ihn der Bundesgerichtshof zu acht

Jahren Haft. Später lebte der Mann mit neuer Identität in der Bundesrepublik.[44]

Der Fall Staschinskij gibt reichlich Stoff zum Nachdenken. Eine lange Reihe von Leuten zieht vor unserem inneren Auge vorüber, die in denselben Jahren ebenfalls in der Bundesrepublik plötzlich ums Leben kamen und bei denen kein Hinweis auf eine äußere Einwirkung festzustellen war. Etwa, in der Reihenfolge ihrer Todesdaten, Wilhelm Scheidt, Erwin Lahousen, Franz Borkenau, Wilhelm Flicke und Max Kukil.

Wilhelm Scheidt starb ganz unerwartet im Januar 1954. Da war der promovierte Historiker gerade mal zweiundvierzig Jahre alt. Er fand in der frisch gegründeten Bundesrepublik sogleich, nach Wenden seines NS-Mäntelchens, in den oberen Etagen des jungen Staates Unterschlupf und wurde Abteilungsleiter im Bundespresseamt. Doch dort wurde er Ende Juli 1952 vom Dienst suspendiert und sodann entlassen. Scheidt sei, so wurde gemunkelt, möglicherweise der Hauptinformant des in der Schweiz stationierten Sowjetagenten Alexander Radó gewesen, der vor allem in den Jahren 1942/43 etliche taufrische Informationen aus dem deutschen militärischen Hauptquartier an seine Moskauer Zentrale durchgegeben hatte. Scheidt kam infrage, der rätselhafte Informant gewesen zu sein, weil er als zweiter Mann beim *Beauftragten des Führers für die Kriegsgeschichtsschreibung* den aktuellen Zugriff auf die intimsten Informationen der deutschen Kriegführung hatte. Ob er tatsächlich der Verräter war, ist an dieser Stelle nicht zu klären. Er hätte das klären können, doch stattdessen versagte sein Herz. Ein Blick in Scheidts Personalakte würde vielleicht weiterhelfen, doch das Kanzleramt hat mitgeteilt, dass der Betroffene erst sechzig Jahre tot sein müsse, und daher abgelehnt. 1954 gestorben plus sechzig Jahre? Ja, da staunt man.[45]

Erwin Lahousen starb am 24. Februar 1955 mit siebenundfünfzig Jahren an Herzversagen.[46] Zuvor hatte der Generalmajor a. D. in verschiedenen Armeen gedient. 1938 übernahm die deutsche Wehrmacht den gelernten österreichischen Militär-Nachrichtendienstler. Von Anfang 1939 bis zum 1. August 1943 fungierte er als Leiter der Abteilung für Zersetzung und Sabotage beim Amt Ausland/Abwehr. Er war einer der Hauptverantwortlichen für viele erfolgreiche Unterwanderungsmaßnahmen im Deutsch-Sowjetischen Krieg und für ungezählte Sabotageaktionen, die von den Brandenburg-Verbänden in der Sowjetunion durchgeführt wurden. Wenn man hier einwendet, Krieg sei eben Krieg, so mag das stimmen, doch die sowjetischen Sieger sahen das anders. Wie, wird deutlich, wenn man das bereits geschilderte Schicksal des Lahousen-Vertreters Erwin Stolze betrachtet. Er wurde nach siebenjähriger Haft am 26. März 1952 in Moskau erschossen. Sein ehemaliger Vorgesetzter Lahousen lebte genau drei Jahre länger.

Franz Borkenau starb am 22. Mai 1957 in Zürich. Der aus Wien gebürtige Historiker hatte sich 1921 als Zwanzigjähriger in Leipzig der KPD angeschlossen. In deren konspirativen Zirkeln machte er Karriere. Heimlich wurde an der sowjetischen Botschaft in Berlin eine Forschungsstelle für internationale Politik betrieben. Dort ging Borkenau ein und aus. Doch muss er das mit der Forschung wohl zu wörtlich genommen haben, denn 1929 stellte man bei ihm Abweichungen fest, wie das in der Parteisprache der Kommunisten hieß, und folglich flog er aus der KPD raus. Nach dem Machtantritt der Nationalsozialisten emigrierte Borkenau ins Ausland. Er nahm am Spanischen Bürgerkrieg aufseiten der Republikaner teil. Was er dort hinsichtlich des Wütens der Bolschewiki gegen Trotzkisten und Anarchisten erlebte, raubte ihm die letzten Illusionen. Zurück in London, veröffentlichte er 1938/39, was er in Spanien gesehen hatte. Nach dem Zweiten Weltkrieg kehrte Borkenau vorübergehend nach Deutschland zurück, wo er nicht müde wurde, auf die Gefahren des Kommunismus öffentlich hinzuweisen. So engagierte er sich unüberhörbar im CIA-Propaganda-U-Boot *Kongress für kulturelle Freiheit*.[47] Nicht einmal siebenundfünfzig Jahre alt, starb er in Zürich überraschend an einem Herzanfall.

Wilhelm Flicke starb am 11. Oktober 1957. Der in Odessa Geborene war im Zweiten Weltkrieg als Oberregierungsrat bei der Feldpostnummer 0133 tätig. Hinter der Chiffre verbarg sich die Funkabwehr. Er war dort Auswerteleiter für die Entzifferung des feindlichen Funkverkehrs, bevorzugt auch des Agentenfunks. Er behielt trotz strikten Verbots Durchschläge der Funkausbeute in seinem Besitz. Er war clever genug, sich vorzustellen, dass dieser persönliche Hort ein Kapital für spätere Zeiten sein könnte, denn über den Ausgang des Krieges konnte bei den Funkaufklärern 1943/44 kaum noch eine Illusion herrschen.

Nach dem Krieg kapitalisierte Flicke die Beute in zweifacher Weise. Zunächst diente sie ihm als Eintrittskarte bei den informationshungrigen US-Amerikanern, die ihn alsbald im alten Metier, wenn auch unter anderer Flagge einsetzten. Doch die Freude über den gut besoldeten Arbeitsplatz bei den US-Diensten in Lauf an der Pegnitz dauerte nicht allzu lange. Er hatte eine Schwester und eine davongelaufene Frau in der DDR. Das fanden die Amerikaner zu riskant und warfen ihn raus. Nun nutzte Flicke seinen Fundus zum zweiten Mal, um zwei seinerzeit aufsehenerregende Bücher zu verfassen. Das über die *Rote Kapelle* erschien den Zeitgenossen als das spektakulärere. Es ist jedoch weniger bedeutsam, zumal uns der Autor dort als Spionenjäger entgegentritt, der er so in Wirklichkeit gar nicht war. Das andere Buch hingegen, *Agenten funken nach Moskau*, enthält einen Anhang mit einer Auswahl von entzifferten Funksprüchen aus dem Flicke-Schatz, dessen Existenz damit das Licht der Öffentlichkeit erblickte. Es waren vor allem die Funksprüche, die der sowjetische Agent Sandor (Alexander) Radó 1942/43 über sein Dora-Netz aus der Schweiz nach Moskau spediert hatte. Flicke sollte indessen nicht lange Freude an seinem schriftstellerischen Erfolg haben. Er starb am 11. Oktober 1957 ganz unerwartet im Alter von sechzig Jahren.

Der SPD-Politiker Max Kukil schließlich starb am 17. Januar 1959 in Bonn an Herzversagen. Er wurde vierundfünfzig Jahre alt. Im November 1904 war er als Max Kukielczynski in Breslau zur Welt gekommen. Frühzeitig in der SPD engagiert, lernte er im Dritten Reich Konzentrationslager und Gestapo-Haft kennen. Die letzten zwei Kriegsjahre musste der bis dahin als wehrunwürdig Abgestempelte doch noch den Soldatenrock anziehen. So geriet er 1945 in britische Gefangenschaft und von dort nach Schleswig-Holstein. 1952 kam er zum Bundesvorstand der SPD. Dort wurde er nach dem Parteitag von 1958 für das Ostbüro der Partei politisch zuständig, mit dem wir uns noch eingehend beschäftigen werden. Gleich nachdem er die Berliner Dependance des Ostbüros im Januar 1959 besucht hatte, starb er bei seiner Rückkehr nach Bonn. Das öffnete Gerüchten Tür und Tor. Die Ost-Berliner Presse verbreitete, dass es sich hier nur um eine Tat des Ostbüros handeln könne. Die Tageszeitung *die andere* zog am 26. Februar 1959 nach und titelte: »Starb Max Kukil im rechten Augenblick?« Dem Leser wurde glauben gemacht, dass sich das Ostbüro eines unbequemen Aufpassers entledigt habe. Doch da sind Zweifel am Platze. Wenn überhaupt jemand Honig aus dem plötzlichen Tod des SPD-Mannes ziehen konnte, so war es die geballte Geheimdienstgenossenschaft in Ost-Berlin. Denn kaum dass Kukil tot war, wurde an das Ostbüro die Axt gelegt. Auch davon und von dem weiteren Nutznießer dieses Todesfalls, Herbert Wehner, werden wir noch ausführlich berichten.

Plötzlicher Herztod: Max Kukil, SPD-Vorstand mit Zuständigkeit für das Ostbüro.

Nach diesem Kaleidoskop der Möglichkeiten zum Schluss noch ein zweifelsfrei dokumentierter Mordfall. Opfer war der vierundvierzigjährige Wolfgang Salus. Sein todeswürdiges

Verbrechen in den Augen von KGB und dem soeben installierten MfS: Er war Trotzkist. Folglich wurde Salus vergiftet. Er verstarb am 4. März 1953.

Der Mann, der die Tat ausführte, hieß Otto Freitag. Der ehemalige Wehrmachtsoffizier etablierte sich nach dem Krieg zunächst als SED-Funktionär in der SBZ. Ganz nebenbei war er wie so mancher, der aus der Wehrmacht kam, Spitzel des sowjetischen MGB. Freitag wurde im April 1949 als Schein-Flüchtling in die Bundesrepublik entsandt. Er etablierte sich befehlsgemäß in seinem früheren Wohnort München. Hier schlängelte er sich in die Unabhängige Arbeiterpartei Deutschlands (UAP), eine der ungezählten Splittergruppen, an denen sich nur Kommunismusforscher delektieren – und eben Geheimdienste in Ost und West. Freitag hatte sich auf die Flucht gen Osten nach der Ausführung des Mordes eingestellt, doch als alles ruhig blieb und seinem Opfer ein ganz normaler Totenschein ausgestellt worden war, blieb er vor Ort. Sein Schwerpunkt blieb die Exilanten- und Abweichlerszene. Zwischendrin gab es den Auftrag, die Entführung von BND-Chef Reinhard Gehlen auszubaldowern. Doch daraus wurde nichts. 1961 wurde Freitag wegen der befürchteten Enttarnung nach Ost-Berlin abgezogen. Jetzt diente er noch einmal als Vorzeigefall eines angeblichen BND-Agenten. Dann nahm das MfS den Verbrecher als Offizier im besonderen Einsatz unter Vertrag.[48]

Und zum Schluss noch ein rechtgläubiger Kommunist, der in die Luft flog. Sein bürgerlicher Name lautete Willi Reinke. Dieser Hamburger Hafenarbeiter war im Dezember 1954 nach Ost-Berlin gereist, um einen Sprengauftrag entgegenzunehmen. Als er die Bombe in Hamburg-Harburg zusammenbastelte, ging sie hoch. Man schrieb den 7. März 1955, und was von Reinke übrig blieb, war tot.

III. Kapitel:
Der Mann hinter dem Spiegel.
Berlin- und Kuba-Krise und das Ende der Ära Chruschtschow

Der Mann mit dem Kugelkopf steigerte sich während seiner Rede am 12. Oktober 1960 in solch wohlkalkulierte Erregung hinein, dass er vor dem Forum der Vereinten Nationen in New York seinen Schuh auszog und damit im Rhythmus seiner russischen Tiraden aufs Rednerpult drosch. So war er nun mal, Nikita Sergejewitsch Chruschtschow, der sowjetische Parteichef. Zur Wende der 1950er- in die 1960er-Jahre trieb er die ost-westliche Welt an die Schwelle eines Atomkrieges. Dicht hintereinander löste er zwei Krisen aus. Die erste spielte in Deutschland, während die zweite, sich daran anschließende den möglichen Knalleffekt vor die Türen der Vereinigten Staaten verschob. Die Ereignisse wurden als Berlin- und als Kuba-Krise in den Geschichtsbüchern des 20. Jahrhunderts vermerkt. Sie hatten für Deutschland ein Nachspiel im Gepäck: die Affäre um die Wochenillustrierte *Der Spiegel*. Merkwürdigerweise hat sich diese Affäre im Geschichtsbewusstsein der Westdeutschen vor die eigentlichen weltbewegenden Ereignisse in Berlin und Kuba geschoben. Im Folgenden sollen daher diese drei Begebenheiten einschließlich ihrer geheimdienstlichen Hintersassen chronologisch geordnet beschrieben werden.

Kalkulierter Wutanfall: Nikita Chruschtschow 1960 bei seiner denkwürdigen Rede vor den Vereinten Nationen in New York.

Pack die Badehose ein.
Geheimdienstplatz Berlin und die Berlin-Krise

Man schrieb den 28. November 1958. Auch an diesem Tage hielt der Sowjetführer Nikita Chruschtschow eine öffentliche Rede, in der er seltsame Dinge aussprach. Dieses Mal machte er den Westmächten einen Vorschlag. Die vier Siegermächte sollten die Existenz zweier deutscher Staaten und eines freien, das heißt besatzungsfreien, West-Berlin miteinander vereinbaren. Ginge der Westen nicht auf diesen Vorschlag ein, so Chruschtschow weiter, wäre die Sowjetunion genötigt, mit der DDR einen separaten Friedensvertrag zu schließen. Die weitere Berlin-Verantwortlichkeit ginge dann auf die DDR über. Die Attacke des sowjetischen Führers kam für den Westen überraschend, doch was sie bedeutete, konnte kaum missverstanden werden. Um das heute nachzuvollziehen, müssen wir die vorangegangenen zehn Jahre kurz Revue passieren lassen.

Die deutsche Reichshauptstadt war nach dem verlorenen Krieg in vier Besatzungszonen aufgeteilt worden, deren drei westliche wie eine Insel mitten in der Sowjetischen Besatzungszone lagen. Was auch immer Stalin seinerzeit dazu bewogen haben mag, dieser Regelung zuzustimmen, sie erwies sich aus sowjetischer Sicht schon bald als schwerer Fehler. Die sowjetische Deutschlandpolitik schwankte bis zur Berlin-Krise zwischen zwei einander widersprechenden Varianten: Die eine Zielsetzung bestand in einer gesamtdeutschen Option mit einem neutralisierten, schwach bewaffneten Deutschland, die zweite in einer Sowjetischen Besatzungszone, die strategischer westlicher Vorposten der Sowjetunion und deren industrielle Kolonie sein sollte. Beides gleichzeitig war nicht zu haben.

Zu diesem Dilemma wurden ganze Bibliotheken mit Werken verfasst, in denen sich die Experten vor allem mit der Frage beschäftigt haben, ob die deutsche Wiedervereinigung damals durch die westdeutsche Regierung verspielt worden sei. Wie auch immer das gewesen sein mag, klar ist, dass die Sowjets bald merkten, wie störend West-Berlin mit seiner Insellage in ihrer eigenen Besatzungszone lag. Es erwies sich nämlich als vorgeschobener Beobachtungsposten in ihrem Herrschaftsbereich, der von den West-Alliierten und bald auch von den Westdeutschen rücksichtslos genutzt wurde, um hinter den Eisernen Vorhang zu spähen und dort Einfluss auszuüben.

Haust du meinen, hau ich deinen: Geheimdienstalltag im Nachkriegs-Berlin

Den Kern der westlichen Geheimdienstbemühungen, die von West-Berlin gegen den Osten ausgingen, bildete BOB, die US-amerikanische Berlin Operation Base. Deren Wirken wurde in den 1990er-Jahren in einem detailreichen Buch von zwei Amerikanern und einem Russen aufgedeckt.[1] Vieles davon war auch schon vorher irgendwann einmal an die Oberfläche gekommen wie der abenteuerliche Spionagetunnel, den die US-Amerikaner in den Sowjetischen Sektor von Berlin vorgetrieben hatten, um dort den sowjetischen Telefonverkehr anzapfen zu können. Das KGB erfuhr recht bald von dieser Attacke, sah sich aber genötigt, erst einmal einen Umweg zu erfinden, um die Sache auffliegen zu lassen. Dieses Zögern und Taktieren war dem geheimdienstlichen Quellenschutz geschuldet, denn die ungeheuerliche Nachricht über das, was die US-Boys dort trieben, stammte brühwarm von einem Agenten, den es wie kaum einen anderen vor der Entdeckung abzuschirmen galt.

Die Rede ist von George Blake, der bei all den hier geschilderten Ereignissen als eine Art sowjetische Wunderwaffe tätig war. Blake wurde 1922 in Rotterdam als Sohn eines sephardischen Juden aus Konstantinopel namens Behan und einer holländischen Mutter geboren. Im Zweiten

Weltkrieg betätigte er sich im niederländischen Widerstand. Nach dem Krieg wurde die Familie in Großbritannien eingebürgert und Blake britischer Geheimdienstmitarbeiter in Hamburg. Dort erhielt er eine Spezialausbildung, um in der SBZ Informationen über die Gruppe der sowjetischen Streitkräfte in Deutschland (GSSD) zu sammeln. Doch 1948 wurde er nach Asien abkommandiert. Während des Koreakrieges 1950 in Seoul festgenommen und in Nordkorea bis 1953 interniert, gelang dem KGB-Offizier N. A. Leonjenko dort 1951 die Anwerbung des Briten, dem die Sowjets den Fallnamen Diomid gaben.

Diomid-Blake wurde in den Folgejahren durch den KGB-Mann Sergej Kondraschow geführt. Blake war nämlich durch den schier unglaublichen Leichtsinn von MI6/SIS zur Spitzenquelle des sowjetischen Dienstes avanciert. Die Russen konnten ihr Glück zunächst kaum glauben, denn der britische Dienst holte Blake nach dessen scheinbarer Odyssee durch die undurchschaubaren Lager in Nordkorea tatsächlich in seine Reihen zurück und machte ihn ausgerechnet zum Leiter der britischen Residentur in Berlin. Mochten die Russen zunächst noch eine Provokation für möglich halten, so bewies ihnen ihre Quelle Diomid alsbald, dass sie echt war. Blake verriet nämlich alles, was er in Erfahrung bringen konnte und was seinen westlichen Geheimdienstkumpels lieb und teuer war. Auf seine Rechnung gingen nicht nur der Verrat des US-amerikanischen Berlin-Tunnels, sondern auch die Aufdeckung zahlreicher westlicher Geheimdienstmitarbeiter und Spione. Die Zahl der von Blake enttarnten Agenten wurde später auf etwa zweihundert geschätzt.

Wie es bei Quellen dieser Art zu gehen pflegt, wurde sie ihrerseits durch Verrat enttarnt. Im Falle Blakes besorgte dieses Geschäft der polnische Geheimdienstmann Michal Goleniewski, der am 4. Januar 1961 zu den US-Amerikanern in West-Berlin überlief. Blake wurde festgesetzt und zu zweiundvierzig Jahren Haft verurteilt. Davon saß er nur fünf ab,

Fallname Diomid: der sowjetische Agent George Blake und der Mann, der ihn enttarnte, Michal Goleniewski, Fallname: Heckenschütze, hier in einer Aufnahme nach 1964. Mittlerweile hielt sich der einstige Top-Mann der CIA für den Sohn von Zar Nikolaus II. Folgerichtig nannte er sich fortan Alexej Nikolajewitsch Romanow.

denn er verschwand am 22. Oktober 1966 auf Nimmerwiedersehen aus dem Wormwood-Scrubs-Gefängnis in London und tauchte etwas später in Moskau wieder auf. Dort fungierte er zunächst als Berater des sowjetischen Auslandsdienstes PGU, und ab 1973 arbeitete er am IMEMO-Institut der Akademie der Wissenschaften.

Blake war nicht das einzige Osterei, das der Überläufer Goleniewski den Leuten von der CIA mitbrachte, und nicht nur der MI6/SIS kriegte sein Fett weg. Auch der Bundesnachrichtendienst bezog eine mächtige Ohrfeige. Im Fall des BND hieß der Verräter Heinz Felfe.

Auch er beschäftigte sich mit Gegenspionage, allerdings in der Zentrale in Pullach, wo er zugleich als KGB-Agent operierte. Er hatte sich ausgerechnet bis zum Leiter des Referats Gegenspionage Sowjetunion hochgearbeitet. Das war die Arbeitseinheit, die sich mit der Ausspähung des KGB befassen sollte. Seine Geldgeber in Moskau hatten durch Spielmaterial kräftig für Felfes Ruhm im Gehlen-Laden gesorgt. Mit der schier unglaublichen Geschichte eines geheimen Ringes, den er angeblich in Moskau führte, hatte er falschen Ruhm auf sein Spionenhaupt gehäufelt. Doch für Kenner der Materie war die Felfe-Story ein müder Abklatsch des Scheinagenten Max, für den sich Gehlen bereits im Zweiten Weltkrieg begeistert hatte. So mochte ihm auch die gleiche Geschichte plausibel erscheinen, die ihm jetzt KGB-Mann Felfe auftischte.

Doch die Wirklichkeit sah etwas anders aus. Felfe führte in der Tat einen Ring, doch der richtete sich gegen seinen Dienstherrn in Pullach. Dem Felfe-Ring gehörte mit Hans Clemens ein weiterer Ex-SD-Mann an; der hatte Felfe 1950 für den sowjetischen Dienst geworben. Mit den Aussagen des polnischen Überläufers Goleniewski kam die kalte Dusche – der Hinweis auf den Maulwurf im Innersten des BND. Die Hauskapelle – so nennt man die Agententruppe zur Überwachung des eigenen Personals – trat auf leisen Sohlen in Aktion. Ihr Fallführer Fritz Scholz brauchte annähernd zwei Jahre, um den Verräter dingfest zu machen. Der hatte den kunstvollen Bau der Sowjetunion-Spionage bis auf die Grundmauern enttarnt. Wenn Felfe-Chef Gehlen später schrieb, man habe den Agenten zunächst eine Weile unter Kontrolle weiterarbeiten lassen,[2] so klingt das für den Laien toll, im geschulten Ohr jedoch wie das Pfeifen im Walde.

Felfes Führungsoffizier Witalij Korotkow wurde nach der Verhaftung seines Agenten aus Karlshorst abgezogen. Er machte fortan in der Moskauer Zentrale Karriere. 1991 trat er als stellvertretender Chef des sowjetischen Auslandsdienstes PGU in den Ruhestand. Sein Agent Felfe war bereits acht Jahre vor ihm in Pension gegangen – nach Haft, Freitausch, Jurastudium und Professur für Kriminalistik an der Humboldt-Universität. 1986 durfte der Exagent seine Memoiren in Westdeutschland herausbringen. Glaubt man dem damaligen westdeutschen Lektor dieses Projekts, Christian von Ditfurth, war dies ein hartes Stück Arbeit.

Mit von der Partie bei der Memoirenbastelei war ein Mann, der sich Herbert Bartels nannte. Herbert war richtig, doch Bartels falsch. Der Nachname dieses MfS-Offiziers lautete in Wirklichkeit Brehmer. Der Lektor befreundete sich mit diesem ostdeutschen Doktor der Philosophie und nahm dem MfS-Oberst auch nicht übel, dass der 1989 die DDR nicht retten konnte. Brehmer war Funktionär in der Abteilung X (Desinformation) der Hauptverwaltung Aufklärung, wo man die Felfe-Memoiren gar nicht lustig fand, doch die Freunde in Moskau hatten darauf bestanden.³ Sieht man die Felfe-Memoiren unter diesem Gesichtspunkt einmal durch, so stolpert man geradezu über die Fülle der gesamtdeutschen Ansätze der Sowjetunion in den 1950er-Jahren bis hin zur Aussage, dass der aus Westdeutschland entsprungene Verfassungsschutzchef Otto John ein deutscher Patriot war. Das war für die DDR-Führung der späten 1980er-Jahre kein Anlass zur Freude, denn dergleichen zeigte überdeutlich, wie sehr die Russen die SBZ/ DDR als disponible Masse ansahen – auch in den 1980er-Jahren, als diese Memoiren komponiert wurden. Das wird der weitere Gang der Handlung zeigen.

Doch nun zurück nach Berlin: Vermutlich für einen der französischen Dienste war Ferdinand Dietzen in der SBZ/DDR unterwegs. Der Mann aus dem Ruhrgebiet hatte von 1937 bis zum Kriegsende bei der Wehrmacht gedient und es dort bis zum Oberleutnant und Kompanieführer gebracht. Dietzen war ein Tapferkeitsoffizier, das heißt, dass ihm die Verleihung des Ritterkreuzes die Offizierslaufbahn eröffnet hatte. Nach der Entlassung aus US-amerikanischer Kriegsgefangenschaft arbeitete er zunächst als Heizer und Lokführer; dann heuerte er als Versicherungsvertreter bei der Hamburg-Mannheimer an. Später wechselte er zur Autofirma Renault nach Berlin. Am 28. April 1950 wurde er in Schwerin unter dem Vorwurf der Spionage festgenommen; mit ihm zusammen die Russisch-Dolmetscherin Ingeborg Großstück, der Vermessungstechniker Hans Lorenz und die Kellnerin in einer sowjetischen Offiziersmesse Friedel Müller. Noch eine fünfte Person wurde der Gruppe zugeordnet: die am 4. Mai 1950 in Berlin-Weißensee festgenommene Margot Holländer. Sie arbeitete als

Stenotypistin in einem der neu gegründeten DDR-Ministerien. Alle fünf wurden am 2. Dezember 1950 durch das sowjetische Militärtribunal Nr. 48 240 in Schwerin zum Tode verurteilt und im Frühjahr darauf in Moskau erschossen.[4]

Um zu ergründen, wo die Sowjets ihre Erkenntnisse herhatten, die ihnen die Festnahme von Dietzen und anderen ermöglichten, muss man gedanklich über die Bande spielen. Eine besonders ergiebige Quelle im französischen Auslandsdienst DST (Direction de la Sécurité du Territoire) lieferte an seine Moskauer Auftraggeber im MGB brühwarm detaillierte

Haftfotos des MGB: die Gruppe Dietzen, die am 2. Dezember 1950 in Schwerin zum Tode verurteilt wurde: Ferdinand Dietzen, Ingeborg Großstück, Margot Holländer, Hans Lorenz, Friedel Müller. Alle fünf wurden am 27. Februar 1951 bzw. 21. März 1951 (Lorenz) in Moskau erschossen.

Erkenntnisse über die Entwicklung in West- und Ostdeutschland. Die Existenz dieser Quelle ergibt sich unzweifelhaft aus den einschlägigen Notaten, die Staatssicherheitsminister Semjon Ignatjew für Stalin, Molotow und andere anfertigte.[5] Wer diese sowjetische Quelle war, liegt weiterhin im Dunkeln. Klar ist hingegen, wie rücksichtslos auch die französische Regierung die Deutschen geheimdienstlich ausspähen ließ – in Ost und West; über Letzteres sollte man zumindest keine Illusionen haben.

Dietzen und seine Gruppe waren lediglich fünf von Hunderten, die das gleiche Schicksal erlitten. Aber es konnte auch ganz anders gehen: Da war zum Beispiel Hans Kemritz. Der Doktor der Rechte gehörte im Dritten Reich als NSDAP-Mitglied dem

Vorstand der Berliner Anwaltskammer an. Im Zweiten Weltkrieg wurde der ehemalige preußische Reserveoffizier erneut in den Soldatenstand einberufen. Für Kemritz hieß das, beim Amt Ausland/Abwehr Verwendung zu finden. Dort brachte er es bis zum Major. Dann war der Krieg aus und die Rote Armee da, die Kemritz gefangen nahm. Doch nicht sehr lange, denn bereits 1945 konnte der tüchtige Mann in Berlin erneut seine Rechtsanwaltskanzlei im Sowjetischen Sektor aufmachen. Der Grund: Das scheinbar seriöse Büro diente dem sowjetischen NKGB als Falle. Mindestens zwanzig Menschen, die dem Anwalt Kemritz ihr Vertrauen geschenkt hatten, verloren durch seine Denunziationen ihre Freiheit, einige auch ihr Leben.

Und Kemritz selbst? Als er 1950 aufgeflogen und in West-Berlin kurzzeitig in Untersuchungshaft geraten war, verhalfen ihm die Vorgesetzten der US-amerikanischen BOB, der er sich ebenfalls als Spitzel angedient hatte, schleunigst zur Freiheit. 1952 verließ der Mann, von seinen Neufreunden geschützt, die Bundesrepublik, um via USA in Uruguay an Land zu kommen. Der empörte Bundestag hatte am 20. Juni 1951 ins Leere debattiert.[6]

Besser als auf diese Weise konnten die Besatzungsoffiziere den bundesdeutschen Instanzen gar nicht zeigen, dass sie immer noch in der Lage waren, die westdeutschen Neuerdings-Verbündeten zu Hampelmännern zu degradieren. Eingaben von Geschädigten an den US-amerikanischen Hochkommissar John McCloy versandeten. An solchen Kemritz-Opfern gab es keinen Mangel, da der bezahlte Denunziant bereits als Offizier der Abwehrstelle beim Generalkommando III in Berlin während des Krieges einschlägig tätig gewesen war. McCoy sah sich, als die Fakten, die ans Licht kamen, immer irrwitziger wurden, zu einer gewundenen öffentlichen Stellungnahme am 7. August 1951 genötigt. Kemritz habe, so McCloy, nach dem Krieg einen wertvollen Beitrag zur Sicherung des Westens geleistet und die Alliierten beim Aufspüren von Kriegsverbrechern und Nazis unterstützt.[7]

Das fand manch einer hanebüchen, und nicht jeder mochte es bei diesem unbefriedigenden Ausgang der Affäre Kemritz belassen. Als sich die einstigen Helden des Kalten Krieges wie der ehemalige BOB-Chef jener Tage, Peter Sichel, in den 1990er-Jahren in Deutschland feiern ließen, konnten sie sich an den Namen Hans Kemritz partout nicht erinnern. So ist es bis heute geblieben.[8] Die Erklärung für diese Gedächtnislücke ist denkbar einfach. McCloy sagte damals die Wahrheit; die Amerikaner setzten auf Kemritz, weil sie ihn für einen großen Nazijäger hielten. Was McCloy wegließ: Kein Geheimdienst hat es gerne, wenn er öffentlich darauf hingewiesen wird, dass er mit jemandem zusammengearbeitet hat, der nicht nur ein Schuft war, sondern sich hierbei auch noch erwischen ließ. So entschied sich die CIA, den Fall Kemritz totzumachen, indem man den Delinquenten außer Landes schaffte – deutscher Haftbefehl hin oder her.

Amateure ohne Chance: Kampfgruppe gegen Unmenschlichkeit und Untersuchungsausschuss freiheitlicher Juristen

So weit sie ihre Agenten nicht selbst führen mochten, bedienten sich die Westalliierten der in West-Berlin wohlwollend geduldeten deutschen Organisationen, von denen bis heute nicht ganz klar ist, ob sie nun eigentlich Menschenrechtshilfeorganisationen waren oder ob sie eher Geheimdienstcharakter hatten. Die bekanntesten dieser Organisationen waren der Untersuchungsausschuss freiheitlicher Juristen (UFJ), die Kampfgruppe gegen Unmenschlichkeit (KgU) und die diversen Ostbüros der westdeutschen Parteien und des DGB. Wir haken diese Organisationen hier nur kurz ab, da wir in der Draufsicht das Ergebnis kennen. In den zehn Jahren ihrer Blütezeit, also in den 1950er-Jahren, haben ihre Taten ungezählten gutwilligen Menschen langjährige Freiheitsstrafen oder einen gewaltsamen Tod eingebracht. Daneben verschwimmen die eigentlichen Ziele, mögen sie nun Spionage, Beeinflussung oder gar der Sturz des sowjethörigen Zonenregimes gewesen sein. Nichts von alledem wurde erreicht. Für diejenigen, die Leben und Freiheit riskierten, klingt es heute noch bitter, aber es war so. Wenden wir uns einigen Beispielfällen zu.

Die militanteste Gruppierung war die KgU. An ihr lässt sich am besten zeigen, wie Zielkonflikt und mangelnde Professionalität zwangsläufig zum Misserfolg führten. Es fällt ausgesprochen schwer, den Ursprung dieser Organisation zu ergründen. Vielleicht war alles in einer der üblichen Berliner Eckkneipen entstanden, bis endlich einer sagte: Wir müssen etwas tun. Denn für die Bevölkerung in West-Berlin war es nach den schockierenden Erfahrungen mit der Roten Armee klar, dass aus dem Osten nichts Gutes kommen konnte. Die bittere Lehre der sowjetischen Berlin-Blockade 1948/49 kam hinzu. An Flüchtlingen, die von dem sowjetischen Regime mehr als nur die Schnauze voll hatten, weil sie um ihre Existenz und ums nackte Leben fürchten mussten, war ebenfalls kein Mangel. West-Berlins Bevölkerung sah sich in einer Frontstadt; eine Kampfgruppe zu bilden entsprach der Gemütslage.

Zunächst scheint es eine reine Propagandakiste, gepaart mit einem Suchdienst, gewesen zu sein. Die KgU begann bald mit einer spektakulären Aktion, der F-Kampagne. Das F stand für Freiheit, und man konnte es leicht an beliebigem Ort in der SBZ gut sichtbar anbringen. So geschah es auch. Die US-Amerikaner schalteten nach den üblen Erfahrungen, die sie mit dem einstigen Kriegsverbündeten gemacht hatten, in dieser Zeit auf die aktive geheimdienstliche Bekämpfung der Sowjetunion und ihrer Satelliten um. Jetzt war nicht nur Spionage durch diverse Dienste angesagt, sondern massive Maßnahmen zur Destabilisierung des Ostblocks. Man nannte dieses Verfahren Rollback. Die Amerikaner sahen es durchaus gern, wenn die jüngst noch als Kriegsverbrecher eingetüteten Deutschen verrückt genug waren, sich aus dem Fenster zu lehnen. Also gaben sie Geld und verlangten Leistungen. So auch bei der KgU. Dort wählte man den Finanzierungsumweg über die Ford Foundation.

Doch die Leitung der KgU geriet sich über den weiteren Weg bald in die Haare. KgU-Gründer und -Chef Rainer Hildebrandt mochte bei der Militarisierung des Betriebes nicht mittun. Er trat zurück, und an seine Stelle rückte sein bisheriger Stellvertreter Ernst Tillich. Dieser radikale Theologe, der den Zweiten Weltkrieg als Sanitätssoldat überlebt hatte, sorgte für die gewünschte Militanz der KgU. Diese sollte nach dem Willen der US-Finanziers zunächst dadurch stimuliert werden, dass die Organisation eine Reihe ehemaliger Kripobeamter in ihre Reihen aufnahm, Leute also, die man wegen ihrer zweifelhaften Vergangenheit nicht in die Nachkriegspolizei übernommen hatte. Man sprach in diesem Zusammenhang von einer Professionalisierung der Arbeit. Hierfür sollte vor allem ein Mann namens Georg Baitz sorgen, der den US-Diensten bereits im Criminal Investigation Service zur Seite gestanden hatte. Er begann alsbald mit dem, was er als die administrative Störung der DDR bezeichnete. Hinter dem Bürokratendeutsch verbarg sich die Absicht, in der DDR Anschläge durchzuführen.

Der Erste, der dem MfS dabei in die Fänge geriet, war Johann Burianek. Er hatte vermutlich den Auftrag, die Eisenbahnbrücke bei Erkner, nordöstlich von Berlin, in die Luft zu sprengen bzw. erst einmal eine Gelegenheit hierfür auszubaldowern. Daraus wurde nichts. Burianek wurde am 4. März 1952 festgenommen und in einem Schauprozess abgeurteilt. Die Gerichtsvorsitzende Hilde Benjamin schrieb zur Begründung der Todesstrafe in das Urteil:

»Mit Beginn des Jahres 1952 gingen Burianek und seine Bande im Auftrag der Hildebrandtgruppe zur höchsten Form ihrer verbrecherischen Tätigkeit, zu mit unmittelbarer Gefahr für Menschenleben verbundenen Diversions- und Terrorakten über. In einer der Besprechungen mit Saalmann wurde dem

Angeklagten Burianek eröffnet, dass die Zeit des Zettelklebens und Stinkbombenwerfens jetzt vorbei sei, dass man jetzt zu größeren Aktionen, zur Vernichtung von größeren Maschinen durch Spezialsäuren, zur Anlegung von Bränden, zur Terrorisierung hervorragender demokratischer Persönlichkeiten, zu Überfällen auf Volkspolizeiposten und zur Sprengung wichtiger Objekte übergehen müsste.«[9]

Die Todesstrafe wurde am 2. August 1952 vollstreckt. Die Mitangeklagten Fritz Henschel und Ernst Möbius erhielten lebenslängliche Zuchthausstrafen, vier weitere Angeklagte wurden zu langjährigen Haftstrafen verurteilt. Das war erst der Auftakt. Weitere spektakuläre Todesurteile sollten noch folgen.

Im Jahr 1954 gelang es dem MfS, den Sicherheitsbeauftragten der KgU, Ruprecht Wagner, als Agenten anzuwerben. Er sorgte dafür, dass die angeblichen Mitverschworenen aus der DDR aufs Schafott kamen; die meisten waren in Wirklichkeit eher harmlose Gestalten.

KgU in Aktion: Auf dem Bild links bringt ein Mitglied der KgU in einem Berliner S-Bahn-Wagen die Symbole der F(reiheits)-Kampagne an. Rechts der Verräter: der KgU-Sicherheitsbeauftragte und MfS-Agent Ruprecht Wagner.

Einer dieser Leute hieß Gerhard Benkowitz. 1949 war der Sechsundzwanzigjährige mit dem verständlichen Anliegen an die KgU geraten, etwas über den nach dem Zweiten Weltkrieg von den Russen verschleppten Vater in Erfahrung zu bringen. Es wird seinen neuen Partnern nicht schwergefallen sein, den jungen Russischlehrer aus Weimar davon zu überzeugen, dass auch er etwas tun müsse. So suchte er ab Herbst 1950 in der einstigen Klassikerstadt nach Gleichgesinnten.

Am 4. April 1955 war die Sache beendet. Das MfS führte DDR-weit eine Verhaftungsaktion durch. Sie trug den Namen Blitz und machte auch der Gruppe von Benkowitz den Garaus. Man brauchte drei Monate, bis jeder seine Rolle konnte, dann stieg der Schauprozess gegen »Benkowitz, Kogel und Konsorten« am 23. Juni 1955. Dass Benkowitz von der Gruppe, die er angeblich um sich geschart hatte, um Spionage und Sabotage zu betreiben, nur einen Einzigen, nämlich Kogel, überhaupt kannte, damit hielt sich die DDR-Justiz nicht lange auf. Man hatte es eilig, denn es galt, ein Exempel zu statuieren. Das Radio der DDR übertrug die Stimme des Delinquenten Benkowitz, der irgendetwas von geplanten Anschlägen herunterhaspelte. Sechs Tage später, am 29. Juni 1955, wurde Benkowitz in Dresden mit dem Fallbeil hingerichtet. Mit ihm starb Hans-Dietrich Kogel, ein einunddreißigjähriger Kommunalsachbearbeiter der Stadt Weimar, dessen Urteil SED-Chef Walter Ulbricht handschriftlich in eine Todesstrafe umgeändert hatte. Die anderen Angeklagten wurden zu langjährigen Zuchthausstrafen verurteilt.

Schockierendes Nachspiel: An den unter der Folter erpressten Aussagen des Hans-Dietrich Kogel fand die Berliner Justiz 1992 nichts auszusetzen und wies den von der Ehefrau, die selbst wegen Mitwisserschaft zu zwölf Jahren Zuchthaus verurteilt worden war, gestellten Rehabilitierungsantrag kaltschnäuzig zurück. Macht einer vor Gericht ein Geständnis, so ist er selbst schuld, so die Richter des Landgerichts Berlin. Zur Ehrenrettung der Richterschaft ist allerdings hinzuzufügen,

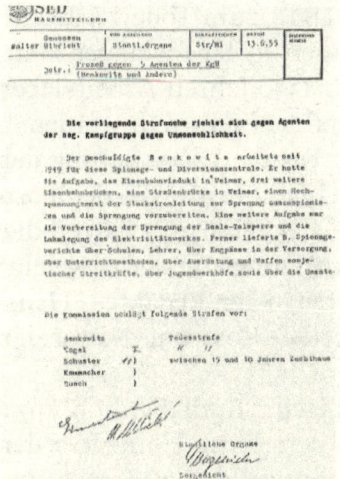  

*Justizmord in Schriftform: Die vorbereiteten Urteile gegen Benkowitz und andere änderte SED-Chef Walter Ulbricht beim Mitangeklagten Kogel handschriftlich in eine Todesstrafe um. Die angeblichen Rädelsführer der Spionage- und Diversantengruppe Gerhard Benkowitz und Hans-Dietrich Kogel.
(Fotos: Stadtarchiv Weimar)*

dass das Kammergericht Berlin die Entscheidung im Dezember 1992 korrigierte. Doch dann folgte der zweite Streich. Eine Haftentschädigung in Sachen Kogel wurde abgelehnt, weil der Hingerichtete nicht lange genug eingesessen hatte. Zwischen Festnahme und Hinrichtung verbrachte der Delinquent, so rechneten die Richter mit spitzem Bleistift nach, drei Monate minus sechs Tage in Haft, also fehlten an den Anspruchsvoraussetzungen genau sechs Tage. Ein weises Urteil, denn so wurde zweierlei erreicht: Der Rechtsstaat sparte ein paar Hundert Mark, und das Vertrauen einiger Diktaturopfer in ihn wurde unrettbar zerstört.

Den Methoden von SED und MfS hatte die KgU schon bald nichts mehr entgegenzusetzen. Der Vorsitzende der KgU, Ernst Tillich, trat am 24. April 1958 zurück. Danach dümpelte die Organisation noch ein Jahr vor sich hin, bis die Bundesregierung 1959 ihre Auflösung beschloss. Die US-Dienste protestierten, taten aber sonst nichts. Die Akten und Karteien der KgU wurden auf den BND und den Suchdienst des DRK verteilt. Übrig blieb eine traurige Bilanz: Vierzehn Personen aus dem Umfeld der KgU waren in der DDR zum Tode verurteilt und hingerichtet worden, neun saßen in lebenslanger Haft, mindestens 73 Menschen waren zu 1330 Jahren Arbeitslager und 52 zu insgesamt 397 Jahren Zuchthaus verurteilt worden.[10]

Noch eine Bemerkung zur KgU: Für die Diffamierung der Organisation sorgten in Westdeutschland Leute, die den Fortschritt gepachtet zu haben schienen. Bereits 1952 hatten die DDR-Organe publizistische Unterstützung von der westdeutschen Illustrierten *Der Spiegel* erhalten, deren Redakteur Hans-Dieter Jaene in einem längeren Artikel Ross und Reiter der Organisation offengelegt hatte.[11]

Später war ein Arzt namens Karl Heinz Roth dienlich. 1971 veröffentlichte er einen Aufsatz in dem Extra-Heft Nr. 7 der Zeitschrift *konkret*, das den beziehungsreichen Titel *Invasionsziel DDR* trug. *Konkret*? Ja, das war die Illustrierte, von der ihr erster Chefredakteur hat wissen lassen, dass die Finanzen des Blattes in Ost-Berlin geregelt wurden. Und so wundert es dann auch nicht, wenn *konkret*-Autor Roth dort nach Auffassung der Bundesanwaltschaft auch unter einem anderen Namen registriert war, und der lautete IM Zeus.[12]

Und ein allerletztes Mal KgU: Eine verworrene Geschichte aus dem Nachkriegs-Berlin. Es geht um das Schicksal der Brüder Hans und Karl-Heinz Hagen – der eine ein Agent auf der einen, der östlichen Seite, der andere das, was man einen *Kalten Krieger* nannte, aber auf der anderen Seite. Gemeinsam war den Brüdern, dass sie in der Diktion des NS-Staates Halbjuden waren. Beide Brüder überlebten den Krieg in einer Odyssee.

Gleich nach dem Krieg hatten sowjetische Besatzungsoffiziere den dreiundzwanzigjährigen Hans Hagen zum Bürgermeister von Berlin-Mitte gemacht. Recht bald wechselte er die Profession und wurde Leiter der Abteilung Fahndung bei der Berliner Kripo. Sein Spitzname war schnell geboren: der Kleine mit der Pistole. Dann kam Hagen in den sich gerade etablierenden SED-Apparat. Die Altgenossen waren keineswegs erfreut, doch sie konnten dem Zuwachs wenig entgegensetzen. Sie mögen geahnt haben, dass Hagen nicht nur im Auftrag der sowjetischen Parteigenossen kam, sondern auf dem Ticket des allmächtigen Gcheimdienstes MGB reiste. Dort hieß der Mann mit Decknamen Schulz. Hagen-Schulz wechselte im Auftrag der Freunde 1947 ins Institut für Publizistik, dann zum Berliner Rundfunk und schließlich zum *Nachtexpress*. Dort nannte er sich fortan Oliva oder Oliva-Hagen.

Freunde des deutschen Feuilletons wird stärker interessieren, dass Hagen in dieser Zeit eine Ehe einging, die allerdings nur kurz hielt. Eva-Maria war die Ehefrau, und sie war eine soeben bekannt werdende Schauspielerin. Die gemeinsame Tochter hieß Catharina, besser bekannt als Nina Hagen.[13] Auch Ehemann Hans war mittlerweile ins Filmfach gewechselt. Der Film *Im Sonderauftrag* spielte selbstredend im Agentenfach. Noch ein zweiter Wechsel fand statt. 1956 übergaben die sowjetischen Genossen ihren Agenten Schulz an das MfS. Das hatte wahrlich große Pläne mit ihm, denn in West-Berlin werkte der feindliche Bruder.

Karl-Heinz Hagen benutzte kein Pseudonym, und er hatte, soweit wir wissen, auch keinen Decknamen. Doch der junge Mann stand auf der Feindliste des MfS ganz oben. Anfang der 1950er-Jahre engagierte sich der aufstrebende Journalist für die KgU. Prompt geriet er auf eine der Entführungslisten der Staatssicherheit. Doch Karl-Heinz Hagen hatte Glück. Die MfS-Agentin, die auf ihn angesetzt war – sie hieß Ruth Penser –, wurde am 15. November 1952 in West-Berlin festgenommen und offenbarte sich der Polizei. Die Einundzwanzigjährige sagte aus, sie sei Journalistin beim *Nachtexpress*, doch ihr wirklicher Auftrag sei seit 1949 die Beteiligung an Entführungsaktionen gewesen. Jetzt hätte neben dem KgU-Leiter Rainer Hildebrandt der Journalist Karl-Heinz Hagen auf der Einkaufsliste gestanden.

Nunmehr unterblieb die Sache. Doch sie war nicht vom Tisch. Ende der 1950er-Jahre erhielt der MfS-Agent Hans Hagen den Auftrag, nach Westdeutschland überzusiedeln. Seine

Drei Mal Hagen: Hans und Eva-Maria (linkes Bild) sowie Karl-Heinz Hagen (rechtes Bild Mitte; Aufnahmen von 1956).

Zielperson sollte sein Bruder Karl-Heinz sein, der mittlerweile eine steile Pressekarriere genommen hatte, die ihn an die Spitze der BZ und anderer Zeitungen führte. Doch Hans Hagen weigerte sich, dem Auftrag nachzukommen. Daraufhin schaltete ihn das MfS ab: wegen Perspektivlosigkeit, wie es so schön hieß. Den Rest seines Lebens verbrachte er geheimdienstfrei – soweit wir wissen. Hans Hagen starb 1991.

Wesentlich ernster als die KgU war der Untersuchungsausschuss freiheitlicher Juristen (UFJ) zu nehmen. Der UFJ hatte es sich zum Ziel gesetzt, Justizwillkür in der SBZ/DDR offenzulegen, die Justizverbrechen für eine Strafverfolgung unter Rechtsstaatsbedingungen zu dokumentieren sowie DDR-Bürger und Flüchtlinge zu beraten. Das alles hatte mit geheimdienstlicher Tätigkeit nichts zu tun. Klar ist indessen, dass die Tätigkeit des UFJ die Genossen der Staatssicherheit aus Karlshorst und aus der Normannenstraße in Ost-Berlin auf den Plan rufen mussten, denn nichts konnte für die Machthaber in der SBZ/DDR fataler sein als eine Offenlegung ihrer Methoden und die methodische Sammlung ihrer Taten.

An der Wut der Angriffe, die sie gegen den UFJ vortrugen, zeigt sich, wie sehr sie durch die Tätigkeit der Organisation getroffen wurden. Es zeigte sich aber auch, wie schwer es war, sich gegen diese Angriffe zur Wehr zu setzen. Das lag vor allem daran, dass die beiden Haupttätigkeitsfelder des UFJ, hie Beratung und da Offenlegung und Anprangerung, nicht unter ein Dach passten. Abschirmung und Publikumsverkehr sind nun einmal Gegensätze, die man nicht durch edle Gesinnung und das Vergeben von Decknamen überbrücken kann.

Die Leute vom NKGB in Ost-Berlin ließen keinen Zweifel aufkommen, dass sie mit dem UFJ auf ihre Weise aufräumen würden. Sie reichten den Auftrag an das MfS durch, leitende Funktionäre der Organisation in den Ostsektor der Stadt zu entführen. So geschah es. Am 8. Juli 1952 frühmorgens wurde ein Abteilungsleiter des UFJ, Walter Linse, von einem Kidnapper-Kommando vor seiner Wohnung in Berlin-Lichterfelde gewaltsam entführt. Der einschlägige Bericht der Kripo liest sich wie ein schlecht gemachter Krimi. In Aktion war ein vom MfS angeheuertes Kriminellenteam, das sich aus geduldeten Schwarzmarktgeschäften finanzierte. Viele Namen waren der West-Berliner Polizei durchaus geläufig. Die Fäden zog ein Mann namens Paul, in dem wir einen Hauptamtlichen aus dem MfS vermuten; in Betracht käme der Leiter der Abteilung X (Fahndung). Das war in den Jahren 1951 bis 1953 der Oberstleutnant der Staatssicherheit Hermann Michael.[14]

Selbstredend protestierte der US-Stadtkommandant bei seinem sowjetischen Pendant, und ebenso selbstverständlich verhallte der Protest im Nichts: Ein Doktor Linse? Nie gehört den Namen. Dabei konnte das Zentralorgan der SED *Neues Deutschland* wenige Tage nach der Tat sein Behagen an dem Verbrechen kaum zügeln. Unter der Überschrift »Ein USA-Agent ging verloren« resümierte das Blatt nach einem ellenlangen Artikel:

»Wir, die Erbauer der Sozialismus in dem von der einigen Arbeiterschaft beherrschten Teil Deutschlands, werden der westberliner Bevölkerung in ihrem Kampf gegen die Gangsterbanden helfen, und wir tun das, indem wir jedem, der seine dreckigen Finger nach unseren Errungenschaften ausstreckt, so energisch daraufklopfen, dass er seine Pfoten nie wieder gebrauchen kann.«[15]

Der Propagandaschwulst des *ND* verkleisterte mühsam eine brutale Wirklichkeit: Die Entführer hatten Linse mit der Pistole in beide Beine geschossen und den Schwerverletzten in den MfS-Knast nach Berlin-Hohenschönhausen eingeliefert. Nach monatelangem Verhör gaben ihn die Genossen am 3. Dezember 1952 an die Freunde nach Karlshorst weiter. Die Verhöre wurden nunmehr auf die russische Art fortgesetzt. Vermutlich unterschrieb Linse infolgedessen irgendein vorfabriziertes Geständnis, denn am 23. September 1953 verurteilte ihn das sowjetische Militärtribunal Nr. 48 240 wegen Spionage zum Tode. Linse wurde nun unverzüglich nach Moskau überstellt und dort am 15. Dezember 1953 erschossen.

Der Justizmord hatte ein Nachspiel. Die Sowjets leugneten weiterhin gegenüber jedermann, je etwas von dem Fall gehört zu haben. Das entsprach der Norm; doch dann passierte ihnen eine Panne. Das Sowjetische Rote Kreuz teilte dem DRK Jahre später auf dessen Anfrage völlig zutreffend mit, Walter Linse sei am 15. Dezember 1953 in der Sowjetunion verstorben. Erst als der UFJ hierüber am 8. Juni 1960 eine Pressemitteilung herausbrachte, beeilten sich die Russen, die Sache zu korrigieren. Am 19. Juli 1960 folgte prompt das Dementi, es habe sich bei diesem Walter Linse um einen anderen Mann aus dem thüringischen Rudolstadt gehandelt. Das aber war eine faustdicke Lüge.[16]

In der Zwischenzeit war auch für den UFJ viel Wasser die Spree hinuntergeflossen. Die Organisation wurde von einem weiteren prominenten Entführungsfall heimgesucht. Diesmal handelte es sich um Erwin Neumann. Der Jurist war Anfang der 1950er-Jahre aus der DDR geflohen, 1952 wurde er als Leiter der Wirtschaftsabteilung Nachfolger des entführten Walter Linse beim UFJ. Er wurde sechs Jahre später, am 20. August

1958, bei einer Segeltour auf dem Wannsee vom MfS entführt und ein Jahr später wegen angeblicher Spionage zu lebenslangem Zuchthaus verurteilt. In der Isolationshaft im MfS-Knast von Hohenschönhausen ist der Fünfundvierzigjährige dann gestorben.

Doch den schlimmsten Schlag versetzte das MfS der Organisation nicht durch Entführungen, sondern durch propagandistischen Dauerbeschuss. Ein Ziel bot sich für volle Breitseiten an. Es war der Vorsitzende des UFJ, ein Dr. jur. Theo Friedenau. Doch der war weder ein Doktor, noch hieß er Friedenau, sondern Horst Erdmann. Nachdem das MfS diesen Tatbestand ohne große Mühe recherchiert hatte, trat es 1957 eine Kampagne gegen Erdmann-Friedenau los, die am 6. Juni 1958 zu seinem Rücktritt führte. Im Jahr darauf legten die Geheimdienstler aus der Normannenstraße noch einmal kräftig nach. Sie brachten ohne Verfasserangabe ein aufwendig gemachtes Buch in Umlauf, das den Titel *Im Dienste der Unterwelt. Dokumentarbericht über den »Untersuchungsausschuss freiheitlicher Juristen«. Verein kraft Verleihung* trug. In ihm wurden Erdmann (für dessen Bekämpfung es natürlich zu spät kam) und andere leitende Mitarbeiter des UFJ nach Kräften diffamiert.

Natürlich würden wir gern den Autor von *Im Dienste der Unterwelt* kennen. Dies schon deshalb, weil das MfS dieser Jahre nicht dafür bekannt war, schreibgewandten Mitarbeitern seine Tore zu öffnen. Bei der Auswahl des Personals hatte vielmehr mit einer gewissen Berechtigung der Grundsatz gegolten, Gesinnung geht vor Bildung. Entweder waren die Kader des MfS dem Korps altgedienter Sowjetagenten entnommen oder die Neuzugänge aus möglichst einfachen, nicht politisierten Familien rekrutiert worden. Diese Mannschaft war von beträchtlichem Klassenkampfgeist beseelt, jedoch mit der deutschen Sprache als schriftlichem Kommunikationsmittel eher weniger vertraut. Wollte das MfS also an der Propagandafront Lorbeeren ernten, musste es sich nach Leuten umtun, die ihm den Griffel ausliehen. Bei der Suche nach passendem Personal griff die Behörde auf Personen zurück, die zwar aufgrund ihres Herkommens und ihrer Bildung nicht recht in den Rahmen passten, hielt sie aber insofern auf Abstand, als man diese Mitarbeiter auf den Status von geheimen Informatoren beschränkte. Das bedeutete, dass man sie die einschlägigen Arbeiten erledigen ließ, ohne sie zu nahe an die Interna des Geheimdienstes heranzulassen.

Ein Mann, der diese Kriterien geradezu beispielhaft erfüllte, könnte auch der heimliche Autor von *Im Dienste der Unterwelt* gewesen sein. Sein Name ist Julius Mader. Das war tatsächlich sein Klarname. Dies soll hier betont werden, weil es von Verschwörungsspezialisten immer wieder bezweifelt worden ist. Alles andere an dem Mann war aber eher falsch. Wir werden versuchen, Mader ein wenig auf die Schliche zu kommen, wenngleich festzustellen ist, dass die Auswertung der Kaderakten des Julius Mader einer Echternacher Springprozession ähnelt, da besorgte Mitarbeiter des Bundesbeauftragten für die Konservierung der Stasi-Unterlagen mit ihrem Schwarzstift so viel Schatten geworfen haben, dass man die lichten Stellen akribisch suchen muss. Zum Glück waren sie bei dem mehrhundertseitigen Konvolut nicht so sorgfältig, alles Wissenswerte zu tilgen, sodass man durch Hin-und-her-blättern einen ganz guten Extrakt für diesen Lebenslauf gewinnen kann.[17] Und der sieht so aus:

Mader wurde 1928 in Radzein in der Tschechoslowakei geboren. Nach Kriegsende und gleichzeitigem Ende der dortigen NS-Herrschaft wurde die deutsche Familie aus der Tschechoslowakei ausgewiesen. Zu diesem Zeitpunkt hatte Mader eine Ausbildung an einer Höheren Handelsschule vorzuweisen. Das prädestinierte ihn offenbar, 1947 ein Ökonomiestudium an der Universität in Jena aufzunehmen, das er 1949 beendete, vielleicht auch abschloss. Ab November 1952 war Mader in Berlin; er fand beim dortigen Verlag für Wirtschaft eine Anstellung als Redakteur. Spätestens 1958 fiel er dem MfS auf, weil er sich offensichtlich für ein publizistisches Vorhaben im Zusammenhang mit feindlicher Geheimdienstarbeit interessierte. Da nahm ihn der Leiter der Abteilung Agitation des MfS, Günter Halle, unter seine Fittiche. Im Oktober 1958 verpflichtete Halle den schreibkundigen Mader als geheimen Mitarbeiter seiner Abteilung. Das war genau in der Zeit, als das Buch über den UFJ geschrieben wurde.

In der Folge lief Mader zu großer Form auf. Er bekam den Aliasnamen Thomas Bergner, mit dem er auch zur Erkundung und Agitation zum Klassenfeind nach Westdeutschland entsandt wurde. Doch der eigentliche Wert des Mannes, der die MfS-internen Fall- und Deckbezeichnungen Dokument, Julius, X 54 und Jäger trug, war sein Vermögen, umfangreiche Druckwerke in Angriff zu nehmen, deren Zielsetzung die Verunglimpfung von westdeutschen Politikern und von Funktionsträgern in Sicherheitsbehörden war. Die Angriffsrichtung blieb stets die gleiche: die Schilderung der Kontinuität von NS-Herrschaft und Bundesrepublik. Als Nebenkriegsschauplatz wurde die Front gegen die US-amerikanische Besatzungsmacht und deren Geheimdienste eröffnet.

Die Schriftenliste, die dies belegt, ist ellenlang. Die Titel sprechen für sich, so etwa:

Die Killer lauern. Ein Dokumentarbericht über die Ausbildung und den Einsatz militärischer Diversions- und Sabotageeinheiten in den USA und in Westdeutschland.

Gangster in Aktion. Aufbau und Verbrechen der amerikanischen Geheimdienste.

Jagd nach dem Narbengesicht. Ein Dokumentarbericht über Hitlers Geheimdienstchef Otto Skorzeny.

Who's who in CIA. Ein biografisches Nachschlagewerk über 3000 Mitarbeiter der zivilen und militärischen Geheimdienstzweige der USA in 120 Staaten.

Hitlers Spionagegenerale sagen aus.

Die graue Hand. Eine Abrechnung mit dem Bonner Geheimdienst.

Nicht länger geheim. Entwicklung, System und Arbeitsweise des imperialistischen Geheimdienstes.

Der zuletzt genannte Titel *Nicht länger geheim* war das Paradestück unter den Mader-Publikationen. Es wurde nicht nur im Ostblock groß aufgelegt, sondern fand auch in Westdeutschland weite Verbreitung und erfuhr mehrfach ergänzte Auflagen. Der Grund hierfür ist leicht nachzuvollziehen. Nachdem die beiden Bücher *Die graue Hand* und *Die Killer lauern* in einem allzu durchsichtigen Propagandaton daherkamen, wurde dieser bei *Nicht länger geheim* etwas heruntergeschraubt und der Text mit einer Vielzahl von Informationen über die westdeutschen Geheimdienste und ihre Mitarbeiter aufgewertet. Das Buch war so faktenreich, dass es unschwer möglich wurde, einen Scheffel voll Desinformation unterzubringen. Die Mehrzahl der Fakten und Quasi-Fakten stammte aus dem MfS, das, wie es in den Akten so trefflich heißt, den Autor Mader anleitete. Nebenbei führte Mader unter seinem Klarnamen mit Gott und der Welt Korrespondenzen, vor allem um arglosen Zeitgenossen Fakten und Zusammenhänge aus der Zeit des Dritten Reiches zu entlocken. Auch hierbei stammte das einschlägige Anschriftenmaterial vom MfS. Nicht jeder der Angeschriebenen mochte eine Antwort geben. Doch immerhin sah sich das Mitteilungsblatt der ehemaligen Abwehrleute *Die Nachhut* bemüßigt, eine Warnung zu Mader an die Abonnenten herauszugeben.[18]

Ein Grund für Maders schriftstellerischen Erfolg in Westdeutschland liegt auch im offiziellen beredten Schweigen der westdeutschen Geheimdienste über ihre Tätigkeit begründet. Ob dieses Schweigen zu Recht erfolgte, darüber lässt sich trefflich streiten. So jedenfalls kam es zu der kuriosen Situation, dass über Jahre hinweg das einzige einschlägige Buch über diese Materie vom MfS stammte.

Für Mader selbst war das, was er da trieb, zur Lebensaufgabe geworden. 1958 hatte er beim MfS angeheuert. Anfang 1960 wurde er zum hauptamtlichen geheimen Informator umgetopft. Zu diesem Zweck hatte er kurz zuvor auftragsgemäß seinen Redakteursjob beim Verlag *Die Wirtschaft* gekündigt. Zwei Jahre später erfolgte seine Ernennung zum Offizier des MfS. Der angebliche Thomas Bergner, recte: Julius Mader, wurde Hauptmann, und zwar als Offizier im besonderen Einsatz (OibE). Das bedeutete, dass er weiterhin unter seinem Klarnamen herumlief, nunmehr nur noch als freiberuflicher Schriftsteller firmierend. Monat für Monat wurde ihm von der Normannenstraße ein für DDR-Verhältnisse geradezu üppiges Gehalt überwiesen. Der Arbeiter- und Bauernstaat zahlte an den tüchtigen Geheimdienstmann rund 2500 Mark netto aus, seinerzeit gut das Fünffache eines Malochergehalts in der DDR. Zum fünfzehnten Geburtstag der Republik, am 7. Oktober 1964, wurde das noch ein bisschen mehr, denn Mader wurde nun auch noch Major.

Das war seine letzte Beförderung, wie er selbst später leicht pikiert gegenüber seinem hauptamtlichen Führungspersonal zu Protokoll gegeben hat. Der Grund für diese Beförderungsenthaltsamkeit springt uns von Blatt zu Blatt seiner Kader-Akten entgegen. Mader nahm den Erfolg seiner Bücher für seinen eigenen, und darum war er immer weniger gewillt, sich in seine Publikationen hineinreden zu lassen. Das wäre vielleicht noch hingegangen, doch Mader hatte durch seine Bücher immense Einnahmen, und das weckte den nackten Neid. Er war auf Kosten des MfS ein wohlhabender Mann geworden. Deswegen konnte er es sich leisten, ein Angebot des Genossen General Wolf von der Hauptverwaltung Aufklärung abzulehnen, für diesen unmittelbar gegen den Klassenfeind zu marschieren. Es wurde nicht näher spezifiziert, wie das gehen

Ein tüchtiger Desinformant: Major Thomas Bergner alias Julius Mader (Foto um 1961 aus der MfS-Kaderakte von Mader).

sollte, und Mader verzichtete dankend. So blieb Mader, was er war, ein gut besoldeter OibE. Sein letztes Gehalt bezog er am 1. Oktober 1989, zum Monatsschluss schließlich noch eine zusätzliche und allerletzte Prämie. Dann war wirklich Schluss – auch mit dem MfS. Mader starb im Jahr 2000 in Berlin-Karlshorst.

Von wo kommt eigentlich der Feind? Der Mauerbau

Nach diesem Ausflug in die Welt der Information und Desinformation zurück ins Berlin der 1950er-, 1960er-Jahre. Am 13. August 1961 wurde dort alles anders. Der Westteil von Berlin wurde mit Stacheldraht eingezäunt, kurz darauf entstand anstelle des Zaunes die Mauer. Das Loch in den Westen war verstopft.

Dem Mauerbau war auf östlicher Seite seit dem Berlin-Ultimatum Chruschtschows vom November 1958 ein zähes Ringen vorausgegangen, welche Maßnahmen denn praktisch zu ergreifen seien, um dem Ausbluten der Sowjetischen Besatzungszone einen Riegel vorzuschieben. Die Sowjets zögerten, weil sie nur zu genau wussten, dass das Einsperren der DDR-Bevölkerung einen ungeheuren Prestigeverlust für die Sache des Sozialismus mit sich bringen musste. Doch die Zahlen sprachen eine eigene Sprache. Es waren allerdings nicht nur die Zahlen der DDR-Flüchtlinge, die besorgniserregend genug waren. Von 1949 bis zum Mauerbau waren es 2 686 942 Menschen, die sich in der Bundesrepublik als DDR-Flüchtlinge registrieren ließen. Hinter den nackten Zahlen verbarg sich die unakzeptable Wahrheit, dass es durchweg Leute waren, die als dringend benötigte Arbeitskräfte kaum schließbare Lücken hinterließen. Es waren Menschen, die den persönlichen Neuanfang aus dem Nichts mehr schätzten, als weiter unter sowjetischer Kuratel zu stehen. Viele wurden im Wirtschaftswundernachbarland sogleich aufgesogen.

Neben diesem Problem gab es noch ein zweites, das ebenfalls ökonomischer Natur war. Um die Bevölkerung zu ködern, hatte die DDR die Preise für Grundnahrungsmittel, Dienstleistungen und Mieten auf einem so niedrigen Niveau festgeschrieben, dass daraus zwei unangenehme Dinge folgten: Zum einen musste diese Art des Wirtschaftens extrem subventioniert werden, zum anderen versorgten sich die West-Berliner, allem Klassenkampf- und Kalten-Krieg-Geschwätz zum Trotz, bei jeder sich bietenden Gelegenheit im Ostsektor der Stadt mit dem, was es dort billigst zu kaufen gab. Auf diese Weise wurden auch noch die West-Berliner mitsubventioniert. Die Sowjets, die einen hohen Anteil des Zuschusses zu tragen hatten, waren hiervon wenig erbaut und weigerten sich, Ulbrichts Wunsch nach Steigerung ihres Subventionsanteils nachzukommen. Das, kurz gefasst, waren die Gründe, die zu Chruschtschows Entscheidung führten, die Grenze dichtzumachen.

Dass etwas im Busch war, konnte niemanden überraschen. Dass es die völlige Abriegelung West-Berlins sein würde und wann das Ereignis ins Haus stand, war nur wenigen klar. Aufseiten der DDR hatte die ganze Sache den Decknamen Rose erhalten. Ob das mit der Absicht der Irreführung geschah, ist unbekannt, denn schon einmal hatte es eine DDR-weite Aktion unter diesem Namen gegeben. Das war 1953. Die seinerzeitige Aktion Rose diente dazu, mithilfe von getürkten Verstößen gegen das DDR-Wirtschaftsstrafrecht eine Vielzahl von vorher ausgeguckten Grundeigentümern um ihren Besitz zu bringen, der dann zugunsten der Massenorganisationen eingezogen wurde. Auf diese Art und Weise verloren Hunderte in den Feriengebieten der DDR ihre Häuser an den FDGB.

Nun also erneut Aktion Rose. Dieses Mal ging es nur vordergründig gegen West-Berlin, in Wirklichkeit aber gegen die gesamte Bevölkerung der DDR. Dergleichen wollte sorgsam abgeschirmt werden. Lediglich strikt begrenzte Funktionärsgruppen im Zentralkomitee der SED und in den Ministerien für Nationale Verteidigung, für Staatssicherheit und des Innern waren eingeweiht. Man schätzt die Zahl der planenden Personen auf etwa sechzig. Je nach Standpunkt sind das viele oder nur sehr wenige. Die Zahl lässt indessen Rückschlüsse zu, wie tief ein Geheimdienst in die gegnerischen Entscheidungszentren eingedrungen ist. Im Fall der Aktion Rose (zweiter Aufguss) war die Eindringtiefe jedenfalls nicht ausreichend, denn die beteiligten Geheimdienste tappten fast bis zum Tag des Ereignisses, also dem 13. August 1961, zwar nicht ganz im Dunkeln, aber doch im Dämmerlicht. Das lässt sich an den einschlägigen Meldungen und Aktionen nachvollziehen.

Leute, die Bescheid wussten: das Ostbüro der SPD
Eine exakte Nachricht über das, was da ins Haus stand, ist vom Ostbüro der SPD an Berlins Regierenden Bürgermeister Willy Brandt gemeldet worden. Die Meldung erfolgte am 4. August 1961, und sie führte zu – nichts.[19] Grund genug, uns dieses seltsame Ostbüro etwas näher anzusehen. Das Ostbüro war eine im April 1946 beim Parteivorstand der SPD in Hannover gegründete Einrichtung. Sie entstand als Reaktion der westdeutschen Sozialdemokraten auf die im Frühjahr 1946 in der SBZ durchgeführte Zwangsvereinigung von KPD und SPD zur SED. Aufgabe des Ostbüros sollte es sein, die Kontakte der SPD-Führung zu den über den Haufen gefahrenen SPD-Gliederungen in der SBZ aufrechtzuerhalten. Sehr schnell stellte sich heraus, dass dies nur in konspirativen Bahnen vor sich gehen konnte, denn die sowjetische Besatzungsmacht und, ihr folgend, auch die neuen deutschen Staatsorgane in der SBZ/DDR gingen mit äußerster Härte gegen solche aus ihrer Sicht höchst unerwünschten Kontakte vor.

In dieser Zeit wurde das Wort von den Schumacher-Agenten geboren, benannt nach dem ersten Nachkriegsvorsitzenden der SPD, Kurt Schumacher. Dieser unbeugsame, schwer kriegsversehrte Mann war ein rabiater Verfechter der Einheit Deutschlands, als deren Verhinderer er die moskauhörigen Kohorten der KPD/SED ansah. Aus dieser Haltung, die in unmissverständliche öffentliche Auftritte gegen die vier Besatzungsmächte einmündete, folgte eine nur zu verständliche Popularität Schumachers in Ostdeutschland. Vor diesem Hintergrund wird verständlich, mit welcher Unerbittlichkeit beide Seiten gegeneinander zu Felde zogen. Das Ostbüro war auf der Schumacher-Seite das Instrument, die Kampagnen im Osten voranzutreiben, die Mitglieder zu ermutigen und Informationen mit zurückzubringen. Außerdem erfüllte es gegenüber bedrohten Parteigenossen eine Warn- und Fluchthilfefunktion.

An der Spitze des Ostbüros stand nach zwei kürzeren personellen Fehlversuchen ab November 1948 ein Mann, der sich Stephan G. Thomas nannte. Der Vorname stimmte, das G. auch, denn es stand für Grzeskowiak; das war der wirkliche Name dieses Sozialdemokraten Jahrgang 1910. Im Zweiten Weltkrieg zur Wehrmacht eingezogen, geriet Grzeskowiak-Thomas als Soldat des Afrika-Korps in britische Gefangenschaft. In Großbritannien lernte er den SPD-Exilanten Erich Ollenhauer kennen, der ihn später in den SPD-Vorstand mitbrachte.

Thomas verfügte über keinerlei einschlägige, etwa geheimdienstliche Erfahrung oder gar Ausbildung, als er den Job bei dem Parteigeheimdienst antrat. Denn als einen solchen muss man das Ostbüro wohl bezeichnen, da eine von mehreren Aufgaben das heimliche Einholen von Informationen aus der SBZ/DDR war. Auch lässt sich aus den Äußerungen der überlebenden Spitzenfunktionäre mühelos destillieren, dass im Lauf der folgenden Jahre eine Zusammenarbeit mit dem Bundesnachrichtendienst, den Verfassungsschutzbehörden und westlichen Geheimdiensten zur Selbstverständlichkeit wurde. Man darf in diesem Zusammenhang vermuten, dass die Informationen des Ostbüros von den Diensten vor allem zur Tippgewinnung, also zur Einkreisung von möglichen Agentenkandidaten, genutzt worden sind.

Als die eingangs erwähnte Meldung des Ostbüros über die beabsichtigte Berliner Mauer in Rede stand, war bereits die Axt an das Ostbüro der SPD gelegt. Dies lag weniger an der brutalen Bekämpfung, der die Mitarbeiter des Ostbüros in der DDR ausgesetzt waren, sondern der Grund hierfür war parteiinterner Natur. Genauer gesagt, es lag an einem Mann namens Herbert Wehner. Wir werden uns etwas später noch intensiv mit seiner Person auseinanderzusetzen haben, wenn es um die immer wieder behauptete Tätigkeit Wehners als Sowjetagent geht. Hier an dieser Stelle mag der Hinweis genügen, dass es beim SPD-Vorsitzenden Schumacher größte Zweifel weckte, als der ehemalige KPD-Spitzengenosse Wehner sich gleich nach dem Krieg in Hamburg um Funktion und Karriere in der SPD bemühte. Wehner fertigte für Schumacher seine später legendär werdenden *Notizen* an, einen etwas intensiveren Lebenslauf, der sich vor allem mit seiner Vergangenheit als KPD-Funktionär befasste.[20]

Schumacher reagierte misstrauisch. Er entsandte Ende 1947 Stefan Thomas mit dem Auftrag nach Schweden, sich mithilfe schwedischer Sozialdemokraten Material über Wehners dortige Zeit während des Krieges, im Untergrund und im schwedischen Gewahrsam zu beschaffen. Diese Fakten sprachen nicht unbedingt für die Lauterkeit des Exkommunisten, und sie füllten sieben Aktenordner, die vor anderen, vor allem gegenüber Wehner, strikt abgeschirmt wurden. Es ging um Wehners Verhalten gegenüber sozialdemokratischen Exilanten und vor allem um sein Agieren gegenüber den schwedischen Behörden. Wann löste er sich vom Kommunismus Moskauer Bauart? War es so, wie er behauptet hatte, dass es kraft seiner eigenen Einsicht geschah, oder war es der Rauswurf aus der KPD, den er erst bei Kriegsende mitbekam? Das waren Unterschiede, die uns heutzutage nichtig erscheinen mögen; Wehners Zeitgenossen sahen dies jedoch anders. Für sie war es der

Trau, schau, wem: SPD-Chef Kurt Schumacher (links auf einem Haftfoto der Gestapo) entsandte Ende 1947 den Leiter des Ostbüros Stefan Thomas (Mitte, Foto: Darchinger, Archiv der Sozialdemokratie) nach Schweden, um die Vergangenheit von Herbert Wehner (Bild rechts, um 1945) zu erforschen.

Gradmesser für die Glaubwürdigkeit Wehners. Schumachers Beurteilung fiel nicht günstig aus. Doch der manisch misstrauische Wehner roch Lunte. Es konnte ihm nicht entgehen, dass Schumacher mindestens ein Jahr lang kein Wort mehr mit ihm wechselte. Er bohrte nach und erfuhr, wenn auch zunächst nur vage, dass der Genosse Thomas für das Ungemach verantwortlich war, und auch, warum.

Nunmehr begann Wehner, darin hatte er als alter Kommunist Übung, Material gegen Thomas und gegen das Ostbüro zu sammeln. 1957 stieß er auf ein Pharaonengrab. Es war ein anonymes Schreiben, mit kleiner Schreibmaschinentype abgefasst und sieben endlose Seiten lang. In diesem listete der Anonymus eine Unzahl von Fehlern und Unzulänglichkeiten auf, die dem Ostbüro zur Last zu legen waren. Die Detaillierung ließ erkennen, dass der Brief nur von einem der intimsten Kenner der Berliner Außenstelle des Ostbüros verfasst sein konnte. Wehner wird sich die Hände gerieben haben. 1958, ein Jahr später und Jahre nach Schumachers Tod, nahte die Stunde der Rache. Der SPD-Parteitag von Stuttgart brachte entscheidende Veränderungen in den Führungsgremien. Fritz

Heine, der jahrelang die politische Aufsicht über das Ostbüro geführt hatte, musste – nicht wiedergewählt – aus der SPD-Führung ausscheiden. Doch zunächst einmal ging Wehners Vorstoß, den er sogleich unternahm, nicht in die Vollen, denn ein anderer, Max Kukil, erhielt die Aufsicht über den SPD-Geheimdienst. Doch als Kukil unmittelbar nach einem Besuch in Berlin am 17. Januar 1959 an Herzversagen starb, rückte Wehner seinem Ziel, das Ostbüro einzustampfen, ein gutes Stück näher, denn Ostbüro-Aufpasser Kukil wurde nicht ersetzt. Wehner konnte nun seinen Einflussbereich auf das Ostbüro ausdehnen. Von nun an ging's mit Thomas und dem Ostbüro rapide bergab.

Mit dem Beginn dessen, was man bald die »Neue Ostpolitik« nennen sollte, wanderte das einst so wichtige Ostbüro ins politische Abseits, denn die SPD wendete: Das Regime hinter der Mauer mutierte zum Dialogpartner. Erkenntnisse aus dem Parteigeheimdienst über die wirkliche Lage im Osten konnten da nur stören. Wehner beschleunigte das, indem er nur noch vom Agentenschuppen sprach. Er setzte nunmehr alles daran, um Thomas abzuschießen, und er schaffte es schließlich auch. Es wirkt wie ein schlechter Scherz, dass es ausgerechnet eine Kampagne gegen Wehner war, die das Aus von Thomas brachte. Die Wochenzeitung *Die Zeit* hatte nämlich 1966 das Feuer auf Wehner eröffnet.[21] Wehner sah in seiner Wut in Thomas den Heckenschützen, der *Die Zeit* munitioniert hatte. So ist es auch später lange Zeit immer wieder behauptet worden. Doch der war es gar nicht, es war ein anderer Mann namens Carl Guggomos. Der war nicht nur *Vorwärts*-Chefredakteur, also auch ein SPD-besoldeter Mann, sondern unter dem Namen Gustav Agent des Ministeriums für Staatssicherheit. Dieses hatte seinem Agenten Guggomos Schreibhilfe angedeihen lassen und obendrein dafür gesorgt, dass der Verdacht parteiinterner Verräterei zu Unrecht auf Thomas fiel.

Thomas gab 1966 seinen Posten als Leiter des Ostbüros

entnervt auf. Sein Vertreter Helmut Bärwald übernahm eine bedeutungslos gewordene Konkursmasse. Angesichts dieser Abläufe ist es kaum verwunderlich, dass sich später so manch ein Spitzengenosse der SPD an nichts mehr erinnern konnte, als es um die Zeit ging, in der das Ostbüro mit exakten Nachrichten aus der DDR aufwarten konnte. Ebenso wenig ist es verwunderlich, dass von den Kaltgestellten einige zum BND abwanderten, sei es als Mitarbeiter, sei es als bezahlte Quelle. Der letzte Leiter des Büros, Helmut Bärwald, soll ebenfalls zu diesen gehört haben.

Die Unterlagen des Ostbüros der SPD wurden nach Bärwalds Ausscheiden Anfang der 1970er-Jahre in einem Krematorium verbrannt.[22] So entledigte sich die SPD dieses Teils des ihr unbequem gewordenen Geschichtsgepäcks. Immerhin erinnerten sich SPD-Funktionäre der Friedrich-Ebert-Stiftung im Jahr fünf der deutschen Einheit daran, dass es wohl so etwas wie die Verfolgung von Sozialdemokraten in der SBZ/ DDR gegeben haben muss. Es waren Maßnahmen gegen Parteileute, deren einziges Verbrechen darin bestanden hatte, einmal Mitglied der SPD gewesen zu sein. Die Ahndung durch die sowjetische Besatzungsmacht oder ihr SED-Regime bestand seinerzeit nicht in einem erhobenen Zeigefinger und einem Du-du-du-nicht-wieder-Tun, sondern in fünfundzwanzig Jahren Zwangsarbeit oder der Todesstrafe.

Fragen wir zum Schluss noch einmal nach, wem Wehner die Füllung seiner Munitionskiste verdankte, um all das zu bewerkstelligen, so werden wir fündig. Es war das Ministerium für Staatssicherheit, das dem aufstrebenden Genossen unter die Arme gegriffen hatte, denn vom MfS stammte der anonyme Brief.[23] Das wirft drei Fragen auf: Woher kannte das MfS die Schwachstellen des Ostbüros, zu denen es nach echter Desinformationsmanier noch einiges hinzudichtete? Woher wusste es, dass Wehner der richtige Adressat war, um dem Ostbüro zu schaden? Und schließlich: Wusste Wehner, wem er diese Munition verdankte?

Dass das Ostbüro für das MfS zu den Feindkräften zählte, liegt auf der Hand. Wir fügen hinzu, dass die Ostbüroler vermutlich die gefährlichsten Feinde waren, die das SED-Regime je hatte. Diese Leute hatten einen klaren Kampfauftrag verinnerlicht, und der lautete: Das Ulbricht-Regime muss weg; es muss von innen zerschlagen werden. Hierfür hatten die Akteure alle gute persönliche Gründe: Enttäuschung, Verfolgung und der Betrug um die Früchte der politischen Arbeit. Das war ein starker Antrieb. Es ist allerdings zu bezweifeln, dass das MfS die Qualität dieser Gefahr erkannt hatte. Vielmehr ist davon auszugehen, dass das SPD-Ostbüro für die Tschekisten aus der Normannenstraße nur eine unter vielen Agentenzentralen des Feindes war, wie man es dort damals formulierte.

Der zuständige MfS-Mann hieß Paul Laufer. Ein Besserer war kaum zu finden, denn Laufer kannte sich in den Kabalen zwischen SPD und KPD bestens aus. 1921, also nur zwei Jahre nach Gründung der KPD, war der damals siebzehnjährige Laufer der SPD beigetreten. Sechs Jahre später zog der junge Mann nach Berlin um, wo er die Bekanntschaft von Fritz Burde machte. Der war ein führender Funktionär im AM-Apparat, dem Parteigeheimdienst der KPD. Burde warb Laufer an. Fortan war der Agent mit dem Decknamen Stabil eine sprudelnde Quelle des AM-Apparats in der SPD, in der Laufer selbstredend Mitglied blieb. Im Januar 1936 brachte ihm diese Mitgliedschaft die Festnahme durch die Gestapo und eine anschließende Verurteilung zu drei Jahren Zuchthaus ein. Laufer hatte sich auch in diesem Fall und mit gutem Grund bedeckt gehalten, wie seine wirklichen Beziehungen zur SPD waren. Als sich später dann der Zweite Weltkrieg dem Ende zuneigte und das mit der Wehrunwürdigkeit, wie man damals sagte, nicht mehr so eng gesehen wurde, musste Laufer zur Wehrmacht einrücken. Er nutzte die erste beste Gelegenheit, um in Jugoslawien zu den Tito-Partisanen überzulaufen, die ihn nicht gleich umlegten, sondern als Soldaten ihrer Volksarmee akzeptierten.

Im Oktober 1945 war Laufer in Berlin zurück. Sogleich meldete er sich beim KPD-Vorstand, der ihn zu dem machte, was Laufer schon vorher war, zum Agenten und Scheinmitglied der SPD. Nach der Parteifusion in Ostdeutschland wurde er dort hauptamtlicher Mitarbeiter im Parteivorstand, formal bei der Parteikontrollkommission angebunden, zuständig für die parteiinterne Ex-SPD und alsbald auch für das Ostbüro der SPD. 1955 wechselte er unter Beibehalt der Zuständigkeit ins MfS, dem er bis zu seiner Pensionierung im Jahr 1964 als Major treu diente. Und mit Erfolg, denn auf seine Kappe ging beispielsweise die Anwerbung des Perspektivagenten für die SPD, Günter Guillaume.

Auch in den 1950er-Jahren bediente sich Laufer gegenüber der SPD der Anwerbung und Führung von Agenten. Susanne Sievers war vermutlich so ein Fall. Doch die Journalistin, die 1951 auftragsgemäß in Bonn einen Pressedienst herausgab, offenbarte sich gegenüber dem Ostbüro über ihre geheimdienstlichen Hintermänner. Einer im Ostbüro konnte den Mund nicht halten. Deswegen wurde die Sievers 1952 nach Ost-Berlin entführt und dort am 11. Dezember 1952 durch das Oberste Gericht der DDR prompt zu acht Jahren Zuchthaus verurteilt. Später wurde über sie viel geschrieben, wie es so zu gehen pflegt, wenn jemandem eine Bettgeschichte mit Willy Brandt anhängt.[24]

Ein anderer Agent im Ostbüro war der Journalist Michael Gromnica. Er schrieb in West-Berlin für die SPD-Zeitungen *Berliner Stimme* und *Vorwärts*. Am 27. August 1961 riefen seine MfS-Führungsleute ihn und seine Ehefrau Erica nach Ost-Berlin, da sie seine Enttarnung fürchteten. Gromnica alias Günter Milau alias Heinz Karow blieb seinem Dienstherrn in der DDR bis 1989 treu. Heutzutage übt er Solidarität mit den sozialistischen Genossen in Kuba.[25]

Es gab noch etliche weitere Agenten im Umfeld des Ostbüros. Wir wollen den Reigen mit dem Bericht über eine technische Lauschmaßnahme beschließen. Sie galt den Telefonverbindungen der Berliner Außenstelle des Büros. Ermöglicht wurde sie durch den Fernmeldemechaniker der Post, Alfred Geißler, den das MfS unter dem Decknamen Lohmann angeworben hatte. Geißler-Lohmann wurde bei seinem Tun ertappt. Der Bundesgerichtshof verurteilte ihn am 1. Juni 1957 zu einer Freiheitsstrafe von sechs Jahren.

Dem MfS standen also genügend Quellen gegen das Ostbüro zur Verfügung, um das kompromittierende Papier für Herbert Wehner zusammenzubasteln. Bleibt die Frage, wie man auf Wehner als Adressaten kam. Die Vertreter der Theorie, dass es sich bei Wehner um einen Ostagenten handelte, haben es hier einfach. Sie brauchen den Führungsoffizier nur entsprechende Weisungen erteilen zu lassen. Da wir dem nicht folgen wollen, müssen die einschlägigen Informationen über Wehner und sein gestörtes Verhältnis zum Ostbüro aus anderen Quellen gekommen sein. Auch hier haben wir zwei Agenten bei der Hand, die im SPD-Parteibüro ein und aus gingen. Sie hießen Lompscher und Maerker.

Fritz Lompscher, Jahrgang 1914, war seit 1932 SPD-Mitglied. Nach mehreren Verhaftungen durch die Gestapo türmte Lompscher 1938 über die Tschechoslowakei nach Großbritannien. Hier diente er nach kurzer Internierung zu Beginn des Krieges in der folgenden Zeit unter seinem neuen Namen Frederick Noel Layton als britischer Soldat. Nach einer Teilnahme am Weltfriedenskongress in Warschau 1950 entschloss sich Lompscher, in die DDR rückzuwandern. Im Februar 1951 kam er in Chemnitz an. Er merkte bald, dass es mit dem Sozialismus in der DDR doch nicht so weit her war. Also schmiedete er Fluchtpläne. Hierbei kam er mit dem Ostbüro der SPD in Kontakt. Doch offenbar geriet er an den Falschen, denn Lompschers illegale Reisepläne wurden verpfiffen. Nun griff das MfS zu. Geheimdienst und Werbungskandidat brauchten offenbar nicht lange miteinander zu ringen, denn alsbald siedelte Lompscher auftragsgemäß nach Bonn über. Zur Freude seiner Auftraggeber machte Lompscher fürderhin genau das, was abgesprochen war. Er mühte sich um Lohn und Brot bei der SPD, und er hatte Erfolg. Erst einige Jahre später, am 31. August 1961, flog er auf. Der Bundesgerichtshof verurteilte den Agenten zu zwei Jahren Haft.

Der andere Agent in der SPD-Zentrale war Rudolf Maerker. Der KPD-Mann wurde nach dem Zweiten Weltkrieg Mitarbeiter der Westabteilung des Ost-Berliner Deutschlandsenders. 1952 floh er in den Westen. Auch er wurde Mitarbeiter beim SPD-Bundesvorstand sowie zugleich beim Ostbüro der SPD; dort nannte er sich Rudi Baumann. Maerkers Agententätigkeit wurde erst im Sommer 2000 enttarnt. Dabei wurde offenbar, dass er mit dem Agenten Max (HVA-Registriernummer XV/1628/68) identisch war. Es ist wahrscheinlich, dass es sich bei der 1968er-Registrierung unter dem HVA-Aktenzeichen lediglich um eine Umregistrierung handelte, die mit Maerkers Ausscheiden aus dem Ostbüro der SPD korrespondiert. Dann wäre er zuvor von der Hauptverwaltung II (Spionageabwehr) geführt worden, die bis 1973 die Gegenspionage betrieb. Hierzu zählte im MfS-Deutsch das Eindringen in feindliche Agentenzentralen. Auch ist die Ähnlichkeit mit dem Lebensweg etlicher anderer Agenten so groß, dass die Anwerbung im Jahr 1968 eher unwahrscheinlich erscheint. Nebenbei: Maerker war angeblich ein ausgesprochener Wehner-Mann. Stimmt unsere Vermutung, so kann es kaum Zweifel geben, woher das MfS über den Wehner-Kreuzzug gegen das Ostbüro im Bilde war.

Bleibt zum Schluss die Frage, ob Wehner die Herkunft des MfS-Materials in Sachen Ostbüro kannte. Angesichts der Machart des Ganzen muss Wehner geahnt haben, um welche Quelle es sich bei dem Anonymus handelte. Jahrzehntelange eigene Erfahrung mit den Apparaten und als Denunziant des NKWD können bei ihm kaum Zweifel gelassen haben.

Bereits der erste Satz des anonymen Briefes musste Insider aufmerken lassen. Er lautete: »Zwischen mehreren westberliner Zeitungen ist es zu einer Auseinandersetzung über die politische Problematik des in Westberlin arbeitenden Ostbüros der SPD gekommen.«[26]

Für Kenner des politischen Sprachgebrauchs war klar, dass ein westlicher Funktionär in Berlin niemals die Zusammenschreibung von westberliner/Westberlin verwenden würde; es war ein Gebot der politischen Korrektheit, einen Bindestrich zu verwenden, also West-Berlin. Das ist auch Herbert Wehner bekannt gewesen, denn er war immerhin seit 1949 im Deutschen Bundestag der Vorsitzende des Ausschusses für gesamtdeutsche Fragen. Wie auch immer er die Dinge eingeschätzt haben mag, er war skrupellos genug, diese Munition zu verwenden. Seine parteiinternen Dauerangriffe gegen das Ostbüro wären sonst inhaltlich nicht möglich und letztlich unwirksam gewesen. So kam das Ostbüro zu Fall.

Leute, die anderes wussten: Meldungen des BND zum Mauerbau

Nun zu der Instanz, die den Mauerbau eigentlich von Amts wegen hätte prognostizieren sollen. Das war der Bundesnachrichtendienst. Seit Beginn des Jahres 1961 hatte der BND eine beunruhigende Höherrüstung der Roten Armee in der DDR, den angrenzenden Satellitenstaaten und den westlichen Militärbezirken der Sowjetunion gemeldet. Diese Meldungen trafen in dichter Folge ein – und sie trafen zu.

Der BND führte als Grundstock für seine Aufklärungstätigkeit gegen die Rote Armee eine Standortkartei. Sie war so organisiert, dass in ihr, geordnet nach geografischen Standorten, die Präsenz und die Bewegungen von Truppenteilen der Roten Armee registriert wurden. Diese Standortkartei reichte bis ins Jahr 1940 zurück. Ab diesem Zeitpunkt befasste sich die deutsche Wehrmachtsführung erstmals ernsthaft mit der Roten Armee. Mit dem Entschluss des deutschen Diktators, die Sowjetunion anzugreifen, hatte die jahrelang geübte Ignoranz gegenüber der Militärmacht Sowjetunion ein rapides Ende gefunden. Die Bemühungen, das Versäumte nachzuholen, fielen bis weit in den Krieg mit der Sowjetunion hinein recht kläglich aus. Die Beteiligten wussten dies. Sie haben deshalb nach dem Krieg viel Fleiß darauf verwendet, die Geschichte ihrer Versäumnisse und Fehlurteile schönzuschreiben.[27]

Als Gehlen im April 1945 seinen Plan, zu den US-Amerikanern überzulaufen, zu verwirklichen begann, sorgte er dafür, dass der Nibelungenschatz der Standortkartei, die über den Ural hinausreichte, mitgenommen wurde. In den Folgejahren wurde wieder intensiv daran gearbeitet. Die Erkenntnisse, aus denen jetzt die Kartei bestückt wurde, flossen aus zahlreichen Quellen. Unter diesen hatten, wie erwähnt, die Rückkehrerbefragung der BND-Aktion Hermes und die Agentenaufklärung einen führenden Stellenwert. Nachdem 1955 der letzte Rückkehrer aus der Sowjetunion befragt war, kam es vor allem auf die Agentenaufklärung an. Sie hatte bald nach Gründung der Org. Gehlen begonnen und fußte vor allem auf der Anwerbung von Agenten vor Ort – Einheimischen, die die entsprechenden Militär- oder Transportstandorte buchstäblich vor Augen hatten und alles Sehenswerte berichteten. Die Achillesferse solcher Spionage war wie üblich die nachrichtendienstliche Verbindung zwischen Agent und Zentrale. Sie wurde in den Anfangsjahren durch reisende Verbindungsführer bewerkstelligt. Diese erteilten den Agenten bei standortnahen Besuchen Aufträge und nahmen das Verratsmaterial mit.

Aus diesem Meldeaufkommen wurde die Standortkartei des BND bestückt. Sie umspannte bald flächendeckend die SBZ/DDR und ermöglichte erstaunlich exakte Darstellungen über den Stand und den Zustand der Sowjetischen Streitkräfte in Deutschland (GSSD). Die Dichte der Einzelmeldungen war nur möglich, weil ungezählte Bewohner der DDR bereit waren, sich für die Zwecke des BND einspannen zu lassen und dem riskanten Nebengewerbe eines Westagenten nachzugehen. Die DDR-Abwehr ließ Mitte der 1950er-Jahre nichts unversucht, dem BND das Handwerk zu legen. Eine Reihe von spektakulären Aktionen des MfS führte zu ganzen Festnahmeserien, doch die angewendete Rasenmähermethode machte bestenfalls zwei Dinge klar: erstens, dass die Bevölkerung in der DDR leicht für antisowjetische Aktionen ansprechbar war, und zweitens, wie tief der Stachel saß.

Die Auskundschaftung der GSSD durch Anwohneragenten nennt man im Geheimdienst Nahbeobachtung, die Auswertung des Spionagematerials Erbsenzählen. Diese Methode war geeignet, recht genaue Erkenntnisse über den Zustand und die Bewaffnung der Roten Armee ans konspirative Tageslicht zu fördern, doch etwas Entscheidendes vermochte sie nicht zu leisten: eine konkrete Prognostik über die *Absichten* des Gegners. Hierfür hätte es des geheimdienstlichen Zugangs in die Entscheidungszentren bedurft, sei es durch herausgebrochene Entscheidungsträger, die dann auch als Einflussagenten hätten agieren können, sei es durch verdeckte Informationsgewinnung im unmittelbaren Umfeld der Entscheidungsträger. Wie sah es damit in der Zeit vor und während der Berlin-Krise aus?

Der BND hatte in den frühen 1950er-Jahren, was das Ausspähen von Spitzengremien der DDR anlangte, einen guten Start hingelegt. Gänseblümchen und Helwig waren Agenten, die sich sehen lassen konnten. Hinter den Decknamen verbargen sich Elli Barczatis, die Chefsekretärin von DDR-Ministerpräsident Otto Grotewohl, und Hermann Kastner, der stellvertretende Ministerpräsident der DDR. Doch beide konnten zu den Erkenntnissen der Berlin-Krise nichts beitragen: Die Barczatis war am 4. März 1955 verhaftet worden; auf Weisung des Politbüros der SED wurde sie zum Tode verurteilt und, gemeinsam mit ihrem Werber und Führungsmann Karl Laurenz, am 23. November 1955 in Dresden mit dem Fallbeil hingerichtet. Kastner war lediglich bis September 1955 als Quelle des BND wirksam. Dann floh er in die Bundesrepublik. Genau ein Jahr später starb der inzwischen siebzigjährige Jurist an

Auf zwei Schultern: Elli Barczatis, Chefsekretärin von DDR-Ministerpräsident Otto Grotewohl, und Hermann Kastner, stellvertretender Ministerpräsident der DDR.

einer Herzattacke in Bonn. Das war, wie wir uns erinnern, exakt in der Zeit, als Verräter, Überläufer und Renegaten des real existierenden Sozialismus mit Herzgiften ums Leben gebracht wurden.

Nach wie vor unklar ist, ob es in diesem Reigen von Spitzenagenten des BND einen dritten Mann gab, nämlich den DDR- und vormaligen Wehrmachtsgeneral Vincenz Müller. Der hatte sich wahrlich im Zickzack durch die deutsch-russische Geschichte bewegt. Nach dem Ersten Weltkrieg war er als junger bayerischer Offizier in die Reichswehr übernommen worden. Als er im Sommer 1944 in sowjetische Kriegsgefangenschaft kam, war er Generalleutnant und kommandierender General eines Armeekorps, das bei der russischen Großoffensive im Mittelabschnitt unter die Räder geriet. Müller verstand die Zeichen der Zeit rasch. Der Eintritt in den sowjetgesteuerten Bund der Offiziere (BDO) und das Nationalkomitee Freies Deutschland (NKFD) waren für ihn eine Momentsache. Gleichzeitig diente er mit ziemlicher Sicherheit dem NKGB als sowjetischer Agent unter seinen ehemaligen Generalskameraden.[28] So war zugleich seine spätere Karriere in der DDR abgesichert. Müller wurde in Spitzenverwendungen der im Aufbau befindlichen NVA geschoben; dort blieb der DDR-Generalleutnant bis zur Pensionierung im Februar 1958 tätig. Zugleich diente Müller seit 1950 auch beim ostdeutschen MfS als Agent. Sein Auftrag war, Einflusskontakte mit ehemaligen Wehrmachtskameraden zu knüpfen.

Fraglich ist, ob es hier zudem einen Auftrag gab, mit dem BND ins Geschäft zu kommen. Denn wer dann wen unter seine Fittiche nahm, ist umstritten. Jedenfalls traf sich Müller in den 1950er-Jahren vielfach mit ehemaligen Wehrmachtsoffizieren.[29] Der interessanteste, zumindest der schillerndste aller Treffpartner von Müller war Bogislaw von Bonin. Dieser Generalstäbler gehörte zur Spitzengarnitur der Wehrmacht. Im Herbst 1944 war er für den rausgeflogenen Adolf Heusinger zum Chef der Operationsabteilung im Generalstab des Heeres aufgerückt, aber bereits im Januar 1945 als Sündenbock nach dem Verlust von Warschau zum Teufel gejagt und in ein KZ eingeliefert worden. Nach dem Krieg hatte er sich dann in den Westzonen einzurichten gewusst, war aber dem Ruf, westdeutsche Streitkräfte an führender Stelle aufzubauen, nur zu gern gefolgt. Ab 1952 diente er im nachmaligen Verteidigungsministerium als Leiter der Unterabteilung für Streitkräfteplanung.

Damit war Bonin ins Zentrum einer neuen deutschen Armee vorgestoßen. Doch der scharf kalkulierende Offizier konnte sich mit dem, was sich dort abzeichnete, nicht anfreunden. Glasklar sah er, dass die Wiederbewaffnung der Bundesrepublik bei gleichzeitiger strikter Westintegration nur bedeuten konnte, dass Deutschland im Falle einer kriegerischen Auseinandersetzung das Schlachtfeld abgeben musste. Hiergegen zog er zunächst dienstintern und sodann, als dies nichts fruchtete, auch öffentlich zu Felde. Im Juli 1955 erfolgte erwartungsgemäß die fristlose Entlassung aus dem Verteidigungsministerium.

Nun tat Bonin etwas Interessantes: Er ließ sich von der Org. Gehlen anwerben, um einen Kanal nach Karlshorst zu installieren. Die Operation hieß Rhein; ihr Fallführer war Bonins Exoberst-Kamerad Hermann Teske. Für alle Beteiligten war die

Operation Rhein ein Spiel mit glühenden Kugeln. Gehlen hatte Glück, dass die Sowjets in Karlshorst den Vorstoß mit Bonin ernst nahmen. Sie ließen ihn mit Müller über Bande spielen. Sie hofften, dass die Verbindung der als militärische Potenzen bekannten Müller und Bonin im letzten Moment die westdeutschen, in die NATO integrierten Streitkräfte verhindern könnte und sie stattdessen gesamtdeutsche, d. h. sowjetgesteuerte Streitkräfte aus der Taufe heben könnten. Bonin merkte sehr bald, welche Rolle ihm aus östlicher Sicht zugedacht war, zudem mochte er sich vorstellen, dass er hier aus westlicher Sicht am Landes- und am Hochverrat vorbeischrammte, wenn er mit einem Abgesandten Moskaus über seine Arbeiten bei der Bundeswehrplanung palaverte. Vielleicht störte ihn auch, dass er bestenfalls den fragwürdigen Status eines Agenten innehatte. Jedenfalls stieg er bald aus – und schwieg.

Auch nach Bonins Abgang blieb Müller eine wichtige Zielperson des BND. Ob man jedoch Müller zu den Quellen des BND rechnen muss, ist, wie gesagt, fraglich. Jedenfalls verdächtigte ihn die Staatssicherheit, in diese Richtung zu liebäugeln. Sie fand es empörend, dass Müller sich in barscher Form über *die Freunde* äußerte. Einer der Spitzel gab zu Protokoll, dass Müller sich zu sagen traute, die Russen hätten noch immer nicht begriffen, dass sie hier in Deutschland und nicht zu Hause seien. Merkwürdig mutet an, dass die darauf losgelassenen Demarchen an Walter Ulbricht nicht wie gewünscht zur Entlassung des Generals führten. Hierfür gibt es nur eine vernünftige Erklärung: Ulbricht durfte nicht, weil *die Freunde* es nicht wollten. Sie sahen offenbar in dem bayerischen Querkopf ihren höchsteigenen Mann, der unbedingt auf dem eingeschlagenen Pfad weiterschleichen sollte. Er entsandte weiterhin Kuriere gen Westdeutschland, um die einschlägigen, neutralistischen Kontakte zu pflegen. Einer seiner Kuriere hatte nichts Besseres zu tun, als sich brühwarm der Staatssicherheit zu offenbaren. Wer dieser Kurier war, weiß der Bundesbeauftragte für die Stasi-Akten allein, denn seine

Behörde hat für richtig befunden, den Namen dieses trefflichen Agenten zu schwärzen.

So lässt sich nur vage rekonstruieren, was für Untiefen Müller auf seinem Weg durchschritt. Hierzu gehörte der Kontakt zu Fritz Schäffer. Der bayerische CSU-Funktionär Schäffer, ein Bekannter Müllers aus alten Schulzeiten, hatte es in der Regierung Adenauer bereits 1949 zum Bundesfinanzminister gebracht. Diese Stellung hatte er bis 1957 inne, danach wechselte er bis 1961 ins Justizressort.

Am 11. Juni 1955 reiste Schäffer auf Vermittlung Müllers in diskreter Mission nach Ost-Berlin – ohne Frage mit Wissen des Kanzlers, was der später bestritt. So tat jeder etwas anderes: Adenauer ließ einen ambitionierten CSU-Minister ins ferne Ost-Berlin reisen, Schäffer glaubte, einen epochemachenden Schritt zu tun, und Müller mochte sich vorstellen, sich selbst einen Scheck auf die Zukunft ausgestellt zu haben. Vielleicht gesamtdeutscher Verteidigungsminister. Müller meldete das Meeting mit Schäffer seinen sowjetischen Vorleuten. Die mochten kaum glauben, was sie da zu hören bekamen, beauftragten aber zur Sicherheit das MfS, den angeblichen Ankunftsbahnhof Berlin-Marx-Engels-Platz im Auge zu behalten. Wie müssen die Observanten gestaunt haben, als tatsächlich ein leibhaftiger Bundesminister aus der S-Bahn stieg. Was nun? Den Gast begrüßen und ein Krisenarrangement treffen. Das sah so aus, dass man Schäffer zu einem konspirativen Treff in Rauchfangwerder geleitete. Der Minister erwartete nun verabredungsgemäß den sowjetischen Botschafter Georgij Puschkin, doch der kam nicht. Stattdessen saß Schäffer zwei anonymen Herren gegenüber, deren einer der spätere HVA-Chef Markus Wolf war.[30] Der andere Towarisch Unbekannt war vermutlich ein höherer KGB-Mann, Resident oder Instrukteur. Wolf dolmetschte. Die beiden Geheimdienstler taten das, was sie gewohnt waren: Sie loteten aus, ob sie Schäffer wohl würden anwerben können. Schäffer, dem jetzt der Arsch auf Grundeis ging, wie man in bayerischen Landen gesagt hätte, mochte sich an das Spektakel erinnern, das der entsprungene Otto John verursacht hatte, und er lehnte die KGB-Offerte brüsk ab. Da ließ man den vergeblich Umworbenen unverrichteter Dinge wieder abreisen.

Müller trat noch ein zweites Mal an, um Schäffer nach Ost-Berlin zu lotsen. Als der am 20./21. Oktober 1956 zum zweiten Treff erschien, war klar, dass die Bedingung des Deutschen, den Sowjetbotschafter Puschkin zu treffen, erfüllt werden musste. Doch die Russen wollten diesmal, dass der Botschafter lediglich den Katalysator für ein Treffen des westdeutschen Spitzenemissärs mit einem Pendant aus Ostdeutschland abgab. Durch einen derartigen Verstoß gegen den Adenauer'schen Alleinvertretungsanspruch, der jegliches Treffen zwischen einem west- und einem ostdeutschen Regierungsmitglied kategorisch ausschloss, hoffte man, Bonn an die Karre fahren zu können.

Doch auch dieses Mal liefen die Dinge schlecht. Programmgemäß schleuste Vincenz Müller den westdeutschen Minister zu einem Essen in seine Wohnung. Dort rief wie von ungefähr der DDR-Ministerpräsident Otto Grotewohl an, um Schäffer zu sprechen. Doch der lehnte ab. So blieb es bei einem eher nichtssagenden Gespräch zwischen Bundesminister Schäffer und Sowjetbotschafter Puschkin. Da der russische Plan schiefgelaufen war, wollte man wenigstens eine kleine Lösung. Also erhielt Ulbricht zwei Jahre später, 1958, den Auftrag, das Treffen in die Westpresse zu bugsieren.[31] Hier war die übliche Aufgeregtheit angesagt, doch Adenauer saß das aus. Zu Müller bleibt zu ergänzen, dass die Russen jetzt offensichtlich das Interesse an ihm verloren. Da er zudem seine Rolle beim Aufbau der NVA erfüllt hatte, bekam Ulbricht grünes Licht, Müller kaltzustellen. 1958 wurde er vom Dienst suspendiert. Zu Müller bleibt bis heute vieles vage. Klar ist nur, dass er am 12. Mai 1961 aus dem Fenster seiner Ost-Berliner Wohnung fiel. Ob mithilfe seiner MfS-Bewacher oder freiwillig, ist bis dato umstritten. Jedenfalls war er anschließend tot.

Schon der Todestag von Müller zeigt an, dass er mit der Mauerbausache nichts mehr zu tun hatte – auch als potenzieller Agent nicht. Es sieht so aus, dass es auch sonst niemanden gab, der den BND davon in Kenntnis setzte, selbst wenn das immer wieder behauptet worden ist. Auch der letzte Spitzenmann des BND, der in diesem Zusammenhang erörtert werden soll, tat es nicht. Es war Arno Heine. Heine arbeitete nach eigenen Angaben mindestens seit 1949 für die Org., den späteren Bundesnachrichtendienst. 1946 übersiedelte er vom Rheinland nach Berlin, 1958 erhielt er eine Anstellung als technischer Mitarbeiter im ZK der SED. Damit war er im Zentrum der Macht angelangt. Er nutzte seine Stellung nach Kräften: Tonbandprotokolle der ZK-Sitzungen, Skizzen von Einbruchs- und Meldeanlagen, Personenbeschreibungen, Vorkommnisse, Geschwätz mit Mitarbeitern und Führungspersonal. Im Mai 1970 wurde Heine festgenommen. Seine Vernehmer von der Hauptabteilung IX (Untersuchungsorgan) konnten es kaum glauben, was sie da zu hören bekamen. Sie benötigten volle drei Jahre zur Befragung, bevor sie Heine ans Oberste Gericht der DDR überstellten, das den Agenten erwartungsgemäß zu lebenslanger Haft verurteilte. In der Haftanstalt Bautzen II ist Heine dann 1980 gestorben.[32]

Bei dieser Sachlage fragt es sich, ob Heine wohl auch den Mauerbau beim BND richtig angezeigt hat. Als Vorfrage ist zu klären, ob Heine wirklich für den BND arbeitete. Heine hat in seinen Vernehmungen betont, Agent der Org. und später des BND gewesen zu sein. Der BND hat dies bestritten. Auch ist auffällig, dass Heine in keiner der Austauschlisten der Bundesregierung aufgetaucht ist. Doch hieraus den Schluss zu ziehen, dass Heine nicht bei der Pullacher Firma unter Vertrag stand, ist voreilig. Heine hatte keinen Anlass, seinen Vernehmern die Unwahrheit über seinen geheimdienstlichen Auftraggeber zu sagen; er wusste als gestandener Agent vielmehr ganz genau, dass nur die Angabe der richtigen Hausnummer die Chance für einen Freitausch bot. Wenig wahrscheinlich ist auch die Vermutung, Heine sei unter falscher Flagge geworben und mindestens zwanzig Jahre lang geführt worden. Westalliierte Geheimdienste hatten im Nachkriegs-Deutschland keinen Anlass, Deutsche, die sie als Agenten gegen den Osten führen wollten, ausgerechnet unter der Flagge des nahezu unbekannten Gehlen-Apparats zu werben. Wir schließen diese Möglichkeit daher aus.

Doch wie ist dann die Sache mit den Austauschlisten und dem Nein aus Pullach zu verstehen? Das eine folgt aus dem anderen. Als der Agent Heine festgenommen wurde, schrieb man das Jahr 1970. Genau in dieser Zeit befand sich der BND in einem schier unglaublichen Zustand der Desorganisation, über die in einem späteren Kapitel noch berichtet wird. So war der Agent Heine in Vergessenheit geraten. Er war nicht der Einzige.

Natürlich interessierte sich auch MfS-Oberleutnant Peter Fickel, der Vernehmer von Heine, für die Frage, ob der Agent in der Lage gewesen war, die Mauerbau-Planungen nach Pullach durchzureichen. Die Antwort war ernüchternd: theoretisch ja, aber praktisch nein, da Heine genau in der fraglichen Zeit eine längere Kur angetreten hatte.

Heine meldete dem BND in Sachen Mauerbau also nichts. Und der BND tat es auch nicht – im Gegensatz zu dem, was bislang in der Literatur darüber behauptet worden ist.[33] Grundlage für diese Feststellung sind die im Bundesarchiv nunmehr abgelegten periodischen BND-Berichte mit dem Titel *Militärische Lageberichte Ost* und die nach Bedarf erstatteten Meldungen zur Politik *(Meldungen Pol)*. Die entscheidende Meldung *(Militärischer Lagebericht Ost*, Juli 1961) lautete: »Bei einer weiteren Steigerung des Flüchtlingsstroms nach West-Berlin kann die Möglichkeit nicht ausgeschlossen werden, dass sich das sowjetische Regime ... zu Sperrmaßnahmen entschließt.«[34]

Man muss gezwungen gewesen sein, Woche um Woche Geheimdienstberichte zu lesen, um zu wissen, was das bedeutet. Bei der Formulierung »Es kann nicht ausgeschlossen werden« handelt es sich regelmäßig um substanzlose Prosa, mit der ein Nachrichtendienst zum Ausdruck bringt, dass er die Fakten nicht kennt. Am 1. August 1961 legte der BND mit einer *Meldung Pol* nach, die sich auf die Äußerung eines SED-Spitzenfunktionärs bezog, der gesagt haben sollte, dass die Pläne zur Beendigung der Fluchtbewegung längst ausgearbeitet vorlägen, die Sowjets aber die Erlaubnis nicht erteilten. Diese Meldung traf, wie wir heute wissen, zu. Doch die BND-Führung mochte wohl selbst nicht glauben, was sie da aufgeschrieben hatte. Also stufte sie das einschlägige Fernschreiben an verschiedene Bundesressorts von »dringend« auf »normal« herab. Am 9. August 1961 berichtete der BND über die Konferenz der Warschauer-Pakt-Staaten, die vom 3. bis zum 5. August in Moskau stattgefunden hatte. In diesem Zusammenhang vertrat der BND die Auffassung, es müsse abgewartet werden, ob Ulbricht sich mit seinen Vorstellungen über eine Abriegelung der DDR in Moskau werde durchsetzen können. Diese Meldung war falsch. Die Entscheidung zur Sperrung der innerstädtischen Grenzen von Berlin war nämlich bereits gefallen.

Allerdings ist Zurückhaltung bei der Kritik am BND angezeigt. Das, was sich damals in und um Berlin abspielte, war allein den Gedankensprüngen eines Nikita Chruschtschow zu danken. Nur er konnte befehlen, wie die Dinge sich entwickeln sollten. Heute wissen wir auch, dass der Sowjetführer durchaus mit der Möglichkeit liebäugelte, West-Berlin ein zweites Mal auszuhungern. Er tat es nicht, weil er befürchtete, dass die dann unausweichlichen Luftzwischenfälle in einen Atomkrieg ausarten könnten.

Für die Geheimdienstarbeit war der 13. August 1961 ein tiefer Einschnitt. Das nahezu mühelose Hin und Her zwischen Ost und West war zu Ende. Doch die oft geäußerte Vermutung, dass damit das Ende der Spionage gegen die DDR eingeläutet wurde, trifft nicht zu. Einen wenn auch lückenhaften Überblick gewinnen wir, wenn wir die mit Vorsicht zu genießenden Daten der Hauptverwaltungen II (Spionageabwehr) und IX (Untersuchungsorgan) über ihre Abwehrerfolge gegen den BND betrachten.

Einen deutlicheren Hinweis geben indessen die militärischen Lagebilder des BND. Ergänzt man diese Nachrichten um die Eintragungen in der militärischen Standortkartei über die sowjetischen Streitkräfte, so wird der Kenntnisstand des BND klarer. Die Einzelmeldungen auf der Standortkartei enthielten nämlich über Jahre die Registriernummern der Agenten. Diese Agenten wurden nach der Schließung der Grenze nach Möglichkeit über Funk, blinde Briefe oder tote Briefkästen weitergeführt. Ihre Zahl war mit rund viertausend Quellen in den 1950er-Jahren beträchtlich, ihr Meldeaufkommen höchst unterschiedlich. Die Zahl der Quellen nahm nach dem Mauerbau allerdings rapide ab.[35]

Eine Kleinstadt wie Weimar beispielsweise beherbergte siebzehn sowjetische Einrichtungen, die allesamt überwacht wurden. Die Hauptquelle des BND war V-4549, die offenbar Zugang zu den sowjetischen Einrichtungen besaß. V-4549 meldete auch noch nach dem Mauerbau, und zwar in den Jahren 1961 bis 1964. Danach wurde die Unsitte, den Quellennamen der notierten Einzelmeldung anzufügen, aufgegeben. Der Grund ist nachvollziehbar. Es handelte sich offenbar um eine reichlich spät gezogene Konsequenz aus dem Verratsfall Felfe, denn natürlich konnte jeder, der auf eine Standortkarte zugriff und diese verriet, wertvolle Hinweise zur Enttarnung von Agenten geben. Den Klarnamen von V-4549 kennen wir nicht; ebenso wie V-4549 nicht wusste, dass er diese Registriernummer trug. Nach 1964 war Schluss mit den V-Mann-Notaten, sodass es uns heute fast unmöglich ist, den zahlreichen Meldungen konkrete Personen als Agenten zuzuordnen. Bei diesem Befund bleibt es bis zum Ende der DDR.

*Schlag ans eigene Kinn: die Auswirkungen der
Berlin-Krise auf die Sowjetunion*
Das also ist die Geschichte der Berlin-Krise in ihrer geheimdienstlichen Variante – kein Ruhmesblatt in den deutsch-russischen Beziehungen. Die politischen Temperaturen sanken weit unter null. Eine friedliche Lösung rückte in nicht erkennbare Ferne. Einige Geschichtsdeuter, die sich selbst als fortschrittlich zu bezeichnen pflegten, haben aus den Ereignissen eine friedliebende Sowjetunion destilliert. Da sind Zweifel anzumelden. Wenn man aus heutiger Sicht die Dinge an sich vorüberziehen lässt, wirkt der Veranlasser des Ganzen, Nikita Sergejewitsch Chruschtschow, wie der Clown in der Zirkusarena, dem es gelingt, sich selbst einen überraschenden Kinnhaken zu verpassen. Denn als er im November 1958 seine Brandrede hielt, die der Welt das Gruseln beibringen sollte, hatten sich genau in dem Land, dessen Nerv er treffen wollte, nämlich in Westdeutschland, Dinge abgespielt, die wie nie zuvor die Sowjetunion ihrem Ziel näher brachten, die Westintegration der Bundesrepublik zu unterlaufen.

Am 5. April 1957 hatte Bundeskanzler Konrad Adenauer eine Pressekonferenz abgehalten. Um zu begründen, warum die Bundeswehr mit Atomraketen ausgerüstet werden sollte, bezeichnete er taktische Atomwaffen als eine weiterentwickelte Artillerie. Das waren zwei Botschaften zugleich. Erstens: Atomwaffen sind etwas Selbstverständliches, und zweitens: Deswegen wollen auch wir sie. Hiergegen regte sich innenpolitischer Widerspruch, denn die Kanzlerworte ließen Zweifel aufkommen, ob der alte Mann noch wusste, wovon er da sprach.

Doch es musste erst die Bundestagswahl vom September 1957 vorübergehen, bis sich grimmiger Widerstand zu formieren begann, denn vorerst brachte die Wahl der CDU eine unerwartete absolute Mehrheit und der SPD eine enttäuschende Niederlage. Die Folge: Die SPD erwachte aus ihrem Marxismus-Schwulst und begab sich in die praktische Politik, in der es nicht um Überbau, Unterbau und Klassenstandpunkt ging, sondern um Staubsauger, Kühlschränke und VW-Käfer.

Behäbig und unter Schmerzen sattelte die SPD auf: »Kampf dem Atomtod« hieß jetzt das Thema. Plötzlich waren es nicht mehr nur die Professoren aus dem windstillen Göttingen, die protestierten, sondern die Bewegung wurde zum politischen Sturm. Wie es zu gehen pflegt, erblickten Arbeitskreise das Licht der Welt. Im Juni 1958 wurde für den Anfang des kommenden Jahres ein mächtiger Kongress nach Berlin einberufen. Doch dann kam die kalte Dusche. Mitten in die hochgemute Vorbereitungszeit platzte am 27. November 1958 Chruschtschows Berlin-Ultimatum. Da hieß es für die SPD: Schluss mit lustig. Sie stieg aus und besann sich endgültig auf die Westintegration.[36] Die Sowjets hatten eine Option in Geschenkpapier achtlos fortgeschleudert. Es dauerte fast zwei Jahrzehnte, bis bemerkbare Teile der SPD wieder auf Sowjetkurs einschwenkten; davon wird noch zu hören sein. Hier bleibt zum Schluss nur die Frage: Was hatten die viel gepriesenen sowjetischen Dienste auf der Pfanne, als sich diese ungeheure Chance mit der SPD auftat? Hatten sie immer noch die alten Scheuklappen auf, oder war der Chef beratungsresistent? Wir nehmen an, dass beides zutraf. Das wurde erst Jahre später anders; da wanderte die SPD auf der Skala der feindlichen Beeinflussungsobjekte ganz nach oben. Davon wird noch ausführlich die Rede sein.

Doch jetzt, Ende der 1950er-, Anfang der 1960er-Jahre, war das anders. Um zu beleuchten, wie schief die Sicht auf die sich etablierende Bundesrepublik war, sei eine der geheimdienstlichen Quellen hierfür genannt. Es ist eine amüsante Geschichte, denn die Herren im Kreml erhielten, wenn man so will, einen Fingerzeig Gottes. Aus Bonn berichtete nämlich viele Jahre neben anderen der päpstliche Nuntius Corrado Bafile. Was der fromme Mann seinem Heiligen Vater zu erzählen wusste, war für die Deutschen nicht gerade schmeichelhaft – ganz wie es zuzugehen pflegt, wenn die Leute hinter vorgehaltener Hand tratschen. Doch es lasen Leute mit, für deren Augen die Texte nicht bestimmt waren. Sie saßen in Moskau und gehörten zur Firma KGB.

Den Einblick in die Vatikan-Geheimnisse ermöglichte ein Deutschitaliener namens Edoardo Prettner-Cippico. Dieser ehrenwerte, aus Triest gebürtige Priester hatte zunächst im vatikanischen Archiv gearbeitet, was ihn offenbar nicht auslastete, denn während der deutschen Besetzung von Rom 1943/44 war er zugleich Informant des US-amerikanischen Geheimdienstes OSS und – eher privat – Devisenschieber gewesen. 1947 flog der Zweiundvierzigjährige auf und aus dem Kirchendienst raus. Doch seltsamerweise konnte er seine Wohnung im Vatikanstaat beibehalten, sodass es ihm möglich war, seine Vor-Ort-Verbindungen weiterhin zu pflegen. Die waren nützlich, denn nunmehr hatte Prettner-Cippico im KGB einen neuen Auftrag- und Geldgeber gefunden. Die Russen ließen ihren Agenten durch einen Ungarn namens János Bogye führen, der als Scheindiplomat in die ungarische Botschaft eingebaut war. So kamen sie zu den Notaten aus Bonn. In denen stand, wie schon gesagt, Gruseliges über die Deutschen zu lesen, so zum Beispiel über die ständige Gefahr des Nationalismus, sprich: Nationalsozialismus. Es ging so weit, dass selbst der Agent Prettner-Cippico in Randbemerkungen diese katholischen Einsichten zu kritisieren begann. Hierbei ahnte er vermutlich nicht, dass er damit gegen den sowjetischen Geheimdienstkanon verstieß. Seit Stalins Herrschaft lautete der nämlich: Unterlasse alles, was die Ursprungsbotschaft, die sog. Graue Meldung, verändern könnte, denn der Meister im Kreml ist selbst der beste Auswerter. Das blieb auch unter Stalins Nachfolgern so. Und so las man in Moskau weiter, was man lesen wollte – auch über die junge Bundesrepublik und die dort herrschenden Nazis. Unsinnsmeldungen der vatikanischen Art verstellten den sowjetischen Blick auf die innenpolitische Wirklichkeit der Bundesrepublik.

Diese schöne Geschichte ist von dem Journalisten und langjährigen Vatikan-Korrespondenten Hansjakob Stehle kolportiert worden, der sie, wie er schreibt, den Aufzeichnungen des Expriester-Agenten Prettner-Cippico entnommen hat, die ihm dessen Lebensgefährtin kurz nach dessen Tod überließ.[37] Nur der mag vielleicht ein Haar in dieser Story entdecken, der Stehle für einen Einflussagenten östlicher Dienste hält. Auch die Bundesanwaltschaft nahm das 1965 an, nachdem ein polnischer Überläufer, der am Beginn des Kapitels bereits erwähnte Michal Goleniewski, das so behauptet hatte. Doch die Strafverfolger aus Karlsruhe stellten das Verfahren ein. Aus den MfS-Hinterlassenschaften soll sich später Weiteres ergeben haben.[38] Stehle selbst hat dies stets mit Nachdruck bestritten, und dabei wollen wir es hier belassen, denn längst nicht jeder, der mit guten Gründen auf der Abschöpfagenda eines Geheimdienstes steht, ist auch dessen Agent.

Mit atomaren Mitteln.
Die Kuba-Krise und die Konfrontation in Europa

Ohne die Kuba-Krise sind die dann folgenden Auftritte im deutsch-sowjetischen Geheimdiensttheater nicht zu erklären. Im Kern jedoch handelte es sich um eine sowjetisch-amerikanische Angelegenheit. Es ging darum, ob es der Sowjetunion gelingen würde, einen Fuß auf den US-amerikanischen Hinterhof in der Karibik zu setzen. Hierzu versuchten die Russen, mithilfe des dort seit Kurzem installierten Castro-Regimes Atomraketen mit Schussrichtung USA in Stellung zu bringen. Dies hatte ein geheimdienstliches Vor- und Zwischenspiel.

Im Jahr 1960 fand in den USA ein Präsidentschaftswahlkampf mit dem üblichen öffentlichen Klamauk statt. Kandidat der Republikaner war der Vizepräsident der USA, Richard Nixon. Sein Gegenkandidat war der bis dato recht unbekannte

Demokrat John F. Kennedy. In Moskau machte sich Parteichef Nikita Chruschtschow Gedanken darüber, welcher von beiden ihm der Genehmere sei. Er entschied sich schnell für Kennedy. Das KGB erhielt Anweisung, diesen in seinem Wahlkampf zu unterstützen. So geschah es. Als dann die Wahl recht knapp zugunsten Kennedys ausfiel, fühlte sich auch Chruschtschow als Sieger. In seinem Kopf muss sich der Gedanke verfestigt haben, dass Kennedy sein Mann sei, und zwar in dem Sinne, dass gefördert auch gelenkt bedeutete.

Dieser Eindruck schien sich durch zwei Faktoren zu bestätigen: Als sich Chruschtschow und Kennedy am 3. und 4. Juni 1961 zu einem Spitzengipfel in Wien trafen, gab Chruschtschow den Gönner und Polterer, während sich Kennedy bedeckt hielt. Vor allem aus dem Umstand, dass Kennedy gegenüber Chruschtschows Raketendrohungen geschwiegen hatte, zog der Sowjetführer den Schluss, dass der US-Präsident sich vor ihm fürchtete – ein schwerwiegender Irrtum, denn Kennedy kannte den Stand der sowjetischen Raketenrüstung besser, als die Sowjets in ihren kühnsten Träumen erwarteten, doch er schwieg dazu. Der zweite Faktor, der Chruschtschow ein Gefühl der Überlegenheit suggerierte, stammte erneut aus der Welt der Geheimdienste. Noch vor Kennedys Amtsantritt war es dem Residenten der GRU in Washington gelungen, einen unmittelbaren Draht zu Kennedys Bruder Robert herzustellen. Dieser Resident war Oberst Georgij Bolschakow, der in der sowjetischen Botschaft als angeblicher Botschaftssekretär akkreditiert war. Das Zusammenspiel Kennedy-Bolschakow und deren häufige Kontakte, über die sich Chruschtschow von dem eigens anreisenden GRU-Mann informieren ließ, bewirkten bei Chruschtschow die Fehlvorstellung, das Bruderpaar Kennedy an der Einfluss-Angel zu haben.[39]

So gerüstet, beschloss Chruschtschow im Frühjahr 1962, sowjetische Raketen auf Kuba zu stationieren. Den gedanklichen Hebel zu diesem Beschluss bildete das Hilfsangebot an den kubanischen Revolutionsführer, ihm Beistand gegen eine neuerliche US-Aggression zu leisten. Das war keineswegs aus der Luft gegriffen, denn im April 1961 hatten Exilkubaner, die Contras, mit massiver Hilfe der CIA versucht, Castro aus dem Amt zu verjagen. Doch die Landung in der Schweinebucht war zum weltweit beachteten Desaster geworden. Nun also machten sich sowjetische Frachter mit Atomsprengköpfen und weitere mit Trägerraketen auf den weiten Weg in die Karibik. Die Atomsprengköpfe kamen an, die Raketen nicht. Die US-Regierung hatte nämlich, als sie bemerkte, was da vor ihrer Haustür gespielt wurde, eine gewaltige Seemacht zur Blockade um die Insel zusammengezogen. Kennedy brachte nunmehr öffentlich den Willen der USA zum Ausdruck, das Nein zu den Raketen auf Kuba mit Gewalt durchzusetzen. So schlitterte die Welt Stück um Stück an den Rand eines Atomkrieges.

Die Entschlossenheit des US-Präsidenten hatte einen geheimdienstlichen Hintergrund, und der trug den Namen Oleg Penkowskij. Später ist behauptet worden, Penkowskij sei der Mann gewesen, der den Frieden rettete. Doch da sind Fragezeichen angebracht. Also wer war er, und was tat er? Als Penkowskij 1919 geboren wurde, steckte Russland mitten im Bürgerkrieg. Sein Vater kämpfte als Offizier in diesem Krieg, jedoch aus sowjetischer Sicht auf der falschen, der weißen Seite.

Als Penkowskij 1940 Mitglied der KPdSU wurde, hielt er es für richtig, diesen Umstand zu verschweigen. Das war sinnvoll, denn das ermöglichte ihm eine Laufbahn als Offizier in der Roten Armee und nach dem Krieg das Kommando zur Frunse-Akademie, der Generalstabsausbildung also. Danach schloss sich ein Studium an der Militärpolitischen Akademie an, die Penkowskij für eine Übernahme in die GRU prädestinierte. Nach einjähriger Tätigkeit als Militärattaché in der Türkei musste der ehemalige Artillerist wieder die Schulbank drücken; 1958/59 nahm er an einem Spezialkurs über Raketentechnik an der Dsershinski-Militärakademie teil. Doch als er sich Anfang 1960 erneut rüstete, um als Militärattaché diesmal nach Indien zu gehen, kam ihm seine verschwiegene Herkunft in die Quere. Penkowskij wurde unverzüglich aus der GRU in die Reserve versetzt. Das war ein Flop, denn der gekränkte Oberst trug nunmehr dem britischen Geheimdienstmann in Moskau, Greville Wynne, seine Dienste an.

Penkowskij hatte in der Tat viel zu bieten, denn er war über den Stand der sowjetischen Raketenrüstung bestens unterrichtet. Sein Wissen verbesserte sich noch, als er Ende des Jahres 1960 zum Berater in das sowjetische Staatskomitee für die Koordinierung wissenschaftlich-technischer Arbeiten berufen wurde. Besser ging's kaum, denn hier war die Schnittstelle, wo technisch-wissenschaftliches Know-how in geheimdienstliche Beschaffungsaufträge überging und der Rückfluss auf die Bedarfsträger verteilt wurde. In der kurzen Zeit bis Juli 1961 übergab Penkowskij fünfzig Mikrofilme mit geheimsten Erkenntnissen des sowjetischen Raketenkomplexes an seinen Führungsmann Wynne. MI6/SIS reichte den Goldschatz an die CIA durch.

So wurde auch den US-Amerikanern deutlich, dass Chruschtschows Drohungen kein solides Fundament hatten. Die in den USA befürchtete und auch öffentlich diskutierte Raketenlücke war realiter nicht vorhanden, vielmehr traf das Gegenteil zu: Die Sowjetunion war beim Stand der strategischen Raketenrüstung nach wie vor entscheidend im Hintertreffen. Auf diese Erkenntnis baute Kennedy seine Drohung in der Kuba-Krise auf. Jetzt erst bekam der GRU-Bolschakow-Kanal zu Chruschtschow seine wahre Bedeutung, denn hier wurde verdeckt gesendet, wie die Dinge aus amerikanischer Sicht wirklich aussahen. Das Ergebnis ist bekannt: Chruschtschow knickte ein. Bleibt ein Nachtrag zu Penkowskij. Ab Januar 1962 wurde er durch das KGB überwacht. Die Verräter-Clique aus dem MI6 hatte entscheidende Tipps gegeben. Am 22. Oktober 1962, also auf dem Höhepunkt der Kuba-Krise, wurde Penkowskij festgenommen. Das Todesurteil war obligatorisch. Die Hinrichtung erfolgte am 16. Mai 1963.

Nun zur deutschen Seite der Kuba-Medaille: Dem Westen war schon früh klar, wie eng das Kuba-Abenteuer mit dem in Berlin zusammenhing. Würden die Sowjets auf den US-Druck in der Karibik einen Gegendruck aufmachen wollen, so wäre Berlin dafür der geeignete Standort – eine für Deutschland bittere Erkenntnis. Die US-Amerikaner planten ein, dass Berlin im Zweifel militärisch nicht zu halten sein würde. Die ins Auge gefasste Operation Live Oak (Lebenseiche) sollte zwar dazu dienen, im Fall einer neuerlichen Blockade der Stadt eine Öffnung auf dem Landweg militärisch zu erzwingen, doch unter militärischen Fachleuten war klar, dass dergleichen nicht gelingen konnte, wenn die Rote Armee ihr an Ort und Stelle vorhandenes drückendes Übergewicht an konventionellen Streitkräften in die Waagschale werfen würde. Deshalb war für die US-Streitkräfte in Europa angeordnet worden, alles zu unterlassen, was eine militärische Eskalation des Konflikts heraufbeschwören konnte.

Die politische Führung der Bundesrepublik sah die Dinge naturgemäß weniger gelassen. Ihr war klar, dass Berlin im Falle einer US-amerikanischen Passivität nicht zu halten sein würde. Selbstständig mit der militärischen Keule zu drohen ließ der Aufbaustand der Bundeswehr nicht zu. Die Bundesregierung hatte über den planwidrigen Zustand der konventionellen Bundeswehraufrüstung nach der Auswertung der NATO-Herbstübung 1962, die als Stabsrahmenübung vom 6. bis zum 28. September 1962 stattgefunden hatte,[40] keine Illusionen. Die einschlägige Manöverauswertung kam zu dem Votum: bedingt abwehrbereit – eine Qualifizierung, die durch den gleichnamigen Artikel in der Illustrierten *Der Spiegel* am 10. Oktober 1962 und in den folgenden Wochen in der Bundesrepublik für öffentliches Aufsehen sorgen sollte.

Was hatte der Bundesnachrichtendienst zur Einschätzung und Bewältigung der Kuba-Berlin-Aggression zu bieten? Blättern wir in den Memoiren von BND-Chef Reinhard Gehlen: »Es ist nur sehr wenigen bekannt geworden, dass auch über

Verbindungen des Dienstes wertvolle Einzelfeststellungen über Ausbaumaßnahmen auf Kuba getroffen und in das umfassende Bild der CIA eingefügt werden konnten. Sie waren immerhin ein Beitrag zu einem nachrichtendienstlichen Erfolg der CIA, den ich stets besonders anerkannt und als einen großen nachrichtendienstlichen Erfolg unserer Zeit gewürdigt habe.«[41]

Wenn man sich allerdings mit der Frage befasst, was Gehlen und seine Behörde außer dieser karibischen Lustreise sonst noch taten, so richtet sich der Blick vor allem auf die DDR und die angrenzenden Staaten, denn wenn überhaupt drohte aus dieser Gegend für die Bundesrepublik in der fraglichen Zeit Ungemach. Doch ausgerechnet hier scheint es beim schriftstellernden Pensionär eine Erinnerungslücke gegeben zu haben, die gefüllt werden soll.

Am 24. Oktober 1962 meldete der Bundesnachrichtendienst an das Bundesverteidigungsministerium, dass eine Krisenverschärfung aus dem Ostblock unmittelbar ins Haus stehe. Es hätten Besprechungen der Warschauer-Pakt-Staaten stattgefunden, die Blockade der USA mit Gewalt zu durchbrechen. Den USA solle eine Frist gesetzt werden. Bei Nichteinhaltung werde mit der Blockade von Berlin wie 1949 begonnen. So weit der BND.[42] Den Schrecken der Bundesminister kann man sich leicht ausmalen, als sie diesen Text frühmorgens auf ihren Tischen vorfanden. Sie beratschlagten, welche Maßnahmen unterhalb der Schwelle einer allgemeinen Mobilmachung und möglichst, ohne dass die Bevölkerung hiervon Kenntnis erhielt, zu ergreifen seien.[43] Doch die Ratlosigkeit hatte dieses Mal ihr Gutes: Das Nichtstun verhinderte die in der Luft liegende Eskalation der Lage.

In Wirklichkeit war die Nachricht des BND eine peinliche Falschmeldung und eine gefährliche noch dazu. Die einschlägigen Beschlüsse gab es nicht; von einer neuerlichen Berlin-Blockade konnte keine Rede sein, und zwei Tage später, am 26. Oktober 1962, drehten die in Richtung Kuba entsandten sowjetischen Transportschiffe mit ihrer an Deck nur mühsam getarnten Raketenfracht wieder ab. So sah die Wirklichkeit aus. Die Kuba-Krise war vorüber.

Sturmgeschütz mit Linksdrall. Die *Spiegel*-Affäre

Viele sind in Deutschland der Ansicht, dass die *Spiegel*-Affäre ein historisch einschneidendes Ereignis gewesen sei. Das mag im Ergebnis so stimmen, doch eine Heldengeschichte war es eher nicht. *Der Spiegel* war ein Produkt der Besatzungszeit, 1947 in Hannover von den Briten lizenziert. Die Herstellungserlaubnis ging an drei Deutsche. Einer von ihnen war ein noch sehr junger ehemaliger Artillerieleutnant der großdeutschen Wehrmacht, Rudolf Augstein. Augstein, der recht bald zum Alleinherrscher innerhalb der Zeitschrift aufstieg, hatte mit sicherem Instinkt eine Marktlücke aufgetan, die er besetzen und in den folgenden Jahrzehnten halten konnte. Sein Erfolgsrezept war ein Story-Journalismus, der Leser ansprach, die sich aufgrund ihrer Fähigkeit, ganzseitige Geschichten verdauen zu können, für intelligente Menschen hielten.

Auf diesem Humus sprossen grelle Gewächse, deren wichtigstes die Häme war, bekanntlich eine Schwester des Neides, wenn auch in exklusiverem Gewande. In seiner Selbstinszenierung nannte sich *Der Spiegel*, getreu den artilleristischen Kriegserfahrungen des Herausgebers, das Sturmgeschütz der Demokratie. Schon in der Weimarer Republik hatte es solche Sturmgeschütze gegeben. Sie hatten alles darangesetzt, das Objekt ihrer Verachtung zur Strecke zu bringen. Mit Erfolg. Der wollte sich nun für die Blattmacher des *Spiegel* nicht einstellen, obgleich sie alles unternahmen, die Politik Adenauers als verderblich und US-hörig hinzustellen. Dieser Misserfolg ist erklärbar, denn der erste deutsche Bundeskanzler hatte für sein politisches Überleben ohne sein Zutun einen mächtigen Verbündeten; der saß in Moskau, und er bescherte durch seine schiere Existenz Adenauer einen Wahlerfolg nach dem anderen.

Ab Ende der 1950er-Jahre schoss sich das Sturmgeschütz der Demokratie auf einen auffälligen Mann aus dem dritten Kabinett Adenauer ein: Verteidigungsminister Franz Josef Strauß. Der besaß alle Eigenschaften, um zur Hassfigur stilisiert zu werden. Er war intelligent, machtgeil, ganz nach Bedarf jovial bis ruppig und von einem nicht unbedingt anziehenden Äußeren. Diese Merkmale wurden für die Journalisten durch den Umstand ergänzt, dass Strauß öffentlich über die Bewaffnung Westdeutschlands mit Atomraketen räsonierte. *Spiegel*-Chef Rudolf Augstein setzte es sich zum Ziel, diesen Mann abzuschießen.[44] Was veranlasste den Journalisten zu seiner Anti-Strauß-Kampagne? Die Antwort ist vermutlich ziemlich simpel: Er konnte ihn nicht leiden. Bei einem gemeinsamen Saufgelage in Augsteins Haus in Hamburg sagten sich Strauß und Augstein, wie es bei solchen Gelegenheiten zuweilen geht, unangenehme Dinge ins Gesicht. Dem Chefredakteur wurde hierbei durch den *Spiegel*-Mann Horst Mahnke assistiert. Dieser machte Bemerkungen über das Dritte Reich, die Strauß auf die Palme brachten.[45]

Doch wie hätte der Bayer erst gestaunt (und vermutlich getobt), wenn er gewusst hätte, dass Mahnke 1936 als hauptamtlicher Mitarbeiter beim Sicherheitsdienst des Reichsführers SS angeheuert hatte, wo er die folgenden Jahre bis zum Kriegsende verblieben war. Da hatte es der lupenreine Antifaschist bis zum SS-Hauptsturmführer und Referatsleiter VII B 3 (Marxismus) im Reichssicherheitshauptamt gebracht.[46] Das blieb ungesagt. Auch ohne dies agierten Strauß und Augstein fortan wie beleidigte Diven. Dann schoss der ehemalige Leutnant auf den ehemaligen Oberleutnant aus allen Rohren. Dergleichen war in Deutschland gut verkäuflich, denn in den 1950er-, 1960er-Jahren lockte die Wiederbewaffnung der Bundesrepublik und die mögliche Aufrüstung mit Atomwaffen zahlreiche Intellektuelle aus ihren Studierstuben zu öffentlichem Protest. Augstein gab dann noch eine grobe Prise Salz hinzu, indem er behauptete, es gelte, Strauß als Bundeskanzler zu verhindern.[47] Dies geschafft zu haben wurde später als demokratische Tat gefeiert.[48]

Als die übliche Häme über Affären und Affärchen nichts fruchten wollte, musste schwereres Geschütz her. So entstand der Artikel »Bedingt abwehrbereit«, eine schneidende Abrechnung mit dem mangelhaften Zustand der deutschen Bundeswehr. Aufhänger der Story war ein Bericht über die Kriegsannahmen und die Vorbereitungen für den Fall einer sowjetischen Aggression und das Auswertungsergebnis der einschlägigen NATO-Herbstübung 1962 (*Fall exercise = Fallex '62*). Man kann das für einen krassen Fall von Landesverrat halten. Um die Schwere dieses Falls zu ermessen, muss man sich die tatsächliche militärische Situation in Deutschland vor Augen führen. Sie war geprägt durch die Berlin- und die Kuba-Krise, zwei sowjetische Erpressungsmanöver, bei denen Chruschtschow mit der atomaren Karte gefuchtelt hatte. In so einer Situation verstieß die journalistische Bloßstellung der deutschen Verteidigungsbereitschaft gegen die deutschen nationalen Sicherheitsinteressen. Sie offenbarte auf peinliche Art, dass die Westdeutschen ohne den US-amerikanischen Atomschirm nicht in der Lage sein würden, einer sowjetischen Aggression gegen West-Berlin militärisch Paroli zu bieten. Das war den Russen im Prinzip zwar auch ohne die Offenbarungen des *Spiegel* bekannt, doch der Ausfall der Illustrierten war für sie ein Geschenk von unschätzbarem Wert. Es war ein weiterer Axthieb gegen den Verteidigungswillen der Westdeutschen, den die Russen nach den noch nicht lange zurückliegenden Erfahrungen mit deutschen Soldaten im eigenen Lande als sehr hoch einschätzten.

Welche Fehleinschätzung sich Augstein und seine Mannen bei ihrem Schuss leisteten, wird erst deutlich, wenn man sich gleichzeitig vergegenwärtigt, wie ihre eigenen militärpolitischen Grundüberzeugungen aussahen: Während sie die Politik der Westintegration für nichts weiter als frevelhafte US-Hörigkeit hielten und in Strauß einen Mann sahen, der nicht zögern würde, eine kriegerische Option zu ergreifen, waren sie zugleich der Überzeugung, dass die Sowjetunion nur dann angreifen werde, wenn sie das Gefühl habe, im Kräftespiel der Unterlegene zu sein. Deswegen glaubten sie, dass der Westen durch seine Verteidigungsbemühungen einen sowjetischen Angriff geradezu provozieren würde. Das aber war ziemlich realitätsfern.

Über die eigentlichen Geheimnisausplauderer hinter den Geheimnisausposaunern sind recht unterschiedliche Geschichten im Umlauf. Version eins, zunächst beim *Spiegel* vertreten, sah so aus: Man habe nur offenes Material verwendet und daraus die richtigen Schlüsse gezogen.[49] Das klang nicht besonders heldenhaft für ein Enthüllungsmagazin und wurde schnell vergessen, nachdem die Gefahr einer Strafverfolgung entschwunden war. Version zwei war dementsprechend »spiegeliger«: Man habe die Informanten geschützt, und wenn sie nicht gestorben sind, dann schützt man sie noch heute. Dem widersprach Version drei: Der Informant sei der Oberst im Generalstab Alfred Martin gewesen. Das jedenfalls plauderte der Ex-*Spiegel*-Spitzenmann Leo Brawand in seiner Augstein-Biografie aus.[50] Schließlich die kolportierte Version vier, und der Zeitschrift so wichtig, dass sie, wie zu lesen war, im Prozesswege dafür stritt: Es sei jedenfalls nicht das KGB gewesen.[51]

Bevor wir uns der Frage zuwenden, ob überhaupt denkbar war, dass ausgerechnet die Zeitschrift, die angeblich selbst in die geheimsten Staatsgeheimnisse eindringen konnte, auf Nachrichtenmüll aus einem Geheimdienst hereingefallen sein könnte, müssen wir uns einen Überblick darüber verschaffen, was das KGB in dieser Zeit tat, um so etwas eventuell zu bewirken. Im Jahr 1959 richtete das KGB eine eigenständige Abteilung D ein. Das D stand für Desinformazija, Desinformation – eine geheimdienstliche Methode mit langer Tradition. Bereits die zaristische Ochrana hatte sich der Lüge als wohlkalkuliertes Mittel bedient, um Staatsfeinde zu unbedachten Äußerungen, Handlungen und Zusammenschlüssen zu veranlassen. Im damaligen Sprachgebrauch hatte man das Provokation genannt. Die lange blutige Geschichte der russischen politischen Attentate des 19. und beginnenden 20. Jahrhunderts ist zugleich eine Geschichte von geheimdienstlichen Provokationen. Die sowjetischen Dienste nahmen diese Art geheimdienstlicher Arbeit in ihr Repertoire auf. In den frühen 1920er-Jahren beginnend, unterliefen sie auf diese Art die russischen Emigrantenorganisationen, die ukrainischen Nationalisten und viele andere. Im Deutsch-Sowjetischen Krieg verschob sich die Bedeutung der geheimdienstlichen Lüge in den Sektor der Funkspiele, mit denen Feind und Freund genasführt wurden.

Die Gründung einer selbstständigen Verwaltung für Desinformation im Jahr 1959 folgte einem strategischen Kalkül. Gut zwölf Jahre Kalter Krieg hatten den sowjetischen Militärstrategen klargemacht, dass ein Krieg mit militärischen Mitteln in Europa, wenn es denn die Machtfrage zu stellen galt, nicht mit Erfolg zu führen war. Die logische Konsequenz hieraus war die Strategie der moralischen Aufweichung des Klassenfeindes. Bemerkenswert ist, dass die sowjetische Führung diesen Schwenk in ihrer Militärdoktrin keineswegs heimlich vollzog, sondern wer wollte, konnte dies im einschlägigen Werk des sowjetischen Marschalls Wassili Sokolowski nachlesen.[52] Die moralische Aufweichung des klassenfeindlichen Auslands wurde eine der vornehmsten Pflichten des KGB. Die Einrichtung der Abteilung D war das Ergebnis dieser veränderten Denkweise.

An ihre Spitze, auch das war nur konsequent, trat der bisherige Leiter der europäischen Verwaltung innerhalb der sowjetischen Auslandsspionage, der Ersten Hauptverwaltung des KGB (PGU). Sein Name war Iwan Agajanz. Als der achtundvierzigjährige Armenier mit dem russischen Vornamen seinen neuen Dienstposten antrat, hatte er bereits ein bewegtes Spionenleben mit langjährigen Auslandseinsätzen hinter sich. Besonders erwähnenswert ist seine Zeit als Residenturleiter des sowjetischen Geheimdienstes MGB Ende der 1940er-Jahre in Frankreich. Hier begann er mit dem, was er später zur Meisterschaft entwickeln sollte. Er organisierte die Fälschung von Büchern aus der oder über die Sowjetunion; bevorzugt nutzte er das Genre der Memoirenliteratur. Ein Starfälscher, den Agajanz beschäftigte und dessen Werke er sodann in die Öffentlichkeit einfädelte, war Grigori Bessedowski, ein ehemaliger sowjetischer Diplomat, der sich nach seiner spektakulären Flucht aus der sowjetischen Botschaft in Paris am 3. Oktober 1929 in der französischen Hauptstadt niedergelassen hatte.[53] Zu Bessedowskis Meisterwerken gehörte zum Beispiel *J'ai choisi la potence* (Ich wählte den Galgen), die angeblichen Memoiren des 1946 in der Sowjetunion hingerichteten Generals und Gründers der Russischen Befreiungsarmee ROA, Andrej Wlassow. Nun, Ende der 1950er-Jahre, fasste Agajanz zusammen, was es im KGB bereits alles an Desinformationsmaßnahmen gab.

Zur Technik der Desinformation gehörte neben einem entsprechenden Thema stets ein Hebel, also die Personen und Medien, die dazu bestimmt waren, die Ente zu Wasser zu lassen. Als Hebel dienten vor allem Einflussagenten, die aufgrund ihrer beruflichen Stellung in der Lage waren, bestimmten Medien die gewünschten Lügen unterzujubeln. Ein solcher Einflussagent war beispielsweise Michael Graf Soltikow, von dem wir neben Selbstauskünften auch Beschreibungen besitzen, die weniger vorteilhaft ausgefallen sind. Danach soll er 1902 in Potsdam als Richard Max Benneke geboren worden und als junger Mann in den 1920er-, 1930er-Jahren einem Beruf nachgegangen sein, den man vielleicht am ehesten als den eines Hochstaplers beschreiben könnte. Glaubt man seinen eigenen Worten, war er in den folgenden Jahren eine Art Assistent des Abwehrchefs Wilhelm Canaris – und nebenbei damit beschäftigt, in dessen Auftrag den Führer des Großdeutschen Reiches mit Prostituierten zu versorgen.[54] Doch da müssen dem Memoirenhelden einige Dinge durcheinandergegangen sein, und die Feststellung sei erlaubt, dass diese Geschichten des Möchtegern-Blaublütigen frei erfunden sind. Seine damaligen Zeitgenossen in den 1950er-Jahren sahen das keineswegs in dieser Schärfe. So ist zu erklären, dass Soltikow bei den aufstrebenden Illustrierten der Bundesrepublik in den Ruf eines Geheimdienstexperten gelangte. Jedenfalls druckten sie die Auslassungen des Meisters zu den Fällen des polnischen Liebhaberagenten Georg Sosnowski, zur französisch-britisch-deutschen Doppelagentin Mathilde Carré, genannt die Katze, und anderes mehr.

Woher hatte der Autor seine Erkenntnisse, die vor wenigen Jahren noch geheime Reichssache gewesen waren? Das konnte Soltikow erklären: Er war eben die rechte Hand von Canaris gewesen. Da wir wissen, dass das nicht stimmt, kann der Agenten-Schriftsteller nur aus anderer Quelle geschöpft haben. Wir tippen auf Moskau, wohin das einschlägige Material 1945 als Akten-Beutegut gelangt war. Von hier kam es in ausgewählter und aufgearbeiteter Form zurück. Die Russen hatten aus ihrer Sicht guten Grund, so zu handeln, denn die Themenwahl an der Kante des ehemaligen Amtes Ausland/Abwehr sollte unter den neuen Verbündeten des Westens für Zwietracht sorgen.

Diese Rechnung ging nicht ganz auf. Die Ereignisse, über die Soltikow berichtete, waren noch so frisch, dass eine Reihe von Betroffenen seiner Berichterstattung aus der Versenkung auftauchte und den Autor mit Prozessen überzog – für seine Hintermänner ein teures Vergnügen. Schließlich wurden sie ihn leid und drückten ihn an die HVA des MfS ab. Mochte sich deren Abteilung X (Desinformation) mit dieser Figur herumärgern. Die deutschen Genossen um den Staragenten Markus Wolf klappten gehorsam die Hacken zusammen. Spätestens 1983 wurde diese Geheimdienstposse durch den Tod von Soltikow beendet.[55]

Wer hier einwendet, der Fall Soltikow sei ein unbewiesener Einzelfall über einen Spinner, der irrt. In ungezählten weiteren Fällen handelte das KGB nach dem gleichen Strickmuster. So teilte zum Beispiel am 30. Juni 1955 ein Journalist namens Rudolf Steidl auf einer Pressekonferenz mit, er habe durch die Sowjetische Militärmission in Westdeutschland (SMM) innerhalb von vier Jahren 2,36 Millionen D-Mark für die Beeinflussung von Offiziers- und Soldatentagungen der ehemaligen Wehrmacht erhalten. Das Pikante an diesem Manöver war, dass Steidl in diesen Kreisen nicht irgendwer war, sondern Herausgeber der westdeutschen *Internationalen Militärkorrespondenz*.[56]

Oder wie wäre es mit Günter Hofé. Der ehemalige Major der Wehrmacht brachte es in seiner Nachkriegs-Zivilkarriere in der SBZ zunächst zum Lektor und dann zum Leiter des Verlags der Nation (VdN). Im September 1963 wurde er als KGB-Mann auf der Frankfurter Buchmesse festgenommen. Ein Jahr später kam er im Austausch frei. Nun wechselte er den geheimdienstlichen Dienstherrn und wurde vom MfS weiterbetreut, während er seinerseits westdeutsche Schriftsteller wie den Enthüllungsautor Bernt Engelmann betreute.[57]

Ähnlich Kurt Hirsch. Der Österreicher saß von 1938 bis zum Kriegsende in KZ-Haft. Nach seiner Befreiung ging er zur sowjetischen Nachrichtenagentur Tass und floh drei Jahre später nach seinen Angaben vor den Sowjets in die Schweiz. Wir können das kaum glauben, denn ab 1970 trug Hirsch den Decknamen Helm und arbeitete für die Abteilung X (Desinformation) der Hauptverwaltung Aufklärung.[58] Diese Eckpunkte legen die Vermutung nahe, dass seine Flucht aus Österreich eine Legendierung des sowjetischen Dienstes war, um ihn über die Schweiz nach Westdeutschland zu schleusen. Dort wirkte er bereits in den 1960er-Jahren im Sinne seiner Auftraggeber. Nach dem Wechsel zum MfS arbeitete Hirsch bevorzugt im Umfeld der SPD, bevor diese 1987 nach massiven Hinweisen auf seine Agententätigkeit die Zusammenarbeit und seine Finanzierung beendete.

Wenn man die Frage aufwirft, warum die sowjetischen

Dienste solch einen Narren an den westdeutschen Medien gefressen hatten, so gerät man rasch auf festen Grund: Die Schaukelpolitik gegenüber Deutschland – mal Kolonie, mal neutralisierter Pufferstaat – war stets von Ängsten beflügelt, ein radikal bewaffneter westdeutscher Teilstaat könne die Speerspitze bei einer militärischen Auseinandersetzung mit den USA werden. Deswegen wurden in den 1950er-Jahren bis in die 1960er hinein alle Register gezogen, um dergleichen zu unterlaufen.

Zurück zum *Spiegel*. Ob die Zeitschrift auf Desinformationsmaterial hereingefallen war, wäre am leichtesten zu bejahen, wenn der Artikel »Bedingt abwehrbereit« Scheinfakten enthalten hätte. Eine Analyse des Textes legt indessen den Schluss nahe, dass die Mehrzahl der Ursprungsinformationen richtig war und aus dem Bundesverteidigungsministerium stammte. Doch hieraus kann eine eindeutige Antwort auf die anfängliche Fragestellung nicht abgeleitet werden. Das lässt sich am vorliegenden Fall wie an einem Lehrstück erläutern.

Kam es dem geheimdienstlichen Hintermann darauf an, Zwietracht zwischen den NATO-Verbündeten zu säen, die Bevölkerung der Bundesrepublik zu spalten oder auch nur einen Minister zu beschädigen, so war das Zuspielen der vorliegenden zutreffenden Informationen ein ausgezeichnetes Mittel; offensichtliche Falschinformationen hätten bestenfalls ein Strohfeuer ausgelöst. Die *Spiegel*-Veröffentlichung war für das KGB und die dahinterstehende Sowjetunion außerordentlich erwünscht. Besaß das KGB auch Quellen, die einschlägigen Informationen zu beschaffen? Die Antwort lautet Ja. Zunächst ist das Zielobjekt NATO durchzumustern, sodann die Bundeswehr.

Bei der NATO in Paris bzw. in Brüssel spionierten in der fraglichen Zeit mindestens zwei sowjetische Agenten in außerordentlich dichter Form. Der eine war der 1922 geborene Kanadier George Hambleton. Er begann 1954 ein Promotionsstudium in Paris; hier wurde er vom KGB angeworben. Bereits 1956 gelang es dem Agenten, im damals noch in Paris befindlichen NATO-Hauptquartier eingestellt zu werden, wo er als Wirtschaftsanalytiker für Osteuropa fungierte. Bis zum Jahre 1961 lieferte Hambleton seinem Zweitarbeitgeber in Moskau etwa 1500 bis 2000 NATO-Dokumente – ein fleißiger Mann.

Der andere Agent gehörte zum sowjetischen Militärgeheimdienst GRU. Von ihm kennen wir nur den Decknamen. Der lautete Murat (Mjurat – Мюрат). Er war ein hochrangiger belgischer oder französischer Generalstabsoffizier, der spätestens seit 1958 an die GRU lieferte. Er wurde in der fraglichen Zeit durch den GRU-Residenten Viktor Ljubimow geführt. Zur Ausbeute dieses Duos gehörten Führungsdokumente zur NATO-Übung Full Play. 1960 folgten NATO-Dokumente wie der Joint Atomic Plan Nr. 81/58 und Saceur Atomic Strike Plan Nr. 110/59 sowie 1962 die Vereinbarung zwischen der US Air Force und Frankreich über die atomare Unterstützung der französischen Streitkräfte in der Bundesrepublik. Auch später blieb Murat fruchtbar. Zwischen 1963 und 1965 lieferte er den Joint Atomic Plan 200/63 und das NATO Nuclear Weapons Employment Handbook nach Moskau. Es folgten technische Informationen über die amerikanischen Atombomben MK-7W und MK-43. Das alles waren Dokumente von höchster Geheimhaltung – zu Recht. Liest man sie als Deutscher, läuft es einem kalt den Rücken hinunter, denn sie handeln vom atomaren Schlachtfeld Deutschland. Wann die Tätigkeit Murats für die GRU endete, ist unbekannt.[59]

Das KGB konnte auch in der Bundesrepublik auf ein breit gefächertes Angebot von Agenten zurückgreifen. Die Rekrutierung dieser Agenten war denkbar einfach. Sie stammten aus dem Heer der in der Sowjetunion nach Kriegsende festgehaltenen deutschen Kriegsgefangenen. Unter diesen Zehntausende deutscher Offiziere. Manchen mochte die Aussicht auf eine vorzeitige Entlassung gelockt haben, andere wiederum kamen erst 1955 als, wie sie bezeichnet wurden, nicht amnestierte Kriegsverbrecher auf freien Fuß. Das Ausmaß dessen, was da in russischen Viehwaggons auf die Bundesrepublik zugerollt war, wurde in Schemen deutlich, als sich etliche der in die Heimat entlassenen Offiziere gleich bei ihrer Ankunft gegenüber den Befragern der Org. Gehlen und des Bundesamtes für Verfassungsschutz offenbarten.

Bei dieser Gelegenheit ging den deutschen Sicherheitsbehörden einer der KGB-Leute ins Netz, dessen Profession es war, ehemalige deutsche Offiziere mithilfe der ihnen abgepressten Verpflichtungen auf den Pfad der Agententugenden zurückzulotsen. Sein Name war Valentin Pripolzew. Seit 1959 ging er seinem Erpressergewerbe von seinem Stützpunkt in der sowjetischen Handelsmission in Köln nach. Am 25. August 1961 wurde der KGB-Mann festgenommen und im Jahr darauf zu vier Jahren Zuchthaus verurteilt. Bald danach wurde er freigetauscht.

Nicht jedem mochte es tunlich erscheinen, seine Anwerbung bei der Rückkehr in die Bundesrepublik zu offenbaren – besonders dann nicht, wenn er sich eine Wiederanstellung bei der soeben entstehenden Bundeswehr erhoffte. Immer nach der Devise: Erst mal hinein in den Laden, und dann ist immer noch Zeit. Doch das war ein Irrtum, denn so wurde der Dienst mit einem Einstellungsbetrug begonnen, der ein prächtiges Mittel für spätere geheimdienstliche Zwangserinnerungen darstellte. Bei dieser Ausgangssituation verwundert vor allem eines: Wie wenig Erfolg das KGB letztlich in diesem Personenkreis erzielte – zumindest wissen wir es bis heute nicht besser.

Erfolgreich angeworben wurde der ehemalige Wehrmachtsgeneral Edgar Feuchtinger. Der fröhliche Elsässer hatte es 1943 zum Generalmajor gebracht. Er stellte im besetzten Frankreich aus Beutegut eine Panzerdivision auf, die 21. Das war eine bemerkenswerte organisatorische Leistung. Doch Feuchtinger nahm den Begriff des Organisierens offenbar auch so, wie er in der Landsersprache geläufig war – als Umschreibung des Diebstahls. Im Januar 1945 verurteilte ihn das Reichskriegsgericht daher wegen Korruption zum Tode, jedoch wurde er unter

Degradierung zum einfachen Soldaten zur Frontbewährung begnadigt. Das Kriegsende war nahe, er türmte, machte einen Umweg durch sein Haus, wo er seine Generalsuniform erneut anzog, und begab sich in britische Gefangenschaft. Alsbald vergaß Feuchtinger das unrühmliche Ende seiner Laufbahn und stolzierte unter den alten Kameraden als Generalleutnant a. D. umher, knüpfte Kontakte und vermittelte Rüstungsgeschäfte. Fast niemand merkte etwas – nur die Beuteaktenauswertung des Militärgeheimdienstes GRU, deren fleißiger Agent Feuchtinger kurz darauf wurde. Seine Hauptquelle war ein Abschöpfkontakt, der Bundeswehr-Oberst Carl-Otto von Hinkeldey. Am 21. Januar 1960 ist Feuchtinger dann auf dem Weg zu einem Treff in Ost-Berlin verstorben. Ob Nachhilfe geleistet wurde, wissen wir nicht. Nachspiel: Als die GRU versuchte, Hinkeldey mit Kopien seiner an Feuchtinger weitergegebenen Bundeswehrdokumente zum Agentendienst zu pressen, holte der die Polizei. Seine Aufrichtigkeit brachte ihm eine sechsmonatige Bewährungsstrafe wegen fahrlässigen Landesverrats ein.

Eine andere besonders ergiebig sprudelnde Quelle aus dem Bundesverteidigungsministerium war die Sekretärin mit dem Aliasnamen Roberta König. Sie hieß in Wirklichkeit Rosalie Kunze. Die junge Frau aus Pommern hatte es nach dem Krieg nach Dresden verschlagen. Dort ließ die damals Vierundzwanzigjährige im Jahr 1954 eine illegale Abtreibung vornehmen. Die Staatssicherheit schlug der Erwischten vor, ihre Schuld an der geheimen Front abzuarbeiten. Sie ging darauf ein. Nach einjähriger Schulung verließ die angebliche Roberta König die DDR. Ein weiteres Jahr später hatte sie bereits ihr Ziel erreicht; Rosalie Kunze wurde unter ihrem Falschnamen im Bundesverteidigungsministerium als Sekretärin eingestellt. Zwei Jahre später saß sie im Vorzimmer von Admiral Wagner. Nun waren keine Bundeswehr- oder NATO-Dokumente mehr vor ihr sicher. Vermutlich waren die Herren Offiziere im freudlosen Bonn von ihrem wippenden Röckchen so angetan, dass sie auf die Hände der jungen Dame weniger achtgaben.

Überläufermaterial ebnete den Weg zur flotten Roberta-Rosalie. Am 10. Oktober 1960 wurde sie mit viel öffentlichem Tamtam festgenommen. Ihre Instrukteure gingen bei diesem Treff gleich mit hoch. Rosalie Kunze erhielt vier Jahre Gefängnis. Wieder auf freiem Fuß, weigerte sie sich, in die DDR zurückzukehren; sie blieb in der Bundesrepublik. Und damit bereitete sie ihrem obersten Agentenchef Markus Wolf nach seinen Worten eine herbe Enttäuschung.[60] Vielleicht wusste er nicht, dass ein Erpressungsopfer nicht auf den Schoß des Erpressers zurückkehrt, wenn der Druck von ihm genommen ist. Zum Glück enttäuschten die Führungsleute der undankbaren Kunze ihren Geheimdienstboss nicht. Sie kamen nach einem Umweg durch den Knast in die DDR zurück. Martin Kiessler, Klarname Horst Schötzki, hatte fünf Jahre aufgebrummt bekommen, seine Frau Evelyn ein Jahr. Wieder in der DDR, wurde die verdiente Kundschafterin Schötzki zur Offizierin im besonderen Einsatz umregistriert. Fortan diente sie einem anderen Offizier im besonderen Einsatz und Desinformanten der Sonderklasse als Sekretärin.[61] Dessen Klarname war Julius Mader; zu ihm ist das Notwendige bereits gesagt.

Agentin Roberta: Rosalie Kunze.

Die Bundeswehroffiziere, die in der *Spiegel*-Geschichte »Bedingt abwehrbereit« eine besondere Rolle spielten, hießen Martin und Wicht. Generalstabsoberst Alfred Martin war laut *Spiegel*-Redakteur Brawand der einschlägige Informant. Die Bundesanwaltschaft war seinerzeit anderer Auffassung. Sie nahm einen Oberst fest, dessen Namen als Informanten sie ausgerechnet in einer Hausmitteilung von *Spiegel*-Verlagsdirektor Hans Detlev Becker entdeckt hatte. Der dort Genannte hieß Adolf Wicht. 1943/44 war Wicht an der Ostfront Leiter der Gruppe III (Beuteakten und Gefangenenbefragung) in der Abteilung Fremde Heere Ost unter Reinhard Gehlen gewesen. Er blieb nach dem Krieg dem Gewerbe treu und diente bei der Org. Gehlen und dem späteren Bundesnachrichtendienst. Dort leitete er seit 1960 dessen Residentur Hamburg, die als Terrapress-Verlag firmierte. Dass Wicht der Lieferant des Geheimmaterials war, dürfte eher zweifelhaft sein, denn als BND-Resident hatte er vermutlich keinen Zugang zu diesen Unterlagen (es sei denn, Gehlen gab sie ihm). 1970 schied Wicht aus der Bundeswehr aus und wurde im Folgejahr Auslandsbeauftragter des *Spiegel*-Verlages.[62] Aber das wird wohl reiner Zufall gewesen sein.

Der Fall Wicht führte zu einer weiteren Groteske. Als die Sache mit dem BND-Oberst im Kanzleramt ruchbar wurde, schritt der Kanzler höchstselbst ein. Ohne einen Hauch von Ironie verlangte er die sofortige Festnahme des Wicht-Vorgesetzten. Das war kein anderer als BND-Chef Reinhard Gehlen. Die Sache unterblieb dann. Selbst ein enger Gefolgsmann Adenauers wie der Spitzenbeamte aus dem Presse- und Informationsamt der Bundesregierung, Günter Diehl, der die Geschichte mit der Gehlen-Festnahme kolportiert hat, bemerkte, dass der Kanzler damals begonnen habe, seinen Sinn fürs Maß zu verlieren.[63]

Fassen wir die Fakten zusammen, so zeigt sich, dass für eine geheimdienstliche Steuerung des *Spiegel* im Fall von »Bedingt abwehrbereit« keine Beweise vorliegen. Wir registrieren lediglich, dass es eine Reihe von entsprechenden Behauptungen gegeben hat. Sie stammen allerdings von Leuten, die in einschlägigen Institutionen gearbeitet haben, wie Sergej Kondraschow. Er war 1962 stellvertretender Leiter der Abteilung Desinformation des KGB. Und dann gab es da noch den sowjetischen Überläufer Ilja Dshirkwelow,[64] der 1987 vor einem Londoner Gericht als Zeuge das Folgende zum Besten

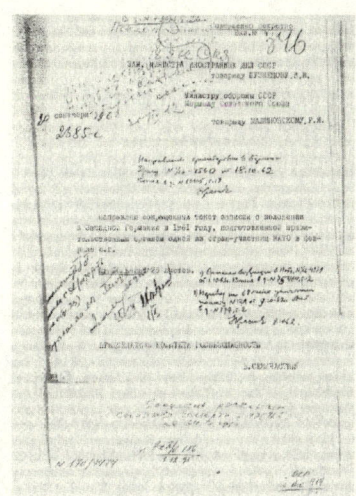

Grüße aus der Lubjanka: Bericht des KGB-Vorsitzenden Wladimir Semitschastnij vom 20. September 1962 über die Auswirkungen der Berlin-Krise auf die westdeutsche Sicherheitspolitik, einschließlich eines Verwendungsvermerks für die Anti-Strauß-Kampagne.

gab: »Das erste Mal, als ich mit Oberst [Michail] Sitnikow (damals stellvertretender Chef der Abteilung Desinformation) zusammenarbeitete, ging es um die Kompromittierung des Verteidigungsministers der Bundesrepublik Deutschland, Franz Josef Strauß. Wir benutzten das Magazin Der Spiegel für einen Artikel, der ihn bloßstellte. Der Artikel erfüllte seinen Zweck, und Strauß musste zurücktreten.«[65]

Bliebe als Letztes die Frage zu klären, wie diejenigen, die da behauptet haben, sie hätten KGB-Material in den Spiegel geschleust, die Informationen der Illustrierten untergejubelt haben. Einfach Handschuh an, Briefkastenklappe hoch und hinein damit wäre nicht nach Art des Hauses gewesen. Sach- und kunstgerecht pflegte ein Hereinspielen über eine Einflussquelle zu sein. Zum Beispiel, indem man den BND hinters Licht führte, der dann die Informationen über den Residenten Adolf Wicht hätte ablaufen lassen können. Der Verdacht mit Wicht ist verschiedentlich geäußert worden, wenn auch nicht als KGB-Kanal. Vielleicht war es auch ganz anders. Nur sage man nicht, im Spiegel habe es nie jemanden gegeben, der frisiertes Geheimdienstmaterial annahm. Bei der Durchsicht der Personen, die in Betracht kämen, fällt der Blick auf den stellvertretenden Chefredakteur des *Spiegel*, Hans Dieter Jaene. Doch aufgemerkt, hier ist nicht von einem Einfluss*agenten* die Rede; das ist etwas ganz anderes, denn der kennt den Hintermann. Eine Einfluss*quelle* handelt hingegen aus eigenem Antrieb, wird daher vom Geheimdienst eher spielerisch genutzt und durch einen anderen, einen getarnten Agenten gefüttert, den die Quelle für einen ehrenwerten Mann hält.

Sehen wir uns Jaene unter diesem Aspekt einmal an, so gelangen wir zu erstaunlichen Ergebnissen. Der 1924 im Brandenburgischen Geborene geriet bei Kriegsende in sowjetische Gefangenschaft, aus der er im Dezember 1945 entlassen wurde. Der junge Mann engagierte sich in der SBZ bei der Parteineugründung der LDPD, den Liberalen. Für das, was er sagte, kassierte er eine Festnahme durch das NKWD. Wie wir schon gesehen haben, bedurfte es dafür nicht viel. Der Vorwurf lautete wie üblich auf Spionage, doch Jaene wurde bereits nach sechs Monaten wieder auf freien Fuß gesetzt. Warum? Jaene schilderte sein Verhör wie folgt: »›Wir wissen, dass Sie Spion sind. Sie spionieren die russischen Stellungen aus.‹ Ich merke, wie sie mich fangen wollen, und bleib eisern. Ich weiß, dass das eine Lüge ist. Die beiden schlagen mich und treten nach mir... Die NKWD ist beharrlich. Stundenlang ging das so. Nicht immer so brutal und hart, aber immer so deprimierend und so erniedrigend. Dann ließen sie mich laufen. Ich hatte ja nichts zu gestehen.«[66]

Auch viele andere hatten nichts zu gestehen und wurden aus Gründen der Planerfüllung erschossen. Wieder andere ließ man leben, manch einer von ihnen hatte unterschrieben, fortan mit den sowjetischen Organen zusammenzuarbeiten. Von Jaene ist nichts dergleichen bekannt. Bekannt ist hingegen, dass er nach der Entlassung aus dem Knast rasch nach Westdeutschland verschwand. Mit dem eben zitierten Artikel debütierte er beim *Spiegel*.[67] Dort war er fortan tätig, bis ihn

1966 der Augstein-Vertreter Hans Detlev Becker rauswarf.[68] Manche sahen in ihm so etwas wie den Motor der neuen Ostpolitik. In der Tat, Jaene agierte in einer Weise, die man bemerkenswert finden darf. Er wollte nicht nur Zeitung, sondern Politik machen, ganz große Politik, versteht sich. Wie weit er sich hierbei einspannen ließ, lässt man ihn am besten selbst berichten. Es sind drei Texte[69] für Genießer:

»Aktennotiz. Am 16. Januar (1964) erwähnte ich gesprächsweise zu A in dessen Büro, dass demnächst B bei mir zu Gast sei und ganz interessiert wäre, mit C einmal dies und jenes zu besprechen, wobei C allerdings voll mit der Materie vertraut sein müsste. Am 20. Januar bat mich D zu sich und verlas mir mit der Anheimgabe, Notizen zu machen, Folgendes:

Man sei grundsätzlich bereit, den Wunsch von E zu erfüllen, um bestimmte sachliche Fragen zu erörtern, die F gern geklärt haben möchte. Man setze voraus, dass dieses Gespräch nicht persönlicher Initiative von G entspringe, sondern mit H, I und K abgesprochen sei. Auch L werde nicht persönlich sprechen, sondern in Vollmacht von M. Man habe vor, sich bei N oder O zu treffen, und zwar bereits nächste oder übernächste Woche. Man möchte gern, dass die entscheidenden Fragen vorher schriftlich übermittelt würden. Da P den Wunsch geäußert habe, nicht mit irgendjemandem zu sprechen, benenne man Q mit einem Begleiter, falls andererseits R und S kämen. T könne sich auch durch U oder V vertreten lassen. Sollte das jedoch zum gegenwärtigen Zeitpunkt nicht opportun erscheinen, sei man auch mit W einverstanden. Für diesen Fall käme X. Solches Gespräch könne möglicherweise ein weiteres zwischen Y und Z vorbereiten. Man sei sich darin einig, dass es wünschenswert sei, absolute und strikte Verschwiegenheit zu wahren, und man übernehme diesbezüglich alle Garantien.

Ich habe geantwortet, dass mir die Offerte hinsichtlich der Punkte 1, 2, 3 und 4 kaum akzeptabel erscheine und ich an etwas sehr viel weniger Aufwendiges gedacht hätte. Ich wollte es aber so weitergeben. Meine Empfehlung: Alles, wozu man bereit sei, sei ein gelegentliches zwangloses Zusammentreffen zwischen 7 und 5 bei 6.«

»Bilderzettel
A von Berg, Abteilungsleiter im DDR-Presseamt
B Genscher
C ein DDR-Funktionär, verhandelnd
D Blecha, Leiter des DDR-Presseamtes
E Gruppenbild vom FDP-Vorstand
F dasselbe im Freien
G Genscher, sitzend
H Mende
I Kühlmann-Stumm
K Erhard
L ein DDR-Funktionär, kontrollierend
M Stoph
N Straßenszene in Ost-Berlin
O Stadtansicht von Bonn
P Genscher mit Familie
Q Abusch
R Mende mit Frack
S FDP-Bundesgeschäftsführer
T Mende mit Schäferhund
U FDP-Fraktionsvorsitzender
V Dehler
W Genscher mit Bierglas
X nicht identifizierter DDR-Funktionär
Y Abusch bei Pressekonferenz
Z Vizekanzler bei Kabinettssitzung«

»Noch zu klärende Punkte:
1. Die Frage der Initiative ist falsch dargestellt;
2. die Ortsangaben sind nicht akzeptabel;
3. die Ebene ist falsch gewählt;

4. schriftliche Erklärungen sind unmöglich;
5. ein DDR-Mann;
6. Jaene;
7. Genscher.«

Was sich wie konspirativer Klamauk liest, sind drei Notizen, die Jaene an den Jungstar der FDP, Hans-Dietrich Genscher, in einzelnen Sendungen zur Post gegeben hatte. Wenn man die drei Zettel zusammenlegt, wird ein Schuh daraus. Warum dieses Geheimdienstgehabe? Das ergibt sich aus dem Inhalt. Es ist die Vorbereitung eines heimlichen Treffens zwischen DDR- und FDP-Funktionären. Die DDR favorisierte für solch eine Zusammenkunft den FDP-Vorsitzenden Erich Mende, dem man als Gegenüber den SED-Mann Alexander Abusch anbot; es sei aber auch Genscher mit einem noch nicht benannten SED-Funktionär denkbar. Letzteres wurde von Jaene bevorzugt, wobei er sein Quartier als Treffort anbot; er war zu dieser Zeit Statthalter des *Spiegel* in Berlin.

Die DDR-Funktionäre, die die vorbereitenden Gespräche mit Jaene führten, waren Hermann von Berg und Kurt Blecha – beide vom DDR-Presseamt, Blecha der Leiter und Berg ein Abteilungsleiter. So liest es sich in der harmlosen Variante. Weniger harmlos erscheint es hingegen, wenn man berücksichtigt, dass der 1923 geborene Blecha, der zunächst NSDAP-Mann und sodann Soldat der Wehrmacht war, 1943 in sowjetische Kriegsgefangenschaft geriet, wo er prompt Mitglied des Nationalkomitees Freies Deutschland (NKFD) wurde. Das NKFD war ein Propagandavehikel der Abteilung 7 der Politischen Hauptverwaltung der Roten Armee, die sich mit der Zersetzung der großdeutschen Wehrmacht befasste. Von hier aus ging Blecha zur Gesinnungsveredelung auf eine Antifa-Schule, wo ihn, wie so manchen anderen, der sowjetische Geheimdienst anwarb. Angeblich schaffte es Blecha im Lauf der Jahre auf der Beförderungsleiter des KGB bis zum Oberst der Staatssicherheit. Doch inzwischen war er längst in der DDR tätig. Nach einem Umweg über die Journalistenausbildung in Leipzig wurde Blecha 1958 Leiter des DDR-Presseamtes, eine Funktion, die er bis 1989 innehatte.

Dass er bei so viel Öffentlichkeit nicht müde wurde, konspirativ gegen den Klassenfeind zu arbeiten, hat uns Blecha selbst schriftlich gegeben. Seinen Beitrag zur sozialistischen Wissenschaftlichkeit, den er zusammen mit dem MfS-Oberst Günter Halle 1971 verfasste, hieß: »Die Lösung von staatlichen Aufgaben der Öffentlichkeitsarbeit zum Schutz und zur Sicherung der DDR durch Kooperation des Ministeriums für Staatssicherheit und des Presseamts beim Vorsitzenden des Ministerrats unter besonderer Berücksichtigung der Durchführung gemeinsamer Aktionen im Kampf gegen die subversive Tätigkeit des Feindes.«

Auch Jaenes anderer Kooperationspartner Hermann von Berg war um keinen Deut besser. Der hieß mit Decknamen Günter und war seit 1958 Agent der Hauptverwaltung Aufklärung. Der Dritte im Bunde, den man als Verhandlungspartner andiente, war Alexander Abusch, ein KPD-Parteijournalist, der es in der fraglichen Zeit bis zum stellvertretenden Vorsitzenden des Ministerrats der DDR gebracht hatte. Selbstredend hatte auch er einen geheimdienstlichen Vorlauf. Seit 1951 diente er dem MfS als Geheimer Informator, wie man die Agenten in Anlehnung an die russischen Gepflogenheiten damals nannte. Natürlich ist in seinen Memoiren hiervon keine Rede, obschon sie den witzig anmutenden Titel *Der Deckname* tragen.

Aus dem von Jaene veranlassten Treff zwischen Genscher und dem Funktionär Unbekannt wurde nichts. Doch Jaene blieb am Ball. Zahlreiche Schreiben aus seiner Feder belegen, wie er sich bemühte, die aus seiner Sicht richtige Politik zu machen, sei es mithilfe des *Spiegel*, sei es über die FDP-Schiene.[70] Auch auf der Gegenseite wurde das dankbar registriert.[71] Da nimmt es nicht wunder, dass Jaene etliche Jahre später, mittlerweile gab es keine DDR mehr, an den *Spiegel-*

Chef Rudolf Augstein schrieb: »Wer aus seiner Position heraus zur Zeit des Moskauer Drucks mit der Stasi kooperierte, ohne andere ans Messer zu liefern, dem ist im Nachhinein nichts vorzuwerfen; er kann Thomaskantor bleiben oder auch Hochschullehrer, sofern er nicht andere der Verfolgung ausgesetzt hat. Ein *Spiegel*, der so schriebe, wäre auch heute noch mein *Spiegel*.«[72]

Diese Sentenzen vor Augen, bliebe nachzutragen, was Jaenes Kontaktmann Hermann von Berg alias Günter zum Beispiel wegen des zu lancierenden, diffamierenden und getürkten Desinformationsmaterials über den Bundestagspräsidenten Eugen Gerstenmaier in die MfS-Akten protokollierte: »Dasselbe Material an den *Spiegel* geben, Jaene brennt darauf.«[73]

Wie auch immer man die Dinge sehen mag: Es gibt keine unwiderleglichen Beweise, dass der *Spiegel* wissentlich mit KGB-Material jonglierte; ebenso wenig ist nachzuweisen, dass Jaene bei der *Spiegel*-Affäre das Spundloch des KGB war. Eines jedoch liegt auf der Hand: Der *Spiegel*-Artikel »Bedingt abwehrbereit« lag voll auf der sowjetischen Linie. Strauß war den Russen als prononcierter Vertreter des westdeutschen Verteidigungswillens im Wege. Er geriet durch den Artikel in ernste Gefahr. Doch kein Geheimdienst hätte erfinden können, was dann kam. Wohlgemerkt: kein sowjetischer. Denn nun griff Reinhard Gehlen ein. Zwar schrieb er später, er habe mit alldem nichts zu tun gehabt,[74] doch besonders gläubig nehmen wir diese Auskunft nicht entgegen. Einer zumindest will aus seinem Munde anderes vernommen haben: der damalige Pressesprecher des Verteidigungsministeriums Gerd Schmückle. Er berichtete darüber in seinen Memoiren:

»Bei dem Durcheinander der Meldungen und Meinungen blieb ich Strauß gegenüber skeptisch... Seine Geschichte, Gehlen rechne mit einer kommunistischen Spionagezelle im *Spiegel*, hielt ich für ein Fantasiegebilde. Ich nahm mir vor, ihm später auf die Schliche zu kommen. Dann würde ich ihm aber die Wahrheit sagen. Jahre danach traf ich Gehlen. Ohne gefragt zu sein, erzählte er mir, er habe die Großaktion gegen den *Spiegel* empfohlen, da in der Redaktion militärische Geheimnisse verwahrt und kommunistische Spione tätig seien. Ja, im *Spiegel* säße noch heute eine kommunistische Spionagezelle, ob ich es glauben würde oder nicht.«[75]

Doch der Rest war selbst für Gehlen nicht planbar. Der westdeutsche Verteidigungsminister verstrickte sich so lange in Lügen, bis Adenauer ihn fallen ließ, weil es ihm nun selbst ans Leder zu gehen drohte. Dass Strauß so handelte, wie er es tat, war offenbar seinem Größenwahn geschuldet, der ihn bewog, den ihm unterstehenden militärischen Attachédienst in das exekutive Vorgehen gegen die *Spiegel*-Leute einzuspannen. Das machte aus den von den Festnahmeaktionen Betroffenen weiß Gott keine Nationalhelden, sondern es zeigte lediglich, dass der amtierende Bundesverteidigungsminister mit der ihm zugemessenen Macht nicht umzugehen verstand. Seine Ablösung war folgerichtig und notwendig, und sie warf auf den zögernden Bundeskanzler ein eher schräges Licht.

Augstein hatte sein Ziel erreicht: Der Mann, den er auf Biegen und Brechen hatte kippen wollen, war über die Klinge gesprungen. Womit er allerdings nicht hatte rechnen können, war die Dämlichkeit der deutschen Behörden. Augsteins Festnahme und mehrwöchige Unterbringung in Untersuchungshaft war für die Aufklärung der Straftat überflüssig, und sie produzierte einen Märtyrer, den es sonst so nicht gegeben hätte. Ein abgeschirmtes Ermittlungsverfahren nebst anschließender öffentlicher Anklage hätte mit Sicherheit ein anderes öffentliches Echo erzeugt.[76] So war der Schluss des Jahres 1962 in der Bundesrepublik ein innenpolitischer Kampf mit verkehrten Fronten. Die Bundesregierung wehrte sich mit schlechten Karten gegen Angriffe auf einen stümperhaft tricksenden Verteidigungsminister, und eine Justiz eierte herum, die immer noch nicht gelernt hatte, dass sie im kalten Licht der öffentlichen Berichterstattung bestehen musste. Das wurde ihr rasch klargemacht, und dann knickte sie ein.

Bis zum 13. Mai 1965 dümpelte die Sache; an diesem Tag stellte der Bundesgerichtshof das Verfahren gegen Rudolf Augstein und andere ein.[77] Das hat im Nachhinein den Eindruck erweckt, als sei das Vorgehen der Justiz von vornherein rechtswidrig gewesen. Doch so war es keineswegs, wie das Bundesverfassungsgericht durch Urteil vom 5. August 1966 feststellte, in dem es die Durchsuchung der Redaktion und die Festnahme von Augstein für rechtens erklärte.[78]

Die *Spiegel*-Affäre hatte in der Bundesrepublik Folgen, die weit über den Tag hinausreichten. Geheimnisverrat verkam fortan zur kleinen Münze. Doch schwerwiegender war, dass beträchtliche Teile der Presse ihr Kostüm wechselten. Die Meldung wich der radikalen Meinungsmache. Auf diesen Abwegen wurde die Presse vortrefflich von der Politik unterstützt: Die Ländergesetzgeber erließen Pressegesetze, in denen sie das Redaktionsgeheimnis, das bis dahin eher eine in den Köpfen spukende Größe war, zum gesetzlich geschützten Tatbestand hochjubelten. Manch ein Politiker, der in diesem Zusammenhang hehre Worte geschwätzt hat, mag das später bereut haben.

IV. KAPITEL:
ZEMENTIERUNG UND VERKALKUNG.
DIE ÄRA BRESHNJEW

AM 13. OKTOBER 1964 wurde der sowjetische Führer Nikita Chruschtschow gestürzt. Die Revolte fand auf den Fluren des Politbüros der KPdSU statt. Chruschtschow musste gehen, Leonid Breshnjew kam. Manch ein Kreml-Astrologe deutete den Umstand, dass Chruschtschow nicht vor dem Erschießungskommando endete, sondern in Pension geschickt wurde, als Hinweis, dass in der Sowjetunion bessere Zeiten angebrochen seien. Nichts konnte falscher sein. Das Land rutschte in den Zustand der Erstarrung. Wir werden den Ereignissen im Folgenden nachgehen. Zunächst werden die Auswirkungen des Machtwechsels auf die inneren Verhältnisse in der Sowjetunion und in Deutschland geschildert. Sodann werden die äußeren Aspekte, das Mit- und das Gegeneinander, untersucht.

W wie Widerstand. Innenpolitische Aspekte der
deutsch-russischen Auseinandersetzung
und deren geheimdienstliche Beeinflussung

Selten ist im jüngeren deutschen Sprachgebrauch ein Begriff so umgewidmet worden wie der Begriff des Widerstandes. Politischer Widerstand setzt einen gefährlichen Druck voraus. Den gilt es nicht nur auszuhalten, sondern ihm ist ein eigenes, riskantes Tun entgegenzusetzen. So jedenfalls wurde Widerstand lange Zeit verstanden. Doch das änderte sich in den 1970er-Jahren in bemerkenswerter Weise. Hierbei gab es signifikante Unterschiede in Ost und West.

Wo wie im Westen der riskante Druck entfallen war, konnte es eigentlich keinen Widerstand mehr geben. Das Dagegensein gehörte zu den erlaubten politischen Ausdrucksformen. Dieses Erlaubtsein führte bei vielen Demonstrierern und Protestierern zu merkwürdigen Reaktionen. Weil sie nämlich merkten, dass all ihre öffentlichen Aktionen, Demos und Sit-ins praktisch nichts bewirkten, suchten sie nach anderen Möglichkeiten, Aufmerksamkeit zu erregen. Die Demonstrationen mündeten in gewalttätige Proteste. Jetzt schauten alle hin.

Dieses an sich von Kleinkindern geübte Verhalten nahm Einzug in die politische Wirklichkeit der Bundesrepublik. Man könnte also mit einem gewissen Recht von der Infantilisierung der politischen Kultur sprechen. Stattdessen redete man hochtrabend von Widerstand. Zu welchen Verirrungen das führte, zeigt folgendes Beispiel: »Gerade weil unsere Solidarität den Genossen im Untergrund gehört, weil wir uns mit ihnen so eng verbunden fühlen, fordern wir sie hier auf, Schluss zu machen mit ihrem Todestrip, runterzukommen von der bewaffneten Selbstisolation, die Bomben wegzulegen und die Steine und einen Widerstand, der ein anderes Leben meint, wieder aufzunehmen.«[1]

Der Mann, der diese Sätze 1976 vor dem Frankfurter Römer abgesondert haben soll, hieß Josef Fischer und wurde Joschka genannt. Die Veranstaltung trug den Titel Antirepressionskongress, und der Widerstand, von dem der Redner schwatzte, war sein Aufruf an eine Bande von Gewaltverbrechern, die sich selbst als Rote Armee Fraktion bezeichnete. Sie sollten nach Ansicht des Redners fürderhin Steine statt Bomben schmeißen. Das war in der Tat kindisch. Dennoch war der Mann offenbar zu Höherem berufen – zum Außenminister der Bundesrepublik Deutschland.

Ganz anders sah es in dieser Zeit im Ostblock aus. Dagegensein war nicht nur unerlaubt, es drohten vielmehr happige Repressalien. Widerstand war möglich, und er fand auch statt. So hört man, und so liest man es. Doch auch hier gilt es, die Legenden von der Wirklichkeit zu scheiden und Schneisen in ein verwirrendes Dickicht zu schlagen. Beginnen wir in der Sowjetunion. Die Nachrichten hierüber sind spärlich. Vor allem ist zu vermeiden, staatsoffizielle Äußerungen oder, schlimmer noch, die Notate des allmächtig erscheinenden KGB für die Wirklichkeit zu nehmen. Wie der sowjetische Geheimdienst die Ereignisse bewertete und beeinflusste, wird noch gesondert zu betrachten sein.

Warf man in den langen Jahren der Nachkriegszeit von außen einen Blick auf die sowjetische Gesellschaft, so erschien diese seltsam homogen. Doch dieser Eindruck beruhte in Wirklichkeit auf purer Unkenntnis und wurde durch einige Publizisten wie zum Beispiel den Bestsellerautor Klaus Mehnert befördert, die das Bild von der wohlgeordneten und im Großen und Ganzen zufriedenen Sowjetgesellschaft für das deutsche Lesepublikum entworfen. Mehnert-Titel wie *Der Sowjetmensch* suggerierten das Vorhandensein einer Spezies Mensch, die es so in der Wirklichkeit gar nicht gab. Richtig ist vielmehr, dass der bolschewistische Terror von 1917 bis 1953 und dazwischen der nationalsozialistische Terror der Jahre 1941 bis 1944 den Völkern in der Sowjetunion schreckliche Wunden geschlagen hat.

Die Vernichtungswut der Bolschewisten traf nach der Oktoberrevolution als Erstes die Besitzenden. Unter diesen waren sicher auch viele Taugenichtse,[2] doch getroffen wurden vor allem diejenigen, die in irgendeiner Weise selbstständig zu wirtschaften verstanden. Dergleichen war mit selbstständigem Denken verbunden. Das konnte und wollte das Regime des Wladimir Lenin und seiner Nachfolger nicht dulden. Der Hass auf die Selbstständigkeit ging so weit, dass es im Agrarland Russland sogar kleine und kleinste Bauern traf. Nachdem diese zunächst nach der Revolution von 1917 Land zugeteilt bekommen hatten, wurden sie in der Stalin-Ära kurzerhand zu Kulaken, also Land besitzenden Ausbeutern, erklärt und umgebracht. Das Ergebnis ist allgemein bekannt: Das Riesenreich war, je länger es existierte, immer weniger in der Lage, sich selbst zu ernähren.

Die Vernichtung von Teilen der Bevölkerung bewirkte, dass die Bolschewiki über viele Jahre hinweg nicht zu befürchten brauchten, dass durch selbstständiges Denken die Fragwürdigkeit des Staats- und Gesellschaftssystems entlarvt wurde. Wie weit der Erfolg der bolschewistischen Umerziehung gediehen war, zeigte sich spätestens ab der zweiten Hälfte der 1980er-Jahre, als der sowjetische Parteichef Michail Gorbatschow die unumgängliche Renovierung des Sowjetsystems mit der Formel von der Umgestaltung und vom neuen Denken zu erläutern versuchte. Sie stößt noch heute, gut zwanzig Jahre später, auf Unglauben.

Das soll allerdings keinesfalls heißen, dass es in der Nach-Stalin- und Nach-Chruschtschow-Zeit keinen Widerstand gegeben hat. Nichts könnte falscher sein. Politische Aufsässigkeit war jedoch unter den geschilderten Vorbedingungen und mit den dem Staat zur Verfügung stehenden Mitteln relativ kommod zu lenken. Das wichtigste Mittel neben der Repression bildete hierbei die Zensur. Es versteht sich, dass der Westen das bewusste Dummhalten der Ostblockbevölkerung für destabilisierende Propagandamaßnahmen nutzte. Sender wie Radio Free Europe, Radio Liberty oder RIAS waren die Offensivwaffen im nicht erklärten Krieg der Propagandisten.

There's Music in the Air: die Rolle der Propagandasender
Radio Free Europe entstand 1949/50. Seine Gründerväter saßen in einem New Yorker Verein, der sich Free Europe Committee nannte. Nicht zu Unrecht vermutete das KGB hinter dem Ganzen eine Tarnanschrift der US-amerikanischen CIA.[3] Zielländer der Radiopropaganda von RFE waren vor allem die Satellitenstaaten der Sowjetunion. Auf die Sowjetunion selbst sollte Radio Liberty einwirken. Es war am 1. März 1953 von einem New Yorker Committee for Liberation from Bolshevism ins Leben gerufen worden. Auch bei diesem Verein stand die CIA Pate. Seit 1955 hatte Radio Liberty seinen Hauptsitz

in München. Von hier aus sendete auch Radio Free Europe. RIAS, der Rundfunk im Amerikanischen Sektor, agierte hingegen von West-Berlin aus. Er wurde im Februar 1946 gegründet und trug zunächst den Namen DIAS, Drahtfunk im Amerikanischen Sektor. Am 31. Dezember 1993 stellte RIAS den Betrieb ein.

Alle drei vom westdeutschen Boden aus sendenden Radiostationen waren den akustisch hiervon betroffenen Staaten des Ostblocks ein Dorn im Ohr. Wenig verwunderlich ist es daher, dass sie von den einschlägigen Auslandsdiensten zu Hauptfeindobjekten erklärt wurden. RIAS hatte zwar beim Volksaufstand vom 17. Juni 1953 durch seine eher abwiegelnde Berichterstattung keine rechte Rolle gespielt, doch die DDR-Propaganda wollte dies kurze Zeit später anders. Um das blamable Ereignis zu erklären, hatten es Ost-Berlins Chefpropagandisten für richtig befunden, RIAS die Auslösung des Aufstandes in die Schuhe zu schieben. Wer in der DDR wollte das schon nachprüfen?

Die Staatssicherheit erhielt den Auftrag, unverzüglich geeignetes Beweismaterial für einen Schauprozess zu beschaffen. Wie befohlen, so getan: Die einschlägige Aktion trug den beziehungsreichen Decknamen Enten. Im April 1955 wurden neunundvierzig Personen festgenommen. Ihnen wurden Kontakte zum RIAS zur Last gelegt, in der Diktion der Staatssicherheit: zur West-Berliner Spionagezentrale des amerikanischen Geheimdienstes. Fünf Männer wurden für den Schauprozess präpariert. Am 24. Juni 1955 verlas Generalstaatsanwalt Ernst Melsheimer die Anklageschrift. Drei Tage später war man fertig: einmal Todesstrafe, einmal lebenslänglich und die drei anderen zwischen fünfzehn und acht Jahren Zuchthaus. Das Todesurteil gegen den angeblichen Rädelsführer, einen siebenunddreißigjährigen Dekorateur namens Joachim Wiebach, hatte SED-Chef Walter Ulbricht höchsteigenhändig auf dem anders lautenden Urteilsentwurf verfügt, und so wurde es ausgesprochen. Der Delinquent wurde am 14. September 1955 in Dresden mit dem Fallbeil hingerichtet.[4]

Nach diesem Brutalverfahren änderten sich peu à peu die Methoden. Die Staatssicherheit begann, auf aktive Maßnahmen zu setzen. Das bedeutete im Klartext, dass die vom RIAS gesendeten unangenehmen Wahrheiten durch Einflussagenten verzerrt werden sollten. Die Liste der einschlägigen Journalisten ist lang. Nicht immer ist mit Sicherheit auszumachen, ob sie tatsächlich Agenten des MfS waren oder nur als nützliche Idioten fungierten. Einer der MfS-Agenten hieß zum Beispiel Rudolf Stoot. Er wurde Mitarbeiter des RIAS. Sein Deckname lautete Stola, registriert war er unter der Nummer XV/1419/68, einem Aktenzeichen der DDR-Auslandsaufklärung. Stoot war bereits seit 1961 bei der Firma, damals noch in der DDR, die er laut Aktenvermerk des MfS am 30. Januar 1962 als angeblicher Republikflüchtling verließ. Wie es bei der getürkten Flucht und in den späteren Jahren zuging, haben die Aufklärer der Bezirksverwaltung Berlin des MfS, die die Quelle Stola noch 1989 führten, dem Reißwolf anvertraut.[5]

Weit komplizierter lag der Fall des Hanns Werner Schwarze. Die Stationen dieses bekannten Journalisten liefen so: 1947 Übersiedlung von Ost- nach West-Berlin, Reporter und Redakteur bei westdeutschen Zeitungen, 1953 Leiter der Nachrichtenabteilung des RIAS. In dieser Funktion stellte Schwarze später die Berichterstattung des RIAS zum 17. Juni 1953 zusammen. 1962 wurde er Leiter des ZDF-Studios in West-Berlin, 1971 Moderator der ZDF-Reihe Kennzeichen D. Das war ein prächtiger Platz.

Wie die nachrichtendienstliche Anbindung von Schwarze an die Sowjets bzw. an das MfS genau war, lässt sich heute nicht mehr mit Gewissheit sagen; die MfS-Akten zu ihm wurden gründlich beseitigt. Aus dem, was noch da ist, geht hervor, dass Schwarze 1970 auf Wunsch der Freunde zur Bearbeitung durch das MfS gesperrt wurde. Das bedeutet, die Russen hatten eigene nachrichtendienstliche Interessen an dem Mann angemeldet und durchgesetzt; das MfS musste die Hände von Schwarze lassen. Im November 1976 wurde die Sperre aufgehoben, und die Zuständigkeit für Schwarze ging auf die Abteilung X (zehn) der Hauptverwaltung Aufklärung über. Das war die Arbeitseinheit für Desinformation; zu deren klassischen Agenten gehörten Journalisten. 1980 wechselte Schwarze auf dem Papier zur Hauptabteilung II (Spionageabwehr) und kehrte schließlich im September 1985 zur HVA-Abteilung X zurück. Das sind karge Daten für einen Mann, der auch bei dem, was er öffentlich tat, nach Kräften das Geschäft der DDR erledigte. Seine Bücher *Die DDR ist keine Zone mehr* und *DDR heute* aus den Jahren 1969 und 1970 legen hiervon Zeugnis ab.

Wenn Schwarze tatsächlich Ost-Berlins Mann im ZDF gewesen sein sollte, dann war das MfS einem Haupthassobjekt der DDR-Führung nahe auf die Pelle gerückt, dem ZDF-Magazinisten Gerhard Löwenthal. Auch der hatte nach dem Krieg beim RIAS begonnen – aber nicht als Ostagent. Noch 1975 versuchte der Spionagechef der DDR, Markus Wolf, den manche für eine Art Gentleman-Agenten hielten, Löwenthal zum jüdischen Gestapo-Spitzel ausrufen zu lassen – für Kenner des Lebenslaufes der beiden Herren ein besonderer Leckerbissen.[6]

Auch der Journalist Karl-Heinz Kaiser hatte sich von Ost nach West auf den Weg gemacht. Seiner Übersiedlung war 1983 ein misslungener Versuch vorausgegangen, dem Ost-Berliner ARD-Studio Fotos zu verkaufen. Die Gelegenheit wollte sich die Hauptabteilung II (Spionageabwehr) des MfS nicht entgehen lassen, als sie dessen ungesetzliches Tun entdeckt hatte. Sie warb Kaiser an, verpasste ihm den Decknamen Alexander Prinz und ließ ihn ausreisen. Die Rechnung ging auf. Kaiser-Prinz jobbte und spitzelte fortan bei SFB, RIAS und *Morgenpost*. Die Tätigkeit bei einem privaten Fernsehsender folgte. Ganz nebenbei berichtete der Agent aus der Berliner CDU. Das ging so bis zum November 1989; dann gingen bei der

Staatssicherheit die Lichter aus. Später fand der Stasi-Mann milde Richter. Sie erkannten auf eine achtmonatige Bewährungsstrafe und ließen ihn von seinen rund 85 000 Westmark Agentenlohn lediglich 13 000 an die Staatskasse zurückzahlen.[7] Sodann machte Kaiser in einem von seinen beiden Berufen weiter – dem des Journalisten. Sicher eine Zierde der freien Presse, die nun Volkes Stimme zu formulieren hilft.

Erwähnt sei noch der Journalist Dettmar Cramer, Jahrgang 1929, aus Görlitz stammend und nicht zu verwechseln mit dem gleichnamigen, etwas älteren Fußballtrainer. Nach seiner juristischen Promotion arbeitete er als Nachrichtenredakteur, zunächst bei der *FAZ*, deren West-Berliner Büro er ab 1964 vorstand. Fünf Jahre später wechselte er nach Bonn, um dort auch das Büro von RIAS zu leiten. Im Dezember 1981 wurde er Chefredakteur des Senders. Das blieb er bis Anfang der 1990er-Jahre.

Cramer war für das MfS das, was man eine erstrangige Abschöpfquelle nennt. Das Ausfragen des plauderseligen Mannes übernahm ein Agent der Hauptverwaltung Aufklärung mit Namen Hermann von Berg, mit dem wir uns am Ende dieses Kapitels noch einmal näher beschäftigen werden. Auf diesen scheinbar seriösen Gesprächspartner aus dem Presseamt der DDR fielen viele herein, vor allem westdeutsche Journalisten und Politiker. Sie hielten Berg für den heimlichen Abgesandten von DDR-Ministerpräsident Willi Stoph. Dass sie sich in Wirklichkeit von dem HVA-Agenten Günter ausquetschen ließen, kam ihnen im Traum nicht in den Sinn. Zur Schar der Plauderer in Richtung DDR zählte auch Dettmar Cramer. Sollte das MfS je erwogen haben, den Mann als Agenten zu werben, wird es alsbald davon Abstand genommen haben, da er ohnedies freiwillig alles zum Besten gab. Cramers Informantenlaune war derart ausgeprägt, dass den Geheimdienstlern aus Ost-Berlin ernsthafte Zweifel kamen, ob sie hier etwa über den Tisch gezogen werden sollten. Doch es war nicht an dem, denn einen westdeutschen geheimen Hintermann hatte

Cramer nicht. Er glaubte, große Politik zu machen, und spielte geheimer Kanal. Auf der einen Seite Politiker wie der SPD-Mann Egon Bahr, auf der anderen die Stasi. Bahr und Cramer hielten das für Entspannungspolitik.[8] Doch man sollte auch hier das Kind nicht mit dem Bade ausschütten und Cramer das Recht auf bessere Einsichten zugestehen. Als er 1989 zum vierzigjährigen Bestehen des Grundgesetzes, also noch *vor* der Wende in der DDR, zu einem Beitrag zum Sammelband *Das Wiedervereinigungsgebot des Grundgesetzes* aufgefordert wurde, war er einer der ganz wenigen, die mit klaren Worten die westdeutsche Selbstpreisgabe der deutschen Einheit geißelten.[9]

Bis zum Untergang der DDR rangierte der RIAS ganz oben auf der Feindskala. War schon das Hören des Senders nicht zu unterbinden, so veranstaltete das MfS einen ungeheuerlichen geheimdienstlichen Verwaltungsaufwand, um jegliche Kontaktaufnahme im Keim zu ersticken. Hieran wundert weniger, dass die deutschen Tschekisten ihren gesamten Bürokratenfleiß in diese Sache investierten, als vielmehr der Umstand, dass ungezählte DDR-Bewohner recht ungeniert mit dem Sender und den von ihm angegebenen Kontaktadressen zu korrespondieren versuchten. Das wurde unterdrückt. Lienhard Wawrzyn, ein ehemaliger Hauptamtlicher der MfS-Bezirksverwaltung Dresden, hat es so beschrieben:

»Der RIAS war für uns ein Feindsender und betrieb politisch-ideologische Diversion, darum sollten alle Briefkontakte zu ihm unterbunden werden. Ich hatte mitunter Berge von sechshundert Karten an den RIAS oder an Komiker wie Karl Dall, die Einschreiben nicht mitgerechnet. Die Einschreiben mussten weitergehen, weil das postrechtlich Wertsendungen sind, die nicht verloren gehen dürfen. Alles andere habe ich zurückgehalten und vernichten lassen ... Ich kann sagen: Mein Verdienst war, dass von Dresden kein Brief außer Einschreiben beim RIAS ankam.«[10]

Besser als dieser Stasi-Mann kann man das Thema Diktatur und Recht kaum zusammenfassen. Brief wegschmeißen – kein Problem, doch Vorsicht bei Einschreiben, die mussten ankommen, dafür gab es schließlich Postvorschriften.

Auch bei den beiden Münchner Propagandasendern ging es nicht wie im Mädchenpensionat zu. Sie waren Gegenstand wütender Angriffe der Geheimdienste des gesamten Ostblocks. Immer wieder versuchten diese, durch Agenten die Arbeit der Sendeanstalten zu stören. Die Störungen waren zweiseitig angelegt: Vordergründig galt es, die eigene Bevölkerung vom Hören abzuhalten. Das geschah durch Störsender und durch Verbote.

Beide Maßnahmen waren nicht sonderlich erfolgreich. Deswegen wurden sie durch Sabotage und Beeinflussung flankiert. Mit großem Aufwand wurden Propagandakampagnen gegen die feindlichen Sender losgetreten. Einige davon waren den Sowjets so wichtig, dass sie sogar Übersetzungen der Aufklärungsschriften ins Deutsche vornahmen. Eine solche Schrift war beispielsweise *Radiodiversanten*, die Anfang der 1970er-Jahre in Moskau erschien.

Andere Maßnahmen des KGB zur Bekämpfung der Feindsender setzten unmittelbar bei diesen selbst an. Sei es, indem die dort Tätigen öffentlich diskreditiert wurden, sei es, indem Einflussagenten eingeschleust wurden. Bei Radio Liberty, dessen Tätigkeit sich auf das Gebiet der Sowjetunion richtete, war beispielsweise zwanzig Jahre lang ein Illegaler des KGB tätig, der es dort bis zum Leiter der russischsprachigen Nachrichtenredaktion brachte. Sein Name lautete Oleg Tumanow. Das war gegen die sonstigen Gewohnheiten des KGB dessen Klarname, denn sein Absprung aus der Sowjetunion wurde so getarnt, dass der junge Mann im wahrsten Sinne des Wortes absprang, nämlich in der Nacht vom 18. zum 19. November 1965 von einem sowjetischen U-Boot, das im Golf von Salum ankerte. So konnte Tumanow das anderthalb Kilometer entfernte Ufer der Vereinigten Arabischen Republik schwimmend erreichen. Im Jahr darauf hatte der Scheindeserteur sein Ziel erreicht. Er wurde beim Sender Radio Liberty eingestellt. Sein Auftrag war vermutlich ausschließlich die Spionage, seine Zielpersonen waren die Mitarbeiter des Senders und die in der Bundesrepublik im antisowjetischen NTS organisierten Personen und deren Aktivitäten. Zu seiner geheimdienstlichen Abdeckung übermittelte das KGB der CIA mithilfe eines Scheinagenten eine Version des KGB-Fahndungsbuches, in dem vor allem Überläufer und Emigranten verzeichnet waren – darunter selbstverständlich auch der Deserteur Tumanow:

»Tumanow, Oleg Alexandrowitsch, Jahrgang 1944, geboren und zuletzt wohnhaft in Moskau, Russe. Oberschulbildung, ehemals Kandidat der KPdSU, von Beruf technischer Zeichner, diente als Matrose in der Diensteinheit 63 972 der Baltischen Flotte, Größe 1,73 m, Haarfarbe dunkel... Er ist in der Nachrichtenabteilung von Radio Liberty als Sprecher tätig und macht ständig unter dem Namen Valeri Schulgin antisowjetische Äußerungen. Der Haftbefehl wurde vom Militärstaatsanwalt der Baltischen Flotte, zweifacher Träger des Rotbannerordens, bestätigt. Ein Passbild aus dem Jahr 1965 und eine Schriftprobe liegen vor. Die Fahndungsunterlagen befinden sich bei der Verwaltung des KGB der Stadt und des Gebietes Moskau (beim KGB unter der Fahndungsnummer 27/2966, laufende Nummer 13, registriert).«[11]

Die Sowjets hatten richtig kalkuliert. Nachdem die CIA diesen scheinbaren Leckerbissen ausgelutscht hatte, reichte sie das Machwerk an die in der Bundesrepublik residierende antisowjetische Emigrantengruppe NTS durch. Dort freute sich kaum einer, der mit Details aus seinem Vorleben konfrontiert wurde, die dort schwarz auf weiß verzeichnet standen. Ehrenrührige Delikte, Kollaboration mit den Nazis und was sonst auch immer. Ob's denn stimmte, stand auf einem ganz anderen Blatt. Das war für das KGB ein hübscher Erfolg, denn schon seit den 1920er-Jahren hatten es die sowjetischen Geheimdienste immer wieder verstanden, unter den Emigrantenorganisationen gezielt Misstrauen zu säen. Funktionäre von Scheinorganisationen unterwanderten die realen Emigrantenorganisationen und paralysierten sie. Nun sollte der Neuaufguss zulasten des NTS kommen.

Doch die NTS-Leute waren auf der Hut. NTS-Chef Andrej Wassiljew meinte nur lakonisch: »Die routinemäßigen und schablonenhaften Aktionen zeugten von einem geringen geistigen Niveau und Beschränktheit. Beispielsweise kamen bei uns in Westdeutschland ein Brief aus Moskau und ein Brief aus dem Gebiet Moskau an, in denen uns Hilfe angeboten wurde. Beide Briefe sind auf einer IBM-Maschine geschrieben. Sie müssen schon entschuldigen, aber diese Schreibmaschinen waren damals in Moskau noch sehr selten ... Die meisten Operationen gegen den NTS waren erfolglos und dienten nur der Statistik: Alle waren beschäftigt, alle arbeiteten.«[12]

An Fehlschlägen dieser Art konnte auch der Agent Oleg Tumanow mit seinen mehr als guten Zugängen nichts ändern. Seine Geschichte ging, wie in diesen Fällen üblich, überstürzt zu Ende. Es war ein dringender Rückruf, der Tumanow am 23. Februar 1986 in München sein Fluchtgepäck zusammenraffen ließ. Die Zentrale hatte nämlich die Befürchtung, dass ihr Radio-Liberty-Resident durch einen Überläufer namens Gundarew enttarnt werden könnte. Die Sache endete mit einer lächerlichen Pressekonferenz des sowjetischen Außenministeriums, in der Tumanow als reuiger Deserteur präsentiert wurde, den die böse CIA zu langem Mittun verführt und der

Agent auf Sendung: Presseausweis von Radio Liberty für Oleg Tumanow.

sich nun aus eigener Kraft befreit hatte. Wie üblich, glaubte das niemand, und Tumanow verschwand, ebenfalls wie üblich, als Oberst a.D. in der Bedeutungslosigkeit und im Alkoholdunst.[13]

Bei Radio Free Europe setzten die anderen Geheimdienste des Ostblocks an: Die polnische Führung hatte aus ihrer Sicht allen Anlass, auf die Propagandisten in München sauer zu sein. Bereits im Dezember 1953 war ihnen der Geheimdienstoffizier Józef Swiatlo von der Fahne gegangen.[14] In Wirklichkeit hieß der Mann Isaak Fleischfarb, wurde 1915 in der Nähe von Tarnopol geboren und war seit 1933 Mitglied der verbotenen polnischen KP. 1938 wurde er zur polnischen Armee einberufen, nach dem deutschen Überfall geriet er im Herbst 1939 in Kriegsgefangenschaft. Als Jude tat er das einzig Erfolg versprechende zum Überleben: Er flüchtete und entkam ins sowjetisch besetzte Polen.

Nach dem deutschen Angriff auf die Sowjetunion wurde er wiederum Soldat, diesmal in der polnischen Kosciuszko-Division des Generals Wladyslaw Anders. Er bekleidete dort den Posten eines kommunistischen Politoffiziers. Doch das ist nicht unbedingt die volle Wahrheit. Andere sehen ihn im Sommer 1944 während des Warschauer Aufstandes in der polnischen Hauptstadt. Was tat er dort, falls das stimmt? Gehörte er etwa zu jenen kommunistischen Untergrundleuten, die mit der Gestapo in Verbindung standen, um ihre Landsleute aus der nationalpolnischen Heimatarmee AK ans Messer zu liefern? Das war seinerzeit ein beliebtes Spiel der Herrschaftssicherung und eines der dunkelsten polnischen Kapitel zudem.

Spätestens 1945 kam der Wechsel Swiatlos zum kommunistisch dominierten Geheimdienst. 1949 stieg er dort zum stellvertretenden Leiter des Departements X (zehn) auf. Hinter dem Kürzel verbarg sich die Parteiaufklärung, also jene Instanz, die gegen wirkliche oder vermeintliche Abweichler in der polnischen politischen Führung vorging. Die Jahre seit 1945 hatten ein reiches Betätigungsfeld geboten. Selbst wenn sich die Führung der Polen schwergetan hatte, die Spitzenfunktionäre in einem Schauprozess abzuräumen, so hatte sie doch genügend Verhaftungen im eigenen Sicherheitsbereich organisiert, um den sowjetischen Lehrherren Aktivität zu demonstrieren. An diesen Aktionen war Swiatlo mit Sicherheit beteiligt.

Als jedoch nach Stalins Tod im Verlauf des Jahres 1953 der allmächtige Lawrenti Berija mit seiner engeren Gefolgschaft und (zum zweiten Mal) der ehemalige Staatssicherheitsminister Viktor Abakumow mit Anhang abgeräumt wurden, begann für den Überlebenskünstler Swiatlo der Boden zu schwanken. Im Dezember 1953 reiste er mit seinem unmittelbaren Vorgesetzten Anatol Fejgin nach Ost-Berlin. Über das, was die Herren dort sollten und was sie dort trieben, gehen die Meinungen auseinander. Es ist nicht ganz abwegig, dass sie die in West-Berlin ansässige polnische Exil-Schriftstellerin und Übersetzerin Wanda Bronska mithilfe der deutschen Genossen aufstöbern und ins Jenseits befördern sollten. Doch die Zweiundvierzigjährige blieb ungeschoren, weil sich Swiatlo bei dem vorgeblichen Einkaufstrip am 5. Dezember 1953 in den Französischen Sektor absetzte und sich den US-Amerikanern stellte.

Nach einem Umweg über Milwaukee und Washington ging's nach München. Letzteres zumindest in Form von Tonbändern, denn von hier begann Radio Free Europe am 28. September 1954 mit einer in Polen aufsehenerregenden Sendereihe, in der Swiatlo ausgiebig zu Wort kam. Der Titel der Sendereihe sagte alles: Hinter den Kulissen von Staatssicherheit und Partei. Die in Polen ohnedies schwelende Krise der Staatspartei verschärfte sich in der Folge bis zum Zerreißen. Es kam zur Auflösung des Staatssicherheitsministeriums MBP und zur drastischen Verringerung der Sicherheitskräfte. Doch das System konnte sich letztlich, wenn auch nur mit sowjetischer

Hilfe, behaupten. Dergleichen sucht man in der offiziellen Geschichtsschreibung jener Zeit allerdings vergeblich.

Dafür wurde Radio Free Europe ein ganz anderes Ereignis untergeschoben: der Volksaufstand in Ungarn 1956. Die Behauptung der Anstiftung durch die westlichen Propagandasender folgte nach demselben Schema wie beim Volksaufstand vom 17. Juni 1953, auch wenn die Belege dafür fehlen. Und gehorsam beteten es die Verfechter des organisierten Fortschritts in Ost und West nach. Doch was sie in ihrer Plattheit behaupteten, hatte einen wahren Kern. Jahrelang veranstalteten die Propagandisten von RFE das Feuerwerk von Demokratie und Freiheit. Tag und Nacht versandten sie ihre Botschaft in den Äther. Hunderttausende von Flugschriften machten ihrem Namen alle Ehre, denn sie wurden vom bayerischen Tirschenreuth nach Osten entlassen. Den Transport übernahmen ungezählte Luftballons. Und eines Tages machten es die Ungarn wahr. Sie hatten die Botschaft ernst genommen. Doch hinter dem Wort steckte keine Tat. Jedenfalls keine des Westens. Der Aufstand gegen das sowjetische Joch wurde von der Roten Armee blutig niedergewalzt. Nicht anders ging es zwölf Jahre später den Tschechen. Über Freiheit reden war das eine, sie einzufordern brachte sowjetische Panzer auf den Wenzelsplatz.

Vor und nach dem Prager Frühling strömten Tausende Flüchtlinge in den Westen. Unter ihnen auch solche wie Karl Köcher. Doch in Wirklichkeit war er nicht geflohen, sondern sein Grenzübertritt war eine Dienstreise für den tschechischen Geheimdienst StB. Köcher suchte und fand eine Anstellung bei Radio Free Europe, Mitte der 1970er-Jahre wechselte er zur CIA. Das war eine Traumposition für jeden Geheimdienst. Die tschechischen Genossen, die über diesen Erfolg an das KGB gehorsam und auch stolz Bericht erstatteten, hatten das Nachsehen, denn die Freunde verlangten, diese Spitzenquelle an sie abzutreten. Das war, wie sich bald zeigen sollte, keine glänzende Idee, denn der Agent Köcher wurde durch einen amerikanisch-sowjetischen Doppelagenten verraten. Im November 1984 nahmen die US-Amerikaner Köcher und seine Ehefrau Hanna fest, zwei Jahre später dienten sie als Austauschobjekt. Damit hatte Köcher mehr Glück als Verstand, denn bald darauf wurde niemand mehr ausgetauscht. Der Ostblock war verschwunden. Radio Free Europe blieb seltsamerweise bestehen, allerdings verlegte es seinen Standort von München nach Prag.

Klapsmühle statt Genickschuss:
Andropow als KGB-Chef
Werfen wir einen Blick auf den Austauschpartner des Tschechen Köcher, denn der führt uns in die Sowjetunion der Breshnjew-Zeit und zum Thema W wie Widerstand zurück. Der Mann, der über die Glienicker Brücke in die Freiheit ging, hieß Anatolij Schtscharanskij, ein Jude aus der Ukraine, der in der Sowjetunion 1977 wegen Spionage zugunsten der USA festgenommen worden war. Dieser Vorwurf brachte ihm im Jahr darauf eine Verurteilung zu dreizehn Jahren Arbeitslager ein. Sieht man etwas näher hin, so bleibt von der Agententätigkeit nicht viel übrig. Schtscharanskij hatte sich vielmehr dadurch unbeliebt gemacht, dass er 1973 einen Ausreiseantrag nach Israel gestellt hatte und für den prominenten Physiker und Dissidenten Andrej Sacharow Übersetzungsarbeiten ins Englische übernahm. Das war aus sowjetischer Sicht mehr als genug, um ihn mundtot zu machen.

Im Zentrum der Sowjetmacht agierte damals die Nomenklatura. Das waren jene Parteikader, die, in sich hierarchisch fein gegliedert, in der Sowjetunion und gegenüber ihren Satelliten das Sagen hatten. Sie stützten sich auf zwei Institutionen, die im Zweifel durchsetzten, was sie sagten: die Rote Armee und das KGB. Das KGB war, bei Lichte betrachtet, eine Notgeburt aus den Diadochenkämpfen der Nach-Stalin-Ära. Im Kern war es die Fortsetzung der seit dem 20. Dezember 1917 bestehenden bolschewistischen Geheimpolizei Tscheka.

Das Kürzel Tscheka sollte die folgenden achtzig Jahre zum Synonym für die bolschewistische Machtausübung werden.
Was die einen wie die Pest fürchteten, lobten die anderen mit revolutionärer Inbrunst. Der Begriff der Tscheka überstand alle Reorganisationsbemühungen und Umbenennungen der Staatssicherheitsbehörde, ob sie sich nun GPU, OGPU, NKWD, NKGB, MGB oder KGB nannte; die Angehörigen der Zunft nannten sich stolz Tschekisten. Das gilt auch für die Nachahmer in den Satellitenstaaten der Sowjetunion nach dem Zweiten Weltkrieg; es war eine große Bruderschaft von Unterwerfung, Unterdrückung und nackter Gewalt. Einem ihrer Exponenten, dem ostdeutschen Stasi-General Markus Wolf, wird nachgesagt, dass er eine Tschekisten-Schnulze dichtete, in der er seine Genossen singen ließ, warum zum Tragen der Orden keine Zeit bleibe.

Berija hatte nach Stalins Tod alle Behörden zur inneren Machtausübung einschließlich der Geheimpolizei in seiner Hand vereinigt. Doch das war nur eine Episode, denn nachdem man ihn im Sommer 1953 kaltgestellt und noch im Dezember desselben Jahres erschossen hatte, verspürte keiner der überlebenden Sowjetführer Lust, es bei dieser Zusammenballung von Macht zu belassen. Aus dem Innenministerium wurden die Staatssicherheitsorgane erneut ausgegliedert und als Zeichen ihrer Sonderstellung und Sonderunterstellung in ein Komitee für Staatssicherheit KGB umgegliedert, das dem Ministerrat der Sowjetunion nachgeordnet wurde.

Erster Chef des KGB wurde 1954 Iwan Serow. Wir haben diesen Mann bereits zu Beginn dieses Buches als Repräsentanten der sowjetischen Geheimpolizei in Deutschland agieren sehen, wo er seinem Ruf alle Ehre machte, einer der übelsten Typen des Sowjetimperiums zu sein. Nun war er an die Spitze des neu formierten Sicherheitsapparats getreten. Das war nicht ohne Ironie, denn seine steile Karriere verdankte dieser Mann vor allem einem: seinem langjährigen Förderer

Spitzen-Gliederung der KGB-Zentrale
KGB-Vorsitzender
Stand: 1980er-Jahre

Kollegium		Parteikomitee der KPdSU	
Sonderinspektorat		Sekretariat	
Kaderverwaltung	Verwaltung Finanzen und Planung	Verwaltung Mobilmachung	Direktorat Administration und Beschaffung

Hauptverwaltungen:

1. Hauptverwaltung Auslandsaufklärung
2. Hauptverwaltung Spionageabwehr
Hauptverwaltung Grenztruppen
8. Hauptverwaltung Kommunikation und Chiffrierung

Selbstständige Verwaltungen:

3. Verwaltung Militärabwehr
4. Verwaltung Transportwesen
5. Verwaltung Ideologie und Dissidenten
6. Verwaltung Spionageabwehr in der Wirtschaft und Industrieschutz
7. Verwaltung Überwachung
9. Verwaltung Personenschutz

Verwaltung technische Operationen
15. Verwaltung Sicherung von Regierungseinrichtungen
16. Verwaltung Fernmeldeaufklärung
Pioniereinheiten

Selbstständige Abteilungen und Dienste:

6. Abteilung Telefonkontrolle und Postzensur
10. Abteilung Archiv
12. Abteilung Lauschoperationen
Abteilung Sonderermittlungen
Regierungskommunikation
KGB-Hochschule

Lawrenti Berija, dem die Exekutoren des Sicherheitsapparats soeben durch einen Genickschuss das Lebenslicht ausgeblasen hatten.

Nun plötzlich galt Serow vielen als Vertrauter Chruschtschows. Die Behauptung ist naheliegend, die Ernennung spricht für sich. In der Tat kannten sich die Herren aus gemeinsamem vorangegangenem Tun. Der eine als Parteichef, der andere als Herr des NKWD in der Ukraine Ende der 1930er-Jahre. Sie gehörten bereits in dieser Zeit zu Stalins hoffnungsvollem Nachwuchs. Und was bedeutender sein dürfte: Sie hatten aus dieser Zeit gemeinsame Leichen im Keller. Wie es so zu gehen pflegt, war aus dem Gefolgsmann des alten Bosses ein Mann des neuen geworden. Serow blieb vier Jahre auf dem Chefposten des KGB, dann wechselte er zur Roten Armee und übernahm die GRU. Nicht ganz freiwillig, doch offenbar war Chruschtschow es leid, dass es immer dort, wo er im nicht sozialistischen Ausland mit seinem obersten Geheimpolizisten auftauchte, sogleich wütende öffentliche Proteste gab.

Auch die GRU kommandierte Serow vier Jahre, dann war seine Zeit um. Im Zuge der Penkowskij-Affäre, von der im Kapitel über die Kuba-Krise die Rede war, wurde er im Januar 1963 wegen mangelnder politischer Wachsamkeit von seiner Funktion als GRU-Chef entbunden und zum Generalmajor degradiert. Das war ein geradezu sanfter Absturz im Vergleich zu den nicht weit zurückliegenden Zeiten. Serow wurde in den Militärbezirk Priwolga abgeschoben. 1965 quittierte er den Dienst aus gesundheitlichen Gründen. Es blieben ihm noch fünfundzwanzig Jahre, um seine Generalspension zu verzehren. Im Juli 1990 verstarb Serow dann in Moskau.

Serows Nachfolger an der Spitze des KGB waren Alexander Scheljepin und Wladimir Semitschastnij. Sie behaupteten sich für drei bzw. sechs Jahre auf dem Chefsessel des KGB. Scheljepin und Semitschastnij waren Teil einer Seilschaft, deren Wirken wir uns nicht entgehen lassen sollten. Die Aufstiegsgruppe im Dschungel der Nomenklatura hatte nichts

Geringeres im Sinne, als unter Führung von Frontmann Scheljepin die oberste Stufe der Macht zu erklimmen. Zu diesem Zweck schmiedete Scheljepin ein Komplott, dessen Ziel die Abservierung von Nikita Chruschtschow als Generalsekretär der KPdSU war.

Alles hatten die Frondeure bedacht. Mithilfe weniger eingeweihter Chargen des KGB wurde Chruschtschow isoliert, von den Nachrichtenverbindungen abgeschnitten und zur entscheidenden Sitzung des Parteipräsidiums im Oktober 1964 vorgeladen. Doch der ehrgeizige Scheljepin hatte bei aller anscheinend perfekten Planung mit einem nicht gerechnet: Den für die Funktionäre immer gefährlicher werdenden Chruschtschow abzuservieren war das eine, dafür ließ sich im Parteipräsidium eine Mehrheit organisieren; doch den überehrgeizigen Scheljepin zum Generalsekretär zu küren, dafür sahen die Alten aus dem Spitzengremium der Partei keinen Anlass. Also verständigten sie sich hinter dem Rücken des Möchtegern-Generalsekretärs auf einen Mann, den sie als den am leichtesten Lenkbaren unter ihresgleichen ansahen. Das war der nach außen weitgehend unbekannte Leonid Breshnjew.[15] Seine Wahl sollte sich als besonders dauerhaft erweisen. Für sein Land war es eine entsetzliche Tortur, ein Rückschritt, der letztlich das Ende einläutete.

Fehlkalkulation beim Sturz von Chruschtschow: Alexander Scheljepin und Wladimir Semitschastnij.

Folgerichtig verschwanden Scheljepin und Semitschastnij in überschaubaren Fristen in der politischen Versenkung. Auf den Letztgenannten folgte 1967 an die Spitze des KGB mit Jurij Andropow ein politisches Schwergewicht. 1939 hatte Andropow als Fünfundzwanzigjähriger eine Parteikarriere begonnen, die ihn 1953 in den diplomatischen Dienst brachte. In den folgenden drei Jahren war Andropow Botschafter der Sowjetunion in der Volksrepublik Ungarn. Das war genau zu der Zeit, als sich die Ungarn gegen die Sowjetmacht erhoben und blutig gemaßregelt wurden. Ein Mann, der das bewirkt hatte, empfahl sich für Höheres. Andropow wurde zum Abteilungsleiter im Zentralkomitee der KPdSU berufen, 1962 erfolgte die Beförderung zum Sekretär.

Sodann der erstaunliche Wechsel: Der Parteimann wurde 1967 als Externer zum Chef des KGB ernannt. Dort blieb er die folgenden fünfzehn Jahre, ohne dabei die Parteikarriere aus den Augen zu verlieren. Im Gegenteil, Andropow gelang es, ins Politbüro aufzurücken. Damit vereinigte er die Mitgliedschaft im innersten Machtzirkel mit der Herrschaft über den Sicherheitsapparat. In seine Ägide als KGB-Chef fielen beispielsweise die gewaltsamen Interventionen in der Tschechoslowakei, in Polen und in Afghanistan. Sie beruhten auf Lageeinschätzungen und Empfehlungen des KGB. Selbstredend war es auch an den Interventionen mit eigenen Truppen maßgeblich beteiligt.

Im Fall der Besetzung der Tschechoslowakei schlug das KGB vor, den Westen durch ein Ablenkungsmanöver zu beschäftigen. Die auf österreichischem Staatsgebiet in der Nähe des Bodensees verlaufende Öl-Pipeline sollte so nachhaltig zerstört werden, dass die anschließende Trinkwasserverschmutzung sich zu einer Versorgungskrise ausweiten sollte. Die Tat wollte man Südtiroler Bombenattentätern in die Schuhe schieben. Das war nicht besonders originell. Seit Jahren schon experimentierte die Abteilung Desinformation des KGB an Gerüchten dieser Art.[16] Das Attentat im Bregenzer Land unterblieb. Angeblich fürchtete man die Aufdeckung.[17]

Anderthalb Jahrzehnte an der Spitze der Geheimpolizei: Jurij Andropow.

Wie man angesichts dieser Tatsachen in späteren Jahren von Andropow als einem Reformer mit Augenmaß sprechen konnte, ist rätselhaft. Verfolgt man die Spuren für diese Einschätzung zurück, gerät man an trübe Quellen, so zum Beispiel an den in die USA übergelaufenen jungen Sowjet-Diplomaten Wladimir Sacharow, der sich als KGB-Mann ausgab.[18] Ein anderer in den Westen geflohener Diplomat, Nikolaj Poljanski, vertrat hingegen die Auffassung, Andropow habe bewusst über KGB-Kanäle streuen lassen, er sei ein dem Westen zugetaner liberaler Mann, der übrigens Whiskey als Getränk bevorzuge.[19] Doch die Wirklichkeit sah etwas anders aus. Die Unterdrückung der Völker der Sowjetunion nahm unter Andropows Ägide erneut paranoide Züge an. Besonders schwer wiegt bei ihm, dass er mit seinen fünfzehn Jahren an der Spitze des KGB genügend Zeit besaß, seine Vorstellungen in die Tat umzusetzen. Ende des Jahres 1982 gab Andropow die Leitung des KGB ab. Der Grund: Er war im November 1982 zum Generalsekretär der KPdSU gewählt worden. 1983 kam das Amt des Vorsitzenden des Obersten Sowjets der Sowjetunion hinzu. Im August 1983 wurde Andropow zum letzten Mal in der Öffentlichkeit gesehen, und im Februar 1984 war er gestorben. In der Sowjetunion war die Götterdämmerung angebrochen; die Sterblichen und die Experten wussten es nur noch nicht.

Die Sowjetunion war auch in der Nach-Stalin-Zeit weitgehend eine Terra incognita. Nur bruchstückhaft drangen Nachrichten über die Unterdrückungsmaßnahmen gegen die Völker des Riesenreiches über dessen Grenzen nach Westen. Dass beispielsweise 1962 in Nowotscherkassk ein Volksaufstand stattfand, den die örtliche Partei wegfegte, wurde kaum zur Kenntnis genommen. Im Westen war das Interesse an derartigen Informationen nicht besonders groß. Gewiss, es gab Aufwallungen in der öffentlichen Meinung, wenn Nachrichten über die Zerschlagung des Prager Frühlings oder über den Einmarsch in Afghanistan die Schlagzeilen bestimmten. Doch dass zur selben Zeit in der Sowjetunion ungezählte Menschen zur Zwangsarbeit in die sibirischen Weiten deportiert wurden, wollte kaum einer wissen.

Wer kannte schon Natalja Gorbanewskaja, die auf unbestimmte Zeit in eine Nervenheilanstalt eingewiesen wurde, weil sie gegen den Einmarsch in die Tschechoslowakei protestiert hatte? Oder Olga Joffe, der dasselbe Schicksal widerfuhr, weil sie sich in den 1960er-Jahren gegen eine Geburtstagsfeier für Josef Stalin ausgesprochen hatte? Oder den Maurer Wladimir Gerschuni, der sich über den Sowjetstaat abträglich äußerte, sodass man ihn für unheilbar geisteskrank erklärte? Oder den Geschichtsprofessor Valentin Moros, den man einsperrte, nachdem er geschrieben hatte, die Lager aus der Stalin-Zeit würden unter Breshnjew zum Teil noch von denselben Leuten geleitet? Das alles könnte man bis zum Gehtnichtmehr fortsetzen. Es zeigt: Die Sowjetunion hatte die allergrößten inneren Probleme, und das nicht nur, weil das verkorkste Wirtschaftssystem nicht funktionierte, sondern weil das Problem Nummer eins Wahrheit hieß. Über die traurige Wirklichkeit durfte weder gesprochen noch geschrieben werden. Hiergegen ging die Geheimpolizei vor. Lediglich die Art der Repressalien hatte sich geändert. An die Stelle des Genickschusses war die Einweisung in die Klapsmühle getreten.

Rübezahl aus Russland: der Fall Solschenizyn
  Es gab auch Ausnahmen. War einer der Aufmüpfigen im Westen bekannt oder sogar prominent, so begnügte sich der Sowjetstaat damit, den Betreffenden aus der Hauptstadt zu verbannen. Der Physiker Andrej Sacharow war solch ein Fall. Er musste nach Gorki, um von den Quellen in der Hauptstadt abgeschnitten zu werden. Andere wie der Schriftsteller

Alexander Solschenizyn passten zunächst gut ins Raster der Mächtigen. *Ein Tag im Leben des Iwan Denissowitsch* erschien in der Sowjetunion 1962. Obwohl sein Stoff einem stalinistischen Lager entstammte, wurde das Buch von der sowjetischen Kritik zunächst gelobt, denn es vertrug sich gut mit Chruschtschows Anti-Stalinismus-Kampagne.

Doch das Loblied währte nur ein knappes Jahr, dann war Schluss mit der Tauwetterperiode des Nikita Chruschtschow. Solschenizyn flog aus dem Schriftstellerverband. Seine Werke konnten nur noch im westlichen Ausland erscheinen. Das bedachte ihn 1970 mit dem Literatur-Nobelpreis. Dergleichen wurde in der Sowjetunion als Einmischung in die inneren Angelegenheiten betrachtet, und so war es wohl auch gemeint. Auch sein *Archipel Gulag* erschien 1973 zuerst in Paris. Das Kolossalgemälde der sowjetischen Unterdrückungspraxis wurde ein Verkaufsschlager. In der Bundesrepublik belegte es 1974 unter den am meisten verkauften Sachbüchern Platz eins. Doch wurde dieses unzeitgemäße Buch auch gelesen? Man wird den Verdacht nicht los, dass es im fortschrittlichen Westen in den meisten Bücherschränken ungelesen oder angeblättert verstaubte. Vermutlich passte der empörende Inhalt nicht zu den in dieser Zeit gepflegten Vorstellungen des Westens von der internationalen Entspannung. In der Sowjetunion hingegen wanderten heimlich Abschriften von Hand zu Hand.

Für Solschenizyn ging die Sache bemerkenswert aus. Längst hatte die Staatssicherheit eine Sondersektion Solschenizyn gebildet,[20] für so gefährlich wurde der Autor mittlerweile gehalten. Am 12. Februar 1974 wurde er verhaftet und einen Tag später aus der Sowjetunion ausgewiesen. Seine erste Station war die Bundesrepublik, wo ihm der Schriftsteller Heinrich Böll Unterkunft gewährte.

Die Ausweisung von Solschenizyn folgte dem Kalkül, dass der unbequeme Mann seine Bedeutung verlieren würde, wenn er erst einmal außer Landes war. Um dem nachzuhelfen, wurden mehrere Desinformationskampagnen gestartet, die den

Schriftsteller unmöglich machen sollten. Zu diesem Zweck wurde aus Solschenizyn ein Agent gemacht. Die Nachricht wurde je nach Zielland variiert und über Schriftsteller und Journalisten unters Volk gebracht, in Deutschland durch Harry Thürk (DDR) sowie Frank Arnau und Wolf Schenke (Bundesrepublik).

Der Erste, der sich daranmachte, den russischen Literaten-Star zum Agenten umzufunktionieren, war Harry Thürk in der DDR. Er hatte schon mit dem DEFA-Film *For eyes only* im Agentenfach des bösen Klassenfeindes brilliert. Aus Solschenizyn machte er im Roman *Der Gaukler* einen Mann namens Wetrow, zu Deutsch: der Windige, eine von der CIA gesteuerte antisowjetische Marionette. Als kleine antisemitische Beigabe verpasste Thürk seinem Antihelden den jüdischen Vor- und Vatersnamen Ignat Issaakowitsch.

Thürks Buch *Der Gaukler* wurde vor Drucklegung selbstredend auch durch das MfS begutachtet. Das setzte IM Dölbl zum Lesen ein. Dölbl war eine Frau vom Fach: ordentliche Professorin der Humboldt-Universität zu Berlin, Sektion Germanistik, Bereich Literaturwissenschaft, Klarname: Anneliese

Desinformation auf literarischem Niveau (Original-Bildunterschrift aus dem Neuen Deutschland vom 8. Juli 1980): Harry Thürk beim Signieren seines Romans Der Gaukler, *der vor eineinhalb Jahren in die Buchhandlungen kam. Inzwischen erschien der Titel in sechs Auflagen mit insgesamt 340 000 Exemplaren. (Foto: ND/Hecker)*

Löffler. Die fand das Buch gut, und so wurde es in der DDR zum Verkaufsschlager. Es entbehrt nicht der Komik, wenn ein anderer Spitzel des MfS, IM Rubianus alias Schriftsteller Dietmar Beetz, seinem Dienstherrn hochwichtig meldete, dass in Thürks Wohnort Weimar das Gerücht umgehe, Thürk habe wegen des *Gaukler*-Buches offensichtlich Kontakte zum MfS gehabt.[21] Doch ein Mitglied der ehrenwerten Firma war Thürk nicht. Brauchte er auch nicht, da er in der SED auf den vorderen Rängen saß. Die Grundinformationen zum *Gaukler* stammten vielmehr aus der Sowjetunion. Auch das KGB unterhielt eine umfangreiche Abteilung für Desinformazija. Dort sollte man suchen. Harry Thürk, der in jungen Jahren als Kriegsberichterstatter an die Fronten des Klassenfeindes in Südostasien entsandt worden war, können wir nicht mehr fragen, ob er ein Mitglied dieser ehrenwerten Firma war. Der Nachbar ist am 24. November 2005 in Weimar verstorben; er wurde 78 Jahre alt.

War Solschenizyn nun ein fremdgesteuerter Spitzel? Hierüber gab es Mutmaßungen, die sich auf den zweiten Band des *Archipel Gulag* stützen. Dort schildert der Schriftsteller, wie ein Gefangener von der sogenannten Lagersicherheit zur Mitarbeit als Spitzel genötigt wurde. Über diese Szene wundert sich nur, wer die Gepflogenheiten der Organe, wie sie in der Sowjetsprache hießen, nicht kennt. War die geschilderte Spitzelfigur tatsächlich ein Alter Ego von Solschenizyn, was wir nicht wissen, so hatte seine Erwähnung eine Ventil- und Schutzfunktion. Sie legte dann im Vorgriff dar, was möglicherweise durch Dritte hätte offengelegt werden können, nämlich eine Verpflichtungserklärung für die Staatssicherheit und wie es unter Zwang dazu kommen konnte. Damit war die Luft erst mal raus. Nun galt es für das KGB, neue Luft hineinzupumpen. Das konnte am besten so geschehen, dass man Solschenizyn als einen rücksichtslosen Lagerspitzel darstellte. Dafür die notwendigen Zeugen beizubringen war sicherlich das geringste

Problem. Besser jedoch, so kalkulierte man zutreffend, wären deftige schriftliche Spitzelberichte. Wie gedacht, so getan. Ein Bericht des geheimen Mitarbeiters Wetrow alias Solschenizyn vom 20. Januar 1954 erblickte das Licht der Welt. Wo? Bei einem weiteren Schriftsteller, der es wert ist, dass wir ihn kurz vorstellen.

Der Autor nannte sich Frank Arnau. Das kann man verstehen, wenn einer als Heinrich Schmitt zur Welt kommt, selbst wenn dies, wie Arnau-Schmitt behauptete, in einem Eisenbahnabteil des Orientexpresses auf der Fahrt von Paris nach Konstantinopel vonstattenging. Als sich der damals Achtundfünfzigjährige 1952 in München niederließ, hatte er einen ziemlich verqueren Lebensweg hinter sich, der ihn offenbar zur Mitarbeit bei der Zeitschrift *Stern* prädestinierte. Dieses Blatt brachte im Januar 1967 die Lüge vom KZ-Baumeister Heinrich Lübke auf den westdeutschen Markt. Lübke war in dieser Zeit bekanntlich der deutsche Bundespräsident. Der Inspirator der Lübke-Story war Frank Arnau.[22] Sein Bericht war eine Fälschung, hergestellt in der Abteilung Desinformation des MfS. Alle Dementis waren fruchtlos.[23] Die Geschichte vom KZ-Baumeister Lübke nahm ihren Weg, und manch einer käut sie noch heute wieder. So beispielsweise Gerhard Dengler, einer der Mitverfasser des berühmt-berüchtigten *Braunbuches* über Kriegs- und Naziverbrecher in der Bundesrepublik, das Mitte bis Ende der 1960er-Jahre den deutschen Buchmarkt bereicherte.[24] Dengler, ehemaliger Wehrmachtsoffizier und seit 1937 Mitglied der NSDAP, Letzteres natürlich unwissentlich, wie er sagt, verunglimpft im Nachdruck des *Braunbuches*, der im Jahr 2000 erschien, den längst verstorbenen Bundespräsidenten weiterhin unverdrossen als KZ-Baumeister.[25]

Doch zurück ins Jahr 1967 und zum Fälschungsexperten Frank Arnau. Er hatte der sozialistischen Alternative auf deutschem Boden durch seine schäbige Lübke-Story einen großen Dienst erwiesen. Da mochte sich die fortschrittliche Humboldt-Universität in der Hauptstadt der DDR nicht lumpen

Im Dienste oder nur zu Diensten? Der Journalist Frank Arnau (links, anlässlich seiner Promotion zum Doktor juris an der Humboldt-Universität in Ost-Berlin im Jahr 1967) zusammen mit deren Professor Ehrenfried Stelzer, 1958 bis 1990 Leiter der Sektion Kriminalistik und in ungesicherten Mitteilungen als Offizier der Staatssicherheit bezeichnet.

lassen. Sie promovierte den Verleumder zwei Monate nach Erscheinen der Lügengeschichte zum Doctor juris honoris causa. Herzlichen Glückwunsch. Der Enthüller konnte sich seines Doktorgrades noch knappe neun Jahre erfreuen. Am 11. Februar 1976 starb er in München.

Der Tod unterbrach die Enthüllungsattacke gegen den Schriftsteller Alexander Solschenizyn, an der Arnau bis zuletzt gesessen hatte. Freunde fanden im Nachlass des verdienten Denunzianten Arnau Schriftwechsel und Aufzeichnungen, die den weltbekannten Schriftsteller als KGB-Agenten entlarven sollten. Unter den Beweisstücken brillierte eine Kopie des bereits erwähnten Spitzelberichts vom 20. Januar 1954. Drum herum war eine abstruse Geschichte gestrickt, wie ausgerechnet dieser Bericht aus den Akten des KGB in den Westen gelangt war. Vergeblich hatte Arnau versucht, seine Geschichte an den Mann zu bringen. Seriöse Verlage winkten ab, und unseriöse mussten befürchten, von dem mittlerweile wohlhabend gewordenen Solschenizyn erfolgreich zur Verantwortung gezogen zu werden. Also herrschte erst einmal Schweigen im westdeutschen Blätterwald. Doch dabei blieb es nicht. Nunmehr wurde ein Versuchsballon gestartet. Die Rolle des Testpiloten spielte ein weiterer deutscher Journalist. Der Mann hieß Wolf Schenke.[26]

Schenke gab ein Publikationsorgan, die *Neue Politik*, heraus, mit dem wir uns eigentlich nicht näher befassen müssten, wenn nicht ausgerechnet hier, in der Nummer 2/1978, ein ungezeichneter Beitrag mit dem Titel: »An den sowjetischen Sicherheitsdienst. Ein Bericht des Spitzels Wetrow alias Alexander Solschenizyn. Aus den nachgelassenen Papieren von Frank Arnau« erschienen wäre.[27] In seinem Artikel legt Schenke dar, wie es nach seiner Auffassung mit der Spitzeltätigkeit von Solschenizyn bestellt war. Abgedruckt ist auch der angebliche handschriftliche Spitzelbericht. Die erhoffte Reaktion der westdeutschen Presse blieb allerdings aus. Der Schuss aus Moskau ging dieses Mal ins Leere.

Schenke, Arnau, Thürk blieben nicht die Einzigen, die in Deutschland an der Solschenizyn-Front in sowjetischem Sinne zu Felde zogen. Am 13. Februar 1974 veranstaltete die Evangelische Akademie von West-Berlin eine Tagung mit dem Titel »Diskussion um Solschenizyn«. Daran fanden nur wenige etwas auszusetzen, und keiner der Teilnehmer mag geahnt haben, dass es einen Einsatzplan des MfS hierfür gab. Adrian Pepperkorn hieß der Mann, der entsprechend seinem Einsatzbefehl die Diskussion leitete.

Die verquere Anleihe an Thomas Manns *Zauberberg* war in der rauen Wirklichkeit der Frontstadt Berlin ein Agentenname, und der gehörte dem Studienleiter der Akademie, der mit bürgerlichem Namen Peter Heilmann hieß. Der war, so schien es den Diskutanten, über jeden Verdacht erhaben. 1944 war der Zweiundzwanzigjährige in ein Arbeitslager gesteckt worden. Der Grund in der Sprache der NS-Machthaber: Heilmann war Halbjude. Nach dem Krieg machte Heilmann Karriere in der SBZ, doch die ging 1951 mit seiner Verhaftung wegen Spionage für irgendeine angebliche Feindzentrale abrupt zu Ende.

1956, kurz vor seiner Entlassung aus der DDR-Haft, wurde er für das MfS verpflichtet, und mit diesem unsichtbaren Gepäck siedelte er auftragsgemäß nach West-Berlin über. Dort engagierte er sich zunächst in der Führung des SDS, später ging er zu Zwecken des Broterwerbs zur Evangelischen Akademie, deren Studienleiter er wurde. Leute, die an seiner Art der Akademieleitung Anstoß nahmen, wurden mit dem Prädikat des Kalten Kriegers oder des Antisemiten versehen. Als er nach der Wende auffliog, nahm Heilmann, wie so viele seinesgleichen, für sich in Anspruch, aus lauterer Überzeugung gehandelt zu haben. Hinzuzufügen ist, dass er sich die pure Überzeugung mit steuerfreien Zulagen aus der Normannenstraße vergüten ließ; mindestens 200 000 West-Mark wechselten so den Besitzer.[28]

Samisdat und preußischer Ikarus: der Umgang mit Dissidenten und der Fall Biermann
Nach diesem Ausflug zu den willfährigen Helfern in Deutschland noch einmal zurück in die Sowjetunion. Andere dort, wie der Germanist Lew Kopelew, wurden 1981 zu einem Studienaufenthalt in die Bundesrepublik gelassen und bei dieser Gelegenheit ausgebürgert. »Ich bin beauftragt, Ihnen mitzuteilen, dass Ihnen durch Erlass vom 12. Januar 1981 für Handlungen, die den hohen Rang eines Bürgers der UdSSR herabsetzen, aufgrund des Artikels 18 des Gesetzes über die Staatsbürgerschaft der UdSSR die Staatsbürgerschaft der UdSSR aberkannt wird«,[29] schrieb der Konsul der Sowjetunion an Lew Kopelew und seine Frau Raissa Orlowa.

Sie waren nicht die Einzigen, mit denen auf diese Weise umgesprungen wurde, und so verschenkte die Staatssicherheit der Sowjetunion die illustren Geister des Landes an die Deutschen. Denn nichts fürchtete die Sowjetmacht im Innern mehr als die Wahrheit.

1968 erschien eine illegale Zeitung. Genauer gesagt, waren es Flugblätter, die erst dadurch zur Zeitung wurden, dass sich der Empfänger verpflichtete, sie vor der Weitergabe abzuschreiben. Schneeballsystem nennt man dergleichen im Deutschen; die Russen sprachen von Samisdat (Selbstverlag). Die erste der so entstandenen Publikationen hatte einen bezeichnenden Namen: *Chronik der laufenden Ereignisse.* Ihr Anliegen: das heimliche Vorgehen der Staatsmacht öffentlich zu machen. Wer im Westen wollte, konnte sich mit diesen Ereignissen durch ein Buch Alexander von Tarnows bereits 1971 grundlegend vertraut machen. Wem das zu sehr nach Kaltem Krieg roch, konnte sich an der *Chronik der laufenden Ereignisse* von Peter Handke erbauen.

Die sowjetische Staatsmacht wehrte sich gegen den Samisdat auf ihre Weise, und die Betroffenen sprachen in Anlehnung an den Deutsch-Sowjetischen Krieg von verbrannter Erde. Der Mann, der für den intellektuellen Kahlschlag die Verantwortung trug, war KGB-Chef Jurij Andropow; die Zerschlagung der Dissidentenbewegung in der Sowjetunion fiel mit seiner Amtszeit zusammen. Die 65. und letzte Ausgabe der *Chronik der laufenden Ereignisse* kam 1983 heraus. Einer der Herausgeber der Chronik war der Russe Sergej Kowaljow. Er beteiligte sich seit 1971 an dem Samisdat-Projekt. Drei Jahre lang ging das gut. Dann griff das KGB ein. Das bedeutete: Kowaljow verlor als Erstes seinen Arbeitsplatz in einem Forschungslabor, 1974 wurde er verhaftet und im Jahr darauf wegen antisowjetischer Aktivitäten in Vilnius (Wilna) zu sieben Jahren Arbeitslager und anschließender Verbannung verurteilt. Erst 1987 durfte er nach Moskau zurück.

In der Sowjetunion wurde 1978 erstmals eine Definition des Dissidenten in das *Kratki politischeski slowar* (Kleines politisches Wörterbuch) aufgenommen. Danach handelt es sich hier um einen Terminus »zur Bezeichnung einzelner Abtrünniger, von Personen, die die Verbindung zur sozialistischen Gesellschaft verloren haben, die aktiv gegen die sozialistische Ordnung auftreten, den Weg der antisowjetischen Tätigkeit beschreiten, gegen Gesetze verstoßen und, da sie keine Unterstützung innerhalb des Landes haben, sich um Unterstützung an das Ausland, an imperialistische Propaganda- und Spionagedienste, wenden.«[30] Sucht man im Pendant, dem *Kleinen politischen Wörterbuch*, das im selben Jahr in dritter Auflage in Ost-Berlin erschien, so sucht man vergebens. Das blieb so bis zum Ende der DDR. Auch die letzte, im Jahr 1988 erschienene Ausgabe kennt den Dissidenten nicht. Von gleicher Ignoranz zeugt übrigens auch das westdeutsche *DDR-Handbuch*, dessen dritte Auflage, 1700 Seiten dick, im Dezember 1984 abgeschlossen wurde.

Wie kommt das? Gab es in der DDR keine Dissidenten? Im Prinzip nein. Mag sein, dass die Riege der DDR-Bügerrechtler a. D. hier ein vollbärtiges Veto ruft. Doch kratzen wir ruhig ein wenig an der Widerstandsfassade. Nach dem Bau der Mauer im August 1961 eskalierte die politische Verfolgung gegenüber der eingesperrten Bevölkerung in der DDR noch einmal in drastischer Weise, um 1963 scheinbar wieder abzunehmen. Das war vor allem ein Problem der Wahrnehmung, denn im Prinzip pendelten die Verurteilungen wegen politischer Delikte in der DDR zwischen 1956 und 1968 stets um die Zahl von 2000 pro Jahr.[31] Doch in West und Ost hatte man sich abgewöhnt, diese Dinge beim Namen zu nennen.

Die Stagnation der Verurteilungen wegen staatsfeindlicher Tätigkeit lag nicht daran, dass die SED-Staatsmacht sich plötzlich entschlossen hätte, eine menschenrechtsfreundliche Politik zu beginnen; den Ausschlag gab vielmehr die Resignation der Bewohner. In grob vereinfachender Draufsicht lassen sich heute zwei Gruppen von Einwohnern in der DDR erkennen: diejenigen, die mit dem System ihren Frieden gemacht hatten, und jene, die nur noch eines wollten: so schnell wie möglich raus hier. Für diesen Wunsch nach Ausreise gab es einen unübersehbaren Grund. Der hieß Bundesrepublik Deutschland, der verlachte und verachtete Nachbar. Besonders demoralisierend auf die im Lande Festgehaltenen wirkten diejenigen, die reisen durften und freiwillig wieder zurückkamen, weil sie zu Hause etwas zu verlieren hatten. Nicht Privilegierte, die unbedingt rauswollten, waren also gezwungen, etwas zu provozieren, damit der Staat sie rausließ. Häufig waren das Lächerlichkeiten, die indessen mit Haft geahndet wurden. Niemand behauptet, dass die DDR ein menschenfreundlicher Rechtsstaat war. Doch dergleichen Widerstand gegen das Regime zu nennen, sträubt sich die Feder, denn diese Leute wollten die DDR nicht verändern.

Neben Otto Normalo gab es aber auch einige wenige, die das Ziel hatten, den Sozialismus zu verbessern. Leute dieses Schlages kamen fast alle aus etablierten DDR-Kreisen und hatten mit dem Volk nicht viel am Hut. Das Schlimmste, was ihnen drohte, war, in die Produktion zu müssen, wie der Volksmund es ironisch formulierte. Denn Produktion bedeutete hier nicht, was beispielsweise im DDR-Lexikon der sozialistischen Ökonomie auf fünfundzwanzig Seiten in schwer verständlichem Deutsch ausgewalzt war, sondern: Die Leute müssen arbeiten gehen. Eine schlimme Strafe also für die Funktionselite im Arbeiter- und Bauernstaat.

Zur Illustration des Ganzen wird nun der Fall eines Mannes betrachtet, der die ganze Erbärmlichkeit des Staatssicherheitssystems vorführt und wie kein anderer den Untergang der DDR auf den Weg gebracht hat.

»Die mit der sozial-liberalen Koalition in der BRD zustande gekommene Normalisierung in den Beziehungen hatte einige Künstler und Schriftsteller in der DDR in Unruhe versetzt. Und auch in anderen sozialistischen Ländern waren Stimmen laut geworden, die im Westen sofort gehört, mit dem diffusen Begriff Dissidenten versehen und über alle Medien publiziert wurden. Die Reaktion auf unserer Seite war entsprechend, nicht immer differenziert und geduldig genug. Reizworte in der DDR waren die Namen Robert Havemann und Wolf Biermann. Der Konflikt eskalierte und schuf immer neue Zwänge für alle Beteiligten... Als es nach der Entscheidung über seine Ausbürgerung zu einem großen Eklat kam, fragten die meisten Leute in der DDR verwundert: Wer ist denn dieser Biermann? Man hatte mit solch anhaltenden Folgen nicht gerechnet. Hätte man die Folgen gekannt, wäre vermutlich anders entschieden worden.«[32]

Diese bemerkenswerten Sätze stammen vom Generaloberst der Staatssicherheit a. D. Markus Wolf. Als er sie veröffentlichte, schrieb man das Jahr 1989, Wolf war seit sechs Jahren Pensionär. Jetzt war er auf Lesereise durch sein Land. Vielleicht wollte er die Sottise des DDR-Zensors Klaus Höpke mit Leben füllen, der vom Leseland DDR gesprochen hatte. Jedenfalls verkaufte sich Wolf nunmehr in der DDR mit seinem Büchlein *Die Troika* als neuer Denker.[33] Es mag sein, dass ihm im Osten etliche staunend zuhörten, denn solche Sätze wie die über den aus der Republik rausgeschmissenen Biermann konnte man im Lande sonst nicht gedruckt kaufen. Böse Zungen behaupteten, dass im Publikum immer reichlich Aktivisten seiner ehemaligen Firma saßen, sodass Selbstverständliches wie die Frage nach der Verantwortung für den Biermann-Rausschmiss unerörtert blieb.

Im Westen wurden Wolfs Zeilen weniger gelesen. Die sich von Berufs wegen damit befassten, konnten einen Anflug von Schadenfreude kaum unterdrücken. Denn an dieser Stelle sah das Buch so aus, als habe der Autor eine unbequeme Wahrheit gesagt. Wolf konnte sie nur deswegen zu Papier bringen, weil das Publikum des Autors Beitrag für die Biermann-Pleite nicht übersah, schließlich war es das Politbüro höchstselbst gewesen, das über den Biermann-Rauswurf am 16. November 1976 entschieden hatte. Dem illustren Gremium gehörte Wolf zwar nicht an, dafür aber sein unmittelbarer Vorgesetzter Erich Mielke, dem Wolf von Amts wegen vom Biermann-Abenteuer hätte abraten müssen. Doch davon ist nichts bekannt geworden. So beschlossen die Spitzengenossen die Aberkennung der

Staatsbürgerschaft für Wolf Biermann und in einem Rutsch auch gleich die passende Pressemitteilung:

»Die zuständigen Behörden der DDR haben Wolf Biermann, der 1953 aus Hamburg in die DDR übersiedelte, das Recht auf weiteren Aufenthalt in der Deutschen Demokratischen Republik entzogen. Diese Entscheidung wurde aufgrund des ›Gesetzes über die Staatsbürgerschaft der Deutschen Demokratischen Republik – Staatsbürgerschaftsgesetz – vom 20. Februar 1967‹, Paragraph 13, nach dem die Bürgerschaft der DDR aberkannt werden kann, gefasst. Biermann befindet sich gerade in der Bundesrepublik Deutschland. Mit seinem feindseligen Auftreten gegenüber der Deutschen Demokratischen Republik hat er sich selbst den Boden für die Gewährung der Staatsbürgerschaft der DDR entzogen. Sein persönliches Eigentum wird ihm – so weit es sich in der DDR befindet – zugestellt.«[34]

So weit das Politbüro am 16. November 1976, und so wurde es am Abend desselben Tages auch gemacht.

Hier nun die Geschichte in etwas anderer Perspektive: Wolf Biermann schrieb Gedichte und sang sie dann. Er war das, was man in den 1970er-Jahren einen Liedermacher nannte; vermutlich stammte der hölzerne Begriff von ihm selbst. In der DDR, wohin er 1953 aus Hamburg übergesiedelt war, bestand sein Wirken als Künstler in erster Linie aus Auftritts- und Publikationsverboten, die ab 1962/63 verhängt wurden. Publizität hatten Lieder und Gedichte indessen in der Bundesrepublik. Man könnte sein Œuvre vielleicht als kritischen Sozialismus bezeichnen. In Westdeutschland gab es dafür ein Publikum, in der DDR war dergleichen verboten. Auch das hatte seinen Reiz – auf beiden Seiten der Grenze. Im September 1976 erhielt Biermann aus scheinbar unerfindlichen Gründen die Möglichkeit zu einem öffentlichen Auftritt in der DDR. Diese Öffentlichkeit fand im Innenraum einer Kirche in Prenzlau statt. Im Publikum war eine genügende Anzahl hauptamtlicher und Inoffizieller Mitarbeiter der Staatssicherheit, die sich davon zu überzeugen hatten, dass Biermann noch immer nicht für die beliebte DDR-Sendung »Ein Kessel Buntes« zu gebrauchen war. Dies festzustellen tat not, denn die Staatsmacht hatte zuvor Erfreuliches erfahren: Biermann war in die Bundesrepublik zu einer Tournee eingeladen worden. War er in Prenzlau wieder garstig, so ergab sich die beste Gelegenheit für eine selbstgefällige Begründung, ihn heraus-, aber nicht wieder hineinzulassen.

Preußischer Ikarus mit Walrossbart: Wolf Biermann auf der Weidendammer Brücke in Ost-Berlin.

Mit der Vorbereitung und Durchführung dieser Entscheidung hatte die Staatssicherheit Hand an den eigenen Staat, die DDR, gelegt – und zwar so wirkungsvoll, dass sich die DDR davon nicht wieder erholen sollte. Verweilen wir einen Augenblick bei der Vorbereitung und der Wirkung der Entscheidung. Biermann war für die DDR-Führung unbequem. Dass sie ihn mundtot zu machen trachtete, lag auf der Hand. Doch ihn nach Bautzen zu verfrachten oder in einen Verkehrsunfall zu verwickeln erschien nicht tunlich, da der Generalsekretär dieser Jahre, Erich Honecker, peinlich auf die Reputation seines Staates bedacht war. Daher die Ausbürgerung. Die sowjetischen Freunde machten dergleichen doch auch mit gutem Erfolg. Es hatte in der Causa Biermann zudem den Vorteil, dass sich die Bundesrepublik sodann mit diesem Unruhegeist herumschlagen musste.

Diesem scheinbar stringenten Plan lag eine abenteuerliche Fehlbeurteilung der Bundesrepublik zugrunde. Die Herren der viel gepriesenen Hauptverwaltung Aufklärung kannten sich zwar in der Szene der Bonner Sekretärinnen aus, doch von Funktion und Wirkungsweise der Presse des Klassenfeindes wussten sie praktisch nichts. Man sollte meinen, dass sie es hätten besser wissen müssen. Seit Jahren fütterte die Abteilung X, zuständig für Desinformation, die Westpresse mit fingierten Sensationen. Doch gelernt hatten General Wolf und seine Hintersassen dabei offensichtlich nicht allzu viel. Dass der Auftritt von Biermann in Köln ein Medienereignis mittlerer Güte werden würde, mussten Wolf und Co. einkalkulieren. Sie hätten wissen müssen, dass dies schon deswegen so war, weil die Sympathisanten der DDR im Westdeutschen Rundfunk eines daraus machen würden, schon um die scheinbar liberale DDR zu feiern. Dass der bei seinen Auftritten kaspernde Biermann beim Westmenschen Schmunzeln entlockte, er aber keine trotzige Zustimmung wie im Osten erfuhr, wusste man offenbar nicht. Denn sonst hätte man den Poeten wieder zurück in seine Wahlheimat gelassen, für die er in Wirklichkeit im Westen Reklame gemacht hatte.

Vollends unbekannt war dem General, dass Sympathisanten, denen man eins reinhaut, zurückschlagen. So war es auch hier. Das zunächst fröhliche Medienereignis Biermann wurde erst in dem Moment zur Sensation, als die Ausbürgerungsnachricht dazwischenplatzte. Jetzt waren selbst diejenigen auf den Plan gerufen, die vorher gleichgültig beiseitegestanden hatten. So bildete sich der Biermann-GAU. Eine Einschätzung der Hauptverwaltung Aufklärung, die dergleichen zum Gegenstand hatte, wird man in den Aktenruinen des MfS vergeblich suchen. So ging Staatssicherheitsminister Mielke frohgemut ins Politbüro und stimmte dort am 16. November 1976 für die Ausbürgerung des scheinbaren Staatsfeindes.

Nach so viel haarsträubendem Dilettantismus konnte auch der Rest nur Asche werden. Was sich die Herren von der Staatssicherheit zum Schaden der Bundesrepublik ausgedacht hatten, traf nicht ein. Vielmehr war Biermann, nachdem er rausgeschmissen war, mit seinen garstigen DDR-Liebesliedern kaum mehr zu hören. Gewiss, er legte sich nach einigem Atemholen jetzt mit seiner Zwangsheimat an, besang die Friedens- und die Kriegsraketen. Aber das taten andere auch. Bald sank sein Neuigkeitswert, und Biermann verschwand praktisch vom Bildschirm bundesrepublikanischer Aufgeregtheiten. Wie weit das, was sich die Herren des MfS zur Bekämpfung von Biermann ausgedacht hatten, hierbei eine Rolle spielte, steht in den Sternen.

Nur um den nach der Wende gestrickten Lügengeschichten von der edlen Hauptverwaltung Aufklärung entgegenzuwirken, sei hier der gegen Biermann beschlossene Maßnahmeplan auszugsweise wiedergegeben:

»MASSNAHMEN ZUR VERHINDERUNG UND EINDÄMMUNG DER FEINDLICHEN, POLITISCH-IDEOLOGISCHEN WIRKSAMKEIT/VERBREITUNG

a) im Operationsgebiet gesteuert
 – *zum Beispiel geeigneten Journalisten-IM zur Diffamierung einsetzen (sinnentstellende Äußerungen usw. in Presse o. a. Massenmedien veröffentlicht)*
 – *über IM Konflikte zwischen den Verlegern herbeiführen*
 – *Verunsicherung des Verbindungssystems (fiktive Werbungen, HA-VI-Kontrollen)*
 – *Einreisesperren durch HA VI*
b) in der DDR
 – *Förderungsverträge, um vertragsrechtliche Maßnahmen einleiten zu können (Lizenzentzug usw.)*
 – *Manuskriptdiebstähle und Unbrauchbarmachung von technischen Hilfsmitteln/Tonbandgeräten u. a. Geräte zerstören bzw. durch nicht gleich erkennbare*

Eingriffe unbrauchbar machen/Filme belichten, Bänder löschen
- *Verbreiten sinnentstellender Verfälschungen –*
Nachahmung von Texten und Musik
2. Maßnahmen zur Zersplitterung und Verunsicherung des Verbindungs- und Anhängerkreises sowie der eigenen Person
   - *...Verdächtigung von Einzelpersonen über Zusammenarbeit mit dem MfS (kann auch auf eigene Person angewendet werden)*
   - *...Leitungsstörungen verursachen...*
3. Maßnahmen zur Schaffung psychischer Belastungen
   - *Zerstörung seines Persönlichkeitsbildes durch negative Beeinflussung seiner Lebensgewohnheiten, z. B. zum Alkoholmissbrauch veranlassen*
   - *zu sexuellen Ausschweifungen (Minderjährige) veranlassen...*
   - *Liebesverhältnisse, die bestehen, zerstören*
   - *persönliches Eigentum beschädigen. PKW, Wochenendgrundstück, Boote usw.*
   - *...anonyme Anrufe*
4. Maßnahmen zur Auseinandermanipulierung von Zusammenkünften, Veranstaltungen usw.
   Hauptmaßnahme: ständige offensive Argumentation durch fähige, politisch hochgebildete Kräfte, die die Falschheit der Gegenargumente glaubhaft und verständlich widerlegen...«[35]

Der Ring von MfS-Agenten, die um Biermann platziert wurden, war rausgeschmissenes Geld. Biermann war kein ernsthafter Feind der DDR. Erst bei der Wende sollte er dort wieder auftauchen. Mit etwas Verzug wendete dann auch er.

Ganz anders ging es in der DDR zu. Durch den Biermann-Crash aufgerüttelt, den die Westmedien vom Zaun brachen, meldeten sich Leute zu Wort, die deutliche Kritik übten. Unter diesen war ein gutes Dutzend sehr bekannter Schriftsteller, von denen dergleichen eigentlich niemand erwartet hätte – sie selbst vermutlich auch nicht. Sie glaubten, etwas Gutes zu tun, indem sie ihre wenn auch seichte, so doch immerhin Protestnote zugleich den Westmedien zuspielten. Nach dem Motto: Wenn hier einer das Recht hat zu protestieren, dann sind wir das und nicht ihr. Schließlich geht es um unser Land.

Sie ahnten vermutlich nicht, was sie taten, denn damit war der Teufel aus der Flasche. Ausgerechnet in der Bevölkerungsgruppe der SED-Mitglieder, in der am ehesten die Befürworter der DDR zu vermuten waren (mit rund zwei Millionen Angehörigen war sie nicht gerade klein zu nennen), zeigte sich Widerspruch. Zwar nicht besonders viel, aber immerhin. Da half es gar nichts mehr, dass die Organisationen der SED angewiesen wurden, ihre Mitglieder mit den üblichen Methoden von Kritik und Selbstkritik wieder ins Boot zu holen. Genossen, wo bleibt denn da die Parteidisziplin? Es waren die Prominenteren, die als Erste alsbald wieder zu Kreuze krochen. Um Marxens willen, mögen sie gedacht haben, wir wollten doch nicht dem Klassenfeind zuarbeiten. Wie in einem Lehrstück von Brecht ist dieser Vorgang in einem Wortprotokoll der SED-Grundorganisation der Berliner Schriftsteller dokumentiert worden.[36]

Doch nicht nur SED-Mitglieder protestierten. Andere, ja sehr viele andere ahmten es nach. Was tat nun die Staatsmacht? Genau das, was zu erwarten war: Sie schlug um sich. Je weniger einer prominent war, desto übler ging sie vor. Häufig war der Knast das Ende, aus dem es in einigen Fällen dann den Freikauf gab. Hierzu eine kurze Milieuskizze.

Das vor und auch noch nach der Wende gepflegte Vorzeigen des Prenzlauer Bergs in Berlin (Marke Bohème im Sozialismus) verstellt den Blick auf die Wirklichkeit. Ein dichtes Spitzelnetz sorgte dafür, dass die Sumpfpflanzen dort unter strikter Aufsicht und Pflege blühten. Leute wie der in westlichen Feuilletons gefeierte Sascha Anderson waren nichts weiter als Kreaturen der Staatssicherheit. Als der sonst sehr gelobte Wolf Biermann dies nach der Wende im Kreise ästhetisierender Kunstpreisverleiher mit groben Worten öffentlich machte (er nannte Anderson ein Arschloch), richtete sich der Proteststurm deutscher Aufgeregtheiten nicht gegen das skandalöse Verhalten des von seinem Glorienschein Entblätterten, sondern gegen den Boten der unangenehmen Wahrheit.

Im Übrigen konnte die Gegend dort, wo Anderson und Genossen quasi dichteten, bestenfalls als Beispiel dafür dienen, dass man, ohne groß zu arbeiten, auch irgendwie leben konnte, mit und ohne Zuzugsgenehmigung in die Hauptstadt der DDR. In deren Provinz, also in der gesamten übrigen DDR, ging es prosaischer zu, wenn einer aus der Reihe tanzte.

Hierzu zwei Beispiele aus Erfurt. Die 200 000-Einwohner-Stadt verfiel ebenso unrettbar und deprimierend wie die anderen Orte auch. Einer ihrer Bewohner hieß Joachim Werneburg. Werneburg arbeitete im Funkwerk als Diplom-Ingenieur. Er dachte gerne nach. Wenn er nicht gerade durch seinen bürgerlichen Beruf blockiert war, interessierten ihn fremde Kulturen und deren Denker. Die Ergebnisse seiner gedanklichen Fernreisen goss er in Gedichte. Zuweilen sprach er auch darüber. Das konnte auf Dauer nicht gut gehen. Die Genossen der Staatssicherheit stellten seine Bude auf den Kopf und hierbei zu ihrem Entsetzen fest, wie viele Bücher der Mann besaß. Staatsfeind oder heimlicher Irrer?, fragten sie sich. Dann ein Hoffnungsschimmer, sie fanden in seinem Terminkalender mehrere Hinweise auf eine gewisse Anna Amalia. Doch zum Missfallen der Ermittler klärte sich auch dies: Die Dame der Treffs war nicht aus Fleisch und Blut, sondern eine bei den Tschekisten völlig unbekannte Bibliothek in der Nachbarstadt Weimar. Da ließen sie's. Der andere hieß Uwe Zeigerer. Der wäre gern ein Schauspieler geworden. Was ihm der Staat nicht gewähren wollte, machte er selbst, nämlich Theater, und zwar im durchaus unzweideutigen Sinne des Wortes. Mit Gelegenheitsjobs hielt er sich über Wasser. Auch das ging in dieser Gegend. Doch griff die Staatssicherheit ein. Asoziales Element, lautete ihr Diktum. Und dann die Überraschung: Knast oder sofortiger Abschub, hieß die merkwürdige Alternative. Zeigerer reiste binnen Tagesfrist aus. Was er in der Hand hielt, durfte er mitnehmen.

Nicht jeder hat diese Dinge auf dieselbe drastische Weise wahrgenommen. Timothy Garton Ash, ein Engländer, der inspirierte Bücher über den zu Ende gehenden Ostblock verfasst hat, gab nach der Wende ein Buch heraus, in dem er die Strecke seiner Studienzeit in der DDR noch einmal anhand seiner Stasi-Akte abschritt. Derartige Rückblicke erfreuten sich in den 1990er-Jahren einer gewissen Beliebtheit. Ash hat in seiner *Akte Romeo* einem Mann aus Weimar ein literarisches Denkmal gesetzt:

»Kein Ort in Europa weiß mehr von den Dichtern und Schriftstellern zu erzählen, die dort gelebt haben... Die Beredtheit dieser Stätte entsprach der Begleitung von Eberhard Haufe, mit dem ich, wie in meinem Tagebuch festgehalten, in den Parks spazieren ging und Schloss Kochberg besuchte. Eberhard Haufe war ein kleiner, gebrechlich wirkender Mann mit einer präzisen und etwas altmodischen Sprechweise. Mit seiner Entlassung aus der Universität Leipzig aus politischen Gründen Ende der Fünfzigerjahre hatte er eine Tätigkeit als Lektor und Kritiker ausgeübt, deutsche Klassikeditionen betreut und sich seiner besonderen Leidenschaft, der Beschäftigung mit Johannes Bobrowski, dem Dichter des europäischen Ostens, hingegeben.

Während unseres Spaziergangs führten wir ein intensives Gespräch über Bücher, Ideen und Politik von der Art, wie ich sie häufig mit Intellektuellen und Geistlichen in Europa hinter dem Eisernen Vorhang geführt habe, seltener dagegen mit ihren Entsprechungen im Westen. Hier kam noch der Zauber hinzu, in Weimar zu sein, in Gesellschaft eines hochgebildeten Germanisten, und während wir durch den Schlosspark von Tiefurt gingen, kam es mir vor, als wäre dieser zierliche, weißhaarige Mann an meiner Seite nicht nur ein Kenner der Intellektuellen des klassischen Weimar, sondern selbst einer von ihnen... Im Unterschied zu den ostdeutschen Reiseführern machte sich Dr. Haufe keine Illusionen darüber, dass Humanität in irgendeiner Weise vom Regime der DDR verkörpert werden könnte – obwohl das Bildnis Goethes auf ihren Zwanzigmarkscheinen prangte. Dieses Regime war für ihn die Negation von Humanität. Er erzählte mir, wie die Stasi Briefe abfing und die Telefone abhörte und von seinen langen Auseinandersetzungen mit den Zensoren.«[37]

Eine Quelle namens Günter: Der HVA-Agent Hermann von Berg (Aufnahme von 1986).

Diese Passage des Buches, bei Nachbarn des heiligen Mannes aus der Cranachstraße in Weimar vorgelesen, wurde mehrfach durch Zwischenrufe unterbrochen, doch bei den letzten beiden Sätzen beendete brüllendes Gelächter den Vortrag.

Das war nicht die einzige Lachnummer des DDR-Widerstandes. Eine andere trat unter dem Künstlernamen Günter auf. Doch so kannten ihn nur die Regisseure, die in der Abteilung X (Desinformation) der Hauptverwaltung Aufklärung saßen. Die wussten auch, dass Günter in Wirklichkeit Hermann von Berg hieß.[38] Zwar nennt ihn das *Wer war wer in der DDR* einen Geheimdiplomaten und Dissidenten, doch dieser Mitarbeiter des Presseamts der DDR und spätere Professor für Ökonomie ist eher als Einfluss- und Abschöpfagent zu bezeichnen. Seine Zielpersonen waren westdeutsche Politiker und Journalisten. Man könnte es auch etwas platter formulieren: Er hatte den Auftrag, diese verdeckt auszuhorchen und falsche Informationen auf den Weg zu bringen. Um das zu erreichen, gab er sich als enger Vertrauter des Ministerpräsidenten Willi Stoph aus; seine Legende wurde ihm im Westen geglaubt.

Bergs Agentenleben währte mindestens achtzehn Jahre, von 1959 bis 1977. Dann passierte etwas Merkwürdiges. Berg diktierte dem Ost-Berliner Residenten der Zeitschrift *Der Spiegel*, Ulrich Schwarz, einen seltsamen Text: das Manifest des Bundes Demokratischer Kommunisten Deutschlands.[39] Die Illustrierte druckte am 2. und 9. Januar 1978 mit großem öffentlichem Trara den Text ab, wobei sie behauptete, die SED und vor allem deren Chef, Erich Honecker, seien DDR-intern unter Druck geraten.

Sofort und auch noch viele Jahre danach haben sich Berufene und Unberufene, Prominente und eher Namenlose zu dem Manifest und seiner Bedeutung für die deutsche Geschichte geäußert. Da durften auch die Geheimdienste als Quell allen Übels nicht fehlen. Doch ihre Beteiligung war anders, als vielfach gemutmaßt wurde.

Zunächst einmal ist festzuhalten, dass es für die Existenz des Bundes Demokratischer Kommunisten Deutschlands keine glaubwürdigen Belege gibt. Die Sache sieht aus wie eine nur mühsam frisierte Ente. Entweder war den Journalisten, die die Geschichte hochpuschten, das klar, oder aber sie waren selbst auf die Story hereingefallen. Ist vorstellbar, dass Hermann von Berg das Manifest erfunden hat? Sieht man es durch die Brille des Geheimdienstprofis, ließe sich das bejahen. Aus dieser Sicht allerdings könnte die Antwort kaum ernüchternder ausfallen: Beim Agenten Günter alias Berg war dann das passiert, was man im Geheimdienst »aus dem Ruder laufen« nennt. In diesen Fällen verwechselt der Agent die Legende mit der Wirklichkeit. Oftmals ist das ein schleichender Vorgang.

Bei Berg kann man sich das so vorstellen: Jahrelang hatte er anderen vorgetürkt, als heimlicher Abgesandter des DDR-Systems hochwichtige Kontakte zu unterhalten. In dieser Rolle hatte der Kommunist Berg den Unkonventionellen spielen müssen. Die Leute, auf die er angesetzt war, hätten sonst nicht mit ihm gesprochen. Und allmählich hatte der Mann, wie es so zu gehen pflegt, nicht mehr gewusst, ob das, was er redete und wie es ihm als Echo seiner westlichen Gesprächspartner wieder ans Ohr kam, Klassenfeindgeschwätz oder die Wirklichkeit war. So war er allmählich davongeschwommen. Zunächst glaubte er mit Sicherheit noch, dass er durch seine nunmehr gezielt eingesetzten Rückmeldungen selbst steuernd und zum Wohle der DDR ins Geschehen eingreifen könnte. Doch er musste erkennen, dass das nicht der Fall war. Die Wirklichkeit der DDR wollte sich dem Wunschbild der Westsympathisanten nicht annähern. Im Gegenteil, es ging weiter bergab. Jetzt meinte der frustrierte Mann, er müsse den Befreiungsschlag wagen. Die Ansichten eines von Berg hätten niemanden hinter dem Ofen vorgelockt – das wusste Berg aus seinen Westkontakten mit Sicherheit. Also musste eine Oppositionsgruppe her. Er erfand sie. Man kann dies, wenn man unbedingt will, für Widerstand halten; es einen Narrenstreich zu nennen wäre auch nicht verkehrt.

Keine Posse ohne eine weitere. Sehr schnell war dem MfS klar, dass Hermann von Berg hinter der Veröffentlichung des *Spiegel* steckte. Ein *Spiegel*-Redakteur namens Jörg Mettke hatte darüber am Telefon Mutmaßungen angestellt, und das hörte die Staatssicherheit mit.[40] Am 9. Januar 1979 nahmen Mitarbeiter des MfS Berg in der Nähe seines Arbeitsplatzes an der Humboldt-Universität fest. Er verschwand damit von der Bildfläche. Doch sosehr sich Untersuchungsführer Krüger von der Hauptabteilung IX (Untersuchungsorgan) auch mühte, der Delinquent zeigte sich hartleibig. Berg räumte zwar die ihm nachzuweisenden zahlreichen Westkontakte ein, doch er nannte zur Überraschung des Vernehmers als deren Auftraggeber die HVA, was sich unverzüglich als richtig herausstellte. Drei Mal hintereinander stellten die Offiziere der HA IX das Haus des Gefangenen in Schöneiche auf den Kopf. Doch sie fanden nichts, jedenfalls nicht das, was sie suchten.

Das lag weniger daran, dass Berg zuvor alles Belastende sorgsam vernichtet hatte, als an der Tatsache, dass es den behaupteten Bund Demokratischer Kommunisten Deutschlands nicht gab. Knapp zwanzig Jahre später diktierte der wieder plauderfreudig gewordene Berg dem Berliner Reporter Andreas Förster in die Feder, wer beim Bund angeblich alles dabei gewesen war. Die Betroffenen hätten das 1978 kaum komisch gefunden.

Auch für westliche Journalisten, die die DDR kannten, war recht bald an den Knöpfen abzuzählen, wer der Informant des *Spiegel* gewesen sein musste, denn ihnen fiel natürlich auf, dass einer ihrer wichtigsten Gesprächspartner, ebenjener Hermann von Berg, zeitgleich mit der Veröffentlichung über das Manifest von der Bildfläche verschwunden war. Am 8. März 1978 meldete die britische Nachrichtenagentur Reuters den Zusammenhang; am Tag darauf stand es in allen westdeutschen Zeitungen.

Nichts konnte dem DDR-Regime fataler erscheinen als eine solche Nachricht. Dass in seinem Land am helllichten Tag Leute von der Straße verschwanden, passte nicht ins Bild, das der ehrbare Erich Honecker von sich malen ließ. Also wurde das MfS angewiesen, flugs einen Deal mit Berg abzumachen. Er kam sogleich auf freien Fuß und erzählte, er sei zu einer plötzlichen Dienstreise nach Moskau berufen worden. Das mochte glauben, wer wollte. ARD-Korrespondent Fritz Pleitgen, den das MfS zum Haus von Berg hatte lotsen lassen, transportierte die Meldung. Zu Berg noch dies: Um seine Professoren-Privilegien war's fortan geschehen. 1986 durfte er in die Bundesrepublik ausreisen.

Wanda – Wandel durch Annäherung. Äußere Aspekte
der deutsch-russischen Auseinandersetzung

In der Rückschau sieht alles anders aus. Das kommt daher, dass den Beteiligten durchweg nicht klar ist, in welcher Phase eines geschichtlichen Geschehens sie gerade agieren. Diese Feststellung trifft vermutlich besonders auf die 1970er-Jahre zu. Aus heutiger Sicht wurde in dieser Zeit der entscheidende Spatenstich getan, um dem Sowjetsystem das Grab zu schaufeln. Die politischen Akteure jener Tage hätten über die Feststellung entrüstet den Kopf geschüttelt. Stattdessen sprachen sie vom Wandel durch Annäherung. Wem der Lorbeer für diesen Begriff gebührt, lässt sich heute nicht mehr mit Bestimmtheit sagen, vermutlich war es Egon Bahr, in den 1960er-Jahren der Presseamtsleiter beim Berliner Senat. Er hatte am 15. Juli 1963 vor der Evangelischen Akademie in Tutzing einen Vortrag gehalten, sein Titel: Wandel durch Annäherung.

Der Anstoß ging also von der Bundesrepublik aus. Es war ein Gedanke, für den die Zeit reif schien. Die Grundidee war, die völlig verhärteten Fronten zwischen Ost und West aufzuweichen, um zur praktischen Politik zurückzukehren. Es ging, um es etwas platter zu sagen, darum, den Eisernen Vorhang, vor allem rings um West-Berlin, ein wenig zu lüpfen. Für die Westdeutschen hatte das Projekt etwas schwer Vermittelbares an sich, weil nämlich die Initiative ausgerechnet von der Seite kam, die nach der eigenen Ansicht nicht die Verantwortung für den unmöglichen Zustand trug. Die Veranstalter des Wandels durch Annäherung begaben sich damit auf ein gefährliches Terrain, denn sie mussten irgendwie eine Vorleistung mit unsicherem Ausgang erbringen.

An der Spitze der Bewegung, die letztlich einen politischen Erdrutsch in Europa verursachte, stand der damalige, 1969 ins Amt gelangte Bundeskanzler Willy Brandt. Er war Initiator und Motor der neuen Ostpolitik. Viele vermochte er mitzureißen, andere wurden seine erbitterten Feinde. Das von ihm verfochtene Schema war simpel. Er versprach Rechtssicherheit gegenüber dem westdeutschen Staat, den er regierte. Die Floskel von der Rechtssicherheit umschrieb in Wahrheit die Aufgabe von politischen Positionen, die bis dato für unumstößlich gehalten worden waren. Deren wichtigste war der

Verzicht auf das Alleinvertretungsprinzip für alle Deutschen. Das bedeutete die De-facto-Anerkennung der DDR als zweiter deutscher Staat, den De-facto-Verzicht auf West-Berlin als integraler Bestandteil der Bundesrepublik und die De-facto-Anerkennung der Ergebnisse des Zweiten Weltkrieges ohne den Abschluss eines Friedensvertrages mit den vier Siegermächten. Hierfür erhoffte sich die Bundesregierung eine Erleichterung des Personen- und Warenverkehrs zwischen Ost und West.

Für viele war das glatter Vaterlandsverrat. Uralte Verdächtigungen kamen wieder hoch, vor allem solche, die in den Sozialdemokraten immer schon vaterlandslose Gesellen erblickt hatten. Nun konzentrierte sich der Hass auf den Vorsitzenden, dessen Herkunft wie Vorleben nichts ausließ, um solche Ressentiments zu bedienen. Willy Brandt hieß in Wirklichkeit Herbert Frahm. Er kam in Lübeck zur Welt und schloss sich schon als Jugendlicher sozialistischen Splittergruppen an. Sein Verein hieß SAP, Sozialistische Arbeiterpartei. Im Dritten Reich emigrierte Brandt nach Skandinavien. Zunächst hielt er sich in Norwegen auf. Als die Wehrmacht das Land besetzte, konnte er nach Schweden entkommen.

Nach dem deutschen Überfall auf die Sowjetunion kam es zu etlichen Kontakten zwischen Brandt und der sowjetischen Gesandtschaft, die ein Dreh- und Angelpunkt der sowjetischen geheimdienstlichen Bemühungen im Kampf gegen Deutschland war. Hier hielt die große alte Dame des Bolschewismus, Alexandra Kollontai, als Botschafterin Hof. Doch wichtiger war der zweite Mann, einer der Jungstars unter den sowjetischen Diplomaten, Wladimir Semjonow. Im Sommer 1940 war der damals erst Neunundzwanzigjährige bereits Erster Botschaftsrat an der sowjetischen Botschaft in Berlin gewesen, jetzt war er der eigentliche Macher in Schweden. Seine Stellung wurde noch dadurch verstärkt, dass er den Posten des NKWD-Residenten ausübte.

Es liegt auf der Hand, dass das NKWD/NKGB bereits im Zweiten Weltkrieg eine Personenakte über Brandt führte. In dieser wurde der Deutsche als Poljarnik (Polarmensch) bezeichnet.[41] Doch nicht die Kontakte zur Sowjetbotschaft waren der Grund, über Brandt eine Akte anzulegen, sondern es war seine Mitgliedschaft in der SAP, die ihn in sowjetischen Augen zum Trotzkisten machte – und ein Trotzkist zu sein war eine Todsünde wider den Marxismus-Leninismus stalinistischer Lesart.

Aus den Kontakten zur Sowjetbotschaft in Stockholm ist später die Folgerung abgeleitet worden, dass Brandt Sowjetagent gewesen sei. Ausgerechnet die Sowjets selbst brachten in den frühen 1960er-Jahren diese Lüge in Umlauf. Als das nichts fruchtete, versuchten sie, Brandt die Zusammenarbeit mit irgendeinem anderen Geheimdienst unterzuschieben: Es boten sich der US-Dienst OSS und, besser noch, die deutsche Gestapo an. Als Gestapo-Spitzel war Brandt schon während des Spanischen Bürgerkrieges von kommunistischer Seite bezichtigt worden. Jetzt versuchte man es aufs Neue, aber die Kampagnen verliefen letztlich im Sande.

Die Sowjets hatten aus ihrer Sicht allen Grund für ihre Desinformationsmaßnahmen, denn Brandt war im Jahr 1957 zum Berliner Regierenden Bürgermeister gewählt worden. Er stand, wie auch anders, in dieser Zeit stramm auf der Seite der US-amerikanischen Garantiemacht. Die Bilder, die ihn Seite an Seite mit dem US-Präsidenten John F. Kennedy zeigten, gingen um die Welt. 1965 schickte sich Brandt an, Adenauer als Bundeskanzler abzulösen. Das misslang. Doch schon im Jahr darauf, bei der Großen Koalition, war er Bundesaußenminister und nach drei weiteren Jahren Bundeskanzler. Da wäre es natürlich der Traum eines jeden Geheimdienstes gewesen, einen solchen Mann als Einflussagenten an der Angel zu haben. Doch er war es nicht, wie auch immer man versuchte, die jetzt zu schildernden Ereignisse hin und her zu wenden.

Wer steuert hier wen?
Herbert Wehner und die Geheimdienste

Auch der zweite Mann, der jetzt zwangsläufig ins Bild gerät, ist jahrelang und noch weit über seinen Tod hinaus verdächtigt worden, das Spiel der Sowjets zu spielen. Die Rede ist von Herbert Wehner. Wir überspringen die Jahre von seiner Geburt 1906 in Dresden bis zu seiner Ausreise aus der Sowjetunion im Jahr 1941. Diese ersten fünfunddreißig Jahre seines Lebens sind bereits an anderer Stelle hinreichend beleuchtet worden.[42]

Im Februar 1941 betrat Wehner schwedischen Boden. Er hatte einen Parteiauftrag der Komintern. Er sollte die Vorgänge in Schweden untersuchen, denn nach Auffassung der Komintern-Leitung in Moskau hatte die Stockholmer Exilleitung der KPD bei der illegalen Unterwanderung von NS-Deutschland versagt. Dass die Wahl auf Wehner gefallen war, ist kein Zufall, denn Wehner galt in Moskau als einer der härtesten und rücksichtslosesten Konspirateure, den die deutschen Kommunisten zu bieten hatten.

Mit dem Beginn des Deutsch-Sowjetischen Krieges verschärften sich die Bedingungen für Wehner, denn Moskaus Drängen auf Unterwanderung des Deutschen Reiches wurde nunmehr knallhart vom Wanken der Roten Armee diktiert. Wehner agierte weisungsgemäß, doch im Februar 1942 nahm ihn die schwedische Polizei fest. Bis kurz vor Kriegsende kam er nicht mehr auf freien Fuß.

Über den Grund für Wehners Verhaftung sind mehrere Versionen im Umlauf. Wehner selbst hat zum Besten gegeben, dass er seine Festsetzung einer Intrige des sowjetischen Geheimdienstes zu verdanken habe. Sein Feind war hiernach Soja Rybkina, eine NKGB-Frau mit dem Tarnnamen Jarzewa. Er, Wehner, habe sich trotz eindeutiger Aufforderung strikt geweigert, der Rybkina die Anschrift der von ihm nach Berlin entsandten Kommunistin Charlotte Bischoff zu sagen. Er habe sogar noch eins draufgesetzt und der Rybkina ins Gesicht gesagt, er wünsche, sich nicht mehr mit ihr zu treffen. Er, Wehner, habe nämlich stets zwischen Politik und Nachrichtendienst sorgsam getrennt.[43]

Die zweite Version sieht so aus: Das in Kopenhagen stationierte Mitglied der Auslandsleitung der KPD, Heinrich Wiatrek, wurde am 19. Mai 1941 von der Gestapo festgenommen. Recht bald willigte er in eine Zusammenarbeit mit der Gestapo ein, reiste auch mit den Kommissaren in der Gegend umher, um Genossen zu identifizieren, und deckte alles auf, was er über die Auslandskader der KPD wusste. Von ihm erfuhren die Gestapo-Leute, dass der eigentliche Kopf der Auslandsleitung Herbert Wehner war. Ein mögliches Motiv für Wiatreks Verrat ist rasch konstruiert: Ohne Wehners hektische Aktivitäten hätte der KPD-Funktionär Wiatrek ungeschoren in Dänemark überwintern können. Von der Gestapo gelangte die Information über Wehner zur schwedischen Polizei, und die nahm ihn fest.

Die dritte Geschichte ist ein matter Abklatsch von *Kabale und Liebe*: Unter den wenigen Instrukteuren, die von Wehner tatsächlich ins Reich entsandt wurden, befand sich Josef Wagner, genannt Willi. Seine Frau Frieda blieb in Stockholm zurück. Frieda und Herbert, Konspiration hin oder her, begannen ein Liebesverhältnis, das dem Aufpasser von Wehner, dem GRU-Agenten Arthur Illner alias Richard Stahlmann, nicht verborgen blieb. Der Geheimdienstmann Illner hatte allen Anlass, gegen Wehner vorzugehen. Dabei ging es ihm weniger um die sozialistische Moral. Was bedeutete die schon für einen Mann, dem es nichts ausmachte, auch Genossen, mit denen er gut bekannt war, auszuknipsen, wie er das selbst nannte. Wehners Verstoß gegen die konspirativen Regeln war Illner-Stahlmann vielmehr hochwillkommen, denn so bekam er frei Haus einen Hebel, um mit Wehner quitt zu werden. Hierfür bestand aus Illners Sicht dringender Anlass. Als nämlich der in Lübeck angelangte Instrukteur Josef Wagner nicht weiterwusste, weil er sich niemandem anvertrauen mochte, sandte er Wehner eine Nachricht, in der er um personelle Verstärkung bat. Wehner wollte, dass Richard Stahlmann und ein weiterer kommunistischer Funktionär, Karl Mewis, reisen sollten. Doch beide verspürten keinerlei Neigung, ihren Kopf versuchsweise aufs Schafott zu legen. Schließlich hatten sie selbst schon genügend Genossen ins Reich und damit in den sicheren Tod entsandt. Also stellten Mewis und Illner-Stahlmann unisono ihre Unabkömmlichkeit in Stockholm fest. Hierfür hatten beide sehr konkrete, man kann sagen, zweibeinige Gründe: Illners Frau, die nahezu erblindet in Moskau festsaß, wurde in Stockholm von einer jungen schwedischen Genossin namens Solveig Hansson rührend vertreten, und bei Karl Mewis war es die jugendliche Genossin Liesel, die ihm im Bett die Füße wärmte. Liesl hatte einen prominenten Vater, den Spitzenmann der KPD Franz Dahlem.[44]

Mewis und Illner-Stahlmann sahen nun eine gute Gelegenheit, den gefährlichen Wehner aus dem Weg zu räumen, nämlich das Durchstechen von Wehners Aufenthaltsort in Wagners Wohnung. In den frühen Morgenstunden des 18. Februar 1942 griff die schwedische Polizei dort zu. Das Liebespaar geriet unter dem Vorwurf der Spionage hinter Gitter. Mewis hat seine Beteiligung an der Intrige übrigens später bestritten.[45]

Wehner kam also wegen Spionageverdachts in Haft. Zunächst wollte er gegenüber der schwedischen Polizei nicht einmal seine Identität preisgeben. Doch war er bald genötigt, seine Verteidigungsstrategie vom Schweigen auf das Einräumen illegaler politischer Aktivitäten umzustellen, denn der Spionagevorwurf ging Hand in Hand mit der konkreten Gefahr einer Auslieferung nach NS-Deutschland. Nur durch das Einräumen illegaler politischer Tätigkeit konnte er Haft und Internierung in Schweden erlangen. Doch die Rechnung war ohne Moskau gemacht. Bereits am 1. Juni 1942 suchte INO-Chef Pawel Fitin den Komintern-Herrn Georgi Dimitroff auf, um ihn über das Umfallen von Wehner ins Bild zu setzen. Fitin hatte die schlimme Kunde vom Stockholmer Residenten, und der hatte sie von Wehners Anwalt Georg Branting, dessen NKWD-Deckname Senator lautete.

Dimitroff notierte: »Was für ein Lump!«[46] Und damit meinte er nicht den Mandantenverräter Branting, sondern Wehner. So ist die kommunistische Legende der Verratstätigkeit von Wehner gestrickt worden, für die es letztlich keinen Anhaltspunkt gibt, denn unklar ist, wie Wehner sich hätte verhalten sollen; die Auslieferung nach Deutschland hätte 1942 seinen sicheren Tod bedeutet. Auch wann Wehner später dem Kommunismus Valet sagte, ist umstritten. Klar ist lediglich, dass er ab 1946 in der Bundesrepublik eine steile Politikerkarriere hinlegte, und zwar in der SPD. Klar ist auch, dass er seinen Einstieg in die SPD vor allem einem Mann verdankte: Josef Wagner.[47] Das war der Ehemann seiner Exgeliebten Frieda.

Josef Wagner war 1942 aus Deutschland nach Schweden zurückgekehrt und dort bei der Einreise verhaftet worden. Als er 1943 aus der schwedischen Haft freikam, bezichtigten ihn seine KPD-Genossen, ein englischer Agent zu sein. Da sagte er sich von der KPD los. Bereits 1945 kehrte Wagner von Schweden nach Hamburg zurück, trat in die SPD ein und machte eine bescheidene Parteikarriere. Er zog Wehner in die Hamburger SPD nach. Bei diesem Befund wundert es, dass keiner von denen, die an den Agenten Wehner glauben, bislang auf die Idee gekommen ist, den Steigbügelhalter Wagner als Kronzeugen zu benennen, denn der verfügte, bevor er zur SPD kam, über eine blitzsaubere Karriere als kommunistischer Geheimdienstfunktionär beim AM-Apparat der KPD. Dort war er in der sogenannten Abwehrarbeit tätig gewesen; dahinter verbarg sich im Falle Wagner in den 1920er-, 1930er-Jahren die Zersetzungsarbeit gegen die SPD.[48]

Angesichts seines Vorlaufs lag es bei Wehner auf der Hand, dass die Sowjets und die DDR versuchten, Wehner nach 1945 an die geheimdienstliche Angel zu nehmen. Der Wehner'sche Fallname beim MWD/KGB lautete Wotan. Das war für den jähzornigen Wehner nicht schlecht gewählt. Doch es machte aus ihm beileibe noch keinen Agenten. Wenn man unterstellt, dass der Ablauf dessen, was man eine geheimdienstliche Bearbeitung nennt, bei Wehner nach dem üblichen Schema ablief, so ist mit einiger Wahrscheinlichkeit zunächst versucht worden, Wehner anzuwerben. Hierzu hatte das KGB für erpresserische Nachhilfe Material aus den Komintern- bzw. NKWD-Akten reichlich zur Verfügung. Aus dem weiteren Gang der Dinge ist indessen zu folgern, dass die Werbung, wenn sie denn versucht wurde, ein Flop war.

Die vom KGB vorgenommene Überwachung Wehners förderte Beunruhigendes zutage.[49] In der Tat, Wehner war ein gefährlicher Mann, da er abseits vom politischen Tagesgeschäft niemals davon abließ, die Wiedervereinigung Deutschlands im Auge zu behalten. Ja, er war sogar bereit, mit den Sowjets zu einem Agreement zu gelangen, von dem er annahm, dass es die Deutschen etwas kosten würde. Derartige Ausbruchsversuche aus dem bequemen Korsett des Kalten Krieges waren in den 1960er-Jahren der sowjetischen Führung nicht erwünscht und noch weniger dem Regime in der DDR recht, das sich nicht ohne Grund dadurch zur Disposition gestellt sah. Deswegen wurde Wehner nunmehr zum Abschuss freigegeben. Hierzu wurde der SED Material aus Wehners KPD-Vergangenheit zur Verfügung gestellt.[50] Doch das war nur mit spitzen Fingern anzufassen, da sich hierdurch allzu leicht auch die DDR-Spitzenleute Wilhelm Pieck und Walter Ulbricht besudeln konnten, denn auch sie hatten sich in den Moskauer Exiljahren an der fröhlichen Genossenhatz mit meist tödlichem Ausgang beteiligt.

Da kam unerwartete Hilfe. Ein Mann namens Hans Frederik stellte sich ein, der die Strafakte des schwedischen Spionageprozesses aus dem Jahr 1942 gegen Wehner auf den Tisch legte. Die hatte sich Frederik mithilfe einer Bestechung in Skandinavien besorgt. Spätestens ab 1964 ging es damit zur Sache. Erst war es eine Reihe von Artikeln, die in allen möglichen DDR-Zeitungen erschienen und auch vom *Bayern-*

kurier gern zitiert wurden, um dann in ein dickes Enthüllungsbuch einzumünden.⁵¹ Es erschien 1969 auf dem westdeutschen Büchermarkt mit dem Titel *Gezeichnet vom Zwielicht seiner Zeit*. Es war eine ziemlich üble Wehner-Biografie, und ihr Verfasser hieß laut Buchdeckel Hans Frederik. Das 464 Seiten dicke Buch erlebte in rascher Folge sechzehn Auflagen. 1972 war es bereits auf einen Umfang von 639 Seiten angeschwollen. Doch der Sturz des allzu mächtigen Herbert Wehner gelang den Initiatoren nicht.

Machwerk aus der Firma Wolf: Wehner-Biografie von Hans Frederik

Hans Frederik war in der Bundesrepublik kein Unbekannter. Der österreichische Sozialdemokrat war 1938 nach dem Anschluss von den Nationalsozialisten inhaftiert worden. Er siedelte 1956, pünktlich nach dem Abzug der Roten Armee aus Österreich, nach München über. 1961 machte er erstmals durch das Buch *Da war auch ein Mädchen* auf sich aufmerksam, das eine diffamierende Biografie über Willy Brandt enthielt. Es folgten weitere Machwerke, nunmehr im eigens im katholischen Landshut gegründeten *verlag politisches archiv* (vpa), ein bezeichnender Name. Hier erschienen Titel über Rechtsradikale, Franz Josef Strauß und ebenjener Bestseller über Herbert Wehner. Autor Frederik schöpfte aus dunklen Quellen. Kaum einer machte sich darüber Gedanken, bis es dann nach 1990 jeder wusste: Die heimlichen Koautoren saßen in Ost-Berlin. Ihr Arbeitgeber war die Abteilung X (zehn) Desinformation der Hauptverwaltung Aufklärung. Dort trug Frederik den fantasievollen Decknamen Freddy.⁵²

Einer, der dies ganz genau wissen müsste, hat haufenweise Nebelkerzen geworfen: der größte Agentenchef aller Zeiten, Markus Wolf. Ein ganzes Kapitel ließ er in seinen Memoiren dem Sozialdemokraten Wehner widmen.⁵³ Zu Recht – aus seiner Sicht. Denn hier tritt uns der große Unbekannte Wehner in einer noch nie gesehenen Perspektive gegenüber. Herbert Wehner, der große Konspirateur, der von Markus Wolf an einer langen geheimdienstlichen Leine geführt wird. Dies alles am Willen des allmächtigen Walter Ulbricht vorbei, der in Wehner naturgemäß einzig und allein den Verräter an der Sache des Kommunismus sehen konnte.

Doch Wolf und sein Agent Wehner laufen zur Hochform auf, als dieser die DDR gerade rechtzeitig davor warnt, dass das böse Ostbüro der SPD im Bezirk Magdeburg Unerhörtes plant. Dort sollen sich Leute gegen die DDR-Führung erheben und den Anschluss an die Bundesrepublik erklären. Diese würde das Ereignis dann mit dem Einsatz der Bundeswehr zu schützen wissen. Zum Glück weiß Wolf Bescheid, und die Sache kann unterbunden werden. Rechtzeitig teilt Wehner mit, dass er in nicht zu ferner Zukunft mit der CDU in eine große Koalition eintreten werde, sodass die DDR ihn von der Feindliste streichen kann. Ärgerlicherweise muss Wolf dann die Führung seines Spitzenmannes abgeben, als dieser Bundesminister wird. Jetzt führt Mielke diese hochwichtige Verbindung. Der setzt den scheinbaren Honecker-Vertrauten Wolfgang Vogel ein, der seinerseits vom MfS-Offizier Heinz Volpert geführt wird. Zum Glück erhält Wolf einen der drei Berichte, die jetzt von diesen Treffs verfasst werden, sodass er eingreifen kann, wenn an Moskau weiterberichtet wird, denn Mielke ist im Schriftlichen nicht so firm.

So weit Markus Wolf, der Sohn eines Märchenautors. Versucht man des Sohnes Geschichten in die Wirklichkeit einzupassen, so werden sich die Ereignisse in etwa wie folgt abgespielt haben: Die Mannen des Markus Wolf gingen mit Feuereifer ans Werk. Sie entwarfen Pläne, um Wehner öffentlich und parteiintern zu diskreditieren. Hierbei wussten sie sich der Zustimmung von Parteichef Walter Ulbricht sicher, sollte es ihnen gelingen, den Renegaten zu zerstören. Mithilfe der Moskauer Geschenke ließ Wolf in seiner Abteilung X (Desinformation) nicht nur eine Wehner-Biografie basteln, sondern er sorgte auch dafür, dass um die Person Wehner Zwietracht in der SPD geschürt wurde. Die Durchführung der Miesmachungskampagne lag in den Händen von Oberstleutnant Rolf Wagenbreth, der 1966 an die Spitze der Abteilung X (Desinformation) der Hauptverwaltung Aufklärung getreten war. Er ließ einen umfangreichen Maßnahmeplan zusammenstellen, der darin gipfelte, Wehner im kapitalistischen Westen nach den dort geltenden Normen vor Gericht zu stellen. Im Holper-Deutsch des MfS las sich das so:

»Informationsbericht über die bisherige Arbeit am Komplex Wehner vom 12.8.1966 – Streng vertraulich...
Ausgehend von der bereits gegebenen strafrechtlichen Einschätzung wird vorgeschlagen, zu dem Verrat Wehners und dessen Auswirkung wirksame Materialien zu erarbeiten mit dem Ziel, dazu zu kommen, dass eine strafrechtliche Verfolgung möglich wird, auch aus der Sicht der Rechtsprechung des westlichen Auslandes.
Schwabe, Major«[54]

Daraus wurde bekanntlich nichts. Doch die Helden an der geheimen Front versuchten weiterhin, den Klassenfeind in die Anti-Wehner-Kampagne einzuspannen. Willfähriges Werkzeug war die für ihre Fortschrittlichkeit gepriesene Wochenzeitschrift *Die Zeit*. Sie hatte bereits am 11. März 1966 ein vom MfS fabriziertes Kritikpapier veröffentlicht, das angeblich von unzufriedenen Sozialdemokraten stammte, die mit Wehners bolschewistischen Methoden scharf ins Gericht gingen. In der Akte des MfS, in der der Genosse Wolf dem Genossen Minister die Sache zur Kenntnisnahme und zur Entscheidung vorlegte, liest sich das so:

»Vorschlag einer Maßnahme zur Beeinträchtigung des Verhältnisses zwischen H. Wehner und H. Schmidt im Parteivorstand der SPD...

Operative Variante: Anruf bei dem Redakteur in der Wohnung. Mitteilung an seine Frau, dass sie einen Blumenstrauß über ›Fleurop‹ bekommt. In dem beiliegenden Brief eine wichtige Mitteilung für ihren Mann, die sie ihm übergeben möchte. Anschein erwecken, dass der Artikelentwurf jemandem entwendet wurde...
Wagenbreth, Oberstleutnant«[55]

Auch daraus wurde nichts, weil der SPD-Vorstand mit Willy Brandt an der Spitze für Wehner eine öffentliche Ehrenerklärung abgab. Doch wir vermuten, dass sowohl bei Brandt als auch bei Wehner die Sache nicht wirkungslos blieb. Von Wehner zumindest wissen wir, dass er, wie oben im Zusammenhang mit der Liquidierung des Ostbüros der SPD beschrieben, anschließend um sich schlug. Doch auch hier gilt: Wie hätte der Mann erst getobt, wenn er das Ausmaß und die Zielgerichtetheit der gegen ihn ergriffenen Maßnahmen gekannt hätte. Denn hinter all dem Tun des MfS steckte selbstredend das mächtige KGB. Es hatte dem Staatssicherheitsminister Erich Mielke in kaum verhüllter Befehlsform mitgeteilt, Wehner abzuräumen: »Ziel dieser Maßnahmen könnte die Entfernung von Cornelius (Wehner) als einem der gefährlichsten Funktionäre des rechten Flügels der SPD von der politischen Bühne sein.«[56]

Woher wussten die Sowjets so genau, was Wehner dachte und plante? Nun, sie überwachten ihn. Wie? Auch darüber geben diverse Akten unmissverständlich Auskunft. In ihnen springen die wörtlichen Zitate ins Auge. Diese verwendet ein Geheimdienst in aller Regel nur, wenn er das Gesagte selbst gehört hat, sei es durch einen Anwesenden, sei es durch technisches Belauschen. Sowohl ein Auskunftsbericht des KGB an die internationale Abteilung des KPdSU von 1967[57] als auch ein weiteres Papier aus der Lubjanka von 1971 sind mit solchen Wehner-Zitaten garniert. Der Bericht von 1971 ist besonders aufschlussreich:

»Übersetzung aus dem Russischen. Streng geheim. 626/71
Vorliegenden Informationen zufolge traf am 13. Dezember
1970 ein Vertreter der DDR (Name ist nicht bekannt) aus eigener Initiative mit WEHNER zusammen.

Der Vertreter der DDR erklärte gegenüber WEHNER, dass er bevollmächtigt sei, mit ihm die Möglichkeit der Durchführung eines Treffens mit einer der verantwortlichen führenden Persönlichkeiten der DDR zu erörtern, und er seine Einstellung zu einem solchen Treffen erfahren möchte. WEHNER antwortete positiv.

Auf die Frage des Vertreters der DDR, mit wem sich WEHNER treffen möchte und in welcher Form das Treffen durchgeführt werden soll, antwortete WEHNER, dass ihm jede Form recht sei und die Auswahl seines Gesprächspartners Sache der DDR sei.

Über dieses Gespräch berichtete WEHNER nur BRANDT, der ihm angeblich volle Handlungsfreiheit gewährt habe.«[58]

Diese Information, die dem MfS von Hand zu Hand durch den KGB-Residenten Iwan Fadejkin übermittelt worden war, verfolgte einen zweifachen Zweck. Sie unterstützte die Ost-Berliner Genossen bei ihrer Arbeit an der geheimen Front, und sie signalisierte ihnen zugleich, dass sie im deutsch-deutschen Gestrüpp nicht unbeobachtet herumkriechen konnten. Der Inhalt der KGB-Notiz machte den Eingeweihten zudem überdeutlich, wie dicht die sowjetische Auslandsaufklärung an Wehner dranhing. Eine Analyse des Textes lässt nur einen Schluss zu: Wehner wurde vom KGB abgehört – in diesem Fall nicht telefonisch, denn das KGB konnte den Gesprächspartner von Wehner offensichtlich nicht identifizieren. Es hatte also in Wehners Haus auf dem Heiderhof in Bad Godesberg Wanzen installiert.

Die Tatsache des Gesprächs konnte den ostdeutschen Staatssicherheitsminister kaum überraschen. Er wusste genau, wer Wehners Gesprächspartner gewesen war: niemand anders als der DDR-Anwalt Wolfgang Vogel, den die Firma Mielke als Quelle IM Eva führte. Der Anwalt hatte sich sein Entree in den Westen durch die Mitwirkung an dem ersten prominenten Agentenaustausch zwischen Ost und West verschafft, als Rudolf Abel und Francis Gary Powers am 10. Februar 1962 über die Glienicker Brücke in Berlin zu ihren jeweiligen Auftraggebern zurückkehren konnten. Fortan turnte Vogel als Prominenter im deutsch-deutschen Dschungel herum. Nunmehr diente er auch als Kanal zum SPD-Spitzenmann Herbert Wehner. Vogels Führungsoffizier war der Oberst Heinz Volpert, Mielkes Mann für die hochpolitischen Fälle. Der saß in Mielkes Ministerbüro, und Wolf, der HVA-Chef, war damit außen vor, was er in seinen Memoiren mühsam zu kaschieren suchte.

Was kostet ein Bundeskanzler? Die Wienand-Steiner-Affäre
Zunächst einmal kam eine echte Herausforderung auf den DDR-Geheimdienst zu. Er wurde aufgefordert, der schwankenden sozial-liberalen Bundesregierung unter die Arme zu greifen. Um die stand es nämlich innenpolitisch nicht besonders gut. Mit dem Vorpreschen von Brandt und Scheel in der Ostpolitik waren Standpunkte über Bord gegangen, die zu den scheinbar unveränderlichen Grundlagen der bundesdeutschen Staatsidee gehörten, wie der westdeutsche Alleinvertretungsanspruch und die Nichtanerkennung der Oder-Neiße-Grenze gegenüber dem polnischen Staat. Befürworter und Gegner der Politik der Bundesregierung titulierten einander in ehrabschneidender Weise als Kriegstreiber bzw. als Vaterlandsverräter. Das ging quer durch die Parteien und hatte bei den Regierungsparteien SPD und FDP den Effekt, dass etliche ihre Mitgliedschaft aufgaben oder sogar zur CDU überwechselten – auch einige Mitglieder des Bundestages, sodass die anfängliche Regierungsmehrheit von 1969 innerhalb von drei Jahren auf ein Patt zusammenschmolz.

Die Unionsparteien witterten nicht ohne Grund Morgenluft, sodass sie am 27. April 1972 den Versuch unternahmen, die Regierung Brandt/Scheel mit einem konstruktiven Misstrauensvotum zu stürzen. Nach der Auszählung der Stimmen war der Skandal perfekt. Dem Herausforderer Rainer Barzel fehlten zwei der als sicher geglaubten Stimmen. Zunächst wurde diese Schlappe der CDU/CSU als grandioser Sieg von Brandt und Co. gefeiert. Die Schlagzeilen erweckten den Eindruck, Barzel habe etwas Unanständiges getan. Zudem kamen schier unglaubliche Details über Barzels Privatleben ans Tageslicht. Deren Erfinder saßen wieder einmal in der Abteilung X (Desinformation) der HVA. Die vorgezogene Bundestagswahl fiel dementsprechend aus; die sozial-liberale Koalition ging eindrucksvoll bestätigt aus dem Wählervotum hervor.

Umso herber war der Aufprall, als im Mai 1973 ruchbar wurde, dass der CDU-Abgeordnete Julius Steiner für den Abverkauf seiner Kanzlerstimme 50 000 DM kassiert habe. Bald räumte Steiner dies selbst ein. Das Geld sei ihm von Karl Wienand zugesteckt worden. Wienand war zu diesem Zeitpunkt parlamentarischer Geschäftsführer der SPD-Bundestagsfraktion und ein enger Vertrauter des Fraktionsvorsitzenden Herbert Wehner. In Deutschland schlug daraufhin die Stimmung um. Ein von der CDU/CSU durchgesetzter Untersuchungsausschuss sorgte zudem dafür, dass die Geschichte über Monate hinweg weiterköchelte, wobei in der Hauptfrage, nämlich hatte Wienand nun oder hatte er nicht, Aussage gegen Aussage stand.

Dabei kam am Rande auch viel Hanebüchenes zutage. So die von Steiner zum Besten gegebene Geschichte, dass er ganz nebenbei Mehrfachagent gewesen sei. Er nannte den BND, das baden-württembergische Landesamt für Verfassungsschutz und das MfS. Dergleichen beherrschte, wenn überhaupt, nur tageweise die Schlagzeilen, obwohl Steiners Angaben stimmten. Vielleicht reichte die Fantasie nicht, um die ganze Erbärmlichkeit der Geschichte auszuloten. Das Geld für die

Bestechung von Steiner stammte aus der Staatskasse der permanent devisenklammen DDR. Von dort floss es zu Wienand und von diesem zu Steiner.

Wienand tat gut daran, den Transfer zu leugnen, denn dann wäre sehr schnell klar geworden, dass hier ein Emissär der Firma Mielke-Wolf tätig geworden war. Denn genau das war der geldgierige Spitzengenosse. Im MfS hieß der muntere Wienand IM Streit, seine Agentenkarriere währte mindestens von 1970 bis 1990. Nach der Wende behauptete Wienand das Gegenteil; hierin wurde ihm vom letzten Chef der DDR-Spionage, dem Generaloberst der Staatssicherheit a. D. Werner Großmann, assistiert.[59] Doch die bundesdeutsche Justiz kam zu einem anderen Ergebnis. Am 26. Juni 1996 verurteilte der Staatsschutzsenat des Oberlandesgerichts Düsseldorf Wienand wegen geheimdienstlicher Agententätigkeit zu zweieinhalb Jahren Haft und der Einziehung des Agentenlohns in Höhe von einer Million DM. Im Vergleich dazu war die Besoldung des Unteragenten Steiner eher ein Taschengeld gewesen.

Es bedarf keiner großen Fantasie, um sich die Herren der DDR-Spionage vorzustellen, wie sie die Brandt-Rettungsaktion mit Krimskoye feierten. Doch nur zu bald kam ihnen das saure Aufstoßen, denn an ihrer Neuerwerbung Julius Steiner hatten sie keine Freude mehr. Schnell muss es zum Zerwürfnis zwischen beiden Seiten gekommen sein. Wahrscheinlich hatten Wolf und Genossen zu ihrem Schrecken bemerkt, dass Steiner auf mehreren Schultern trug. Also zogen sie den falschen Schluss, dass Steiner ihnen von der Firma Pullach untergewuchtet worden war. Um sich zu rächen, spielten sie verbrannte Erde, das heißt, sie ließen den Steiner-Abstimmungsdeal auffliegen. Das jedenfalls ist zu folgern, wenn man das Knöpfespiel spielt: Wer wusste es, und wer hatte etwas von der Enthüllung? Ausschließlich das MfS.

Es gibt für diese Schlussfolgerung keinen besseren Zeugen als den DDR-Geheimdienstexperten Julius Mader, der in der 1975 erschienenen zweiten Auflage seines Enthüllungsbuches *Nicht länger geheim* von Steiner als einem aufgeflogenen Agent provocateur zulasten der DDR berichtete, und auch die umständlichen Auslassungen von Wolf in Sachen Steiner nötigen geradezu zu dieser Variante.[60] Doch der Racheakt, der den BND treffen sollte, war ein gefährlicher Flop, den die Chefkonspirateure aus der Normannenstraße nicht voraussahen. Bundeskanzler Brandt wurde durch die Steiner-Affäre so schwer beschädigt, dass der nächste Windstoß ihn umblasen konnte. Auch hierfür sorgte Wolf mit seinen Mannen. Es dauerte nicht einmal mehr ein ganzes Jahr.

Des Kanzlers Unterhosen: die Affäre Guillaume

Am 24. April 1974 flog der DDR-Agent Günter Guillaume im Kanzleramt auf. Keine zwei Wochen später trat am 6. Mai 1974 Willy Brandt vom Amt des Bundeskanzlers zurück. Im Nachhinein haben, wie es bei einem Ereignis dieses Kalibers zu gehen pflegt, alle möglichen Leute ihre Variante der Geschichte erzählt.[61] Kaum eine passt mit der anderen zusammen. Auch der eigens vom Bundestag eingesetzte Untersuchungsausschuss hat nur wenig zur Erhellung der Sache beitragen können.

Günter Guillaume gehörte zu einem ganzen Schwung von Agenten, die von der DDR-Aufklärung Mitte der 1950er-Jahre in die Bundesrepublik entsandt wurden. Sie reisten als blinde Passagiere in den ungeheuren Fluchtströmen mit, die die DDR zum Schwindsuchtpatienten machten. Jene Agentenwelle war noch seltsam handgestrickt, verglichen mit jenen, die in den drei folgenden Jahrzehnten losgelassen wurden, um den Klassenfeind zu besiegen.

Guillaume machte nach kurzem Kriegsdienst eine Fotografenlehre. Es folgte eine Anstellung beim Ost-Berliner Verlag Volk und Wissen, der nicht nur Schulbücher herausbrachte, sondern auch der Hauptverwaltung Aufklärung als legales Dach, also als Scheinarbeitgeber, diente. Von hier aus wurden die Probanden zu ersten Aufträgen in den Westen entsandt, ihre Verlagslegende ließ längere Reisezeiten nach außen und nach innen bestens vertuschen. Doch nicht jeder fiel auf so etwas rein. Schon frühzeitig erhielt der Untersuchungsausschuss freiheitlicher Juristen (UFJ) Kunde vom Doppelgesicht dieses sozialistischen Musterbetriebes. Völlig zutreffend berichtete ein verlagsinterner Agent dem UFJ auch über den Zu- und den Abgang von Günter Guillaume. Am 22. November 1955 teilte der UFJ dem West-Berliner Polizeipräsidium mit:

»Uns wird berichtet, dass Guillaume oft seiner Arbeit unmotiviert fernbleibe. Seinem Abteilungsleiter, der der Sache nachgehen wollte, sei von der SED-Parteileitung bedeutet worden, dass er sich darum nicht zu kümmern habe. Unser Berichter will wissen, dass Guillaume häufig nach West-Berlin geschickt worden sei, um Aufnahmen von Exmittierungen, Verhaftungen von Demonstrationsteilnehmern, Anbringen von kommunistischen Losungen usw. zu machen. In der letzten Zeit sei Guillaume häufig im Auftrage nach Westdeutschland gefahren. Vor vier Wochen sei er nun völlig aus seinem Beschäftigungsbetrieb ausgeschieden. Unser Berichter vermutet, dass Guillaume nun ganz für ›Westarbeit‹ freigemacht worden sei. Vor einiger Zeit habe er im Übrigen an einem Lehrgang teilgenommen. Es sei strikt darauf geachtet worden, dass nichts über die Schule bekannt würde.
Wir stellen Überprüfung der Person bei Auftauchen anheim.«[62]

Der UFJ lag mit seiner Einschätzung goldrichtig. Am 13. Mai 1956 setzte sich Günter Guillaume nebst Ehefrau Christel auftragsgemäß in die Bundesrepublik ab. Selbstredend blieb der zuverlässigen Quelle im Verlag Volk und Wissen das Verschwinden nicht verborgen. Am 3. August 1956 meldete der UFJ als Ergänzung:
»Mit Bezug auf den Vorgang teilen wir Ihnen mit, dass der

Fotograf Guillaume vor etwa vier Wochen ›geflüchtet‹ sein soll. Wir stellen Nachprüfungen in Ihr Ermessen.«[63]

Doch nichts geschah. Stattdessen meldete sich Guillaume mit erheblicher Verzögerung polizeilich in Frankfurt am Main an. Mit noch größerer Verzögerung durchlief er das Notaufnahmeverfahren in Gießen. Die Guillaumes nutzten ihre Zeit und machten sich in der Frankfurter SPD nützlich. Günter Guillaume wurde deren umtriebiger Geschäftsführer, Ehefrau Christel tauchte in die hessische Staatsverwaltung ein und saß schließlich als Sachbearbeiterin in der Wiesbadener Staatskanzlei.

Da mochte Günter Guillaume nicht zurückstehen. Gleich nach der Wahl von Willy Brandt zum Bundeskanzler bewarb er sich um einen Posten in der deutschen Regierungszentrale. Was nun folgte, darf getrost als Lachnummer bezeichnet werden. Ohne den Hauch einer einschlägigen Qualifikation rückte Guillaume ins Kanzleramt auf eine wohldotierte Referentenstelle. Kanzleramtschef Horst Ehmke hatte es möglich gemacht. Einwände des Personalrats schmetterte er ab, die Sicherheitsbedenken erledigte er in höchsteigener Person. Ach was, Bedenkenträger. Er selbst lud den Agenten vor, hielt ihm die aufgetauchten Monita, die sehr handgreiflich seine Ost-Berliner Jahre betrafen, entgegen, unterrichtete das Bundesamt für Verfassungsschutz teilweise über das stattgefundene Gespräch und mahnte im Übrigen zur Eile. Das war verständlich, denn der Mann hatte Großes vor; er wollte zusammen mit seinem Kanzler in Deutschland mehr Demokratie wagen.[64]

Im Bundesamt für Verfassungsschutz hätte jetzt eine Sicherheitsüberprüfung stattfinden müssen. Doch dort beschränkte man sich auf die notdürftigsten Binnenrecherchen. Nichts gefunden, also grünes Licht. Das war innerhalb weniger Tage erledigt. Die Sache wurde für so eilbedürftig gehalten, dass der zuständige Gruppenleiter sich von Köln nach Bonn auf die Socken machte, um das Gewünschte eigenhändig zu überbringen. Später sagte er, er habe seine Bedenken in einem

Vermerk untergebracht. Man kann es kaum glauben. Sollte es dennoch stimmen, verdient der leitende Regierungsdirektor Otto mehrere Tritte in den Hintern, denn es war seine ureigenste Aufgabe, Sicherheitsbedenken, wenn sie denn auftauchten, gegenüber dem zuständigen Dienstherren zu formulieren und nicht als heimliche Vorbehalte in den eigenen Akten zu versenken. Doch das ist eine in Behörden nur zu beliebte Verfahrensweise.

Auch die vom BfV angefragten Dienststellen, das Berliner Polizeipräsidium und das Gesamtdeutsche Institut, handelten nach diesem Muster. Beide kannten die oben zitierten Meldungen des UFJ, beantworteten die Anfragen aber so verkürzt, dass kein vernünftiger Mensch etwas damit anfangen konnte. Sieht man die später für dieses Fehlverhalten angegebenen Begründungen durch, so stehen einem die Haare zu Berge. Der Mann aus dem Berliner Polizeipräsidium bequemte sich zu der Entschuldigung, er sei kein Polizist, sondern Verwaltungsbeamter, und fügte hinzu, dass schon seinerzeit, als die Meldungen noch frisch waren, die Kripo nichts unternommen habe, sodass er glaubte, annehmen zu dürfen, das BfV könne mit dem alten Kram ebenfalls nichts anfangen.

Noch besser Walter Rosenthal, der Mann aus dem Gesamtdeutschen Institut. Er ließ verlauten, für ihn sei aus dem Schriftverkehr klar gewesen, dass das BfV auch mit dem Berliner Polizeipräsidium korrespondiert habe, sodass er davon ausgegangen sei, das Kölner Bundesamt sei bereits aus dem Polizeipräsidium hinreichend unterrichtet worden. Ein Schelm, wer dabei Schlechtes denkt. Und wir sehen hier bereits einige berufsmäßige Enthüller sich die Hände reiben.

Walter Rosenthal, Jahrgang 1917, begann vor dem Zweiten Weltkrieg seine Ausbildung zum Juristen. Während des Krieges diente er der Wehrmacht als Offizier. Nach Kriegsende wurde er Staatsanwalt in der SBZ. Bald machte er sich den sowjetischen Besatzungsbehörden missliebig und wurde eingesperrt. In der Zelle ließ er sich eine Verpflichtung für den sowjetischen Geheimdienst MGB abnötigen. Kaum auf freiem Fuß, setzte er sich nach West-Berlin ab, wo er sich unverzüglich einigen Vertrauten offenbarte. Sodann trat er, ziemlich folgerichtig, dem UFJ bei, zu dessen stellvertretendem Leiter er in den 1950er-Jahren aufrückte.

Für das MGB/KGB wurde Rosenthal so zum Hauptfeind, den es zu vernichten galt. Im Auftrag der Sowjets zettelte das MfS gegen Rosenthal in West-Berlin ein Ermittlungsverfahren mithilfe von gefälschten Akten an. In diesen war eine Agententätigkeit des Juristen für die Sowjets fingiert worden. Rosenthal konnte das unbeschadet überstehen.[65] Nach dem sodann vom MfS inszenierten Sturz des UFJ-Leiters Horst Erdmann übernahm Rosenthal am 7. Juli 1958 die Leitung des UFJ, die er bis zu dessen Abwicklung am 25. Juni 1969 innehatte. Dann wechselte er mit den Organisationsresten ins Gesamtdeutsche Institut über, wo er Beamter wurde.

Die Verpflichtungserklärung Rosenthals für das MGB wurde 1991 in den Akten des MfS entdeckt und im ARD-Magazin Panorama am 9. März 1992 als sensationelle Enthüllung gefeiert, was sie keineswegs war, sondern lediglich das Ergebnis einer schlampigen Recherche. Der ehemalige UFJ-Mitarbeiter Siegfried Mampel sprach in diesem Zusammenhang von

 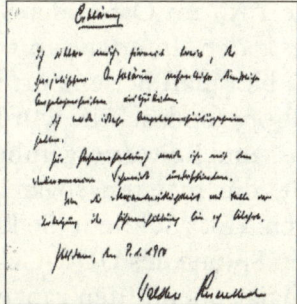 

Agent zum Schein und Staatsdiener: UFJ-Chef Walter Rosenthal (links). Und scheinheiliger Staatsdiener und Agent: Götz Schlicht, hier bei der Verleihung des Bundesverdienstkreuzes durch Bundespräsident Richard von Weizsäcker 1991.

einem späten Sieg des MfS. So muss man es wohl sehen, denn die Akten des MfS spiegeln lediglich wider, was von dort aus schon einmal versucht worden war, nämlich Rosenthal mithilfe seiner wertlosen Verpflichtungserklärung zu diskreditieren.[66]

Sucht man indessen weiter, warum das Gesamtdeutsche Institut aus den dort lagernden Akten des UFJ vielfach so hanebüchen zitierte, so richtet sich der Blick auf einen anderen. Er saß in dieser Behörde als Referent für Verwaltung und Recht und hieß mit Klarnamen Götz Schlicht, Deckname: Dr. Lutter. Dieser Götz Schlicht war einer der fleißigsten Agenten der DDR. Er hatte seine Juristenausbildung vor dem Krieg beendet und war nach Kriegsende in der SBZ zum Richter am Oberlandesgericht ernannt worden. Die Teilnahme an der Verteilung von UFJ-Flugblättern in Potsdam brachte ihm eine Verurteilung zu zehn Jahren Zuchthaus wegen Boykotthetze ein. Zur Hälfte der Haftzeit wurde er 1957 entlassen, nachdem er sich beim MfS als Agent verpflichtet hatte. Sein Zielobjekt sollte der UFJ sein, der ihn bereitwillig aufnahm. Doch im Gegensatz zu seinem Vorgesetzten Walter Rosenthal offenbarte er sich nicht und diente fortan zwei Herren.

Sein West-Berliner Brötchengeber hegte keinen Verdacht. Vielleicht hätte er die 1959 im Osten der Stadt erschienene Broschüre *... im Dienste der Unterwelt* mit etwas mehr Sorgfalt lesen sollen, statt bloß darüber empört zu sein. In dieser vom MfS initiierten Propagandaschrift wurde der UFJ als kriminelle Bande mit Ross und Reiter vorgeführt. Alle wichtigen Leute waren genannt, die meisten sogar abgebildet. Einer fehlte in diesem Reigen: Götz Schlicht. So konnte der sich zu einem der ergiebigsten Spione des DDR-Geheimdienstes entwickeln. Seine Denunziationen füllen ganze elf Aktenordner. Dutzende, wenn nicht sogar Hunderte Menschen wanderten wegen des von Schlicht weitergegebenen dienstlichen Wissens in der DDR hinter Schloss und Riegel. Auch nach dem

Guillaume-Spektakel kam Schlicht niemand auf die Schliche. Vielleicht lag das daran, dass er, als die Sache hochkochte, bereits im wohlverdienten Ruhestand war. Doch der Agent blieb fruchtbar, da er weiterhin als Schriftleiter der Zeitschrift *Recht in Ost und West* fungierte und deshalb im Gesamtdeutschen Institut ein und aus ging.[67]

Auch im Bundesamt für Verfassungsschutz war das Leben weitergegangen. Beamte traten in den Ruhestand und hinterließen ihren Kollegen ihre gefüllten Panzerschränke. Ein solcher stand im Dienstzimmer des Mannes, der für die Auswertung der Funkaufklärung zuständig war. Nach wie vor war der verschlüsselte Agentenfunk ein wichtiges Führungsmittel für jeden Auslandsgeheimdienst in jenen Tagen und deswegen das Mitlesen und die Entzifferung eine bevorzugte Methode der Spionageabwehr. Das galt auch für das BfV. Sein einschlägiges Instrumentarium, der Funkbeobachtungsdienst, befand sich auf einem Kasernengelände des Bundesgrenzschutzes in Heimerzheim bei Bonn. Seit den frühen 1950er-Jahren wurde mit Fleiß der Agentenfunk des Ostens gesammelt – und zu einem beträchtlichen Teil in einen Klartext entziffert. Doch längst nicht alles, was jetzt schwarz auf weiß zu lesen war, ließ sich in konkrete Maßnahmen umsetzen, da zwar die Herkunft der Meldungen gedeutet werden konnte, aber nur selten die Klarzuordnung des Empfängers gelang. Das war von der Gegenseite auch beabsichtigt; sie verwendete den einseitigen Agentenfunk, das heißt, nur die Führungsstelle funkte, während der Agent sich auf anderen Wegen meldete, zum Beispiel über tote Briefkästen. So entstand im Lauf der Jahre eine Art Informationsgrab im Panzerschrank des Gruppenleiters Funkwesen, Hans Watschounek, wo vieles verschwand, was hartnäckigster Analyse bedurft hätte.[68]

Geheimdienste pflegen sich zum Schutz gegen Verrat mit inneren Informationsabschottungen zu versehen. Dergleichen ist sinnvoll, verhindert aber häufig jede methodische Auswertung. Hinzu kommt der Argwohn, den Mitarbeiter mit beschaffender Tätigkeit gegen solche hegen, die mit Analysefragen befasst sind, und umgekehrt. Das machte auch dem BfV bei der Bearbeitung des Falles Guillaume erhebliche Probleme.

Seit Jahren war dort der Verdacht bekannt, dass das MfS ein namentlich nicht identifiziertes Agentenehepaar in die SPD eingeschleust hatte. Seit Jahr und Tag kannte man die Rolle des Verlags Volk und Wissen. Bekannt war ferner, dass Guillaume als Kontaktperson durch mehrere Verdachtsfälle geisterte, und bekannt war das Geburtsdatum eines nicht identifizierten Agenten. Letzteres lagerte wohlverwahrt im erwähnten Panzerschrank. Der entsprechende entzifferte Funkspruch enthielt einen Glückwunsch zum Geburtstag des Agenten. Ja, es ging sehr familiär zu in der Firma des Generals Wolf. Und so enttarnte dieser auch mit seinen fröhlichen Geburtstagswünschen, die durch den Äther zum Klassenfeind flogen, seinen hoffnungsvollsten Agenten.[69] Denn im BfV war der Abwehr-Sachbearbeiter Helmut Bergmann auf den Gedanken gekommen, das brachliegende Geburtsdatum einer Person zuzuordnen. Er wurde fündig. Es gab eine entsprechende Karteinotierung, die mit dem Verdachtsfall zusammenpasste, und die gehörte zum Sicherheitsüberprüfungsvorgang Günter Guillaume. Im BfV machten knapp zehn Leute Kulleraugen. Einem wurde es zu Recht mulmig, und das war der Chef des Amtes, Günther Nollau.

Nollau tat zunächst einmal das, was Beamte zu tun pflegen, wenn es heikel wird: Er sicherte sich nach oben ab. Glaubte er wenigstens. Also meldete er den Wunsch nach einem Vieraugengespräch bei Innenminister Hans-Dietrich Genscher an. Doch der gewährte dem Geheimdienstchef nicht, was dieser erbeten hatte, sondern zog den Ministerbüroleiter Klaus Kinkel hinzu. Der machte dann irgendwann einen Aktenvermerk über das vertrauliche Gespräch. Was da besprochen wurde, war später Gegenstand hitziger Auseinandersetzungen, denn jetzt ging es nicht mehr um die Vorgehensweise eines

Geheimdienstchefs, sondern um die Verantwortlichkeit des zuständigen Ministers. So was hat kein Minister gern. Also wurde kolportiert, es sei um die vage Information über einen Mann gegangen, der einmal verdächtig gewesen sei, in die SPD eingeschleust worden zu sein. Kein Sterbenswort sei darüber geäußert worden, dass dieser Verdacht noch fortbestehe.

Das ist mit Sicherheit unzutreffend. Kein Geheimdienstchef macht sich auf die Socken, um mit seinem Minister eine Stunde lang über Altpapier zu plauschen und ihm bei dieser Gelegenheit die Genehmigung für eine bestimmte nachrichtendienstliche Operation abzugewinnen. Und dennoch war später zu lesen, es sei um Überwachungsmaßnahmen gegangen, für die formal gesehen eine Ministerweisung gar nicht erforderlich war. Dann ging es also um die Observation des mutmaßlichen Agenten. Indessen: Das Observieren ist aufwendig; man tut es nur, wenn man die Zielperson für einen Aktivisten hält. Doch möglicherweise wollte Nollau mehr. Auf der Hand gelegen hätten G-10-Maßnahmen, also die Telefon- und Briefkontrolle des Verdächtigen. Das konnte Nollau nach der bundesdeutschen Rechtslage nicht ohne die Zustimmung Genschers durchführen. Forderte sie Nollau nicht, war er ein Ignorant, genehmigte sie Genscher nicht, war er einer.

Das bleibt in der Schwebe, da die Beteiligten später herumgeeiert haben. Nach Genschers zwanzig Jahre später geschriebenen Memoiren soll es so gewesen sein, dass Nollau den Minister auf eigenen Wunsch aufsuchte. Er habe gesagt, es gehe um den Fall Guillaume, von dem Genscher schon aus technischen Maßnahmen wisse. Falls das stimmt, haben vor der fraglichen Unterrichtung durch Nollau bereits Abhörmaßnahmen gegen Guillaume stattgefunden. Doch bei Genscher liest man Folgendes:

»Ein Mitarbeiter des Bundeskanzlers mit dem Namen Guillaume war mir bis dahin nicht aufgefallen. Des ungewöhnlichen Namens wegen wäre mir eine Begegnung bestimmt in Erinnerung geblieben.«[70]

Wie passt das zusammen? Gab es die technischen Maßnahmen, so gab es auch einen Abhörantrag, den Minister Genscher hätte genehmigt haben müssen. Gab es diesen Antrag, stand auch der Name Guillaume darin. Wer je einen G-10-Antrag in Händen gehalten hat, weiß, dass dort auch detailliert begründet wird, worin der Verdacht gegen den Abzuhörenden besteht. Im Fall Guillaume kann dies nur der Verdacht auf eine geheimdienstliche Agententätigkeit gewesen sein. Doch vielleicht gab es keinen solchen Antrag, und Genscher meinte mit dem Hinweis auf technische Maßnahmen lediglich den vom BfV entschlüsselten DDR-Agentenfunk. Es liegt dann die Vermutung sehr nahe, dass in diesem Zusammenhang der Name Guillaume gefallen war, oder aber er wurde beim Gespräch Nollau-Genscher-Kinkel mit der Entschlüsselung des Agentenfunks zum ersten Mal konkret in Zusammenhang gebracht. Auch dann war klar, es ging um einen Agenten. Dieser Agent trug den Namen Guillaume, und dessen Zielperson war der Bundeskanzler.

Nunmehr gingen die Eingeweihten daran, die Verantwortlichkeit für das jetzt Notwendige weiter zu verunklaren: Genscher unterrichtete Brandt – wie genau, ist umstritten –, und Nollau unterrichtete den SPD-Fraktionsvorsitzenden Wehner. Auch hier ist umstritten, wann und wie. Den Informationsstrang Nollau-Wehner muss man sich auf der Zunge zergehen lassen. Nollau galt als der Vertraute von Wehner. Wie schwächlich diese Konstruktion in Wirklichkeit war, zeigte sich, als das Schwarze-Peter-Spiel um Brandts Rücktritt losging und Wehner den Genossen Nollau sofort fallen ließ. Doch zunächst einmal ging es darum, das Agentenpaar zu eliminieren. Ein halbes Jahr Überwachung brachte nicht viel Substanzielles. Dann entschloss sich das BfV, die Sache zum Abräumen an den Generalbundesanwalt abzugeben. Der Zugriff erfolgte in den frühen Morgenstunden des 24. April 1974. Der aus dem Schlaf geklingelte Agent schleuderte den entgeisterten Polizisten entgegen, diese möchten seine Ehre als

Offizier der Deutschen Demokratischen Republik respektieren. Das taten sie, und nachdem sie sich von ihrem Staunen erholt hatten, nahmen sie den Mann fest.

Binnen vierzehn Tagen trat Willy Brandt als Bundeskanzler zurück. Er schrieb an den Bundespräsidenten: »Ich übernehme die politische Verantwortung für Fahrlässigkeiten im Zusammenhang mit der Agentenaffäre Guillaume und erkläre meinen Rücktritt vom Amt des Bundeskanzlers.« Kaum einen ließ das kalt, wenn auch bei vielen die Häme überwogen haben mag.

Und Ost-Berlin? Knallten dort erneut die Sektkorken, weil man es dem Klassenfeind mal wieder gezeigt hatte? Wohl kaum. Durch eine an Sinnlosigkeit kaum zu überbietende Geheimdienstaktion hatte der Genosse Wolf sein Land und darüber hinaus den gesamten Ostblock schwer geschädigt. Der Warschauer Pakt hatte sein wichtigstes politisches Gegenüber im Westen verloren, den Mann, dem die Ostverträge zu verdanken waren und der die Blockkonfrontation aufgeweicht hatte, und das mit erheblichen Nachteilen für die eigene Seite. Spätere Verschwörungsspezialisten wollten zwar wissen, dass der Brandt-Sturz durch die Firma Wolf absichtlich eingefädelt worden sei, um die Wiederherstellung der eigenen harten Standpunkte aufleben zu lassen. Doch dafür gibt es keinerlei Belege. Und selbst wenn es wider Erwarten so gewesen sein sollte, dann wäre es erst recht ein Flop gewesen, denn fünfzehn Jahre später wurde im Ostblock das Licht ausgemacht.

Warum handelten die Aufklärer aus der Ost-Berliner Normannenstraße so unverantwortlich? Die Antwort könnte kaum ernüchternder ausfallen: Sie hatten keine blasse Ahnung davon, was sie anzettelten. Auf der Jagd nach Planerfüllung ging es ihnen darum, eine im Kanzleramt bestehende Spionagelücke möglichst hochrangig zu füllen.[71] Auf die Frage, was passieren würde, wenn das aufkippte, verschwendeten sie nicht eine Minute. Alles, was dann später von den Extschekisten zur Causa Guillaume geschrieben worden ist, diente dazu, den Leuten Sand in die Augen zu streuen. So ist hinzugedichtet worden, man habe Brandt nach dessen Amtsantritt als Bundeskanzler überwachen müssen, um eine Konterrevolution auf Filzlatschen zu verhindern.[72] Falls dies wirklich das Ziel des Guillaume-Einsatzes war, lautet das Urteil: Schlecht gelaufen, denn das, was man angeblich verhindern wollte, fand genau in der Zeit zwischen der Einfädelung des Agenten ins Bundeskanzleramt und seiner spektakulären Bauchlandung statt.

Noch ein weiterer Aspekt bleibt in diesem Zusammenhang zu beleuchten: Wie standen die Sowjets zu dem Ganzen? Wenn es denn stimmen sollte, dass das Guillaume-Manöver einer Störung der Beziehungen galt, so richtete sich dies krass gegen die sowjetischen Intentionen. Das ist unvorstellbar. Spionage-Chef Wolf war so eng an die sowjetischen Genossen als deren gelehriger und gehorsamer Schüler angebunden, dass er sich im Leben nicht getraut hätte, einen Gegenkurs zu Moskau zu steuern. Wir können das auch aus seinem Verhalten in den 1980er-Jahren mehr als deutlich entnehmen. Für den Spionagechef der 1960er-, 1970er-Jahre gilt vielmehr: Er sonnte sich in seiner Tüchtigkeit und konnte den Freunden auf Russisch vorsingen, wie er es dem Klassenfeind wieder einmal gezeigt hatte.

Das KGB wusste im Übrigen genau, was in der Guillaume-Sache abging. KGB-Chef Jurij Andropow ordnete eine Sonderkurier-Verbindung von Ost-Berlin nach Moskau an, damit man dort die Guillaume-Meldungen brühwarm lesen konnte. Nach Brandts Rücktritt versicherte der sowjetische Parteichef dem Deutschen, dass er von der Zeitbombe, wie er es nannte, keine Ahnung gehabt habe.[73]

Doch das war eine Lüge, denn etliche der Guillaume-Meldungen waren Breshnjew und Gromyko im Original präsentiert worden. Ein Agent in unmittelbarer Nähe des Kanzlers, warum nicht? Die Leute der sowjetischen Auslandsaufklärung hatten kurz zuvor dasselbe Spiel veranstalten wollen.

Die Dame des Herzens hieß Eleonore Sütterlin. Sie arbeitete im Auswärtigen Amt als Sekretärin. Im AA war Brandt 1966 als Minister eingezogen – was für eine Gelegenheit, so dachte man in Moskau. Doch die Sache ging doppelt schief. Es gelang nicht, die Sütterlin in Brandts Vorzimmer zu bugsieren. Und ein Jahr später kam's ohnedies zum großen Kladderadatsch. Der Führungsoffizier der Sütterlin, Jewgeni Runge, lief am 10. Oktober 1967 zu den US-Amerikanern über und packte aus. Die Sütterlin endete tragisch: Als kaltschnäuzige Vernehmer des Bundeskriminalamtes ihr die noch kaltschnäuzigeren Angaben ihres Ehemannes Heinz vorlasen, hängte sie sich auf. Heinz Sütterlin hatte, ohne zu zögern, eingeräumt, dass er seine Frau nur zum Zwecke der Spionage geheiratet hatte – von Liebe keine Spur. So viel zu den sowjetischen Absichten in der Causa Brandt.

Wahr ist allerdings, dass das Guillaume-Brandt-Desaster nicht im sowjetischen Interesse lag. Zu diesem Zweck braucht man sich nur den Besuchsfahrplan der Spitzenleute beider Staaten anzuschauen. Im September 1971 besuchte Brandt den sowjetischen Parteichef Breshnjew auf der Krim; im Mai 1973 erfolgte der lange geplante Gegenbesuch. Brandts plötzliches Verschwinden von der Bühne war für die Russen ein schwerer Schlag. Muss man nun also annehmen, dass die HVA vom KGB gerügt wurde? Die Antwort lautet Nein. Moskaus Führungsleute sahen in der ganzen Angelegenheit eher eine Art Künstlerpech. Sie mochten sich hierbei vorstellen, dass der eine ihnen genehme Mann durch den nächsten ersetzbar sei. Doch da irrten sie. Man braucht sich nur den Nachfolger von Brandt im Amt des Bundeskanzlers anzusehen. Der Mann mit dem Nussknackergebiss sah bereits äußerlich so aus, als sei mit ihm nicht gut Kirschen essen. Und so war es dann auch. Ihm sollten die Sowjets wenige Jahre später den Beginn ihrer größten strategischen Niederlage verdanken; davon wird im Kapitel über die Raketenstationierung zu sprechen sein.

HVA-Angriff ein voller Erfolg: Günter Guillaume (2. v. r.) mit Ehefrau Christel und Verteidigern 1975 vor dem Staatsschutzsenat des OLG Düsseldorf.

Zurück zu Brandt: Milde formuliert war es eine Geheimdienstpanne der Firma Mielke-Wolf. Guillaumes geheimdienstliche Vorgesetzte Markus Wolf und der Leiter des SPD-Referats in der Hauptverwaltung Aufklärung, Kurt Gailat, wussten genau, was der Agent tat. Sie hatten im Januar 1970 Gelegenheit, die Aktion abzublasen, nachdem Guillaume in dem für ihn überraschenden Sicherheitsgespräch mit Minister Ehmke diesem einen Aktenvermerk über sein Vorleben anfertigen musste. Das war noch vor der Einstellung im Kanzleramt. Zeit genug also, ihn aus der Schussbahn zu nehmen. Dies nicht zu tun war unverantwortlich und fachlich geradezu kindisch, denn die DDR-Aufklärer hatten von dem ebenso unbedarft wie unverantwortlich handelnden Kanzleramtsminister Horst Ehmke auf dem Silbertablett serviert bekommen, dass sich westdeutsche Sicherheitsbehörden mit ihrem Agenten bereits beschäftigten. Sie drückten ihn dennoch ins Kanzleramt. Und dann packte sie der Größenwahn, als sie schließlich Guillaume aus der wenig brisanten Position in der Abteilung Sozialpolitik ins Kanzlerbüro vorstoßen ließen. Dabei besaßen sie mit ihrem Agenten Streit alias Karl Wienand eine zehnmal bessere Quelle unmittelbar in der Führungsetage der SPD. Doch Guillaume war aufregender. Er konnte die Unterhosen zählen, die der Kanzler mit in den Norwegen-Urlaub nahm, das konnte Karl Wienand nicht. Außerdem konnte Guillaume den Kanzler stürzen, Wienand konnte das nicht; der konnte sich durch die Affären, in die er verstrickt war, nur selbst schaden.

Bleibt nur noch, Gailats Frau zu zitieren. Sie sagte am Abend von Brandts Rücktritt: »In der Rolle des Genossen, der das zu verantworten hat, möchte ich nicht stecken.«[74] Doch dem Genossen passierte nichts. Nach den Worten von Politbüromitglied Egon Krenz soll Honecker erwogen haben, Wolf rauszuschmeißen.[75] Doch spätestens nach einem ersten Kontakt mit den Moskauer Genossen in dieser Sache unterließ er dergleichen. Gailat brachte es noch bis zum Oberst der Staatssicherheit. Er und Wolf bekamen noch bessere Chancen, ihrem Land zu schaden. Wolf nutzte sie nach Kräften. Der geschilderte Fall Biermann war ein solches Meisterstück.

Doch blicken wir noch einmal auf den tüchtigen Stasi-Oberst Kurt Gailat. Er war ein Mann, von dem behauptet wurde, er kenne die SPD besser als deren Vorsitzende. In solchen Sprüchen sonnt sich so mancher Geheimdienstler, der den Panzerschrank vollgepackt hat mit Unterlagen über das Objekt seiner Begierden. Doch im Fall Gailat-Guillaume-Brandt

Möchtegern-Chef der SPD: Oberst Kurt Gailat, Leiter des SPD-Referats der Hauptverwaltung Aufklärung. Aufnahme von 1981 bei der Auszeichnung der verdienten Kundschafterin Christel Guillaume mit dem Kampforden in Gold.

kommt der ganze Irrwitz dieser Dinge ans Tageslicht. Wenn es so war wie behauptet, lag doppelt Grund vor, die Finger von Brandt zu lassen. Gailat führte nämlich in Bonn eine Quelle, die den Namen Max trug. Die Quelle Max berichtete in der fraglichen Zeit in dichter Folge aus größter Nähe über die SPD-Führungsspitze Brandt, Wehner und andere. Selbst über Guillaume berichtete die Quelle Max aus Unwissen, dass der ein Kollege von der geheimen Front war. Die Dienstherren in Ost-Berlin mögen gefeixt haben, denn Max bezeichnete den Günter Guillaume als unerträglichen Rechten. Bei Max handelte es sich um den bereits erwähnten Rudolf Maerker, der als angeblicher Zonenflüchtling unter dem Decknamen Rudi Baumann beim Ostbüro der SPD Dienst tat.

Nachdem das Ostbüro im Zusammenwirken von Wehner und MfS ruiniert worden war, wurde Maerker in der dortigen Funktion überflüssig. Er stieg in die Führungsetagen ein, nicht mehr als stiller Beobachter, sondern jetzt als Akteur. Einflussagent nennt man so etwas. Gleichzeitig wechselte er auftragsgemäß die Gesinnung vom SPD-Rechten zum Linksaußen. Zwanzig Jahre leitete er den Unterbezirk Bonn. Hunderte und Aberhunderte Berichte gingen von ihm an die Zentrale in der Normannenstraße ab. Es ist wie eine nicht enden wollende Hassliebe, die SPD und das MfS. Wir schließen den Rundgang durch die SPD-Baracke mit der Besichtigung einer Nische ab, die den Namen Lippmann trägt. Heinz Lippmann hatte jüdische Vorfahren, in der Diktion des NS-Rassenwahns war er Halbjude. Das Konzentrationslager Auschwitz und die Deportation nach Buchenwald überlebte der kräftige blonde Mann. Dann kam die steile Karriere in der SBZ und nachfolgenden DDR, die Lippmann im Windschatten seines neuen Freundes Erich Honecker in der FDJ, der Freien Deutschen Jugend, machte. Doch damit war es nach dem Volksaufstand in der DDR vorbei. Am 29. September 1953 verschwand Lippmann aus Ost-Berlin in den Westsektor, nicht ohne sich zuvor aus der Devisenkasse des FDJ-Zentralvorstandes mit 300 000

West-Mark versorgt zu haben. Das war ein gefundenes Fressen für alle Kalten Krieger aus Ost und West. Folgerichtig waberten bald die wildesten Gerüchte, welcher Geheimdienst wohl an dieser Sache gedreht haben könnte. Für beide Seiten blieb Lippmann den Rest seines Lebens ein unbequemer Geist. Für den Osten war er ein Verräter, ein Gestapo-, Verfassungsschutz-, BND- und CIA-Agent, für den Westen ein DDR-Provokateur und MfS-Agent.

Vermutlich war er nichts von alledem. Bemerkenswert allerdings war seine Nähe zum Bundesamt für Verfassungsschutz und dessen Spitzenmann und späteren Präsidenten Günther Nollau. In der Ägide von Nollau brachte Lippmann eine Zeitschrift heraus: *Der Dritte Weg*.[76] Der Name war Programm. Als Dritten Weg pflegten Autoren, zumeist aus dem sozialistischen Lager, aber auch Nationalbolschewisten, eine Politik zu beschreiben, die sie irgendwo zwischen Kapitalismus und Kommunismus ansiedelten. Unter den vielen Dritten Wegen war der Lippmann'sche Ansatz ein Sozialismus, der in scharfem Gegensatz zum Realsozialismus Moskauer und Ost-Berliner Prägung stand. Dementsprechend ruppig fielen die Reaktionen aus der DDR aus. Am meisten wird dort geärgert haben, dass er den Sprung in die SPD nahm und dann anders als andere, die die Segnungen des sowjetischen Sozialismus am eigenen Leibe zu spüren bekommen hatten, den Schwenk der SPD zur neuen Ostpolitik mitmachte, ohne indessen seine überaus kritischen Publikationen über die DDR zu unterlassen. Besonders sauer stieß auf, dass Lippmann 1971 eine Honecker-Biografie auf den Markt brachte.

Nach dem Aufkippen des MfS-Agenten Günter Guillaume und dem Sturz von Willy Brandt änderten sich die Dinge grundlegend: Plötzlich richteten westdeutsche Sicherheitsbehörden einen so konkret formulierten Spionageverdacht gegen Lippmann, dass es noch im Frühsommer zu einer Wohnungsdurchsuchung bei diesem kam. In der Nach-Guillaume-

Wer ist wer? Honecker-Biograf Heinz Lippmann und der von ihm Porträtierte. Aufnahmen von 1971.

Hysterie war der Verdacht nicht ganz abwegig, schließlich wies Lippmanns Lebenslauf all jene Merkmale auf, die nicht nur der aufgeflogene Kanzleramtsspion hatte. Lippmann war es nach langem Anlauf gelungen, beim zum Innerdeutschen Ministerium gehörenden Gesamtdeutschen Institut unterzukommen und so weiter und so fort. Die Wohnungsdurchsuchung erbrachte nichts Belastendes, doch dann starb Lippmann wenig später am 11. August 1974 in seiner Wohnung an Herzversagen mit nicht einmal dreiundfünfzig Jahren. Der Tod des Feindes war für das MfS eine vortreffliche Gelegenheit, ihn zum Kronzeugen zu machen: Nunmehr wurde Lippmann zum MfS-Agenten umgemodelt, der hinter dem Rücken seines Spezis Günther Nollau erneut die Seiten gewechselt und den Brandt-Sturz zusammengebraut hatte. Diesen Blödsinn transportierte ein Mann namens Walter Barthel. Der schrieb dergleichen in einer in West-Berlin erscheinenden Zeitung, dem *Extra-Dienst*. Dessen Finanziers saßen in der Ost-Berliner Normannenstraße und gehörten zur Abteilung X (Desinformation) der Hauptverwaltung Aufklärung. Walter Barthel hieß dort IM Kurt.[77]

Barthels wüste, wenig schlüssige Geschichte entwickelte nichtsdestotrotz später wie üblich ihr Eigenleben und war eine Bestätigung für all diejenigen, die annahmen, dass der Brandt-Sturz das gezielte Werk eines geheimdienstlichen Komplotts gewesen sei. Ein abstruses Märchen aus der Feder des MfS-Agenten Barthel, der Anfang der 1960er-Jahre ausgesandt worden war, die Entführung von Lippmann aus Köln in die DDR auszubaldowern. Das hatte sich jetzt erledigt.

Die SPD war für das MfS jedoch nicht nur Ausspähungsobjekt. Ziel war vielmehr, die SPD in den Sozialismus Moskauer Bauart zu steuern. »Der Kampf zur Durchsetzung demokratischer Entwicklungsprozesse in Westdeutschland sowie die politisch operativen Aufgaben zur Formierung fortschrittlicher Kräfte und politischer Plattformen« lautet der Titel einer Gemeinschafts-Doktorarbeit an der Hochschule der Staatssicherheit in Potsdam aus dem Jahr 1970. Mit dieser Arbeit erwarb u. a. der für die SPD zuständige MfS-Offizier Kurt Gailat seinen Doktor juris. Hinter dem im MfS-Deutsch abgefassten Titel verbirgt sich die Bastelanleitung zur geheimdienstlichen Zersetzung der SPD. Die Herren Doktoranden hatten einen Kampfauftrag, und in diesem Dokument haben sie ihn beschrieben: Die SPD sollte durch moskauhörige Einflussagenten auf Kurs gezwungen werden. Daher rührte das fanatische Eindringen in diese Partei. Das theoretische Unterfutter lieferten die Klassenkampfparolen aus den 1920er-Jahren der Weimarer Republik. Es waren die alten Sprüche von proletarischer Revolution und Revisionismus. In der parteioffiziellen *Geschichte der deutschen Arbeiterbewegung* konnte man all das bequem nachlesen. Doch damit konnten die MfS-Akademiker zwar die SPD schwer beschädigen, aber nicht die Bundesrepublik umtrimmen.

Umwölkter Blick nach Osten: der BND
Nun ein Blick in die Gegenrichtung: Die Bundesrepublik unterhielt damals ihrerseits einen gegen das Regime im Osten gerichteten Geheimdienst, den BND. Der machte in dieser Zeit die schwierigste Phase seit seinem Bestehen durch. Hierfür gab es zwei Gründe: 1968 war Reinhard Gehlen als Präsident des Amtes ausgeschieden. Er hatte seinem Nachfolger Gerhard Wessel ein schier undurchschaubares Chaos hin-

terlassen. Wessel musste rasch lernen, dass die angeblichen mit den wirklichen innerdienstlichen und organisatorischen Strukturen nicht übereinstimmten. Es gab eine Unzahl von Arbeitseinheiten mit parallelen oder einander widersprechenden Aufgabenstellungen, die samt und sonders unmittelbar an den Präsidenten angebunden waren. Gehlen hielt seine Art der Führung für genial, andere fanden sie schlicht verrückt. Als Wessel nun daranging, den Dienst auf Normalmaß zu polen, ist mit Sicherheit vieles an Erkenntnissen unter den Tisch gefallen – wie es zu gehen pflegt, wenn kleine Leute aus der Sonne des Herrn auf den ihnen zustehenden Platz gesetzt werden.

Der zweite Grund für den katastrophalen Zustand, in den der BND hineinmanövriert worden war, saß in Bonn. Im dortigen Kanzleramt, dem der BND unterstand, waltete seit 1969 der Rechtsprofessor Horst Ehmke wie ein mittelalterlicher Hausmeier. Hier sehen wir ihn im entscheidenden Moment bei der Arbeit: »Horst Ehmke hielt sich mit organisatorischen Fragen nicht auf. Er kam sofort zum Personalproblem und fragte: ›Nun – wen nehmen wir denn?‹ ... Horst Ehmke hatte die ganze Zeit in einem tiefen Sessel mehr gelegen als gesessen, ein Schreibbrett mit einem Papierblock auf den Knien, und sich die Namen, die ich ihm mit einigen Zusatzbemerkungen nannte, notiert. Mit dem linken Zeigefinger bohrte er in der Nase und schnippte die Popel ins Zimmer.«[78] So der Hamburger Verfassungsschutzchef jener Tage, Hans Josef Horchem.

Ehmke tat alles in seiner Macht Stehende, um im BND aufzuräumen. Doch seine Ordnungskriterien unterschieden sich von denen altgedienter Geheimdienstler. Um sie zurückzustutzen, wurden dem BND zwei Parteiarbeiter aufgedrängt. Der eine hieß Dieter Blötz und war bis dahin Geschäftsführer der Hamburger SPD, was ihn anscheinend prädestinierte, zum Vizepräsidenten eines Auslandsdienstes aufzusteigen. Der andere hieß Herbert Rieck, kam aus der hamburgischen Hochschulverwaltung und wurde Leiter der Zentralabteilung. Blötz mühte sich nach Kräften, den BND durchschaubar zu machen. Hierzu gehörte seine Gewohnheit, über seine dienstlichen Belange Aktenvermerke anzufertigen und mit nach Hause zu nehmen. Von dort gelangten sie eines Tages ins Parteiarchiv der Friedrich-Ebert-Stiftung, und seitdem vagabundieren sie bei Leuten, die den Inhalt dieser Papiere für die Wirklichkeit nehmen und sich als BND-Experten bezeichnen lassen.

Zur selben Zeit, als BND-Präsident Wessel sich mühte, das von Amtsvorgänger Gehlen hinterlassene Organisationschaos zu glätten, wuchs im BND die Bestrebung, zukünftig verstärkt auf die Mittel der technischen Aufklärung zu setzen. Hierfür gab es zwei Gründe: Zum einen war es zu dieser Zeit en vogue, auf das technisch Machbare zu setzen, zum anderen haftete der technischen Aufklärung nicht so stark der Ruch des Schmutzigen an wie dem Agenteneinsatz.

So entstand die neue Abteilung 2 (Technische Aufklärung). Hinter dem Begriff verbarg sich auch Bekanntes aus der Zeit des Zweiten Weltkrieges: die Funk- und die Fernmeldeaufklärung. Letztere, das Abhören des grenzüberschreitenden Telefonverkehrs, war dem BND seit 1968 durch ein Bundesgesetz, das G 10, gestattet. Die daneben stattfindende Funkaufklärung bildete einen deutlichen Schwerpunkt des BND. Sie existierte bereits seit den Anfangstagen der Org. Gehlen und betraf in erster Linie das Abhören des militärischen Funkverkehrs der Warschauer-Pakt-Staaten. Auf demselben Feld ackerten die Funkaufklärungseinheiten der Bundeswehr – und, nicht zu vergessen, die diversen militärischen und zivilen Dienste der USA und Großbritanniens, die sich in Deutschland häuslich eingerichtet hatten. Deren Existenz bedeutete weniger eine Form der angenehmen Zusammenarbeit als vielmehr einen Quell steten wechselseitigen Misstrauens. Das ging so weit, dass die US-Amerikaner ihr Hilfspersonal lieber aus den in Deutschland lebenden Türken als aus den Deutschen rekrutierten.

Mit Häme sahen es infolgedessen die deutschen Abwehrleute, dass einer der gravierendsten Verratsfälle, den die US-Amerikaner bis in die 1980er-Jahre hinein hinnehmen mussten, einem ihrer türkischen Assistenten zu verdanken war. Der Mann hieß Hussein Yildirim, war Mechaniker aus Kreuzberg und diente bei der NSA-Abhörstation auf dem West-Berliner Teufelsberg. Müllsäcke voll Verratsmaterial schaffte er für seine Ost-Berliner Auftraggeber fort, warb auch noch einen Unteragenten und flog schließlich aufgrund einer Überläufermeldung auf. Die US-Amerikaner fackelten nicht lange und verurteilten das in den USA in eine Falle gelockte Duo zu langjährigen Haftstrafen. Yildirim wurde im Jahr 2003 als Fünfundsiebzigjähriger in die Türkei abgeschoben.

Zurück zum BND. Nach jahrelangem Panzer- und Kolonnenzählen wurde Anfang der 1970er-Jahre das Anforderungsprofil rabiat geändert. Kanzleramtschef Ehmke war an politischer Ware interessiert.[79] Militärisches hielt er offenbar für Ladenhüter. Das war richtig und falsch zugleich. Die Forderung nach politischen Meldungen aus dem Ostblock war leicht nachzuvollziehen. Schließlich machte sich die von Bundeskanzler Brandt geführte Bundesregierung daran, die Ostpolitik neu zu erfinden. Das Zurückdrängen der Militärspionage war zu verstehen, wenn es denn um eine notwendige Schwerpunktbildung ging. Doch ein Verzicht darauf war, sollte er tatsächlich ausgesprochen worden sein, mehr als leichtfertig. Die Notwendigkeit der Militärbeobachtung ergab sich bereits daraus, dass die NATO zeitgleich ihre Kriegsdoktrin entscheidend verändert hatte.[80] An die Stelle der »massiven Vergeltung« war die »flexible Antwort« getreten. Das bedeutete, die NATO drohte nicht mehr im Falle jeglicher östlicher Aggression den sofortigen Atomschlag an, sondern sie kündigte an, zukünftig jegliche Aggression angemessen zurückzuweisen, wobei der Atomschlag die Ultima Ratio sein sollte. Nahm man diese Kriegsdoktrin ernst, so waren erhöhte Bemühungen unerlässlich, jegliche Aggression bereits im Ansatz zu erkennen, weil sonst eine flexible Antwort nicht möglich war.

Es entzieht sich unserer Kenntnis, ob die politisch Verantwortlichen der Bundesrepublik dies auch so sahen und ob sie nach dieser Erkenntnis handelten. Innerhalb des BND spielten sich jedenfalls wenig schöne Szenen ab, weil manch einer seinem Präsidenten Wessel bitter nachsagte, er habe vor den politischen Zumutungen aus Bonn kapituliert. Das ist mit Fragezeichen zu versehen, weil in größeren Personalkörpern die beharrenden Kräfte stets in der Überzahl sind. Zum Frust im BND trug indessen an vorderster Front der Pullacher Vizepräsident Dieter Blötz durch seinen Hang bei, sich in die Dinge nachdrücklich einzumischen. Die Blötz-Papiere, die später im Archiv der Friedrich-Ebert-Stiftung anlandeten, geben noch heute hierüber Auskunft – man sollte sie nur zu lesen verstehen als das, was sie sind: die authentischen Notate eines misstrauischen Mannes, der von der Sache, die er lenkte, nicht allzu viel verstand. Das machte ihn keineswegs wirkungslos, sondern an Blötz scheiterte manch einer aus den Führungsetagen des BND. So nacheinander die Leiter der Auswerteabteilung Robert Borchardt und Jürgen von Alten. Borchardt ging 1973 freiwillig und völlig entnervt. Aus von Alten wurde mit fragwürdigster Begründung ein Sicherheitsrisiko[81] gebastelt. So musste er den BND verlassen; seine Berufslaufbahn war damit ruiniert.

Blötz scheiterte schließlich an der Nachrichtendiensttechnik, die voranzubringen er einst auf seine Fahnen geschrieben hatte. Überzeugt von seiner persönlichen Wichtigkeit, führte der Vizepräsident einen Euro-Piepser mit sich – einen Funkempfänger, der ihm das Statussymbol des jederzeit Erreichbaren verlieh. Auch im Bett seiner Sekretärin. Dort entdeckte ihn 1979 der gehörnte Ehemann der Dame, ein Major des BND. Jetzt endlich hatte der Brandt-Nachfolger Helmut Schmidt ein Einsehen und versetzte den verdienten BND-Vize Blötz in den einstweiligen Ruhestand. Mit Norbert Klusak folgte ihm ein ausgesprochener Fachmann; doch der starb bereits 1986 in seinem fünfzigsten Lebensjahr.

Kriegsraketen – Friedensbomben.
Die Destabilisierungskampagne gegen die Bundesrepublik

Ende der 1970er-Jahre ging es wieder einmal um Raketen. Dieses Mal hieß der Konfliktstoff SS-20. Hinter dem Kürzel verbarg sich der Codename für eine sowjetische Mittelstreckenrakete, den der US-Militärgeheimdienst seiner Entdeckung zugewiesen hatte. Die NATO taufte diese missliche Überraschung Sabre, Säbel, und die Russen nannten das gute Stück, von dem ab Mitte der 1970er-Jahre über 600 Exemplare gebaut und in Dienst gestellt wurden, RT-21 M Pionier. Die Besonderheit an dieser Rakete bestand darin, dass sie, vor allem im europäischen Teil der Sowjetunion aufgebaut, lediglich Ziele in Europa bedrohen konnte. Ihre massenhafte Produktion und der Umstand, dass sie nicht an feste Abschussplätze gebunden war, machten die SS-20 zu einem ganz besonderen Instrument im Nervenkrieg der Ost-West-Atomrüstung, das sowohl einen Bedrohungs- als auch einen Beruhigungseffekt hatte. Bedroht wurden die westlichen Staaten Europas, zugleich ging durch die begrenzte Reichweite der Waffe an die USA das Signal, dass sie nicht gemeint seien. Die Sowjets spekulierten auf eine zweistufige psychologische Reaktion, nämlich darauf, dass die US-Amerikaner zunächst ihre europäische Präsenz lockern oder gar aufgeben und die Europäer dann politisch zu erpressen sein würden.

Die NATO-Verbündeten merkten bald, wie hier der Hase lief. Ihre Antwort hieß NATO-Doppelbeschluss, der eine Aufrüstungs- und eine Abrüstungsvariante enthielt. Daher der Name. Den Aufrüstungsteil nannte man Nachrüstung, und er wurde mit der Produktion von zwei Atomwaffen ausgefüllt, den Pershing-II-Raketen und den Marschflugkörpern (Cruise Missiles).

Dass die NATO überhaupt Wind davon bekam, was sich auf der sowjetischen Rüstungsbühne tat, verdankte sie der US-Spionage, wobei die ersten Erkenntnisse aus der Satellitenaufklärung stammten. Das war für das frühzeitige Aufspüren bitter nötig, denn die Sowjets gingen im Fall der SS-20 nach bewährtem Strickmuster vor. Sie rüsteten die neue Waffe so lange heimlich auf, bis sie als reale Bedrohung einsetzbar war. Doch so weit war die Rote Armee, als sich der Westen zu regen begann, noch nicht gekommen. Nun übernahm die NATO selbst den Transport der bislang unausgesprochenen Drohung, und damit war sie in der Welt, ohne dass die Sowjets einen Finger rühren mussten. Sie mussten nun nur noch die beleidigte Leberwurst spielen und behaupten, man habe lediglich schrottreife Raketen ersetzt und die Welt damit sicherer gemacht. Doch erwies sich dieser scheinbare Erfolg innerhalb weniger Jahre als Bumerang.

Rückkehr der Gespenster: die Wiedergeburt der KPD unter dem Namen DKP und deren Rolle als U-Boot
Im Jahr 1968 hatte es die Große Koalition möglich gemacht: In Deutschland stand eine kommunistische Partei von den Toten auf, die seit dem Verbot der KPD im Jahr 1956 zwölf Jahre lang ein illegales Schattendasein geführt hatte. Wie war diese Renaissance zu erklären? Seit Mitte der 1960er-Jahre war eines der innenpolitischen Themen in Westdeutschland die Wiederzulassung der KPD. Es sei ein Zeichen politischer Normalität, so wurde argumentiert, in einer gestandenen Demokratie eine kommunistische Partei zuzulassen. Im übrigen Europa sei es ebenso.

Doch in der Bundesrepublik gibt es keine Zulassungsbeschränkung für Parteien, sondern eine uneingeschränkte Parteigründungsfreiheit. Doch im Falle eines Parteiverbots durch das Bundesverfassungsgericht ist das einmal ausgesprochene Verbot nicht mehr aufhebbar. Das galt auch für das KPD-Verbot von 1956. Verstöße dagegen waren strafbar, und sie wurden in der Rechtspraxis der Bundesrepublik auch verfolgt. Noch 1966 verurteilte der 3. Strafsenat des Bundesgerichtshofs den Hamburger Stahlbauschlosser Kurt Stemmler wegen illegaler Kuriertätigkeit für die KPD zu zwei Jahren Gefängnis.[82]

Man brauchte kein Freund der KPD zu sein, um diese Rechtspraxis nicht für der Weisheit letzten Schluss zu halten, denn sie barg eine Zwickmühle: Beamte, die vor dem Verbot völlig legal in der KPD waren, taten gut daran, diesen Umstand zu verschweigen, denn er bedeutete unweigerlich den Rauswurf. Verschwieg das Ex-KPD-Mitglied indessen sein einstiges Tun, so eröffnete es eine breite Front zur geheimdienstlichen erpresserischen Anwerbung. So erging es zum Beispiel dem West-Berliner Kriminalbeamten Peter Weiss: Der Polizist hatte seinem Dienstherrn wohlweislich, wie er meinte, seine KPD-Mitgliedschaft verschwiegen. In Ost-Berlin wusste man jedoch davon und erpresste Weiss zur Mitarbeit für das MfS. Am 3. November 1966 wurde er schließlich zusammen mit seiner Ehefrau Irmgard festgenommen und zu fünf Jahren Gefängnis verurteilt.

Angesichts der bestehenden Rechtslage wurde im Herbst 1968 in Westdeutschland die Deutsche Kommunistische Partei (DKP) aus der Taufe gehoben. Das war nicht ohne Risiko, denn es wäre durchaus möglich gewesen, dass das Bundesinnenministerium die DKP zur Ersatzorganisation der verbotenen KPD erklärte und ebenfalls verbot. Dass dergleichen nicht geschah, war zuvor auf höchster politischer Ebene ausgehandelt worden.

Zu Beginn wurde über Bande gespielt. Moskau spannte Rom vor. Dort traf sich Bundesaußenminister Willy Brandt mit Italiens Kommunistenchef Luigi Longo, um über eine kommunistische Bruderpartei in Westdeutschland zu disputieren. Welcher Teufel mag den Deutschen wohl geritten haben? Bevor Brandt die Ergebnisse der heiklen Mission parteiintern durchstellen konnte, wurde das konspirative Treffen ruchbar. Dafür sorgte der Bundesnachrichtendienst. Es fällt nicht schwer, sich vorzustellen, wie Bundeskanzler Kurt Georg Kiesinger die Augenbrauen hob, als er des Außenministers heimliche Mission in Berichtsform zu lesen bekam.[83] Und es fällt ebenso wenig schwer nachzuvollziehen, dass im Jahr darauf, nach der Wahl Brandts zum Bundeskanzler, von der Bonner Regierungszentrale ein gewaltiges Revirement gegen den BND losgetreten wurde.

Jetzt, im Jahr 1968, konnten die Regierungspartner die Differenzen mit Mühe begradigen. Die SPD nutzte die wiedergekehrte Ruhe, um die in Rom eingefädelten Kontakte weiterwuchern zu lassen. Nunmehr empfing der Bundesjustizminister persönlich nebst Staatssekretär eine Zwei-Mann-Delegation der Wiedergründungskommunisten, um die Einzelheiten zu besprechen.[84] Der Minister und sein Sekretär wussten als Juristen, wovon sie sprachen. Gustav Heinemann war der eine, Horst Ehmke der andere. Heinemann hatte bereits einen Zickzackweg durch die frühe Bundesrepublik hinter sich, der ihm im ersten Kabinett Adenauer den Posten eines Bundesinnenministers beschert hatte, doch war er am 9. Oktober 1950 wegen unüberbrückbarer Differenzen in der Frage der Wiederbewaffnung vom Amt zurückgetreten. Horst Ehmke war Professor für Staatsrecht. Die Herren meinten, dass nur eine Neugründung in Betracht käme, und fügten hinzu, dass in Struktur und Programmatik nichts enthalten sein dürfe, was zum Verbot der KPD geführt habe. Für die Besucher war diese Auskunft eine bittere Pille. Sie mussten schlucken, dass dies eine Partei von Gnaden des Klassenfeindes werden würde, und die musste auf das öffentliche Glockengedröhn der Weltrevolution verzichten. Man würde sich also mit Geklingel begnügen müssen.

Die Sicht auf die DKP fällt je nach Perspektive unterschiedlich aus. Sieht man in ihr lediglich den Wurmfortsatz der ostdeutschen SED, der sich bemühte, in der Bundesrepublik bei den Wahlen auf Stimmenfang zu gehen, so ist die Rolle der Kommunisten Moskauer Provenienz in Westdeutschland geradezu erbärmlich. Mit 0,2 Prozent bei den Bundestagswahlen bis einschließlich 1983 konnte man beim besten Willen nicht von einer geglückten Wiederbelebung des organisierten Kommunismus in Westdeutschland sprechen. Die DKP erschien den Westdeutschen schlicht als nicht wählbar.

Doch das ist nur eine Sicht der Dinge. In der Welt des realen Sozialismus, in der man auf die Ergebnisse von freien Wahlen von jeher wenig Wert legte, sah man das ganz anders. Wie wichtig der bundesrepublikanische Neugründungsakt der Kommunisten in der Sowjetunion genommen wurde, kann man bereits daran ablesen, dass gleich nach dem Sondierungsgespräch bei Heinemann und Ehmke eine Delegation der in der DDR überwinternden KPD nach Moskau vorgeladen wurde, um die Einzelheiten zu besprechen. Diese Befehlsausgabe war hochrangig besetzt: Die anreisenden KPD-Kommunisten unter deren letztem Parteisekretär Max Reimann wurden vom Generalsekretär der KPdSU, Leonid Breshnjew, von dem Parteiideologen Michail Suslow und dem für den Weltkommunismus zuständigen ZK-Sekretär Boris Ponomarjow höchstselbst empfangen.[85] Die Herren hatten hochfliegende Pläne. Es galt, dem wissenschaftlichen Kommunismus in Westdeutschland wieder Sitz und Stimme zu geben. Einen Einzug in die Parlamente setzte man als selbstverständlich voraus. Auch war es den Beobachtern in Moskau nicht entgangen, dass sich in Westdeutschland Stimmen Gehör verschafft hatten, die sich selbst als links und als APO, außerparlamentarische Opposition, bezeichneten. Diese anzuleiten, wie es im kommunistischen Vokabular hieß, schien ebenso notwendig wie Erfolg versprechend. Ob die Sache auch deswegen als dringlich betrachtet wurde, weil man im Angesicht der geplanten Invasion der Tschechoslowakei rechtzeitig einen ideologischen Stützpunkt parat haben wollte, kann nur vermutet werden.[86]

Von den hochfliegenden Plänen blieb indes nicht viel übrig. Zwar entstand die DKP recht zügig, und für Kenner der Materie war auch alsbald klar, dass es sich hier um einen organisatorischen Aufguss der guten alten KPD handelte, doch die angepeilten Dinge wie Parlamentsmandate, Anleitung der Linken und Sprachrohr des wissenschaftlichen Kommunismus blieben Schall und Rauch. Der Einmarsch der Roten Armee in die Tschechoslowakei im August 1968 tat ein Übriges, um die Schere zwischen dem Marxismus-Leninismus Moskauer Bauart und den im Westen wuchernden linken Utopien so weit zu öffnen, dass ein Schneiden mit dieser Waffe undenkbar erschien.

Waren in den 1920er-, 1930er-Jahren dem Moskauer Sozialismus die Herzen westlicher Utopisten zugeflogen, so war jetzt das Gegenteil eingetreten. Der DKP blies, wenn sie überhaupt beachtet wurde, der Wind ins Gesicht. Da halfen alle Anleitungen durch die Westarbeiter der SED nichts und auch nicht die Geldspritzen, die Kuriere in bar über die deutsch-deutsche Grenze schleppen mussten. Mit Eifer und Verdruss wurden die Geldboten von den Verfassungsschutzbehörden registriert. Sechzig Millionen West-Mark waren es im Jahr, die so den Besitzer wechselten. Dreist wurde ein Teil davon in den jährlich zu erstattenden Rechenschaftsberichten der politischen Parteien als Spenden deklariert. Sie wiesen die DKP als die bundesdeutsche Partei mit dem höchsten Spendenaufkommen aus. Im Westen regte sich niemand darüber auf. Es waren harte D-Mark, die von den Arbeitern der DDR erst mal herbeiverdient werden mussten. Wieder ins Herkunftsland zurücktransportiert, dienten sie dem Aufbau und dem Unterhalt einer aufwendigen Parteiinfrastruktur und der Herstellung von Propagandaerzeugnissen.

Der Tropf der SED-Westarbeit ermöglichte vor allem die Besoldung zahlreicher Funktionäre. Das sollte sich bezahlt machen, denn diese Leute standen zur Verfügung, als es darum ging, die größte Kampagne der Nachkriegszeit loszutreten. Sie diente dem Einwirken auf den Gegner, seiner Desinformierung und Lenkung. Es hatte beim Umbruch der 1970er- auf die 1980er-Jahre durchaus den Anschein, als sei der sowjetischen Seite hierbei ein tiefer, fast schlachtentscheidender Einbruch gelungen.

Die Rede ist von der Friedensbewegung. Der Plan war erstaunlich simpel und, was noch erstaunlicher ist, ziemlich wirkungsvoll. Es kam darauf an, eine breite westliche Öffentlichkeit glauben zu machen, dass sie sich am Rande eines alles Leben zerstörenden Atomkrieges befinde, vor dem es allerdings einen wirksamen Schutz gebe – eben die Friedensbewegung. Es war Drohung und Heilsbotschaft in einem mit deutlichen Anleihen bei der jüdischen und der frühchristlichen Religion: Weltuntergang und Erlösung. Vielleicht ist das mit ein Grund für die bereitwillige Übernahme der sowjetischen Argumentationsmuster durch bemerkbare Teile der westdeutschen Bevölkerung. Um dergleichen Heilsbotschaften zu transportieren, bedurfte es wie gewöhnlich der richtigen Mittel. Die waren in der Bundesrepublik bei der Hand. Nun schlüpfte die DKP aus ihrem Mauerblümchendasein. Zehn Jahre nach ihrer Gründung ging es nämlich darum, der Friedensbewegung in Westdeutschland ein organisatorisches Korsett zu verpassen. Diese Rolle fiel der DKP fast mühelos zu, da es eine wirklich existierende Organisation namens Friedensbewegung gar nicht gab; vielmehr fanden sich unter diesem Begriff die seltsamsten Allianzen zusammen. In den diversen Vorbereitungs- und Aktionszirkeln führten die DKP-Genossen das große Wort. Nicht immer waren sie als solche erkennbar, denn sie traten in mancherlei Kostümierung in Erscheinung, etwa als Mitglieder des Weltfriedensrates, der Deutschen Friedensunion, der Vereinigung der Verfolgten des Naziregimes/Bund der Antifaschisten, des Komitees für Frieden, Abrüstung und Zusammenarbeit oder des Marxistischen Studentenbundes Spartakus, um nur einige von ihnen zu nennen.

Friedensgeneral mit Pistole: Gert Bastian.

Eines dieser Propagandavehikel wollen wir uns näher ansehen, die Generale für den Frieden. Was so hochtönend daherkam, war ein Widerspruch in sich. Einige westliche Exgenerale hatten ihren Namen dafür hergegeben, dem Publikum weiszumachen, dass die USA und ihre europäischen Hintersassen für einen Krieg gegen die friedliebende Sowjetunion rüsteten. Bei diesem Nonsens durften Deutsche nicht fehlen. Ihr Aushängeschild war der pensionierte Bundeswehrgeneral Gert Bastian. Es ist viel gerätselt worden, ob er ein Agent gewesen sei. Als ob es darauf ankäme. Er ist eher den nützlichen Idioten zuzuordnen, wenngleich zweifelhaft ist, dass es mit seiner Friedfertigkeit wirklich so weit her war, zumal er seine Lebensgefährtin eigenhändig umbrachte, bevor er sich selbst die Kugel gab. Die Dame seines Herzens war Petra Kelly, eine Art deutsches Friedens-Fräulein-Wunder in der ökologischen Variante.

Der eigentliche Spiritus Rector der Friedensgenerale war Gerhard Kade, ein Professor für Nationalökonomie. Kade war ein klassischer Einflussagent mit dem Decknamen Super.[87] Seine Führungsleute saßen in der Abteilung X (zehn) der Hauptverwaltung Aufklärung. Ursprünglich war Kade in der SPD organisiert, doch da trieb er es so ost-bunt, dass die Genossen ihn rauswarfen. Das war Ende 1977. Nunmehr erhielt er den Auftrag, sich an frustrierte NATO-Generale ranzuschmeißen. Das gelang ihm erstaunlich gut. Ein knappes Dutzend dieser Helden nahm Kade an die Angel. Hierfür ließ die HVA jährlich 100 000 West-Mark springen, mit denen Kade seine Friedenskrieger hätschelte.

Als theoretisches Unterfutter diente ein Buch mit dem Titel *Die Bedrohungslüge*, als dessen Autor Kade firmierte. Es erschien in Ost und West, zunächst im westdeutschen Pahl-Rugenstein Verlag, einer Deckadresse für die SED-Westarbeit,[88] später auch in Ost-Berlin. *Die Bedrohungslüge* sollte belegen, dass von der Sowjetunion nur Friede, Freude und Eierkuchen ausgingen, während der Westen schon seit 1917 die unheilvolle Lüge verbreitete, dieser friedliche Staat sei bedrohlich. Bereits der Untertitel des Buches »Zur Legende der Gefahr aus dem Osten« ließ keinen Zweifel, was zwischen den Buchdeckeln aufgeschrieben stand. Ob viele dieses Buch lasen oder gar ernst nahmen, ist unbekannt. Ernst nahmen es zumindest seine Schreiber. Die saßen im IPW, dem Institut für Internationale Politik und Wirtschaft. Im IPW betrieben sozialistische Wissenschaftler sozialistische Wissenschaften und waren im Übrigen ein Annex der Abteilung für Westarbeit des Zentralkomitees der SED.

Der Leiter der West-Abteilung der SED, Herbert Häber, legte das Buch voller Stolz mit Begleitschreiben dem Genossen Hermann Axen vor, der im Politbüro die Westarbeit (sprich: die Zersetzungsaktivitäten gegenüber der Bundesrepublik) anleitete.[89] Ein Weiterer zumindest wird es auch gelesen haben, der Starschreiber des deutschen Journalismus jener Jahre: Sebastian Haffner. Er widmete noch nach der Wende eines seiner Anti-SPD-Bücher dem verstorbenen lieben Gerhard Kade.[90]

Das dürfte der einzige Fall sein, in dem ein kommunistischer Einflussagent der 1970er-, 1980er-Jahre nach der Wende so opulent geehrt wurde. Vorher waren es vor allem die Medien der verblichenen DDR gewesen, die Kade hofierten. Dort gab es beispielsweise die beiden Vorzeige-Dokumentarfilmer Walter Heynowski und Gerhard Scheumann. Sie produzierten zusammen mit Kade einen Generale-Film. Doch als das gute Stück endlich die Mühlen der DDR-Zensur durchirrt hatte, man schrieb mittlerweile das Jahr 1986, gab es zwar noch die Generale, aber keiner redete mehr von ihnen. Bleibt nachzutragen, dass das MfS in diesem Fall nicht nur mitredete, sondern auch hinter der Kamera stand, denn der Filmemacher Gerhard Scheumann hatte ganz nebenbei einen konspirativen Künstlernamen, und der lautete IM Gerhard Friedrich.[91]

Nicht jeder, der sich in den Friedensgruppen engagierte, fand die Dominanz der Kommunisten in den Zirkeln und Palaverklubs in Ordnung, denn da sahen sich die Gutmeinenden mit einer Debattentaktik konfrontiert, der nur wenige gewachsen waren. Das Prinzip war einfach und bereits vom weisen Wladimir Lenin mit Erfolg angewandt worden. Man zögere die Beschlussfassung durch endloses Gequatsche so lange hinaus, bis sich durch Abwanderung normaler Leute die Beschlussmehrheit im eigenen Sinne gewandelt hat. Seit Ende der 1960er-Jahre hatte sich diese Form des Demokratismus vor allem an den westdeutschen Universitäten etabliert. Sie führte zu erstaunlichen Beschlüssen studentischer Vertretungskörperschaften.

Nun also fand dergleichen Willensbildung auch in den Zirkeln der Friedensbewegung statt. Der Grund für das bessere Sitzfleisch der kommunistischen Funktionäre war weniger ihr überlegenes theoretisches Rüstzeug, wie immer wieder gemunkelt wurde, sondern die solidere finanzielle Basis. Die Friedensfreunde des organisierten Fortschritts wurden für ihr Tun besoldet, während normale Menschen an den nächsten Arbeitstag denken mussten. Bestenfalls die zahlreich mitmachenden evangelischen Pfarrer verfügten über eine gleichrangige persönliche Finanzbasis. So wurden die Mehrheiten organisiert. Vor diesem Hintergrund sollte man annehmen, dass die aufwendig gehätschelte moskaufreundliche Friedensbewegung in Westdeutschland Bemerkenswertes bewirkt hat. Doch das ist nicht der Fall.

*Hü und hott: der NATO-Doppelbeschluss und
der Versuch, ihn zu kippen*

Um diesen Flop zu ergründen, müssen wir uns vor Augen führen, worum es in Wirklichkeit ging. Stein des Anstoßes war die NATO-Nachrüstung, die es mit großem finanziellem Aufwand zu verhindern galt. So jedenfalls ist es vordergründig geglaubt und immer wieder erzählt worden. Werfen wir noch einmal einen Blick zurück, wie es überhaupt zu dieser Nachrüstungsdebatte kommen konnte, so fällt der Blick auf die für den Westen überraschende Aufrüstung der Roten Armee mit atomaren Mittelstreckenwaffen, die in den 1970er-Jahren ohne erkennbaren Anlass im großen Stil erfolgte. Es war das Verdienst von Bundeskanzler Helmut Schmidt, alsbald auf diesen offensichtlichen Missstand öffentlich aufmerksam zu machen. Man sprach damals etwas abgehoben von Disparität. Lebensgefährliches Erpressungspotenzial wäre etwas volkstümlicher gewesen.

Zum Missbehagen der sowjetischen Führung begann die Bundesregierung, ihre NATO-Verbündeten auf den Missstand aufmerksam zu machen.[92] Den US-Amerikanern war dies alles andere als recht, denn sie sonnten sich in dieser Zeit in scheinbaren Abrüstungserfolgen, die die Interkontinentalraketen betrafen. Die sowjetischen SS-20-Raketen erschienen ihnen dagegen lediglich wie kleine Münze. Schließlich gaben sie den Deutschen nach. Wenn denn nun die quengelnden Krauts glaubten, dass man den SS-20 etwas Adäquates entgegensetzen müsse, kam wohl nur eine Stationierung ebenbürtiger US-Waffen auf deutschem Boden infrage. Die Bundesregierung hatte damit den Schwarzen Peter zurück. Das müssen wohl auch die anderen NATO-Länder so gesehen haben, denn gegen jede Erwartung einigten sich die Partner auf einer NATO-Sondersitzung der Außen- und Verteidigungsminister am 12. Dezember 1979 in Brüssel auf einen Nachrüstungsbeschluss, den berühmten NATO-Doppelbeschluss.

Kaum einer, der in den kommenden drei, vier Jahren hiergegen mit Militanz zu Felde zog, um, wie es ironischerweise hieß, für den Frieden zu kämpfen, wird vor Augen gehabt haben, worum es in diesem Doppelbeschluss auch und zunächst vor allem ging. Im ersten Teil des Doppelbeschlusses machte die NATO-Staatengemeinschaft die Sowjetunion darauf aufmerksam, dass sie die Disparität der sowjetischen Mittelstreckenraketenrüstung erkannt habe, und forderte sie auf, diese neuerliche Rüstung mit einem auszuhandelnden beiderseitigen Abrüstungsschritt zu revidieren. Für den Fall, dass dies nicht akzeptiert werden sollte, wurde die Nachrüstung mit NATO-Waffen angedroht – und zwar ab Ende 1983. Daher der Name Doppelbeschluss.

Selten hat eine militärstrategische Initiative die Sowjetführung so gestört wie der NATO-Doppelbeschluss. Das gesamte schöne und außerordentlich teure Konzept des SS-20-Erpressungspotenzials drohte wie eine Seifenblase zu zerplatzen, wenn es tatsächlich zur Nachrüstungsantwort der NATO kommen sollte. Nur wenn man diesen sowjetischen Blickwinkel vor Augen hat, wird klar, warum die sowjetische Führung alles in ihrer Macht Stehende unternahm, um den Nachrüstungsbeschluss zu kippen. Sie handelte so, weil sie die mit der SS-20 geschaffene Option, Westeuropa politisch auszuhebeln, keinesfalls aufgeben wollte. Denn schließlich wäre es genauso gut möglich gewesen, ohne Gesichtsverlust auf das NATO-Angebot einzugehen und die SS-20-Rüstung zu stoppen.

Die sowjetische Vorgehensweise beruhte auf zwei Fehleinschätzungen. Die eine war ideologisch bedingt, die andere eine Falschbeurteilung des Gegenübers. Zum ideologischen Rüstzeug der späten Breshnjew-Ära gehörte die Rückbesinnung der Parteispitze auf die revolutionären Wurzeln des Bolschewismus, einschließlich des Dogmas von der Weltrevolution.[93] Es ist müßig, hierüber zu räsonieren. Man muss vielmehr akzeptieren, dass sich die Führer des Kommunismus in dieser wunderlichen Gedankenwelt bewegten, sie mit geradezu religiöser Inbrunst für wahr und damit allmächtig hielten und hieraus ihre Schlüsse und Entschlüsse ableiteten.

Personen mit solchen Überzeugungen unternehmen Handlungen, deren Sinn sich Außenstehenden nicht unbedingt aufdrängt. Zu diesen Handlungen gehörte in den 1970er-Jahren auch die Rüstungspolitik der Sowjetunion. Sie stand im krassen Gegensatz zu den staats- und parteioffiziellen Verlautbarungen, die von Friedenstauben dicht umschwirrt waren. Markanter Höhepunkt der offiziellen Friedlichkeitsbekundungen war die im finnischen Helsinki am 1. August 1975 unterzeichnete Schlussakte der Konferenz über Sicherheit und Zusammenarbeit in Europa (KSZE). In ihr heißt es:

»Die Teilnehmerstaaten werden sich in ihren gegenseitigen Beziehungen im Allgemeinen der Androhung oder der Anwendung von Gewalt, die gegen die territoriale Integrität oder die politische Unabhängigkeit irgendeines Staates gerichtet ... ist, enthalten ... Die Teilnehmerstaaten werden sich dementsprechend jeglicher Handlung enthalten, die eine Gewaltandrohung oder eine direkte oder indirekte Gewaltanwendung gegen einen anderen Teilnehmerstaat darstellt.«[94]

Mit der Raketenrüstung der SS-20 ließen sich diese Vereinbarungen unter keinen Hut bringen, denn die Rakete war das klassische Mittel der Gewaltandrohung gegen Westeuropa und ein wirksames noch dazu. Für die Diskrepanz zwischen Rüstung und Friedensappellen gab es aus sowjetischer Sicht gute Gründe. Das Führerkorps der Sowjetunion sinnierte erneut über das, was schon Lenin und Genossen umgetrieben hatte, nämlich das Aufspüren revolutionärer Situationen. Auf dieser ideologischen Grundlage unternahm das Sowjetregime in den 1970er-Jahren abenteuerliche Aktionen in der ganzen Welt, die dem Export des Bolschewismus gewidmet waren. Die Sowjetunion verfocht in der Ära Breshnjew eine Außenpolitik der friedlichen Koexistenz. Dies war zunächst einmal eine Propagandanummer, die indessen erstaunlich realistisch die Kräfteverhältnisse zwischen Ost und West einkalkulierte. Zu dieser Einschätzung gehörte, seit die Sowjetführung in der Kuba-Krise die US-amerikanischen Belehrungen hatte schmerzhaft einstecken müssen, dass der militärische Weg für die notwendige Auseinandersetzung mit den westlichen Staaten auf absehbare Zeit keine realistische Option war. Wenn denn also diese Auseinandersetzung geschichtlich determiniert war, was alle Marxisten-Leninisten fest glaubten, so war sie nur über den ideologischen Hebel, also durch moralische Unterwanderung der kapitalistischen Staaten, zu gewinnen.

Die Unterwanderung vorzubereiten und den Sachstand nach Hause zurückzumelden war Aufgabe des sowjetischen Geheimdienstes KGB. An seiner Spitze stand mit Jurij Andropow ein reinrassiger bolschewistischer Apparatschik. Zu dessen Gewohnheiten während seiner langen Jahre als KGB-Chef gehörte es, jede Woche die Auslandsverwaltung PGU aufzusuchen,[95] um dort nach dem Neuesten zu sehen. Hieraus zog er seine Schlüsse, und diese mündeten in die operative Politik der Sowjetunion ein. Diese Unmittelbarkeit war möglich, weil Andropow im obersten Beschlussorgan der Sowjetunion, dem Politbüro der KPdSU, Sitz und Stimme hatte. Man sollte das im Auge behalten, denn zu den Gepflogenheiten der sowjetischen Staatsführung gehörte es von jeher, sich durch Informationen der Geheimdienste schlau machen zu lassen. Eine Manie hatte hierbei, wie in manchem anderem, Josef Stalin entwickelt. Stalins Nachfolger haben an dieser Macke festgehalten.[96]

Werfen wir einen kurzen Blick auf den sowjetischen Auslandsdienst PGU. Die Erste Hauptverwaltung (Perwoje glawnoje uprawlenie) war 1952 aus der Auslandsverwaltung INO hervorgegangen. Die Umgliederungen des Sicherheitsapparats vor und nach Stalins Tod überstand sie weitgehend unangetastet und ging im März 1954 in das neu gebildete KGB über. Dort verblieb sie bis zum Zerfall der Sowjetunion, um sodann den Grundstock für den russischen Auslandsdienst SWR zu bilden. In der Zeit, von der hier die Rede ist, also Ende der 1970er-Jahre, hatte die PGU eine Binnengliederung in regionale Direktorate, nämlich Amerika, Europa, Naher Osten, Asien und Afrika. Daneben unterhielt sie eine Reihe selbstständiger Verwaltungen, die nach operativen Gesichtspunkten gebildet worden waren, und zwar für die Illegalen, die wissenschaftlich-technische Aufklärung, die Auslandsspionageabwehr (Gegenspionage) und die operative Technik. Schließlich gab es noch auf der Ebene selbstständiger Dienste zwei Auswerte- bzw. Analyse-Einheiten (Dienst 1-a und Dienst R), den A-Dienst für aktive Maßnahmen und den Chiffrierdienst.

Struktur der PGU (Erste Hauptverwaltung des KGB)	
PGU Stand: Ende der 1970er-Jahre	
Sekretariat	Kaderverwaltung
Stellvertretende Leiter	
Direktorate	
Amerika	
Europa	
Naher Osten	
Asien	
Afrika	
Selbstständige Verwaltungen	
Verwaltung S Illegale Aufklärung	
Verwaltung T Wissenschaftlich-technische Aufklärung	
Verwaltung K Auslands-Spionageabwehr	
Verwaltung Operative Technik	
Selbstständige Dienste	
1-a Dienst Informations-Auswertung	

| Dienst A Aktive Maßnahmen |
| Dienst R Aufklärungsanalyse |
| Chiffrierdienst |

Leiter der PGU in dieser Zeit war Wladimir Krjutschkow, der der Auslandsspionage von 1974 bis 1988, also während der gesamten Dauer der hier interessierenden Zeit, vorstand. Ebenso wie sein Vormann Andropow war Krjutschkow ein typischer Mann aus dem Parteiapparat. 1924 in Wolgograd geboren, hatte er zunächst als Anreißer in einem Rüstungsbetrieb gearbeitet; dort wurde er Jugendfunktionär. 1946 bis 1950 war er als Untersuchungsrichter bei der Staatsanwaltschaft in Stalingrad eingesetzt, gleichzeitig studierte er Jura. Den Beruf eines Staatsanwalts übte er nur ein Jahr lang aus, dann kam 1951 der Sprung auf die höhere Diplomatenschule des sowjetischen Außenministeriums. Nach deren Abschluss folgte als erste Auslandsstation Ungarn. Es sollte zugleich sein entscheidendes Sprungbrett auf der Karriereleiter werden, denn hier diente er während der Unterdrückung des ungarischen Aufstandes unter Botschafter Andropow, in dessen Fahrwasser er weitersegelte, ab 1959 als dessen Referent im ZK der KPdSU, später als dessen Sekretariatschef im KGB. 1971 erfolgte die Ernennung zum stellvertretenden Chef der PGU, die er drei Jahre später als Chef übernahm.

Was war von einem solchen Mann zu erwarten? Nun, dass er gehorsam die politischen Vorgaben erfüllen würde. Selbstständiges Handeln gehörte nicht in sein Fach. So brachte er es immerhin noch 1988 zum Vorsitzenden des KGB. Als er sich drei Jahre später zu einer ersten eigenständigen Handlung aufraffte, wurde es ein Flop: der Putsch gegen den sowjetischen Präsidenten Gorbatschow. Damit besiegelte er das Ende des Staates, den er hatte retten wollen. Wir erwähnen es hier deswegen schon, um den Mann zu beurteilen, der es in der Hand gehabt hätte, sinnvolle Entscheidungsgrund-

Apparatschik an der Spitze des KGB: Wladimir Krjutschkow.

lagen dafür zu liefern, was jetzt auf der sowjetischen Seite hätte stattfinden müssen. Doch wir vermuten, dass PGU-Chef Krjutschkow kein Mann von solchem Kaliber war.

Bei der Beurteilung der Lage im Operationsgebiet, sprich: in der Bundesrepublik und Westeuropa, unterliefen der Auslandsaufklärung bemerkenswerte Schnitzer. Das Nichteingehen auf die Drohung der NATO, in einem Zeitraum von vier Jahren mithilfe sinnvoller Vereinbarungen das durch die SS-20 verursachte Ungleichgewicht aus der Welt zu schaffen, beruhte auf der Einschätzung, dass die NATO-Länder und an deren Spitze die Bundesrepublik nicht die Kraft haben würden, mit der Stationierung von Pershing-II-Raketen und Cruise Missiles auf ihrem Territorium ernst zu machen.[97] Das war eine für das Sowjetregime katastrophale Fehleinschätzung. Sie beruhte auf Agentenmeldungen und führte zu den Reaktionen des Apparats, von denen wir einen schmalen Ausschnitt, nämlich Anheizung und Steuerung der westdeutschen Friedensbewegung durch die DKP, bereits kennengelernt haben.

Doch dabei blieb es nicht. Ebenso wie die westdeutschen Friedensaktivisten berauschten sich die Macher von der anderen Seite des Eisernen Vorhangs an den westeuropäischen Großveranstaltungen, auf denen die Leute »Frieden, Frieden!« riefen, so als sei dieser durch die NATO akut bedroht. Die Hunderttausende von Demonstranten konnten indessen, während sie noch die Bonner Hofgartenwiese plattrampelten, nicht ahnen, wie sehr sie damit dem Ereignis dienten, das sie zu verhindern trachteten. Auch die Geheimdienste der Sowjets und der DDR ahnten nichts. Sie hielten die beiden Großdemonstrationen am 10. Oktober 1981 und am 10. Juli 1982 für den Ausdruck des politischen Willens einer überwältigenden Mehrheit der deutschen Bevölkerung, die durch die Organisatoren und vor allem durch die immer weiter in diese Richtung kippende SPD repräsentiert werde. So fuhren sie mit allen ihnen zu Gebote stehenden Mitteln fort, den Hebel dort anzusetzen, wo sie den nahen Erfolg wähnten. Das Ziel war wieder einmal in der langen Folge der deutsch-sowjetischen Auseinandersetzungen die SPD.

Genosse Maulwurf:
die geheimdienstliche Unterwanderung der SPD
Wie schon im Zusammenhang mit der Guillaume-Affäre erwähnt, brüsteten sich die Mannen aus Wolfs HVA-Abteilung »Parteiapparat der BRD« damit, die SPD besser zu kennen, als deren Vorsitzenden es je konnten. Diese Einschätzung hält erneut einer Nagelprobe nicht stand. Richtig ist, dass die SPD von Agenten und Einflussagenten durchdrungen war. Zwei von ihnen, Rudolf Maerker alias Max und Karl Wienand alias Streit, haben wir bereits kennengelernt. Die übrige Liste ist ellenlang. Hier die unangenehmsten Typen, die ihre Rolle als Einflussagenten bedenkenlos und oft aus Habgier spielten:
Peter Heilmann war bis 1988 Studienleiter der Evangelischen Akademie in West-Berlin; als Arian Pepperkorn erhielt dieser Christenmensch nebenbei mindestens 200 000 DM Agentenlohn.[98] Der Österreicher Kurt Hirsch diente bei der SPD als Herausgeber des Pressedienstes »Blick nach rechts«; zwischen 300 000 und 500 000 DM berappte die Abteilung X der HVA für ihren Agenten Helm.[99] Der Agent Komet war unter der HVA-Nummer XV/15996/60 registriert; er berichtete bis zum Toresschluss aus der SPD; mit bürgerlichem Namen hieß der Journalist Karl-Heinz Maier. Sein Brötchengeber war die Deutsche Welle, deren Berliner Büro er leitete. Ost und West zeichneten den verdienten Mann aus – ein Agent mit dem Großen Bundesverdienstkreuz.[100] Der Journalist Bernd Michels saß ab 1976 neun Jahre lang als Referent bei Schles-

wig-Holsteins SPD-Vorsitzenden Günter Jansen; beim MfS hieß der tüchtige Mann IM Bernhard.[101]

Henning Nase war Vorsitzender der SPD von Königswinter; seine Brötchen verdiente er als Assistent beim Bundestagsabgeordneten Rudolf Dreßler. Bis 1989 war der Agent zum Ministerialrat aufgestiegen; das Strafverfahren gegen diesen IM Dorn wurde 1998 gegen eine Geldbuße von 200000 DM eingestellt. Kurz darauf wurde bekannt, dass der Agent einhundertdreizehn Mal aus der SPD berichtet hatte; prompt folgte ein Verfahren wegen Landesverrats.[102] Ruth Polte hatte Herbert Wehner und Helmut Schmidt als Sekretärin gedient; so viel Genossenfleiß wurde mit einem Mandat in der Hamburger Bürgerschaft belohnt; Hamburgs Seniorenbeauftragte wurde sie auch noch; in der Normannenstraße hieß sie IM Blumenfeld.[103]

Etwas anders lagen die Dinge im Fall von Brigitta Richter. Nach einem Studium an der Hochschule für Staat und Recht in Potsdam-Babelsberg wurde die junge Dame Redakteurin der außenpolitischen DDR-Zeitschrift *Horizont*. Die Zeitschrift diente der HVA als legales Dach, wie man das Agieren unter echter falscher Anschrift beim Geheimdienst nennt. So wundert es nicht, dass die Genossin Richter zugleich bei der Linie XV des MfS angeheuert hatte, deren Profession die Auslandsspionage war. Betrachtet man mit diesem Wissen ihre Liebesbeziehung zum SPD-Politiker Karsten Voigt, zweifelt man an der uneigennützigen deutsch-deutschen Liebe, denn der außenpolitisch ambitionierte Voigt gehörte in der SPD zu den führenden Vertretern der neuen Ostpolitik.

Es entbehrt nicht der Komik, dass der letzte HVA-Chef, Werner Großmann, die Sache so dargestellt hat, als habe das MfS lediglich den Postillon d'Amour gegeben.[104] Einfach rührend, der Genossin über die erotischen Hürden des antifaschistischen Schutzwalls hinwegzuhelfen. Der in Paris lebende Politologe Alfred Grosser meinte allerdings: »Einem Mann wie Karsten Voigt beispielsweise, der außenpolitischer Spre-

cher der SPD war, werfe ich vor, dass er seine Ferien zusammen mit Machthabern der DDR verbrachte. Das war nicht Sinn der Ostpolitik. Ostpolitik bedeutete, mit dem Herrscher zu verhandeln und Spielraum für die Beherrschten zu erobern, und nicht, sich mit dem Herrscher zu verbrüdern.«[105]
    Die Kritik von Grosser sprach einen wunden Punkt in der langen Geschichte der SPD an. Mit dem Beginn der 1980er-Jahre hatten etliche junge Genossen in der SPD einen neuen Kurs eingeschlagen. Sie zelebrierten das, was der Brite Timothy Garton Ash später die Zweite Ostpolitik genannt hat.[106] Kern dieser Politik sollte eine Art Frieden durch Selbstentwaffnung sein. Diese Illusion wurde auf eine zweite gestützt, nämlich die Annahme, dass man durch intensive Kontakte mit den Herrschenden in der DDR eine gemeinsame Politik finden könne, die auf einem gegenseitigen Vertrauen basiere. Die SED-Führung sollte darauf vertrauen können, dass es keine Einmischungen mehr in die inneren Angelegenheiten der DDR gebe. Zu diesem Zweck sollten alle offensiv-fähigen Waffen der Bundeswehr beseitigt, eine 150 Kilometer breite atomwaffen- und chemiewaffenfreie Zone entlang der deutsch-deutschen und deutsch-tschechischen Grenze eingerichtet, die Zentrale Erfassungsstelle in Salzgitter für Grenzverbrechen an der innerdeutschen Grenze abgeschafft und eine spezielle bundesdeutsche Staatsbürgerschaft eingerichtet werden. Das alles war eine Art Schatten-Regierungsprogramm, für das dessen Exponenten, zu denen Voigt gehörte, in der DDR auf Werbungs- und Unterstützungstour gingen. Voigt rannte in Ost-Berlin offene Türen ein. Doch wie üblich genügte es der dortigen Führung nicht, wenn jemand freiwillig in ihre Schalmei trötete; der Mann gehörte zusätzlich überwacht. Hierin darf man den Grund vermuten, warum die junge Dame ein Verhältnis mit Voigt begann.
    Die Rolle von Voigt war mit Sicherheit nicht die eines Agenten. Was er sagte und tat, machte er aus eigenem Antrieb. Gesprächsnotizen, die hierüber im Zentralen Parteiarchiv der

SED abgelegt wurden, haben einen so haarsträubenden Inhalt, dass wir es vorziehen, den Notaten nicht zu glauben. Hier ein Beispiel: Am 8. Juli wurde Voigt von zwei Vertretern einer SED-Delegation in Bonn aufgesucht. Seine Besucher notierten:

»Vermerk über eine vertrauliche Information von K. D. Voigt.
[Die DDR-Oppositionellen Wolfgang Templin und Bärbel Boley] beabsichtigen, am 6.8.1988 an der Staatsgrenze zur DDR im Zusammenspiel mit den Medien und den Geheimdiensten der BRD das Versprechen der DDR zu testen, nach Ablauf der Ausreiseerlaubnis den Genannten die Wiedereinreise zu ermöglichen...

Nach seiner (Voigts) Meinung wäre es die glücklichste Lösung, sie zunächst einreisen zu lassen und bei oder wegen entsprechender Aktivitäten zu ergreifen und auszuweisen. Sie und die hinter ihnen stehenden Dienste rechnen damit und hoffen darauf, dass die Sicherheitsorgane der DDR schon ihre Einreise verhindern werden. Das beabsichtigt man, gegen die sicherheitspolitische Zusammenarbeit von SED und SPD auszuspielen. Allein deshalb informierte K. D. Voigt Genossen Uschner und Wagner darüber.«[107]

Hoffen wir, dass das nicht stimmt. Voigt war einer der profiliertesten Vertreter der deutschen Zweistaatlichkeit ohne Wenn und Aber in seiner Partei.[108] Nach der Öffnung der Mauer im November 1989 sagte er, dass er die DDR-Revolution als eine attraktive, wenn auch illusionäre demokratisch-sozialistische Alternative zur Bundesrepublik betrachte.[109] Das war in einer Zeit, als im Parteivorstand der SPD noch ernsthaft die Meinung vertreten wurde, die Bürger der DDR seien gegen eine Vereinigung; auch den Kronzeugen hierfür kannte man. Es war der Schriftsteller Stefan Heym. Nachsatz für die Freunde des Melodrams: 1995 heiratete Voigt seine Brigitta – eine hübsche Pointe in einer Zeit, in der der Bundestag seine Abgeordneten auf Stasi-Kontakte überprüfte.

Ganz anders lag der Fall bei Egon Bahr. Der SPD-Mann galt seit seiner Zeit als Presseamtsleiter des Berliner Senats als der Architekt dessen, was man später die »Neue Ostpolitik« genannt hat. Ihn wenigstens abzuschöpfen lag auf der Hand. Jahrzehnte später, 2003, bei der Vorstellung seiner Memoiren, äußerte Bahr, er sei eine erstrangige Quelle. Da kann man nur zustimmen, denn ebenso sah es das KGB.

Spitzengenosse mit Spitzelkontakten: der Abgeordnete Karsten Voigt.

Ab dem Regierungswechsel von 1969 saß Bahr als Staatssekretär im Kanzleramt. Das war natürlich eine Bombenposition aus Sicht des sowjetischen Geheimdienstes. Also wurden ihm ein KGB-General und ein sowjetischer Journalist als Abschöpfer attachiert. Dem wackeren SPD-Aufsteiger wurde suggeriert, er sei das deutsche Spundloch eines geheimen Kanals zwischen Parteichef Leonid Breshnjew und dem deutschen Bundeskanzler Willy Brandt. Nehmen wir an, dass Bahr diese Story für bare Münze nahm.

Die Wirklichkeit sah etwas prosaischer aus. Die sowjetische Seite des Kanals endete im Büro von KGB-Chef Jurij Andropow. Dieser bediente sich des KGB-Offiziers Wjatscheslaw Keworkow aus der Hauptabteilung II (Spionageabwehr/Überwachung von Ausländern in der Sowjetunion). Keworkows Legende war die eines russischen Gelegenheitsschreibers, der zu den in Moskau akkreditierten Westjournalisten gute Kontakte unterhielt. Sein Kompagnon Waleri Lednjew war vermutlich ein solcher sowjetischer Journalist. Kanalarbeiter Keworkow wurde nach Erfüllung seiner Mission, die immerhin von Dezember 1969 bis 1981 andauerte, tatsächlich auch selbst noch Journalist; er wechselte zur Nachrichtenagentur Tass.

Jahre später hat Keworkow seine Sicht der Dinge in einem Buch geschildert, das amüsant zu lesen ist. Hier erleben wir, wie sich die KGB-Mitarbeiter gleich nach dem Regierungsantritt der sozial-liberalen Koalition dem Staatssekretär im Kanzleramt, Egon Bahr, aufdrängten – und das mit Erfolg. Hier erfuhren sie mehr über Absichten und Planungen des Bundeskanzlers, als ein ganzes Heer von Agenten an Informationen hätte beschaffen können. Ein unschätzbarer Vorteil war zudem, dass sie nicht nur alles Wissenswerte erfragen, sondern auch noch ihren Senf dazugeben konnten. Besonders erstaunlich aber ist, dass auch nach dem Sturz von Willy Brandt als Kanzler mit dem konspirativen Tun fortgefahren werden konnte. Mit Amtsantritt von Helmut Schmidt wurde Bahr zwar aus dem Kanzleramt entfernt, doch er blieb in der SPD ein einflussreicher Mann. Er gehörte zunächst zwei Jahre dem Bundeskabinett als Entwicklungshilfeminister an, doch die dann ab 1976 folgende Position eines Bundesgeschäftsführers der SPD war aus sowjetischer Sicht wieder eine erstrangige Position.

Keworkow hat uns vorenthalten, warum er 1980/81 allmählich aus dem Rennen genommen wurde. Hier ist die Antwort: Die ungewöhnlich erfolgreiche Operation scheiterte am Misstrauen ihrer Regisseure. Nachdem zum Jahreswechsel 1979/80 in Moskau klar wurde, dass Schmidt sich dem sowjetischen Druck in der Raketenfrage nicht beugen würde, stellte sich für Andropow die Frage, ob der angebliche Kanal die richtigen Ergebnisse zuwege brachte oder ob man nicht vielmehr befürchten müsse, selbst auf Spielmaterial hereinzufallen. Dieses Misstrauen wurde durch den Umstand verstärkt, dass der Emissär Keworkow augenscheinlich am Virus aller denkenden Agenten erkrankt war: Er fing an, über die Richtigkeit der Argumente des Gegners nachzusinnen, und ließ offenbar auch seinem Chef gegenüber von diesen Gedanken etwas ans Licht. So musste er weg, und zwar möglichst rasch.

Das Weitere war Routine. Keworkow erhielt den Befehl, seinen Nachfolger bei Egon Bahr einzuführen. Etwas aufgebracht hat er die Szene als einen Übergabetreff beschrieben.[110]

Besser als mit dieser Schlusspointe hätte man die Sache kaum schildern können, nämlich als das, was sie für die Sowjets war: eine Geheimdienstaktion, bei der von vornherein feststand, wer der Geber und wer der Nehmer sein sollte. Der Einsatz von Keworkow und Co. war eine der erfolgreichsten Geheimdienstmissionen, die die Sowjets gegen die Bundesrepublik durchführten. Ihre Anbindung an die Hauptverwaltung II (Spionageabwehr) machte es den späteren Überläufern (von denen noch ausführlich die Rede sein wird) schwer, die richtigen Personen zu orten. Es entbehrt nicht der Komik, dass der viel geschmähte Bundesnachrichtendienst etwa um dieselbe Zeit auf die Idee verfiel, mit dem Journalistenmodell gegen den Ostblock vorzugehen. In Pullach wurde zutreffend kalkuliert, dass die Eitelkeit der Spitzenpolitiker in Ost und West ähnlich sei. Gehe man nur hoch genug heran, so könne man die misstrauischen sowjetischen Abschottungszeremonien unterlaufen, denn die würden erst bei den Nomenklaturkadern ab der dritten Reihe voll wirksam.

Hinsichtlich des Modus Operandi ging der BND ebenso vor wie das KGB, indem er nämlich die Quellen vom heimatlichen Boden gegen die Zielländer operieren ließ. So gelang es, trotz der im BND tätigen MfS-Maulwürfe, die Quellen nachhaltig zu schützen. Eine Zerstörung der Journalisten-Verbindungen bewirkte erst die deutsche Politik. Da schrieb man das Jahr 2006, und es gab seit fünfzehn Jahren keine Sowjetunion mehr.

Zurück zur SPD: der Politiker Gerhard Fläming, Mitglied des Bundestages und von 1973 bis 1988 Agent des MfS.[111] Der Parteifunktionär in der Bonner Bundestagsfraktion Armin Hinrichs, 1955 bis 1989 Agent des MfS mit dem Decknamen Talar. Die Berliner Politiker Helga und Bodo Thomas, seit den 1970er-Jahren IM Hans und Marcella.[112] Der Referent beim Parteivorstand Wolfgang Biermann, seit 1969, was er bestreitet,[113] als IM Akker bei der Firma registriert.[114] Die Sekretärin beim Parteivorstand Doris Biesenbaum, ihr Deckname war

Irmgard. Die Referentin beim Parteivorstand Ursula Vollert, sie nannte sich neckisch Udo.[115] – Das mag genügen.

Die intensive geheimdienstliche Bearbeitung der SPD hatte Folgen. Doch die waren um Meilen von dem entfernt, was sich Andropow, Krjutschkow, Mielke, Wolf und andere ausgemalt hatten. Sie glaubten, die SPD so sicher im Griff zu haben, dass sie beim Wechsel der 1970er- in die 1980er-Jahre die Politik dieser Partei bestimmen und sodann mithilfe dieses Hebels die Politik der Bundesrepublik in einer Weise beeinflussen konnten, dass aus der SS-20-Kiste immer noch ein voller Erfolg werden würde. Nur so ist die Handlungsweise der Russen zu erklären. Während westdeutsche Friedensfreunde immer schriller in ihre Tutehörner bliesen, wurde der Ton der Ost-West-Politik zusehends rauer. Am 25. November 1979 kanzelte der sowjetische Außenminister Andrej Gromyko seine westdeutschen Gesprächspartner mit den Worten ab: »Die gegenwärtige Position der NATO-Staaten zerstört die Grundlage für Verhandlungen.«[116] Das hatte zur Folge, dass die Apokalyptiker von Kanzel und Straße in ihrem Wahn bestärkt wurden, ein Krieg stehe unmittelbar vor der Tür, der nur durch die Selbstentwaffnung der Bundesrepublik verhindert werden könne.

Die Akteure östlich des Eisernen Vorhangs wähnten sich kurz vor dem Triumph ihrer doch noch erfolgreich konzertierten Beeinflussungspolitik. Sie sahen nur noch ein Hindernis: Bundeskanzler Helmut Schmidt, der ihnen die NATO-Nachrüstung eingebrockt hatte. Und weil das so war, kam es der Sowjetführung nunmehr darauf an, auf Schmidt unmittelbar Einfluss zu nehmen. Man wusste auch schon, wie. In der richtigen Erkenntnis, dass der deutsche Kanzler von Eitelkeiten nicht frei war, galt es, dessen Wünsche mit den eigenen zu koppeln. Jetzt musste Erich Honecker an die Front. Befehlsgemäß sprach er eine Einladung an Schmidt aus; dieser nahm an. Doch die Dinge liefen nicht so, wie von den Sowjets geplant. Schmidt erwies sich als hartleibig. Hierfür dürfte neben den zumindest zu dieser Zeit noch klaren Politikvorstellungen des Kanzlers auch die politische Atmosphäre des DDR-Besuchs beigetragen haben.

Die Herren trafen sich im Dezember 1981 in der Uckermark. Zwar mag das nebelgraue Wetter zur Weltuntergangsstimmung der Nachrüstungsdebatte wie gemalt gepasst haben, doch eines wirkte mit Sicherheit extrem störend. Das war die Omnipräsenz der sogenannten Organe. Aus der Sicht des MfS war dies verständlich. Es hatte den Parteiauftrag erhalten, ein zweites Erfurt zu verhindern. Das war 1970 gewesen, als der damalige Kanzler Willy Brandt die Thüringer Stadt zu einem Treffen mit Willi Stoph besucht hatte und Tausende auf dem Bahnhofsvorplatz »Willy! Willy!« gebrüllt hatten. Dergleichen sollte kein zweites Mal stattfinden. Am 13. Dezember 1981 war das Städtchen Güstrow daher von der Staatssicherheit in eine Gespensterstadt verwandelt worden. Und während Schmidt und Honecker strikt abgeschirmt die Köpfe zusammensteckten, brach im benachbarten Polen das Kriegsrecht aus. Das war eine verpatzte sowjetische Regie.

Zwar reiste Schmidt nicht sofort ab, doch er reiste ab, ohne Konzessionen in der für die Sowjets so wichtigen Sache der Nachrüstung gemacht zu haben. Jetzt sollte er nach sowjetischen Vorstellungen die Suppe bis zur bitteren Neige auslöffeln. Die Siegeszuversicht im Kreml war immer noch beträchtlich. Sie wurde durch eine Unzahl von Agentenmeldungen auf das Angenehmste gestützt. Und nicht nur das. Der Dampfer SPD bewegte sich fortan tatsächlich unaufhaltsam auf den Kanzlersturz zu.

Doch es gelang nicht, Schmidt zu kippen und durch einen anderen, genehmeren Mann zu ersetzen. Die Strategen von KGB, MfS und SPD hatten nicht damit gerechnet, dass der Sturz des Kanzlers das eine, die anschließende Wahl eines neuen Kanzlers aber etwas ganz anderes sein würde. Die westdeutsche parlamentarische Demokratie funktionierte nicht nach den Ritualen der Politbüro-Oligarchie. Der Koalitionspartner FDP spielte nicht mit, sondern stieg aus dem aus, was er einst selbst als wunderbares Reformbündnis bezeichnet hatte, und wählte zusammen mit der CDU-Opposition am 1. Oktober 1982 deren Parteichef Helmut Kohl zum neuen Kanzler. Daraufhin verschwand die SPD mitsamt ihrer neu gewonnenen außen- und sicherheitspolitischen Einsichten für viele Jahre in der bundespolitischen Bedeutungslosigkeit.

Mit einem glatten Schnitt beschloss die neue Koalition am 27. November 1983 die Durchsetzung der Nachrüstung auf deutschem Boden. Und so geschah es.[117] Vom selben Moment an entzogen die Sowjetunion und die DDR den westdeutschen Friedensfreunden die Unterstützung. Aus östlicher Sicht hatten sie ausgedient. Jede weitere Valuta-Mark war Verschwendung. Die gerade noch so eindrucksvolle Friedensbewegung klappte daraufhin in sich zusammen wie ein Kartenhaus und mutierte zu ungezählten Weißt-du-noch-Kränzchen. Mit diesem Ergebnis hatten die Tschekisten aus Moskau und Ost-Berlin ihren Staaten erneut einen Bärendienst geleistet. Zugleich trugen sie zur Stabilisierung der Bundesrepublik entscheidend bei.

Die Gleichung Schmidt-Sturz gleich willfährige Westregierung gleich Austritt aus der NATO ging nicht auf. Wie tief diese Wunschvorstellung sich in die Hirne der sowjetischen und der ostdeutschen Führung eingegraben hatte, wird deutlich, wenn man betrachtet, was SED-Chef Erich Honecker am 15. Februar 1981, auf dem Höhepunkt der Nachrüstungskampagne, zum Besten gab:

»Wir sind entschlossen, das Werk Ernst Thälmanns, Wilhelm Piecks, Otto Grotewohls und Walter Ulbrichts im Sinne der unsterblichen Lehre von Marx, Engels und Lenin weiter fortzusetzen. Niemand kann uns daran hindern. Und wenn heute im Westen bestimmte Leute großdeutsche Sprüche klopfen und so tun, als ob ihnen die Vereinigung beider deutscher Staaten mehr am Herzen liegen würde als ihre Brieftasche, dann möchte ich ihnen sagen, seid vorsichtig! Der Sozialismus klopft eines Tages auch an eure Tür (starker Beifall), und wenn der Tag kommt, an dem die Werktätigen der Bundesrepublik an die sozialistische Umgestaltung der Bundesrepublik Deutschland gehen, dann steht die Frage der Vereinigung beider deutscher Staaten vollkommen neu (starker Beifall). Wie wir uns dann entscheiden, daran dürfte wohl kein Zweifel bestehen (anhaltender Beifall).«[118]

Es war eine alte Klamotte, die Honecker da auf der Bezirksdelegiertenkonferenz der SED in Ost-Berlin ausgepackt hatte. Sie stammte aus dem Sack der sowjetischen Deutschlandpläne der 1950er-Jahre und war so seit vielen Jahren nicht mehr zu hören gewesen. Sie dokumentierte die politische Gewissheit, dass es mit der Bundesrepublik alsbald zu Ende gehen werde. Diese Überzeugung basierte, wie gesagt, auf Geheimdienst-Müll.

Gänsch-Männ: die Legende vom Agenten
Hans-Dietrich Genscher und das Auswärtige Amt
Mit einer weiteren Geheimdienstlegende ist an dieser Stelle aufzuräumen. Sie betrifft den damaligen Außenminister Hans-Dietrich Genscher. Nicht wenige in den westdeutschen Diensten hielten ihn für einen dreisten sowjetischen Einflussagenten. Sie verglichen seinen Lebenslauf mit anderen, die einschlägig auffällig geworden waren. Dann wackelten sie bedeutungsvoll mit dem Kopf und legten Akten an.

Genscher stammt aus der Nähe von Halle an der Saale. 1927 zur Welt gekommen, hatte ihn noch das Schicksal erwischt, zur Wehrmacht einrücken zu müssen. 1945 geriet er in westalliierte Kriegsgefangenschaft. Wieder zu Hause angekommen, begann er ein Jurastudium in Halle, das er bald darauf in Leipzig fortsetzte. Zugleich wurde er Mitglied der liberalen Partei, der LDPD. 1952 in den Westen geflohen, verschrieb er sich der Politik. Der junge, in Bremen am Landgericht zugelassene Rechtsanwalt wurde Assistent bei der FDP in Bonn. 1959 ernannte ihn die Bundestagsfraktion zu ihrem Geschäftsführer. Ein parallel wahrgenommenes Amt als Geschäftsführer der Bundespartei folgte. 1965 glückte Genscher der Einzug in den Bundestag, weitere Ämter und Funktionen schlossen sich an. Der große Sprung in die erste Reihe gelang ihm nach der Installierung der sozial-liberalen Koalition 1969. Genscher wurde Bundesinnenminister. Somit wurde er vorgesetzter Minister für das Bundesamt für Verfassungsschutz.

Dort waren die Jahre nach 1969 die Zeit der ersten Gehversuche auf den noch fremden Pfaden der elektronischen Datenverarbeitung. Im Kölner Bundesamt bestieg am 1. Mai 1972 der SPD-Mann Günther Nollau den Chefsessel. Der ließ es sich nicht nehmen, dem in Köln erschienenen Minister zu zeigen, dass sein Dienst in der Moderne angekommen war. Genscher reagierte wie jeder normale Mensch und sagte: »Geben Sie mal Genscher ein.« Und siehe da: Das noch in den Windeln steckende Nachrichtendienstliche Informationssystem (NADIS) kannte seinen obersten Dienstherrn. Der entgeisterte Nollau hatte alle Mühe, sich aus dem Stegreif über die peinliche Situation hinwegzulügen, denn ihm war natürlich sofort klar, was er da sah. Es waren Zahlenkolonnen, die mit einer römischen Vier begannen. Das waren Aktenzeichen der Abteilung IV des Hauses, die sich mit Spionageabwehr befasste. Hinter den Aktenzeichen steckten selbstverständlich auch Akten. In diesen Akten hatten Mitarbeiter der Spionageabwehr sorgfältig registriert, wie es mit den Ostkontakten des Politikers Genscher bestellt war. Es waren ganz normale Geheimdienstakten nach dem Schema: wer mit wem. Daran war fachlich kaum etwas auszusetzen. Doch von Stund an wurden Selbstanfragen im NADIS unterbunden. In den Erinnerungen der beiden Kontrahenten sucht man diese Geschichte vergebens; sie stammt aus den Bierabenden des Kölner Bundesamtes und muss deswegen nicht falsch sein.

Ausforscher und Ausgeforschter: BfV-Chef Günther Nollau (links) und Bundesinnenminister Hans-Dietrich Genscher.

Die Leute im Bundesamt waren nicht die Einzigen, die an Genscher Maß nahmen. Jahre später, Genscher war längst Außenminister geworden, wiesen die US-Residenten der CIA in Bonn darauf hin, dass die mit Genscher geführten Gespräche sofort an die östlichen Dienste durchgereicht würden. Die US-Amerikaner der Bush-Regierung gingen deswegen während der politischen Gespräche, die letztlich in die deutsche Einheit einmündeten, so weit, Genscher bei den entscheidenden Sondierungen außen vor zu lassen.[119]

Doch der augenscheinliche Informationsabfluss hatte mit Sicherheit andere Gründe als einen sowjetischen Agenten mit Namen Genscher. Bei der Beurteilung des misslichen Falles sind vielmehr zwei Faktoren zu berücksichtigen, die einander ergänzt haben. Das Auswärtige Amt war seit dem Beginn der Tätigkeit der sowjetischen Geheimdienste in den frühen 1920er-Jahren bevorzugtes Ausspähungs- und Einflussobjekt. Die Liste der Agenten ist ellenlang. Häufig waren es Sekretärinnen, Boten und technisches Personal, aber auch Diplomatenfrauen und selbst Diplomaten wie der an der Warschauer Gesandtschaft in den 1930er-Jahren tätige Legationsrat Rudolf von Scheliha, der später zum Widerständler umpromoviert wurde.[120]

In der Bundesrepublik setzte sich das alles munter fort. Als Erste flog die Sekretärin Irmgard Römer auf, die im Februar 1958 hochgenommen wurde; sie spionierte für das MfS. Ihr Romeo-Agent hieß Carl Helfmann; er hatte noch mehrere andere Sekretärinnen an der Angel. Die Sowjetagentin Eleonore Sütterlin war 1967 an der Reihe, nachdem der sowjetische Führungsoffizier Jewgeni Runge die Seiten gewechselt hatte. Helge Berger war auch eine Sekretärin; am 15. Mai 1977 wurde sie verhaftet. In derselben Zeit ging die Sekretärin Gerda Schröter hoch. Auch diese beiden Frauen waren auf Romeo-Agenten hereingefallen. Nun die Herren der Schöpfung: Hagen Blau war Diplomat; er war bis zum Torschluss für das MfS tätig. Das gilt auch für den Oberamtsrat Ludwig Pauli und den Vortragenden Legationsrat Klaus von Raussendorf; ihr Ende kam 1990, als geschäftstüchtige Ex-MfS-Offiziere ihr Wissen versilberten. Und wieder eine Frau: die Vortragende Legationsrätin Lilli Pöttrich war ab 1976 in der Doppelrolle tätig; die Juristin wurde am 1. Dezember 1993 festgenommen. Und dann waren da noch die Abschöpfquellen Sascha und Michaela und etliche weitere Objektquellen wie Maro, Balkan, Britta, Jasmina und Rose, Abraham, Feder und Rose, nicht zu vergessen der Nachwuchswissenschaftler Arnim und die beiden Hausfrauen Blume und Hanna. Die bereits Verurteilten sind heutzutage beliebte Gesprächspartner für Betroffenheitsberichte, denn angeblich dienten sie alle nur dem Frieden.[121]

Doch der eigentliche Clou war Friedrich. Das war kein Mensch aus Fleisch und Blut, sondern ein Code-Wort. Es bezeichnete in der Sira-Datenbank des MfS die Informationen, die aus Abhörmaßnahmen herrührten. Aus abgehörten Telefongesprächen stammte denn auch die Masse der Informationen aus dem Auswärtigen Amt, die von HVA-Offizieren für speicherwürdig angesehen wurden. Das also war das Korsett der Staatssicherheit im Auswärtigen Amt der Bundesrepublik Deutschland. Es war ziemlich solide. Selbstredend gab es auch Abhörmaßnahmen gegen Genscher. Wie viele andere vertraute auch er dem Telefon manches an, was derjenige, der ahnt, dass er abgehört wird, eher unterlässt. Einen Einblick

Romeo nebst Julia im AA: HVA-Agent Herbert Schröter bei der Hochzeit mit der AA-Sekretärin Gerda Schröter 1968. (Foto: Gerda O.)

in die Abhörpraxis des MfS gegen den Bundesaußenminister hat Jahre später ein Ex-MfS-Offizier aus der Hauptabteilung III dem BND gegeben.

Mit einem Agenten namens Genscher hatte das alles nichts zu tun. Genscher lud niemanden von seinen Hintersassen zum Landesverrat ein, sondern es war die von ihm wesentlich geprägte Politik seines Hauses, die auf potenzielle Landesverräter angeblich anziehend wirkte. So jedenfalls wurde es immer wieder gern unter Abwehrleuten kolportiert. Doch gießen wir sogleich etwas Essig in diese Anti-Genscher-Brause, denn Agenten wie die Vortragenden Legationsräte Hagen Blau und Klaus von Raussendorf, die beide als Studenten Ende der 1950er-Jahre an der FU Berlin angebaggert worden waren, traten bereits 1961 in den Auswärtigen Dienst ein; da konnte von einem Minister namens Genscher bei bestem Willen keine Rede sein.

Nichtsdestotrotz: Im Auswärtigen Amt herrschte in jenen Jahren ein gewisses Laisser-faire, wenn es um die Belange der Sicherheit der Bundesrepublik ging. Nicht von ungefähr pflegten die Kollegen des Sicherheitsbereichs im Innenministerium in Bonn von der Pantoffel-Diplomatie zu sprechen. Mit Groll wurde registriert, wie die Beamten des Auswärtigen Amtes Maßnahmen sabotierten, wenn es darum ging, die dreistesten der in der Bundesrepublik akkreditierten Diplomatenagenten von KGB und GRU außer Landes zu schaffen. Eine Persona-non-grata-Erklärung wollte nur in den seltensten Fällen gelingen. Dabei wussten alle Beteiligten nur zu genau, wie wirkungsvoll auf diese Weise das unerwünschte Tun der Sowjets geschädigt werden konnte. Das lag an einem der Prinzipien der sowjetischen Nachrichtenbeschaffung. Seitdem Tscheka und GRU ihre Auslandsspionage begonnen hatten, stützten sie sich bevorzugt auf zwei Formen von Spionagestützpunkten, die sie in den ZiMAländern unterhielten: legale und illegale Residenturen.

Der Begriff der Legalresidentur ist missverständlich, denn die Spionage, die an diesen Stellen betrieben wurde, war und blieb illegal. Lediglich der Standort, an dem die Kundschafterei organisiert wurde, war legaler Teil des Sowjetsystems, nämlich die Botschaft, die Gesandtschaft, das Konsulat, die staatliche Handelsniederlassung. Diese dienten einem doppelten Zweck, einem legalen, meist diplomatischen, und einem illegalen, nämlich der Spionage und der Beeinflussung im Einsatzland. Das System der sowjetischen Legalresidenturen hielt sich hartnäckig bis zum Untergang der Sowjetunion. Andere Staaten machten es nach; insbesondere die US-Amerikaner, die ab den 1950er-Jahren diese Art der Spionagestützpunkte bei ihren Verbündeten errichteten.

Das Prinzip der Legalresidentur hatte und hat Vor- und Nachteile. Es ersparte den Residenten mühselige und zeitaufwendige Eingewöhnungsphasen und verkürzte die Notwendigkeit der Legendenbildung auf ein Minimum. Der Entsendestaat brauchte seinen Residenten lediglich mit den üblichen Papieren auszustatten, die er auch seinem übrigen Botschaftspersonal ausstellte. Ein entscheidender Nachteil war hingegen die Überwachungsmöglichkeit, denn der Gaststaat weiß von vornherein den Ort, an dem die Residenten sitzen. Eine dichte Kontrolle des Personals verriet den Überwachungsbehörden meist bald, wer hier wer war; ebenso oft gelang es mit

Hartnäckigkeit und langem Atem, die Agenten zu identifizieren, die der Legalresident führte.

Die Abwehrbehörden der Bundesrepublik hatten bei der Beobachtung der sowjetischen Residenturen einen hervorragenden Helfer, um herauszufinden, wer in den sowjetischen Einrichtungen wer war: das KGB selbst. Zu den ausgeprägten Macken der sowjetischen Funktionäre gehörte das Misstrauen gegen Freund und Feind. Um das eigene Personal gegen die Einflüsterungen des bösen Klassenfeindes zu schützen, wurden rigorose Kontaktsperren erlassen. Dergleichen galt lediglich nicht für das Personal von KGB und GRU. Es hatte schließlich den Auftrag, Kontakte zum Klassenfeind zu knüpfen, um anzuwerben oder zumindest abzuschöpfen. Gab sich also einer außerhalb seiner sowjetischen Gemeinde jovial, gesprächsbereit, weltoffen, so konnte man getrost darauf wetten, ein Mitglied der Firmen vor sich zu haben. Ein zweites sicheres Beobachtungskriterium waren die Gepflogenheiten beim Geldausgeben. Die Geheimdienstler taten dies recht ungezwungen, wenn sie sich mit den notwendigen Porno-Artikeln versorgten, die anderen drehten die wertvollen Devisen eher dreimal in der Hosentasche um.

Für das deutsch-sowjetische Verhältnis bedeuteten die Aktivitäten der Agenten über viele Jahre hin einen Quell steten Ärgernisses. So war es auch mit der sowjetischen Botschaft zu Rolandseck. Selbstverständlich beteiligten sich nicht nur die Profis an diesem Spiel, sondern vor allem jene Journalisten, die ihren Medienauftrag in der Information des Publikums über die Unfähigkeit der Geheimdienste sahen. So berichtete beispielsweise der *Spiegel* in Nr. 18/1969 über einen geheimnisvollen Scheindiplomaten namens Alexander Bogolomow, den die Hamburger Geheimnisjäger dem 1. Direktorat des KGB unter Generalleutnant Alexander Sacharowski zuordneten. Außerdem sei es die Aufgabe des enttarnten Geheimen, die Weisungen von Desinformationschef Iwan Agajanz ins Deutsche zu übersetzen.

Das war viel Information fürs Geld. Aber leider stimmten die Auskünfte nicht. Bogolomow übersetzte zwar, doch nicht für das KGB, und dessen Resident war er auch nicht. Beim markigen Hinweis auf Iwan Agajanz mussten Eingeweihte lächeln, denn Chef der Abteilung Desinformation war der gebürtige Armenier zu dieser Zeit seit Jahren nicht mehr. Das war er mal gewesen – und zwar genau in jenen Tagen, in denen der erwähnte *Spiegel*-Artikel mit der Überschrift »Bedingt abwehrbereit« die *Spiegel*-Affäre ausgelöst hatte. Auch damit hatte Genscher sicher nichts zu tun. Doch in seiner Amtszeit wuchs die Zahl der Ärgernisse, als nämlich dank außenpolitischer Rücksichtnahmen, die das Haus Genscher glaubte formulieren zu müssen, ein periodisches Abräumen des Legal-Residenten-Personals nahezu unmöglich wurde.

Mit Neid sahen die Abwehrleute der Bundesrepublik die rüden Methoden, derer sich die britischen Behörden befleißigten, wie beispielsweise im Jahr 1971, als das Vereinigte Königreich gleich 105 Quasi-Diplomaten die Koffer packen ließ. Dieser Streich wurde auf sowjetischer Seite so ernst genommen, dass Parteichef Breshnjew eine Auslandsreise abbrach, um eine Sondersitzung des Politbüros zu leiten.[122] Da man so nicht vorgehen konnte, ersann man im Bundesamt für Verfassungsschutz Ersatzlösungen. Eine solche traf beispielsweise den scheinbaren sowjetischen Botschaftsrat Oleg Schewtschenko. Der Mann war den Abwehrbehörden kein Unbekannter. Bereits in den 1970er-Jahren hatte der KGB-Major verdeckt in der sowjetischen Handelsvertretung in Köln sein Unwesen getrieben. Jetzt also sollte sein zweiter Einsatz beginnen. Da das Auswärtige Amt nicht willens war, seine Zurückweisung auszusprechen, reichten die Abwehrleute aus der Abteilung IV des Kölner Amtes einige Observationsfotos an die Illustrierte *Quick* durch. Das hatte sogleich den erwünschten Effekt: Schewtschenko wurde abgezogen. Und weil man gerade dabei war, überließ man der *Quick* auch die Bilder von den KGB-Leuten Jewgeni Schmagin und

Boris Koshewnikow sowie vom GRU-Offizier Viktor Martschenko.

Noch einmal Hans-Dietrich Genscher: Er brachte die sozial-liberale Koalition maßgeblich zum Scheitern. Ein sowjetischer Einflussagent hätte so nicht gehandelt, sondern alles Erdenkliche dafür getan, dass Schmidt gestürzt und sodann ein neuer sozialdemokratischer Kanzler gewählt wurde. Einer von Genschers Parteifreunden hätte genau das liebend gern getan: William Borm. Als dieses »liberale Urgestein« 1987 starb, hatte es eine nahezu dreißigjährige Karriere als FDP-Spitzenpolitiker und MfS-Einflussagent hinter sich. HVA-Chef Wolf fand den Mann so wichtig, dass er ihn selbst führte. Nicht so Genscher. Er tat am Ende der Ära Schmidt das Gegenteil. Er unternahm in dem für die Sowjets so hoffnungsvollen Jahr 1982 ein persönlich riskantes Wendemanöver und trimmte die FDP auf Kohl-Kurs. Genscher ein sowjetischer Einflussagent? Das ist mit Sicherheit Quatsch.

Im Aldi für Raketen: Technik- und Wissenschaftsspionage gegen die Bundesrepublik

Auch nach Genschers Wende von 1982 waren deutsche Sicherheitsleute schlecht auf ihn zu sprechen. Der Grund lag in einem kaum lösbaren Zielkonflikt der bundesdeutschen Politik. Während man im Außenministerium und in der Deutschlandabteilung des Kanzleramtes weiterhin auf die Stabilisierung des Ostblocks setzte, sahen die Verantwortlichen der Inneren Sicherheit mit wachsendem Unbehagen, mit was für schädigenden Methoden ebenjene Staaten gegen die Bundesrepublik vorgingen. Unter den diversen Spionage- und Beeinflussungszielen der Ostblockdienste waren die politische und die Militärspionage von den ersten Plätzen verdrängt worden. Stattdessen dominierte nun die Wirtschafts- und Wissenschaftsspionage. Dies berichteten wie üblich Überläufer, Leute wie der MfS-Offizier Werner Stiller, der 1979 einen Koffer voll einschlägiger Erkenntnisse ins westliche Lager mitbrachte, und vor allem ein Mann mit dem Fallnamen Adieu, der 1982 vom KGB zum französischen Auslandsdienst DST überlief. In seinem Handgepäck befanden sich Tausende von Dokumenten mit dem Sekretno-(geheim-)Stempel. Die Papiere gaben minutiös Auskunft über Moskaus Wissenschafts- und Technikspionage.[123]

Das zentrale Lenkungsgremium der Sowjetunion war das Komitee des Präsidiums des sowjetischen Ministerrats für Angelegenheiten der Rüstungsindustrie, WPK (in US-Quellen VPK abgekürzt). Das WPK war die Schnittstelle zwischen der Rüstungsindustrie, der Roten Armee und den sowjetischen Auslandsdiensten. Hier wurde definiert, wie gerüstet werden sollte und welche technisch-wissenschaftlichen Erkenntnisse dafür notwendig waren. Zu diesem Zweck erstellten die Wissenschaftstechnokraten des WPK das *Rote Buch*. Es war eine exakte Auflistung des für klar definierte Rüstungsvorhaben benötigten Wissenschafts- und Technik-Know-hows. So weit es sich im Ausland problemlos beschaffen ließ, wurde die Akademie der Wissenschaften mit dem Einkauf beauftragt. Falls das nicht ging, waren die Geheimdienste am Zuge.

Dass das Beschaffen von naturwissenschaftlichen Schlüsselinformationen und der dazugehörigen Technik im Westen legal schwierig oder unmöglich war, lag an Cocom. Hinter dem Kürzel verbarg sich eine informelle Arbeitsgruppe der NATO mit Sitz in Paris, das Coordinating Committee for East-West Trade Policy (Koordinationskomitee für Ost-West-Handelspolitik). Cocom beschäftigte sich mit der Frage, welche wissenschaftlichen Erkenntnisse und welche technischen Erzeugnisse dem Ostblock aus Gründen der nationalen Sicherheit der NATO-Mitgliedsstaaten vorzuenthalten seien. Diese Dinge wurden in ein spezielles Verzeichnis aufgenommen, die Cocom-Liste. Die Cocom-Mitglieder setzten diese Liste in nationales Recht um. Im Fall der Bundesrepublik geschah dies über eine Rechtsverordnung zum Außenwirtschaftsgesetz.

Aus der Cocom-Liste ergaben sich umfangreiche Exportverbote, die für den Ostblock eine doppelte Bedeutung hatten. Sie verriet, welche Güter und Erkenntnisse nach Auffassung der NATO militärisch wichtig und daher schützenswert waren, und sie signalisierte zugleich, dass man dergleichen nur illegal erwerben konnte. Dazu bediente sich die Sowjetunion ihrer Geheimdienste. Unter den beiden konkurrierenden Geheimdiensten PGU des KGB und der militärischen GRU hatte Letztere bei der Beschaffung von Cocom-Gütern in den 1970er- und 1980er-Jahren deutlich die Nase vorn. Leute wie die oben beispielhaft aufgeführten Residenten organisierten die Spionageringe, und ein kleines Heer von Agenten beschaffte die Ware.

Da war zum Beispiel das Trio Knoppe-Linowski-Ramminger.[124] Die drei beschafften im Oktober 1967 eine Sidewinder-Rakete. Die Sidewinder war eine der modernsten Luft-Luft-Raketen der NATO. Sie war drei Meter lang und 75 Kilo schwer und gehörte zur Bewaffnung des Abfangjägers F-104 Starfighter der Bundesluftwaffe. Die Agenten gingen so dreist zu Werk, dass man sich an den Kopf greift, denn sie stahlen die einsatzklare Rakete auf dem Luftwaffenstützpunkt in Neuburg an der Donau, hievten das Ding über den Zaun, zerlegten sie in einige Teile und versandten sie per Luftfracht an eine Deckadresse in Moskau. Das alles war nur möglich, weil einer der drei, Wolf-Diethardt Knoppe, Starfighter-Pilot der Bundesluftwaffe war. Nach der Sidewinder-Rakete folgten ein Flugnavigationsgerät und danach die Verhaftung. Das Trio hatte nämlich beschlossen, zur Steigerung seiner nebenberuflichen Einnahmequellen zugleich dem polnischen Dienst und dem MfS Rüstungsgüter anzubieten. Das MfS entwickelte die glänzende Idee, sich nicht mit Kleinigkeiten wie drei Meter langen Raketen abzugeben, sondern orderte den ganzen Starfighter. Beim Versuch, den zu klauen, flog Knoppe auf.

Ein Sowjetagent, der in einer ganz anderen Klasse spielte, war der aus Sachsen stammende Manfred Rotsch. In Dresden

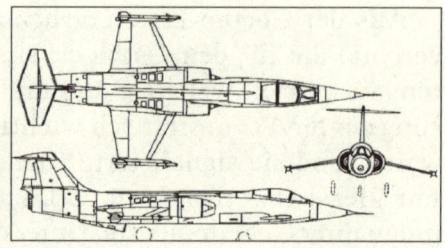

Raketenklau per Luftpost. Die Sidewinder-Diebe vor dem OLG Düsseldorf im September 1970: Wolf-Diethardt Knoppe, ein Rechtsanwalt, Manfred Ramminger und Josef Linowski; rechts das Objekt der Begierde: Lockheed F-104 Starfighter mit Sidewinder-Raketen an den Enden der Tragflächen.

hatte er gleich nach dem Krieg ein Ingenieurstudium absolviert. Bald darauf, im April 1954, verpflichtete ihn das KGB unter dem Decknamen Emil. Noch im selben Jahr reiste er auftragsgemäß aus der DDR aus. Für den jungen Ingenieur war es ein Leichtes, in der westdeutschen Industrie Fuß zu fassen. Im August 1969 war er am Ziel. Rotsch bekleidete die Stelle eines Abteilungsleiters im Rüstungskonzern Messerschmidt-Bölkow-Blohm. MBB baute das NATO-Kampfflugzeug Tornado und später den Jäger '90. Dank Rotsch stets mit dabei: das KGB. Wenn einer wie der Spitzenagent Rotsch-Emil wichtige Erkenntnisse liefert, so hinterlässt er Spuren, zumindest bei seinem Auftraggeber – und sei es in Form eines großen Staunens. Ein sowjetischer KGB-Überläufer zum französischen DST, die erwähnte Quelle Adieu, gab die entscheidenden Hinweise zur Enttarnung von Rotsch. Am 24. September 1984 wurde der Verräter festgenommen, 1986 zu achteinhalb Jahren Haft verurteilt und im nächsten Jahr freigetauscht. Noch im selben Jahr kehrte er aus der DDR in die Bundesrepublik zurück. Das konnte er sich leisten, denn er war vor dem Freitausch von der bundesdeutschen Justiz begnadigt worden.[125]

In den 1970er-Jahren veränderten sich die geheimdienstlichen Beschaffungsmethoden für Embargo-Waren grundlegend. Nun-

 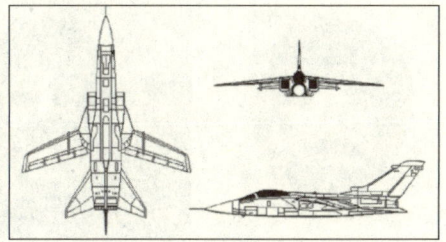

Der Rüstungsspion Manfred Rotsch, der Moskau die Konstruktionspläne des MBB-Kampfflugzeugs Tornado beschaffte. Bereits ein Jahr nach seiner Verurteilung wurde er von der bundesdeutschen Justiz begnadigt.

mehr wurde nicht mehr auf Hauruck-Aktionen à la Starfighter-Klau gesetzt, sondern die Ostblockgeheimdienste, allen voran die GRU, organisierten ausgetüftelte Umgehungsoperationen, um die Außenhandelsbarrieren der Cocom-Länder zu unterlaufen. Sie taten das durch die Gründung und Anwerbung von Handelsgesellschaften vor allem in den USA und in Westdeutschland, die die gewünschten Waren zu Handelszwecken erwarben und sie sodann mit manipulierten Dokumenten in den Ostblock schafften. Die Anwerbung von westdeutschem Personal fiel den beiden sowjetischen Diensten nicht besonders schwer, denn sie boten traumhafte Handelsspannen bei geringem Risiko, geschnappt zu werden. Aber ein Restrisiko blieb.

Dass Technik-Dealer ins Netz der Verfolger gerieten, lag vor allem am rüden Vorgehen der US-Amerikaner, denen die westdeutsche Ostpolitik wegen ihres als Leisetreterei empfundenen Vorgehens ein steter Dorn im Auge war. Immer wieder wurden die US-Dienste bei den deutschen Sicherheitsbehörden vorstellig, wenn sie Cocom-Verstöße mit westdeutscher Beteiligung mutmaßten. »Wo ist Mr Bruchhausen?«, pflegten die Vertreter der US-Behörden Sitzungen mit ihren deutschen Gesprächspartnern zu eröffnen. Die Frage galt einem Mann, der über ein kompliziertes Firmengeflecht Embargoware für den GRU-Konfidenten Viktor Kedrow und für einen DDR-

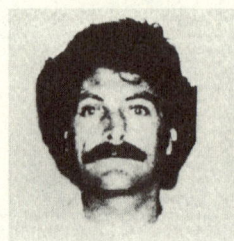  

Geheime Rüstungsgüter für den Osten: Beschaffer Werner Bruchhausen (links als Phantombild, Mitte in US-Haft). Rechts auf der Flucht: Richard Müller alias Money-Muller.

Bewohner namens Günther Forgber beschafft hatte. Forgber gehörte zu KoKo. Was sich hinter diesem Kürzel verbarg, wird im nächsten Kapitel noch ausführlich beschrieben. Ähnlich penetrant wie nach Bruchhausen wurde nach einem Mann gefragt, den die US-Fahnder Money-Muller nannten.

Werner Bruchhausen dealte seit 1974 mit Embargoware. Ende des Jahrzehnts nahmen ihn deutsche Fahnder fest. Doch die Justiz gewährte Haftverschonung gegen eine ihr stattlich erscheinende Kaution. Die war für den schwerreichen Dortmunder kein Problem. Er zahlte die festgesetzten 100 000 DM und tauchte sogleich unter. Doch er verzog sich nicht auf eine sonnige Insel, sondern blieb im Geschäft – unter neuen, wechselnden Namen, für seine Auftraggeber ebenfalls kein Problem. Doch nunmehr war der Technikjäger zum weltweit Gejagten geworden. In London wurde er im Mai 1983 festgenommen. In Großbritannien war nichts Illegales festzustellen, nur der falsche Pass. Der genügte fürs Einsitzen, bis die Auslieferungsdinge erledigt waren. Bruchhausen wollte nach Deutschland ausgeliefert werden. Man kann das verstehen. Doch daraus wurde nichts; er musste in die USA. Dort verurteilte ihn am 1. Mai 1987 ein Bundesgericht in Los Angeles zu einer langjährigen Haftstrafe.[126]

Der andere Mann, Money-Muller oder Moneten-Müller, wie die deutschen Fahnder sagten, war Richard Müller. Der Deutsche war nach Auffassung der CIA beim KGB unter Vertrag (wir tippen eher auf die GRU). Sein Auftrag waren keine technischen Kinkerlitzchen, sondern er lautete auf die Beschaffung von Produktionsanlagen für die Fertigung elektronischer Bauteile. Auch Müller, der von Lübeck aus operierte, nutzte ein weltweites Geflecht von Firmen und Scheinfirmen. Es dauerte bis in das Jahr 1982, dann hatten mehrere westliche Dienste eine Falle konstruiert und für eine Strafverfolgung in Deutschland hinreichende Beweise erbracht. Als der schwedische Frachter Elgarin im Hamburger Freihafen Zwischenstopp machte, griffen die Fahnder zu. Eine der größten Technikoperationen des sowjetischen Dienstes war geplatzt. Und Moneten-Müller? Der hatte im letzten Moment die Kurve gekriegt und war auf Nimmerwiedersehen verschwunden.[127]

Doch im April 1989 tauchte Müller in Lübeck wieder auf. Der Weg war nicht weit gewesen, denn er kam aus der DDR. Er hatte es seltsam eilig: Geständnis wegen diesem und jenem. Tätigkeit für einen Geheimdienst? Nee, nie gehört. Steuernachzahlung, Freiheitsstrafe auf Bewährung mit saftiger Geldbuße. Und dann: hübsche Spende an den Wahlkreis seines Anwalts, der übrigens Otto Schily hieß.[128] Die Sache war damit vom Tisch. Hut ab, der Mann hatte einen phänomenalen Riecher für die Zeitläufte. Er kam genau im rechten Augenblick nach Westdeutschland zurück, auf den letzten Drücker sozusagen. Im Jahr darauf wäre er festgenommen und vermutlich für lange Zeit hinter Gittern verschwunden, denn dann hätte seine Verstrickung in den Embargozirkus der Geheimdienste zum Nachteil der Bundesrepublik wenig Gnade gefunden.

Schwerter zu Stricknadeln. Unbeabsichtigte Nebenwirkungen der Destabilisierungskampagne

Zum Schluss ein Blick in die DDR. Hier war alles etwas anders als im Westen, aber auch als im übrigen Ostblock. Das lag vor allem an der Abschiebepraxis, der sich das DDR-Regime bediente. Wer wegwollte, wurde nicht ewig gehalten. Etliche mussten aber einen Umweg durch den Knast machen. Dann standen sie zum Freikauf zur Verfügung. Freikäuflinge wurden so zur Handelsware. Ab 1977 verlangte die DDR für jeden Freikauf 95 847 DM. Der Betrag war absichtlich so krumm gewählt, um bei Abrechnungen die empörende Tatsache (Mensch gegen Festpreis) zu verschleiern.

Der Freikauf funktionierte nur, weil die Bundesregierungen, ganz gleich welcher Couleur, diesen Irrwitz mitmachten. Diese westdeutsche Leisetreterei, die man mit dem schmucken Begriff der humanitären Maßnahmen versehen hatte, hatte ganz andere Folgen als beiderseits des Zaunes beabsichtigt. Im Osten galt es, Unbequeme dem Klassenfeind unterzujubeln und dafür auch noch Geld zu kassieren; im Westen hoffte man, dass sich das öde östliche System stabilisieren möge. Nichts von alledem traf ein. Es konnte nicht eintreffen, dagegen sprachen bereits die nackten Zahlen, denn zwischen dem 1. Januar 1983 und dem 30. Juni 1989 verließen 206 188 Menschen die DDR in Richtung Bundesrepublik. Die meisten von ihnen waren unter vierzig Jahre alt und verfügten über eine überdurchschnittlich gute Ausbildung. Die DDR blutete aus.

Als sich die politischen Akteure der Sowjetunion zu dem entschlossen, was sie nach außen hin den Friedenskampf nannten, hatten sie endgültig die Axt ans eigene System gelegt. Dabei waren sie, wie sie meinten, gelehrige Schüler des großen Wladimir Lenin, doch sie hatten übersehen, dass dessen Methoden längst überholt waren. Sein über Jahrzehnte hinweg erfolgreich angewendetes Verfahren besagte im Kern, dass die Beeinflussung ein entscheidender Meilenstein auf dem Weg zur Weltrevolution sei. Dazu besetzte man zunächst eine Reihe von Begriffen, belud damit den Karren der Propaganda und veranlasste nützliche Idioten zum Ziehen. Auf diese Weise wurden die Märchen von der friedliebenden Sowjetunion, vom demokratischen Zentralismus und vom Antifaschismus unter die Leute gebracht. Die Legende von der friedliebenden

Sowjetunion wurde sogar zum Verkaufsschlager, als der größenwahnsinnige deutsche Diktator Adolf Hitler im Sommer 1941 seinen Krieg gegen die Sowjetunion begann.

Die Propagandablase vom Friedenskampf der 1970er- und 1980er-Jahre knüpfte an diese bewährten Modelle an. Ihre Wirkung im Westen haben wir bereits beschrieben. Doch die Erfinder und Exekutoren hatten nicht bedacht, dass das Schwert der Propaganda stets zweischneidig ist. Das gilt im Besonderen für Maßnahmen, die Begriffe besetzen und umwidmen. Diese Verwendung von Vokabeln des Klassenfeindes musste bei der eigenen Bevölkerung zu Missverständnissen führen. So jedenfalls war es beim Anfachen der Friedensbewegung. Das, was dort geäußert wurde, war für westliche Ohren bestimmt. Für die eigene Bevölkerung wurde die Platte der Errungenschaften abgeleiert, die besagte, dass all das, was jetzt vom Westen eingefordert wurde, im Sozialismus längst Wirklichkeit sei. Doch diesmal klappte die ganze Sache nicht. Die Spezialisten für Beeinflussung und Desinformation hatten nämlich nicht bedacht, dass sie die eigene Bevölkerung nicht vor dem abschirmen konnten, was im Westen jetzt ablief. Die Friedenskampagne begann dem Zauberbesen verteufelt ähnlich zu werden.

Nichts konnte für die Moral der Friedenskämpfer des Sozialismus fataler sein, als mitzubekommen, wie sich der Friedenskämpfer West mit Militanz gegen das Militärische zu wehren begann. Nichts konnte sich tiefer in die Köpfe senken als die absurden Meinungsäußerungen zu diesem Thema, die über die Massenmedien West auch weit in den Osten hinein frei Haus geliefert wurden. Niemand konnte hierfür anfälliger sein als die jungen Leute in der DDR, denn die DDR lag im Sendebereich der elektronischen Westmedien, und es gab keine Übersetzungsprobleme, wenn die neuen Friedensgurus à la Franz Alt verhießen, dass Frieden möglich sei und vor allem: wie.

Diese unbeabsichtigte Rückbeeinflussung war für das DDR-

Regime bereits ätzend genug, doch es kam noch schlimmer. Die Leute, die da mit großer moralischer Keule vom Frieden schwatzten, verstanden sich als fortschrittlich und links. In vielen Fällen hatten sie mit der real existierenden Bundesrepublik nicht viel am Hut. Gerade aus diesem Lager schwappten die Ansichten in die DDR zurück. Diese Meinungskundgaben sorgten dafür, dass in der DDR eine bemerkbare Linksabweichung vom real existierenden Sozialismus entstehen konnte. Das war in der Tat ein Sonderweg, und zwar nicht der viel disputierte dritte Weg zwischen Sozialismus und Kapitalismus, sondern ein Sonderweg innerhalb des Ostblocks. Der DDR-Bürgerrechtler betrat die politische Bühne, wenn auch in der Größenordnung eines Daumenkinos.[129]

Die in denselben Jahren im übrigen Ostblock entstehenden Abweichungen vom Sozialismus Moskauer Bauart unterschieden sich hiervon um Meilen. Was sich dort zunächst im Verborgenen und dann immer offener tat, stand unter der Überschrift »Los von Moskau«, während in Russland selbst nach der Zerschlagung der Dissidentenbewegung durch Jurij Andropow zunächst alles in einer unüberwindlichen Stagnation zu versinken schien. In der DDR jedoch bildete sich eine Art Friedens- und Sozialismusbewegung heraus, eine zarte Pflanze zwar, aber doch wahrnehmbar.

Dem Pflänzchen der Friedensbewegung stand die Phalanx des Ministeriums für Staatssicherheit gegenüber. Es sah sich von Feinden umzingelt, denn je mehr das Land personell ausblutete, desto rabiater rüsteten die Sicherheitsbehörden des SED-Staates auf. Das Verhältnis der Bevölkerungszahl zu den Mitarbeitern der Staatssicherheit verschob sich ins Groteske. Auf knapp fünfzehn Millionen Einwohner kamen schließlich knapp 100000 hauptamtliche und ebenso viele nebenamtliche Tschekisten. Das bedeutete, dass auf jeden 75. Einwohner ein Mitarbeiter der Geheimpolizei kam. Um das Gigantische dieses Unfugs zu ermessen, mag man einen Blick auf die benachbarte Bundesrepublik werfen. Bei einer

Bevölkerung von zirka 65 Millionen Einwohnern hielt der westdeutsche Staat einen Bestand von insgesamt etwa 14000 Geheimdienstmitarbeitern für mehr als genug; das macht in etwa ein Verhältnis von 4650 zu 1. Mit anderen Worten: Die wirtschaftlich marode DDR leistete sich gegenüber der Bundesrepublik das Sechzigfache an Geheimdienstpersonal.

Das Ministerium für Staatssicherheit war anders, als sein Name vermuten lässt, keineswegs nur ministerielle Zentralinstanz der DDR, sondern es war in die Fläche des Landes verteilt, wo es Bezirks- und Kreisverwaltungen, die der Verwaltungsstruktur der DDR entsprachen, sowie zahlreiche Sondereinrichtungen unterhielt. Diese bereits äußerlich Respekt einflößende Präsenz bewirkte jedoch eines nicht: Das MfS war kein Staat im Staate, auch wenn dies immer wieder behauptet worden ist. Vielmehr war die Staatssicherheit strikt in die Herrschaftsstruktur der DDR eingebunden. Bis zu den letzten Tagen seiner Existenz haben die Macher des MfS nie infrage gestellt, wer in der DDR und damit auch ihnen gegenüber das Sagen hatte. Das war die Partei, die SED, die nach eigenen Mechanismen funktionierte. Die Mitgliedschaft in dieser Partei war den Tschekisten selbstverständliche Pflicht.

Durch nichts wurde die Stellung des MfS besser zum Ausdruck gebracht als durch das selbst gewählte Etikett: Schild und Schwert der Partei. Zu diesem innigen Verhältnis von Partei und MfS gehörte auch die Selbstverständlichkeit, mit der sich die SED ihrer Geheimpolizei bediente. Die Genossen an der unsichtbaren Front wurden durch die Spitzen der Partei unmittelbar angeleitet, wie es die einschlägige Vokabel höchst plastisch zum Ausdruck brachte. Und im Gegenzug war es so, dass die Geheimdienstspitzen in die obersten Beschlussgremien der Partei persönlich eingebunden waren. Das galt sowohl für KGB-Chef Jurij Andropow in der Sowjetunion als auch für den Staatssicherheitsminister Erich Mielke in der DDR. Was der Geheimdienst wusste, konnte er an oberster

Stelle zu Gehör bringen, und was die Partei befahl, ging auf kürzestem Wege in die Organe.

Jahrelang galt der Stand der Aufrüstung des MfS als bestgehütetes Staatsgeheimnis der DDR.[130] Westdeutsche Autoren glaubten hoch zu greifen, wenn sie den Personalbestand des MfS auf über 30000 Personen schätzten. Sie mussten sich auf Schätzungen westdeutscher Geheimdienstler verlassen, die es jahrelang auch nicht besser wussten. Erst als es diesen in den 1980er-Jahren gelang, Haushaltsunterlagen des MfS zu beschaffen, rieben sie sich ungläubig die Augen. Was hier an personeller und gerätemäßiger Aufrüstung geschrieben stand, überstieg schlicht das Vorstellungsvermögen. Allein die Zahl der Telefonüberwachungsanlagen war so gigantisch, dass man leicht nachrechnen konnte, wie viel Personal zur Bedienung und Auswertung notwendig sein würde. War man einer Desinformation aufgesessen? Nein, die Angaben waren korrekt. Sie stammten aus einem Beschaffungsrundumschlag, den der BND Mitte der 1980er-Jahre begonnen hatte.

Die Operation hieß sinnigerweise Universum. Methodisch handelte es sich um eine gestreute Briefanbahnung, Zielpersonen waren erkannte Mitarbeiter des MfS. Im Anschreiben war klar angesprochen, dass vom Empfänger ein Verrat erwartet und eine Belohnung von bis zu einer Million West-Mark in Aussicht gestellt wurde. Als Entscheidungshilfe waren 1000 DM in bar beigefügt. Siebzehn dieser Werbebriefe fielen der Briefkontrolle zum Opfer. Interessant ist, was das MfS daraus machte. Es ließ die Briefe nicht weiterlaufen, sondern zeigte sie den Empfängern – angeblich, um Vertrauen zu schaffen. Den mit der West-Post Konfrontierten ist mit Sicherheit der Schweiß ausgebrochen, denn sie mussten sich dafür rechtfertigen, warum diese Briefe an sie adressiert waren. Augenscheinlich ist nicht versucht worden, dem BND mithilfe dieser aufgeflogenen Kandidaten ein Spiel aufzunötigen. Interessanter ist jedoch, dass die Offiziere der Hauptabteilung II (Spionageabwehr) und der Hauptabteilung Kader, als sie nach dem Untergang der DDR in den Erfolgen ihrer Arbeit schwelgten, eines nicht berichtet haben, nämlich dass einige Briefe an der Briefkontrolle vorbei auch Adressaten erreicht haben, die sich sodann mit sozialistischer Ehrlichkeit sofort an die Abwehr wendeten.[131] Sie haben nichts davon berichtet, weil es nicht stattfand. Daher ist anzunehmen, dass die Betroffenen sich zunächst einmal still verhielten, denn 1000 DM waren auch für einen MfS-Offizier verdammt viel Geld. Zudem legte es der Zustand der DDR dem einen oder anderen nahe, an die Zeit danach zu denken.

Als das MfS mit der Friedensbewegung konfrontiert wurde, war es ein machtbewusster Apparat, der von Staatssicherheitsoffizieren geführt wurde, an deren klassenkämpferischer Grundeinstellung es keinen Zweifel gab und die sich auf der richtigen Seite der Barrikade wähnten, weil sie ernsthaft glaubten, irgendjemand wolle ihnen die Errungenschaften ihres DDR-Sozialismus streitig machen. Es war ein Irrglaube, das ist wohl wahr, doch ohne ihn wäre der Apparat nicht in der Lage gewesen, so zu handeln, wie er es tat. Zu diesem Handeln gehörte die Produktion von Feindbildern, und diese selbst geschaffenen Feinde wurden anschließend bekämpft. Nirgendwo passt diese Feststellung besser als bei den Friedensaposteln à la DDR.

Zum Beispiel Rudolf Bahro. Im *Wer war wer in der DDR* ist bei ihm als Berufsangabe Dissident angegeben. Zunächst einmal war Bahro jedoch ein stramm linientreuer Genosse, der nach dem Abitur fünf Jahre marxistisch-leninistische Philosophie an der Humboldt-Universität in Berlin studierte, um dann in die oberen Etagen der sogenannten gesellschaftlichen Organisationen aufzusteigen. Doch da war er wohl irgendwo angeeckt, denn 1967 musste Bahro in die Produktion. Keine Angst, er musste nicht richtig arbeiten, sondern wurde Abteilungsleiter für Arbeitsorganisation beim VEB Gummiwaren Berlin. Kümmerte er sich dort mit Fleiß um Herstellungsverfahren für Präservative der Marke Mondos, die sich für die Familienplanung im Sozialismus eigneten? Wir wissen es nicht. Jedenfalls ließ ihm diese Tätigkeit genügend Zeit für die Anfertigung einer Dissertation. Das Thema kam ihm mit Sicherheit beim täglichen Tun, denn es lautete: »Die Effektivität von Hochschul- und Fachschulkadern im sozialistischen Betrieb«. Die Arbeit wurde abgelehnt. Erst jetzt wurde der Kandidat aufsässig. Er schrieb ein Buch mit dem Titel *Die Alternative*. Gemeint war nicht nur der Staat, in dem er lebte, gemeint war die ganze Welt, die an seinem, dem Bahro'schen, Kommunismus genesen sollte. Hier eine Kostprobe:

»Der ›sterbende Kapitalismus‹ erweist sich auf seine nach wie vor barbarische Weise immer noch als Entwicklungsform der Produktivkräfte, investiert seinen Überschuss in die endlose Vermehrung naturwissenschaftlicher Vernichtungswaffen, um die Völker der agrarischen Völker niederzuhalten und der ganzen übrigen Welt so viel wie möglich von seinem Willen aufzuzwingen. Indem er das Gesetz des technischen Fortschritts diktiert, treibt er die weniger entwickelten Länder einschließlich der Sowjetunion nicht nur dazu, einen verhältnismäßig größeren Anteil ihres Nationalprodukts für die Rüstung aufzuwenden, sondern hält sie im Sog der darauf beruhenden Zivilisation. So wie das sterbende Rom das Leben in den Provinzen rund um das Mittelmeer vergiftete, breitet sich noch immer der Einfluss der spätbürgerlichen Lebensweise aus, mit deren Fortsetzung die Existenz der Menschheit unhaltbar wird.«[132]

Das waren große Worte, und es waren ketzerische Worte gegen den Geist des realen Sozialismus, denn der verfaulende, absterbende Kapitalismus war seit Lenins Zeiten ein Dogma, an dem nicht gedeutet werden durfte.

Als Auszüge aus der *Alternative* im Sommer 1977 in der westdeutschen Presse zu lesen waren, folgte prompt Bahros Verhaftung, im Jahr darauf seine Verurteilung wegen Geheimnisverrats. Mit der Antwort auf die Frage, um welches Geheimnis es sich bei Bahros Sentenzen handelte, hielt sich das Stadtgericht Berlin nicht lange auf. Bahro musste nach Bautzen einrücken. Das rief im Westen alles auf den Plan, was links und edel war, und so wurde der Ketzer im Herbst 1979 begnadigt und in die Bundesrepublik abgeschoben. Bahro trat bei den Grünen ein. Die Bundeszentrale für politische Bildung ließ es sich nicht nehmen, sein Buch *Die Alternative* anzukaufen und kostenlos zu verteilen. Ob es wohl jemand gelesen hat? Ein Lehrer? Ein Schüler? Später wendete sich Bahro der Baghwan-Sekte zu, und im Dezember 1989 erschien er in der Noch-DDR, um den strauchelnden Genossen der SED eine Rede auf dem Sonderparteitag zu halten. Leider folgten ihm die Genossen nicht, und so blieb dem Publikum vorenthalten, die neuen Stars der SED-PDS in wallenden Gewändern auftreten zu sehen.

Die Grünen mussten nicht nur Bahro verkraften, sondern etwa auch die Imkerin und Mitbegründerin der Kirche von unten, Vera Lengsfeld. Auch diese linientreue SED-Genossin wurde zur Diplom-Marxistin, pardon: zur Diplom-Philosophin an der Berliner Humboldt-Universität ausgebildet. Leider fiel sie auf SED-Propaganda herein, die gar nicht für sie, sondern für den Klassenfeind bestimmt war. Als Vera Lengsfeld 1983 dann gegen die sowjetischen Raketen in der DDR protestierte, wurde sie prompt aus der SED ausgeschlossen. Fünf Jahre später nahm sie an einem alternativen Umzug zur Erinnerung an Rosa Luxemburg teil. Jetzt folgten Verhaftung und Abschiebung nach Großbritannien. Als die DDR zusammenknackte, war Lengsfeld wieder da. Nun kandidierte sie mit Erfolg für das Bündnis 90, um dem wahren Sozialismus auf die Beine zu helfen. Es war die Zeit der großen Stasi-Enthüllungen. Schnell kam heraus, dass ihr Ehemann Knut Wollenberger, IM Donald, jahrelang ihr Leibspitzel gewesen war.[133] Es war auch die Zeit der großen Betroffenheit; so wurde Vera Lengsfeld bekannt. 1996 wechselte sie von den Grünen zur CDU. Bis 2005 saß sie im Bundestag; die Landesliste von Thüringen hatte es möglich gemacht.

Viele, aber längst nicht alle, die sich zum Thema Frieden in der DDR äußerten, mussten außer Landes. Eine Spezies eigener Art stellten evangelische Theologen dar, die ihre ohnehin schwer verständlichen Thesen in ein wirres Gemisch voller sozialistischer Sentenzen einbauten. Zu ihnen gehörte beispielsweise Edelbert Richter. Auch er wollte ursprünglich unter marxistischen Bedingungen ein Diplom-Philosoph werden. Doch eine Relegation von der Karl-Marx-Universität in Leipzig hinderte ihn daran. Nach zwei Jahren als Kranführer sattelte er auf die Theologie um. In seiner Dissertation war er wieder bei Marx angelangt. Dann wurde er Studentenpfarrer in Naumburg. Er beschrieb sein Friedensproblem:

»Vermutlich werden die Ursachen richtig bestimmt, jedoch seltsamerweise jeweils allein beim Gegner entdeckt. Wie aber, wenn die westliche Ordnung nicht demokratisch und die östliche nicht sozialistisch wäre? Wenn man also das, was man als friedensgefährdend erkannt hat, auch bei sich selbst entdecken müsste? Wie, wenn beide sich derart im Widerspruch zu sich selbst befänden? Dann käme unsere bedrohliche Situation genau dadurch zustande, dass jeder diesen Widerspruch, in dem er zu sich selbst steht, auf den anderen zurückführt und die fehlende eigene Glaubwürdigkeit durch Gewalt ersetzt! Und dann wäre es die Aufgabe der Friedensbewegung in den beiden Blöcken, diesen Projektionsmechanismus zu hinterfragen und jeden zu sich selbst (zur eigenen Sache) zurückzurufen. Unsere Hoffnung wäre dabei also: Würde jeder seine Sache nur einigermaßen glaubwürdig vertreten können (die sogenannten Demokraten die Demokratie, die sogenannten Sozialisten den Sozialismus), man brauchte um den Frieden nicht mehr besorgt zu sein.«[134]

So weit Edelbert Richter, der Pfarrer. Was wollte er wohl ausdrücken? Selbstredend wollten Leute wie er die DDR nicht abschaffen. Ganz im Gegenteil. So nimmt es nicht wunder, dass er und seine Gesinnungsfreunde in die Bresche springen wollten, als im Jahr 1989 die DDR endgültig den Bach runterging. Der von ihnen gegründete Demokratische Aufbruch sollte erledigen, was die SED vierzig Jahre lang nicht gekonnt hatte – den Sozialismus und die DDR lebensfähig machen. Rechtzeitig erkannte Richter, dass das nichts werden würde. Deswegen sattelte er um – zur SPD. Viele Jahre Mitgliedschaft im Bundestag wurden sein Lohn.

Die geschilderten Beispiele mögen zeigen, wie es einem gehen konnte, wenn man in der DDR »Frieden, Frieden!« rief. Natürlich soll den Betroffenen nicht abgesprochen werden, dass sie aus lauteren Motiven handelten, doch besonders klug waren sie nicht, und nicht jedem ging es anschließend so gut wie Bahro, Lengsfeld und Richter. Manche gerieten bei ihrer Art von Protest derart mit der Staatsmacht aneinander, dass sie ihr Leben verloren, andere kamen, auch wenn sie längst im Westen waren, von ihrem Trauma nie los. Heute sind sie weitgehend vergessen, lediglich noch Merkposten eines Erinnerungszeremoniells, das nicht verhindern kann, dass es immer interessanter ist, von den Tätern als von deren Opfern zu erzählen.

Die Fokussierung auf die Begriffe Täter und Opfer verstellt überdies den Blick auf das Banale. Es waren die Banalitäten, die den Staat DDR auf Dauer unbewohnbar machten. Forscht man in den Lebensläufen seiner Bewohner nach, stößt man allenthalben auf diese Dinge. Hier ein Beispiel: Die Oberschülerin Claudia Timpel wollte im Frühsommer 1983 mit einer Freundin von Berlin nach Weimar. Dort wohnte sie. Die Mädchen fuhren per Anhalter, und ein Westauto nahm sie mit. Die aufmerksame Staatsmacht hatte diesen frevelhaften Kontakt mit dem Klassenfeind beobachtet und unterbrach nach vielen Kilometern der Observation die Fahrt. Nach Feststellung der Personalien ging die Reise auf der Autobahn weiter – die Westler im Auto nach Westen und die Mädchen zu Fuß. Damit nicht genug. Folgenden Tags ließ der Schuldirektor Ulrich

Hennecke seine Schülerin Timpel die Abiturarbeit unterbrechen, um ihr mitzuteilen, dass er sie wegen ihres klassenfeindlichen Verhaltens persönlich für die NATO-Hochrüstung verantwortlich mache. Über diesen Schwulst lacht nur, wer die Folgen nicht kennt, denn die Abiturientin erhielt ein Studierverbot. Sie musste sich im antifaschistischen Kampf bewähren, also vertrödelte sie die nächsten Lebensjahre in der Mahn- und Gedenkstätte Buchenwald. Die Geschichte lehrt, dass der Genosse Rektor des Schillergymnasiums zwar die Lebenspläne der ihm anvertrauten jungen Menschen zerstören konnte, aber nicht die NATO-Nachrüstung. Der Klassenfeind von einst stellte ihm später einen komfortablen Altenheimplatz zur Verfügung; von dort aus zieht er noch heute erhobenen Hauptes durch Weimar – eine wandelnde Mahn- und Gedenkstätte für seine ehemaligen Schüler.

In der Sowjetunion selbst waren die ungewollten Nebenwirkungen der sowjetischen Destabilisierungskampagne, die auf den Namen Friedenskampf hörte, ruinös. Sie trugen die Bezeichnung Rjan, die Abkürzung für *r*aketno *j*adernoje *na*padenie (ракетно ядерное нападение = Kernraketenangriff). Rjan bezeichnete den erwarteten Raketenüberfall der NATO-Staaten auf die Sowjetunion und ihre Satelliten. Die Vorstellung, dass dergleichen ins Haus stünde, entsprang den Erwägungen der obersten sowjetischen Führung. Um sie nachzuvollziehen, muss man eine gedankliche Pirouette drehen. Oben wurde beschrieben, wie die NATO auf das sowjetische SS-20-Abenteuer reagierte: mit dem Doppelbeschluss. Entgegen den Prognosen der sowjetischen und der DDR-Dienste, dass die NATO-Staaten nicht die Kraft haben würden, den Nachrüstungsteil des Beschlusses in die Tat umzusetzen, passierte vor allem in der Bundesrepublik das Gegenteil.

Jetzt war guter Rat teuer. Doch statt die NATO und ihre Exponenten beim Wort zu nehmen, vermutete die sowjetische Seite hinter der Nachrüstung, die den Versuch des Gleichziehens bedeutete, etwas ganz anderes, nämlich die Absicht, gegen den Ostblock in Angriffsstellung zu gehen.[135] So wurde aus der eigenen bösen Tat ein Fluch – die Angst vor einem Raketenüberfall, und zwar in den Köpfen der Sowjetführer und ihrer geheimdienstlichen Hinterleute. Letztere wurden durch den sowjetischen Generalsekretär verpflichtet, in einer konzertierten Aktion Informationen zu beschaffen, aus denen sich das furchtbare Ereignis genau vorhersagen ließ.

So nahm Rjan seinen Lauf. Wöchentlich berichteten KGB und GRU an die Führungsspitze, was sich tat beim bösen Klassenfeind. Es versteht sich, dass bei dieser Art der Existenzbedrohung auch die Satellitendienste mit im Boot saßen, allen voran das MfS und die militärische Verwaltung Aufklärung. Sie bemühten sich nach Kräften heranzuschaffen, was nicht vorhanden war. Rjan war ein Tanz auf dem Vulkan, denn die Beschaffung von Indikatoren für einen atomaren Raketenüberfall provozierte bei den Beschaffenden zeitgleich militärische Gegenmaßnahmen, nämlich das, was man im Militärjargon die Erstschlagfähigkeit und die Erstschlagbereitschaft nannte.

Wenn einem also heute der friedliche Verlauf der Mittachtzigerjahre wie ein Wunder erscheint, dann vor allem deswegen, weil es nicht zu diesem Erstschlag kam. Warum nicht? Nun, darüber wissen wir aus den Memoiren der einstigen Spitzenstaatssicherheitsleute Genaueres zu berichten. Sie hätten, so schreiben sie, durch ihre Spitzenquellen gewusst, dass ein solcher Erstschlag der NATO nicht ins Haus stand.[136] Müssen wir ihnen also danken, oder müssen wir lachen, wenn wir Derartiges lesen? Wir entscheiden uns für die heitere Variante.

V. Kapitel:
Berg runter ist auch Berg rauf.
Das Ende der Sowjetunion
und die deutsche Einheit

Das Siechtum der Sowjetunion und ihrer Satelliten begann Ende der 1970er-Jahre unübersehbar zu werden. Die Stagnation wurde zur Normalität. Kaum einer hielt für möglich, dass sich aus dem Stillstand eine rasende Fahrt entwickeln könnte. Von dieser Fahrt wird das folgende Kapitel handeln.

Von der Sowjetunion lernen...
Politische Sprüche und politische Wirklichkeit

Die politische Wirklichkeit in der DDR wurde von der Sowjetunion diktiert. Sie war die alles dominierende Macht. Dafür sorgten schon die in der DDR stationierten Sowjetstreitkräfte mit ihrem Personalbestand von mehr als einer halben Million Menschen.[1] Die Rote Armee war Drohpotenzial nach außen und innen. Doch auf dem wichtigen Gebiet der inneren Kontrolle hatte das KGB das letzte Wort. Nach der Gründung des MfS im Jahr 1950 änderte sich an der sowjetischen Dominanz wenig. Die sowjetischen Instrukteure hatten das Sagen. Dies blieb auch so, als aus den Instrukteuren Berater wurden und aus den Beratern schließlich im November 1958 Verbindungsoffiziere. Überläufer, wie der MfS-Hauptmann Max Heim, berichteten, dass das alles nur ein Etikettenaustausch war.[2]

Man lasse sich nicht durch die Nachwendeaussagen ehemaliger Funktionäre des MfS täuschen, die zum Besten zu geben pflegten, wie glänzend sich das MfS gegenüber den Genossen aus Moskau habe emanzipieren können.[3] Das sind nur Behauptungen. In Wirklichkeit existierte ein mehrfach gestaffelter Kontrollapparat, der sich seinerseits durch eingebaute Mechanismen auch selbst kontrollierte. Grundsätzlich funktionierte dieses System wie folgt:

Auf der offiziellen, der sozusagen protokollarischen Ebene gab es die Zusammenarbeit der Geheimdienste, diese allerdings unter deutlicher Federführung des KGB. Die Zusammenarbeit bestand neben den üblichen Treffen, bei denen Orden ausgetauscht wurden, aus einer ständigen Berichtspflicht der Satellitendienste gegenüber dem KGB. Ein Informationsrückfluss war hingegen nicht selbstverständlich. Diese einseitige Berichtspflicht wurde ab den 1970er-Jahren durch die Einführung des Informationssystems SOUD verstärkt, zu dem nunmehr das KGB Basisinformationen zum direkten Zugriff von den Satellitendiensten angeliefert bekam.[4]

Daneben gab es die unmittelbare, durch KGB-Offiziere ausgeübte Kontrolle des MfS. Diese Kontrollinstanz hieß Vertretung des KGB beim MfS der DDR. Die KGB-Offiziere waren innerhalb der Dienstgebäude des MfS untergebracht und hatten dort unbeschränkten Zugang zu allen Angelegenheiten. Die Vertretung des KGB im MfS bestand außer in dessen Leiter in einem tief gestaffelten System von Mitarbeitern, die in der Zentrale des MfS, in allen Hauptabteilungen, den wichtigsten selbstständigen Abteilungen sowie in allen Bezirksverwaltungen des MfS saßen. Bei Bedarf konnten die sowjetischen Aufpasser auch in alle anderen Diensteinheiten des MfS entsandt werden. Wie umfassend die Befugnisse der KGB-Leute waren, ist aus dem Protokoll zur Regelung der Zusammenarbeit zwischen dem MfS und der Vertretung des KGB im MfS aus dem Jahr 1976 ablesbar. Im dortigen Artikel III steht, dass die Befugnisse selbst bis zur Teilnahme an Treffs mit den operativen Mitarbeitern – sprich: Agenten – reichten.[5]

Neben diesem Kontroll- und Steuerungsapparat unterhielt die Sowjetunion in der DDR ihre in diesem Fall ungewöhnlich starken Geheimdienststrukturen, nämlich die des KGB und der Militäraufklärung GRU. Das KGB wurde während der gesamten Dauer der DDR stets durch einen hochrangigen Repräsentanten vertreten, der in der Anfangszeit auch zugleich Funktionen innerhalb der sowjetischen Besatzungsverwaltung wahrnahm. Die KGB-Residentur hatte ihren Sitz in Berlin-Karlshorst. Sie war in mehrere Stellvertreterbereiche und einige weitere selbstständige Funktionseinheiten untergliedert. Wesentlich waren die Stellvertreterbereiche für Aufklärung – hier verbargen sich die verlängerten Arme der KGB-Auslandsspionage PGU – und der Stellvertreterbereich für Abwehr in Potsdam-Cecilienhof –, hier war der verlängerte Arm vor allem die zweite Hauptverwaltung des KGB, also die sogenannte Abwehr, einschließlich der Militärabwehr (Abteilung OO).

Wenig überraschend erscheint in diesem Zusammenhang die Residentur für die Auslandsaufklärung, die in erster Linie gegen die Bundesrepublik und deren Anrainerstaaten gerichtet war. Erstaunlicher hingegen ist der Abwehrbereich. So weit er die eigenen, in der DDR stationierten Sowjettruppen im Blick hatte, mag man dabei nichts Besonderes finden. Doch auf diese Aufgabenstellung beschränkte sich die Zuständigkeit des Abwehrbereichs keineswegs. Vielmehr wurde an dieser Stelle auch die Spionageabwehr gegen BND, CIA und andere westliche Dienste bis hin zur Gegenspionage organisiert. Doch damit nicht genug. Die Feingliederung des Abwehrbereichs legt den Schluss nahe, dass die gesamte DDR unter Abwehrgesichtspunkten bearbeitet wurde. Das bedeutet, dass das KGB die DDR und ihre Einrichtungen durch eigene Spionage überwachte.

So schien die Macht der Sowjetunion auf dem Boden der DDR fest verankert, und nicht hier, sondern in der Sowjetunion selbst begannen sich die inneren Bedingungen plötzlich und unerwartet zu verändern. Die lang anhaltende Breshnjew-Ära klang Anfang der 1980er-Jahre in einer merkwürdigen Lähmung aus, die dem körperlichen Siechtum des Sowjetführers glich. Nachfolger Breshnjews als Parteichef wurde KGB-Chef Jurij Andropow, den manche für einen Reformer hielten. Andropow ließ als seinen KGB-Nachfolger Witali Fedortschuk installieren. Diesen Gefolgsmann machte er noch im selben Jahr zum Innenminister, eine Maßnahme, mit der er zwei Fliegen auf einmal schlug: die Unterstellung des Sicherheitsapparats unter seine Vertrauensleute und das Abräumen der als Unsicherheitsfaktor eingeschätzten Breshnjew-Gefolgschaft. Zu dieser zählte auch der bis dato amtierende Innenminister Nikolaj Schtscholokow. Der von Andropow bereits in der Breshnjew-Zeit als korrupt Angeprangerte erschoss sich vor seiner Festnahme. Zum nächsten KGB-Nachfolger ernannte Andropow den neunundfünfzigjährigen Viktor Tschebrikow, der dieses Amt bis 1988 innehatte.

Wie auch immer es um Jurij Andropows Reformerqualitäten bestellt gewesen sein mag, seine Zeit an der Spitze der KPdSU war so kurz bemessen, dass er die Probe aufs Exempel nicht ablegen konnte. Auch unter Andropows Nachfolger Konstantin Tschernjenko gab es nichts Neues zu vermelden, da er alsbald das Zeitliche segnete. Mit Michail Gorbatschow kam 1985 ein vergleichsweise junger Mann an die Spitze der Sowjetunion. Was er bald propagierte, war in der Tat revolutionär: Perestroika und Glasnost, Umgestaltung und Öffentlichkeit. Kaum einer glaubte, was er da hörte und las.

In der Tat war nicht ganz einfach festzustellen, ob es ein ernst zu nehmendes politisches Programm war, das Gorbatschow 1987, über ein Jahr nach seinem Machtantritt, in seinem Buch Перестройка и новое мышление для нашей станы и для всего мира *(Umgestaltung [Perestroika] und neues Denken für unser Land und für die ganze Welt)* mitzuteilen hatte. Während man in der DDR noch im selben Jahr eine bereinigte Übersetzung aus dem Russischen lesen konnte, kam das Buch in Westdeutschland in einer Übertragung aus dem Amerikanischen in die Buchhandlungen. Dort konnte der westdeutsche Leser Gorbatschows Ansichten zur deutschen Frage anhand eines Gespräches mit dem deutschen Bundespräsidenten Richard von Weizsäcker verfolgen, während der Leser Ost den Sowjetführer, einen Zacken proletarischer, mit einem Tankwart aus Frankfurt sprechen hörte.[6]

Die offizielle Ablehnung war in Ost und West zunächst einmütig. Politbürokrat Kurt Hager bemühte das Bonmot, dass man nicht gleich sein Haus renovieren müsse, nur weil der Nachbar tapeziere,[7] und der deutsche Bundeskanzler Helmut Kohl setzte noch eins drauf, indem er in einem Interview mit dem US-amerikanischen Nachrichtenmagazin Newsweek im Oktober 1986 den neuen Sowjetführer und seine Äußerungen mit einem geschmacklosen Goebbels-Vergleich bedachte.

»Er ist ein moderner kommunistischer Führer, der sich auf Öffentlichkeitsarbeit versteht. Goebbels, einer derjenigen, der für die Verbrechen der Hitler-Zeit verantwortlich war, war ebenfalls ein Experte in Öffentlichkeitsarbeit.«[8]

Nicht nur die westlichen Korrespondenten taten sich schwer, das Phänomen Gorbatschow zu erfassen. Einige versuchten sich an Gorbatschow-Biografien, um eine vage Vorstellung von Land und Leuten zu vermitteln. Auch ernst zu nehmende Sowjetkenner hatten Mühe, die Dinge richtig einzuordnen. Nicht anders erging es den Geheimdienstlern auf beiden Seiten. Die Berichterstattung des Bundesnachrichtendienstes Ende der Achtzigerjahre wiederholte fast gebetsmühlenartig die These von der Unübersichtlichkeit der inneren Verhältnisse der Sowjetunion, hob die schwierige wirtschaftliche Situation hervor und teilte mit, dass es kaum möglich sei zu prognostizieren, ob die wirtschaftlichen Reformansätze greifen würden oder nicht. In den Ämtern wurden diese Berichte auf den beigehefteten Beurteilungsbögen als interessant bewertet – und abgeheftet. Das politische Bonn war in dieser Zeit mit anderen wichtigen Dingen wie dem Schutz des Bürgers vor dem Verfassungsschutz beschäftigt. Sieben Jahre lang debattierten Bund und Länder, Regierung und Opposition über die Frage, wie man den bundesdeutschen Diensten die notwendigen Zügel anlegen könnte.

Auf der anderen Seite ging alles zunächst so weiter, als wäre nichts geschehen. Das gilt sowohl für weite Teile des Staats- und Parteiapparats in der Sowjetunion als auch für die DDR. Und vor allem gilt es für die Geheimdienste dieser Länder. Liest man in den einschlägigen Memoiren nach, so gewinnt man den Eindruck, als hätten diese Apparate nichts vom rasanten Wandel mitbekommen, der an die Substanz ihrer Systeme ging, die sie doch eigentlich schützen sollten.

Nur einer hatte alles im Griff, der Beste von allen, Markus Wolf. Er bemerkte, dass es in der Sowjetunion und der DDR nicht mehr zum Besten stand. Erschüttert hatte ihn eine NATO-Studie über den Zustand des Ostblocks. Natürlich kannte er diese Studie als einer der Ersten. Sein Spitzenmann in Brüssel, den er nicht nennt, hatte sie herangeschafft.[9] Wir ergänzen: Es war der Agent Rainer Rupp, der 1977 ins NATO-Hauptquartier eingeschleust worden war. Ein einträglicher Doppeljob. Heute sieht sich der bezahlte Verräter als Klassenkämpfer. Zwischen damals und heute liegen zwölf Jahre Haft, zu denen Rupp 1993 von der nunmehr gesamtdeutschen Justiz verurteilt wurde.[10] Durch Agenten wie Rupp und andere also kam Wolf zu den Analysen des BND, die ihm über den Zustand des eigenen Landes die Augen geöffnet haben wollen. Jetzt fiel ihm auch auf, dass es so nicht weiterging, sodass er eine Art Dissident wurde; sogar sein Telefon wurde abgehört. Am 30. Mai 1986 verließ Wolf den angestammten Schreibtisch in der Normannenstraße, aber erst im November wurde er von Mielke offiziell in den Ruhestand verabschiedet.

Wolf wurde Schriftsteller, der mutig gegen die Zensur zu Felde zog. Nicht jeder hat das bemerkt. Nicht einmal sein langjähriger Vertreter und Nachfolger als HVA-Chef, Werner Großmann, der immerhin mit Wolf im selben Haus wohnte. Und noch weniger Wohlwollende in den diversen Geheimdiensten sprachen hinter vorgehaltener Hand und mit Häme davon, dass Wolf über eine Weibergeschichte gefallen sei.[11] Das wäre dann in der Tat eine hübsche Pointe im dienstlichen Leben eines Mannes, von dem es landauf und landab hieß, der Erfinder der Romeo-Methode gewesen zu sein. Doch auch das war er nicht. Seine sowjetischen Brüder praktizierten dergleichen bereits in den 1920er-Jahren im größeren Stil. Das deutsche Auswärtige Amt könnte ein Lied davon singen. Auch Wolf-Nachfolger Großmann hat übrigens mitgeteilt, dass er durch Berichte des BND über die katastrophale Lage in der DDR unterrichtet worden sei.[12] Man mag es gar nicht glauben. Liefen diese Spitzengenossen der Staatssicherheit mit Scheuklappen durchs eigene Land, sodass sie die Berichte der BND-Agentin Gabriele Gast benötigten, um die eigene Lage zu erkennen? Wenn das wirklich so war, wirft das erneut ein trauriges Licht auf den angeblich besten Geheimdienst der Welt. Nur zur Erinnerung: Zum kleinen Einmaleins geheimdienstlicher Auswertearbeit gehört es, *die* Teile eines Agentenberichts, die man aus anderer Sicht genau kennt, einer besonders schonungslosen Kritik zu unterziehen. Und das war der HVA nicht möglich? Aber vielleicht war es tatsächlich so, denn Großmann wartet noch mit einem weiteren Detail auf. Es sei, so Großmann, in den 1980er-Jahren zunehmend schwierig geworden, in Westdeutschland Quellen auf ideologischer Basis zu werben und die vorhandenen bei der Stange zu halten. Das scheint nicht unplausibel. Während sich der angesprochene westliche Jungkommunist Perestroika wie einen wunderbaren politischen Abenteuerspielplatz vorstellte, war der östliche Geheimdienstfunktionär gezwungen, die glänzenden Perspektiven des Honecker-Sozialismus an den Mann zu lügen – ein fruchtloses Unterfangen. Denn mittlerweile hatte nicht nur der Oberideologe Kurt Hager seinen Senf zur Perestroika abgegeben, sondern die DDR-Führung machte einige erstaunliche Trippelschritte, um sich von der brüderlichen Kolonialmacht Sowjetunion zu distanzieren. Durch nichts konnte dies augenfälliger werden als durch das Verbot der sowjetischen Zeitschrift *Sputnik* am 19. November 1988.[13]

Anderes kam hinzu: Die Spruchbänder mit dem Slogan »Von der Sowjetunion lernen...« verschwanden aus der DDR-Öffentlichkeit. Doch damit waren sie keineswegs aus der Welt, im Gegenteil. Nunmehr bemächtigten sich jene dieser

Sprüche, die mit dem System DDR wenig am Hut hatten. Die Nutzung der einstigen kommunistischen Heilsbotschaft wurde zur subversiven Metapher, gegen die das Regime wenig ausrichten konnte. Die Floskel »Von der Sowjetunion lernen...« galt nämlich immer noch. Die Unterwerfung unter die Sowjetunion war sogar Teil der 1974 letztmalig revidierten DDR-Verfassung geworden.

Im Juni 1987 versammelten sich in Ost-Berlin Unter den Linden in unmittelbarer Nähe zur sowjetischen Botschaft ungezählte Jugendliche, die nichts weiter im Schilde führten, als einem Popkonzert der britischen Gruppe Pink Floyd zuzuhören, die auf der anderen Seite der Mauer, also in West-Berlin, ein unüberhörbares Konzert gab. Als Volkspolizei und Staatssicherheit die sozialistische Gesetzlichkeit wiederherstellen wollten, rief die Menge: »Gorbatschow! Gorbatschow!«[14] – Es war ein Menetekel für die DDR-Führung.

Kontrolle ist besser.
Ein Luftschloss namens KoKo und ein
Guckloch namens Lutsch

Mit vorrückendem Ende der DDR häuften sich die Wünsche von KGB und GRU, deutsche Quellen in ihr Überwachungs- und Überrollsystem einzubauen. Die Überwachung galt der brüderlich verbundenen DDR, die in sowjetischen Augen stets nichts anderes gewesen war als ein deutschsprachiges sowjetisches Einflussgebiet. Dieses war, wie erwähnt, von Anfang an Gegenstand einer extensiven Kontrolle durch die sowjetischen Geheimdienste gewesen. Nachdem das MfS als deren verlängerter Arm aufgebaut war, verschob sich der unmittelbare Zugriff des Kontrollapparats auf die beherrschte Bevölkerung von den sowjetischen auf die von ihnen kontrollierten deutschen Sicherheitsorgane. Nun wurde das Rad zurückgedreht. Erneut gingen die sowjetischen Dienste selbst

gegen die DDR vor. Aus ihrer Sicht bestand für das Aufkommen neuen Misstrauens aller Anlass. Es wurde ausgerechnet durch das Verhalten der Genossen Honecker, Mielke und Wolf ausgelöst.
Man darf die graue Landschaft der DDR nicht mit westlichen Augen betrachten. Für die Sowjets war die DDR stets Faustpfand des gewonnenen Weltkrieges und zugleich westlicher Außenposten des Sowjetimperiums. Die SED war ihr ureigenstes Kind; Unbotmäßigkeiten wurden nicht geduldet. Das hatte auch Walter Ulbricht erfahren müssen. Er wurde 1971, als er in der Brandt-Breshnjew-Ära der Kuschelpolitik zwischen der Bundesrepublik und der Sowjetunion im Wege stand, kalt abgeräumt.[15] Einen besseren Nachfolger als Erich Honecker hätten die Genossen in Moskau kaum auswählen können, denn er war der Prototyp des Befehlsempfängers.
Es ist in diesem Zusammenhang viel gemunkelt worden, dass Honecker vielleicht gern genommen wurde, weil er zudem schwer an seinem NS-Gepäck zu tragen hatte. Manch einer stellte die Frage, ob Honecker nach seiner Verhaftung durch die Gestapo im Jahr 1935 in späteren Vernehmungen Angaben machte, durch die andere KP-Genossen in die Fänge der NS-Verfolger gerieten. Dieser Frage hatte sich auch das MfS mit Fleiß angenommen. Man darf kaum annehmen, dass dies ohne Wissen, wenn nicht gar auf Befehl des damaligen SED-Chefs Walter Ulbricht geschah. Doch die Ergebnisse waren mager. Was die Genossen der Staatssicherheit aus den Akten des Reichsanwalts und der Gestapo zusammenkratzten, war bestenfalls geeignet, die Legende vom heldenhaften Dachdecker Erich Honecker auf die Story eines Mannes zu reduzieren, der Aussagen machte, um seine Rolle zu minimieren und im Hochverratsverfahren seinen Hals zu retten.[16] Diese Light-Variante des Widerstandsmannes war etwas, womit man ihm im Zweifel schaden konnte; aber auch erpressen? Das erscheint mehr als fraglich.
Die ganze Sache hat die Gemüter auch nur deswegen be-

wegt, weil jahrzehntelang das Gemurmel über Mielkes angeblichen Aktenschatz nicht verstummen wollte. Doch als das Papierene von Mielkes Leichenkoffer endlich an die Sonne kam, war der Inhalt mager. Nichts kann dieses Urteil besser illustrieren als ein Brief, den Mielke in der Causa Honecker aufzuheben für wert befand. Hierbei handelte es sich um ein Schreiben von Honeckers erster Frau, Edith Baumann, an Parteichef Walter Ulbricht aus dem Jahre 1950. Sein Inhalt: Edith bittet Walter, die sozialistische Moral im Hause Honecker wiederherzustellen, denn die war gefährdet, und zwar durch Margot Feist, die jüngste Abgeordnete der Volkskammer der DDR – und Erichs Geliebte. Der Brief in Mielkes Besitz lässt nur einen vernünftigen Schluss zu: Ulbricht reichte das Schreiben an seinen damaligen Gefolgsmann bei der Staatssicherheit, Erich Mielke, weiter und wies ihn an, nach dem Rechten zu sehen. Doch die Ergebnisse der Mielke-Recherchen waren offenbar nicht geeignet, Honecker auf den Pfad der Tugend zurückzulenken, denn Margot siegte; sie wurde Erichs zweite Frau.

Der vermeintliche Mielke-Schatz hatte also mit dem sowjetischen Ja zur Inthronisierung von Honecker nichts zu tun. Später, in den 1980er-Jahren, wurde Honecker aus sowjetischer Sicht zum Problem: Er maßte sich an, eigene außenpolitische Schritte zu gehen. Zunächst hatte er versucht, die Unterkühlung des Ost-West-Verhältnisses, die infolge des sowjetischen SS-20-Abenteuers entstanden war, durch deutsch-deutsche Kontakte zu unterlaufen. Die Sowjets sahen dieses Tun mit Missbehagen. Den Besuch Honeckers in der Bundesrepublik, der für 1981 geplant war, sagten sie einfach ab.[17] Zum Sturz von Honecker kam es indes nicht, weil in der Sowjetunion die Greise des Politbüros der KPdSU über Jahre hinweg damit beschäftigt waren, ihre eigenen Nachfolgefragen zu regeln. Als dann mit Michail Gorbatschow ein Mann ans Ruder kam, dessen Lebensalter zumindest auf eine längere Herrschaftsperiode hindeutete, befand der, dass jeder mit seinem Sozialismus selbst fertig werden müsse. Honecker blieb also im Sattel – und wurde so zum Anachronismus der Perestroika.

Honecker versuchte nun die Windstille zu nutzen, um dennoch mit der Bundesrepublik in eigenständige Beziehungen zu treten. Diese waren aus seiner Sicht bitter notwendig, denn er ahnte, dass die stete Schieflage der DDR-Handelsbilanz ihm und seiner Sozialpolitik keine andere Chance mehr ließ, als den Klassenfeind das Defizit ausgleichen zu lassen. Die dafür benötigte Knete musste aus der Bundesrepublik kommen. Es mutet wie ein Witz an, dass die entscheidende Spritze, die der DDR Anfang der 1980er-Jahre verabreicht wurde, ausgerechnet von dem Politiker kam, der kaum als Freund des Kommunismus gelten konnte, nämlich von Franz Josef Strauß.[18]

Hinter dem komplexen Manöver steckte eine gewundene, vielgliedrige Geheimdienstoperation des MfS, die den schönen Namen Kommerzielle Koordinierung, kurz: KoKo, trug. Mielke hatte sehr schnell erkannt, dass dies das Herzstück des Honecker'schen Rüschendeckchen-Sozialismus war, und sicherte sich seinen Einfluss auf das Potemkinsche Dorf auf seine Weise. Das Zauberwort war die AG BKK, in Langform: Arbeitsgruppe Bereich Kommerzielle Koordinierung des MfS, und sie war selbstverständlich Chefsache. Die Arbeitsgruppe war ein Überwachungs- und Lenkungsinstrument, doch der eigentliche Gag, für dessen Überwachung es geschaffen worden war, bestand aus einem einzelnen Mann und dessen Organisation mit dem seltsamen Namen *Bereich Kommerzielle Koordinierung.*

Die gedanklichen Väter des Bereichs KoKo waren zwei Offiziere der Staatssicherheit, Hans Fruck und Heinz Volpert. Was sie erdacht hatten, war eine gigantische Geldwaschanlage mit angebautem Luftschloss. Als sie das alles Ende der 1960er-Jahre erfanden, war Fruck, Jahrgang 1911, Generalmajor und stellvertretender Leiter der DDR-Spionage HVA. Sein Kompagnon Volpert war einundzwanzig Jahre jünger; aber auch er war seit 1951 bei der Firma und hatte dort in der Hauptabteilung V (Untergrund) Karriere gemacht. Sein wichtigster Agent war der DDR-Anwalt Wolfgang Vogel. Dessen Aufstieg war auch Volpert dienlich, denn Mielke holte den tüchtigen Führungsoffizier 1966 in sein Ministerbüro.

Was die beiden, Fruck und Volpert, erdacht hatten, entstammte offenbar einer Kombination ihrer Beobachtungen, die Fruck beim Klassenfeind und Volpert im Innern des Sozialismus gemacht hatten. Sie fanden heraus, dass der real existierende Sozialismus beim real existierenden Kapitalismus Waren einkaufen musste, die sonst nicht zu haben waren, und dass man für diese Käufe harte Devisen, in der DDR Valuta genannt, brauchte. Die Krux war indessen, dass dergleichen legal nicht zu deichseln war, da die nach den deutsch-deutschen Warenverkehrsbestimmungen stattfindenden Geschäfte im Prinzip Tauschgeschäfte waren, die nach Verrechnungseinheiten (VE) abgerechnet wurden. Auf diese Weise war nicht zu beschaffen, was man wirklich brauchte, denn die Werktätigen der DDR konnten beim besten Willen nicht so viele Schwibbögen schnitzen und Dresdner Stollen backen, dass man im Westen die so dringend benötigte westliche Technik beschaffen konnte. Auch mussten die Kolleginnen vom VEB Strickwaren Apolda lange stricken, um auch nur einen einzigen der Westagenten der HVA in harter Mark besolden zu können.

Wie war Abhilfe zu schaffen? Nun, indem man alles das tat, was die sozialistische Wissenschaft als destruktiv gebrandmarkt hatte: Mitzocken auf den Devisenmärkten, Verkauf von Waffen an Ausbeuterregime, Übernahme von Giftmüll aus Westdeutschland gegen harte Kohle, Verkauf von Zwangsenteignungsgut, Ausplündern von Museen und Archiven, Gründung von Firmen zur Organisierung von gigantischen Scheingeschäften mit realen Geldbewegungen zur Vortäuschung der Kreditwürdigkeit und vieles andere mehr, was dem Sozialismus nützte und daher dem Klassenfeind schaden musste. Dergleichen, so wussten die Geheimdienstler Fruck

Den Kapitalismus mit seinen eigenen Methoden schädigen: KoKo-Erfinder Hans Fruck und Heinz Volpert.

und Volpert, war nur realisierbar, wenn man die notwendigen Täuschungen professionell organisierte, das heißt konspirativ, mit den Mitteln eines Geheimdienstes. Nun musste nur noch ein Mann her, der das konnte und dem man vertraute, denn bei alledem ging es schließlich um das Eingemachte der DDR. Fruck kannte solch einen Mann. Er hieß Schalck-Golodkowski.

Alexander Schalck-Golodkowski wurde, ebenso wie Volpert, 1932 geboren. Auch er gehörte zu den jungen Genossen, die sich von Anbeginn an ohne Wenn und Aber in den Dienst der DDR stellten. Dabei waren bei Schalck die Startbedingungen hierfür nicht einmal günstig. Er stammte nämlich aus einer Familie, deren Mitglieder alles andere waren als eingefleischte Anhänger des Marxismus-Leninismus. Im Gegenteil: Schalcks Vater, Pjotr Golodkowski, war von Geburt Russe, ein zaristischer Offizier zudem, der nach dem Bürgerkrieg nach Danzig emigrierte. Hier heiratete er eine Deutsche namens Agnes Eue, deren Familie jahrzehntelang in Russland gelebt hatte. Auch sie war nach Danzig geflohen. Das junge Ehepaar lebte in den 1930er-Jahren in Berlin in wenig erfreulichen wirtschaftlichen Verhältnissen. Dennoch legten die Golodkowskis Wert auf Etikette: Sohn Alexander kam auf ein Internat, die Junker-Akademie in Brandenburg an der Havel.

Das alles hatte 1945 ein Ende. Der Vater, der den Krieg in großdeutscher Offiziersuniform in einer Dolmetscherkompanie relativ kommod überlebt hatte, wurde bald nach der deutschen Kapitulation bei der sowjetischen Besatzungsmacht denunziert, kam in Haft und verschwand auf Nimmerwiedersehen. Vermutlich wurde er erschossen. Die Mutter verdiente hingegen bei derselben Besatzungsmacht ihren Unterhalt als Dolmetscherin. Sohn Alexander kam in eine Lehre als Feinmechaniker, die er allerdings nicht beendete, denn er wurde von Beruf Kommunist. Ein Ausflug in die Industrie blieb eine Episode. Sie war der Startblock für die Übernahme des jungen Mannes in das Ministerium für Außenhandel und Innerdeutschen Handel der DDR (MAI). Hier trat er 1952 als Sachbearbeiter seinen Dienst an.

Die Beförderungen erfolgten kometengleich. 1956 war er bereits Leiter einer der Hauptverwaltungen des MAI. 1962 folgte die Wahl zum Leiter der Kreisleitung der SED seines Ministeriums und 1966 der Wechsel zum frisch gegründeten Bereich Kommerzielle Koordinierung, zu dessen Leiter Schalck bestellt wurde. Der Papierform nach gehörte Schalck damit immer noch zum Außenhandelsministerium, doch zeitgleich wurde er beim MfS zum Offizier im besonderen Einsatz ernannt. Der Dienstgrad Oberst, der ihm zugesprochen wurde, ließ erkennen, dass Schalck mit der Ochsentour einer Offizierskarriere bei den bewaffneten Organen nichts zu tun hatte.

Es wird gesagt, dass er mit seinem Entdecker, dem Generalmajor Hans Fruck, befreundet gewesen sei. Zumindest war seine Bekanntschaft mit dem Oberst-Kompagnon Heinz Volpert aus dem MfS so eng, dass die beiden eine gemeinsame Doktorarbeit an der MfS-Hochschule in Potsdam auf den Weg brachten. Sie trug den sperrigen Titel: »Zur Bekämpfung der imperialistischen Störtätigkeit auf dem Gebiet des Außenhandels. Zur Vermeidung ökonomischer Verluste und zur Erwirtschaftung zusätzlicher Devisen im Bereich Kommerzielle Koordinierung des Ministeriums für Außenwirtschaft der Deutschen Demokratischen Republik«. Die 1970 eingereichte Dissertation stellt einen kaum verbrämten Extrakt dessen dar, was die beiden Doktoranden nunmehr seit vier

Jahren taten, und brachte ihnen am 26. Mai 1970 den begehrten Titel eines Doktor juris ein.

Stöbert man etwas tiefer, so entdeckt man, dass Schalcks Geheimdienstkontakte offenbar wesentlich älter waren, als er später eingeräumt hat, zumindest bliebe sonst rätselhaft, wieso das MfS ihm 1965 die Verdienstmedaille der NVA in Silber verliehen haben sollte, und zwar mit der Begründung einer aktiven Mitarbeit als langjähriger Kontaktmann des Hauses Mielke.[19] Und es war die Firma Mielke, die den frischgebackenen Oberst der Staatssicherheit im (wahrlich) besonderen Einsatz ab Ende der 1960er-Jahre dirigierte. Für den Bundesnachrichtendienst und das Bundesamt für Verfassungsschutz waren die zur Jahreswende 1989/90 in der DDR produzierten Schlagzeilen über das Schalck-Imperium wenig überraschend. Eine Reihe von Überläufern aus den Reihen des Bereichs KoKo hatte dafür gesorgt, dass den DDR-Bearbeitern in Pullach und Köln schrittweise klar wurde, wie der Hase im Schalck-Laden lief, wer die Auftraggeber, wer die Hintermänner und wie die Geschäftspraktiken waren. Die Überläufer hießen Günter Asbeck, Horst Schuster, Bernd Frank und Adolf Mader.[20] Mader zum Beispiel war ein DDR-weit gefragter Numismatiker, der von Schalck als Gutachter und Händler eingesetzt worden war. Ganz nebenbei hatte er auch noch einen Decknamen, Mathes, der ihn als Inoffiziellen Mitarbeiter des MfS auswies. Und er war der Bruder von Julius Mader, dem Geheimdienstexperten der DDR, der westlichen Diensten mit seinen Enthüllungsgeschichten über BND, Verfassungsschutz und CIA auf den Wecker ging. Selbstredend war in den zahlreichen Julius-Mader-Storys nichts zu entdecken, was den geheimdienstlichen Hintergrund von Schalck und Co. auch nur gestreift hätte. Doch dafür interessierte sich außer wenigen Geheimdienstlern in der Bundesrepublik ohnehin niemand.

Wenn Sicherheitsleute darauf aufmerksam machten, dass sich Politiker wie der Kanzleramtschef und spätere Bundesinnenminister Wolfgang Schäuble mit einem hochrangigen Vertreter der Staatssicherheit quasi-konspirativ trafen, verdrehten die Angesprochenen nur verächtlich die Augen über so viel Kaltes-Krieger-Gerede. Es entbehrt nicht der Komik, dass sich ausgerechnet Alexander Schalck, als ihn die DDR-Oberen im Spätherbst 1989 fallen ließen, Hilfe suchend an ebenjenen Bundesinnenminister wandte und ernsthaft glaubte, von ihm eine Antwort zu erhalten.

Das wohltuende Vergessen wurde dann im Jahr 1994 noch einmal gestört, als die Abgeordnete Ingrid Köppe vom Bündnis 90 im Bundestagsuntersuchungsausschuss über Schalck und Co. unangenehme Wahrheiten ans Licht der Öffentlichkeit zerrte:[21] die Verstrickung der bundesrepublikanischen Politik und ihrer Geschäftemacher, die aufgrund haarkleiner Berichterstattung des BND sehr wohl eingeweiht waren, was in Wirklichkeit Sache war. Doch auch hier wusste man Rat: Köppes abweichende Meinung zur mehrheitlich beschlossenen Verschleierung kriegte den Stempel »geheim« aufgedrückt und verschwand in der Geheimregistratur des Deutschen Bundestages.[22] Als erwartungsgemäß dennoch Kopien in Umlauf kamen, richtete sich der staatsanwaltliche Ermittlungsfleiß gegen die Verfasserin.[23] Ein um Ausgleich bemühter Bundespräsident bot der Köppe das Bundesverdienstkreuz an, doch die winkte erbost ab. Willkommen im exklusiven Klub der Verweigerer.

Was brachte diese grandiose Operation mit dem Namen Koko letztlich ein? Sie verlängerte das Siechtum des Staates DDR ein wenig, indem sie Volksvermögen verschleuderte. Dafür half sie all denen, die diese famose Waschanlage nutzen konnten, um das zu tun, was menschlich ist: ihr Scherflein ins Trockene zu bringen. Nur der arme Schalck tat das natürlich nicht. Nach einer atemberaubenden Flucht aus Ost-Berlin im Dezember 1989 und kurzer U-Haft in Berlin-Moabit zogen er und seine Frau Sigrid, die auch bei KoKo gedient hatte und den bescheidenen Dienstgrad einer Oberstin im besonderen Einsatz führte, völlig verarmt in ein Haus in Rottach-Egern am bayerischen Tegernsee. In ihrem schmalen Handgepäck trugen sie nagelneue bundesrepublikanische Ausweise. Die waren echt und falsch zugleich, denn sie lauteten auf den Namen Gutmann. Der BND hatte es möglich gemacht. Für die Schalcks war das praktisch, denn unter ihrem Mädchennamen hatte Sigrid Schalck schon in der Vergangenheit in der Bundesrepublik geschäftlich zu tun gehabt. Nun konnten die beiden Vorruheständler frohen Herzens die kargen Früchte ihrer Berufstätigkeit in der bayerischen Abgeschiedenheit verzehren.

Zwei Obersten an der geheimen Front: Alexander und Sigrid Schalck-Golodkowski, 1984 in Ost-Berlin.

Was wusste die Sowjetmacht von dem Treiben der deutschen Genossen, das die Schräglage der DDR immer prekärer werden ließ? Um diese Frage zu beantworten, ist zunächst einmal zu untersuchen, ob das scheinbar allmächtige und allwissende MfS selbst hinreichend über den existenzbedrohenden Ausverkauf Bescheid wusste, den Alexander Schalck mit seinem DDR-Discount betrieb. Die Fakten waren dem MfS geläufig. Ein Heer von Agenten, sei es in Form von Offizieren im besonderen Einsatz, seien es Inoffizielle Mitarbeiter aller möglichen Kategorien, sorgte dafür, dass möglichst nichts unkontrolliert ablaufen konnte. Im Übrigen steuerte das Ministerium über mehrere Befehlsstränge die Abläufe selbst mit, vor allem der Minister und sein Leitungshilfspersonal, wie der bereits erwähnte Oberst Heinz Volpert. Darüber hinaus agierten im Bereich Koko die Hauptverwaltung Aufklärung, die den ausdrücklichen Auftrag hierzu hatte,[24] und die Hauptabteilung XVIII (Kontrolle der Volkswirtschaft), die über zahlreiche Schnittstellen zum KoKo-Apparat verfügte.

Doch Fakten-Raffen ist nicht Wissen. Dieses durchgängig festzustellende Problem des MfS stellte sich im Fall von

KoKo in aller Schärfe. Die Faktensammlung hätte es verlangt, sich mit der Frage auseinanderzusetzen, was dies alles für die Volkswirtschaft der DDR, ja, für das gesamte politische System zu bedeuten hatte. Diesen notwendigen Schritt ging niemand. Vermutlich konnte ihn niemand gehen. Das lag nicht nur daran, dass infolge des grandiosen Abschottungssystems, das in der gesamten DDR und in verschärftem Maße innerhalb des MfS galt, kaum jemand den notwendigen Überblick hatte. Vielmehr verhinderten auch ideologische Scheuklappen den Blick auf die Gesamtzusammenhänge. Stattdessen wurde mit markigen Parolen über das böse Wirken des Klassenfeindes operiert, ohne dass zur Kenntnis genommen wurde, dass dieser längst jegliches Interesse an dem aggressiven Zwerg jenseits des Zaunes verloren hatte.

Wenn man das Problem personenbezogen angeht, wer die notwendigen Denkleistungen im MfS hätte erbringen sollen, so fällt der Blick naturgemäß zunächst auf den verantwortlichen Minister Mielke. Doch der war von jedem analytischen Gedanken frei. Selbst persönlicher Nutznießer des KoKo-Apparats, wäre es ihm wohl kaum in den Sinn gekommen anzufragen, ob der Staat, dem er diente und den er schützen sollte, es sich leisten konnte, für seine jagdlichen Bedürfnisse Geländewagen in Untertürkheim zu ordern, das bekanntlich nicht in der DDR lag. Auch seinem persönlichen Umfeld war jeglicher Gedanke in diese Richtung fremd. Das lag nicht nur an der oft beschriebenen Kommandostruktur des MfS, sondern an der inneren Haltung seiner Mitarbeiter, die jener der übrigen DDR-Bürger entsprach. Das Abstandnehmen vom eigenen Tun war nicht gefragt und infolgedessen auch nicht eingeübt. Das zeigt etwa auch die bereits erwähnte Doktorarbeit des Mielke-Vertrauten Volpert. Die angeblich wissenschaftliche Analyse des KoKo-Devisenbeschaffungskomplexes ist sozialistisches Geschwafel über die behauptete Verschuldung des Westens gegenüber der DDR, und zwar wegen der von Ost nach West geflohenen Arbeitskräfte, wofür der DDR eine

Art Schadensersatz zustehe, der aber nie bezahlt worden sei. Selbst wenn man unterstellt, dass Volpert diese Schoten nur deswegen zum Besten gab, damit Dienstherr Mielke als Doktorvater sein segnendes Ja zum Doktor juris sprach, so bleibt zu bezweifeln, ob Volpert anders gekonnt hätte. Wir wissen es nicht und können ihn auch nicht mehr danach fragen, denn am 15. Februar 1986 kam der dreiundfünfzigjährige Genosse unter ungeklärten Umständen ums Leben. Auch Alexander Schalck war der Überzeugung, für sein Land nur das Beste zu leisten, wie in seinen über dreihundert Seiten starken Memoiren nachzulesen ist.

Trotz dieser abgeschotteten Insichgeschäfte der DDR-Spitzenfunktionäre blieb den sowjetischen Genossen nicht verborgen, was sich tat. Das lag daran, dass die Sowjets im Politbüro der SED einen Agenten sitzen hatten, der sie brühwarm über die Diskrepanzen zwischen Schein und Wirklichkeit auf dem Laufenden hielt. Hieraus zogen die misstrauischen russischen Geheimdienstler den Schluss, sich künftig in diesen Dingen weniger auf das Meldeaufkommen aus dem MfS zu verlassen, als vielmehr eigene Erkenntnisse zu gewinnen. Die DDR wurde unter geheimdienstliche Beobachtung genommen. Das war ein unfreundlicher Akt, ohne Frage. Er entsprach vollkommen dem alten Besatzungsverständnis und hatte mit der Doktrin vom eigenen Weg zum Sozialismus nichts zu tun. Die Quellen, die geworben wurden, waren Funktionäre im Staatsapparat einschließlich des MfS, und besonders häufig waren es Journalisten.

Die Sowjets nannten dem kleinen Bruder die Personen, die das MfS, wie es so schön hieß, abzuklären hatte. Die im MfS auf diese Weise entstandenen Akten hießen SiVo Freunde. Das SiVo stand für Sicherungsvorgang und bezeichnete zunächst einen bestimmten Vorgangstypus der Personendatenzusammenstellung; außerdem hieß das Kürzel für das MfS, dass die betreffende Person für eigene operative Interessen tabu war. Der Sperrungsgrund ging aus dem sowjetischen Begehren selbstredend nicht hervor. Die betreffende Person konnte also ein Verdachtsfall, ein Mitglied des sowjetischen Zivilgefolges, ein Anwohner oder eben auch ein potenzieller Agent sein.

Die Anwerbungsfälle, die aus einem Wust einschlägiger Maßnahmen ausgewählt wurden, zeigen, dass die KGB-Mitarbeiter zweierlei taten: Sie sicherten sich Westquellen, die sie in ihr Netz zu integrieren gedachten, und sie vervielfältigten die Quellen mit der Zielrichtung der politischen DDR-Spionage. Für das Hochfahren der Westspionage gab es einen doppelten Grund: das Misstrauen gegenüber dem eigenständigen Werkeln der DDR-Führung und das Scheitern der sowjetischen Friedensoffensive, die in Wirklichkeit eine Raketen-Erpressungsoffensive gewesen war. Sie führte der sowjetischen Führung drastisch vor Augen, dass man den Westen falsch eingeschätzt hatte. Hieraus wurde allerdings der kuriose Schluss gezogen, man müsse die Wachsamkeit gegenüber den subversiven Anstrengungen der Bundesrepublik verstärken. So jedenfalls formulierte es der Leiter der Abteilung für die Beziehungen zu den sozialistischen Ländern im ZK der KPdSU, Wadim Medwedjew. Für die staatliche Umsetzung dieser Parteidirektive war in der Sowjetunion selbstredend das KGB verantwortlich.

Dasselbe Misstrauen führte auch zu der erneut sich verschärfenden DDR-Spionage des KGB. In den Spitzengremien der SED wurde im Herbst 1989 angenommen, die Zahl der Sowjetagenten in der DDR betrage 14 000 Personen.[25] Die Binnenspionage in der DDR war die Domäne von Journalistenagenten. Sie hatten zum Beispiel die Aufgabe, die Einstellung der DDR-Bevölkerung zur Frage der deutschen Wiedervereinigung zu erforschen.[26] Bei den sowjetischen Diensten hatten solche Journalistenagenten eine lange und auch recht erfolgreiche Tradition. Selbstverständlich wurde dies vom MfS kopiert. Einem kleinen Regiment politischer Journalisten der Bundesrepublik machte es nichts aus, sich für den Landesverrat herzugeben; ein mit fünfhundert Seiten prall gefülltes

Buch von Hubertus Knabe nennt die Namen dieser Leute.[27] Dass daneben ungezählte DDR-Journalisten für das MfS in der DDR tätig waren, erwähnen wir nur der Vollständigkeit halber.

Bei den DDR-Journalisten, die für das KGB spionierten, lag die Sache indessen etwas anders. Ihre Tätigkeit für die sowjetischen Dienste im Innern der DDR wäre nach dem Buchstaben des DDR-Strafgesetzbuchs strafbar gewesen, wenn man es denn gewollt hätte. Doch das lag außerhalb des Vorstellungsvermögens der Funktionäre der Hauptverwaltung II (Spionageabwehr) des MfS. Die Genossen des KGB waren Freunde, Brüder und der staatlichen Kritik der DDR entzogen. Wäre dies nicht der Fall gewesen, stellte sich die Frage, wie wirksam die sowjetischen Agentenwerbungen waren, wenn das MfS doch Wind davon bekommen konnte; so jedoch verbot sich ihm das Nachhaken. Gefallen tat das niemandem. Doch selbst in der allerletzten Phase der Zusammenarbeit wagte der devote Mielke bei einem Besuch in Moskau nicht, Ross und Reiter zu nennen. Im Gespräch mit dem Spionagechef des KGB, Leonid Schebarschin, wurden verquaste Formulierungen über die führende Rolle der Partei ausgetauscht. Gewunden beschwerte sich Mielke, dass die sowjetischen Genossen manchmal nicht sehr taktvoll arbeiteten, und meinte, hieraus könnten zukünftig Schwierigkeiten bei der Zusammenarbeit entstehen. Damit sprach er an, was dem MfS in der Fläche der DDR geradezu ins Auge gesprungen war: Die Aktivitäten der angeblichen Freunde richteten sich gegen sie selbst und ihr Land, die DDR.[28]

Dabei kannten die MfS-Funktionäre nur die Zahl der gesperrten Datensätze aus den Sicherungsvorgängen Freunde. Die Zwecksetzung der einschlägigen Agentenwerbungen blieb ihnen oft unklar. Erst nach dem Untergang der DDR kamen die Einzelheiten ans Tageslicht; sie stammten aus systematischen Befragungen durch die Verfassungsschutzbehörden nach der Wende. Das, was die Sowjets in der DDR getrieben hatten, trug unter anderem den Tarnnamen Lutsch, der Lichtstrahl. Neben der reinen Agentenaufklärung für die DDR- und die Westspionage hatten die KGB-Mitarbeiter, vorbei an den Genossen des MfS, auch an einem Überrollsystem gearbeitet. Das heißt, sie kalkulierten bei ihrer Planung mit ein, dass die DDR ihnen aus der Hand gleiten könnte. Hierzu zwei Beispiele:

Zu einem Strategiegespräch des Instituts für die Wirtschaft des sozialistischen Weltsystems entsandte das KGB am 12. September 1988 seine Offiziere Lew Klepatskij,[29] Viktor Koslikin[30] und Michail Dimitrijew,[31] um das Wie und Wohin der Satellitenstaaten unter den Bedingungen der Perestroika zu beraten. Sie kamen zu dem Ergebnis, dass es in den betreffenden Ländern, genau wie im Westen, als höchst unsicher angesehen werde, ob die sowjetische Ankündigung der Nichteinmischung im Fall einer Krise wirklich eingehalten werden würde und ob sich die Befürworter der Perestroika gegen den systeminternen Widerstand würden durchsetzen können. Das waren Gedanken, die in dieser Form auszusprechen völliges Neuland in der Sowjetunion war. Es war der Versuch, von den gängigen Denkschablonen abzuweichen, für einen Augenblick einen Schritt zur Seite zu treten und das gesamte sowjetische Herrschaftssystem zu betrachten.

Als dann im Juli 1989 der Vorsitzende des Konsultativen Wissenschaftlichen Beirats im sowjetischen Außenministerium, Wjatscheslaw Daschitschew, in der sowjetischen Botschaft in Ost-Berlin einen Vortrag vor den in der DDR stationierten sowjetischen Spitzenfunktionären hielt, in dem er nicht mehr und nicht weniger mitteilte, als dass nach seiner Meinung die Regelung der deutschen Frage auf dem Programm stehe, schwiegen die Anwesenden eisig. Das war vermutlich ein bisschen zu viel Perestroika, was der Professor aus Moskau da von sich gab. Nur einer ergriff schließlich das Wort, ausgerechnet der Auswerteleiter des KGB in der DDR, Oberst Iwan Kusmin – und stimmte Daschitschew im Prinzip zu, denn das waren Gedanken, die auch den Geheimdienstlern in der DDR bereits durch den Kopf gegangen waren.[32] Später notierte Kusmin leicht entnervt:

»Es gab mehr als genügend gute Gründe und konkrete Fakten, die der sowjetischen Führung erlaubten, Prognosen der Entwicklung der DDR – des strategischen Partners der Sowjetunion – auszuarbeiten. Als Hindernis für solche Analysen trat unsere Ideologie auf. Der Sozialismus ist unverbrüchlich, und ihm gehört die Zukunft – das war für uns der Leitfaden in Berlin und für unsere Vorgesetzten aller Ränge in Moskau. Überhöhte Bewertungen der Festigkeit der sozialistischen Grundlagen in der DDR erwiesen sich nicht als der letzte unserer Fehlschläge.«[33]

Diese Einschätzung widerlegt die Behauptung, das KGB habe bereits im Jahr 1988 damit begonnen, eine neue gesamtdeutsche SED-Führung zusammenzustellen. Auch wenn der Generaloberst a. D. M. Wolf dies in einem Interview im Sommer 1995 mit der *Berliner Zeitung* anders darstellte[34] – ihn hatte niemand gefragt; die gleich geschilderten Ereignisse werden das zeigen.

Herbstmanöver. Die Wende in der DDR zwischen
Konspiration und Revolution

In einem verschwiegenen Seitenstollen des bundesdeutschen Regierungsbunkers im Ahrtal saßen vier Mitarbeiter eines Geheimdienstes, die so umfassend legendiert waren, dass sie sich selbst nicht mehr besinnen konnten, welchem Dienst sie eigentlich angehörten und wozu sie dort saßen. Und nachdem ihnen das Doppelkopfspielen zu langweilig geworden war, zettelten sie die deutsche Einheit an. So oder ähnlich abstrus hat es sich in den Köpfen von erstaunlich vielen Verschwörungsspezialisten abgespielt. Bei manchen saßen die Dunkelmänner allerdings in Moskau. Bei wieder anderen wie dem Ex-MfS-Oberst Klaus Eichner residierten sie in Washington und auf dessen vorgeschobenem Posten in Bonn. Sie hießen George Bush senior und Vernon Walters; Letzterer war ein Ex-CIA-Mitarbeiter und ab Anfang 1989 US-Botschafter in der Bundesrepublik. Und weil eine Verschwörungstheorie nur dann eine ist, wenn sie nicht mehr geheim ist, haben allzu viele darüber ihre Episteln verfasst. Beispielsweise kursiert die Raubkopie eines Buches mit dem Titel *Das Komplott. Wie es wirklich zur deutschen Einheit kam.* Verschwörungstheoretiker haben diese Kopie per Internet angefertigt. Im Vorwort behaupten sie, dass dunkle Mächte das Buch vom Buchmarkt weggekauft hätten, um die Wahrheit nicht ans Licht kommen zu lassen. Einen Nachweis für das Komplott sucht man im Buch dann allerdings vergebens.

Auch Erich Honecker wähnte am Schluss seines Lebens dunkle Mächte am Werke; Verrat der Genossentreue, und das alles von langer Hand geplant. Bereits 1988 urteilte er im vertrauten Kreis über den sowjetischen Generalsekretär Michail Gorbatschow: »Entweder dieser Mann hat keine Ahnung von Politik, oder er besorgt das Geschäft anderer.«[35] Die Wirklichkeit stellt sich demgegenüber ziemlich ernüchternd dar.

In Pullach und Köln: Bundesnachrichtendienst und Bundesamt für Verfassungsschutz in den 1980er-Jahren

Die bundesdeutschen Dienste wurden von den Vorgängen in der DDR erstaunlicherweise weniger überrascht als ihr östliches Gegenüber. Mit der DDR befasste sich in den 1970er-, 1980er-Jahren von Amts wegen eine Reihe von bundesdeutschen Behörden. Von den westdeutschen Geheimdiensten waren es vor allem das Bundesamt für Verfassungsschutz und der Bundesnachrichtendienst. Für den BND lag die DDR-Beobachtung auf der Hand, selbst wenn dies für fein ziseliert denkende Ministerialjuristen einen Tort darstellte, da die DDR nach bundesdeutscher Rechtsauffassung kein Ausland war.

Für das BfV war die Beschäftigung mit der DDR aus mehreren Gründen unabdingbar. Zum einen oblag ihm die Spionageabwehr. Allen Beteiligten war klar, dass seit geraumer Zeit die Masse der geheimdienstlichen Angriffe gegen die Bundesrepublik durch die DDR ausgeführt wurde. Deswegen erschien es zwingend, sich mit dem Land und seinen Behörden auseinanderzusetzen, die hierfür verantwortlich zeichneten. Daneben gab es noch einen anderen Grund, sozusagen einen Reflex aus den Zeiten der doppelten deutschen Staatsgründung. Seinerzeit war es den Verfassungsschutzbehörden als selbstverständlich erschienen, eine DDR-Beobachtung aufzubauen, zumal der gesamtdeutsche Aspekt noch Allgemeingut in den Köpfen war und das DDR-Regime als eine verfassungsfeindliche Einrichtung auf deutschem Boden verstanden wurde.

Mit der Schließung der innerdeutschen Grenzen im Jahr 1961 flachte dieser Aspekt zunehmend ab. Übrig blieb nur ein Rudiment, das mit tatsächlichen Grenzüberschreitungen zu tun hatte, nämlich mit der Westarbeit der SED und ihrer Vasallenorganisationen. In der Praxis bedeutete dies, dass die Verfassungsschutzbehörden die konspirativen Strukturen der von Ost-Berlin aus gesteuerten und finanzierten KPD beobachteten. Nach der Legalisierung der Kommunisten in Westdeutschland in Form der von der Bundesregierung geduldeten DKP setzte sich diese Beobachtungstätigkeit nun gegenüber der DKP und ihren Substrukturen fort und umfasste selbstredend auch die Steuerung und Finanzierung durch die DDR. Organisatorisch war dieser Zweig der DDR-Beobachtung in der Abteilung III (Linksextremismus) des BfV angesiedelt. Diese Trennung der DDR-Beobachtung zwischen der Abteilung III und der Abteilung IV (Spionageabwehr) sollte sich noch einmal segensreich auswirken.

Auch auf einem anderen Gebiet gab es solch eine Aufgabendoppelung, nämlich in der Gegenspionage. In den deutschen Nachrichtendiensten versteht man hierunter ausschließlich die geheimdienstliche Ausspähung gegnerischer Geheimdienste, während im Russischen etwa die Spionageabwehr insgesamt, einschließlich der Gegenspionage, mit diesem Begriff gemeint ist.

Es war in den deutschen Geheimdiensten stets umstritten, wo die Gegenspionage organisatorisch hingehöre. Manche sagten, sie sei ein Teil der normalen Auslandsspionage, manche meinten, sie gehöre unbedingt in die Spionageabwehr. Für beide Varianten gibt es gute Gründe. Im militärischen Geheimdienst des Dritten Reiches, im Amt Ausland/Abwehr, war die Gegenspionage als Gruppe III F in der für die Spionageabwehr zuständigen Abteilung III angesiedelt. Nach Gründung der Bundesrepublik wurde die Aufgabe der Spionageabwehr insgesamt von den Verfassungsschutzbehörden wahrgenommen, obschon sie eine entsprechende gesetzliche Ermächtigung nicht besaßen. Gleiches tat die Org. Gehlen, die ohnedies machte, was ihre US-amerikanischen Dienstherren für richtig befanden oder duldeten.

Bei der doppelten Zuständigkeit in der Gegenspionage blieb es auch, nachdem der BND in den Bundesdienst übergegangen und den Verfassungsschutzbehörden per Gesetzesänderung die Spionageabwehr als Aufgabe zugewiesen worden war. Das hatte Vor- und Nachteile. In den einschlägigen Verratsfällen, von denen beide Behörden betroffen waren, überwogen eindeutig die Vorteile.

Beim BND war solch ein Verratsfall Felfe. Felfe war für die Gegenspionage in Richtung sowjetischer Geheimdienste zuständig; zugleich war er allerdings Agent des KGB. Als er 1961 aufflog, blieben die DDR-Strukturen des BfV unbeschädigt; Felfe kannte sie nicht. 1985 spielte sich nunmehr Entsprechendes im BfV ab. Der für die Spionageabwehr in Richtung DDR zuständige Gruppenleiter Hansjoachim Tiedge setzte sich in die DDR ab. Das war eine kleine Sensation, die immer weniger eine wurde, je tiefer die mit den Ermittlungen auf der westdeutschen Seite beauftragten Beamten in die Materie eindrangen. Bei Tiedge handelte es sich nicht um einen sorgsam geworbenen und platzierten Landesverräter, sondern um einen Panikspringer. Die Panik wurde durch einen Amtsleiterwechsel im Bundesamt für Verfassungsschutz ausgelöst. Es war nicht der erste Amtsleiterwechsel, und es war nicht der erste, der keine Verbesserung der Behördenarbeit bedeutete.

Überhaupt hatte das Amt wenig Glück mit seinen Präsidenten gehabt: Otto John war 1954 in der DDR verschwunden, Hubert Schrübbers wurde früh pensioniert, Günther Nollau fiel die Affäre Guillaume auf die Füße. Ihm folgte 1975 Richard Meier, ein Mann vom Fach, der bereits als gelernter Staatsanwalt frühzeitig zum BfV gestoßen war und später als Beschaffungsleiter zum BND wechselte. In seinen siebeneinhalb Dienstjahren als Präsident des BfV wurde die Behörde sichtlich professionalisiert. Doch dann stolperte auch er. Eine Dienstwagenfahrt mit Meier am Steuer endete mit einem Unfall; seine Beifahrerin, die durchaus keine Mitarbeiterin des Amtes war, kam hierbei ums Leben. So wurde Meier nach bundesdeutschen Maßstäben untragbar; er verschwand in der Frühverrentung. Nun war guter Rat teuer, und so wurde Heribert Hellenbroich der Nachfolger, der im Amt vielen dadurch aufgefallen war, dass er ständig befördert wurde. Er blieb nur zwei Jahre an der Behördenspitze, dann wechselte er zum BND.

Die Nachfolgefrage war schnell erledigt, denn nunmehr befanden die Spitzenmänner der bayerischen CSU, dass ihre Partei auch einmal dran sei. Der Kandidat war Holger Pfahls, der es in jungen Jahren bereits zu einer beträchtlichen Karriere in der bayerischen Staatskanzlei gebracht hatte. Jetzt waren dort nach oben hin die Beförderungsstellen knapp, sodass die freie B9-Stelle eines Präsidenten des Bundesamtes für Verfassungsschutz für den Strauß-Intimus gerade recht kam. Damit

Die Offiziere im besonderen Einsatz: Alexander Schalck-Golodkowski und Ehefrau Sigrid mit Franz Josef Strauß und dessen Büroleiter Holger Pfahls, 1984 in Leipzig. (Foto: Jürgens Ost + Europa-Photo)

diese bemerkenswerte Art von Ämterschacher mit Personal, das außer einer Parteimitgliedschaft über wenig einschlägige Qualifikation verfügte, auch beim geheimdienstlichen Gegenüber möglichst schnell bekannt wurde, tratschte der Förderer, Franz Josef Strauß, mit seinem persönlichen Abschöpfer der Firma Staatssicherheit über die Causa Pfahls. Dieser, der Oberst im besonderen Auftrag Alexander Schalck-Golodkowski, notierte für Minister Mielke:

»Mit der Besetzung des Leiters des Amtes für Verfassungsschutz durch seinen ehemaligen Büroleiter Pfahls glaubt er (Strauß), dass manches auch auf diesem Gebiet für ihn leichter wird. Pfahls untersteht dem Innenministerium. Seine persönlichen Beziehungen sind so ausgeprägt, dass er Möglichkeiten sieht, rechtzeitig auch über diesen Weg bestimmte Fragen zu beeinflussen.«[36]

Man traut seinen Augen kaum, wenn man das liest. Da schwätzte ein Ministerpräsident und Vorsitzender einer an der Regierung beteiligten Partei mit einem Abgesandten aus Ost-Berlin über Personalien aller Art bis hin zur Personalausstattung der Geheimdienste. Wie lauteten doch die bundesdeutschen Sicherheitsrichtlinien seinerzeit sehr weise: Leute mit einem übersteigerten Selbstwertgefühl oder mit übermäßigem Alkoholkonsum solle man von sicherheitsrelevanten Sachverhalten fernhalten.

Saufkumpane: Bayerns Ministerpräsident Franz Josef Strauß und der Oberst der Staatssicherheit Alexander Schalck-Golodkowski.

Pfahls tat als Erstes das, was er in der Politik gelernt hatte: Er ließ sich über genehme und ungenehme Leute in seiner neuen Dienststelle unterrichten. Der Oberamtsrat im Bundesinnenministerium, Hans-Erich Müller, staunte nicht schlecht, als ein ihm völlig Unbekannter im Juli 1985 sein Dienstzimmer betrat und in forschem Ton die Aushändigung des BfV-Organigramms einschließlich der zugehörigen namentlichen Stellenbesetzungsliste verlangte. Als Müller mit Recht einwandte, er kenne weder seinen Besucher, noch habe er vor, das gewünschte Geheimdokument auszuhändigen, verließ der Erboste das Dienstzimmer, nicht ohne mitzuteilen, er heiße Pfahls und sei der neue Präsident des BfV. Einige Tage später war er es dann tatsächlich, und man kann nicht sagen, dass er einen guten Start hinlegte.

Am 1. August 1985 trat er seinen Dienst an, und vermutlich begegnete er alsbald einem Betrunkenen, wohlgemerkt in der Behörde. Daher forderte er die Bediensteten des BfV auf, ihm Dinge mitzuteilen, die ihnen besonders aufgefallen waren. Das war keine intelligente Tat. Sie trug schneller Früchte, als der Verursacher gedacht hatte, denn am 19. August 1985 setzte sich Hansjoachim Tiedge in die DDR ab. Er hatte nicht abwarten wollen, bis dem neuen Herrn Präsidenten namhaft gemacht wurde, wozu in der Tat Anlass bestand, denn Tiedge war dem Alkohol mehr als statthaft zugetan. So banal lag der

Fall Tiedge, der böse Folgen hatte. Fast alles, was das BfV in Sachen DDR unternommen hatte, war dem Fahnenflüchtigen bekannt. Dass er auspackte, war auch klar, denn in der DDR gingen die mit Mühe eingefädelten Doppelagenten hoch. Andere, die beruflich als West-Ost-Springer tätig waren, wurden im Westen angehalten. Das Weglaufen von Tiedge markierte praktisch das Ende der gegen die DDR gerichteten Gegenspionageaktivitäten durch das BfV.

Damit mochten sich nicht alle abfinden. Beim Nachsinnen über Neues kam jemand auf den Gedanken, die an den mutmaßlichen Reisewegen gelegenen Porno-Läden einer genaueren Beobachtung zu unterziehen. Dem lag eine einfache Überlegung zugrunde. Das einschlägige Publikum des MfS, regelmäßig männlich und im zeugungsfähigen Alter, pflegte sich gleich nach dem Überschreiten der Grenze mit entsprechenden Produkten zu versorgen. Es fiel allerdings auf, dass diese hoffnungsvoll begonnene Aktion schon recht bald ins Leere lief. Was war der Grund für die plötzlich wieder in Kraft gesetzte sozialistische Moral? Die Antwort lautet: Verrat – und zwar von jemandem in der Spionageabwehr. Als dies klar wurde, machten alle Beteiligten saure Gesichter.

Zunächst ging es darum, einen Untersuchungsausschuss über die Hürden zu bringen, der auf Antrag der SPD-Opposition ins Leben gerufen worden war. Er sollte das Verschulden des damaligen Innenministers Friedrich Zimmermann am Entspringen des Hansjoachim Tiedge aufdecken.[37] Doch kam bei dieser Gelegenheit ganz anderes ans Licht, nämlich dass der parlamentarische Staatssekretär des Ministeriums einen Kumpel vorgespannt hatte, um aus dem Bundesamt Erkenntnisse über die Grünen zu beschaffen, die mittlerweile erstmalig im Deutschen Bundestag vertreten waren. Nun bekam der Untersuchungsausschuss eine Schärfe, die er zuvor nicht besessen hatte.[38] Jetzt war aufseiten der Regierung neuerliche Vertuschung angesagt. Ein Bauernopfer musste her. Der Präsident des BfV, Heribert Hellenbroich, war schon wegen Tiedge über die Klinge gegangen, jetzt war der Vize fällig. Das war Stefan Pelny, Mitglied der SPD und unter Helmut Schmidt Unterabteilungsleiter im Kanzleramt. Wer nun einwendet, das seien zu viele Namen und zu wenig Handlung, hat recht. Es ging in dieser Zeit im politischen Bonn nicht um funktionierende Behörden, sondern um Parteienklamauk und Verschleierung der Verantwortung. Dieses Ziel wurde erreicht und das BfV lahmgelegt.

So unterblieb, was dringend an der Zeit gewesen wäre: die Durchleuchtung des Abwehrapparats. Auf diese Weise konnte der Mann, der bereits seit Anfang der 1980er-Jahre als Selbstanbieter für das MfS spionierte, ungestört seine Maulwurfstätigkeit weiter ausüben. Sein Name war Klaus Kuron. Er war Sachbearbeiter und Fallführer in der Gruppe DDR der Abteilung IV (Spionageabwehr), ebenjener Gruppe, die Tiedge geleitet hatte. Kuron war ein Wichtigtuer, der sich in seiner Arbeit nicht genügend gewürdigt sah. Zudem war er geldgierig. Satte 659 000 DM erhielt er für seine knapp achtjährige Verräterei – ein hübsches Sümmchen. Nach der Wende in der DDR flog er auf. Einer seiner ehemaligen Vormänner aus dem MfS hatte sich ein leckeres Zubrot verdient. Kuron wurde am 7. Februar 1992 zu zwölf Jahren Haft verurteilt, die er bis 1998 absitzen musste. Heute schuldet er der Bundesrepublik Deutschland Geld – seinen Agentenlohn.

Ein letztes Wort auch zu Tiedge, bevor wir ihn aus unserer Geschichte entlassen. Seine Verratstätigkeit hielt bis zum Untergang des MfS an, und sie lohnte sich. Er erhielt eine passable Behausung, einen Doktortitel und eine neue Frau. Als nicht nur der Geheimdienst, sondern kurz darauf auch der Staat, dem er sich verschrieben hatte, über den Jordan ging, rückte er in letzter Minute nach Moskau aus. Dort lebt er noch heute. Über den Umfang seines Verrats hat er gleich drei Mal Auskunft erteilt. Zunächst gegenüber seinen Vernehmern vom MfS, dann in seiner sogenannten Doktorarbeit und schließlich in seinen Memoiren. Letztere wurden, als sie

Der Maulwurf im BfV: Klaus Kuron.

auf den Markt kamen, als Gegenstand eines Geheimnisverrats beschlagnahmt. Darüber kann man nur den Kopf schütteln, denn der Verrat war längst geschehen. Die Empfänger der Informationen hatten im MfS und im KGB gesessen. Schlimmer konnte es gar nicht kommen.

Während dieser Zeit lieferte der Bundesnachrichtendienst erstaunliche Fakten aus der Sowjetunion und der DDR. Ein Grund hierfür war, dass der Dienst sich auf Quellen stützen konnte, die ihm zugelaufen waren. Zum einen handelte es sich um eine Handvoll Überläufer, zum anderen um Reisende, Aussiedler und Flüchtlinge, die penibel befragt wurden. Aus der Gruppe der Überläufer jener Jahre stach einer besonders hervor: der Oberleutnant der Hauptverwaltung Aufklärung Werner Stiller. Über seine Anbahnung und den Absprung sind Versionen im Umlauf, die nicht zur Deckung zu bringen sind.[39] Wir wollen seine Geschichte hier kurz anreißen, da sie als exemplarisch dafür gelten kann, wie das Überläufergeschäft ablief, was es auszulösen und wie es zu Ende zu gehen pflegte.

Bereits der Anfang der Geschichte liegt im Nebel. Den zu erzeugen, hatte so manch einer Anlass. Wir nehmen an, dass der 1947 geborene Stiller frühzeitig zum MfS stieß, indem er an der Karl-Marx-Universität zu Leipzig Spitzeldienste verrichtete. Stiller studierte dort seit 1966 Physik und schloss 1971 als Diplom-Physiker ab. Im Jahr darauf wurde er bei der HVA eingestellt und dem Sektor Wissenschaft und Technik als Leutnant zugewiesen. Hier blieb er als Sachbearbeiter und Quellenführer bis zu seiner Flucht im Januar 1979 in die Bundesrepublik, die zugleich sein geheimdienstliches Zielland gewesen war. Seine Fluchtburg hieß Bundesnachrichtendienst.

Unklar ist, wann und wie Stiller beim BND anheuerte.

Der Überläufer und das nützliche Werkzeug: Werner Stiller und Helga Michnowski.

Vermutlich war er ein Selbstanbieter und benutzte zu diesem Zweck eine Geliebte, Helga Michnowski, die als Kellnerin in einem Touristenhotel mit dem schönen Namen Panorama im thüringischen Wintersportort Oberhof arbeitete. Das Hotel diente Stiller als angenehmer Treffort für Westquellen. Einen von Stiller animierten Besuch des Bruders seiner Geliebten in Oberhof wusste er auszunutzen. Er beredete den Bruder, bei Rückkehr ins heimische Coburg einen Kontakt zum Bundesnachrichtendienst zu knüpfen und hierfür eine von ihm vorbereitete Nachricht mit über die Grenze zu schmuggeln. So geschah es.

Der BND biss nach einigem Zögern an und ließ den Bruder, diesmal mit einer Kontaktnachricht des Dienstes, erneut in die DDR reisen. Nunmehr konnte die routinemäßige Verbindung zwischen Agent und Führungsstelle anlaufen. Hierbei scheint es mächtig geholpert zu haben, denn einerseits war Stiller nicht bereit, sich irgendwie zu exponieren, zum anderen scheint es Schwierigkeiten bei der Beschaffung eines handelsüblichen Kurzwellenempfängers gegeben zu haben. Auch hier wird es so gewesen sein, dass Stiller Helga Michnowski zum Kauf eines Kofferradios in einen Intershop schickte, denn die Verbindung zwischen Agent und Führung sollte über einseitigen Agentenfunk und der Rückweg über Deckanschriften in Westdeutschland abgewickelt werden. Wieder überließ der Agent seiner Geliebten die Handarbeit, sodass diese ins Visier der Hauptabteilung II (Spionageabwehr) des MfS geriet, als die für Postkontrolle zuständige Abteilung 26 einige Briefstücke abfischte, die eine als BND-Deckung bekannte Anschrift trugen.

Der Fallführer des MfS, Major Johannes Schröder, rückte dem Verräter nunmehr dicht auf die Pelle, denn ein postalischer Zufallsfund beförderte dessen Geliebte Michnowski in den Kreis der Verdächtigen. Man schrieb den Dezember 1978. Eine extreme Winterkälte brachte das Land zum Stillstand. Der obligate Stromausfall tat ein Übriges, um nicht nur den weiteren Aufbau des Sozialismus zu unterbrechen, sondern auch das Einfangen von Spionen zu behindern. Die Betroffenen ahnten nicht, wie eng sich die Schlinge bereits zugezogen hatte. Was sie rettete, war das Vorgehen von Stiller. Er kalkulierte eiskalt, dass er nur dann wirksam Kasse machen konnte, wenn er mit einer hübschen Aussteuer im Westen angekommen war. Deswegen drängte er auf schnelle Ausschleusung, sobald der Kontakt zum BND stand. Diese Strategie barg ein zusätzliches technisches Risiko, denn wenn der Agent seinen Modus Operandi glaubhaft aufrechterhalten wollte, musste er der Geliebten und deren Sohn die Mitausreise ermöglichen, sonst platzte seine Liebeslegende und zugleich seine Kurierverbindung. Doch als der BND die ersten falschen echten Ausreisepapiere geliefert hatte, fielen Stiller vor Schreck die braunen Augen aus dem Kopf, denn sein Westpass behauptete, sie seien blau. Also wurden neue Papiere angefordert. Als sich das hinzog, beschloss Stiller, nicht länger zu warten und sich selbst durch die erprobte Agentenschleuse im Labyrinth des Bahnhofs Friedrichstraße in Berlin-Mitte auszuschleusen. Also ließ er die Geliebte Geliebte sein. Seine Familie – Frau und zwei Kinder – ließ er ohnedies sausen. Die Flucht gelang. Auch der BND hatte mittlerweile nachgebessert. Helga Michnowski nebst halbwüchsigem Sohn waren auftragsgemäß nach Warschau entschwunden. Das MfS griff im kältestarren Oberhof ins Leere, zunächst ohne das Ärgste zu vermuten. Mutter und Sohn gelang es, via Warschau und, ausgestattet mit bildschönen Westpässen, nach Helsinki und von dort nach München zu fliegen.

Nun ging es Schlag auf Schlag. Der BND organisierte in München eine Dauerbefragung. Stiller packte aus, was er in den Koffern hatte und was er wusste. Ausgewählte Spezialisten aus dem Bundesamt für Verfassungsschutz und dem Bundeskriminalamt waren als Zaungäste zugelassen. Sie nahmen einen gewaltigen Schluck aus der Pulle. In den nächsten drei Tagen beendeten siebzehn DDR-Agenten ihre Karrieren durch Festnahme; ein gutes Dutzend weiterer verschwand blitzschnell in die DDR. Rund hundert Ermittlungsverfahren folgten als Rattenschwanz. Hier eine Auswahl. Zu den Verhafteten gehörte Gerhard Arnold; er war ein selbstständiger Computerfachmann, der dem MfS Embargowaren beschaffte. Der Physiker Rolf Dobertin war der Mann aus der Normannenstraße im Europäischen Atomforschungszentrum CERN in Genf. Rainer Fülle war Betriebsbuchhalter in der Kernforschungsanlage in Karlsruhe; ihm gelang es, den festnehmenden Beamten zu entkommen. Wie gesagt, es war ein strenger Winter, auch in Karlsruhe, und Fülle konnte auf dem Glatteis besser laufen als die Herren Kriminalisten aus dem rheinischen Meckenheim in ihren vornehmen Bally-Schuhen. Der Diplom-Soziologe Karl-Heinz Glocke war der Personalchef beim Energie-Riesen RWE in Essen; der überzeugte Kommunist diente bereits seit 1956 bei der Firma. Der Maschinenbau-Ingenieur Günter Sänger arbeitete beim Technik-Riesen Siemens; er hatte 1971 beim MfS angeheuert. Und so weiter und so fort.

Einer derjenigen, die vorsorglich verschwanden, war der Geophysiker Armin Raufeisen. Er arbeitete in Hannover beim Energiekonzern Preussag. Bereits 1957 war der gebürtige Ostpreuße als Scheinflüchtling und Perspektivagent in die Bundesrepublik gekommen. Am 22. Januar 1979 packte er seine Frau und die beiden entgeisterten Söhne in den Audi und verschwand auf der A 2 in Richtung Magdeburg. Auch Bernd Richter gelang der Abgang; er war der zweite Mann des MfS im Atomforschungszentrum CERN in Genf. Andere wurden durch Stiller identifiziert. So zum Beispiel Friedrich Cremer, der unvorsichtig genug war, sich auf ein Treffen mit dem HVA-Chef Markus Wolf einzulassen. Ein Observationsfoto gab Auskunft. Schein-Biedermann Cremer war Arzt und bayerischer Landtagsabgeordneter; als Agent hieß er IM Bäcker. Nach vierzehn Monaten Knast war er nur noch Arzt, na immerhin.

Nicht jeder der Entkommenen mochte in der DDR bleiben. So Erich Ziegenhain. Der hessische Beamte aus dem Sozialministerium war Ende Januar 1979 rechtzeitig in die DDR entfleucht. Dort hielt er es zwei Jahre aus. Am 13. Mai 1981 flüchtete dieser verdiente Kundschafter des Volkes in sein Heimat- und Zielland Hessen zurück; die jetzt folgende Verurteilung erschien ihm als das kleinere Übel. Ebenso handelte der Glatteisspion Rainer Fülle. Auf ihn warteten sechs Jahre Freiheitsentzug, nachdem er sich mithilfe des Bundesamtes für Verfassungsschutz am 5. September 1981 zurück in den Westen abgesetzt hatte.

Niemand behaupte, das MfS habe in diesen Fällen ein Auge zugekniffen. Der Fall Raufeisen belehrt uns sogleich eines Besseren. Auch Armin Raufeisen brauchte keine besonders lange Zeit, um zu erkennen, dass das Land, dem er zweiundzwanzig Jahre an der unsichtbaren Front beim Klassenfeind gedient hatte, eine üble Fehlkonstruktion war. Als Erstes verschwand sein Sohn, der sich schlicht geweigert hatte, einer Einbürgerung im Arbeiter- und Bauernparadies zuzustimmen. Er reiste nach Hannover zurück. Doch als seine Eltern es ihm im September 1981 heimlich nachmachen wollten, griff das MfS zu. Das Urteil wegen landesverräterischer Agententätigkeit und versuchter Republikflucht war schnell gesprochen; es lautete auf lebenslänglich. Am 12. Oktober 1987 starb Raufeisen im Haftkrankenhaus Leipzig-Meusdorf an Vergiftung –

mancher sagt, er sei vergiftet worden. Seine Ehefrau Charlotte musste bis September 1988 im Zuchthaus Bautzen zubringen; im April 1989 durfte sie, die DDR brauchte Geld, in die Bundesrepublik ausreisen.⁴⁰

Die Verurteilung von Armin Raufeisen zu lebenslanger Haft wegen Spionage sollte nach dem Willen des MfS einen hochrangigen Austauschfall provozieren. Doch das war Raufeisen aus bundesdeutscher Sicht nicht. Er war vielmehr ein DDR-Spion, um den sich zu kümmern man wenig Anlass sah. Nun wurde der Delinquent der DDR lästig; das könnte seinen plötzlichen Gifttod erklären. Nur so wurde nach der Vorstellung des MfS der Blick auf die ebenfalls verurteilte Ehefrau frei, die mit der Spionage ihres Mannes nichts am Hut gehabt hatte. Sie wurde für den Freikauf angeboten und abverkauft.

Auch ein anderer wanderte hinter Gittern. Das war der Mann, der als Kurier die Stiller-Flucht eingetütet hatte. Er hieß mit Klarnamen Horst Hering. 1920 geboren, musste er wie so viele seines Alters zur Wehrmacht. Von 1940 bis zum Kriegsende diente er bei der Kriegsmarine, danach wurde er Journalist. 1970 heuerte ihn das MfS an. Doch IM Alexander fand, dass das MfS nicht der richtige Brötchengeber sei. So wurde er zudem Sissi, das war sein Deckname beim BND. Seine Trefffahrten in die DDR wurden so zugleich Kurier- und Instrukteurstouren für die Firma in Pullach. Der Stiller-Fall war eine seiner Aktivitäten. Ein halbes Jahr später flog er auf. Beim Versuch, den BND-Agenten Winfried Baumann und dessen Lebensgefährtin Christa-Karin Schumann zu schleusen, wurde er in Polen festgenommen. Baumann wurde erschossen, die Ärztin Schumann zu fünfzehnjähriger Haft verurteilt und nach sieben Jahren, am 12. August 1987, freigetauscht. Hering erhielt am 5. Juni 1980 vom Militärobergericht der DDR eine lebenslange Zuchthausstrafe. Am 1. Mai 1982 tauschte man ihn aus.

Werfen wir einen letzten Blick auf den Überläufer Stiller. Bei erster Gelegenheit entledigte er sich seiner Partnerin

Michnowski. Vielleicht war das ihr Glück. Nach den USA ausgeschleust, fand sie dort, mit neuen Papieren versehen, einen neuen Partner, einen ordentlichen Amerikaner. Auch Stiller selbst verschwand mithilfe von Pullach in die USA, wo ihn die CIA in Peter Fischer umtaufte. Nach der Wende kam Fischer-Stiller nach Deutschland zurück. Mittlerweile hatte er als Finanzmakler sein Glück gemacht. In Frankfurt wechselte er ins Immobilienfach und von dort nach Budapest.

Leute wie der MfS-Oberleutnant Werner Stiller brachten einen Pharaonenschatz an Unterlagen mit, die ein erschreckendes Maß von geheimdienstlicher Unterwanderung bei den naturwissenschaftlich-technischen Forschungseinrichtungen der Bundesrepublik offenbarten. Zudem brachte Stiller die Abwehrbehörden auf den neuesten Stand, was den Spionageapparat des MfS anlangte. Es war eine kurze Freude, die durch Verratstätigkeit aus den Reihen des BfV wieder zunichtegemacht wurde. Fragt man sich, was die Leute im Westen in ihren gut bezahlten Positionen so anfällig für den Landesverrat machte, kommt man zu merkwürdigen Ergebnissen: Es ging so einfach; es brachte ein steuerfreies Zubrot; es prickelte, mal etwas Verbotenes zu tun, wo doch sonst alles erlaubt war. Später sagte man dann, man habe dem Frieden gedient.

Der Bundesnachrichtendienst setzte unterdessen zunehmend auf die Mittel der elektronischen Aufklärung. Hinter dem Schlagwort steckte unter anderem die systematisierte Erfassung des grenzüberschreitenden Brief- und Fernmeldeverkehrs sowie des Funkverkehrs, nichts eigentlich Neues also. Die Durchführung dieser Maßnahmen, die in der Diktion des Dienstes strategische Kontrolle genannt wurden, waren durch jahrelange Anfechtungsprozesse der Rechtsgrundlage vor dem Bundesverfassungsgericht empfindlich gestört. Auch ohne derartige Beeinträchtigungen konnte die strategische Kontrolle nur das an Informationen auffischen, was zuvor dem Äther anvertraut worden war. In jedem Fall versagte diese Methode bei der Erforschung von Planungen, Gedanken und Stimmungen. Das war von jeher die Domäne der Agenten. Doch mit Agenten sah es in der Sowjetunion und in der DDR nach der Errichtung des Mauerregimes trübe aus. Die Undurchlässigkeit des Zaunes und die Binnenüberwachung in der DDR und in der Sowjetunion schlossen zwar eine Agentenwerbung nicht aus, doch erschwerten sie das Geschäft ungemein.

In dieser Situation kam der BND auf eine Methode zurück, die er bereits in der unmittelbaren Nachkriegszeit genutzt hatte. Die unter dem Code-Wort Hermes seinerzeit praktizierte Kriegsgefangenenbefragung wurde jetzt mit leicht geändertem Vorzeichen angewendet. Methodisch gesehen handelte es sich diesmal um einen (verdeckten) Abschöpfvorgang. Zielpersonen waren Reisende, Übersiedler und Flüchtlinge. Sie wurden in Gespräche verwickelt, um eine Reihe von Faktoren abzufragen. Gefangenenbefragung nannte man das in Pullach in ironischer Rückbesinnung auf die Nachkriegszeit.

Die Idee hierzu stammte (nach seinen Angaben) vom 1985 ins Präsidentenamt gelangten Hans-Georg Wieck. Wieck war alles andere als ein gelernter Nachrichtenmann. Er hatte vielmehr eine respektable Diplomatenkarriere hinter sich, die ihn zum Schluss auf Botschafterposten in Teheran, Moskau und bei der NATO in Brüssel gebracht hatte. Nun musste er kennenlernen, mit welcher Geringschätzung das politische Bonn die Berichterstattung des BND behandelte. Das Thema DDR, das er zu beleben trachtete, wurde von ganz anderen Leuten dominiert. Die saßen im Kanzleramt, in der Ständigen Vertretung in Ost-Berlin und in den Redaktionen verschiedener großer Zeitungen, in denen sie dem Leser Woche um Woche das Leben in der benachbarten kuscheligen DDR priesen, nicht ohne zugleich auf die Nachteile der Raffkegesellschaft in der Bundesrepublik hinzuweisen. Eine derartige Berichterstattung war nichts als Desinformation. Sie schlug sich nicht nur in den Lobeshymnen der einschlägigen Presse nieder, sondern fand ebenso in die offiziellen Verlautbarungen der Bundesrepublik Eingang.

Als besonders fortschrittlich gaben sich die Sozialdemokraten, die nach dem Sturz ihres Kanzlers Schmidt den Kurs einer gesamtdeutschen Politik begraben hatten und sich nun darum bemühten, zu einer gemeinsamen Plattform mit der SED in Ostdeutschland zu gelangen. Sieht man genauer hin, war diese Plattform die Grundlage dafür, den Riss durch Deutschland zu verewigen. Der angebliche Stein des Anstoßes zwischen der Bundesrepublik und der DDR waren die unterschiedlichen Auffassungen zur Staatsangehörigkeit. Während man in Westdeutschland an einer einheitlichen deutschen Staatsangehörigkeit festhielt, hatte sich die DDR für eine eigenständige Staatsbürgerschaft entschieden. Für beide Varianten gab es gute Gründe; die hieraus entstehende politische Debatte darf man hingegen getrost als Groteske bezeichnen. Die fortschrittlichen Kräfte aus Ost und West behaupteten nämlich unisono, die Bundesrepublik wolle die Staatsangehörigkeit der DDR nicht anerkennen.

In Wirklichkeit war es genau andersherum: Die DDR wollte sich mit dem westdeutschen Staatsangehörigkeitsbegriff nicht abfinden, der es ihren Bewohnern erlaubte, wenn sie denn in den Westen gelangten, sich ohne Wenn und Aber als Deutsche zu bezeichnen und ohne den komplexen Vorgang einer Einbürgerung einfach dazubleiben. Die Westdeutschen hingegen akzeptierten es ohne Weiteres, wenn sich jemand als DDR-Staatsangehöriger bezeichnete und als solcher auswies. Niemand nahm ihm das übel.

Die SPD sprang nun auf den Zug der DDR auf und begann, den westdeutschen Standpunkt als Anachronismus zu geißeln. Wie so oft setzte sich der nunmehrige Ehrenvorsitzende der SPD an die Spitze der Bewegung. Ausgerechnet zum vierzigjährigen Jubiläum des Grundgesetzes sprach er von der Lebenslüge der Wiedervereinigung.[41] Auch in der CDU grummelte es. Hier war es der Generalsekretär Heiner Geißler, der den Modernisierer gab.[42] Es war nur noch eine Frage der Zeit, wann der Zeitgeist den Sieg davongetragen hätte.

Man sage nicht, da sei das Grundgesetz vor gewesen, denn dieses wurde schon viele Dutzend Male aus noch nichtigerem Anlass geändert. Kaum einer mag sich heute erinnern, wie nahe die politische Kaste in Bonn daran war, das Wiedervereinigungsgebot des Grundgesetzes auf die Müllhalde der Geschichte zu befördern. Man kann dies nachlesen in einem Buch, das seinerzeit von der Bundeszentrale für politische Bildung verteilt wurde. Es trug den vielsagenden Titel *Das Wiedervereinigungsgebot des Grundgesetzes*. Was hierin versammelt steht, wenige Monate vor dem Zusammenbruch der DDR, bedarf schon der Beachtung und Erinnerung. Wie schrieb hier eine spätere Anwärterin auf das Amt der Bundespräsidentin:

»In der deutschlandpolitischen Debatte der letzten Jahre hat es einen Streit darüber gegeben, ob die Präambel des Grundgesetzes das Gebot der staatlichen Wiedervereinigung Deutschlands enthalte oder ob sie auch mit einer Politik vereinbar sei, die auf Dauer zwei deutsche Staaten anstrebe. Dabei handelt es sich um einen in der Sache gegenstandslosen Streit, da die in der Präambel geforderte ›Einheit und Freiheit Deutschlands‹ im Sinne dessen, dass das deutsche Volk als gleichberechtigtes Glied in einem vereinten Europa dem Frieden der Welt... dienen sollte, nach gegenwärtigem Ermessen weder als ›staatliche Wiedervereinigung‹ noch als Festlegung auf zwei deutsche Staaten erlangt werden kann oder auch nur wünschbar erscheint.«[43]

Auf dieser allgemeinen Stimmungslage setzte die Berichterstattung des BND auf.[44] Man kann sich unschwer vorstellen, dass die in den Fragenkatalog eingewobene Frage nach der Zweistaatlichkeit bzw. Wiedervereinigung bei den hiermit beauftragten Mitarbeitern nicht unbedingt helle Freude auslöste. Doch wie empörten sich erst die Empfänger der einschlägigen BND-Berichte »Psycho-Lage DDR«. Sie taten dies, wie es sich für Ministerialbeamte gehört, hinter vorgehaltener Hand. Rasch wurde der Veranlasser dieser Berichterstattung, der Präsident Hans-Georg Wieck, in die Ecke der Kalten Krieger gestellt. Dies fiel umso leichter, als Wieck im BND eine Neuheit in der Berichterstattung eingeführt hatte, die ihn persönlich als den Berichterstatter auswies. Während es vorher üblich war, dass die BND-Berichte lediglich mit einem Deckblatt versehen waren, aus dem der Empfänger die sachliche Berichtssparte, also den Gegenstand der Berichterstattung, den Behördenverteiler und den Verschlusssachengrad entnehmen konnte, führte Wieck eine Art Diplomatenstil ein. Er versah die Berichte, die er für wichtig erachtete, mit einem zusätzlichen, von ihm unterzeichneten Anschreiben, das an einen ganz bestimmten, namentlich genannten Empfänger gerichtet war.

Dieses Abweichen von der Routine hatte Folgen. Tatsächlich erhielten nun die in den Anschreiben genannten Minister und Staatssekretäre die Berichte persönlich vorgelegt. Das musste aber nicht bedeuten, dass sie die Papiere auch lasen. Einige von den Empfängern legten die Berichte, ob nun gelesen oder ungelesen, beiseite. Das bedeutete in der Praxis, da die Mehrzahl der Berichte als Verschlusssachen ausgewiesen war, verschwanden sie auf Nimmerwiedersehen in einem Panzerschrank, ohne je die Arbeitsebene zu erreichen.

Im Frühjahr 1989 wurde in der Bundesrepublik ruchbar, dass sich deutsche Firmen am Bau einer Giftgasfabrik im libyschen Rabta beteiligten.[45] Die US-Amerikaner hatten die Meldung lanciert, und es gab kaum einen deutschen Journalisten, der nicht darauf ansprang. Und wie schlugen die Wogen erst hoch, als durchsickerte, dass die treuen Verbündeten jenseits des Atlantiks den Bundesnachrichtendienst darüber umfassend in Kenntnis gesetzt hatten! Alle waren empört. Saßen denn da in Pullach nur Schlafmützen und Idioten? Doch die Sache verhielt sich ein klein wenig anders.

Der BND hatte berichtet, auch ausreichend berichtet.[46] Doch das, was er schrieb, war in einem der oben erwähnten

Panzerschränke eines deutschen Staatssekretärs abgelegt worden. Dort lägen die Berichte vielleicht heute noch, wenn nicht seinerzeit die Suche losgegangen wäre, wo die Papiere mit ihren genau nachvollziehbaren Reisewegen abgeblieben waren. Die Sache wurde dann nicht weiter vertieft, weil die sich anbahnende deutsche Einheit mit ihren täglichen raumgreifenden Schlagzeilen dazwischenkam. Nur für den Präsidenten des BND hatte es Folgen. Er wurde, was Wieck nachdrücklich bestreitet,[47] im Oktober 1990 vorzeitig auf den Posten eines deutschen Botschafters in Neu-Delhi weggelobt.

Das Ausmustern von Wieck beruhte mit einiger Sicherheit auch auf seiner von so manchem als provokativ empfundenen DDR-Berichterstattung. Sie bezog nicht nur die Fragen der deutschen Einheit ein, die von Bürgern aus der DDR zur Überraschung aller überwiegend positiv beantwortet wurde, sondern behandelte auch so unangenehme Dinge wie die Zahl der Ausreisewilligen, die der BND im Millionenbereich ansiedelte, während die Leute, die sich von Amts wegen mit dieser von beiden Seiten als unangenehm empfundenen Materie befassten, von Zahlen im Zehntausenderbereich ausgingen, wenn sie denn überhaupt darüber sprachen.

Vollends ins Abseits manövrierte sich der BND, als er anfing, die Zahlen über die DDR-Wirtschaftskraft infrage zu stellen. Damit wurde die Axt an die Berichtsgrundlagen von »Zur Lage der Nation« gelegt. Nunmehr war ein unversöhnlicher Feind aufgerufen: die amtliche und wissenschaftliche DDR-Forschung. Diese schwelgte in statistischen Größen, nach denen die DDR Platz zehn unter den Industrienationen der Welt einnahm. Die Kalten Krieger in Pullach wussten es zum Teil besser. Sie hatten sich ihr Infragestellen der DDR-Statistiken nicht aus den Fingern gesogen, sondern stützten sich auf die Angaben von Überläufern aus dem Bereich KoKo. Die Fahnenflüchtigen wussten, wovon sie redeten, schließlich hatten sie an den praktischen Grundlagen zur Fälschung der DDR-Statistik maßgeblich mitgewirkt.

Wirft man einen kurzen Blick auf die Kontrahenten, so schwant einem nichts Gutes. Die westdeutsche DDR- und Deutschlandforschung trug an einer schweren Hypothek. Etliche ihrer führenden Vertreter waren entweder selbst dem kommunistischen Glauben entsprungen, oder sie hatten ihn immer noch nicht abgelegt. Unter den Letztgenannten befand sich eine Kompanie von Agenten der Staatssicherheit, die alles daransetzten, die Aufdeckung der Wirklichkeit zu verhindern. Zu ihnen gehörte beispielsweise Walter Völkel, seit Ende der 1970er-Jahre Assistent im Arbeitsbereich DDR-Forschung an der Freien Universität Berlin. Er war auch Mitarbeiter am DDR-Handbuch der Bundesregierung. Bei seinen geheimdienstlichen Auftraggebern war er als IM Walter Rosenow registriert. Im Nebenjob sozusagen erhielt Völkel den Auftrag, den Berliner Soziologen Manfred Wilke beim Verfassungsschutz als praktizierenden Linksextremisten zu denunzieren.[48] Und was sollte man zum Beispiel von wissenschaftlichen Werken mit Titeln wie *Wirtschaftskrieg oder Entspannung. Eine politische Bilanz der Ost-West-Wirtschaftsbeziehungen* oder *Die wirtschaftlichen Beziehungen zwischen Ost und West* halten, die 1975 und 1984 in Westdeutschland erschienen? Ihr Autor arbeitete bei der Stiftung Politik in Ebenhausen. 1979 kehrte er nach West-Berlin zurück, wo er Jahre zuvor vom MfS als Perspektivagent IM Hoffmann angeworben worden war. Sein Klarname lautete Hanns-Dieter Jacobsen, und er brachte es noch bis zum Direktor des renommierten Otto-Suhr-Instituts in West-Berlin. Erst 1992 wurde er vorläufig festgenommen. Milde Richter verurteilten ihn drei Jahre später zu zehnmonatiger Haft auf Bewährung.[49]

Oder wie wäre es mit Dietrich Staritz, der sich als DDR-Forscher einen Namen machte. Er diente seit 1961 dem MfS.[50] Staritz machte nicht nur als Wissenschaftler und Publizist Karriere, sondern der vielseitige Mann bandelte auftragsgemäß auch mit dem Bundesamt für Verfassungsschutz an und berichtete für den *Spiegel* aus der DDR. Nach der Wende blieb ihm dann das *Neue Deutschland*. Zuvor hatte auch er am DDR-Handbuch der Bundesregierung mitgewirkt. Ebenso eine Frau namens Gabriele Gast. Sie ist eine besonders skurrile Figur in diesem Reigen der Einflussagenten. Ihre Brötchen verdiente sie beim Bundesnachrichtendienst in Pullach, den sie zur Befriedigung ihrer Liebesbedürfnisse für die Hauptverwaltung Aufklärung ausspähte. Dort sorgten ihre Berichte nach Aussagen des letzten HVA-Chefs Werner Großmann dafür, dass sich die Herren Spitzenstaatssicherheitler über den schlechten Zustand der DDR Sorgen zu machen begannen.

1990 wurde Frau Gast festgenommen, im Jahr darauf verurteilte sie die garstige Justiz zu sechs Jahren und neun Monaten Haft, doch schon im Februar 1994 durfte die bewährte »Kundschafterin des Friedens« wieder in die Freiheit. Eine Autobiografie mit demselben Titel sorgte dafür, dass den Talentsucherinnen des deutschen Fernsehens der Stoff für Melodramatisches nicht knapp wird. Es sei ihr gegönnt. Wenn etwas an dem Fall Gast wundert, dann dieses: Wie war es bei ihrem Vorlauf als unbemannte DDR-Stipendiatin möglich, dass sie vom Bundesnachrichtendienst eingestellt wurde? Geschah das aus Dummheit oder gezielt? Wie dem auch sei: Leute wie Frau Gast sorgten dafür, dass die Sicht auf das Beobachtungsobjekt DDR kräftig getrübt wurde, sodass Sentenzen wie die folgenden in amtliche westdeutsche Druckschriften Eingang fanden:

»Die Zuverlässigkeit der Statistik wird generell durch systematische Fehler berührt. Sie hängen ab von den Bedingungen, unter denen das Material gesammelt wird, außerdem entstehen sie, wenn sich die Zusammensetzung der Produktion rasch verändert. Diese Fehler sind nicht auf die DDR beschränkt, ihr Umfang und ihre Richtung sind überall ungewiss. Dagegen besteht unter den DDR-Forschern in der Bundesrepublik weitgehende Einigkeit darüber, dass willkürliche Manipulierungen und Verfälschungen der Statistik nicht vorgenommen werden.«[51]

Wenn man Zeilen wie diese mit heutigen Augen liest, denkt man, die Autoren hätten sich einen Jux mit ihren Lesern machen wollen. Doch das, was da zu lesen steht, war keineswegs in der DDR erfunden worden, sondern die höchstoffizielle Haltung der Bundesregierung, zusammengetragen im Materialienband zur Lage der Nation für das Jahr 1987. Was in dem angeführten, achthundert Seiten starken Druckwerk steht, war ernst gemeint, und es zeigt, wie einseitig die DDR-Forschung der Bundesrepublik an ihr Studienobjekt heranging. Die westdeutsche offiziöse DDR-Betrachtung war politisch handzahm, und die DDR-Berichterstattung des BND war unter diesen Bedingungen anstößig und unerwünscht.

Werfen wir in diesem Zusammenhang einen Blick auf das, was im MfS über den BND gedacht und aufgeschrieben wurde. In der Normannenstraße glaubte man ernstlich, den BND gut im Griff zu haben. Agenten wie Gabriele Gast und die Brüder Spuhler stärkten das Selbstbewusstsein der ostdeutschen Tschekisten, bis sie fast abhoben. Noch am 26. März 1990, als es eigentlich schon kein MfS und keinen funktionierenden Nachfolgedienst mehr gab, rafften sich Mitarbeiter der ehemaligen Hauptverwaltungen A (Spionage) und II (Spionageabwehr) zu einem gemeinsamen Papier auf, dessen Pointe der Schlusssatz liefert:

»ERKENNTNISSE UND PROBLEME IM ZUSAMMENHANG MIT AKTIVITÄTEN DER GEHEIMDIENSTE DER BRD

1. *Ausgehend von der Lageentwicklung in den sozialistischen Staaten forcierten ausländische Nachrichtendienste, insbesondere der BRD und der USA, nachweislich auch ihre Aufklärungsaktivitäten gegen die DDR, ein-*

schließlich gegen das in der DDR stationierte sowjetische Militärpersonal.
Trotz dieses Erkenntnisstandes stellten die Aufklärungs- und Abwehrdienste der DDR im Dez. 1989 jegliche Aktivitäten gegen ausländische Nachrichtendienste ein. Der Prozess der personellen, materiellen und finanziellen Auflösung dieser Dienste wurde eingeleitet und steht gegenwärtig kurz vor seinem Abschluss.

2. *Dem Erkenntnisstand vom Dez. 1989 entsprechend wurden durch die Aufklärungs- und Abwehrdienste der DDR*
   – *mehrere noch aktive Agenturen des Bundesnachrichtendienstes identifiziert, die gegen sozialistische Staaten tätig sind. Konkrete Angaben zur Auftragsstruktur der Agenturen liegen vor;*
   – *die aktuellen Strukturpläne der Geheimdienste der BRD, die Dislozierung ihrer operativen Dienststellen und ein großer Teil ihres hauptamtlichen Mitarbeiterbestandes aufgeklärt.*

KONKRETE ERKENNTNISSE ÜBER DEN BUNDESNACHRICHTENDIENST DER BRD

Über den Bundesnachrichtendienst liegen konkrete Erkenntnisse vor über:
   – *ca. 500 namentlich identifizierte Agenturen, die weltweit disloziert sind. Ca. ein Drittel arbeitet gegen die DDR und sowjet. Einrichtungen in der DDR;*
   – *die vollständige Struktur mit detailliertem Aufgabenbereich, Angriffsrichtungen und Personalstärken;*
   – *ca. 2000 hauptamtliche Mitarbeiter, die vollständig oder teilweise identifiziert sind (von der Gesamtstärke 7130);*

- *109 offizielle und abgedeckte Dienststellen in der BRD und WB;*
- *die personelle Besetzung der 58 Auslandsresidenturen.*

Abgedeckte Dienststellen des BND, die Spionageaktivitäten besonders gegen die DDR und sowjet. Einrichtungen betreiben, sind u. a.:
- *»Bundesminister für Verkehr, Abteilung Seeverkehr, Dokumentationsstelle« in Bremen, Grüner Weg 26, Leiter: Karl-Ludwig Gallwitz*
- *»Technische Dienststelle für Fertigungsverfahren« in München, Karl-Theodor-Straße 55, Leiter: Siegfried Karwath*
- *»Wehrwissenschaftliche Forschungsstelle der Bundeswehr« in Köln, Butzweiler Straße 35–39, Leiter: Rudolf Hüttenhain*

3. *Ersthinweise belegen, dass Bundesnachrichtendienst und Verfassungsschutz der BRD auch nach Einstellung der Tätigkeit des Amtes für Nationale Sicherheit der DDR ihre Aufklärungsaktivitäten gegen die DDR fortsetzen:*
    - *Kontakt-, Werbe- und Treffaktivitäten wurden fortgeführt.*
    - *Das Eindringen in den sensiblen Speicher der Spionageabwehr der DDR am 15.1.1990 erfolgte zielgerichtet. Als Mittäter, bei dem eine geheimdienstliche Steuerung wahrscheinlich ist, wurde festgestellt: Stumberger, Rudolf, 8000 München 19, Presseausweis-Nr. 30160*
    - *Der Verfassungsschutz der BRD nahm im Jan. 1990 erneut telefonischen Kontakt zum ehemaligen Lagezentrum der Spionageabwehr der DDR mit dem Ziel auf, ehemalige Mitarbeiter zum Verrat zu bewegen.*

4. *Im ehemaligen Amt für Nationale Sicherheit der DDR liegen alle Erkenntnisse zu den Geheimdiensten der BRD aufbereitet und abrufbereit vor. Auch in den Köpfen von Spezialisten der Aufklärung und Abwehr sind diese Erkenntnisse gespeichert. Bei Offenlegung des Wissens über die Geheimdienste der BRD kann mit einer Destabilisierung der Lage auch in der BRD sowie mit einer beträchtlichen Störung des gesamteuropäischen Einigungsprozesses gerechnet werden.«*[52]

Das blieb ein Traum, Genossen. Die große Störung fand nicht statt. Was an Störungen zu veranlassen war, erledigte die westdeutsche Presse ganz von allein. Im Übrigen, der Journalist Stumberger war zwar in der fraglichen Zeit in Berlin, doch von einer Anbindung an den BND weiß er nichts, sein vermeintlicher Dienstherr BND auch nicht.

Wie war es nun wirklich beim BND und seinen angeblich nicht vorhandenen Ostinformationen? Stützt man sich auf die Zeugnisse der selbst ernannten BND-Experten, dann ist die Sache klar: Es gab keine, dafür aber einen Haufen von Dilettanten, die sich mit Intrigen und Steuervergeudung beschäftigten. Untersuchen wir die Basis dieser Urteile, so stoßen wir auf vier Quellen: die Aussagen von abgewickeltem MfS-Personal, die Notate des zwangspensionierten BND-Vize Dieter Blötz, die Auslassungen von frustrierten BND-Beschäftigten und Desinformationsmaterial aus dem KGB. Oft sind die Dinge nicht klar voneinander zu trennen. Ein Fünftes kommt hinzu: Das ist die wenig verständliche, oft ans Groteske grenzende Informationspolitik des BND (Geheimdienstlerwitz: Meine Arbeit ist so geheim, dass ich selbst nicht weiß, was ich tue). Die Informationen aus dem BND, den Ostblock betreffend, waren in dessen Endphase allerdings relativ gut. Wie gut die Informationen waren, wird auf Umwegen durch die schärfsten Gegner des BND aus der Hauptverwaltung Aufklärung BND bestätigt, die auf diese Weise – also praktisch vom Gegner – Erkenntnisse über den Zustand des eigenen Landes geliefert bekommen haben wollen.

Die Erkenntnisse des BND stammten aus unterschiedlichen Quellen: zu einem erheblichen Teil aus Abhörmaßnahmen, aus systematischer Abschöpfung und aus Agentenmeldungen. Dass Agentenmeldungen stets für das A und O gehalten werden, liegt weniger an ihrer Substanz als am Prickelnden dieser Übung. Das war auch beim BND so. In der Wirklichkeit des Dienstes war nach dem Verratsfall Felfe die übliche Routine wieder eingekehrt und mit der Routine die Sorglosigkeit, vielleicht auch Selbstzufriedenheit, nachdem es gelungen war, einen weiteren KGB-Maulwurf, Heidrun Hofer, im Dezember 1976 aus dem Verkehr zu ziehen.[53] Anders ist kaum zu erklären, dass das Verräterpaar Alfred und Ludwig Spuhler viele Jahre im BND sein Unwesen treiben konnte. Als die Spuhlers 1989 aufflogen, offenbarte sich eine Verratstätigkeit, die die Arbeit mit menschlichen Quellen in der DDR nahezu lahmgelegt hatte. Diese Feststellung gilt jedoch nicht gegenüber der Sowjetunion.

Die Enttarnung der Spuhler-Brüder entlarvte zugleich ein strukturelles Defizit im BND, nämlich den mangelhaften Zustand der methodischen Misserfolgsbearbeitung. Hierunter versteht man die schonungslose Analyse aller Pannen unter dem Blickwinkel: Wer hat was wann falsch gemacht? Bei einer bestimmten Pannenhäufung drängt sich stets zugleich die Frage auf: Haben wir es mit einem Innentäter zu tun? Diesen Mangel haben wir bereits beim Tiedge-Kuron-Vorgang im BfV konstatiert, hier beim BND war es genauso. Das war menschlich verständlich, doch fachlich richtig war es nicht.

Der BND setzte hinsichtlich der Verwendung menschlicher Quellen auch auf Journalisten. Wir haben Beispiele für diese Praxis bereits im Kapitel über die Breshnjew-Ära besprochen. Dass daneben auch immer wieder Versuche unternommen wurden, in die gegnerischen Geheimdienste einzudringen, entsprach den Gepflogenheiten in diesem Metier.

Sowohl beim KGB als auch beim MfS muss dies gelungen sein; ein Teil der BND-Berichterstattung wäre sonst nicht zu erklären. Die Blötz-Papiere nennen einen einschlägigen KGB-Fall unter Aufdeckung der Quelle (Fallname Viktor), die zuletzt den Dienstgrad eines Obersts der Staatssicherheit innehatte.[54]

Das KGB rächte sich für diesen Einbruch. Zuständig war die Abteilung D (= Desinformazija). Sie setzte mit Erfolg auf zwei Zielgruppen: Journalisten und Mitarbeiter des BND. Eine aufgeregte deutsche Öffentlichkeit goutierte beides. Bei den Journalisten war das Erfolgsrezept die Verbreitung von Falschmeldungen. Zu diesen getürkten Nachrichten zählten auch diskrete Hinweise, wer von den westdeutschen Journalisten alles zu den Quellen des BND gehöre. Diese Operation hieß Orchester und begann 1981.[55] Völlig richtig hatten die professionellen Desinformanten kalkuliert, dass niemand die nüchterne Frage stellen werde, ob das, was man da hörte und las, überhaupt sein könne, und dass vielmehr die nackte Empörung überwiegen werde. Und so war es dann auch. Die Sache schwappte von 1981 bis ins Jahr 2006 und führte letztlich zur Zerstörung einer wirksamen Nachrichtenbeschaffungsmethode, nämlich der Führung von Journalistenagenten.

Die andere Zielgruppe der Desinformation waren die BND-Mitarbeiter selbst. Bei ihnen stand neben der öffentlichen Diskreditierung die innere Zersetzung des Dienstes im Vordergrund der nachrichtendienstlichen Beeinflussungspolitik des KGB. Solange das KGB und seine Satelliten über genügend Innenquellen im BND verfügten, ließen sich aus deren Informationen diskreditierende Meldungen basteln, die nicht so ohne Weiteres als Falschmeldungen zu entlarven waren. Nach dem Auffliegen der Agenten Gast, Spuhler und anderer wurde das Geschäft schwieriger. Davon später mehr.

*Hannoversche und Normannenstraße: MfS, StäV
und der Umsturz in der DDR*

Am Sturz des Regimes in der DDR und den darauffolgenden Ereignissen waren die westdeutschen Geheimdienste als Aktivposten nicht beteiligt. Nicht einmal an deren Vorlauf, von dem niemand wusste, dass er es war. Das schwante auch ihren Geheimdienst-Kontrahenten in Ost-Berlin, Perestroika hin oder her – MfS und KGB fuhren fort, in den eingefahrenen Bahnen zu denken. Beim MfS war dies verständlich, während beim KGB auch deutlich erste Irritationen zu verzeichnen waren, die den Namen »Neues Denken« trugen.

Die Waffenbrüder in Ost-Berlin waren, wie gesagt, von solcher Anfechtung frei. Für sie galten nach wie vor die drei Hauptsätze des Lenin'schen Machtfundaments: Wer nicht mein Freund ist, ist mein Feind. Vertrauen ist gut, Kontrolle ist besser. Und: Wir sind umstellt von Spionage und Sabotage. Diese Weisheiten hatten bereits in der Frühzeit der bolschewistischen Machtausübung in Russland zu einem Überwachungs- und Denunziantensystem geführt, gegen das die zaristische Geheimpolizei Ochrana wie ein Klub von Chorknaben aussah. Schon in den frühen 1920er-Jahren exekutierten Felix Dsershinski und seine Tscheka-Funktionäre das Prinzip, dass alles Missliche und alles Unerklärliche das Werk böswilliger Agenten und Diversanten sei. So wurde aus Schlendrian der Klassenfeind und aus Misswirtschaft das Wühlen von Agentenzentralen. Unter Stalin nahm diese Art von Verfolgungswahn ungeahnte Ausmaße an. Nach seinem Ableben verfeinerten sich die Methoden, aber das Prinzip blieb bestehen. Der Kommunist war stets von einer Welt von Feinden umgeben. Wachsamkeit war Klassenpflicht. So und nicht anders erklärt sich der hohe Stellenwert, den die Genossen der Staatssicherheit in den kommunistischen Diktaturen besaßen.

Im Falle des MfS lässt sich dies nicht nur an der schieren Größe dieses Sicherheitskolosses belegen; das MfS gebar auch, ganz seiner Aufgabe gemäß, Feinde am laufenden Band.

Sie hießen in der Spätphase des Apparats Put und Pid. Hinter den merkwürdigen Kürzeln verbargen sich die politische Untergrundtätigkeit und die politisch-ideologische Diversion. Zu beiden gehörten Definitionen, die in verquastem Funktionärsdeutsch genau das zum Ausdruck brachten, was oben bereits als leninistische Glaubensweisheit aufgeführt worden ist. Wir ersparen es uns, auf die Feinheiten einzugehen, wann eine dem System unerwünschte Tätigkeit Put war oder wann man sie als Pid anzusprechen hatte. Wichtig hingegen ist es, dass zu beiden Kategorien ungezählte Menschen, Organisationen und Institutionen gehörten, die der MfS-Funktionär in langen Listen nachblättern konnte, wenn er denn ideologisch gefestigt genug war, um das ganze schauerliche Ausmaß der Agentenzentralen zur Kenntnis nehmen zu dürfen, von denen der einzige Arbeiter- und Bauernstaat auf deutschem Boden umstellt war.

Auf der Liste standen beispielsweise der Deutschlandfunk, das Innerdeutsche Bundesministerium, das Ostkolleg der Bundeszentrale für politische Bildung. Das mochte vielleicht noch angehen. Aber die Aktion Sühnezeichen/Friedensdienst e. V., der Arbeitskreis Atomwaffenfreies Europa, die Deutsche Friedensgesellschaft – Vereinigte Kriegsgegner e. V., die Evangelische Kirche Deutschlands (EKD), der Internationale PEN-Club und viele, viele andere? Es war ein buntes Gemisch, auch manch einer darunter, den die Verfassungsschutzbehörden der Bundesrepublik ihrerseits unter Beobachtung hielten, und sicher auch viele, die sich gegrämt hätten über diesen Undank eines Staates, dem sie nur das Allerbeste wünschten und der sie nun zu Feindobjekten machte, die mit allen Mitteln der Konspiration zu bekämpfen waren: ausspähen, verunsichern, desinformieren, denunzieren, diskreditieren. Die letzte bekannt gewordene Dienstanweisung des Armeegenerals Erich Mielke an die ihm unterstellten Diensteinheiten stammte vom 14. Oktober 1988; zu ihr gehörte eine Anlage mit 319 namentlich genannten Feindorganisationen.[56]

Viel Feind, viel Ehr. Bei so vielen Feinden, die die DDR offensichtlich zu untergraben versuchten, wäre es naheliegend gewesen, ab und zu ein paar von deren Agenten öffentlich vorzuführen. Seht her, so sehen die Schurken aus. Hierzu bestand auch aus einem anderen Grunde dringender Anlass. Niemandem innerhalb der DDR blieb es verborgen, wie sehr es mit diesem Staat bergab ging; auch der Staatssicherheit nicht, nur dass diese hierfür eine bestimmte Sorte von Feinden verantwortlich machte, die nichts unversucht ließen, das System zu unterminieren. Nun war also Vorzeigen angesagt, damit sich selbst der allerletzte Sozialist in Glauchau angemessen gruseln konnte. Auch das hatte in den bolschewistisch regierten Staaten eine lange Tradition. In der DDR wurde dieses Verfahren fleißig nachgeahmt. Doch in den 1970er-Jahren wurde das einschlägige Menschenmaterial knapp. Hierfür gab es einen simplen Grund. Nachdem sich das SED-Regime entschlossen hatte, aus den systemintern störenden Elementen eine florierende Handelsware zu machen, sah es sich genötigt, diese Praxis strikt geheim zu halten. Denn natürlich wusste man nicht genau, wie viele Neugierige dieser Ausverkauf von widerborstigen Bürgern auf den Plan rufen würde. Auch waren sich die Beteiligten darüber klar, dass man die Kopfgeld-Einnahmequelle nur sichern konnte, wenn man nach außen die Fassade vom humanitären Sozialismus à la Erich Honecker aufrechterhalten konnte, obwohl der Staatschef bei jedem Freikauf, den zu genehmigen er sich vorbehalten hatte, die Überzeugung vertrat: wieder ein Klassenfeind weniger![57]

Zu Honeckers Fassade der Wohlanständigkeit gehörte die unumstößliche Notwendigkeit, Exzesse unter den inneren und vermeintlichen äußeren Feinden des Regimes zu vermeiden. Das mussten auch die Genossen der Staatssicherheit schmerzhaft feststellen. 1985 war ihnen endlich ein neues Thema eingefallen, mit dem sie zwei Fliegen auf einmal zu erschlagen hofften: Aus- und wieder Rückreisewillige. Das *Neue Deutschland* brachte es dann am 8. März 1985 an den

Tag: 20000 Ausgereiste wollten in die DDR zurück. Enttäuscht vom Klassenfeind und in die Hände der Menschenschlepperbanden gefallen. Doch die Meldung wurde ein übler Flop. Die Zahl 20000 allein hätte schon genügt, denn sie besagte dem kundigen *ND*-Leser zumindest dies: Wenn 20000 zurückwollen, dann müssen zuvor noch viele mehr ausgereist sein. Was, so viele? In Wirklichkeit waren es noch viel mehr, im Jahr 1984 allein um die 34000 Personen.

Doch damit nicht genug. Getreu den Hetzkampagnen vergangener Jahrzehnte scheute sich das *ND* nicht, gleich eine Namensliste von Rückkehrwilligen zum Besten zu geben. Doch diese Rechnung war ohne den Klassenfeind gemacht. Selbstverständlich lockten die Namen Westjournalisten auf den Plan. Manch einer von denen mochte ausgeschwärmt sein, um die bedauernswerten Kapitalismusopfer im Notaufnahmelager Gießen live vor Kamera und Notizblock zu bekommen. Doch das Ergebnis war erschütternd: Die Betroffenen wiesen ihre angebliche Rückkehrbereitschaft empört zurück. »Ick bün doch nich blöd«, berlinerte es. So schwappte, was das *ND* im besten Sinne des Sozialismus losgetreten hatte, hageldicht in die DDR zurück. Die Kampagne wurde daraufhin Hals über Kopf wieder eingestellt.

Vier Jahre brauchte die Staatssicherheit, um erneut vorzupreschen. Mittlerweile schrieb man den 21. September 1989. Aus der DDR verschwanden in den Sommermonaten Hunderttausende. Jetzt endlich durfte das *Neue Deutschland* wieder an die Front. Ein Koch der Reichsbahn-Tochter Mitropa kam ausgiebig zu Wort. Was er schilderte, konnte jedem gläubigen Sozialisten nur die kalte Gänsehaut über den Rücken jagen: Nach einer Betäubung mit Mentholzigaretten hatten ihn die Agentenzentralen des Westens nach dortselbst entführt. Der Koch, ein Opfer des Klassenfeindes. Eine Lachnummer, die so komisch war, dass nur einige Westmedien sie ernst nahmen. Hier ein Auszug aus dem *Neuen Deutschland*:

»Ich habe erlebt, wie BRD-Bürger ›gemacht‹ wurden. In den Fängen kaltblütiger berufsmäßiger Menschenhändler. BRD-Botschaft Wien – eine Zentrale der Abwerbekampagne. D-Mark-Scheine als Lohn für gewissenlose Schlepper.

...In einem Bistro...setzte sich plötzlich ein junger Mann neben mich.
Frage: Ein Ungar?
Antwort: Nein, er sprach Leipziger Dialekt und sagte mir auf den Kopf zu: Sie sind doch der Mitropa-Koch aus dem ›Corvina‹.
Frage: Welchen Eindruck machte er auf Sie?
Antwort: Keinen schlechten... In der ganz normalen Altbauwohnung bot mir eine gut Deutsch sprechende Ungarin zunächst einen Kaffee und dann eine Mentholzigarette an. Sie schmeckte irgendwie komisch, und nach wenigen Minuten fielen mir die Augen zu, schwanden mir die Sinne.
Frage: Wie und wo sind Sie wieder aufgewacht?
Antwort: In einem Reisebus, noch ziemlich benebelt. Mein ›Fremdenführer‹ aus Budapest saß neben mir, schlug mir auf die Schulter und antwortete auf meine Frage, wo wir seien: In der Freiheit, auf dem Weg in die BRD.
Frage: Wie erklären Sie sich, dass Sie in der Budapester Wohnung bewusstlos wurden?
Antwort: Offensichtlich hat man mir ein Betäubungsmittel gegeben, wie ich jetzt erfahren habe, eine beliebte Methode westlicher Geheimdienste.«[58]

Die Ente stammte aus dem Ministerium für Staatssicherheit, erdacht in deren Pressestelle unter Oberst Karl Fischer. Waren diese Leute verrückt geworden? Nein, waren sie nicht. Sie handelten aus ihrer Sicht ganz konsequent. Jahrelang hatten sie erprobt, dass es richtig war, mithilfe von Desinformation Kampagnen loszutreten, die dem eigenen Regime nützlich waren. Erfreut schlugen sich die Tschekisten auf die Schenkel, wenn ihnen wieder ein Coup zur Diffamierung eines Gegners gelungen war. Die Westmedien fraßen fast alles, jedenfalls manche – KZ-Baumeister Lübke, Hitler-Tagebücher, Mentholzigaretten. Wie viel schwieriger hatte man es da doch zu Hause. Zwar war ein Sack voll Journalisten und anderer Medienbediensteter als Agenten unter Vertrag, doch die Themen bestimmte allein die Partei, beim *Neuen Deutschland* sogar das Politbüro, und im Zweifel der Genosse Generalsekretär.

Zum Glück gab es einige, die man etwas besser lenken konnte: Da gab es zum Beispiel die außenpolitische Zeitschrift *Horizont*. Hier publizierte Gerd Knauer unter dem Pseudonym Gerd Kerau Diffamierungsmaterial aus dem MfS, so zum Beispiel gegen die Feindorganisation IGFM, eine in Frankfurt am Main ansässige russische Gefangenenhilfsorganisation. *Aktenzeichen 6227 – IGFM: Porträt einer gefährlichen Falschmünzerei* hieß es in *Horizont* Nr. 2/1988. Autor Knauer wusste, wo und warum er schrieb, auch das Pseudonym war erforderlich, denn alltags werkelte er in der Pressestelle des MfS. Dort schrieb er auch dies hier:

> »Wir kontern den Schlag und die List –
> Verfolgen die feindliche Spur.
> An der Front, die unsichtbar ist –
> Stehen wir, getreu unserm Schwur.«[59]

Doch wenn er was Konkretes zur Bekämpfung des Feindes im Innern der DDR tun wollte, war Frust angesagt: »Wenn wir Kontakt zur Hauptabteilung II aufgenommen haben, um Informationen zu erhalten, kam meistens unter dem Strich heraus, ja, wir haben eigentlich keine. Seit zehn oder fünfzehn Jahren ist schon keiner mehr gefangen worden, der hier vorzeigbar wäre. Allenfalls irgendein Geisteskranker, der selber nicht weiß, für wen er gearbeitet hat.«[60]

Mit der internen Statistik der Hauptabteilung II (Spionageabwehr) stimmten diese Auslassungen nicht überein. Noch im April 1987 referierte der Leiter der HA II, Generalleutnant Günther Kratsch, vor seinen Hintersassen, dass die vergangenen vier Jahre, nämlich 1982 bis 1986, die erfolgreichsten der DDR-Spionageabwehr gewesen seien. Das von ihm dargebotene Zahlenmaterial ist allerdings so verwirrend, dass hieraus nicht eine einzige einigermaßen stimmige Aussage zu destillieren ist.[61] Eine vage Gegenrechnung lässt sich aufmachen, wenn man die in diesen Jahren abgewickelten Austauschfälle betrachtet: Der einzige einschlägige Austausch fand am 1. April 1987 statt. Er betraf drei Agenten und eine Agentin, die zuvor in der DDR zu hohen Haftstrafen verurteilt worden waren; sie gehörten zum BND und zum BfV.

Im Übrigen sind die Abwehrzahlen der HA II mit dem in der westlichen Welt geläufigen Schema Spionage-Spionageabwehr nicht zu erklären, da die DDR einen anderen Maßstab anlegte. Der DDR galt – ausgehend von den eigenen Gepflogenheiten – jede Auslandsvertretung auch als Spionageresidentur. Nahm also ein DDR-Bürger ungefragt Kontakt mit einer fremden Botschaft auf, so drohte ihm die Festnahme wegen Spionage. In Wirklichkeit gab es nur einzelne Fälle tatsächlicher Selbstanbietungsversuche. Einer der letzten im deutsch-deutschen Spionagealltag war der Spitzenfunktionär der DDR-Handelsorganisation (HO) Uwe Hädrich. Doch er zögerte beim Absprung in Budapest. So wurde er am 13. September 1989 festgenommen. Spionage oder versuchte Republikflucht – für die Genossen der Hauptabteilung II (Spionageabwehr) war es dasselbe. Die U-Haft dauerte bis zum Dezember. Dann öffnete sich die Zellentür, weil die Bewacher des MfS-Knasts nun selbst abgewickelt wurden.

Es versteht sich, dass die DDR-Spionageabwehr besonderen Wert auf die Überwachung des Objekts 499 legte. Hinter dem Kürzel verbarg sich die Ständige Vertretung der Bundesrepublik in Ost-Berlin, Hannoversche Straße. Bei dieser angeblichen Residentur des Klassenfeindes klafften die Behauptung des MfS und die banale Wirklichkeit besonders krassausein-

Objekt 499: die Ständige Vertretung der Bundesrepublik aus Sicht des MfS, von oben und von der Seite. Zugleich Ratebild: Wer von den sechs Fußgängern vor dem Eingang der StäV ist Mitarbeiter des MfS? Und welcher Mann ist der Klassenfeind?

ander. Die Vertretung war als Folge des Grundlagenvertrages zwischen der Bundesrepublik und der DDR im Jahr 1974 eingerichtet worden. Es war die Zeit, als nach der Enttarnung des HVA-Agenten Günter Guillaume die Blüten vom Baum der deutsch-deutschen Verständigung und dem der Neuen Ostpolitik mit einem Schlag abgefallen waren.[62] Zurück blieben Galläpfel.

Zum ganzen unfrohen Ambiente passte schon äußerlich der erste Repräsentant der Bundesrepublik in Ost-Berlin. Es war der Journalist Günter Gaus, Jahrgang 1929, der zunächst von 1969 an als Chefredakteur des *Spiegel* die neue Bundesregierung begleitete; von Hamburg aus wechselte er 1973 ins Bonner Bundeskanzleramt, wo ihm Willy Brandt den Posten eines Staatssekretärs angeboten hatte. Das blieb er auch nach dem Kanzlerwechsel, doch die Zeit war reif, er musste nach Ost-Berlin umziehen. Bis 1981 blieb er auf dem Posten. Wie er dort wirkte, hat er 1983, nach seiner Ablösung, selbst beschrieben. Das Buch hieß: *Wo Deutschland liegt*.

Schon damals löste das Buch neben Zustimmung auch Befremden aus. Das galt nicht nur dem verstiegenen, ja verworrenen Stil. Manch einer fragte sich auch, ob Gaus die Bundesrepublik in der DDR oder nicht umgekehrt die DDR in der

Bundesregierung vertreten habe. Jedenfalls hatte Gaus schon bald die Allüren manch eines Spitzendiplomaten verinnerlicht, zu deren Repertoire es gehört, Berichte über das Gastland, die aus anderer Feder stammten, für Wischiwaschi zu halten. Mit Genuss können wir nachlesen, wie Gaus Bundeskanzler Helmut Schmidt korrigierte, der sich zur Erklärung der Machtverhältnisse in der DDR auf einen Geheimdienstbericht berief. Das wusste Gaus besser, und die DDR hielt er im Gegensatz zu jenen Namenlosen für einen stabilen Staat.[63] Unerwähnt ließ er indessen, dass die Ständige Vertretung in Ost-Berlin eben nicht das war, was andere für selbstverständlich hielten: auch eine verdeckte Residentur des Bundesnachrichtendienstes. Das hatte Gaus verhindert.[64]

Allerdings äußerten sich nicht alle negativ über Gaus und seine 1983 erschienenen Auslassungen über Land und Leute in der DDR. Dem MfS beispielsweise erschien das Opus von Gaus überaus wertvoll. Nicht etwa, um die Bevölkerung in der DDR mit dem Standpunkt dieses linken Klassenfeindes vertraut zu machen, nein, man dachte pragmatischer. Das Buch diente an der Hochschule der Staatssicherheit in Potsdam dazu, Aufklärer, die an der geheimen Front ins Operationsgebiet, sprich: in die Bundesrepublik, losgelassen werden sollten, mit der Argumentation der Linken im Westen vertraut und damit fit zu machen, wenn es darum ging, entsprechende Kandidaten als Agenten zu werben.

Es fällt aus heutiger Sicht schwer zu entscheiden, ob einige der in der Ständigen Vertretung Beschäftigten blödsinnig oder böswillig handelten. Nehmen wir zum Beispiel den dort langjährig tätigen Pressesprecher Eberhard Grashoff. Auch er hat uns über seine Tätigkeit in Ost-Berlin dankenswerterweise selbst aufgeklärt. *Drinnen vor der Tür* heißt der von ihm mit herausgegebene Sammelband. Zu den Vorzügen dieses Buches gehöre neben anderem, schrieb die *Frankfurter Allgemeine* in einer Kurzrezension, dass der wichtige Befehl 17/74 von Staatssicherheitsminister Mielke über den Umgang mit

Westkorrespondenten im Wortlaut wiedergegeben sei.[65] Kein Kunststück für die Herausgeber, denn zu ihnen gehörten neben Grashoff dessen vormaliger Betreuer im DDR-Außenministerium: Rolf Muth. Dieser vermeintliche Sektorenleiter und Kontaktmann des Westdeutschen Grashoff war in der konspirativen Wirklichkeit ein Offizier im besonderen Einsatz mit dem Decknamen Peter.[66] Er brauchte also nur in die heimische Schublade zu greifen, um den alten Mielke-Befehl zu präsentieren.

Im Übrigen schildern die hinterlassenen Akten aus Ost-Berlin die Dinge recht pragmatisch, was die Aufgabe der Betreuer von Grashoff anlangte. Sie sollten den Westdeutschen dazu bringen, dass er die in Ost-Berlin anwesenden Westjournalisten von einer kritischen DDR-Berichterstattung abhielt. Falls der Akteninhalt stimmt, ist ihnen das recht gut gelungen. Dort heißt es: »Zum Problem des *Stern* meinte Grashoff, dass die in der neuesten Nummer der Zeitschrift fortgesetzte Berichterstattung über den Vorfall in Klosterfelde [= Attentatsversuch eines Verwirrten auf Honecker] sowie über die ›Selbstdarstellung des Reporters Bub‹ die Ständige Vertretung mit großer Sorge erfülle, weil sie der Normalisierung zwischen beiden deutschen Staaten schade.«[67]

Irgendwie scheint es an dem Gebäude gelegen zu haben. Denn auch der dritte Ständige Vertreter dort, der Diplomat Hans-Otto Bräutigam, tat ausweislich der Ost-Berliner Akten Dinge, die Zweifel aufkommen lassen, dass er ein loyaler Spitzenbeamter aus Bonn war – natürlich immer vorausgesetzt, dass der Akteninhalt zutrifft. So soll Bräutigam enge Informationskontakte mit Ernst-Otto Schwabe unterhalten haben. Schwabe war dem Buchstaben nach der Chef des außenpolitischen Blatts der DDR, *Horizont*. Die Funktion dieser Zeitschrift als legales Dach des MfS wurde bereits beschrieben. Das war in der Ständigen Vertretung offenbar niemandem klar. Zumindest machte sich niemand die Mühe, einmal ohne die Brille der alles verzeihenden Sympathie zu lesen, welch üble Parolen diese Zeitschrift im Gewand angeblicher Wissenschaftlichkeit verbreitete. Man muss zudem unterstellen, dass niemand in der Presseabteilung der Ständigen Vertretung sich der Mühe unterzog, ein Wer-ist-Wer der DDR-Presse anzulegen und es auf dem Laufenden zu halten. Es hätte sonst nicht verborgen bleiben können, dass Ernst-Otto Schwabe im Mai 1979 mit einer gewissen Inge Goliath im Internationalen Pressezentrum der DDR vor die Presse trat.

Frau Goliath war am 10. März 1979 zusammen mit Wolfgang, ihrem Werber, Romeo-Agenten und Ehemann, aus der Bundesrepublik getürmt; ihre Verhaftung als Agentin der Hauptverwaltung Aufklärung stand unmittelbar bevor. Nun war sie Kronzeugin, Kronzeugin für die angeblichen Machenschaften des kriegslüsternen CDU-Abgeordneten Werner Marx, den sie als Sekretärin jahrelang bespitzelt hatte. Die Aktion wirkte etwas übers Knie gebrochen. Es war eine Gemeinschaftsarbeit von MfS und KGB, die den Decknamen Cobra trug. Ihr Ziel war es, die SPD-Regierung unter Helmut Schmidt zu stützen, indem man Frau Goliath die allerunwahrscheinlichsten geheimdienstlichen Machenschaften ihres CDU-Dienstherren zulasten der sozial-liberalen Koalition in den Mund legte.[68] Doch es zeigte sich wie gewohnt, dass nichts zu blöd sein konnte, um nicht in westdeutschen Zeitungen eine Geschichte herzugeben.

Das alles blieb den Mitarbeitern der Ständigen Vertretung offenbar verborgen. Es ist sonst nicht nachvollziehbar, warum deren Leiter, Hans-Otto Bräutigam, sich ebenjenen Ernst-Otto Schwabe zum Vertrauten erkor. Er glaubte, dies sei nötig, um Nachrichten in die höchsten SED-Kreise, zu denen er selbst keinen Zugang hatte, durchstellen zu können.[69] Wenn er es nicht selbst gesagt hätte, man würde es nicht glauben wollen. Wir schreiben Mitte der 1980er-Jahre, als aus Westdeutschland Krethi und Plethi anreisten, um an allerhöchstem Orte zur Audienz empfangen zu werden. In dieser Zeit also brauchte der deutsche Spitzendiplomat einen Fürsprecher.

Schwabe berichtete selbstredend haarklein über die Begegnungen mit Bräutigam. Ob alles, was da aufgeschrieben wurde, stimmt? Wer weiß. Aber ganz falsch kann es nicht gewesen sein, denn Schwabe musste damit rechnen, dass seine Notate kontrolliert wurden. Und so war es in der Tat. Um noch anderthalbe draufzusetzen, führte das MfS neben den ohnehin obligatorischen technischen Lauschmaßnahmen eine Innenquelle in der Ständigen Vertretung. Bei seinen Dienstherren in Ost-Berlin hieß der Mann Töpfer, die bundesdeutsche Personalakte des Regierungsdirektors im Innerdeutschen Ministerium lautet auf den Namen Knut Gröndahl. 1973 heuerte er beim MfS an, 1986 kam er in die Ständige Vertretung, um dort die Politische Abteilung zu leiten. Gleichzeitig stellte die Hauptverwaltung Aufklärung den Kontakt zu Gröndahl-Töpfer ein. Das jedenfalls behauptete später der letzte Chef der HVA Werner Großmann in seinen Memoiren.[70] Wer will, mag das glauben; glaubhaft ist bestenfalls, dass man Gröndahl vorübergehend stilllegte, als Honecker 1987 unbedingt nach Bonn wollte. 1993 wurde Gröndahl enttarnt. Bis 1996 ließ sich die bundesdeutsche Justiz Zeit, um ihn schließlich zu drei Jahren Haft zu verurteilen.

Neben diesen Ärgernissen gibt es auch Komisches zu berichten. Eine der Schwalben, die ein Mauerloch in der westdeutschen Vertretung gefunden hatte, war die Inoffizielle Mitarbeiterin mit Feindberührung Galina Mark. Dieser geheimdienstliche Künstlername gehörte zur freischaffenden Schauspielerin Traudl Kulikowsky, die 1943 im von den Deutschen besetzten Lodz das Licht der Welt erblickt hatte. Zu ihrem filmischen Schaffen gehörten so illustre Streifen wie *Egon und das achte Weltwunder*, der 1964 das DDR-Publikum betörte. Es ging um Liebe und Ausreden, Lüge und Verrat. Im wirklichen Leben mag es Parallelen gegeben haben, denn Kulikowsky-Mark bot sich dem MfS als Agentin zum Ausspähen des Freundes- und Bekanntenkreises ihres Mannes an.

Eine Vielzahl von Kulturschaffenden wurde in der Folge-

 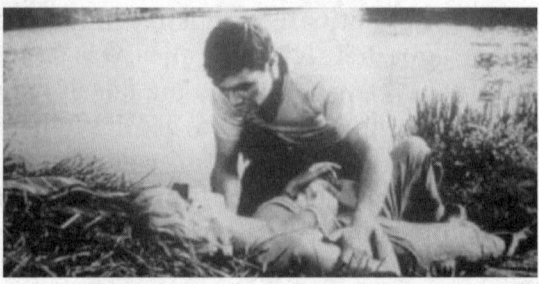

Blondine mit Feindberührung: die Filmschauspielerin Traudl Kulikowsky alias IM Galina Mark in Egon und das achte Weltwunder.

zeit durch die blonde Traudl bespitzelt. Doch der Agentenfleiß wurde nicht uneingeschränkt gewürdigt, im Gegenteil: »Die beim IME vorhandenen bildungsmäßigen Lücken, die bei der operativen Arbeit an hochintelligenten Personen besonders in Erscheinung treten, lassen es objektiv zu Lücken in der Berichterstattung kommen, vor allem, wenn es um komplizierte ideologische Probleme geht.«[71] Mit anderen Worten: Führungsoffizier Wolfgang Puls hielt die Agentin für zu blöde, wenn es um intelligente Zielpersonen ging. Was also tun? Die Einflussagentin wurde auf Feindflug umregistriert und auf die westdeutsche Vertretung losgelassen. So wenig hielt man von der Intelligenz des dortigen Personals. Doch da muss mit der Blondine irgendetwas schiefgelaufen sein, denn sie stellte 1983 einen Ausreiseantrag. Da ließ das MfS entsetzt die Finger von der Kulikowsky. Im Jahr darauf wurde der IM-Vorgang archiviert.

Fasst man die Ereignisse um die bundesdeutsche Ständige Vertretung zusammen, so wird deutlich, dass von der Hannoverschen Straße in Ost-Berlin jedenfalls kein Impuls für den Crash der DDR ausgegangen ist. Das MfS investierte hier wie an vielen anderen Stellen unnütz Kräfte. Die Fixierung auf die Fremdbedrohung war so dominierend, dass der Blick der Staatsschutzorgane auf die Wirklichkeit des eigenen Landes verstellt war.

*Fahrt in den Abgrund: die inneren Bedingungen
der DDR und das Aus der Staatssicherheit*

Die DDR befand sich in den 1980er-Jahren auf einer Rutsche in den Abgrund. Signale, die Fahrt zu verlangsamen, wurden konsequent übersehen. Der Grund hierfür war systemimmanent. Die von manchem bewunderte Kommandostruktur musste versagen, wenn der Kommandeur versagte. Doch mit einer solchen Bemerkung die gesamte Verantwortung des Desasters auf den Spitzengenossen abzuwälzen macht die Sache zu einfach. Es ist vielmehr so, dass das kommunistische System bei der Schaffung des neuen Menschen recht weit gekommen war. Der gläubige Sozialist war ein Mensch, der nicht besonders viel und besonders originell denken durfte, weil unabhängiges Denken den Klassenkampf störte. Besonders üble Folgen richtete das allgemeine Denkverbot bei denjenigen an, deren späterer Beruf eigentlich das Denken gewesen wäre.

Der intellektuelle Kreisverkehr ohne Ausfahrt im Sozialismus bewirkte, dass diejenigen, die die Denkleistungen zur Rettung der DDR hätten erbringen sollen, auf andere Dinge als die vorhandenen Probleme fixiert waren. Das gilt für die angeblichen Feinde der DDR ebenso wie für ihre Bewahrer. Um mit den angeblichen inneren Feinden zu beginnen: Wenn man das Phänomen auf schlichte Merksätze reduzieren will, müssten das alle diejenigen sein, die in der DDR die Systemfrage stellten. Doch gab es solche? Die Frage ist schwer zu beantworten, da es den offenen Markt der freien Meinungen in der DDR nicht gab. Das, was uns nach der Wende als DDR-Bürgerrechtler untergejubelt wurde, war eine höchst heterogene Gruppe, und die Mehrzahl von ihnen war um Meilen davon entfernt, die DDR beseitigen zu wollen. In ihren Köpfen spukten Vorstellungen von einem besseren Sozialismus. Damit war kein Staat zu machen. Was diese Leute zu Papier brachten, als sie sich endlich trauten, waren Botschaften, die einen Sozialismus mit menschlichem Antlitz priesen. »Für unser Land«[72] hieß eine der Episteln, um die sich diese Glaubenskrieger für den Erhalt der DDR scharten. Das wären schreckliche Herausforderungen für den Honecker-Sozialismus gewesen – fünf bis zehn Jahre früher. Doch jetzt, im Spätherbst 1989? Da waren sie nur noch lächerlich. Der Grund hierfür ist simpel, und er war für die Betroffenen erschütternd. Das Volk hatte sich erhoben und hörte nicht mehr zu.

Das, was sich vor den Augen der erstaunten Zuschauer abspielte, kam nicht aus dem Nichts. Manche behaupteten später, es sei in den Kirchen entstanden, wo so mancherlei passierte, was die Staatsmacht auf die Palme bringen musste, doch die Bilder von den Akteuren des kirchlichen Milieus wollen mit dem, was sich da auf den Straßen tummelte, nicht zusammenpassen. Diese anderen waren eine wirkliche Überraschung. Sie standen in keinem Fahndungsbuch und trugen keine Kerzen, dafür Jeans, und was sie riefen, war keine Verkündung des Sozialismus: »Wir sind das Volk.« Das ist für jede Regierung an jedem Ort der Welt, wenn die Entschlossenheit zunimmt, eine gefährliche Drohung. Mit solchen Leuten kann man nicht diskutieren, man kann nur in die Menge schießen oder zurückweichen. Der SED-Staat entschied sich für das Letztere.

Der Entschluss, nicht in die Menge zu schießen, war eine schwere Geburt. Nicht zum wenigsten eine Reihe von Äußerungen des sowjetischen Parteichefs Michail Gorbatschow hatte dabei Pate gestanden. Dabei waren diese für die Führung in Ost-Berlin verwirrend genug gewesen, denn sie enthielten einen Grundwiderspruch. Zum einen sprach der Sowjetführer permanent vom Haus Europa, in dem viele verschiedene Familien Platz hätten, zum anderen wurde die deutsche Frage als nicht auf dem Fahrplan der Geschichte befindlich bezeichnet. Dies konnte Gorbatschow nur deswegen reinen Herzens tun, weil er als gelernter Kommunist annahm, dass die kommunistischen Staaten stabile, wenn auch reformbedürftige Gebilde seien. Diese Vorstellung bewog ihn offenbar zu der weiteren Ansicht, dass es an der Zeit sei, das, was der Westen die Breshnjew-Doktrin nannte, aufzugeben. Breshnjew-Doktrin bedeutete: Die Sowjetunion würde mit Waffengewalt die Gefolgschaftstreue ihrer Satelliten erzwingen, sollten diese es wagen, aus der Reihe zu tanzen. Das war der Welt im Sommer 1968 vorgeführt worden, als sowjetische Panzer den Reformkommunismus tschechischer Prägung platt walzten. Zwölf Jahre später hatten sich die Polen der ultimativen Drohung mit der gepanzerten Gewalt gebeugt. Der Staatsstreich des polnischen Generals Wojciech Jaruzelski bereitete der legalen Solidarność-Bewegung ein jähes Ende und brachte Zigtausende in Lagerhaft.

Doch seit 1986/87 war aus den Reden Gorbatschows deutlich herauszuhören, dass es eine derartige Interventionspolitik nicht mehr geben solle. Natürlich wusste niemand genau, ob das einer praktischen Erprobung standhielt. Im Frühjahr und Sommer 1989 kam es dann zum Schwur. Ausgerechnet in Ungarn, dem Land, dem 1956 in schrecklichster Form vorgeführt worden war, was passiert, wenn brüderliche Hilfe erscheint, geschah das, was bei gewohntem Verlauf der Dinge zum sowjetischen Eingreifen hätte führen müssen. Im Frühjahr 1989 wurden nämlich in Ungarn politische Parteien zugelassen, und am 16. Juni 1989 erfolgte an seinem 31. Todestag das feierliche Begräbnis des Führers des ungarischen Aufstandes, Imre Nagy. Es war eine Massendemonstration, an deren Zielrichtung kein Zweifel bestehen konnte. Sie wurde bei den Ostexperten des Westens als eine Art ungarischer Folklore missverstanden. Doch dann wandelten sich die Dinge dort sehr rasch. Bereits am 19. August 1989 öffnete Ungarn für einen Tag seine Grenze zu Österreich, einen Monat später dann endgültig. Damit hatte der Eiserne Vorhang ein faustgroßes Loch, das Tausende von Menschen aus der DDR zur Flucht in den Westen nutzten.

Das Gespenst des Jahres 1961 tauchte aus der Versenkung auf. Die DDR lief leer. Während die Berliner Schnauze textete: »Genossen, der Letzte macht das Licht aus«, starrten die Funktionäre der SED zutiefst verunsichert auf die Ereignisse. Jahrelang hatten die Vormänner der Staatspartei und die der Staatssicherheit den Krieg geprobt, hatten ausgerechnet, wann die Panzerspitzen in diesem geschichtlich notwendigen und daher gerechten Waffengang den Rhein erreichen würden. Sie hatten geplant, wer zur Absicherung dieser nach dem Fahrplan der Marx'schen Geschichtstabelle zwingenden Auseinandersetzung der Klassen im eigenen Land einzusperren war, und vieles mehr.

Doch nun dies. Ausgerechnet die Arbeiterklasse erhob sich zur Konterrevolution. Die Genossen der Staatssicherheit hatten die falschen Leute im Visier gehabt. Jahr um Jahr hatten sie sich um Pfarrer und andere Möchtegernlinke gekümmert, die alles andere wollten, als ausgerechnet die DDR abzuschaffen. Sie hatten mit ihren ätzenden Zersetzungsmaßnahmen *die* Leute mundtot gemacht und außer Landes geschafft, die den Sozialismus grundsätzlich bejahten. Und darüber hatten sie versäumt, den Genossen Lenin gründlich zu studieren, wie der das gemacht hatte, wenn es darum ging, ein aufmüpfiges Volk das Fürchten zu lehren. Lenin hatte Giftgas aus den Beständen der Zarenarmee einsetzen lassen, um die Konterrevolutionäre von Kronstadt, Satarow und anderswo in die Knie zu zwingen. Natürlich legte der Herr des Klassenkampfes dabei nicht selbst Hand an. Das besorgten seine Henker wie der ehemalige zaristische Fähnrich Michail Tuchatschewski.

In der DDR jedoch fehlten beide. Die winzige Palastrevolution, zu der sich die Genossen des Politbüros dann endlich aufrafften, um den siechen Generalsekretär ihrer Partei abzuräumen, war höchst komisch. Als wäre alles beim Alten, konspirierten die Herren hin und her und machten sich Gedanken, ob sie den Staatssicherheitsminister auf ihre Seite ziehen könnten. Sie konnten nicht ahnen, dass der wenig mitteilsame Mielke in dieser Sache bereits vor anderthalb Jahren in Moskau, also an richtiger Adresse, einen Vorstoß unternommen hatte. Es war nicht sein erster Versuch, denn dasselbe Anliegen hatte er bereits einige Jahre zuvor bei Andropow vorgetragen. Doch Parteichef Gorbatschow, zu dem er im April 1988 vorgelassen worden war, reagierte auf Mielkes klare Forderung, dass Honecker wegmüsse, mit Schweigen.[73]

Auch im Herbst 1989 bewies der nach außen hin gegenüber Honecker stets devote Mielke immer noch Machtinstinkt genug, am SED-Kaspertheater teilzunehmen. Er mochte aber erst mittun, wenn die Botenpflicht in Richtung Moskau erledigt war. Also informierte er den neu ernannten Statthalter des KGB in Ost-Berlin, Generalleutnant Anatolij Nowikow. Allerdings wusste der es schon, ohne Mielke etwas davon zu sagen. Denn die sowjetischen Freunde hatten in der SED-Führung ihre eigenen geheimdienstlichen Quellen. Jedenfalls telefonierte Nowikow die Neuigkeiten höchst konspirativ nach Moskau durch. Dort war Funkstille.[74] So jedenfalls musste es den Funktionären in der KGB-Residentur und auch den SED-Aufständischen erscheinen.

Aber so war es nicht. Ausgerechnet in einem westdeutschen Boulevardblatt stand es am 13. Oktober 1989 in dicken Lettern zu lesen: Honeckers letzter Arbeitstag ist der 18. Oktober 1989. Im Gegensatz zu manch anderem, was diese Zeitung in die Welt hinausschrie, stimmte diese Meldung. Wo war sie her? Der Blick richtete sich aufs ferne Moskau und seine Helfershelfer in Deutschland, denn die, die am Vortag den Plan des Honecker-Sturzes ventiliert hatten, also die ZK-Genossen Egon Krenz, Günter Schabowski und Wolfgang Herger, hatten keinerlei Interesse daran, dass dergleichen verfrüht an die Sonne kam.[75] Die Freunde in Moskau schon, denn sie mochten sich vorstellen, so den Anlauf zum längst überfälligen Honecker-Sturz unumkehrbar zu machen.

Für die Politbüro-Konspirateure in Ost-Berlin bedeutete das offiziöse Schweigen Moskaus nach ihrer eigenen Lesart, dass der Weg frei war. Also: Sündenbock präsentieren und dann weiter wie gehabt. Doch das Konzept wollte diesmal nicht klappen. Denn nunmehr hatte eine weitere Person ihren Körper zur Rettung der DDR in die Bresche geworfen: der schwergewichtige Alexander Schalck-Golodkowski, Herr der KoKo-Devisenwäscherei und Oberst des Ministeriums für Staatssicherheit in besonderem Einsatz; er hatte das Rezept miterdacht und aufgeschrieben.[76] Es war kein feines Rezept, und es lautete grob skizziert so: Herstellung der Konkurrenzfähigkeit der DDR-Wirtschaft durch breite Senkung der Arbeitslöhne und Entlassung mindestens eines Drittels der Arbeitnehmerschaft. Versteht sich, dass Schalck sich und seinesgleichen bei diesem Gesundbetungsvorschlag zu erwähnen vergaß.

Als der westdeutsche Zollfahnder Horstmar Koch Monate später bei der Suche nach dem Tafelsilber der DDR in einem der Müllhaufen der Geschichte auf das Schalck-Papier stieß,[77] beschloss er, es der Nachwelt auf die Nase zu binden. Die mit dem Dokument sodann behelligten Herren des Bundeskanzleramtes blickten ebenso streng wie indigniert und sprachen von unerwünschter Negativpropaganda. Der ursprüngliche Empfänger des Schalck-Papiers hatte den Aufschrieb ernster genommen: Egon Krenz. Er war der Honecker-Nachfolger, und er wirkte auf westliche Beobachter etwas einfältig. Doch das war ein Irrtum, denn der Mann erkannte, dass es in diesem Stadium der Misere nicht ratsam sein würde, auf das Volk zu schießen, das sich ungehorsam auf den verrotteten Straßen herumtrieb, statt am Aufbau des Sozialismus mitzuwirken, und dass er eines nicht war: der Retter der DDR. Also trat er am 3. Dezember 1989 von seinen Partei- und drei Tage später von seinen Staatsämtern zurück.

Während des Interregnums von Krenz war noch etwas anderes passiert, was in seiner Wichtigkeit gar nicht hoch genug eingeschätzt werden kann. Der allmächtige Minister für Staatssicherheit, Erich Mielke, erklärte am 13. November 1989 seinen Rücktritt. Doch anders, als es vielleicht den Anschein hat, war nicht der Umstand wichtig, *dass* Mielke zurücktrat, sondern *wie* er es tat. Jedermann, der wollte, konnte es erleben, denn die Szene fand in der Volkskammer statt, und aus dieser wurde durch das DDR-Fernsehen berichtet. Der Mann, der über dreißig Jahre an der Spitze der Geheimpolizei gestanden hatte und unumschränkter Herrscher über 100000 Genossen an der geheimen Front und mindestens ebenso viele Spitzel war, gab seine Abschiedsvorstellung: Es trat ein vor sich hin haspelnder Greis auf, der unfreiwillige Lacherfolge dafür erntete, dass er den Genossen und der Bevölkerung mitteilte, er liebe alle. Der rasante Autoritätsverfall war eine Sache von Minuten, und er schlug wie ein Dampfhammer auf die Organisation nieder, die er so lange befehligt hatte. Jetzt, in diesem Moment, schwante den Tschekisten, dass ihre Macht, die auf Einschüchterung und der Verbreitung von Furcht beruht hatte, in nichts zerstob. Über einen Komiker lacht das Publikum – erst recht, wenn er wütend wird.

Der Rest ist schnell erzählt. Nachfolger Mielkes wurde der bisherige Ministerstellvertreter Wolfgang Schwanitz, mit seinen neunundfünfzig Lebensjahren ein geradezu junger Mann im Vergleich zum Vorgänger. Doch schon nach einem Monat Dienstzeit wurde er am 14. Dezember 1989 wieder nach Hause geschickt. Die Genossen hatten derweil den Befehl erhalten, sich vom Volk fernzuhalten, peu à peu ihre Kreisdienststellen aufzulösen, die Bezirksdienststellen gegen Eindringlinge zu sichern und mit der Aktenvernichtung zu beginnen. So geschah es. Aus den Dienststellen stieg weißer Rauch auf. Was dort drinnen passierte, sprach sich rasch herum und erweckte den Zorn der Leute, bis die Ersten auf die Idee kamen nachzusehen. Wie üblich fand sich auch jenes Publikum ein, das stets dabei ist, wenn es irgendwo nach Plünderung riecht oder beim Nachbarn brennt. Zahlreich sicher auch jene, die sich überzeugen wollten, ob beiseitegeräumt war, was sie selbst als Spitzel zum Besten gegeben hatten.

Quasi-Besetzung der Runden Ecke, des Sitzes der MfS-Bezirksverwaltung von Leipzig, am 4. Dezember 1989. Vorn links am Tisch MfS-Generalleutnant Manfred Hummitzsch, der Leiter der BV, daneben Oberstleutnant Brüning, Leiter der Abteilung XV (Aufklärung [= Auslandsspionage]), dahinter (mit Lederjacke und Kaffeetasse) Wolfgang Schnur; für die einen war er der führende Mann im Bürgerkomitee, für die anderen IM Torsten. (Foto: Michael Kurt)

Der frisch ins Amt gelangte Vorsitzende des Ministerrats der DDR tat dann ein Übriges, um den Unmut der Bevölkerung zu heben, indem er die Ankündigung in die Welt setzte, aus dem MfS ein Amt für Nationale Sicherheit (AfNS) formen zu wollen, also das Gros der Staatssicherheit durch schlichte Umbenennung zu retten. Diese schwer begreifliche Maßnahme, die das ruhiger gewordene Land erneut aufbrachte, konnte nur im Wolkenkuckucksheim entworfen worden sein. Denn sie erfolgte zeitgleich mit den immer haarsträubenderen Geschichten, die aus vierzig Jahren praktischer Tätigkeit des MfS an die Öffentlichkeit drangen. Trotzdem nickte die Volkskammer den Geheimdienst-Blödsinn am 17. November 1989 ab. Der Mann, der für diesen neuerlichen Volkszorn die politische Verantwortung trug, hieß Hans Modrow. Ein Schelm des realen Sozialismus hatte die Floskel aufgebracht, dass dies »der ehrliche« Hans Modrow sei. Westmedien, die sich der DDR-Beweihräucherung verschrieben hatten, setzten noch eins drauf und machten aus dem ehrlichen Hans Modrow den »Hoffnungsträger«. Mit dieser Vorab-Glorifizierung dienten die Modrow-Claqueure, wenn auch ungewollt, zum ersten Mal ihrem Lande. Sie förderten in bemerkenswerter Weise die aggressiver werdende Abscheu großer Teile der Bevölkerung in der DDR gegen die Herrschaft der SED.

Wie grotesk die Dinge in Wirklichkeit waren, lässt sich heute nur noch annähernd feststellen. Werfen wir dazu noch einmal einen Blick in die Provinz, beispielsweise nach Erfurt. Die Bezirksstadt dümpelte politisch und wirtschaftlich am Rande der Bedeutungslosigkeit. Eine angeblich begonnene Mikrochip-Produktion in der Erfurter Haarbergstraße provozierte unter Eingeweihten den Kalauer vom größten Mikrochip der Welt. Das Ding, das schließlich mit großem Pomp präsentiert wurde, stammte aus verbotenen Technikgeschäften, die von der HVA via Ungarn abgewickelt worden waren.[78] Erfurt beherbergte 1989 noch knapp 200 000 Einwohner; aber wahrscheinlich war selbst diese Zahl schöngerechnet. Genauer dagegen kennen wir die Zahl derer, die für die Herstellung und Bewahrung der politischen Stagnation verantwortlich zeichneten. Unter dem MfS-Bezirkschef Josef Schwarz wirkten 2915 hauptberufliche Genossen der Staatssicherheit und 8672 nebenamtliche Kräfte, die Inoffiziellen Mitarbeiter (IM). Allein in der Stadt Erfurt war in etwa jeder einhundertvierzigste Einwohner Mitarbeiter des MfS. Schon die Zahl der Bediensteten und ihrer Spitzel sorgte dafür, dass der Apparat nur noch Schaden anrichtete, denn automatisch lief der Film ab, dass, wer keine Feinde hat, sich welche schafft. Die Lähmung der Gesellschaft beruhte im Wesentlichen auf diesem Überwachungs- und Gängelungssystem, dessen Garant das MfS war. Das ging so lange gut, bis die Arbeiter des Funkwerks und des Büromaschinenwerks Optima via Ungarn zum Klassenfeind entschwanden. Tief war der Sturz der Genossen der Staatssicherheit, denn sie wurden, so stellte sich jetzt rasch heraus, nicht gebraucht. Und wer nicht gebraucht wird, wird fürderhin nicht gefürchtet, sondern stört nur noch.

Wie tief der Sturz war, lässt sich in der Memoirenliteratur nachlesen, die in den 1990er-Jahren die diversen Insider-Buchmärkte überschwemmte. Dankenswerterweise hat der ehemalige Offizier Joachim Schlaack ein solches Büchlein verfasst. Darin bezeichnete er sich selbst als Mitarbeiter des DDR-Staatsapparats (Abwehr). Das Buch trägt den Titel *Der Stasi-Auflöser* und befasst sich mit seinem Feind, einem dort Fritz genannten Erfurter.

Der Mann, der hier als Fritz den ganzen Hass der ehemaligen Staatssicherheitsoffiziere auf sein Haupt versammelt hatte, hieß in Wirklichkeit Matthias Büchner. Er war mit Sicherheit ein Original, das gleich nach der Wende als Abgeordneter in den frisch installierten Thüringer Landtag einzog. Eine Listenverbindung von Demokratischem Aufbruch, den Grünen und Demokratie Jetzt hatte es möglich gemacht. Dort saß er beispielsweise mit einem Mann namens Klaus Höpcke zwangsläufig in den Abgeordnetenbänken zusammen. Auch der war ein Original an dieser Stelle, denn er entstammte aus der Berliner SED-Spitzennomenklatura und hatte bis kurz zuvor noch in Berlin-Mitte in der Clara-Zetkin-Straße 90 als stellvertretender Minister für Kultur dafür gesorgt, dass in der DDR kein missliebiges Buch im Druck erscheinen konnte.

Büchners Politikerdasein dauerte nur eine Legislaturperiode, Höpcke hingegen bekam weiterhin seine wohlverdienten Diäten ausbezahlt, denn mittlerweile versammelten sich nur noch die Angepassten im Landtag. Büchner hingegen hatte sich gegen die in die Welt gesetzten Vorwürfe zur Wehr setzen müssen, er sei selbst Spitzel des MfS gewesen; zum Beweis dessen hatten seine Gegner auf Akten hingewiesen, in denen der Gescholtene vorkam. Doch bei näherem Hinsehen zeigte sich, dass dies eine misslungene Anwerbung war, in der MfS-Diktion IM-Vorlauf geheißen, die von den Genossen der Staatssicherheit entnervt abgebrochen worden war. Und selbstredend waren es Typen wie Büchner und nicht etwa Höpcke, die Anfang Dezember 1989 die Arbeit der Staatssicherheit durch ihre schiere Anwesenheit in den Gebäuden beendeten.

Leicht kann man den Hass der Organe darüber nachvollziehen, dass sich hier Leute einfanden, von denen man jahrelang geglaubt hatte, sie bestens unter operativer Kontrolle zu haben. Noch im September 1989 hatte der MfS-Bezirkschef von Erfurt, Josef Schwarz, eine Weisung unterschrieben, die im hier untersuchten Zusammenhang doppelt interessant ist. Sie zeigte zum einen, *wie* man mit der unübersehbaren, aus allen Löchern hervorquellenden Opposition umzuspringen gedachte, und offenbarte, wichtig genug, zum anderen, dass diese Opposition kein Initiativvorgang der Staatssicherheit war. Hier der Wortlaut:

»Es sind die Voraussetzungen dafür zu schaffen, ausreichend inoffiziell präsent zu sein, wenn es trotz Verboten und Sanktionen zur Bildung oppositioneller Sammlungsbewegungen kommt. Dabei sind vor allem solche IMS zu schaffen, die in Führungsgremien der feindlich-negativen Kräfte eingeschleust werden können, ohne selbst zu Initiatoren/Organisatoren feindlich-negativer Aktivitäten zu werden. Diese Inoffiziellen Mitarbeiter müssen vielmehr in der Lage sein, Formierungsbestrebungen oppositioneller Kräfte von innen heraus zu stören, insbesondere den Versuch der Herbeiführung einer einheitlichen Organisationsstruktur bzw. ›Dachorganisationen‹ zu verhindern, einzelne Mitglieder bzw. Sympathisanten derartiger Sammlungsbewegungen zu verunsichern, Rivalitäten zwischen Führungspersonen zu schüren, Angst vor Sanktionen hervorzurufen und Ansatzpunkte für eine disziplinierende Einflussnahme herauszuarbeiten.«[79]

Doch das alles war letztlich in den Wind geschrieben, als ein gemischtes Publikum vor den Türen der Staatssicherheit erschien, um sich dort selbst umzusehen. Allein die kleine Zahl der Besetzer, die halb ängstlich, halb lautstark Einlass begehrten, dieses offensichtliche zahlenmäßige Missverhältnis degradiert den Vorgang zur Farce. Denn ungefähr so lief die Sache tatsächlich ab:

Am 3. Dezember 1989 traf sich in Grünheide bei Berlin in der Stammkneipe des mittlerweile verstorbenen kritischen Regime-Kommunisten Robert Havemann eine Reihe von Leuten des Neuen Forums zu einer Art Nostalgie- und Was-tun?-Veranstaltung. Durch Cognac aus einer Spende des plötzlich hinzutretenden exausgewiesenen kommunistischen Liedersängers Wolf Biermann befeuert, beschloss die Runde, etwas zu unternehmen. Dies und das wurde verworfen, dann entschied man, sich mit der Staatssicherheit anzulegen. Büchner telefonierte es nach Erfurt durch. Am Ende der Leitung ein Ingenieur des Büromaschinenwerks Optima, beliebt in den Büros der Welt. Der Ingenieur mit dem Ohrring hieß Manfred Ruge, der gab die Neuigkeiten an seine Spezis durch. Das hatte Folgen. Morgens, am 4. Dezember 1989, traf sich die Ärztin Kerstin Schön mit vier anderen Frauen in der Erfurter Stadtverwaltung. Sie bildeten die Gruppe »Frauen für Veränderung« und forderten, dem Treiben in der MfS-Residenz ein Ende zu bereiten. Doch die Stadtoberen zuckten nach bewährter Art und Weise die Schultern. Stasi? Nö, nie gehört.

Nun sagte eine es dem anderen, und eine Gruppe Empörter zog in die Andreasstraße vor das Gebäude der MfS-Bezirksverwaltung. War zu Fuß gut zu erreichen, aber abgeschlossen und bewacht. Die Herren wollten sich vom Volk nicht mehr stören lassen. Erst nach geraumer Zeit ließ sich der Bezirkschef, Generalmajor Schwarz, dazu herab, eine Delegation zu empfangen, aber nicht mehr als zehn durften es sein. Während die noch hin und her palaverten, wurde es den Wartenden auf der Straße langweilig. Sie umschlichen das Gebäude, und siehe da, ein Nebeneingang war offen und auch unbewacht. Dort drangen sie ein und machten von innen das Haupttor auf. Hereinspaziert, die Herrschaften. Das war der Sturm auf die Stasi-Zentrale.[80] Unter den Besetzern auch ein knappes halbes Dutzend Leute aus der evangelischen Kirche. Das war, wie sich nur zu bald herausstellen sollte, für alle Beteiligten ein Ärgernis eigener Art.

Nichts war in der DDR so umfassend geheimdienstlich unterwandert wie ausgerechnet die evangelische Kirche. Das Thema ist mit deutscher Professorengründlichkeit bis in den Kirchgarten von Meuselwitz hinein untersucht worden. Dem ist nicht viel hinzuzufügen. Hier genügt die Feststellung, dass die Formel von der Kirche im Sozialismus zweierlei war. Zum einen war Kirche im Sozialismus der heimliche Machtanspruch der SED gegenüber den vom MfS gelenkten Kirchenorganen, zum anderen war es eine Selbstbenennung. Kirche im Sozialismus war die von etlichen evangelischen Pfarrern und anderen frommen Dienern wie eine Kirchenfahne getragene Parole, und sie bedeutete, dass sich ihre Träger dem Bolschewismus verschrieben hatten.

Beide Dinge waren auf das Aberwitzigste miteinander verknüpft. Bischöfe und Oberkirchenräte scheuten sich nicht, dem Geheimdienst als Agenten zu dienen, und das in einer Zahl, dass man nicht nur vom MfS in der Kirche, sondern auch von der Kirche im MfS sprechen könnte. Dieses Schaukelverhältnis von konspirativer Staatsmacht und kirchlicher Gefälligkeit bewirkte, dass auf beiden Seiten der Größenwahn vorherrsche. Wie in vielen anderen Fällen auch zeigte sich später, dass hier viel Zeit und Energie vergeudet worden war. Die Größe und der Einfluss der Kirchen waren maßlos überschätzt worden, und die paar Systemgegner, die es unter den Pfarrern auch gab, waren allgemein bekannt, man brauchte des Sonntags nur ihren Predigten zu lauschen. Das stotternde Anspringen des Kirchenmotors im Wendeherbst war nun vor allem diesen zu danken.

Jetzt allerdings bequemte sich auch die kirchliche Obrigkeit zu neuen Tönen, denn sie musste sich Sorgen machen, dass ihre Verstrickung zu offensichtlich werden könnte. Also eilte man, den alt-bösen Feind zu bezwingen. Martin Luther mutierte über Nacht vom SED-geprüften sozialistischen Revolutionär[81] zum Kämpfer gegen die Realbolschewiken. Bei den in Mode kommenden Besetzungen der Zentralgebäude der Staatssicherheit zeigte sich bald ein Pferdefuß. Die riesige Menge des brisanten Altpapiers machte es den ungeübten Besetzern unmöglich, Wichtiges von Banalem zu trennen. Zudem dachte zunächst erst einmal jeder an sich selbst. Wer ohne Arg war, wollte flugs herausfinden, was das verhasste System über ihn selbst zusammengespitzelt hatte. Die weniger Harmlosen hatten anderes im Sinn. Ihnen kam es darauf an, verschwinden zu lassen, was sich dort dem erschrockenen Auge an Belastendem darbot. So schafften viele vieles beiseite. Der Regierungsangestellte der Bundesrepublik Deutschland beim Bundesbeauftragten für die Stasi-Akten, Ehrhart Neubert, hat beispielsweise ganz offen eingeräumt, sich einen solchen Fundus beschafft zu haben. Im Jahr 2002 schrieb er, als gäbe es die Ablieferungspflicht nach dem Stasi-Unterlagen-Gesetz nicht, über die Herkunft von Unterlagen des MfS, aus denen er sich sozusagen selbst zitierte: »BV [Bezirksverwaltung des MfS] Erfurt, Leiter, 27.9.1989, Tgb. Nr. 563/89, S. 24, gezeichnet Schwarz, Generalmajor, ohne Kennzeichnung des BStU, Bestand Neubert, Akte DA-MfS.«[82]

Durch die enge Verquickung von solchen und solchen bei den Besetzungsaktionen kam es zu viel Hokuspokus, zu Beschuldigungen und ersten großen Aha-Erlebnissen. In ihrer Harmlosigkeit begannen manchenorts die Besetzer, Belastendes für die Staatsanwaltschaft auszusortieren. Dort verschwand es dann auf Nimmerwiedersehen.[83] Heute wundert man sich darüber, doch wir müssen bei diesem Verhalten im Auge behalten, dass dies die Zeit war, wo die neuen Spitzen der SED ins Korruptionshorn zu tuten begannen. Honecker, Tisch und andere kamen in Haft, die Wohnanlage Wandlitz geisterte durch die Gazetten, und der windige Alexander Schalck-Golodkowski setzte sich in den Westen zum nunmehr ehemaligen Klassenfeind ab. Da fiel es gar nicht weiter auf, wenn so mancher plötzlich »Haltet den Dieb!« rief. Es war dies die Zeit, als die SED-Funktionäre, wenn sie denn noch bei der Stange geblieben waren, zu ahnen begannen, dass sie jetzt aktiv werden müssten, wenn sie nicht in Kürze auf dem Müllhaufen der Geschichte landen wollten.

Doch zum Glück hatte die SED in der kurzen Phase der nur noch nominellen Herrschaft des »ehrlichen« Hans Modrow weitere bemerkenswerte Ideen zur Beendigung ihres Regimes. Hierher zählte beispielsweise ihr Versuch, die Straße zurückzuerobern. Dabei mochte den Planern durch den Kopf gespukt sein, dass die Partei der Arbeiterklasse über die eindrucksvolle Mitgliederzahl von mehr als zwei Millionen Menschen verfügte. Also wurde eine Art Maifeier auf dem Alexanderplatz beschlossen, und das gleich Anfang November.

Es war in der Tat ein bemerkenswerter Aufzug, der da im grauen Novemberdunst in Reichweite des Ost-Berliner Fernsehturms stattfand. Und mancher Genosse mochte sich und die Führung erfreut beglückwünschen, dass die Partei den Weg zu den Menschen suchte, wie es so schön hieß. Doch diese Menschen, die die SED wiederentdeckt zu haben glaubte, sahen vor allem eines: dass dort die Parasiten des Systems auftraten, unter ihnen gleich zweimal Wolf, einmal Christa, die Schriftstellerin, und dann auch noch Markus, Generaloberst der Staatssicherheit im Ruhestand. Welch rätselhafte Regie diese beiden als Hoffnungsträger zu präsentieren trachtete, blieb öffentlich unerörtert. Ihre Wirkung hingegen nicht. Man kann es kaum besser zusammenfassen, als es der Romancier Thomas Brussig etwas später in *Helden wie wir* getan hat. Es war eine krude Veranstaltung, die ungewollt Entscheidendes zum Regimesturz beitrug. – Es war Realsatire, die auch dem letzten Werktätigen in der DDR klarmachte, dass es so nicht weitergehen konnte.

Ein weiterer Regierungsangestellter der Bundesrepublik

Die Promis am 4. November 1989 in Ost-Berlin. Das Foto ist zu schön, um wahr zu sein: Die Hierbleiben-Woller stehen vor dem Reisebüro der DDR.

Deutschland beim Bundesbeauftragten für die Stasi-Unterlagen, Walter Süß, hat mit Liebe zum Detail die Demonstration vom 4. November 1989 in Ost-Berlin beschrieben. Achtundzwanzig Seiten seines Buches *Staatssicherheit am Ende* benötigte er, um die folgenden Sätze zu begründen:

»In Ost-Berlin bereiteten sich zu dieser Zeit viele Menschen auf ein Ereignis vor, das zu einem Höhepunkt der Herbstrevolution werden sollte: die Demonstration am 4. November. Nachträglich hat Jens Reich, der auf der Kundgebung als Mitbegründer des Neuen Forums sprach, diese Demonstration als ›das Beste‹ bezeichnet, ›was die DDR hervorgebracht hat, ein politisches Schlussfeuerwerk‹, und Wolfgang Ullmann hat gar vorgeschlagen, den Tag zum ›künftigen Nationalfeiertag aller Deutschen‹ zu erklären.«[84]

Ungläubig liest man dies und vieles, was sonst noch folgt. Auch hier hat der General der Staatssicherheit im Ruhestand, Markus Wolf, seinen Auftritt, und der Leser erfährt, dass es eine Absprache zwischen dem Stalin-Preisträger Heiner Müller und dem Karl-Marx-Ordensträger Wolf war, die Wolf aufs Podium brachte. Gespannt lauscht man dem von Markus Wolf kolportierten Telefonat mit dem alten Vorgesetzten Erich Mielke: »Willst du etwa schon wieder sprechen?« Widerstandskämpfer Wolf setzte sich durch. Dann auch noch dies: Altkommunist Walter Janka wollte ebenfalls reden, aber nicht neben Wolf.

Bei diesem Zwist muss man einen kleinen Moment verweilen; er ist ein Leckerbissen für Zyniker. Janka war Namenspatron einer angeblichen Verschwörergruppe Harich-Janka, die das DDR-Regime im Anschluss an den Ungarn-Aufstand 1956 beseitigen wollte. In Wirklichkeit war er der Chef des Aufbau-Verlages in Ost-Berlin. Die DDR-Justiz der Hilde Benjamin sah das seinerzeit auftragsgemäß anders und stellte, ebenfalls auftragsgemäß, eine Verschwörung mit dem Ostbüro der SPD fest. Sie brachte Janka die Verurteilung zu fünf Jahren Zuchthaus ein. Das bedeutete strenge Isolationshaft des Häftlings 3/58 im Stasi-Knast von Bautzen; in dieser Stadt hatte Janka schon während des Dritten Reiches im Zuchthaus gesessen.

Nach der DDR-Haft wieder auf freiem Fuß, folgte ein Leben am Rande des Existenzminimums. Das war nicht verwunderlich. Doch erstaunlich war dies: Janka blieb der Sache des Kommunismus treu; eine Ausreise nach Westdeutschland lehnte er ab. Im Mai 1989 erinnerte sich das Regime in Ost-Berlin plötzlich des Fünfundsiebzigjährigen und verlieh ihm den Vaterländischen Verdienstorden in Gold für seine Leistungen beim Aufbau des Sozialismus. Hieran sind weniger das Faktum und der Zeitpunkt irritierend als der Umstand, dass Janka die Auszeichnung annahm. Doch was soll's; wir haben darüber nicht zu Gericht zu sitzen, denn jetzt tat Janka etwas ganz anderes: Er veröffentlichte – im Westen, versteht sich – ein Buch mit dem Titel *Schwierigkeiten mit der Wahrheit*.

Die Genre-Definition auf dem Buchumschlag lautet »Essay«, doch es ist alles andere als das. Es handelt sich vielmehr um eine kurze Beschreibung der Erlebnisse des Autors ab dem Ungarn-Aufstand: seine Festnahme, die Verurteilung in einem Schauprozess und die Haft – eine wegen ihrer Nüchternheit und Kürze besonders schneidend ausgefallene Abrechnung mit dem SED-Regime der Jahre 1956 bis 1960. Zur Zeit danach: kein Wort. Es ist klar, dass ein Mann mit diesem Vorlauf unter den Eingeweihten des Systems im Wendeherbst zum Hoffnungsträger aufsteigen musste.

Nun zu Wolf: Wir blättern in seinen Erinnerungsbüchern und kommen dort zu merkwürdigen Erkenntnissen. Auch er beschrieb die Schwierigkeiten, die dem SED-System in der Zeit nach dem Ungarn-Aufstand erwuchsen. Doch da sieht alles ganz anders aus. Er, Wolf, so haben wir es bereits dargestellt, konnte den Systemsturz, den das Ostbüro der SPD organisiert habe, mithilfe seines Agenten Herbert Wehner rechtzeitig verhindern. Wir neigen dazu, der Janka'schen Variante den Vorzug zu geben und Wolfs Erzählung im Märchenbuch der Staatssicherheit abzuheften. Man versteht, warum Janka neben dem ehemaligen stellvertretenden Minister für Staatssicherheit nicht sprechen wollte.

Wer Zweifel hat, möge in Wolfs Autobiografie weiterlesen. Dort stößt man auf die Stelle, wo sich Wolf ein knappes Jahr später, 1990, Gedanken macht, die DDR kurz vor Toresschluss zu verlassen. Seine Freunde rieten ihm dazu. Einen dieser Freunde nennt er mit Namen: Walter Janka.[85] Junge, Junge, der muss sich mehrfach um die eigene Achse gedreht haben. Zum Glück wurde der Stänkerer Janka jetzt, im November 1989, krank. So konnte Wolf zum Volk sprechen.[86] Doch das wollte einfach nicht hören und pfiff gellend. Ein Inoffizieller Mitarbeiter der MfS-Hauptabteilung XX (politischer Untergrund) hat über die Vorbereitungen berichtet. Sein Name ruht in den Verliesen der Stasi-Aktenbehörde. BStU-Autor Süß hat ihn verschwiegen. Warum verdiente der Spitzel solch einen Schutz? Er wollte Liedermacher werden. Wer weiß, vielleicht singt er noch heute für einen besseren Sozialismus.

Dem anonymisierten Spitzel verdanken wir auch den Auftritt des Revolutionärs Manfred Weckwerth, der mutig verkündete, er werde mitdemonstrieren, erlaubt oder nicht erlaubt. Weckwerth, ein Freiheitskämpfer, im Zivilberuf Intendant des Berliner Ensembles und von 1955 bis Anfang 1989 Agent des Ministeriums für Staatssicherheit.[87] Oder wie wäre es mit dem Schein-Demokraten Stefan Heym? Er sprach und erhielt starken Applaus. Im Westen war der Mann noch im Jahr zuvor in aller Munde gewesen, weil er sich im ZDF wie folgt ausgelassen hatte: »Es geht nicht mehr um die Tapete und die Farbe der Wand. Es geht um die Gespenster im Keller. Es geht um die Skelette im Schrank, um den ganzen Mief, der ausgelüftet werden muss. Das wird die Auseinandersetzung der nächsten Jahre sein.«[88]

Aus Sentenzen wie dieser hier machten Unbedarfte den großen Demokraten Stefan Heym. Man sollte ihn im Wendetumult besser kennenlernen, denn jetzt war er der Mann, der den Deutschen in der DDR, die nicht wie er selbst das Privileg eines Westkontos genossen, verkündete, sie sollten nicht hinter dem Flitterkram des Westens herlaufen, nur um den Sozialismus aufzugeben. Es war derselbe Heym, der wenige Monate später dazu berufen wurde, unter einem Nicht-SED-Innenminister namens Peter-Michael Diestel die Auflösung der Staatssicherheit als Elder Statesman zu begleiten.

Die Mitarbeiter des MfS waren empört. Sie sahen seine Rolle anders. Existenzgefährdend, wie man unschwer verstehen kann, und sie versorgten die bundesdeutschen Berater dieses kruden Geschäfts mit den jüngsten intimsten Äußerungen von Heym aus dessen Tagebuch, um sich bei den neuen Herren einzuschleimen. Wo sie ihr Wissen herhatten? Nun, aus den inoffiziellen Quellen, die sie im Falle Heym aufrechtzuerhalten für richtig befanden. Sie spähten ihn also mithilfe altgedienter Spitzel aus. Doch Heym blieb sich und seinem Sozialismus treu. Daher auch im November der Applaus der Genossen auf der Straße. Das also war die Versammlung, der die Bewahrer der DDR ein Denkmal durch Ernennung zum Nationalfeiertag setzen wollten.

Bereits fünf Tage später folgte der zweite Teil dieser SED-Klamotte. Doch diesmal hatte der Auftritt sofort und unmissverständlich Folgen. Dabei hatte alles ganz harmlos angefangen, sozusagen wie gehabt. Politbürokrat Günter Schabowski hielt eine Pressekonferenz ab, in der er zum Besten gab, was das hohe Gremium sich alles an Neuerungen ausgedacht hatte, um seine Macht zu stabilisieren.[89] Bei dieser Gelegenheit sorgte er durch ein Versehen für die Öffnung der Mauer.

Als er nämlich auf Rückfragen erklärte, die Beratungen über ein Reisefreiheitsgesetz würden, so weit er das erkennen könne, sofort in Kraft treten, war die Sensation perfekt. Zehntausende Ost-Berliner wollten am selben späten Abend die Probe aufs Exempel machen.

Jetzt bot sich der SED-Führung zum letzten Mal die Möglichkeit, ihrem Machtmonopol durch Schüsse in die Menge Geltung zu verschaffen. Doch niemand schoss. Die Grenzorgane, die als willige Handlanger ihres Staates Leute an der Grenze, die sogenannten Grenzverletzer, abgeknallt hatten,[90] sahen sich plötzlich mit dem Phänomen der Masse konfrontiert. Niemand mochte die Verantwortung dafür übernehmen, was unter normalen Bedingungen Routine war und zu Belobigungen geführt hätte. Doch als das Rückversicherungsspiel begonnen werden sollte, mussten die an der Grenze befindlichen Offiziere feststellen, dass das gesamte höhere Funktionärskorps in Deckung gegangen war. Bloß nichts entscheiden, hieß jetzt die Devise.

Als dann vor Ort die Gewalt von der zivilen Seite auszugehen drohte, wichen die Polizisten zurück und öffneten die Durchgänge. Sie taten dies nicht ohne ein bürokratisches Dennoch: Flugs stempelten sie die Ausweise der ersten Durchmarschierer ungültig. Doch die Häme verflog bei den sich dann abspielenden Szenen rasch, denn es wäre kaum angegangen, dem halben Ost-Berlin, das durch die Übergangsstellen quoll, später den Rückweg zu verbauen. Die Masse hat eigene Gesetze. Einmal in Bewegung geraten, lässt sie sich mit Stempeln nicht mehr regieren.

Großer Bruder, wo steckst du? Sowjetische Schwankungen

Die Öffnung der Mauer machte mit einem Schlag ganze Bibliotheken der Gelehrsamkeit zu Makulatur. Was Volkes Wille wirklich war, konnte man an Ort und Stelle besichtigen. Der Verursacher des Spektakels, Günter Schabowski, schrieb

*Der lange Arm des KGB?
Günter Schabowski auf der denkwürdigen Pressekonferenz am
9. November 1989 in Ost-Berlin.*

später: »Meine Mitteilung über das Reiserecht der Bürger hat zum Teil skurrile Deutungen provoziert. Originell, wenn auch unzutreffend ist jene, die vermutet, dass mir der lange Arm des KGB den Zettel zugesteckt hat, um Gorbatschow aus den Angeln zu heben.«[91]

Kann das sein? Werfen wir einen Blick auf die Leute, die beim KGB in der DDR das Sagen hatten. Im November 1989 wurde der Resident des KGB, der siebenundfünfzigjährige Generalleutnant Gennadi Titow, abgelöst und durch den drei Jahre jüngeren Generalmajor Anatolij Nowikow ersetzt. Der Wechsel war keine Beförderung für die Beteiligten, sondern Titow musste als Sündenbock gehen, weil ihm die Überraschung der Kreml-Führung durch die chaotischen Ereignisse in der DDR angelastet wurde. Sein Nachfolger war bis dahin Leiter der Deutschlandspionage in der Auslandsaufklärung PGU des KGB gewesen. Seine Ernennung machte deutlich, wo die sowjetische Führung von Stund an die Hauptaufgabe sah, nämlich in der Umstellung ihrer Ost-Berliner Residentur auf aktive Spionage – deutschlandweit.

Als durch das Agieren von Günter Schabowski am 9. November 1989 unfreiwillig die Grenze geöffnet wurde, war die Rechnung ohne den Wirt gemacht. In Rufweite zu dem Tumult an der Mauer schrillten die Alarmglocken. Aufmerksame Beobachter konnten sehen, dass in der sowjetischen Botschaft Unter den Linden Licht brannte. Gleiches galt für die KGB-Residentur in Karlshorst. Doch hier musste man schon ein Spezialist sein, um es zu beobachten. In Ost-Berlin saß mit Wjatscheslaw Kotschemassow ein strammer Stalinist auf dem Botschafterposten, der den Deutschen alles Mögliche wünschte, nur keine Selbstbestimmung. Am 16. November 1989, also genau eine Woche nach der Grenzöffnung, hatte er dem neuen DDR-Chef Egon Krenz die brüderliche Weisung erteilt, die herumvagabundierenden DDR-Freunde, die das Papier »Für unser Land« verfasst und unterschrieben hatten, zu vereinnahmen und mit Nachdruck die Zweistaatlichkeit zu verteidigen. Krenz sollte mit der folgenden Verlautbarung an die Öffentlichkeit treten: »Den westdeutschen Politikern muss aus Ihrer Rede unzweideutig klar werden, dass jeder Versuch, die entstandenen Schwierigkeiten auszunutzen oder ihre Forderungen und ›Ratschläge‹ im Sinne von Schritten zur Wiedervereinigung Deutschlands oder zur Revision der territorialen Ordnung in Europa aufzudrängen, absolut zum Scheitern verurteilt ist.«[92]

Kotschemassows Pendant in Bonn, Juli Kwizinski, war um keinen Deut anders. Noch im Oktober 1989 empfahl er dem Politbüro, gegenüber Sowjetbürgern, die die sowjetische Hegemonie in Ostdeutschland infrage stellten, unnachsichtig durchzugreifen.

Auch was an der KGB-Residentur in Ost-Berlin zu diesem Fragenkomplex gedacht und gesagt wurde, kann man heute nachvollziehen. Die Geheimdienstoffiziere waren der Meinung, dass eine Nachahmung der neueren sowjetischen Perestroika-Politik zum Untergang der DDR führen müsse.[93] Mit dieser Auffassung lagen sie letztlich richtig. Deswegen hatten sie bereits seit Jahr und Tag versucht, Vorsorge zu treffen, indem sie das erwähnte Lutsch-Projekt auf die Schiene setzten, die konspirative Basis für den Tag danach. Jedoch fragen wir uns, ob die sowjetischen Dienste in der DDR das konkrete Zusammenklappen des Systems verschlafen haben. In der Tat ist dies später vor allem in Russland behauptet worden, nachdem die deutsche Messe gelesen war. Hierbei verstiegen sich Verschwörungsspezialisten sogar zu Vergleichen mit der angeblichen Überraschung der sowjetischen Dienste durch den deutschen Überfall im Juni 1941. Doch das ist Unsinn, denn weder waren die sowjetischen Dienste über den deutschen Angriff 1941 überrascht, sie hatten vielmehr zuvor hinreichend und zutreffend Bericht erstattet, noch waren es ihre Nachfolger vom Kollaps der DDR. Spätestens seit dem Wandel der außenpolitischen Doktrin unter Gorbatschow richteten die Mitarbeiter der Residentur in Berlin-Karlshorst verschärft ihr Augenmerk auf die Zustände in der DDR. Die Gliederung ihrer periodischen Berichterstattung zeigt ihre Beobachtungs-Schwerpunkte. Es waren vier Themen, die immer wieder abgearbeitet wurden, und zwar:

– gesamtdeutsche Tendenzen,
– wirtschaftliche Lage der DDR, einschließlich der Abhängigkeit von der Bundesrepublik,
– feindlich-negative Tendenzen innerhalb der DDR-Bevölkerung und
– der Zustand der DDR-Führungsgremien.

Diese Dinge hingen eng zusammen. Ihre Auswahl und Schwerpunktsetzung zeigt indessen, wo nach Auffassung des KGB in der DDR der Schuh drückte.[94] Es ist aufschlussreich, was der sowjetische Dienst unter den einzelnen selbst gewählten Kategorien verstand und wie er sie in seiner Berichterstattung würdigte.

Erstens: Das Thema gesamtdeutsche Tendenzen reichte weiter zurück als die Machtübernahme durch Gorbatschow. Den Tschekisten in Karlshorst war nämlich schon bald nach dem Antritt von Erich Honecker als Parteichef der SED aufgefallen, dass dieser nicht davor zurückscheute, sich im deutsch-deutschen Betrieb nach vorn zu drängen.

Neben den aus sowjetischer Sicht unakzeptablen Eigenmächtigkeiten des Generalsekretärs störten vor allem die Städtepartnerschaften, die zwischen der DDR und der Bundesrepublik in den 1980er-Jahren in Mode kamen. Bis zum Jahresende 1988 gab es neununddreißig solcher deutsch-deutschen Städteverbrüderungen. Sie lösten bei den Sowjets helles Entsetzen aus. Der Grund war vor allem die mangelnde Überwachbarkeit solcher Kontakte, zumal sich ein erheblicher Teil davon in Westdeutschland abspielte, sodass man, von eigenen Erkenntnisquellen abgeschnitten, auf die Ehrlichkeit der Berichterstattung von DDR-Reisekadern angewiesen war. Denen allerdings war, immer aus sowjetischer Sicht, nicht über den Weg zu trauen. Es entbehrt nicht der Komik, dass die westlichen Abwehrbehörden, wenn auch mit umgekehrtem Vorzeichen, ähnlich dachten. Für sie waren die West-Reisekader schlecht verkleidete Agenten der Staatssicherheit. Ost und West ließen nichts unversucht, um hinter die Geheimnisse dieser Kontakte zu kommen. Im Fall Nr. 39 Gera-Nürnberg stellte sich auf diese Weise so Furchterregendes wie die Bemühungen des Nürnberger Karnevalsvereins Narhalla heraus, der einen närrischen Kontaktklub in Gera suchte; doch zum Glück gab es keinen.[95]

Zweitens: Die wirtschaftliche Lage der DDR zu beobachten war ein altes Muss der sowjetischen Dienste. Die Notwendigkeit hierzu folgte aus der sowjetischen Grundvorstellung über den Status der DDR. Sie war, wie gesagt, vor allem westlicher Vorposten und zugleich Kolonie. Der koloniale Anspruch verlangte geradezu nach einer detaillierten Wirtschaftsbeobachtung. Doch was die KGBler nach Hause zu melden hatten, war nicht eitel Sonnenschein. Der Niedergang der DDR-Wirtschaft war mit Händen zu greifen. Statt ein Quell steten Frohsinns für die Kolonialherren zu sein, entwickelte sich der ostdeutsche Staat zum Schwachmatikus, dessen Industrieprodukte keineswegs das viel gepriesene Weltniveau erreichten. Wer konnte das besser beurteilen als das KGB, dessen Direktorat T (= Technikspionage) durch eigenes Tun die beste Übersicht über die Weltmärkte hatte. Hinzu kam im Fall der DDR, dass die KGB-Offiziere keine Wirtschaftsexperten zu sein brauchten, um festzustellen, dass es der DDR-Bevölkerung im Vergleich zu den eigenen Leuten zu Hause ungleich viel besser ging, sodass sich die Frage nach dem Quell dieses Wohlstandes aufdrängte.

Den Russen war alsbald klar, dass der soziale Wohlstand der DDR dem Westen zuzuschreiben war. Sie wussten aus einer zuverlässigen Quelle, wie bedrohlich der Stand der Auslandsschulden anwuchs. Und ihnen schwante, dass da ein Zahltag kommen musste, dem mit Bangen entgegenzusehen war. Auf diesen Aspekt reduziert, war die Sicht realistisch. Unrealistisch war hingegen die Meinung, dass dies alles von bösen Mächten inszeniert worden sei, um der Sowjetunion eins auszuwischen. Dergleichen war auf dem Boden sowjetischer Irrationalität gewachsen, denn eine Feindmacht, die hier werkelte, gab es nicht. Niemand im Westen hatte ein tiefer gehendes Interesse an der DDR.

Drittens: Die Sicht des sowjetischen Geheimdienstes auf die feindlichen Tendenzen in der DDR war in erster Linie die Sicht des MfS. Was es dazu zu bemerken galt, lieferten die Offiziere aus der Normannenstraße frei Haus an. Es handle sich hierbei, so ließen die Deutschen die Freunde wissen, um etwa zwei- bis zweieinhalbtausend Personen, die man fest im Griff habe. An dieser Sichtweise hielt das MfS bis Toresschluss fest. Noch am 1. Juni 1989 wurden die einschlägigen Zahlen und ihre angebliche Bedeutung auch an Staatschef Honecker übermittelt.[96]

Das ist eine bemerkenswerte Sicht der Dinge, die das oben Gesagte bestätigt: Das MfS lenkte seine ganze tschekistische Inlandsaufklärung auf die falschen Leute. Das fiel auch den Russen auf. Als es im Herbst 1989 zu Massenprotesten kam, waren sie völlig von den Socken. Die Residentur in Karlshorst bekam aus Moskau bittere Worte zu hören, weil in den Städten der DDR Zigtausende auf den Straßen herumtanzten. Das war nicht besonders gerecht, denn in Moskau hatte man zu dieser Zeit keine Ahnung, was es bedeutet, wenn das Volk sich selbstständig macht, das heißt unaufgefordert und in Massen auf die Straße geht. In Russland hatte man das seit über siebzig Jahren nicht mehr erlebt. Es gab niemanden, der sich an solch ein Naturereignis erinnern konnte. In diesem Zusammenhang wirkt es fast rührend, wenn sich die Residentur mit dem Hinweis entschuldigte, die innenpolitische Aufklärung sei in der DDR nicht ihre Sache gewesen. Denn zum einen stimmte das nicht, und zum anderen hätte eine noch genauere Inlandsaufklärung auch keine besseren Erkenntnisse erbracht, weil das, was da geschah, spontan passierte – die berühmte lenkende Hand gab es nicht.

Viertens: Bleibt noch der Blick auf die Ausspähung der Führungsetagen der SED. Ohne jede Scheu berichtete der Leiter der Auswertung der Residentur, KGB-Oberst Iwan Kusmin, in späteren Jahren über diese Gepflogenheit und führte aus, man sei durch eine Quelle über die Ereignisse im Politbüro der SED stets auf dem Laufenden gewesen.[97] Wenn das stimmt, gibt es nur zwei Möglichkeiten: Entweder die Russen hörten die Sitzungen technisch ab, oder aber sie hatten mindestens einen Agenten unter den dort Anwesenden. Es kann auch beides der Fall gewesen sein. Bereits der Umstand als solcher wirft ein schlimmes Licht auf das, was da vorging. Die Freunde sahen sich also berechtigt, die Spitzen der DDR nachrichtendienstlich auf Armlänge zu überwachen. Mochte man dergleichen in der Stalin-Ära für selbstverständlich halten, so mag es für die Herrschaftszeit Michail Gorbatschows überraschen.

Zur Spitzelfrage: Im Politbüro der SED versammelten sich jeden Dienstag nicht allzu viele Personen: 1989 waren es 21 Mitglieder und fünf Kandidaten. Zuzutrauen war eine Spitzeltätigkeit fast jedem der dort Versammelten. Von zweien wissen wir zudem, dass sie eigens nach Moskau reisten, um dort beim Parteichef gegen die Weiterbeschäftigung von Erich Honecker zu konspirieren. Es waren unabhängig voneinander die Herren Mielke und Krolikowski. Werner Krolikowski war 1973 bis 1976 Sekretär für Wirtschaft gewesen und dann durch seinen Vorgänger und Rivalen Günter Mittag abgelöst worden. Es ist gut vorstellbar, dass Krolikowski der Informant des KGB war, denn die wirtschaftspolitische Berichterstattung der Residentur Karlshorst enthielt ausdrückliche Feststellungen über die unverantwortliche Devisen- und Verschuldungspolitik der DDR und Hinweise auf die Undurchschaubarkeit dieses Komplexes. Das war nicht alles. Vielmehr machte Krolikowski in den 1980er-Jahren erstaunliche Aufzeichnungen zur Tätigkeit des Politbüros. Eine erhalten gebliebene vielseitige Notiz vom 30. März 1983 über die innere Lage in der DDR lautet zum Beispiel so:

»5. Die Lage im P[olit] B[üro] hat sich in den letzten Monaten in keinerlei Hinsicht zum Guten verändert. E[rich] H[onecker] schaltet und waltet, wie er will. Es gibt keine echte Kollektivität. Er führt keine Problemdiskussionen durch. Ehrliche Analysen über die innere Lage in der DDR
– über den Stand des Bewusstseins und das Denken der Massen;
– über die ökonomische Situation in der Volkswirtschaft bzw. in den einzelnen Zweigen und Kombinaten;
– über die Versorgung der Bevölkerung;
– über tatsächliche Ergebnisse von Wissenschaft und Technik;
– über das geistig-kulturelle Leben und die Entwicklung von Kunst und Literatur;
– über die Tätigkeit des Feindes
mit entsprechenden Schlussfolgerungen werden schon jahrelang im PB nicht mehr behandelt und zum Gegenstand einer kollektiven Aussprache und Beschlussfassung gemacht. Wenn sich im PB der Keim einer anderen Meinung zeigt, wird er bereits übergangen oder zurückgewiesen. Praktisch arbeitet das PB unter dem Druck von EH, dessen Alleinmeinung in allen Fällen durchgesetzt wird.
Die Mehrheit der Mitglieder und Kandidaten redet ihm

Gegner des Chefs und Freund der Freunde: der mögliche KGB-Spitzel Werner Krolikowski links hinter SED-Chef Erich Honecker 1979 bei einem Besuch der Gruppe Sowjetischer Streitkräfte in Deutschland.

zum Munde und erweckt den Anschein, dass sie mit der Handlungsweise von EH recht zufrieden ist, obwohl davon ausgegangen werden muss, dass die Mehrheit des PB zugleich durchschaut und auch die Gefahren übersieht, die daraus entstehen. Aber von keinem wird etwas dagegen gesagt bzw. dagegen getan. Die preußische Disziplin und Liebedienerei feiert im PB jeden Tag neue Triumphe.«[98]

So weit Werner Krolikowski. Seine Formulierung »in den letzten Monaten« lässt den Schluss zu, dass die zitierte Aufzeichnung kein Einzelstück war, sondern dass es sich um eine aus einer unregelmäßigen Reihe handelte. Auffällig ist auch die Berichtsform, in der die Aufzeichnung abgefasst ist. So nimmt es kaum wunder, dass die erhalten gebliebenen Notate des KGB über die DDR hiermit übereinstimmen. Die KGB-Berichte wurden in die oben vorgestellte Form gegossen und gingen ab nach Moskau.[99]

Die Geheimdienstler in Karlshorst hatten indessen den Eindruck, dass ihre Berichterstattung in einem schwarzen Loch verschwand, denn sie konnten nicht erkennen, dass praktische politische Reaktionen auf ihre Brandmeldungen erfolgten. Doch es gehört zum Alltag der Geheimdienste, dass sie Bericht erstatten und keine Rückmeldung bekommen, was der Informationsempfänger darüber denkt, geschweige denn was er zu unternehmen gedenkt. Das liegt daran, dass die Berichtsempfänger politische Entscheidungsträger sind, zu deren Selbsteinschätzung weltweit die Überzeugung gehört, kraft ihrer Position die Dinge besser beurteilen zu können als andere. Dem früheren Bundeskanzler Helmut Schmidt beispielsweise wurde nachgesagt, er habe über die BND-Berichterstattung geäußert, er lese lieber die *Neue Zürcher Zeitung*. Wir haben bereits anhand der indignierten Bemerkungen von Günter Gaus gesehen, dass dies bezüglich der DDR-Berichterstattung des BND offenbar nicht zutraf.[100]

Auch bei den Sowjets ging die geheimdienstliche Berichterstattung in die praktische Politik ein. Man muss sich das Handeln der sowjetischen politischen Führung nur genau genug ansehen, um untrügliche Spuren der KGB-Berichte aus Karlshorst wiederzuentdecken. Lassen wir hierzu die im Westen als widersprüchlich empfundene Deutschlandpolitik von Parteichef Michail Gorbatschow kurz Revue passieren. Gorbatschow betonte bis Ende 1989 mit großer Hartnäckigkeit, dass die deutsche Frage nicht auf dem Fahrplan der Geschichte stehe. Seine Anreise zur DDR-Jubelfeier im Oktober 1989 und seine Gespräche mit dem Honecker-Nachfolger Egon Krenz lassen nur einen sinnvollen Schluss zu, nämlich den, dass Gorbatschow der Meinung war, ein zwar dümpelndes, jedoch recht stabiles Staatsschiff DDR durch einen Führungswechsel wieder flottmachen zu lassen.

Da es zu seinen Prinzipien gehörte, nicht selbst in die Parteigeschäfte der Satelliten einzugreifen, wartete er ab, dass die Genossen in Ost-Berlin selbst das Heft in die Hand nahmen. Er durfte sich hierbei auf der sicheren Seite wähnen, weil die Residentur des KGB in Ost-Berlin jahrelang behauptet hatte, das System sei stabil und es gehe im Lande lediglich um die zweieinhalbtausend Systemgegner, die man sicher im Griff habe. Zweieinhalbtausend, das war in sowjetischen Augen eine lächerlich geringe Personenzahl. So was passte am Polarkreis in acht bis zehn Baracken. Dementsprechend bitter war das Erwachen, als die sorgsam gepflegte These von der stabilen DDR mit dem Rücktritt von Egon Krenz nach nur wenigen Wochen an der Spitze wie ein Kartenhaus zusammenstürzte. Jetzt stellte sich in der sowjetischen Vorstellungswelt die

Frage des militärischen Eingreifens. Doch anders als in Vorbildsituationen fehlte der einschlägige Ruf nach brüderlicher Hilfe. Wir wissen nicht, ob die Bitte hinter verschlossenen Türen geäußert wurde. Öffentlich jedenfalls blieb sie aus.

Man kann indessen davon ausgehen, dass die militanten Befürworter der deutschen Zweistaatlichkeit alles in ihrer Macht Stehende unternahmen, um den brüderlichen Hilferuf zu provozieren. Kaum war die Mauer gefallen, reiste einer der härtesten Feinde Deutschlands,[101] Valentin Falin, in die DDR, um das Notwendige zu veranlassen. Falin war zu diesem Zeitpunkt der Leiter der Internationalen Abteilung im ZK der KPdSU, also zuständig dafür, die kommunistischen Parteien der Satelliten an der Kandare zu halten. Zu Falins vermutlichem Einsatzplan gehörte die Wiederaufrichtung des Mauerregimes mithilfe der Roten Armee. In einer für streng geheim erklärten Stabsbesprechung in der Botschaft Unter den Linden wurden die notwendigen Einzelheiten erörtert.[102]

Die Sache hatte dann nur noch einen kleinen, aber entscheidenden Haken. Es fehlte das grüne Licht aus Moskau. Also wurde nach Wegen gesucht, damit der Ruf nach brüderlicher Hilfe doch in die Welt hinausgehen konnte. Etwas Passendes war bald gefunden. Die Wochenzeitung *Die Zeit* räumte dem Falin-Mitstreiter aus der Internationalen Abteilung, Nikolaj Portugalow, Platz ein, damit dieser den Aufruf zum Aufruf loswurde. Der Artikel erschien am 26. Januar 1990 und trug den Titel: »Zwei sind besser als eins. Sowjetische Überlegungen zur Zukunft Deutschlands«. Warum ausgerechnet die renommierte *Zeit*? Nun, diese war schon seit Jahren eine strikte Verfechterin der Zweistaatlichkeit. Ihr Chefredakteur Theo Sommer hatte sich in peinlich anbiedernder Weise für das Honecker-Regime als das betätigt, was Wladimir Lenin vielleicht einen nützlichen Idioten genannt hätte.[103] So also kam Nikolaj Portugalow in der *Zeit* zum Zuge.

Ganz so unrealistisch, wie es uns heute erscheinen mag, waren die Gesinnungsgenossen um den Spitzenkommunisten

Falin nicht. Sie hatten als gestandene Kommunisten einen Plan. Wir stellen uns vor, dass er sich an den Erfahrungen orientierte, die sich aus dem Prager Frühling speisten, der in eine erfolgreiche Intervention eingemündet war. Nachdem die Regierung von Alexander Dubček nicht freiwillig zu Kreuze kriechen wollte, organisierte man für Prag den brüderlichen Hilferuf. Praktisch ging das so ab, dass das KGB einen Putsch in der tschechoslowakischen Staatssicherheitsbehörde StB organisierte. Deren Führung wurde im August 1968 durch General Viliam Šalgovič ersetzt. Er gliederte gemäß der sowjetischen Weisung den StB aus dem Innenministerium aus, führte Festnahmen im Führungspersonal der KPČ durch und ließ den verabredeten Hilferuf erschallen. So nahm der Einmarsch der Roten Armee in der Nacht vom 20. auf den 21. August 1968 seinen Lauf.[104]

Wer sollte nun nach den Plänen der Hardliner im ZK der KPdSU die Rolle des Überläufers und Hilfeflehenden in Ost-Berlin spielen? Wir wissen es nicht. Doch der Blick fällt auf den Wunschkandidaten der Genossen; das war Mischa Fridrichowitsch, bürgerlicher Name: Markus Wolf. Vor Jahresfrist war er bereits zum sowjetischen Hoffnungsträger aufgebaut worden. Bereits als junger Mann Chef des von den Sowjets beherrschten Auslandsdienstes der DDR, sodann und zugleich viele Jahre stellvertretender Minister für Staatssicherheit, auch nach seinem Ausscheiden emsiger Gesprächspartner des KGB und nunmehr als Reformer in West und Ost gepriesen. Doch Wolf schwieg. Nach den Pfiffen auf dem Alexanderplatz im November 1989 scheute er die öffentliche Aktion. Er begnügte sich mit einer Position im Rat der Alten in der im Absturz befindlichen SED. Selbst wenn Falin und Co. nicht Wolf, sondern einen anderen im Auge gehabt haben sollten, es kam nicht mehr darauf an, denn den Hardlinern und ihren Helfershelfern war die Zeit davongelaufen.

Die Sowjetunion war in diesem Frühjahr 1990 vor allem mit sich selbst beschäftigt, und das aus mehreren Gründen.

Sie bildeten die Grundlage für das, was den Deutschen im weiteren Ablauf der Dinge wie ein Wunder erschien. Vor allem war es die innere Lage in der Sowjetunion, die die sowjetische Führung voll in Anspruch nahm. Diese wurde durch Faktoren bestimmt, die die Uhr scheinbar um siebzig Jahre zurückdrehten. Abspaltungstendenzen wurden ebenso unübersehbar wie ein wirtschaftliches Debakel ungeheuren Ausmaßes. Die Sowjetunion begann zu zerbrechen.

Erneut eskalierten die Konflikte mit den Randstaaten des Riesenreiches. Deutlich sichtbar wurde dies in den drei baltischen Republiken. Das an Polen angrenzende Litauen setzte sich an die Spitze der Bewegung. Hier wurden nicht nur antisowjetische Töne laut, sondern vor allem antirussische Bestrebungen munter in die Tat umgesetzt. Recht bald folgten die Letten. Westliche Beobachter nahmen mit Erstaunen zur Kenntnis, dass in Riga am 23. August 1989 des 50. Jahrestags des Hitler-Stalin-Paktes gedacht wurde. Westdeutsche, die dergleichen geschichtsvergessen als baltische Folklore abtun wollten, verkannten die Brisanz, die hinter diesem symbolischen Gedenken steckte. Ihnen entging, dass die Herrscher in der Sowjetunion den Hitler-Stalin-Pakt vollkommen anders interpretierten, als es in Westdeutschland seit dem Ende des Zweiten Weltkrieges üblich geworden war. Während man hierzulande den Pakt als den vorübergehend gelungenen Versuch der beiden Diktatoren auslegte, den mittelosteuropäischen Raum in aggressiver Manier zwischen sich aufzuteilen, befleißigten sich die Geschichtsdeuter der Sowjetunion, ihn als notwendiges Schutzbündnis darzustellen, mit dem Stalin sein Land vor einem vorzeitigen deutschen Überfall schützen konnte. Diese absurde Interpretation, die noch heute in Russland im Schwange ist, nötigte selbstredend dazu, das geheime Zusatzprotokoll, das die Territorialaufgliederung regelte, zu leugnen und die entsprechenden deutschen Dokumente als Fälschungen zu bezeichnen.

Für das Baltikum war der Kampf um die Wahrheit zugleich

ein Kampf für die Rückgewinnung der Selbstständigkeit. Dieser Kampf konnte nur deshalb gedeihen, weil es mit der Sowjetunion zugleich wirtschaftlich rapide bergab ging. Hierbei handelte es sich nicht um ein Wunder oder gar um das Wirken raffinierter Sabotagetrupps des Klassenfeindes, sondern um das erst schleichend und dann immer unübersehbarer zutage tretende Ergebnis von siebzig Jahren sowjetischer Misswirtschaft. In Wirklichkeit war die Länge des Prozesses das eigentlich Irritierende. Die Größe des Landes und seine gewaltigen Kapazitäten hatten bewirkt, dass es so lange einigermaßen gut ging. Nun standen die Zeichen auf Sturm.

Die sowjetische Führung nutzte erstaunlicherweise ihre brüderlichen Kontakte mit den jetzt rasch wechselnden SED-Repräsentanten, um auf einen wichtigen Umstand aufmerksam zu machen: Die Schwierigkeiten im eigenen Hause seien so gravierender Art, dass ein Einsatz der Armee zur Stützung des deutschen kommunistischen Regimes nicht infrage komme. Hierbei blieb es, auch wenn Krenz, Modrow und Gysi, die jetzt zur Wende 1989/90 in kurzen Rhythmen nach Moskau pilgerten, anderes angeregt haben sollten.[105] Infolge dieser sowjetischen Grundhaltung änderte sich nun die Haltung zur deutschen Zweistaatlichkeit fast zwangsläufig. Sie wurde von der Straße in der DDR diktiert, und die sowjetische Führung bekam es brühwarm serviert. Die jahrelange KGB-Berichterstattung über die innenpolitisch stabile SED war mit einem Schlag Makulatur geworden. Auch wenn der neue SED-PDS-Vorsitzende in Moskau um Unterstützung bettelte, bekam er zwar staatsmännische Sprüche zu hören, aber keine konkrete Hilfe. Sie hätte bestenfalls in auffahrenden Panzern bestehen können.

Im Januar/Februar 1990 hatte Gorbatschow dann die innerliche Deutschland-Wende vollzogen. Die Bundesrepublik hatte hierfür so viele Milliarden D-Mark bezahlt wie während ihrer gesamten Existenz noch nicht. Damit war das Thema abgehakt, denn für Gorbatschow stand ganz anderes auf dem

Nur noch warme Worte: Michail Gorbatschow empfängt Hans Modrow Ende Januar 1990 in Moskau. Die Bildunterschrift in den Memoiren von Modrow lautet: Doppeltes Spiel!

Spiel. Er wollte die Parteiherrschaft in der Sowjetunion zurückdrängen. Zu diesem Zweck standen erste Präsidentenwahlen auf dem Fahrplan. Deutschland geriet auf ein Nebengleis der sowjetischen Politik; so wurde die deutsche Einheit möglich. Wie beschrieben, hatte das KGB seinen Anteil hieran; daran gedreht hat es aber nicht – nicht im Zusammenwirken mit Günter Schabowski und schon gar nicht in Zusammenarbeit mit der CIA. Eine Verschwörung KGB-CIA wurde von ihren Erfindern mit dem Namen Gawrilow versehen;[106] es ist ein weiteres Stück aus Absurdistan.

Auferstanden aus Ruinen: die Saga vom operativen Vorgang Herbstrevolution

Gigantomanie, geistige Beschränktheit und ideologische Scheuklappen trugen Entscheidendes zum Ruin der DDR bei. Das MfS schaffte es, Gutwillige und Systembewahrer zu bekämpfen und außer Landes zu jagen, Zwietracht zu säen, Menschen aus ihrer Lebensbahn zu werfen und eine im Prinzip friedfertige Bevölkerung aufsässig zu machen. Das ist fürwahr eine stolze Bilanz. Für die Verschwörungstheoretiker hingegen war klar, dass eine Handvoll weitblickender MfS-Offiziere den Untergang der DDR eingerührt hatte, um Geld und Macht in eine strahlende Zukunft zu transferieren. Wir haken das erneut als Unsinn ab und werfen einen kurzen Blick auf die angeblichen Lichtgestalten. Sie hießen Schnur und Böhme, Kirchner und Duchač, de Maizière und Stolpe,

Gysi und sonst wie. Sie alle hatten eines gemeinsam: Sie traten im Prozess des DDR-Zusammenbruchs deutlich sichtbar aus der grauen Masse der Bürger in der DDR politisch heraus. Und noch etwas: Sie waren alte Spitzel des Systems oder wurden für solche gehalten. Wenn sie alle gezielt vom MfS eingesetzt gewesen wären, das Unerhörte zu tun und die DDR zu kippen, es wäre ein prächtiger Coup gewesen, doch es war keiner, sondern heiße Luft.

Ibrahim Böhme war am 7. Oktober 1989 in der DDR einer der Mitbegründer der SDP, die eine ostdeutsche Variante der westdeutschen SPD sein sollte. Ihr Ziel war es, in der DDR den wahren Sozialismus zu installieren.[107] Die Gründer brauchten ein Weilchen, um zu erkennen, dass es mit einer selbstständigen DDR nichts werden würde. So kam es zur Umbenennung in SPD, deren westdeutsche Variante jahrelang versucht hatte, mit der SED zu kuscheln. Manche hielten das für Entspannungspolitik. Die Genossen der westdeutschen SPD benötigten nun allerdings bis zum 13. Dezember 1989, um sich zu einem Kontaktausschuss mit der ostdeutschen SDP durchzuringen. Vorsitzender der ostdeutschen SDP/SPD wurde Anfang 1990 Ibrahim Böhme. Er zog für seine Partei im März in die erste frei gewählte Volkskammer ein. Doch am 26. März 1990 kam der Knall. Böhme hatte bereits 1968 als Agent bei der Staatssicherheit angeheuert. Dort kannte man ihn als IM Maximilian, Paul Bonkarz und Doktor Rohloff. Die Aufgabe dieser drei konspirativen Herren war die Infiltration und Zersetzung der Abweichler-Sozialisten. Böhmes Karriere wurde im Frühjahr 1990 abrupt beendet. Er starb 1999, ganze fünfundfünfzig Jahre alt, vergrämt und einsam in Neustrelitz.

Das Pendant zu Böhme in einer der anderen neu aufstrebenden politischen Gruppen, dem Demokratischen Aufbruch (DA), war Wolfgang Schnur. Auch Schnur war Jahrgang 1944. Er hatte es im realen Sozialismus bis zum raren Beruf eines Anwalts gebracht. Unter Systemverweigerern war er ein bekannter Mann und ab dem 17. Dezember 1989 Vorsitzender des DA. Mit Teilen seiner Organisation steuerte er auf geradem Weg in eine sich anbahnende gesamtdeutsche CDU. Sein Fall kam bald. Im März 1990 flog er als der ehemalige IM Torsten des MfS auf. Er ging als Rechtsanwalt nach West-Berlin, wo ihm nach der Wiedervereinigung die westdeutsche Justiz die Anwaltszulassung entzog.[108]

Ebenfalls auf dem Weg in die gesamtdeutsche CDU war Martin Kirchner. Im Wendegeschäft war er im Dezember 1989 zum Generalsekretär der Ost-CDU aufgestiegen. Dafür schien der studierte Jurist und Mitarbeiter der evangelischen Kirche besonders geeignet. Das ging bis zum August 1990 gut. Dann sickerte durch, dass er einen siebzehnjährigen Vorlauf als Agent des MfS gehabt hatte. Dort hatte er Küster, Theodor Körner oder Hesselbach geheißen, je nachdem.[109]

Die CDU hatte besonders wenig Glück, so scheint es. Ein weiterer Jurist wurde ihr Vorsitzender und nach der Volkskammerwahl vom 18. März 1990 Ministerpräsident der DDR: Lothar de Maizière. Mit Anstand löste er die DDR auf und überführte das Land in die Bundesrepublik. Das wurde ihm wenig gedankt. Zwar wurde er zur Belohnung am 4. Oktober 1990 zum Bundesminister für besondere Aufgaben ernannt, aber im Bonner Kanzleramt, wo er residierte, sprach das eingeborene Personal, wenn er nicht in Hörweite war, nur von *die Misere*, wenn man ihn meinte. Es war also nur eine Frage der Zeit, dass er abgeschossen wurde.

Am 10. Dezember 1990 gab dann der *Spiegel* die erwartete Salve ab, indem er eine Karteikarte des MfS präsentierte, die de Maizière als IM Czerni bezeichnete.[110] Am 19. Dezember 1990 trat de Maizière zurück. Dieser Fall war ein erstrangiger Skandal. Der Exministerpräsident ein Spitzel. Es ist klar, dass nun jeder sein Verschwörungsspinnrad zum Laufen bringen konnte. Der Fantasie waren keinerlei Grenzen gesetzt. Doch wie wäre es mit der Fragestellung, ob der *Spiegel* hier vielleicht durch eine schlampige Recherche einen honorigen Lebenslauf zerstört hat? Auf die Idee könnte man kommen, wenn man die bekannt werdenden Fakten etwas anders aneinanderreiht. Einen IM Czerni (auch Czerny oder Cerny) hatte es in der Tat gegeben, als Aktenvorgang, der genau ein Jahr zuvor, im Dezember 1989, vernichtet worden war. Dieser Aktenvorgang eines IMB, also eines Agenten mit Feindberührung, wie es im MfS-Deutsch hieß, war auf Lothar de Maizière zugeschnitten. Er war in der DDR in der Tat ein interessanter Mann, als Anwalt und auch als Kirchen- und Parteifunktionär.

Wie kam der *Spiegel* zu seiner Meldung? Er hatte einen Kronzeugen zu bieten, den ehemaligen Führungsoffizier von de Maizière, einen Exmajor der Staatssicherheit namens Edgar Hasse. Etwas präziser hätte man auch formulieren können: den angeblichen Führungsoffizier von de Maizière, doch dann wäre die Story keine Story mehr gewesen. Gräbt man im Leben des Denunzianten Hasse ein wenig nach, so stößt man auf ein interessantes Detail: Der Mann wurde 1988 aus seiner Dienststellung als stellvertretender Referatsleiter und Führungsoffizier in der Linie XX (Untergrund) entfernt.[111] Auch er ein Opfer der bösen Stasi? O nein, er hatte gegen die Aktenordnung verstoßen, also nach Auffassung seiner MfS-Kontrolleure Vorgänge fingiert oder, wie man beim Geheimdienst sagt, tote Seelen geführt.

Bleibt bei de Maizière die Frage: War seine Akte die einer solchen toten Seele, und hat er nun, oder hat er nicht? Die Antwort bleibt dem Leser überlassen. Wer der Meinung ist, dass eine Meldung im *Spiegel* ausreicht, der wird sein Urteil vollmundig sprechen. Wer indessen der Auffassung ist, dass eine Karteikarte, die im Jahr 1990 jedermann ausfüllen konnte, und die Aussage eines geschassten MfS-Offiziers in einem Rechtsstaat den guten Ruf eines Menschen nicht aushebeln können sollten, der wird in der Causa de Maizière eher Zurückhaltung üben, vielleicht auch empört sein.

Zur selben Zeit, als de Maizière plattgemacht wurde, amtierte in Erfurt ein Mann namens Josef Duchač als Ministerpräsident im soeben aus der Taufe gehobenen Bundesland

Thüringen. Er war kein heimlicher Mitarbeiter der Staatssicherheit. Doch Ducháč musste gehen, als über ihn verbreitet wurde, dass er bei Betriebsfeiern des MfS den Pausenclown gegeben habe.[112] Sein Nachfolger wurde Anfang 1992 ein abgehalfterter Westpolitiker namens Bernhard Vogel; bald zog eine katholische Seilschaft ins atheistische Thüringen nach, dem MfS sei Dank.

Nicht immer lief es so, etwa in den Fällen Stolpe und Gysi. Manfred Stolpe war nach einem Jurastudium in Jena jahrzehntelang Kirchenjurist bei der evangelischen Kirche in Brandenburg und als solcher ein wohlgelittener Gesprächspartner in Ost und West. Er blieb auch im Wendegeschehen der Politik treu, 1990 avancierte er zum Ministerpräsidenten von Brandenburg. Schon bald kamen Gerüchte auf, er sei über viele Jahre unter dem Decknamen IM Sekretär zugleich Agent des MfS gewesen.[113] Vieles, sehr vieles sprach dafür, doch Stolpe bestritt alles hartnäckig, und er hielt sich. Bis 2002 blieb er Ministerpräsident und wurde auch noch für einige Jahre Bundesminister. Das funktionierte nur, weil seine Partei, die SPD, ihn stützte. Sie hatte keinen Besseren.

Noch ein weiteres Moment kam, gewissermaßen gesamtdeutsch, hinzu. Das war das schlechte Gewissen. Es war bei den westdeutschen Parteien deswegen so verbreitet, weil man zwei Jahrzehnte lang die Staatsführung der DDR hofiert hatte, bis 1989 unerwartet das Volk dazwischenkam. Die Anbiederung an die SED war besonders bei der SPD ausgeprägt gewesen, nachdem sie ihre Macht in Bonn verloren hatte und das inszenierte, was Timothy Garton Ash später die Zweite Ostpolitik nannte. Das galt es zu kaschieren, und hierfür diente Stolpe als genehmer Kronzeuge für die vermeintlich staatsfernen Kontakte zur angeblichen Kirche im Widerstand. Zu dieser Veredelung passte ein spitzelnder IM Sekretär selbstredend nicht ins Bild.

Ebenfalls krumm verlief die Karriere von Gregor Gysi. Nach jahrelanger Tätigkeit als Rechtsanwalt in der DDR spülte ihn

Ich sehe was, was du nicht weißt: Exkanzler Helmut Schmidt und Kirchenjurist Manfred Stolpe am 4. September 1983 in Wittenberg; die Zweite Ostpolitik der SPD hatte soeben begonnen. (Foto: Bernd Blohm)

das Wendegeschehen nach dem Rücktritt von Egon Krenz im Dezember 1989 an die Spitze der SED, die sich bald in PDS umbenannte. Der Vorsitzende Gysi rückte in den Bundestag, dem er in den folgenden zwölf Jahren angehörte. Schon bald kam das Gerücht auf, er sei als IM Notar respektive IM Gregor ein geheimer Mitarbeiter des MfS gewesen. Gysi bestritt das und führte hartnäckig und mit Erfolg Prozesse.[114] Auch er überlebte das alles politisch, weil er gestützt wurde, denn auch seine Partei hatte keinen Besseren. Doch bei Gysi kam noch etwas anderes hinzu. Er war ein Medienliebling. Und er blieb das, denn irgendwann waren seinen Widersachern die Argumente ausgegangen. Gysi ein Spitzel? Alter Hut. Das mochte keiner mehr hören.

Die Fälle Gysi und Stolpe sorgten für eine Wende. Nachdem die Gescholtenen die Spitzelvorwürfe durchgestanden hatten, flachte die öffentliche Lust an der IM-Schau allmählich ab. Eigentlich hatten sich vorher auch nur wenige dafür interessiert. Doch öffentliche Berichterstattung und öffentliches Interesse sind bekanntlich zwei Paar Stiefel.

So weit zu den öffentlich abgefeierten Fällen. Doch zugegeben, ein besonderer Gag wäre es, wenn die angeblichen Lenker des operativen Vorgangs Herbstrevolution ganz woanders gesessen hätten, zum Beispiel in der Volkskammer und in den Vorständen der Blockparteien. In der Tat wird man dort auf der Suche nach MfS-Personal reichlich fündig. Doch taten sie unter Anleitung cleverer MfS-Offiziere etwas, das zum Sturz der DDR beitrug? Hier einige Beispiele aus der NDPD und der

LDPD, der Nationaldemokratischen und der Liberaldemokratischen Partei Deutschlands.

Zunächst zur NDPD. Sie war ein typisch russisches Produkt zur Kostümierung alter Nazis. Einer ihrer Spitzenleute war Siegfried Dallmann. 1934 der NSDAP beigetreten, hatte es der angehende Jurist zum Gau-Studentenführer in Thüringen gebracht, bevor ihn die Wehrmacht einberief. 1943 geriet Dallmann in sowjetische Kriegsgefangenschaft. Auf der zentralen Antifa-Schule in Krasnogorsk wurde er zu einem sowjetischen Einflussagenten umgepurt. 1948 durfte er in die SBZ ausreisen. Dort wurde er unverzüglich als Mitgründer in das Spitzengremium der NDPD eingebaut. Im Jahr darauf rückte er in die Volkskammer ein, der er bis zu den ersten freien Wahlen in der DDR im Jahr 1990 angehörte. Da war Dallmann fünfundsiebzig Jahre alt, doch dass er zum revolutionären Untergang des Regimes etwas beigetragen hätte, ist nicht bekannt geworden.[115] Es versteht sich, dass man in den Handbüchern der DDR-Volkskammer von der NS-Karriere dieses tüchtigen Mannes nichts lesen konnte.

Nun zur LDPD: Gerhard Lindner war ihr stellvertretender Vorsitzender, und seit 1962 war er außerdem Hans Reichert; das war sein Agentenname beim MfS. Hans-Dieter Raspe war ebenfalls stellvertretender Vorsitzender der LDPD; sein Agentenname lautete seit 1965 IMS Jurist. Ein weiterer dieser Stellvertreter hieß Hans-Joachim Heusinger. Bei ihm lag die aktive Spitzelzeit schon etwas zurück; aus unbekannten Gründen hieß er Knebel. Was taten die drei? Ob sie sich zum Spitzelskat trafen, entzieht sich unserer Kenntnis, doch was sie für die Herbstrevolution taten, ist bekannt: nichts.[116] Oder doch so gut wie nichts. Raspe meldete sich bei der Wahl von Egon Krenz zum Vorsitzenden des

Braune Gesinnung in Krasnogorsk rot lackiert: Siegfried Dallmann (NDPD).

Staatsrats am 24. Oktober 1989 zu Wort und meinte bedeutungsschwer, man müsse sich unabhängig machen von den Einflüsterungen derer, die es nicht gut meinten mit diesem Land und dem Sozialismus in ihm.

Assistiert wurde ihm hierbei von seinem CDU-Kollegen Wolfgang Heyl; der sagte, es gehe darum, den Mann zu wählen, der den Mut gehabt habe, auf die Bevölkerung zuzugehen und die Probleme auf den Tisch zu legen. Heyl, der hier noch einmal wie schon seit vierzig Jahren sozialistisches Süßholz raspelte, war bereits vor Jahrzehnten beim Bundesamt für Verfassungsschutz als Agent der Staatssicherheit mit dem Decknamen Herold registriert worden.[117] 1984 betätigte sich der ehemalige Wehrmachtsoffizier und NSDAP-Mann im sowjetischen Friedenstheater. Doch ob er überhaupt und gar noch im Wendegeschäft geheimdienstlich unter Vertrag war, lässt sich nicht sagen. Klar ist nur, dass Heyl als der eigentlich starke Mann in der CDU angesehen wurde. Den Sturz seines Vorsitzenden Gerald Götting im November 1989 überlebte er unbeschadet, übernahm auch übergangsweise die Führung der Partei. Doch für den Vorsitz kandidieren, das mochte er nicht. Die alte Position des Vize sei ihm lieber. An dieser Stelle mag manch einer lächeln, der weiß, wie man Agentenkarrieren plant (strebe stets die Stellvertreterposition an); doch bewiesen ist nichts. Ende des Jahres 1989 beendete ein Herzinfarkt diese Politikerlaufbahn.

Nach so vielen Stellvertretern noch ein Blick auf den Vorsitzenden der LDPD. Der war das letzte Staatsoberhaupt der DDR, Manfred Gerlach. Eine inoffizielle Notierung beim MfS ist nicht zu finden. Das ist dann leicht zu verstehen, wenn man, wie vielfach unterstellt wurde, Gerlach für einen Mann der Russen hält. Dann wäre er für das MfS tabu gewesen. Gerlach begann seine Karriere 1945 als Siebzehnjähriger in Leipzig. Der Volkskammer gehörte er seit 1950 an, 1954 bis 1967 war er der Generalsekretär seiner Partei, sodann bis 1990 deren Vorsitzender, einen Stellvertreterposten im

Staatsrat hatte er zudem dreißig Jahre lang inne. Doch 1990 war Schluss. Gerlach versank in der politischen Versenkung.

Spielen wir den Gedanken einmal durch, dass Gerlach tatsächlich sowjetischer Einflussagent gewesen sein könnte, dann hätte er am 7. Oktober 1989, dem Jubeltag der DDR, völlig richtig gehandelt, denn Gerlach verlangte zum Erstaunen aller öffentlich, sogleich mit den dringend erforderlichen Reformen zu beginnen. Wenn man das zum Beweis nimmt, dann hätte er jedoch im sich überschlagenden Wendegeschehen grässlich versagt, oder er lief, wie man so sagt, aus dem Ruder. Aber selbst in diesem eher unwahrscheinlichen Fall wäre für unser Thema nichts gewonnen, denn Gerlach konnte für den Erhalt der DDR nichts tun. Nun kam der Rechtsstaat.

Im Jahr 2000 wurde Gerlach vor Gericht gestellt. Man warf ihm vor, er habe 1947/48 Jugendliche bei der sowjetischen Geheimpolizei denunziert. Einer der daraufhin Festgenommenen kam ums Leben. So die Staatsanwaltschaft Leipzig in ihrer Anklage. Doch der Prozess platzte. Gesundheitszustand und Verjährungsfristen beendeten das öffentliche Spektakel. Bleibt eine ironische Schlussnote vom 10. August 2000 anzufügen, die wir dem Sprecher des russischen Außenministeriums verdanken:

»In diesem Zusammenhang halten wir es für nötig zu betonen, dass dem Außenministerium sowie den oberen staatlichen Dienststellen der Russischen Föderation, insbesondere auch dem Präsidenten, nach wie vor Briefe der deutschen Staatsbürger zugehen, die beunruhigt sind sowohl über das Schicksal von Manfred Gerlach als auch über die andauernden Strafverfolgungen sowie die politische und soziale Diskriminierung der ehemaligen führenden Persönlichkeiten Ostdeutschlands, Mitarbeiter der staatlichen Institutionen, Soldaten und Angehörigen der Sicherheitsorgane der Deutschen Demokratischen Republik. In diesen Zuschriften wird zu Recht auf den gewichtigen Beitrag vieler von ihnen zum Prozess der Versöh-

Gleich nach Kriegsende mit Schlapphut auf der richtigen Seite der Barrikade: Manfred Gerlach (vorne rechts im Trenchcoat) am 27. September 1945 auf einer Demo für die Opfer des Faschismus in Leipzig. Vierundvierzig Jahre danach immer noch auf der richtigen Seite des Lattenzaunes: Gerlach auf der Alexanderplatz-Demonstration am 4. November 1989.

nung zwischen Russen und Deutschen in der Nachkriegszeit sowie zur Festigung der Freundschaft zwischen unseren beiden Völkern hingewiesen, was ja letztendlich entscheidend zur friedlichen und demokratischen Vereinigung Deutschlands beigetragen hat...«[118]

Ziehen wir eine Zwischenbilanz, so fällt die für die Vertreter eines operativen Vorgangs Herbstrevolution nicht besonders ermutigend aus. Eine Reihe von Agenten des MfS gelangte im Wendegeschehen in der DDR 1989/90 in politische Spitzenämter, aber dort hielten sie sich nicht besonders lange. Die politische Kaste in der Bundesrepublik war nicht gewillt, sie in ihren Reihen zu dulden. Mit der Zeit traten allerdings Gewöhnung und dann Gleichgültigkeit ein. Doch wo waren bei alledem die angeblich klugen hauptamtlichen Akteure der Staatssicherheit, die alles eingefädelt hatten und aus ihren Deckungslöchern führten? Man sucht sie vergeblich. Nehmen wir zum Beispiel den Generaloberst a. D. Markus Wolf. Manche wollten in ihm im zu Ende gehenden Honecker-Regime so eine Art Gorbatschow für Amateure entdeckt haben. Der *Spiegel* gab sich alle Mühe, seinem Lesepublikum dergleichen bereits am 2. Januar 1989 nahezubringen. Wolf dort:

»Ich beurteile sie [die sowjetischen Reformen] – wie viele Menschen in der Welt, und ich bin sicher, auch die meisten Menschen in unserem Lande, der Deutschen Demokratischen Republik –, und ich wünsche mir und vor allem den Menschen in der Sowjetunion, dass diese Veränderungen zum Guten und Erfolgreichen führen. Glasnost und Perestroika sind keine Losungen. Das sind sehr wohl auch wissenschaftlich begründete Orientierungen der Kommunistischen Partei in der Sowjetunion, die anknüpfen an die Idee der Oktoberrevolution, getragen von den Ideen des Begründers dieses Staates, von Lenin.«

So weit der *Spiegel*, der bekanntlich zu dieser Zeit vom ostdeutschen Durchschnittsbürger nicht gelesen werden konnte. Dafür aber die *Prawda*, wenn man denn nicht, was nahezu die Regel war, die vielen Jahre Russisch-Unterricht an der Polytechnischen Oberschule und der Erweiterten Oberschule vertrödelt hatte. Dort stand es am 15. September 1989. Der deutsche kommende Mann hieß Mischa Fridrichowitsch, zu Deutsch: Markus Wolf. Ein Porträtfoto, wie man es sonst eher von Helden der Sowjetunion kannte, blickte dem russischen Leser zukunftsgebietend ins Auge. Das war kein Zufall, denn die Beiträge der *Prawda* waren, wie ihr Name sagt, die Wahrheit – jedenfalls so, wie die Führungsspitze der KPdSU sie sah.

In dieser Führungsspitze wirkte ein Mann namens Wladimir Krjutschkow, Mitglied des Politbüros der KPdSU und Vorsitzender des KGB, mit dem Wolf sehr zum Ärger der SED-Spitzenleute nach seinem Ausscheiden aus dem MfS zusammengetroffen war – möglicherweise sogar mehrfach. Aus dieser Richtung, so wurde hinter vorgehaltener Hand gewispert, kam die Unterstützung für den Genossen Wolf.[119] Ob der Pfarrer Edelbert Richter in diesen Tagen zu den Lesern der *Prawda* gehörte, wissen wir nicht. Doch genau fünf Tage nach Erscheinen der Wolf-Elogen im sowjetischen Parteiblatt trat Richter im Weimarer Wichernheim an der Erfurter Straße vor etwa hundert Bürgerbewegten dafür ein, dass der pensionierte Geheimdienstler Wolf als Reformator an die Spitze der SED und damit der DDR treten solle.[120]

Zu all diesen Hoffnungen des Hoffnungsträgers passte, dass Wolf am 4. November 1989 zu den Rednern des SED-Regimes auf dem Alexanderplatz gehörte. Doch eigentlich wollten ihn dort nur sehr wenige hören. Ende September 1990 verdrückte er sich dann via Österreich in die Sowjetunion und machte sich Sorgen über die Siegerjustiz. Doch auch in der Sowjetunion liefen die Dinge schlecht, denn die verschwand im Jahr darauf von der Landkarte. Wolf kehrte nach Mitteleuropa zurück. Zunächst nach Österreich, doch dort war er nicht willkommen. Ganz im Gegenteil, am 24. September 1991 wurde er in die Bundesrepublik abgeschoben. In einer ähnlich unkomfortablen Situation wie Wolf steckten seine ehemaligen Mitstreiter von der Hauptverwaltung Aufklärung. Sie mussten sich plötzlich mit dem Gedanken auseinandersetzen, dass das wiedervereinigte Deutschland mit den Mitteln des Strafrechts gegen sie vorgehen würde. Diese sehr konkrete Drohung führte neben einem internen Solidarisierungseffekt auch zur Kumpanei mit den ehemaligen Westagenten. Doch die wechselseitigen Treueschwüre hatten Löcher, denn es gab eine Reihe von spät berufenen Überläufern, die sich ihr Wissen mit Westmark vergüten ließen.

Dann jedoch gebot das Bundesverfassungsgericht im Jahr 1995 der Strafverfolgung für hauptamtliche MfS-Mitarbeiter Einhalt, jedenfalls was die Delikte der Agententätigkeit und des Landesverrats anlangte.[121] Hierfür mochte es rechtspolitische Gründe geben, im Innenverhältnis Führungsoffizier–Agent hatte die Einstellung der Strafverfolgung gegen die Hauptamtlichen zur Folge, dass diese, nunmehr in eine Zeugenrolle abgedrängt, in Prozessen gegen Westagenten nicht mehr unter Berufung auf ein Aussageverweigerungsrecht mauern konnten. Ob sie es dennoch taten, ist schwer zu beurteilen.

Etwas anders sah es beim übrigen MfS aus. Durch den ruppigen Prozess seiner Auflösung zur Jahreswende 1989/90 widerfuhr den Genossen unerwartetes Ungemach. Sicher geglaubte Arbeitsplätze waren plötzlich nicht mehr da, und zu allem Überfluss gehörte man nun zu den Buhmännern der Nation. Zur Schmach kam der Hohn, als die Oberen der Partei, deren Schild und Schwert man vierzig Jahre lang großspurig gewesen war, im Umwandlungsprozess von der SED hin zur PDS plötzlich so taten, als seien sie ganz überrascht, dass es die Staatssicherheit und ihre Methoden gegeben habe.[122] Dass ebendiese Partei, und nur diese, die Verantwortung für das gesamte Geschehen trug, kehrte man blitzschnell unter den Teppich.

Dabei hatten die Mitarbeiter des MfS, als sie in die Arbeitslosigkeit entlassen wurden, Glück im Unglück. Die Ex-geheimdienstler waren die Ersten des zusammenklappenden DDR-Planwirtschaftssystems, denen dies widerfuhr. Viele Hunderttausend andere Menschen sollten in den kommenden Jahren in dieselbe Situation geraten. Da waren die meisten der ehemaligen Staatssicherheitsleute bereits wieder an Land gekommen. Der sich in Fünfneuland gleich ab 1990 etablierende Dienstleistungssektor hatte sie aufgesogen. Die neuen Arbeitgeber waren Versicherungen, Geldinstitute, Finanz- und Sozialversicherungsbehörden, Sicherheitsfirmen sowie das Gaststätten- und Maklergewerbe.

Manch einer hatte auch gleich die ersten Wochen, als es sowohl die DDR wie auch noch die Modrow-Regierung gab, dazu genutzt, um Erspartes und Ergaunertes ins eigennützige Grundstücksgeschäft zu stecken.[123] Wer sonst als die Genossen der Linie XVIII (Volkswirtschaft) wusste besser, was wo zu haben war. Auch die sich krakenhaft ausbreitende Treuhandanstalt bot manchem eine mehr als auskömmliche Bleibe. Jeder dachte vor allem an eines: an sich selbst. Sicher gab es auch Seilschaften, denn man kannte sich, und ein wenig Erpressungspotenzial steckte in so mancherlei Tun. Allein in der ehemaligen Bezirksstadt Erfurt gingen in den Frühjahrstagen des Jahres 1990 über tausend Liegenschaften zum Quadratmeterpreis von 99 Pfennig-Ost über die Theke.

Doch insgesamt lässt sich sagen, dass alles Geraune um die allmächtig weiterlebende Stasi nichts als Unsinn ist. Es gab keine entsprechenden Handlungen und schon gar keine vorfristigen Planungen.[124] Klar, die Genossen der Staatssicherheit hatten den Krieg mit dem Klassenfeind bis aufs i-Tüpfelchen vorbereitet, doch dass ihnen ihr sorgsam gehätschelter Staat unterm Hintern wegbrechen würde, damit hatte keiner gerechnet. Als es dann schließlich unübersehbar wurde, wechselten Schlange und Kaninchen die Rollen: Die Staatssicherheit blickte erstarrt auf das Volk. Und das veranstaltete eher versehentlich seine Herbstrevolution. Als es damit fertig war, war die DDR weg.

Putsch im Putsch.
Der Untergang der Sowjetunion

Der Mann, der sich im August 1991 in Moskau an die Spitze einer aufgebrachten Volksmenge setzte, war ein ehemaliger Offizier des Komitees für Staatssicherheit, KGB. Einst war er einer der hoffnungsvollen jungen Leute des sowjetischen Geheimdienstes gewesen, dann war er tief abgestürzt. Es handelte sich um Oleg Kalugin, der hier unbeabsichtigt das Ende der Sowjetunion einzuläuten half.

Der Untergang der Sowjetunion war ein komplexer Vorgang, der von vier voneinander zu unterscheidenden Gruppierungen im Innern Russlands vorangetrieben wurde. Hierbei handelte es sich um die Gruppe um den sowjetischen Parteichef Gorbatschow, die Gruppe der Verschwörer aus der Staatsspitze der Sowjetunion, die Gruppe um den russischen Präsidenten Jelzin und viertens, nicht zu vergessen: viel Volk auf den Straßen von Moskau. Diese vier Gruppierungen vertraten unvereinbare Ziele. Gorbatschow wollte die Sowjetunion zusammenhalten und von oben reformieren, die August-Putschisten wollten die Breshnjew-Ära wiederherstellen und Gorbatschow abräumen, Jelzin wollte jegliche sowjetische Führung beseitigen, und das Volk wollte aus seiner wirtschaftlichen Not befreit werden. Und wenn es denn politisch überhaupt etwas wollte, so wollte es auf keinen Fall die Wiederkehr der alten Verhältnisse, und der Mann, der den Moskauern für einen winzigen Augenblick der Garant hierfür zu sein schien, war Boris Jelzin.

Mithilfe der Lebensgeschichte des erwähnten KGB-Offiziers Kalugin lässt sich das ganze Verwirrspiel, in das die russische Geschichte und der scheinbar allmächtige Geheimdienst in den 1980er-, 1990er-Jahren verstrickt war, ein wenig aufhellen. Oleg Kalugin wurde 1935 in Leningrad geboren. Sein Vater arbeitete dort als NKWD-Funktionär. Nach dem Krieg studierte der junge Oleg zunächst Fremdsprachen in seiner Heimatstadt. Dort wurde er 1952 vom MGB, aus dem kurze Zeit später das KGB werden sollte, angeworben. Er gehörte sozusagen zur Familie. Fremdsprachenstudium und Geheimdienstausbildung gingen Hand in Hand, sodass es ohne größere Schwierigkeiten möglich wurde, den jungen Geheimdienstoffizier als Studenten in die USA zu transferieren, wo er sich im Gastland, das zugleich sein Einsatzland werden sollte, akklimatisieren konnte. Nach dem Studium war Kalugins angeblicher Beruf ab 1960 der eines New Yorker Korrespondenten von Radio Moskau.

1965 wechselte Kalugin an die sowjetische Botschaft in Washington, an der er vermeintlich als Presseattaché tätig war. In Wirklichkeit fungierte er dort als stellvertretender Resident des KGB. 1970 flog die Sache auf, und Kalugin musste nach Moskau zurückkehren. Nun folgte sein Einsatz in der Zentrale des Auslandsdienstes PGU, der Ersten Hauptverwaltung des KGB. Hier avancierte er mit der glänzenden Außenbewährung rasch. Er stieg vermutlich bis zum Generalmajor und Leiter des Direktorats für Gegenspionage auf. Der Aufstieg ging so lange gut, bis Kalugin mit seinem Vorgesetzten Krjutschkow aneinandergeriet.

Diesen Wladimir Krjutschkow haben wir als Muster eines sowjetischen Parteiapparatschiks bereits kennengelernt. Nach Darstellung von Kalugin konnte die Zusammenarbeit mit Krjutschkow nicht gut gehen, da sich dieser zum Motor der im KGB grassierenden Korruption entwickelt habe. Ob wahr oder nicht, fest steht, dass die Differenzen zwischen beiden dazu führten, dass Kalugin aus Moskau weg in seine Heimatstadt Leningrad versetzt wurde. Diese Versetzung aus dem Zentrum der Macht ins Gebietskomitee des Leningrader KGB war keine Beförderung, sondern eine Abschiebemaßnahme. Wenn später angedeutet wurde, man habe Kalugin als möglichen Maulwurf der CIA kaltstellen wollen, so klingt das nicht gerade einleuchtend, denn in derartigen Verdachtsfällen bediente man sich auch in den 1980er-Jahren noch ganz anderer Methoden.

Wie es zu gehen pflegt, entwickelte sich aus dem Gemaßregelten ein unnachgiebiger Kritiker. Als Kalugin mit seinen Monita an die Öffentlichkeit ging – mittlerweile war in der Sowjetunion die Ära von Glasnost angebrochen –, wurde seine KGB-Karriere abrupt beendet. So viel Offenheit hatte Parteichef Gorbatschow offenbar nicht im Sinn, denn er verfügte ohne Umschweife die Entlassung und Degradierung des Generalmajors der Staatssicherheit und, was für Russen immer eine besondere Rolle spielt, die Aberkennung seiner Orden. Der Relegierte wechselte in die Politik.

Als die Welt noch in Ordnung war: Oleg Kalugin (vorn) 1983 mit dem Vize der HVA, Werner Großmann.

Sein früherer Vorgesetzter und Widersacher Krjutschkow machte derweil weiter Karriere. 1986 wurde er zusätzlich ins Zentralkomitee der KPdSU gewählt, und im Oktober 1988 avancierte er vom Vertreterposten auf den Stuhl des KGB-Vorsitzenden. Man wird die Ernennung schwerlich als gute Wahl bezeichnen können. Denn kaum war Krjutschkow im Amt, nutzte er seinen Posten, um gegen andere Mitglieder aus Gorbatschows Führungsmannschaft zu intrigieren. Erst um die Ecke rum und dann immer unverhohlener bezeichnete er beispielsweise den Gorbatschow-Mann und Mitstreiter im Politbüro der KPdSU, Alexander Jakowlew, als Sicherheitsrisiko, indem er verschwommene Andeutungen über dessen Aufenthalte im westlichen Ausland machte. Ein US-Agent im innersten Zirkel? Das hätte gerade noch gefehlt.

Gorbatschow war nicht der Mann, durch ein klares Wort reinen Tisch zu machen, sondern er ließ zu, dass der Apparat sich der Krjutschkow-Gerüchte bemächtigte. Das bedeutete in der bürokratischen Realität des Kreml, dass Jakowlew Stück um Stück von den Verteilern für Verschlusssachen gestrichen wurde – und was war in der Sowjetunion nicht alles Verschlusssache, Glasnost hin oder her. Auf diese Weise wurde der unbequem werdende, für einen kommunistischen Funktionär relativ klar sprechende Mann von den staatlichen Informationsströmen abgeschnitten.[125]

Wie wir schon gesehen haben, standen die inneren Verhältnisse in der Sowjetunion in dieser Zeit nicht zum Besten. Es ist müßig, an dieser Stelle zu diskutieren, ob der Plan von Michail Gorbatschow, das kommunistische System der Sowjetunion von oben und innen zu reformieren, überhaupt hätte funktionieren können. Klar ist lediglich, dass das, was er tat, addiert mit den Schwierigkeiten, die er vorgefunden hatte, all diejenigen auf den Plan rufen musste, die etwas zu verlieren hatten. Das waren die Mitglieder der Nomenklatura, also die Funktionärs- und Herrschaftsschicht der Sowjetunion. Die Widerstände, die aus dieser Ecke drohten, ja drohen mussten, waren wohl auch Gorbatschow und seinem engeren Umfeld klar. Anders ist nicht zu verstehen, dass er 1990 mit großem Energieaufwand versuchte, seine eigentliche Machtbasis, nämlich den Posten des Generalsekretärs der KPdSU, mit dem eines sowjetischen Präsidenten zu verknüpfen, wenn nicht gar zu vertauschen.

Dass Gorbatschow angesichts dieser Konstellation nicht mehr Wert auf die Besetzung der Spitzenpositionen des KGB legte, ist ein Zeichen von Weltfremdheit. Zur Illustration mögen die geradezu naiven Ausführungen von Alexander Jakowlew dienen, und zwar die, die man nicht in seinen handspannendicken Memoiren findet. Wir blättern stattdessen in den Aufzeichnungen, die die soeben ins Amt gelangte neue SED-PDS-Führung über die brüderlichen Weisungen aus Moskau machte. Die zu erteilen, war Jakowlew nämlich am 14. Dezember 1989 nach Ost-Berlin eingeflogen. Das war die Zeit, als das Volk die Mauer demolierte und die Staatssicherheitsleute ihre Akten verbrannten. Die deutschen Genossen notierten:

»Zur Beruhigung der Sicherheitsorgane in der Sowjetunion legte Genosse Jakowlew folgende Erfahrungen dar: Die Angriffe gegen das KGB seien anfangs sehr schwerwiegend gewesen, da es in seiner langjährigen Geschichte viel schlimmere Vorkommnisse gab als in anderen Ländern. Als es zu Demonstrationen um die Lubjanka kam, gingen die Mitarbeiter zu den Demonstranten hinaus und begannen mit ihnen zu diskutieren. Sie stellten sich persönlich vor und fragten die Demonstranten, welche Vorwürfe es an sie persönlich gebe. Auf Wunsch informierten sie konkret über ihre Arbeit. Den Demonstranten wurde im Dialog klar, dass es sich im Wesentlichen um normale sowjetische Menschen handelt, die ebenfalls für die Umgestaltung und die Demokratisierung eintreten sowie Transparenz in der Arbeit des KGB befürworten.

In der Presse wurden wichtige Aufgabenbereiche des KGB – der Kampf gegen das organisierte Verbrechen, gegen Rauschgiftschmuggel, gegen Wirtschafts- und Zollvergehen u. a. – ausführlich dargelegt. Dabei wurden Mitarbeiter mit Namen und Adresse vorgestellt, die sich bei der Aufklärung solcher Verbrechen besondere Verdienste erworben haben. Auf diese Weise habe sich die Stimmung gegen das KGB allmählich gelockert.«[126]

Das mochte den Neuperestroikern in Ost-Berlin vielleicht wie Sphärenmusik aus dem Munde eines Gesalbten aus Moskau erschienen sein. Immer getreu dem wieder aus der Mottenkiste geholten Motto: Von der Sowjetunion lernen heißt, siegen lernen. Doch in Wirklichkeit waren es Töne aus Wolkenkuckucksheim. Denn vorderhand war es so, dass in der DDR die Straße längst entschieden hatte, dass es in Zukunft überhaupt keiner Staatssicherheit mehr bedurfte, doch das hatten weder die SED-Oberen noch der Mann aus Moskau erkannt. Der Anreisende glaubte zu diesem Zeitpunkt, gestützt auf die Karlshorster Berichterstattung des KGB, noch immer, dass die SED-Herrschaft trotz des unübersehbaren Volksspektakels eine solide Sache sei, und die SED-Größen hofften, durch Umbenennungsmanöver Schild und Schwert der Partei über die Unbilden der Zeit zu retten. Beides war mit der Wirklichkeit nicht zur Deckung zu bringen.

Doch wichtiger erscheint, dass die Ausführungen Jakowlews das ganze Ausmaß seiner Unwissenheit über die wahren Verhältnisse an der Spitze des KGB offenbarten. Die Männer, denen er unterstellte, sie hätten mit Geschick und Rabulistik die Klippe namens Volkszorn umschifft, hatten in Wahrheit ganz anderes im Sinn. Sie planten in aller Heimlichkeit, wie sie den Partei- und tatsächlichen Staatschef der Sowjetunion,

Gorbatschow, und sein engeres Gefolge nebst Jakowlew quitt kriegten. Das konnte nur ein Attentat oder ein Staatsstreich sein.

Im Sommer 1991 schien den angeblichen Rettern der Sowjetunion die Zeit dann überreif. Der Zentralstaat Sowjetunion löste sich spürbar in einzelne, nicht mehr bei der Stange bleibende Republiken auf, nachdem die langjährigen Satelliten in Mittelosteuropa grußlos die einstige Staatengemeinschaft des wissenschaftlich fundierten Fortschritts verlassen hatten. Die nicht russischen Völker der Sowjetunion hatten sich, unerhört genug, auf die Verfassung der Sowjetunion berufen. Deren Artikel 72 garantierte das Recht der nationalen Selbstbestimmung bis hin zur staatlichen Lostrennung.

Sich auf den Buchstaben des Gesetzes zu berufen war seit Lenins Zeiten als bürgerlicher Nationalismus gegeißelt und mit Mitteln der strafrechtlichen Repression bekämpft worden. Dergleichen wurde unmöglich, als sich die Randstaaten Regierungen gaben, die dergleichen Sezessionsforderungen jetzt selbst erhoben. Folglich war im Baltikum die Gefahr einer kriegerischen Auseinandersetzung zwischen der Zentralmacht und den nach Unabhängigkeit strebenden Republiken in den Bereich des Möglichen gerückt.

Die Dinge waren derartig eskaliert, dass im Januar 1991 die im Land befindlichen sowjetischen Truppen des Innern, OMON, in Vilnius (Litauen) und sodann in Riga (Lettland) mit offener Gewalt gegen die politischen Entscheidungszentren vorgingen. Es gab Tote und Verletzte. In Litauen wurde die Regierung gestürzt. Diesem Regierungssturz war eine mehrgliedrige Operation des KGB vorangegangen. Sie zielte auf den sowjetischen Präsidenten Gorbatschow und beinhaltete zwei Varianten. Entweder es gelang, den Mann ins rechte Fahrwasser zurückzulenken, oder aber, falls nein, er war zu stürzen.

Das Vehikel für dieses Tun sollte die litauische Ministerpräsidentin Kazimiera Prunskiene werden. Eigentlich war diese Frau Wirtschaftsprofessorin gewesen. Sie hatte ihre

Zeit an der Universität Vilnius seit vielen Jahren dazu genutzt, um intensive Beziehungen ins westliche Ausland zu unterhalten. Das rief, wie man sich unschwer denken kann, die Genossen der sowjetischen Staatssicherheit auf den Plan. Als Prunskiene Anfang der 1980er-Jahre zu einem Studienaufenthalt nach Frankfurt am Main aufbrach, hatte sie in ihrem unsichtbaren Gepäck einen Decknamen, sie wählte den Hexennamen Šatrija, und sie hatte eine Anlaufstelle für besondere Informationen. Bis hierhin war also alles normal. Als sie nach Litauen zurückkam, war's jedoch mit der Normalität vorbei, denn die aufstrebende Wissenschaftlerin hatte sich die Loslösung ihrer Heimat vom sowjetischen Vormund in den Kopf gesetzt. Auf geradem Weg nach oben schaffte sie es, bis zur Ministerpräsidentin ihres Landes aufzusteigen. Zunächst sahen ihre Beobachter aus dem KGB das gern. Sie mochten sich einbilden, dass eine Einflussquelle gar nicht hoch genug sitzen könne. Doch dann muss ihnen aufgegangen sein, dass die Hexe Šatrija ihnen nicht mehr zu Gebote stand. Ganz im Gegenteil. Deswegen kamen sie auf die Idee, sie mit den gewohnten Mitteln zur Willfährigkeit zu nötigen. Prunskiene wurde also gesteckt, dass man ihre KGB-Anbindung rauslassen könne, es sei denn, sie ließe von ihrem Sezessionskurs ab. Sie trotzte dem. Der aufkommenden Flüsterkampagne setzte sie den Rücktritt entgegen.[127]

Mit dem Rücktritt war eine vermeintliche Unordnung eingetreten, sodass die Leute aus der Lubjanka die Möglichkeit erhielten zu zeigen: Wir können auch anders! In scharfem Schuss wurde in Vilnius zelebriert, wer im Zweifel die Macht ausübte. Die Schüsse zielten weniger auf die paar unbotmäßigen Litauer am staatlichen Rundfunk als vielmehr auf den sowjetischen Präsidenten. Er sollte sich endlich zu einer Gewaltlösung bekennen. Gorbatschow schwankte. Daraufhin schenkten Wladimir Krjutschkow und Boris Pugo, KGB-Chef der eine und sowjetischer Innenminister der andere, nach. Die nächsten Schüsse fielen in Riga und kosteten vier Letten das Leben.

Nun zog Gorbatschow eher halbherzig die Notbremse. Es war deutlich, dass er angefangen hatte, den Ereignissen nur noch hinterherzurennen. Dass das so war, lag nicht zum wenigsten an einer stabilen Informationsverbindung des KGB. Deren unmittelbarer Zuträger über das, was sich in Gorbatschows Beratungsräumen abspielte, war sein eigener Büroleiter Waleri Boldin. Die Illoyalität von Boldin ging so weit, dass er die Installation von Abhörtechnik des KGB in den Räumen des Präsidenten ermöglichte. So kamen die Informationen an den Leiter der für den Personenschutz zuständigen 9. Verwaltung, Jurij Plechanow, und von dem erfuhr KGB-Chef Krjutschkow den Inhalt aller vertraulichen Beratungen.[128]

Ob die Stafette von dort an den Gorbatschow-Widersacher Jelzin weiterging, kann man nur mit Spekulationen beantworten. Jelzin war seit dem Vorjahr der Vorsitzende des Obersten Sowjets der Russischen Republik. Auffällig ist, dass sich die Lage im Baltikum erst entspannte, als Jelzin bilateral oder, wenn man so will, von jetzt auf gleich die Unabhängigkeit der beiden Baltenrepubliken anerkannte. Das war ein wohlkalkulierter Verfassungsbruch, dem weitere folgen sollten. Spätestens in diesem Augenblick war für die Beobachter der Lage klar, dass der eigentliche Konflikt zwischen der Zentralmacht Sowjetunion und der Hauptmacht Russland auf dem Fahrplan stand.

Für die Masse der Russen war diese Auseinandersetzung mit den Randstaaten zunächst im wahrsten Sinne des Wortes ein Randproblem. Die Wirtschaft des Landes hatte ihre Talfahrt mittlerweile so stark beschleunigt, dass die Landeswährung, der Rubel, selbst in staatlichen Verkaufsstellen nur noch ungern oder gar nicht mehr akzeptiert wurde. Der am 14. Januar 1991 von der Zentralregierung verkündete Währungsschnitt von 2 zu 1 und die Begrenzung des Währungsumtausches auf drei Tage führten zum radikalen Verlust von Ersparnissen, der vor allem die ohnedies nicht wohlhabende Masse der Arbeiter und Angestellten traf. Durch diese Maßnahme nahm der

Ein Staatsstreich wird vorbereitet: Boris Jelzin am 8. Juni 1989 am Rande einer Sitzung des Obersten Sowjets zusammen mit den Deputierten aus Litauen, Kazimieras Motieka (links), Kaziniera Prunskiene (Mitte) und Justinas Marcinkevičius (rechts); rechtes Bild: Zwei Jahre später, am 19. August 1991, reißt Jelzin in Moskau die Macht an sich; rechts neben ihm der Chef seiner Leibwache, Alexander Korschakow, der kurze Zeit später den neu geschaffenen Sicherheitsdienst des Präsidenten SBP übernahm.

Ansehensverfall der Zentralmacht, die nach wie vor mit dem Namen des Präsidenten Michail Gorbatschow verbunden war, galoppierende Züge an.

Die Verschwörer im Machtapparat des Zentralstaats Sowjetunion mussten also, wenn ihnen nicht die Zeit davoneilen sollte, handeln. Ein Blick auf die Weltlage signalisierte den Konspirateuren, dass der Rest der Welt mit anderen Dingen beschäftigt war. In Nahost waren die US-Amerikaner in die Auseinandersetzungen um den Irak verstrickt, auf dem Balkan zerbarst Jugoslawien, ungläubig beäugt von den westeuropäischen Staaten, und in Deutschland waren die Deutschen mit ihrer Nabelschau ausgelastet. Also schien die Zeit gekommen, den angeblichen Verderber der Sowjetunion abzuräumen. Bis hierhin schien alles schlüssig. Doch was dann in die Tat umgesetzt wurde, erinnerte fatal an den deutschen Kapp-Putsch einundsiebzig Jahre zuvor. Die Putschisten hatten einen Plan und ein Instrumentarium, aber ihnen fehlte der Rest: Schneid, Charisma, Durchsetzungswille und die zündende Idee, warum ausgerechnet sie die Retter der Lage sein sollten.

Dementsprechend verlief der Putsch. Am 18. August 1991

wurde der sowjetische Präsident in seinem Urlaubsdomizil in Foros auf der Krim durch KGB-Einheiten umstellt und von den Nachrichtenverbindungen abgeschnitten. Am Tag darauf, dem 19. August, kamen die Verschwörer aus der Deckung. Sie nannten sich Staatskomitee für den Ausnahmezustand (GKTSCHP). Es waren im Wesentlichen die Generale Wladimir Krjutschkow, Vorsitzender des KGB, Dmitri Jasow, Verteidigungsminister der Sowjetunion, und Boris Pugo, Innenminister der Sowjetunion; schließlich noch zwei Zivilisten: Gennadi Janajew, Vizepräsident der Sowjetunion, und Anatoli Lukjanow, Vorsitzender des Obersten Sowjets der UdSSR. Bereits diese Zusammensetzung zeigt, dass der Gorbatschow des Jahres 1991 keine Ahnung mehr davon hatte, wie die Machtverhältnisse an der Staatsspitze wirklich aussahen und wer von den Männern, die er unmittelbar ein- oder absetzen konnte, noch zu ihm hielt.

Das Konzept der Herren und seine Machart schienen aus einem schlechten Film der Stalin-Ära entlehnt. Der staatliche Rundfunk sendete den Tag über Tschaikowskis *Schwanensee*, und durch die Straßen rasselten die Panzer der Roten Armee. Die Rechnung war ohne das Volk gemacht. Was wollte es? Auf jeden Fall einen starken Mann, der das erbärmliche, für jedermann greifbare Chaos des Alltags beendete. Solch ein Mann schien der breiten Masse Boris Jelzin zu sein. Dafür, dass dies auch artikuliert wurde, sorgte eine Reihe mehr oder weniger bekannter Jelzin-Anhänger, unter ihnen der ehemalige Generalmajor des KGB, Oleg Kalugin, der sich an die Spitze der Bewegung setzte. Das darf man wörtlich verstehen, denn die Masse setzte dem Belagerungszustand den eigenen Belagerungszustand entgegen. Der russische Regierungssitz, das Weiße Haus in Moskau, wurde vom Volk belagert, doch nicht um es zu erstürmen, sondern im Gegenteil, um einen gerüchteweise befürchteten Sturm von Sowjettruppen und KGB-Einheiten zu verhindern. Am 21. August 1991 missachteten die eingesetzten Rotarmisten und Tschekisten ihre

Angriffsbefehle. So wurde es später landauf, landab erzählt. Die Zahl der heldenhaften Verteidiger und der uniformierten Überläufer zum Volk stieg ins Unüberschaubare. Wie es eben zu gehen pflegt, wenn jeder dabei gewesen sein will.

Nur einer mochte bei so viel Heldentum nicht mitspielen. Und was der später sagte, wirft ein merkwürdiges Licht auf die ganze Sache. Dabei müsste es der Generalmajor der Luftlandeverbände Alexander Lebed eigentlich ziemlich genau wissen, denn er war dazu ausersehen, dem Putsch die militärischen Korsettstangen einzuziehen. Lebed war unter Eingeweihten ein bekannter Mann. Der damals Einundvierzigjährige war Kommandeur einer vollmechanisierten Luftlandedivision mit Standort in Tula. Sein bisheriger militärischer Lebensweg hatte ihn manchen scharfen Schuss hören und viele Tote sehen lassen. Seine Einsätze in Afghanistan und an anderen Stellen des Sowjetimperiums hatten gezeigt, dass er als Offizier zu gehorchen und zu befehlen gelernt hatte. Dieser Lebed war nun von den Putschisten ausersehen worden, die notwendigen militärischen Handgriffe ausüben zu lassen, also alles mit Gewalt beiseitezuräumen, was den Putschisten des GKTSCHP gefährlich werden konnte. Er wurde mit seiner Division in Tula alarmiert und nach Moskau in Marsch gesetzt.

Bis hierher lief alles einigermaßen schlüssig ab. Doch niemand in den Putschistenzentralen befand es für notwendig, den Divisionär in den beabsichtigten Gorbatschow-Sturz einzuweihen, sodass er Befehle von Generalen entgegennahm, deren Putschistenzugehörigkeit er nicht kannte. Als er zusammen mit einem seiner gepanzerten Bataillone bis zum Weißen Haus vordrang, wäre es in der aufgebrachten Menge fast zum Gemetzel gekommen. So meldete sich Lebed schließlich, eher verwirrt als arglos, bei der Führung des Weißen Hauses, dessen Bewachung er befehlsgemäß übernehmen sollte. Nun wurde er zum russischen Präsidenten Jelzin geführt, der den verdutzten Mann fragte, auf welcher Seite er eigentlich stehe.

Das wusste er auch nicht, weil er den Gegensatz zwischen Jelzin und den Putschisten nicht kannte, und so zog er mit seinen Truppen unter größten Schwierigkeiten befehlsgemäß wieder ab.

Jetzt erst erkannten die Putschisten, dass es viel weniger um Gorbatschow als Widersacher ging, denn der saß auf der Krim fest, sondern dass der eigentliche Gegner Boris Jelzin hieß. Der war zum Staatsstreich fest entschlossen. Die für den kommenden Morgen von den Putschisten ins Auge gefasste Umstellung des Weißen Hauses durch einen gemischten Kampfverband, bestehend aus Lebeds Luftlandedivision, einer Division Innerer Truppen mit dem schönen Namen Dsershinski und dem KGB-Kampfverband Alpha, fand jedoch nicht statt, weil die Truppen nicht in den Bereitstellungsräumen erschienen. Lebed und andere Kommandeure aus der zweiten Reihe weigerten sich, das befohlene Blutbad anzurichten. Das war der militärische Teil des Putsches. Damit war die Sache gelaufen. Mit dem Aufziehen der alten/neuen russischen Fahne auf dem Kreml war die Sowjetunion praktisch beendet. Sie symbolisierte, dass die Zentralmacht dem russischen Präsidenten nichts mehr zu sagen hatte. Der Rücktritt Gorbatschows vom Amt des Präsidenten Monate später, am 25. Dezember 1991, war nur noch eine Formalie, die spätere Völkerrechtler vielleicht einmal interessieren wird, denn das war auch de jure das Ende der Sowjetunion.

Bleibt als Fußnote nachzutragen, wie die Bundesregierung mit den Ereignissen in Moskau umging. Erst leise und dann ziemlich entspannt. Doch wohl war zunächst niemandem. Noch immer standen in der DDR große Teile der bis an die Zähne bewaffneten Soldaten der Gruppe sowjetischer Streitkräfte in Deutschland – Abzugsvereinbarung hin oder her. Jetzt zeigte sich, dass der Bundesnachrichtendienst sein Geld wert war. Die Funküberwachung der Roten Armee brachte recht schnell konkrete Ergebnisse, wie der Hase in Russland lief. Sobald aus Moskau die Tschaikowski-Klänge im Radio zu vernehmen waren, konnte von Funkdisziplin bei der Roten Armee keine Rede mehr sein. Und was da alles in Klartexten oder nur mühsam verschleiert durch den Äther ging, zeigte vor allem eines: den Widerwillen einer ganzen Kommandeursgeneration, Gewalt gegen das eigene Volk anzuwenden. Als es dann auch noch die einschlägigen Befehle zu lesen gab, lehnte sich in Deutschland manch einer der Verantwortlichen erleichtert zurück.

Bevor wir mit den Ereignissen weiter fortfahren, werfen wir einen abschließenden Blick auf einige Kontrahenten des Sommers 1991. Die Exponenten des missglückten Putsches wie der KGB-Chef Wladimir Krjutschkow wurden noch im August 1991 festgenommen. Doch was früher den sicheren Tod bedeutet hätte, konnte man unter dem neuen Chef im Kreml, Boris Jelzin, fast bequem aussitzen. Bereits 1994 kam Krjutschkow wieder auf freien Fuß. Auch seine Pension wurde ihm zuerkannt, sodass er für Moskauer Verhältnisse sorgenfrei leben konnte. Er nutzte die Zeit. Schon 1996 erschienen seine Memoiren, zwei Bände dick. In ihnen beschuldigte er die Agenten Amerikas, den Untergang der Sowjetunion und des KGB verschuldet zu haben. Dabei begnügte er sich keineswegs mit Pauschalvorwürfen, sondern er nannte auch Ross und Reiter. Es waren Alexander Jakowlew, der Politbüromann, der einst in den USA studiert hatte, sein Amtsnachfolger als Geheimdienstchef, Wadim Bakatin, und natürlich sein Erzrivale Oleg Kalugin.[129] Der war ihm erneut übel aufgefallen. Nicht nur dass Kalugin bei Amtsnachfolger Bakatin als unbesoldeter Berater diente, sondern den Vogel schoss Kalugin in den Augen der alten Nomenklatura durch die Herausgabe seiner Memoiren ab. Sie erschienen 1994 – in den USA! – und waren eine Abrechnung mit dem alten Arbeitgeber KGB.

In den Augen von Krjutschkow wurde Kalugin so zum Erzverräter. Damit stand Krjutschkow nicht allein, sodass Kalugin es vorzog, endgültig in die USA auszureisen. Die Katholische Universität von Amerika hatte dem Exkommunisten einen Lehrauftrag angetragen. Doch auch der Aufenthalt in den USA war für den KGB-General a.D. nicht ohne Risiko. Im Spionageprozess gegen einen aufgeflogenen russischen Agenten, den US-Army Colonel George Trofimoff, wurde er unter Strafandrohung als Zeuge vorgeladen. Kalugin sagte aus. Seine früheren Arbeitgeber betrachteten das als Landesverrat. Endlich konnten sie nachholen, was seit 1990 immer noch geschwelt hatte. Am 26. Juni 2002 wurde Kalugin in Moskau in Abwesenheit wegen Landesverrats zu vierzehn Jahren Haft verurteilt. Im Jahr darauf bürgerte die US-Regierung den Russen ein.

So wurde altes Eisen aus dem Kalten Krieg noch einmal zum Glühen gebracht, denn der Fall Trofimoff, in dem Kalugin als Belastungszeuge ausgesagt hatte, war einer der gravierendsten Verratsfälle, von denen die US-Dienste heimgesucht worden waren. Der in Deutschland geborene Sohn von russischen Emigranten war nach dem Zweiten Weltkrieg als Oberst des US-Armeegeheimdienstes in Nürnberg stationiert. Er leitete dort von 1969 bis 1994 den US-amerikanischen Stab im Joint Interrogation Center (JIC), eine NATO-Einrichtung, die auf die Einvernahme von Überläufern und Übersiedlern aus dem Ostblock spezialisiert war. Ein zweiter Arbeitgeber, dem seine wirkliche Loyalität galt, saß hingegen in Moskau. Dorthin verriet Trofimoff alles, was an Geheimhaltenswertem in sein Blickfeld kam.[130]

Der erste Hinweis auf Trofimoff stammte vom sowjetischen Überläufer Wassili Mitrochin, der 1992 zum britischen MI6/SIS übergelaufen war. Doch in Deutschland konnte man dem US-Colonel nichts nachweisen, also ging der Mann in die Staaten zurück und in die wohlverdiente Pension. Lange nachdem die Kanonen am Eisernen Vorhang abgebaut waren, kam das FBI Trofimoff schließlich auf die Schliche. Allen war klar, dass die milde Sonne der Verjährung den Fall beschien. Da musste ein Schlagschatten her, und das FBI griff zu dem, was man dortzulande einen *dirty trick* nennt. Ein scheinbarer

Abgesandter aus Moskau nahm Kontakt zum nunmehrigen Rentner in Florida auf und lud zu einem Abschlussmeeting. Das FBI baute auf Trofimoffs Habgier, denn schließlich, so hatten die Abwehrleute herausgefunden, war bereits mindestens eine Viertelmillion US-Dollar in die Taschen des Agenten geflossen.

Das Vorgaukeln eines neuen Kontaktmannes konnte nur gelingen, weil Trofimoffs einstiger Werber und jahrzehntelanger Kurier zum KGB, Igor Susemihl, im selben Jahr, am 26. Juli 1999, verstorben war. Susemihl, ebenfalls ein russischer Emigrantensohn, war mit Trofimoff in Berlin zusammen aufgewachsen. Er wurde orthodoxer Geistlicher und brachte es bis zum ehrwürdigen Titel eines Erzbischofs von Wien. Zugleich wurde er KGB-Agent. 1969 warb er Trofimoff an, als der im Auftrag des US-Militärgeheimdienstes nach Deutschland zurückkehrte. Das Paar arbeitete bis zu Trofimoffs Verabschiedung aus dem Dienst erfolgreich zusammen. Jetzt war der alte Kumpel Susemihl tot, und die Ente vom KGB-Ersatzmann konnte zu Wasser gelassen werden. Trofimoff biss an, wurde festgenommen und ist seit September 2001 in lebenslanger Haft.

Die Aufdeckung des Falls Trofimoff machte nicht nur in Moskau Furore, auch in Köln und in Pullach fasste sich manch einer an den Kopf. Die Jahrzehnte andauernde Befragungsarbeit durch das BfV und den BND in Nürnberg war für das KGB in Teilen wie ein offenes Buch gewesen. Das war durchaus beachtlich, denn die Übersiedler- und Überläuferbefragung war einst eines der Standbeine der Ostblockaufklärung. Für den nachrichtendienstlichen Gegner war es wie ein Blick in den Rückspiegel, denn natürlich verrät die Kenntnis von Fragestellung und Problemerfassung, wie der Informationsstand des Fragestellers ist. Noch kritischer war hingegen die Aufdeckung des Personaltableaus, das die Grundlage der Tippgewinnung darstellte, also das Ausfiltern von geeigneten Leuten für die Anwerbung von Agenten. Manches, was schiefgelaufen war, erschien in einem neuen, trüben Licht, erst recht manches, das irgendwie gut ging.

Der Fall Trofimoff war für die Skeptiker in den bundesdeutschen Diensten zugleich so etwas wie eine späte Bestätigung für ihre Vermutung, dass die sowjetischen Geheimdienste den Sprung ins neue Russland viel besser geschafft hatten, als man dies im friedliebenden Deutschland für möglich halten wollte. Für diese Schieflage in der Beurteilung war nicht zum wenigsten die in Deutschland geübte öffentliche Berichterstattung mitverantwortlich. In seltsamer Naivität wurde beispielsweise über den Putsch vom August 1991 berichtet, und zwar so, als sei die Sache lediglich zweidimensional abgelaufen. Auf der einen Seite die Putschisten, also die Bösen, auf der anderen Seite die Guten, die man leichtfertig als die Demokraten bezeichnete. Im deutschen Fernsehen klang das beispielsweise im O-Ton des dortigen Korrespondenten Thomas Roth so:

»Ein Fest der Demokratie. Ein Feuerwerk für die Freiheit. So war es angekündigt, und so kam es auch. Moskau heute am Tage des Sieges über die Putschisten. Die Freude konzentriert sich besonders auf einen Mann, auf Boris Jelzin, er ist das Symbol des Sieges über das Putschkomitee geworden, aber wohl auch über die Vergangenheit, die sie alle miteinander teilen und aus der sie alle kommen, auch Jelzin: der Sieg über die Ära des Kommando-Kommunismus.«[131]

Dergleichen wurde dem deutschen Fernsehzuschauer am 22. August 1991 verkündet. Lob auf Lob folgte in den nächsten Tagen für den Volkshelden Jelzin. Kein Wort des Zweifels, ob diesem Mann der Putsch nicht sehr gelegen kam, denn dieser war der Hebel, um mit seinem langjährigen Widersacher Gorbatschow abzurechnen. Wir wollen hier nicht debattieren, ob das nicht sowieso irgendwie in der Luft lag oder ob es nicht sogar zum Besten Russlands war. Das alles ist hypothetisch.

Fest steht nur, dass der wirkliche Putschist dieser Tage Boris Jelzin hieß. Den Mann als Demokraten, gar als Reformer zu bezeichnen, mutet wie ein Witz an. Jelzin war ein klassischer Vertreter der Breshnjew-Ära. Die Perestroika war seine Sache nicht. Er war ein Exponent der Kräfte der Beharrung und des Stillstandes, und zwar so sehr, dass er während des Herbstplenums des ZK der KPdSU 1987 aus dem Führungsgremium der Partei ausgeschlossen wurde.

Fortan sammelte er die alte Fronde und die Frondeure um sich. Sie erkannten, dass die Rückkehr zur Spitze nur möglich war, wenn man den größten Teilstaat der Sowjetunion, nämlich die Titularmacht Russland, okkupierte. So geschah es. Jelzin und seine Freunde manövrierten sich konsequent an die Spitze des russischen Obersten Sowjets. Jelzin wurde 1990 dessen Vorsitzender und im Juni 1991 der Präsident Russlands, wohlgemerkt des russischen Teilstaats. Im August 1991 räumte er dann mit Unterstützung der Straße den erst im Vorjahr gewählten Präsidenten der Sowjetunion ab. Ohne die Steilvorlage aus der Lubjanka, dem Hauptquartier des KGB, wäre das kaum so glatt möglich gewesen.

Man muss kein Freund von Verschwörungstheorien sein, um festzustellen, dass der dilettantische Putschversuch von Krjutschkow, Pugo und Co. dem russischen Präsidenten Jelzin gerade recht kam. Am 20. August 1991 hätte nämlich nach dem sowjetischen Terminfahrplan die Unterzeichnung eines neuen Unionsvertrages zwischen dem Gesamtstaat Sowjetunion und seinen Gliedern auf der Tagesordnung gestanden. Da war Eile geboten. Ebenso eilig war das Verbot der Betätigung der KPdSU, denn die hatte noch im Spätsommer 1991 vor, sich in eine sozialdemokratische Partei rückzuverwandeln. Das alles unterblieb, denn es hätte den Triumph des Boris Jelzin empfindlich gestört. Sein Zorn auf die Putschisten hielt sich deshalb in Grenzen. So kam Oberverschwörer Wladimir Krjutschkow bereits nach drei Jahren auf freien Fuß, als wäre nichts geschehen.

Auf die von ihm bis 1991 geleitete Staatssicherheitsbehörde KGB hatte der Putsch und das, was dann kam, allerdings einige Auswirkungen. Rein äußerlich war das daran zu erkennen, dass der Gründer des Unternehmens, Felix Dsershinski, am 22. August vom Sockel gestoßen wurde – wenigstens sein Denkmal, das unübersehbar drohend auf dem Platz vor der Lubjanka stand. Mit Wadim Bakatin erhielt das KGB einen neuen Vorsitzenden, der aus dem Partei-, jedoch nicht aus dem Sicherheitsapparat stammte. Ob sich das auszahlte, war nicht auszumachen, denn bereits im Januar 1992 hatte sich sein Job erledigt. Das KGB existierte nicht mehr. Genauer müsste man sagen, es existierte unter diesem Namen und als Monolith nicht mehr. Bereits am 23. Oktober 1991 hatte der sowjetische Staatsrat das KGB in einen republikübergreifenden Sicherheitsdienst MSB umbenannt, doch das war nicht viel mehr als Kosmetik, denn dieser Staatsrat hatte in der russischen Wirklichkeit nicht mehr viel zu bestellen. Am 25. Dezember 1991 versank die Sowjetunion ohnedies ins Nichts. Der vierjährige permanente Staatsstreich des Boris Jelzin war damit abgeschlossen.

Der Sieg Jelzins bedeutete das politische Ende von Michail Gorbatschow. Der Mann, der im Westen mit viel Glorienschein versehen worden war, hatte in den Augen der Russen verspielt. Ja, manch einer hielt es sogar für möglich, dass er nur deshalb zur Zeit des Putsches ins Feriendomizil auf der Krim ausgewichen war, um dort in Ruhe abzuwarten, wer in Moskau das Rennen machte, und sich sodann an die Spitze der siegreichen Bewegung zu setzen. Der Putsch selbst wandelte sich in der Erinnerung der Russen indes zum Schmierentheater und der einstige Volksheld Jelzin zur Hassfigur.

Lieb Vaterland, magst ruhig sein.
Die Neunzigerjahre

Mit der Auflösung der Sowjetunion folgte eine Mehrfachaufsplittung des KGB. Abgespalten wurden jene Teile, die als ehemalige Gebietskomitees in den neu entstehenden Staaten neue Geheimdienste bildeten. Für Weißrussland und die Ukraine lässt sich das feststellen. Wie es in den anderen neuen Randstaaten aussah, ist wenig bekannt. In Russland selbst blieb im Prinzip alles beim Alten, sieht man einmal davon ab, dass seit Anfang 1992 auf eine einzelne einheitliche Staatssicherheitsbehörde verzichtet wurde und stattdessen eine fachliche Aufspaltung stattfand. Sie trug deutliche Zeichen der Machtbegrenzung für die Einzelteile.

Die Aufspaltung des KGB in Russland
zur Jahreswende 1991/92

KGB			
SWR Sluschba Wneschnej Raswedki Ziviler Auslands-Aufklärungsdienst	FSB Federalnaja Slushba Besopasnosti Föderaler Sicherheitsdienst	FAPSI Federalnoje Agentstwo Pra jitelstwennoj Swyasi i Informatsii Bundesagentur für staatliches Nachrichten- und Informationswesen	SBP Slushba Besopasnosti Presidenta Sicherheitsdienst des Präsidenten

Im Wesentlichen waren es drei neue Dienste und eine Sonderformation, die nach mancherlei Umbenennungen in Russland entstanden, ein Inlandsdienst mit dem Namen Föderaler Sicherheitsdienst, FSB, ein ziviler Auslands-Aufklärungsdienst mit der Bezeichnung SWR und eine Bundesagentur für staatliches Nachrichten- und Informationswesen, FAPSI. Der Inlandsdienst FSB pendelte sich bei einer Mitarbeiterzahl von etwa 100000 Personen ein, die Bundesagentur FAPSI war etwa gleich stark, und der Auslandsdienst SWR umfasste etwa 12000 hauptamtliche Mitarbeiter. Neben diesen dreien wurde aus den alten KGB-Sonderverbänden Alpha und Wega sowie aus Teilen des Personenschutzes ein Sonderdienst geschaffen, der Sicherheitsdienst des Präsidenten, SBP. Es war eine Art Prätorianergarde, die Jelzin seinem bewährten Leibwächter aus den Putschtagen, Alexander Korschakow, unterstellte. Peinlich wurde vermieden, die Stärke dieses schwer bewaffneten Verbandes öffentlich zu nennen, und es bestanden kaum Zweifel daran, dass diese Formation außerhalb aller demokratischen Spielregeln stand, die in Russland mit schnell abwaschbarer Tünche an die öffentlichen Gebäude gemalt worden waren.

Neben diesen vier KGB-Ablegern schaffte es auch der Militärgeheimdienst GRU in die neue Zeit. Weder sein Personal von zirka 12000 Mitarbeitern noch sein Name wurden angetastet. Aus Gesprächen mit den Mitarbeitern der diversen russischen Dienste konnte der Interessierte allerdings entnehmen, dass im Zeichen des neuen Russland die schier unbegrenzten Budgets der Vergangenheit angehörten. Manch einer nutzte daher die sich nun bietenden erweiterten Möglichkeiten, um sich von der Firma zu verabschieden. Eines allerdings erwies sich schon bald als pure Einbildung westdeutscher Friedensfreunde: Eine Beendigung der russischen Spionageaktivitäten in Richtung Europa und USA fand nicht statt. In geradezu erfrischender Deutlichkeit haben sich russische Spitzenfunktionäre hierzu bekannt.

SWR			
Stand: 1999			
Direktor			
Direktorat	Pressesekretär	Büro für Verbindungen zur Gesellschaft	Beratergruppe

1. stellvertretender Direktor		
Verwaltung Analyse und Information	Verwaltung aktive Spionageabwehr	Verwaltung wirtschaftliche Aufklärung

Stellvertretender Direktor für Kaderfragen
Akademie des SWR

Stellvertretender Direktor für Wissenschaft		
Verwaltung wissenschaftlich-technische Arbeit	Verwaltung Operativtechnik	Verwaltung Informatik

Stellvertretender Direktor für Operationen
Operative Abteilungen (nach Ländern geordnet)

Stellvertretender Direktor für materiell-technische Sicherstellung
Sicherstellungs- und Versorgungsdienste

Der erste Nachwende-Chef des russischen Auslandsdienstes SWR wurde Jewgenij Primakow. Als er sein Büro im September 1991 in Jassenjewo bezog, war er einundsechzig Jahre alt. Sein berufliches Vorleben als Journalist und führender Wissenschaftler am Institut für Weltwirtschaft und internationale Beziehungen (IMEMO) deuteten für den oberflächlichen Beobachter nicht unbedingt darauf hin, dass Primakow einmal Chef des Auslandsdienstes werden würde. Doch das ist eine verkürzte Sicht der Dinge, die außer Acht lässt, dass es in der Sowjetunion ganz normal war, wenn Auslandskorrespondenten einen engen Draht zum Auslandsdienst PGU unterhielten. Folgerichtig notierten die Auswerter des BND zur PGU-Quelle Maxim den Klarnamen Jewgenij Primakow. In den allerletzten Jahren der Sowjetunion war der Direktor des IMEMO dann ganz nach oben vorgedrungen: 1989 Mitglied im Zentralkomitee der KPdSU, kurz darauf Vorsitzender des Obersten Sowjets, von dort 1991 in den Sicherheitsrat des Präsidenten. Aus dem Rivalenstreit Gorbatschow-Jelzin konnte sich Primakow offenbar heraushalten, denn für die Ernennung von Primakow zum neuen Auslandschef war förmlich immer noch Gorbatschow zuständig, doch Jelzin billigte sie ausdrücklich. Ohne ihn wäre in dieser Zeit nichts mehr gelaufen.

Der neue Mann an der Spitze der Aufklärung verzichtete darauf, in den ihm zustehenden Generalsrock der Staatssicherheit zu steigen. Das war psychologisch nicht ungeschickt, hatten sich doch die Leute der Ersten Hauptverwaltung des KGB gegenüber ihren Kollegen aus dem nationalen Repressionsapparat stets als etwas Besseres gedünkt. Wer einen hatte, trug im Dienst den Anzug aus westlicher Produktion. Er war das Markenzeichen des erfolgreichen Einsatzes an der verdeckten Front beim Klassenfeind. Doch mit dieser Feindbildfixierung war es spätestens im September 1991 aus. In Russland hatte der neue, aufstrebende Herrscher die Betätigung der Kommunistischen Partei verboten. Man darf hinter diesem Schritt keine intellektuelle Läuterung des kommunistischen Altkaders Boris Jelzin vermuten; der Schritt hatte ganz pragmatische Gründe. Durch ihn hoffte er, seinem Erzrivalen, dem sowjetischen Präsidenten, die Machtbasis zu entziehen, denn dieser war immer noch vor allem auch der Generalsekretär der KPdSU.

Die Sache klappte recht gut, hatte aber Folgen. Zum einen entzog sie der noch bestehenden Sowjetunion das einende

Band der herrschenden Partei, und zum anderen schuf sie die Notwendigkeit, das riesige Heer der Staatsfunktionäre, die plötzlich keine Parteifunktionäre der KPdSU mehr waren, auf einen ideologischen Ersatz einzuschwören. Auch das geschah. Das Surrogat hieß Mütterchen Russland. Zarenfarben und Zarensymbole wurden aus der Klamottenkiste der Geschichte geholt, und der russische Nationalismus feierte fröhliche Urständ, während mancher Kremeloge im Westen glaubte, dass dies Russlands Weg zur Demokratie sei. Im Innern der zu Ende gehenden Sowjetunion bedeutete das Umtrimmen der ideologischen Basis kurzfristig jedoch vor allem auch dies: In den Randstaaten stießen nunmehr russischer und einheimischer Nationalismus ungebremst aufeinander. Der Zerfall des Riesenreiches war vor allem aus diesem Grunde nicht mehr aufzuhalten.

Für die russische Auslandsaufklärung ergab sich so eine gravierende Änderung der Weltlage. Die Randstaaten, die bis vor Tagen noch Gegenstand der Inlandsaufklärung gewesen waren, mutierten plötzlich zum Ausland. Ein Teil dieser Staaten stand Russland scharf ablehnend gegenüber. Das war neu, und es erklärt auch, warum der neue Mann an der Spitze des SWR ganz offen erklärte, dass die politische Aufklärung der Schwerpunkt seines Dienstes sei. Denn an den neuen Grenzen Russlands taten sich Herausforderungen auf, gegen die der Kalte Krieg ein Kinderspiel gewesen war. Die Verhältnisse hatten sich nämlich grundlegend verändert. Jetzt war es nicht mehr der Größenwahn der leninistischen Ideologie, der die Nachbarn bedrohte. Vielmehr wurden nun die Nachbarn zur Bedrohung, und die Herausforderung hieß vor allem aggressiver Islamismus, der von außen nach Russland hineinzeigte.

Russlands Aufklärer hatten sichtlich Mühe, sich auf die neuen Verhältnisse einzustellen. Ihr Hauptfeind hatte jahrzehntelang USA geheißen, und die meisten geheimdienstlichen Untaten traute man immer noch dem Gegner von den Britischen Inseln zu. Das war seit Lenin so, und es hatte, ge-

Zwei Überläufer von Format: KGB-Pensionär Wassili Mitrochin und GRU-Oberst Wladimir Resun.

gen jegliche Wirklichkeit, so zu bleiben. Diese Fehleinschätzung hatte vor allem psychologische Folgen. Die Hassliebe, die sowjetische Geheimdienstler gegenüber dem MI6/SIS empfanden, ließ so manchen, der an den Absprung dachte, an Großbritannien als Ziel denken. Bei etlichen mündete das Denken in die Tat.

Auch hier ist lehrreich, was Primakow über das Überläuferproblem der russischen Dienste zu Papier gebracht hat und was er wegließ. In seiner Amtszeit erlitten die russischen Dienste den gravierendsten Verratsfall seit Gründung der Sowjetunion. Der Mann, der ihnen entsprang, war ebenso unscheinbar, wie es seine Dienststellung scheinbar gewesen war. Er hieß Wassili Mitrochin und arbeitete im Zentralarchiv des KGB-Auslandsdienstes. Während andere Überläufer in ihrem Wert häufig danach bemessen wurden, wie groß ihre Schatzkiste war, muss man bei Mitrochin, um im Bild zu bleiben, wohl von einem ganzen Piratenschiff sprechen, mit dem er 1992 in Großbritannien anlandete. Mitrochins Aufzeichnungen, sechs schwere Kisten mit Abschriften, wurden über das Baltikum ausgeschleust.[132] Sie waren ein Geheimdienst-GAU.

Der zweite Überläufer von Rang hatte sich bereits etwas früher abgesetzt. Auch für Wladimir Resun hieß das Ziel Großbritannien. Als er dort im Juni 1978 erschien, konnte niemand seine spätere Bedeutung erahnen. Resun hatte als Offizier im Militärgeheimdienst GRU gedient. Zuvor war er an der Militärpolitischen Akademie in Moskau gründlich ausgebildet worden. Er sollte unter diplomatischer Legende an den Feind. Was er als Überläufer den Briten mitbrachte, erscheint, gemessen an dem, was danach kam, nebensächlich. Resun begann zu schreiben. Was er veröffentlichte, trug den fiktiven Autorennamen Viktor Suworow. Jedem Russen musste das als Provokation erscheinen, denn das Pseudonym nahm Bezug auf einen der bekannten russischen Heerführer des 18. Jahrhunderts, Alexander Suworow. Stalin hatte den längst verflossenen Veteranen bei den Kommunisten hoffähig gemacht, indem er am 29. Juli 1942 einen nach diesem benannten Kriegsorden stiftete.[133] Nun schrieb also plötzlich ein Suworow, offensichtlich ein Militärschriftsteller. Doch schlimmer noch war das, was er schrieb.

In seinem zweiten Buch *Der Eisbrecher* schilderte Resun minutiös Stalins Angriffsvorbereitungen gegen das Deutsche Reich in den Jahren 1940/41, also am Vorabend des deutschen Angriffs gegen die Sowjetunion. Damit gab er einen Blattschuss auf die sorgsam gehätschelte Legende von der friedfertigen Sowjetunion ab. In Deutschland setzten die Spezialisten der Frankfurter Denkverbotsschulen das Buch sogleich auf ihren Verschweigeindex. Der deutsche Überfall auf die Sowjetunion kein Überfall? Einfach nicht auszudenken. Doch das war eine absichtsvolle Vermischung der Dinge, denn darum ging es gar nicht.

Das deutsche Lesepublikum jedenfalls zeigte sich wenig beeindruckt von den Vorgaben der Vordenker. Auflage um Auflage des *Eisbrechers* ging über den Ladentisch. 1989 erschien er zum ersten Mal in Paris. Bis 2001 waren elf Auflagen der deutschen Ausgabe verkauft worden. In Russland gelang es hingegen lange, Resun zu verschweigen. Geheimdienstchef Primakow schrieb bei seiner Parade sowjetischer Überläufer über Resun die folgenden, überaus bezeichnenden Sätze:

»Es kam mehr als einmal vor, dass wir selbst eine Unbeweglichkeit an den Tag legten, die hart an der Grenze der Nachlässigkeit war. Ein solches Beispiel liefert die Geschichte des Überläufers Resun, der im Westen als guter Schriftsteller namens Viktor Suworow, Verfasser mehrerer Bücher über die Hauptverwaltung Aufklärung, den militärischen Geheimdienst (GRU), gehandelt wird.«[134]

Zurück zur sowjetischen Deutschlandspionage. In den 1980er-Jahren waren die Residenturen in West- und Ostdeutschland angewiesen worden, die eigene Agentenaufklärung zu forcieren. So geschah es. In der DDR gerieten Tausende potenzieller Informationsträger in den Blick der Karlshorster Residentur und ihrer Außenstellen in der Fläche des Landes. Die Quellenabklärung, also das Sammeln von Umfeldinformationen über den potenziellen Agenten, wurde im Auftragswege dem MfS übertragen. Das hatte seine Hausaufgaben zu erledigen.[135]

Im Übrigen waren die vom KGB getippten DDR-Bürger für das MfS tabu – also keine Werbungsspielchen und keine weiteren Überwachungsmaßnahmen. Um mit dem eigenen Sammlungswahn nicht in Konflikt zu geraten, legten die deutschen Tschekisten Sicherungsvorgänge an, die die treffliche Bezeichnung »Sicherungsvorgang Freunde« trugen. Das waren nunmehr begehrte und gut bezahlte Papiere. Um das zu verstehen, müssen wir einen Ausflug in die deutsche Dienstewelt nach dem Zusammenbruch der DDR unternehmen.

In der Zeit nach der Auflösung des MfS/AfNS war die DDR ein diensteloses Land. Eine Zeit, die etwa bis 1993/94 andauerte. So jedenfalls könnte man meinen. Doch die konspirative Wirklichkeit sah anders aus. Selten haben sich in Deutschland so viele aktive oder ehemalige Geheimdienstler herumgetrieben, die dort nichts verloren hatten, und mancher hatte so manches zu verkaufen. Käufer gab es genug. Die Geschäfte wurden dadurch vereinfacht, dass sich die Beteiligten monate-, wenn nicht gar jahrelang im rechts- und polizeifreien Raum bewegten. Das lag an Folgendem: Die Wiedervereinigung Deutschlands war nach der Beitrittsklausel des Grundgesetzes bewerkstelligt worden, wodurch die DDR, nachdem sie ihren Beitritt zum westdeutschen Staat erklärt hatte, die Segnungen des westdeutschen Rechts- und Rechtswegestaats übergestülpt bekam – eine Rechtsordnung, die in vierzigjähriger Existenz der Bundesrepublik so kompliziert geworden war, dass nicht einmal ein noch so sorgsam ausgebildeter Jurist sie mehr überblickte. Was im Osten am 3. Oktober 1990 plötzlich rechtens war, kannten die dortigen Einwohner bestenfalls vom Hörensagen.

Zu diesen Schwierigkeiten gesellten sich zwei personelle Probleme. Das eine betraf die aus dem Westen zuwandernden neuen Entscheidungsträger in Wirtschaft und Verwaltung, das andere die am Ort Gebliebenen der ehemaligen DDR. Den Personalzuwachs aus dem Westen bildeten durchweg Leute, die etwas zu gewinnen hatten, sei es Machtzuwachs, sei es ein höheres Gehalt. Meist war es beides. Ihnen bot sich im Osten nicht nur die Chance der Beförderung, wofür vermutlich jedermann Verständnis aufgebracht hätte, sondern Laufbahnsprünge wurden obligatorisch. Kraftfahrer und Büroboten stiegen plötzlich zu Sachbearbeitern auf und ehemalige Berechner von Reisekosten und Sozialhilfegeldern in die Ebene behördlicher Leitungsfunktionen und in die Rechtsetzung. Die Ergebnisse waren nicht beglückend.

Auf der anderen Seite wurde einheimisches Personal in unterwertige Funktionen und Vergütungen abgedrängt, weil über den Ostdeutschen die dunkle Wolke der Stasi-Überprüfungen hing. Der angewendete Maßstab war einfach. Wer Agent der Staatssicherheit gewesen war, flog raus. Dieser Maßstab lieferte scheinbar einfache Entscheidungskriterien und schuf zugleich ein ausgeprägtes und lukratives Erpressungs- und Fälschungsgewerbe. Manch einer hatte sich den Aufbau Ost etwas anders vorgestellt. Vor allem die Polizei im Osten Deutschlands wurde von diesen schrägen Grundpositionen heimgesucht. Die über Nacht zu Beamten umfunktionierten Genossen der Deutschen Volkspolizei taten, wenn sie gut beraten waren, das einzig Richtige, sie gingen wochen-, monate- und jahrelang in Deckung. So kam zur Rechtsfreiheit die Polizeifreiheit hinzu. Nicht nur die Verbrecher Osteuropas, auch die diversen Dienste frohlockten. Wo waren denn die westdeutschen Dienste, die dieses Eldorado hätten stören sollen?

Die bundesdeutschen Dienste durchlebten in dieser Zeit die schwerste Existenzkrise seit ihrer Gründung. Das Gefährliche daran war ihr schleichendes Voranschreiten. Hierfür gab es äußere und interne Faktoren. Zu den äußeren Bedingungen zählte fraglos die von der westdeutschen Politik seit Anfang der 1980er-Jahre veranstaltete Missachtung der geheimdienstlichen Tätigkeit; an etlichen Stellen schimmerte auch die öffentliche Verächtlichmachung durch. Getarnt wurde dieses Verhalten durch unheilschwangeres Gerede über den Datenschutz, das regelmäßig von der Floskel des Wehret-den-Anfängen begleitet wurde. Das Fatale an dieser Art selbstzufriedener Staatsferne war die Auswirkung auf das Selbstverständnis der Dienste. Man konnte es nicht messen, aber umso deutlicher erspüren, wenn man in die Apparate hineinhorchte, dass dort das Resignative zur Grundstimmung wurde. Geheimdienste pflegen auf solcherlei Angriffe empfindlich zu reagieren. Dies liegt vermutlich daran, dass es ihnen regelmäßig versagt ist, sich ihrer Erfolge öffentlich rühmen zu können.

Zu den Angriffen von außen kam Hausgemachtes. In den letzten anderthalb Jahrzehnten vor der deutschen Einheit hatten sich die Verfassungsschutzbehörden vor allem mit Dingen beschäftigt, die eigentlich niemanden mehr interessierten. Die jährlichen Verfassungsschutzberichte des Bundes gaben hierüber haarklein Auskunft. Ihr Erscheinen rief zunehmend Desinteresse hervor. Das lag nicht nur an den Jahr für Jahr mit quälender Langeweile produzierten Zahlen, von denen die meisten einer Zählkontrolle kaum standgehalten hätten, sondern auch an den mittlerweile nicht mehr plausibel zu erklärenden Beobachtungszielen, die mehrheitlich Merkposten geworden waren, aber mitnichten das Ehrfurcht gebietende Etikett des Verfassungsfeindes verdienten. Gleichzeitig wurden Informationen, die an die Substanz des zu schützenden Staates hätten gehen können, sorgsam gehätschelt und geheim gehalten.

Beispiel DKP. Natürlich blieb es nicht verborgen, dass nicht nur der westdeutsche Schwanz der kommunistischen SED nach Vorgaben aus Ost-Berlin im Propagandatakt wedelte, auch die Ausbildung eines Militärapparats wurde durchaus bemerkt. Hierbei handelte es sich um eine am guten alten M-Apparat der KPD aus den 1920er-Jahren orientierte Truppe, die für Zersetzung und Sabotage im Operationsgebiet, sprich in der Bundesrepublik, unter Waffen gehalten wurde.[136] Ein Vorgehen westdeutscher Sicherheitsbehörden gegen diese in der DDR ausgebildeten Staatsstreichkader ist bis zur Wende nicht bekannt geworden.

Auch für das Beobachtungsfeld der Spionageabwehr können wir nichts Tröstliches mitteilen. Noch im März 1990 berichtete das Bundesamt für Verfassungsschutz allen Ernstes Folgendes:

»Stellt man auf die gegenwärtige Lage ab, so fällt auf, dass im Rahmen der Umwälzungen vor allem auch die jeweiligen nationalen Geheimdienste in das Kreuzfeuer der öffentlichen Kritik geraten sind. Dabei darf nicht übersehen werden, dass offenbar immer nur Verfehlungen und Missstände der ›Staatssicherheit‹, der innerstaatlichen und in den Bevölkerungen verhassten Unterdrückungsapparate, kritisiert wurden und werden. Die offensive Auslandsaufklärung, die gegen den Westen gerichtete Spionage, war hingegen nie Gegenstand einer ernst zu nehmenden, nachhaltigen Kritik oder gar Ablehnung.

So wurde das Ministerium für Staatssicherheit (MfS) der DDR, dem Druck der Bevölkerung nachgebend, zunächst in ein ›Amt für Nationale Sicherheit‹ umbenannt, und dieses soll nun von einem durch die gegenwärtige DDR-Regierung eingesetzten Ausschuss ›aufgelöst‹ werden. Doch von der Auflösung betroffen ist offenbar nur der Sicherheitsdienst, nicht jedoch der Auslandsnachrichtendienst ›Hauptverwaltung Aufklärung‹ (HVA). Bezeichnenderweise findet der militärische Aufklärungsdienst ›Verwaltung Aufklärung‹ (VA) in der Öffentlichkeit keinerlei Beachtung.

Nach den Erkenntnissen der Spionageabwehr haben die Veränderungen nach dem 8. und 9. November 1989 (Rücktritt der Regierung Stoph und Öffnung der Grenzen zur Bundesrepublik Deutschland) auch nicht zu einer Einstellung der Spionageaktivitäten dieser Dienste in der Bundesrepublik Deutschland geführt.«[137]

Wenn es nicht geschrieben und gedruckt worden wäre, man würde es heute nicht mehr glauben. Das Kölner Bundesamt wurde in dieser Zeit von einem Polizisten im Pensionsalter geführt, und die Abteilung IV (Spionageabwehr) leitete ein Mann, der sich seine Sporen in der CSU-Bundestagsfraktion verdient hatte. Man fragt sich heute, ob denn die leitenden Mitarbeiter des BfV in der fraglichen Zeit nicht wenigstens den Deutschlandfunk hörten. Offenbar nein. Obwohl auch der seinen Sitz in Köln hatte und relativ zeitnah aus der DDR berichtete.

Zu den Schwierigkeiten der bundesdeutschen Geheimdienste kam eine sich über die Jahre hinziehende, quälende Diskussion über die Ausgestaltung ihrer Rechtsgrundlagen.[138] Sie schleppte sich von 1984 bis 1990 über drei Legislaturperioden des Bundestages hin und trug deutlich den Charakter einer immer selbstherrlicher werdenden Gesetzgebungsmaschinerie, die sich dem Wahn hingegeben hatte, Bürgerfreiheiten durch unverständliche Formulierungen schützen zu können. Den Vogel schoss bei diesem Tun der FDP-Abgeordnete Burkhard Hirsch ab, dem es gelang, selbst einigermaßen klare Bestimmungen durch destruktive Einfälle zu konterkarieren.

Das Ergebnis war eine Missgeburt. Sie erblickte mit dem

Bundesgesetzblatt vom 29. Dezember 1990 das Licht der Welt. Es war die Zeit, als sich die politische Klasse in Westdeutschland pflichtschuldigst über die Geschichten ereiferte, die durch die löchrig gewordene Mauer drangen, Geschichten über geheimdienstliche Auswüchse, Spitzelei und Unterdrückungsapparat. Es waren dieselben Leute, die bis vor Kurzem nichts dabei gefunden hatten, sich mit den Verantwortlichen dieses Unrechtssystems Arm in Arm vor die Kameras zu drängen. Jetzt bliesen sie erneut die Backen auf, um zu beschwören, dass von deutschem Boden nie wieder ... und so weiter und so fort. Die FDP-Abgeordneten Gerhart Baum und Rainer Funke machten sich angesichts des Zerfalls der DDR und ihrer Staatssicherheit Sorgen um die Bürgerfreiheiten der Westdeutschen und fragten bei der Bundesregierung an, was diese unternehme, um endlich die westdeutschen Geheimdienste abzubauen. Absurd, aber wahr.[139]

Wenige Wochen später beklagte derselbe Deutsche Bundestag, dass es in Ostdeutschland zu massiven fremdenfeindlichen Ausschreitungen kam, und in derselben Zeit entschloss er sich, Verbände der Bundeswehr in den weltweiten Einsatz zu schicken. Es brauchte Jahre, bis sich die Einsicht bemerkbar machte, dass Ereignisse und Aktionen dieser Art intensiver nachrichtendienstlicher Begleitung bedürfen – sei es, um die Verhältnisse im Inland zu stabilisieren, sei es, um das Leben der deutschen Soldaten im Ausland zu schützen.

Der Untergang der DDR und der Zerfall des Sozialismus der real existierenden Provenienz wirkte noch in anderer Weise auf die westdeutschen Nachrichtendienste ein, denn nun war das Land östlich von Niedersachsen und Hessen in der Tat kein Ausland mehr, sodass ein nahtloser Stabwechsel zu den Verfassungsschutzbehörden angestanden hätte. Doch das war reine Theorie. In den fünf neuen Ländern gab es solche Verfassungsschutzbehörden nicht, sie entstanden erst in den nächsten drei, vier Jahren. Einstweilen gab man sich damit zufrieden, dass das BfV seine Beobachtungszuständigkeit nach Osten bis zur Oder-Neiße-Grenze erweiterte. Doch was sich hier in einem Satz sagen lässt, war in Wirklichkeit mit ungewohnten Schwierigkeiten verbunden. Es fehlte für das Sammeln der benötigten Informationen jegliche Infrastruktur, sodass die Verfassungsschützer wie ein Auslandsdienst agieren mussten. Hierbei traten dann die allgemein bekannten Phänomene zutage: Arbeitseinheiten, die eingeturnt waren, nahmen die auftauchenden Hürden ohne Probleme, während das Heer derjenigen, die die vergangenen Jahre mit Scheinaktivitäten vertrödelt hatten, unüberwindliche Schwierigkeiten vor sich auftauchen sahen. Sie zogen es daher vor, ihre Büros gut zu heizen und auf Überläufer zu warten.

Die Überläufer kamen dann auch. Nicht zu viele, aber doch genug, die gegen Bares die einstigen Quellen ans Messer lieferten. Diese Überläufer kommen in den Erinnerungsbüchern des untergegangenen MfS vor.[140] Es versteht sich, dass die einstigen Tschekisten für ihre Genossen keine guten Worte fanden. Etliche der Betroffenen hätten bereits in ihrer Dienstzeit nichts getaugt. Nehmen wir zum Beispiel Eberhard Lehmann. Der sei als MfS-Major bereits 1960 in den militärischen Spionagedienst der NVA, die Verwaltung Aufklärung, geschleust worden. Dort habe er außer persönlichem Wohlleben nicht viel auf die Beine gebracht, sieht man einmal davon ab, dass er daran beteiligt war, den Chef der Firma, Generalleutnant Theo Gregori, 1982 abzuschießen, bevor er, zurückversetzt ins MfS, dann 1986 selbst vorzeitig gehen musste. Drei Jahre später dockte er als V-Mann Glasschüssel beim Bundesamt für Verfassungsschutz an.[141] Das brachte die Exgenossen auf die Palme.

Die einstigen Spitzenquellen des MfS gingen in kürzester Frist hoch: Gabriele Gast und die Brüder Spuhler beim BND, Klaus Kuron beim BfV, ein kleines halbes Dutzend beim Auswärtigen Amt und Rainer Rupp bei der NATO in Brüssel. Es waren verkommene Subjekte, die gegen Geld oder Liebesdienste ihr Land verraten hatten. Das war in dieser Dichte nur denkbar, weil es der ganzen Nachkriegsgeneration aberzogen worden war, in dieser Kategorie zu denken: mein Land. Solch ein Verständnis galt vielen als unanständig, deshalb fehlten die Hemmungen. Die Verräter jedenfalls mussten als Restmüll des Kalten Krieges von der Bildfläche verschwinden. Nicht nur, um diese ungetreuen Diener von ihren Pfründen zu entfernen, sondern weil auch die Drohung im Hintergrund stand, dass sie unter anderer Flagge fortfahren würden – und zwar jetzt als billiger Jakob an der sicheren Angel der Erpressung. Die Betroffenen stilisierten sich zu Garanten des Friedens – nach dem Motto: Hätte ich nicht für den Ostblock spioniert, dann hätte der böse Westen angegriffen. So kann man es jetzt allenthalben nachlesen:[142] »Kundschafter des Friedens fordern Recht«, unterschrieben von den Exagenten Hagen Blau, Dieter W. Feuerstein, Gabriele Gast, Karl Gebauer, Herbert Kloss, Dieter Popp, Klaus von Raussendorff, Alfred Spuhler, Ludwig Spuhler, Ulrich Steinmann, Gerd Zopp. Spenden bitte auf das Konto 68 965 der Sparkasse Bonn. Im Übrigen sind die Betroffenen längst alle wieder auf freiem Fuß.

Heutzutage sind diese Leute für die Sicherheit Deutschlands kaum mehr ein Problem. Einige Jahre war gemutmaßt worden, die Russen würden Exquellen des MfS übernehmen, doch das geschah kaum. Damit soll nicht gesagt werden, es sei nicht versucht worden, solche Quellenübergaben zu organisieren. Doch bei näherem Hinsehen zeigte sich, dass die einschlägigen Aktivitäten von den ehemaligen MfS-Führungsoffizieren ausgingen, die abkassieren wollten. Die Verfassungsschutzbehörden beeilten sich, derartige Übergaben unter ihre Kontrolle zu bringen.

Der Fall des Ex-MfS-Agenten Brocke soll so gelaufen sein. Rudolf Horst Brocke war Politologe. 1971 hatte die Hauptverwaltung Aufklärung den Studenten der Gesamthochschule Kassel angeworben. Der Perspektiv-Mann mit dem Decknamen Thomas Müntzer hatte sich dann über die Jahre im Sinne seiner Geldgeber brav entwickelt. Ab 1986 arbeitete er am Institut für Gesellschaft und Wissenschaft (IGW) in Erlangen.[143] Nach 1990 stand für Brocke-Müntzer ein Übergabeversuch auf dem geheimdienstlichen Reißbrett. Er verlief erwartungsgemäß im Sande. Die Exagenten wussten in aller Regel nicht, dass sie als Spielmaterial über die Theke gereicht wurden. Die Russen hingegen bekamen es bald mit. Damit war das Ziel erreicht; sie wurden denkbar zurückhaltend, was die Ex-MfS-Leute anging.

Nach dem Schock der Maueröffnung fassten die sowjetischen Dienste KGB und GRU erstaunlich schnell wieder Tritt. Die Voraussetzungen hierfür waren günstig. Zum einen gab es die in den Endjahren der DDR von ihnen angeworbenen Agenten, unter diesen vor allem Journalisten, die jetzt lediglich in ihrer Angriffsrichtung neu justiert werden mussten, zum anderen bot die lange Übergangsfrist, die der Roten Armee (ab 1992: der russischen Armee) bis zum Jahresende 1994 eingeräumt war, die Möglichkeit, aus Standorten mitten in Deutschland das Feld neu zu bestellen. Hiervon wurde reichlich Gebrauch gemacht. Der ab der Wiedervereinigung schlagartig anschwellende Agentenfunk zeigte an, wie die Führungsstellen mit den neuen Herausforderungen fertig zu werden versuchten. Niemanden in den deutschen Abwehrbehörden verwunderte es, dass, wenn man in den folgenden Jahren die Russenrute auslegte, so mancherlei kleben blieb. Das Russenpotenzial im Osten Deutschlands war auffällig genug. Handelsmänner mit goldenen Schneidezähnen und Jüngelchen, denen man ansah, dass sie eigentlich nur der russischen Armee entsprungen sein konnten, gehörten zum Straßenbild. Doch geheimdienstliche Steuerung ließ sich nur selten mit Sicherheit nachweisen.

In der Gegenrichtung mühte sich der BND, die chaotischen Verhältnisse für das Russland-Geschäft auszunutzen. Es wurde eine kurze, recht erfolgreiche Beschaffungsperiode in der Zeit unmittelbar nach der Wende in der DDR bis zum Abzug der russischen Truppen 1994. Die Aktion hieß sinnigerweise Giraffe, und sie bezeichnete den Versuch, über die

Einfriedungsmauern der russischen Kasernen in Ostdeutschland zu blicken. In der nachrichtendienstlichen Wirklichkeit drehten scheinbare Devotionalienhändler und Militärfreaks ihre Beschaffungsrunden. An ihren Händen blieb alles kleben, was den Russen an Ausrüstung und Informationen lieb und teuer war. Selbstredend entstanden so auch einige nachrichtendienstliche Verbindungen. Doch mit dem Abzug der Neuagenten ins Innere Russlands traten die alten Schwierigkeiten wieder auf den Plan: Entweder die Neuen hatten nichts mehr zu bieten, oder die Verbindungswege wurden steinig.

Eine BND-Quelle, bei der dies alles anders war, hieß Rübezahl. Sie sprudelte munter weiter. Doch bald kamen dem Beschaffungsleiter des BND, Volker Foertsch, Zweifel, ob der Geist aus dem Erzgebirge nicht ebenso wie sein Namensspender ein reines Fabelwesen sei, im hiesigen Fall allerdings erfunden von seinem Verbindungsführer. Dieser Führungsoffizier, so mutmaßte Foertsch, machte hier im großen Stil Kasse, denn die Nachrichten, die Rübezahl lieferte, waren unrund. Also liefen gegenüber dem Verdächtigen die üblichen Kontrollmaßnahmen an. Der Ertappte wehrte sich. Er bezichtigte nun seinerseits Foertsch, ein russischer Agent zu sein, dessen Kontrollmaßnahmen nur hätten stattfinden können, weil Foertsch von seinen russischen Hinterleuten entsprechend gebrieft worden sei.

Was nun ablief, könnte einem Spionageroman entnommen sein, doch es war Realität. Sie wirft erneut ein schräges Licht auf das politische Bonn und seine Akteure. Nachdem Hans-Georg Wieck wie geschildert seinen Posten als BND-Präsident verloren hatte, wurde der BND von Personalentscheidungen getroffen, die keinem Nachrichtendienstler einleuchten konnten. So wurde die Inthronisierung des Handballspielers und SPD-Abgeordneten Konrad Porzner als BND-Chef eher mit Verblüffung registriert. Ihm folgte mit Hansjörg Geiger ein weiterer Kurzstreckler, dem man auch kaum das Etikett Nachrichtenmann anheften konnte.

Ohne diese Personalien ist nicht erklärbar, wie es weiterging. Foertsch wurde als Beschaffungsleiter abgelöst. Er wurde stattdessen Leiter der Abteilung 5 (Sicherheit) und damit ausgerechnet Vorgesetzter jener BND-Leute, die für die Bearbeitung eines Verdachtsfalls Foertsch zuständig wurden. Das war abstrus, denn wenn der Verdacht wirklich einer war, konnte der BND-Präsident ihn nur noch an die zuständigen Verfassungsschutzbehörden weitergeben, damit diese gegen Foertsch mit kalter Distanz und geeigneten Mitteln vorgehen konnten. So kam, was kommen musste: Foertsch kriegte mit, was gespielt wurde.

Doch nun kam der nächste Hammer, denn der BND gab den Verdachtsfall Foertsch an den Generalbundesanwalt ab. In der Praxis der Dienste in Deutschland bedeutet das, der Fall ist bis zur Anklagereife ausermittelt. Beim GBA zählte man nur eins und eins zusammen und kam nach kürzester Frist zu dem Ergebnis, dass am Fall Foertsch nichts dran war; zudem bequemte man sich im Einstellungsbescheid zu dem ausdrücklichen Hinweis, der Verdacht gegen Foertsch sei ausgeräumt – eine schallende Ohrfeige für die Amtsführung des BND und für die Hintersassen von Foertsch, die in seiner Sache herumgestümpert hatten, dass sich einem die Haare sträuben.

Um Foertsch als russischen Agenten zu entlarven, stiegen die Ermittler einem Mann nach, den Foertsch seit geraumer Zeit als BND-Quelle Kempinski führte. Hinter dem Decknamen steckte ein ehemaliger Hauptamtlicher des MfS, der nach der Wende als freier Mitarbeiter bei der Illustrierten *Focus* angeheuert hatte. Beim MfS hatte er zuletzt als Referatsleiter in der Hauptabteilung III gedient. Sein Arbeitsgebiet war die Auswertung von Abhörmaßnahmen gegen den BND gewesen. Blättert man in der Gehaltsliste des MfS, so stößt man auf den Namen Thomas Tumovec.[144]

Glaubt man den Akten des Bundesamtes für Verfassungsschutz und des Bundesnachrichtendienstes, schöpften beide

Behörden den Mann ab, denn er hatte Insiderkenntnisse, die sich kein Dienst entgehen lässt. Doch zum Schluss waren es ein paar Dienste zu viel, die mitmischten, so auch FAPSI, die russische Abhörbehörde, ein Ableger des zerteilten KGB. Die Beteiligten spielten mit Tumovec das, was man im Dienste-Latein Pingpong nennt: Sie schickten ihn mit angeblichen Informationen hin und her. Das BfV stieg als Erstes aus. Blieb auf deutscher Seite noch der BND. Das war folgerichtig, denn für den BND war Tumovec nur noch unter Abwehrgesichtspunkten relevant.

Doch hier schrammt die Sache ans Kuriose. Im BND vermutete man nämlich, dass Tumovec seine Verbindung auszunutzen suchte, um Foertsch als russischen Agenten zu kontaktieren. Also sah man nach, wo sich der Mann herumtrieb, und geriet ins Bundesarchiv in Berlin. Doch anstatt auf Foertsch-Informationen stießen die BND-Sicherheitsermittler auf etwas ganz anderes. Tumovec-Kempinski hatte sich um die Vergangenheit des SPD-Politikers Karsten Voigt bemüht. Der habe vor der Wende, fanden die BND-Leute als Zweitrechercheure heraus, Unterlagen der Atlantischen Versammlung an einen Abteilungsleiter des Zentralkomitees der SED durchgereicht.[145] Was aber ging den BND das an? Und vor allem: Was hatte das mit dem Verdachtsfall Foertsch zu tun? Die Antwort lautet: nichts. Bleibt nachzutragen, dass Tumovec seine Rolle ganz anders beschrieben hat.[146] Es ist zu vermuten, dass er sich in der Rolle des 007-Journalisten sah, der mit den Diensten Schlitten fuhr. Das glaubt manch einer, der so lange benutzt wird, bis man ihn dann fallen lässt wie eine heiße Kartoffel.

Das ist in kurzen Worten die angebliche Enthüllungsstory, die unter den Autorennamen Dietl und Juretzko die Tische in den Buchhandlungen bereicherte und den Deutschen Bundestag bis ins Jahr 2006 beschäftigte.[147] Das wirklich Interessante blieb indessen unerwähnt: Die Verdächtigungen bauten nicht auf Neuland, sondern bereits Jahre zuvor hatte das KGB eine

Wer ist wer? Russische Offiziere rücken 1994 aus Fürstenberg an der Havel ab.

ähnliche Ente aufs Wasser gesetzt. So weit man es rekonstruieren kann, stammte das Gerücht von Jurij Drosdow, einem alten Fahrensmann des Direktorats S (Illegale).

Werfen wir noch ein letztes Mal einen Blick in die Provinz. Der Fall begann mit einer Panne. Die Herren Kommissare vom BKA St(aatsschutz) waren eigens aus dem fernen Meckenheim bei Bonn ins diesige Erfurt angereist. Um den frühmorgendlichen Überfall bilderbuchgerecht inszenieren zu können, übernachteten sie im nahen Linderbach. Die Küche des Hotels war ihnen von den Erfurter Verfassungsschützern sehr empfohlen worden. Ob es die Wirkung des Thüringer Kloßes war oder schlicht der Umstand, dass der Aufbau Ost auf der nach Erfurt hineinführenden Weimarischen Straße in morgendlichem stundenlangem Stillstand bestand, der beabsichtigte koordinierte Schlag kam nicht zustande, und die Hauptzielperson wurde erst nach geraumer Zeit in ihrem Büro am Gothaer Platz aufgestöbert. Beide wirkten sehr aufgeräumt. Außen am Plattenbau verkündete eine Neonreklame, dass dies der Sitz einer thüringischen Bewachungsfirma sei. Einer ihrer Geschäftsführer räumte sogleich ein, dass er engen Kontakt zum KGB gehalten habe. Ja, vor der Wende, denn da war das seine Aufgabe als Polizist gewesen. Nach der Wende? I wo! Da sei der Herrgott davor. Einer mochte sich mit diesen Auskünften nicht zufriedengeben; das war der Leiter der Spionageabwehr im Thüringer Landesamt für Verfassungsschutz, Horstmar Koch.

Kurz vor Toresschluss der DDR wurden im September

1990 auf deren Territorium fünf Länder gebildet, ein sechstes Teilgebiet war Ost-Berlin, das am 3. Oktober politisch mit West-Berlin verschmolzen wurde. In den fünf neuen Ländern wurden von 1992 bis 1994 eigenständige Verfassungsschutzbehörden eingerichtet, so wie dies im übrigen Bundesgebiet auch üblich war. Auf eines allerdings achteten die Gründer ziemlich strikt, nämlich darauf, dass keine ehemaligen Mitarbeiter der Staatssicherheit unter den neuen Dächern Unterschlupf fanden. Manchenorts hatten die lokalen Gesetzgeber dies ausdrücklich ausgeschlossen und hinzugefügt, dass sich die neuen Behörden gefälligst um die sicherheitsgefährdenden Seilschaften der alten Staatssicherheit kümmern sollten. Diesem Beobachtungsauftrag lag, wie sich bald zeigen sollte, ein Bild der Stasi-Reste zugrunde, das mit der Wirklichkeit nicht übereinstimmte. Die Herren machten bestenfalls in irgendwelchen Komitees von sich reden, wo es um das Erstreiten von höheren Renten, aber nicht um den Systemsturz ging. Für die Verfassungsschutzbehörden hatte alles dies nur insofern Bedeutung, als sie Adressaten von kübelweise eingehenden Denunziationen wurden.

Doch das war nur ein kleines Ärgernis angesichts der Schwierigkeiten, mit denen sie zu kämpfen hatten. Das lag in erster Linie daran, dass in einem ersten Schwung Gründungspersonal in den neuen Ländern angelandet war, das, wie bereits beschrieben, fachlich jeder Beschreibung spottete. Einige Dienstechefs des Bundes und der westlichen Bundesländer erzählten später grinsend, man habe Personal nach Osten entsorgt. Dementsprechend langsam konnten sich die neuen Behörden konsolidieren.

In den neuen Verfassungsschutzbehörden griff man daher, wenn auch mit spitzen Fingern, auf den alten Sachverstand zurück. Zwar durfte man kein altgedientes Personal der Staatssicherheit einstellen, von Agentenwerbung war hingegen nirgends die Rede. Es war ein Geschäft auf der Kante. Um das zu verstehen, muss man sich noch einmal vor Augen führen, dass die Nachwendejahre die Zeit der großen Spitzelenthüllungen waren. Aus vielerlei Sicht war die Spitzeljagd eine Hexenjagd. Im Osten lenkte sie von der eigenen Mitwirkung und im Westen von der eigenen Verstrickung ab.

Für die Verfassungsschutzbehörden war das Wissen von ehemaligen Spitzeln und ausgemusterten Hauptamtlichen eine Goldgrube mit Tonnen von Katzengold, deren Sortierung erhebliches Fingerspitzengefühl erforderte. Es galt, Personal auszufiltern, das sich trotz eines geheimdienstlichen Vorlaufs in Staatsstellungen eingebunkert hatte. Unter ihnen war eine beträchtliche Anzahl von Polizisten. So weit sie dem MfS gedient hatten, wurden sie lediglich angetippt und gebeten, den grünen Rock freiwillig auszuziehen und die Dienstwaffe gereinigt und entladen auf der Waffenkammer abzugeben. Aber es gab auch andere mit lupenreiner KGB-Vita. Bei denen galt es zu entscheiden: rauswerfen oder weitermachen lassen. Das war kein Gnadenakt, sondern folgte der Prognose, ob der künftige Doppelagent lohnende Perspektiven zu bieten hatte oder nicht.

Das also war das Grundgerüst, auf dem der Oberregierungsrat des Landesamtes, Koch, arbeitete, als er anfing, sich mit der Bewachungsfirma in Erfurt näher zu befassen. Er stellte sich mit der Konsequenz des Abwehrmannes die Frage, ob es ein spezielles, über die dienstlichen Notwendigkeiten hinausreichendes Interesse gegeben haben könnte, ausgerechnet diese Firma mitten im Nachwendegeschäft zu engagieren, um die sich bildenden neuen Staatsorgane zu bewachen. Beim Durchmustern der infrage kommenden Personen stolperte Koch über einen seltsamen Mann. Er hieß M. und war so etwas wie der personelle Nukleus der Thüringer Landesregierung gewesen. Diese zentrale Stellung verdankte er der Bekanntschaft mit dem Länderbeauftragten für Thüringen und späteren Ministerpräsidenten, Josef Duchač. Die beiden waren Kumpels aus der guten alten Ost-CDU.

Bei M. fiel auf, dass sein Name durch einen Vorgang des

Landesamtes für Verfassungsschutz geisterte, der mit Sorgfalt und mit Bedacht angelegt worden war und sich mit den Linien XV der Bezirksverwaltungen Erfurt, Gera und Suhl des MfS befasste. Diese Arbeitseinheiten waren der verlängerte Arm der Hauptverwaltung Aufklärung gewesen. Wer hier vorkam, war mit hoher Wahrscheinlichkeit ein Hauptamtlicher, der sich einmal mit der alten Bundesrepublik befasst hatte, oder er war Agent. M.s Agentenname war mit Fliegauf angegeben. Er, der in der DDR das rare Hobby des Leichtfliegers betreiben durfte, hatte ihn sich selbst verpasst. Das wäre schon ein Alarmsignal an sich gewesen, doch M. kam noch woanders vor, nämlich auf einer MfS-Liste von solchen MfS-Agenten, die vom KGB 1988 angeworben worden waren. Der Grund hierfür war auch angegeben: M. hatte Westverwandtschaft in der Rüstungsindustrie. Als sorgfältiger Mann wollte Koch nicht verfrüht ein Fass aufmachen, also startete er eine Anfrage bei der Behörde, von der man sich eine klare Aktenauskunft erhoffen durfte, bei der Behörde des Bundesbeauftragten, bei der die Akten der Staatssicherheit konserviert wurden; ihr Kürzel lautet BStU.

Man versteht das Folgende nur nach einem kurzen Umweg über die Gründung und Funktion dieser Behörde. Wir hatten die Erörterungen über die Zerschlagung der Staatssicherheit an der Stelle abgebrochen, an der es um die Besetzung der Stasi-Zentralen im Dezember 1989 und Januar 1990 ging. Es war, wie gesagt, eine bunte Mischung von Hauptamtlichen, Spitzeln und Revoluzzern, die unter der Gattungsbezeichnung Bürgerrechtler dort ihrem Handwerk nachgingen, das je nach Ambition auf Ausdünnung bzw. Konservierung des papierenen Schatzes gerichtet war. Als sich die DDR im Spätsommer 1990 ihrem Ende zuneigte, stellten die Besetzer sich und anderen die bange Frage, was nun werden würde. Sie erhielten die zutreffende Antwort: Das alles verschwindet im Bundesarchiv. Von Stund an rotteten sich in der DDR bärtige Menschen zusammen, um gegen die schreiende Ungerechtigkeit zu protestieren, dass in einem geordneten Gemeinwesen Akten aufgelöster Behörden dahin wandern, wo sie hingehören, nämlich ins Archiv. Vom MfS gab es nur noch dessen Akten. Sie zu beherrschen war das Letzte, was den Möchtegern-Revolutionären geblieben war. Ihr Protest hatte Erfolg. Denn die an der Regierung befindlichen Ost-Blockflöten hatten ein schlechtes Gewissen, und westliche Ignoranten hielten das Spektakel fälschlich für Volkes Willen. So kam es in den letzten Minuten der DDR am 19. September 1990 zur grandiosen Mumifizierung der Stasi-Akten unter einem speziellen Beauftragten, und ein Extra-Staatsvertrag mit der Bundesrepublik musste her, um den gesamtdeutschen Staat daran zu binden. Nichts bringt den Fetischcharakter der Stasi-Akten besser zum Ausdruck als die Regelung, dass diese im Gebiet der ehemaligen DDR bleiben müssen.

An diese Behörde des BStU wandte sich Koch nun also mit dem üblichen formalisierten Antrag auf Auskunft zu M. Nach gehöriger Wartezeit wurde ihm mitgeteilt, dass zu der Person nichts vorliege, wobei wie üblich angemerkt wurde, dass sich diese Auskunft nur auf den bislang erschlossenen Aktenbestand von soundso viel laufenden Kilometern beziehe. Nicht ohne Grund waren an der Richtigkeit dieser Auskunft Zweifel angebracht. Sie verdichteten sich zur Gewissheit, als das Landesamt ein anonymes Schreiben erhielt, dem freundlicherweise etliche Unterlagen aus den Staatssicherheitspapieren zu M. beigegeben waren. Nun war aus dem Verdachtsfall ein ganzes Verdachtsbündel geworden. In Erfurt wurde deshalb beschlossen, ein Gespräch von Behördenleiter zu Behördenleiter zu führen.

Doch der Bundesbeauftragte in Berlin machte auf den Besucher aus Erfurt den Eindruck, als bewege er sich in ganz anderen Sphären und habe deshalb Mühe, einem einfachen Sachverhalt zu folgen. Dessen erster Teil hieß, es gibt einer Falschauskünfte, und der zweite Teil, man kann, wenn man den richtigen Weg weiß, diese korrigieren. Das wurde mit Inbrunst bestritten, obwohl die Fakten anders aussahen, und das mit den falschen Auskünften wurde durch einen extra beauftragten Mitarbeiter etwas später so erklärt: Eingehende Anfragen von Geheimdiensten würden generell zurückhaltend beantwortet, weil man erstens aus der Bürgerbewegung stamme und zweitens bei Geheimdiensten nie wisse, was plötzlich herauskomme. Wenn also der mit der Beantwortung solcher Anfragen betraute Mitarbeiter kein gutes Gefühl habe, dann »beauskunfte« er die Sache negativ.[148]

Bei den Verfassungsschutzbehörden fragte man sich beklommen, auf wie viele solcher Negativ-Falsch-Auskünfte man in den letzten Jahren wohl hereingefallen sein mochte. Und da ein Geheimdienst ein Geheimdienst ist und nicht ein Debattierklub, der Rechtsfragen mit Verwirrten erörtert, beschloss man, in Zukunft die entsprechenden Informationen wie ein Geheimdienst zu beschaffen: Infos gegen Geld, einfach, aber wirksam, auch wenn das Gegenüber eine Bundesoberbehörde ist. Und der Ausgangsfall? Damit war nicht mehr viel zu beginnen, nachdem nun schon so viele merkwürdige Zeitgenossen davon Kenntnis erhalten hatten. Doch während Koch die Akten zusammenstellte, um die dienstliche Stilllegung des Mannes bei dessen Dienstherrn anzuregen, starb der in seinem Büro an einer Herzattacke. Offenbar hatte er von dem, was ihm drohte, Wind bekommen. Die Agentenkarriere war beendet.[149]

Zum Schluss noch ein letzter Blick nach Russland. Dort rangen zwei mächtige Gruppen um Macht und Einfluss. Die eine wurde vom Personal des militärisch-industriellen Komplexes dominiert, die andere vom ehemaligen KGB. Im unbeschreiblichen Tohuwabohu, das der Kreml zur Zeit der Herrschaft von Boris Jelzin in den 1990er-Jahren bot, senkte sich die Waagschale allmählich zugunsten der ehemaligen Geheimdienstler. Ein farblos erscheinender Mann, der seinen Dienst beim KGB in der DDR-Bezirksstadt Dresden versehen hatte, strebte zur Überraschung aller Kreml-Weisen an

Diener dreier Herren: Hermann M. als Fotomontage auf dem Cover eines der Monatsberichte des Thüringer Landesamtes für Verfassungsschutz; rechts: Die Seilschaft kappen – Spionageleiter Horstmar Koch. (Fotos: Heron-Zwo)

die Macht. Sein Klarname lautete Wladimir Putin. In seinem Schlepptau eine Kompanie von entschlossenen Männern aus seinem alten Metier.[150]

Was sie taten, war erstaunlich anzusehen: Sie unterwanderten konsequent die Schaltstellen in Staat und Gesellschaft, beseitigten diejenigen, die ihnen im Weg standen, und eroberten das russische Imperium von innen. Sie schufen damit das politische Russland, das wir heute kennen. Aber das ist bereits ein neues Kapitel – und gehört in ein anderes Buch.

Nachwort

Mit diesem Buch ist meine Reise durch ein Kapitel der deutschen Geschichte des 20. Jahrhunderts abgeschlossen. Meine ursprüngliche Absicht war, alles das, was mir zum deutschrussischen Geheimdienstkrieg erwähnenswert erschien, in einem handlichen Buch zusammenzuschreiben. Sein Arbeitstitel lautete *100 Jahre Zwietracht*. Letztlich sind aus dem Vorhaben drei Bände geworden:

Skrupellos (1914–1941), *Das Märchen von der Roten Kapelle* (1941–1945), das in Kürze erscheinen wird, und der vorliegende Band, der die Jahre 1945–1995 abschreitet. Vier Jahre Arbeit sind darüber ins Land gegangen. Sie sind nun Teil meiner Biografie. Für das von mir Geschriebene gilt das nicht. Die Wahl des Themas hängt vielmehr mit dem Schicksal meiner Vorfahren zusammen; Stefan und Karl Roewer, meinen Großvater und meinen Vater, wird der aufmerksame Leser in meinen Büchern wiedergefunden haben. Ohne ihr Schicksal hätte sich mir das Thema kaum aufgedrängt. So wurde die Arbeit auch zum Versuch, etwas über die eigenen Wurzeln zu erfahren. Je weiter die Reise durch das Jahrhundert fortschritt, kam ich selbst in die Rolle des zuschauenden und auch beteiligten Zeitgenossen.

Gewiss ist meine Sicht durch lange Berufsjahre beeinflusst worden, die ich in Bonn, Berlin und anderswo verbracht habe. Ohne diese Berufstätigkeit wäre es mir kaum möglich gewesen, ungezählte Quellen nach ihren Erlebnissen zu befragen und Unterlagen einzusehen. Leider ist es so, dass viele der Befragten ungenannt bleiben wollten. Ich habe das akzeptiert, denn was nützt es, sich auf jemanden zu berufen, der dann nicht zu seinem Wort steht. Ich vermute, dass die bei etlichen Geheimdienstleuten zu beobachtende Neigung, das selbst Erlebte zu verschweigen, auch auf der Furcht beruht, sich eines Nimbus zu entkleiden, dessen einziger Inhalt das Geheimnisvolle ist. Längst nicht immer erhielt ich die erbetenen Auskünfte, einige Male bekam ich stattdessen Unverschämtheiten zu hören. Ich habe mir erlaubt, Letztere zu ignorieren.

Einzelheiten zu meinen Quellen findet der Leser im Quellen- und Literaturverzeichnis sowie in den Fußnoten. Aus Platzgründen wurden rund tausend Fußnoten aus der Druckfassung des Buches gestrichen. Sie können im Bedarfsfall bei mir abgefragt werden.

Geschichte ist für mich, gute Geschichten über das Vergangene zu erzählen – über Menschen und über die Ereignisse, in die diese Menschen verstrickt waren. Ich hoffe, das ist mir gelungen. Claudia, die gern gute Geschichten hört, habe ich das Manuskript vorgelesen. Ihr verdanke ich zahllose Korrekturen (und viel zusätzliche Arbeit). Ich widme Claudia dieses Buch.

Anmerkungen

I. Kapitel
Keine Stunde null.
Das Jahr 1945

[1] Ziff. 2, Satz 1 der Urkunde über die militärische Kapitulation vom 7.5.1945 in Reims. In: Schramm, *KTB 1944/45*, S. 1676; wiederholt durch Ziff. 2, Satz 1 der Kapitulationsurkunde vom 9.5.1945 in Berlin. In: ebd., S. 1679.
[2] Bericht von Lawrenti Berija an Stalin und Molotow vom 11.5.1945 über den Verlauf der Kapitultionszeremonie am 8.5.1945 in Berlin-Karlshorst. In: Deutsch-russisches Museum, 1941, S. 77.
[3] Shukow, *Gedanken*, Bd. 2, S. 315 bis 430.
[4] Loest, *Durch die Erde ein Riss*, S. 67.
[5] Pustejovsky, *Konferenz von Potsdam und Massaker von Aussig*, S. 82–278 und 463–467; Filip, »Hyänen«; o. Verf., »Czech Found Dead«; Moravec, *Master of Spies*, S. 133–157.
[6] NKWD-Bericht Berijas an Stalin vom 24.9.1945, Bl. 91 f.
[7] AGEA, Sonderheft 2; Christoforow u. a., *Smersch*, S. 159 f.; Roginskij u. a., *Erschossen in Moskau*, S. 360.
[8] Abshagen, Auskunft vom 11.9.2006; Deutscher Offizier-Bund, Ehrenrangliste, S. 1009.
[9] Zit. in: Mader, *Hitlers Spionagegenerale*, S. 133.
[10] Kienbaum, *Am Anfang*, S. 168–173; K. Roewer, »Ansprache«; Schäufler u. a., *Ende*, S. 79–147; Schön, *Rettung*, S. 141–162.
[11] Schramm, *KTB 1944/45*, S. 1501 und 1506.
[12] Kopkow, Personalakte; Home Office, Fallakten Kopkow; Mallmann, »Brüderlein«, S. 282; Wildt, *Generation*, S. 337–341 und 774, Fn. 139; Tuchel, »Recherche«, S. 387.
[13] Geißel, *Unterhändler*, S. 74–80; Shukow, *Erinnerungen und Gedanken*, Bd. 2, S. 396–399; Winzer, *Soldat*, S. 325–343.
[14] Gimbel, »Wissenschaftler«, S. 459 ff.
[15] Lota, *Atomnaja bomba*, S. 182 ff.
[16] Karlsch, *Hitlers Bombe*, S. 209 ff.
[17] Schreiben des Chefs der GRU an den Chef des Generalstabs vom 23.3.1945. Zit. nach: Karlsch, *Hitlers Bombe*, S. 220 f. und 381, Fn. 47.
[18] Andrew u. a., *Schwarzbuch*, S. 138 f.; Besymenski, *Stalin und Hitler*, S. 398 f.; Suworow, *GRU*, S. 103.
[19] Zum Wissenschaftlerstandort Suchumi vgl. z. B. Steenbeck, *Impulse und Wirkungen*, S. 179–191.
[20] Hamacher u. a., *Gegen Hitler*, S. 23 f., 201; Thiele, *Wege*, S. 387; Institut für ML, *Geschichte der Arbeiterbewegung*, Bd. 5, S. 419.
[21] Churchill, *Zweiter Weltkrieg*, S. 1095.
[22] Uhl, »Rakete«, S. 87–97; Keller, *Ost minus West gleich Null*, S. 384–410.

[23] Andreas-Friedrich, *Schattenmann*, S. 310.
[24] Siehe dazu: Burzew, *Einsichten*, S. 33 f., 49.
[25] Manifest des NKFD. In: Institut für ML, *Arbeiterbewegung*, Bd. 5, S. 575 ff.
[26] Welz, *Stunde*, S. 320 f.
[27] Siehe dazu auch: Naimark, *Die Russen in Deutschland*, S. 198–205.
[28] Duhnke, *Stalinismus in Deutschland*, S. 367 f.; Karlsch, *Ein Staat im Staate*, S. 15 f.; zur Ausspähung von Wismut: Madrell, *Einfalltor in die Sowjetunion*, S. 204–207.
[29] Albrecht u. a., *Die Spezialisten*, passim; Foitzik, *SMAD*, S. 184 ff.; Ciesla, *Der Spezialistentransfer in die UdSSR*, S. 24–31; Keller, *Ost minus West gleich Null*, S. 347–359; Madrell, *Einfalltor in die Sowjetunion*, S. 212–227.
[30] Einsiedel, *Tagebuch der Versuchung*, S. 7–37.
[31] Siehe dazu: Tjulpanow, *Deutschland nach dem Kriege*, passim; Foitzik, *SMAD*, S. 479 f.; Roewer u. a., *Geheimdienste*, S. 460.
[32] Schewtschenko, *Mein Bruch mit Moskau*, S. 137.
[33] Ostrjakow, *Militärtschekisten*, S. 160.
[34] Foitzik, *SMAD*, S. 106, 477; Schulze, *In den Villen der Agenten*, S. 26–31.
[35] Ahlfen, *Kampf um Schlesien*, S. 20 ff., Karte 1; Hibbeln, *Entwicklung der militärischen Lage*, S. 13 ff.
[36] Semirjaga, *Kak my uprawili*, S. 159.
[37] Bericht Berijas an Stalin vom 17.4.1945, GARF; Bericht des NKWD über den Fortgang der Säuberungen vom 13.4.1945, GARF.
[38] Uhl, *Skizzen*, S. 519.
[39] Wahl, *Thüringen-Ausschuss*, S. 9 bis 40; Müller-Enbergs u. a., *Wer war wer*, S. 646 f.; Uhl, *Skizzen*, S. 527.
[40] Kretschmer, *Aufzeichnungen*, Bl. 210 ff.
[41] Ebd., Bl. 214.
[42] Semirjaga, *Kak my*, S. 167.
[43] Bechler, *Warten*, S. 17.
[44] Bis zur Unkenntlichkeit verschleiert bei: Institut für ML, *Widerstandskämpfer II*, S. 498 f.
[45] Foitzik, *SMAD*, S. 442; o. Verf., *Otscherki istorii*, Bd. 3, S. 414–431; Gladkow, *Korotkow*, passim.
[46] Chlewnjuk, *Politbüro*, S. 344, 380 f.
[47] Home Office, Fallakten Beurton.
[48] Siehe dazu: Keil, *Geheimoperation Hammer*.
[49] NKWD-Bericht Serows an Berija vom 22.8.1945, Bl. 284.
[50] Kommentare dazu bei: Urban, *Der Verlust*, S. 48–51; Reich-Ranicki, *Mein Leben*, passim; Starzynski, *Doppelagent*, S. 114–171, 229–241; kaum verfremdet bei: Walser, *Tod eines Kritikers*, passim.
[51] OMGUS: *Intelligence Reports*, 7.12.1946 bis 3.4.1948.
[52] Bailey u. a., *Die unsichtbare Front*, S. 38–42; Foitzik, *SMAD*, S. 133, 468; Laufer, *Der Friedensvertrag mit Deutschland*, S. 110 f.; Roewer u. a., *Geheimdienste*, S. 283.
[53] Vgl. z. B. USAREUR, *Intelligence Estimate* 1961 U, Annex 23, Bl. 1–32.
[54] Siehe dazu: Bayerlein u. a., *Kommentare*, S. 455 und 508; Dimitroff, *Tagebücher*, S. 635 f. (Tgb. 7., 9.1.1943); Heilbrunn, *Geheimdienst*, S. 121; Hodos, *Schauprozesse*, S. 291; Lustiger, *Schalom Libertad*, S. 156 ff.; Swiatlo, *Bezpieka*, passim.
[55] Siehe z. B. Załuski, *Das Jahr 44*, S. 225–238.
[56] OKW, Berichte 1944/45, S. 327 f. (1.10.1944); Urban, *Der Verlust*, S. 88–94.

⁵⁷ Roewer, *Skrupellos*, S. 278 ff.
⁵⁸ Siehe dazu: Stetzko, *Oberbefehlshaber*, S. 236 f.
⁵⁹ Witzel, *Kommandoverbände*; ders., *Unternehmen Kirn*, Bl. 136 ff.; Kurowski, *Kommandotrupps*, S. 293.
⁶⁰ Dorst u. a., *Sowjetstreitkräfte*, S. 307; Hoffmann, *Tragödie*, S. 34; Ostrjakow, *Militärtschekisten*, S. 178 f.
⁶¹ Schramm, *KTB 1944/45*, S. 14; Krätschmer, *Ritterkreuzträger*, S. 910.
⁶² Ebd., S. 297.
⁶³ Ebd., S. 282.
⁶⁴ Edgar u. a., *Spionage in Deutschland*, S. 15–34.
⁶⁵ Hess, *Ostseeoperationen*, passim.
⁶⁶ NKWD-Bericht von Tutuschkin an Berija vom 6.8.1945.
⁶⁷ Bacia, *Die Quadratur des Königsberger Kreises*, S. 7; Blumenwitz, *Flucht und Vertreibung*, S. 51–56; Große-Jütte, *Die Region Kaliningrad/Königsberg*, S. 32–45; Vesper, *Nach schrillen Tönen um Kaliningrad*, S. 8.

II. KAPITEL
DER ZAR IST TOT –
ES LEBE DER ZAR.
STALINS LETZTE JAHRE UND
DER ANFANG DER ÄRA
CHRUSCHTSCHOW

¹ Diehl, *Politik und Presse*, S. 25.
² Nr. 2 des Frankfurter Polizeibriefs der westalliierten Militärgouverneure an den Präsidenten des Parlamentarischen Rats vom 14.4.1949. In: Roewer, *Nachrichtendienstrecht*, S. 136.
³ Schreiben des britischen Regionalkommissars an den Ministerpräsidenten Arnold vom 11.10.1948, 114 HQ CCG BAOR (BE) 4. In: Innenministerium NW, VS-Info.
⁴ Innenminister NW, Akte Auerbach; zu Auerbach außerdem: Kraushaar, *Protestchronik*, S. 44, 62, 191, 368, 397 f., 588, 623 und 653 ff.; zur KPD in Nordrhein-Westfalen: Hüttenberger, *Nordrhein-Westfalen*, S. 112–118.
⁵ Bericht des Staatskommissars für die Bekämpfung von Misswirtschaft und Korruption vom 10.5.1949. In: Innenministerium NW, VS-Info, Kap. Porträt, Entstehung des Verfassungsschutzes.
⁶ Baumann, Interview; Buschfort, *Tejessy*, S. 111–131; ders.: Buschfort, *Geheime Hüter der Verfassung*, passim (jedoch mit einer anderen Bewertung); Innenministerium NW, VS-Info, Link: Tejessy.
⁷ Enders u. a., *Kabinettsprotokolle der Bundesregierung*, Bd. 2, S. 232, 236, 289, 329 f.; Deutscher Bundestag, Protokoll vom 1.6.1950, S. 2387 ff. (1. Lesung des Gesetzes über die Zusammenarbeit des Bundes und der Länder in Angelegenheiten des Verfassungsschutzes); vgl. auch: »Gesetz über die Zusammenarbeit des Bundes und der Länder in Angelegenheiten des Verfassungsschutzes vom 27.9.1950«. In: Bundesgesetzblatt 1950, Teil I, S. 682; Lex, *Probleme des Verfassungsschutzes*, S. 1848 bis 1852; Roewer, *Nachrichtendienstrecht*, S. 6 ff.
⁸ Deres, »Die Praxis des Vereinsverbotes«, S. 111–157.
⁹ Aus der Sicht eines Strafverteidigers: Hannover, *Die Republik vor Gericht 1954–1974*, S. 51–104; in ders., als fortschrittlich deklarierten Sichtweise: Gössner, *Die vergessenen Justizopfer des Kalten Krieges*, S. 41–204.
¹⁰ Siehe dazu z. B. Bailey u. a., *Un-*

sichtbare Front, S. 210–229; Boveri, *Verrat*, Bd. 2, S. 123–130; Kraushaar, *Protestchronik*, S. 1013 f., 1017, 1023, 1026 ff. und 1539–1551; Schwarz, *Ära Adenauer*, S. 236 ff.; Stöver, »Fall John«, S. 103–113; ders., »Otto John«, S. 160–178; Wundshammer, *Deutsche Chronik*, S. 227–239; siehe auch das MfS-Elaborat Frederik, *Ende einer Legende*; Johns eigene Darstellungen *Ich wählte Deutschland* und *Zweimal kam ich heim*; sowie aus der rechten Ecke: Diels, *Fall John*.

[11] Siehe dazu: Stöver, »Der Fall Otto John«, S. 121–136.

[12] Siehe dazu: BGH, Urteil vom 22.12.1956, Az. 2 St. E 15/56; auch in: BGH, Entscheidungen in Strafsachen, Bd. 10, S. 163–173.

[13] Details in: BMI, Akten in Sachen Dr. Otto John.

[14] Gehlen, *Dienst*, S. 42; Guderian, *Erinnerungen*, S. 347; Höhne, *Krieg*, S. 434 f.; Praun, *Untersuchung*, S. 97 (das Zitat verändernd: Schramm, *Geheimdienste*, S. 251 f.); Schramm, *KTB 1944/45*, S. 987, 1006, 1801.; ebenso: Schramm, *Geheimdienste*, S. 253 f.; Thorwald, *Illusion*, S. 11 ff.; Zolling u. a., *Pullach II*, S. 156.

[15] Z. B. Abt. Fremde Heere Ost, »Beurteilung der Gesamtfeindlage an der Ostfront vom 1.5.1942«. In: Schramm, *KTB 1942*, S. 1273 ff.; Fremde Heere Ost, »Kurze Beurteilung der Feindlage vom 15.7.1942«. In: Schramm, *KTB 1942*, S. 1283; Schramm, *KTB 1944/45*, S. 1002, 1096, 1109, 1137, 1186 und 1202.

[16] Zu seinem Werdegang siehe: Andreas-Friedrich, *Schattenmann*, S. 208–211 (Tgb. 21.3.1945); Boveri, *Verrat*, Bd. 2, S. 109–114; Höhne, *Krieg*, S. 509 f.; Meinl, »Im Mahlstrom des Kalten Krieges«, S. 247–266; dies., *Nationalsozialisten gegen Hitler*; dies., *Friedrich Wilhelm Heinz*, S. 61–83; Roewer u. a., *Lexikon der Geheimdienste*, S. 195; Staden, *Ende und Anfang*, S. 42–46; Zierer, *Nur der erste Schritt ist frei*, S. 356–367.

[17] Höhne, *Krieg*, S. 509 f., 587, Fn. 163.

[18] Adenauer, *Erinnerungen 1945 bis 1953*, S. 351, 357.

[19] Siehe dazu: Edgar u. a., *Spionage in Deutschland*, S. 301 f.

[20] Loest, *Durch die Erde ein Riss*, S. 189.

[21] Wulffen, *Mitteldeutsches Tagebuch*, S. 32.

[22] Kurt Barthel, genannt Kuba, zit. in: Loest, *Erde*, S. 190.

[23] Chruschtschow, »Die Aktion«, S. 232–342; Moskalenko, »Wie Berija verhaftet wurde«, S. 345–351; Shukow, »Eine riskante Operation«, S. 342 ff.; Nekrassow, »Das Finale der Macht«, S. 488 f.

[24] Loest, ebd., S. 200.

[25] Vgl. die RIAS-Sendebeiträge in: BpB/d-radio, 17.6.1953, Dokumente.

[26] Lota, *Alta protiw Barbarossy*, S. 148 ff.

[27] Kindler, *Abschied*, S. 143.

[28] Strikt in Abrede gestellt bei Sahm, *Rudolf von Scheliha*, passim; hiergegen mit guten Argumenten: Henkel, *Was treibt den Spion?*, S. 63–79; Nollau u. a.: *Gestapo*, S. 99 f.

[29] Lota, *Alta*, nach S. 288; Liebmann, »Biografisches«; Müller-Enbergs, *Der Fall Rudolf Herrnstadt*, S. 54.

[30] Foitzik, *SMAD*, S. 138 f., vor allem Fn. 183 (dort Iljitschow); Kolpakidi, *Enziklopedija*, S. 85 und 448 ff. (Ilitschew); Roewer u. a., *Geheimdienste*, S. 180 f. (Ilischew) und 214 (Ilitschow).

[31] Herrnstadt, *Das Herrnstadt-Dokument*, S. 60, Fn. 13.
[32] Ebd., S. 78 ff.
[33] Vgl. etwa Besymenski, »Sowjetischer Nachrichtendienst«, S. 158 f.; Botschkarew, *GRU*, S. 119 ff.; Sudoplatow, *Handlanger*, S. 148 und 421–426.
[34] Bundesministerium für Gesamtdeutsche Fragen, *Aufstand*, S. 62.
[35] Oberstes Gericht der DDR, Strafsache gegen Silgradt u. a., S. 459 ff.
[36] Bundesnachrichtendienst, *Auszeichnungen der Warschauer-Pakt-Staaten*, Teil 2.2–35; Dorst u. a., *Sowjetstreitkräfte*, S. 237 f.
[37] Pustejovsky, *Konferenz von Potsdam*, S. 82–251.
[38] Foitzik, »Kadertransfer«, S. 308 bis 334.
[39] Siehe Bittman, *Geheimwaffe D*; ders., *Zum Tode verurteilt*; Roewer u. a., *Encyklopedie tajných služeb*, S. 281 ff.
[40] Heubeck, »Der Mann, der Menschen in brennende Häuser trieb«; Navara, *Der Tod heißt Tutter*, passim; Schüle, »Naziverbrecher und Top-Agent der ČSSR beim Fernmeldesektor F«, passim; Weiße, *Geheime Funkaufklärung in Deutschland*, S. 126–141.
[41] Vgl. »Bericht des parlamentarischen Untersuchungsausschusses«, Bundestagsdrucksache V/4208; Johnson, *Jahrestage*, S. 1340 f.; Müller u. a., *Gegen Freund und Feind*, S. 384 f.
[42] O. Verf., »Stasi-Anwerbung in Deutschland«.
[43] Siehe dazu Kubina, *Von Utopie, Widerstand und Kaltem Krieg*, S. 389–404.
[44] Zu Staschinskij s. a. Anders, *Mord auf Befehl*, passim; Prochorow, *Skolko stoit prodat podinu?*, passim; Waskowytsch, *Die letzte Periode der Tätigkeit Banderas*, S. 404–415; Voslensky, *Nomenklatura*, S. 379 und 440 f.; Bundesgerichtshof, Urteil vom 19.10.1962, S. 87–96.
[45] Zu Scheidt s. a. Feuersenger, *Vorzimmer*, S. 164; Hammerstein, *Spähtrupp*, S. 132, 173, 180 ff., 187, 207 und 236; Jong, *Kolonne*, S. 166 f. und 170 f.
[46] Mitteilung der Witwe Stefanie Lahousen-Vivremont vom 15.7.2002, IFZ Fd 47; Lahousen, (Fragment des) Diensttagebuch(s) des Leiters von Abwehr II; s. a. AGEA, *Die Nachhut*, Sonderband 2; Roewer u. a., *Geheimdienste*, S. 260; Roewer, *Skrupellos*, S. 502 f.
[47] Siehe Saunders, *Wer die Zeche zahlt*, S. 74–84.
[48] Bubke, *Der Einsatz des Stasi- und KGB-Spions Otto Freitag*, passim.

III. KAPITEL
DER MANN HINTER DEM SPIEGEL. BERLIN- UND KUBA-KRISE UND DAS ENDE DER ÄRA CHRUSCHTSCHOW

[1] Bailey u. a., *Die unsichtbare Front*, passim.
[2] Gehlen, *Verschlußsache*, S. 38 f.
[3] Ditfurth, *Ostalgie*, S. 47 f.
[4] Roginskij u. a., *Erschossen in Moskau*, S. 137, 175 f., 201, 252 und 272.
[5] Siehe Ruggenthaler, *Stalins großer Bluff*, S. 148 f., 214 f. und 220–227.
[6] Siehe dazu: Deutscher Bundestag, stenographische Protokolle vom 20.6.1951, S. 6107–6113.
[7] Zit. nach: Henkel, *Was treibt den Spion?*, S. 108.
[8] Siehe dazu: Brillouet, Auskunft vom 16.5.2006.
[9] Oberstes Gericht der DDR, Urteil

in der Strafsache gegen Burianek und 6 andere, S. 230 ff.
[10] Zahlenangaben nach Finn, *Die Widerstandsarbeit der KgU*, S. 32.
[11] O. Verf., *So etwas wie Feme*, S. 12 ff.; s. hierzu: BStU, ZA: AP 21676/80.
[12] Knabe, *Die unterwanderte Republik*, S. 232 f.
[13] Siehe hierzu: Hagen, *Eva und der Wolf*, S. 43–55; dies., *Eva jenseits vom Paradies*, S. 208–261.
[14] Gieseke, *Wer war wer im MfS*, S. 49.
[15] *Neues Deutschland* vom 13.7.1952, abgedruckt in: BMGF, *Der Staatssicherheitsdienst*, S. 149 ff. (hier: S. 152).
[16] Siehe: Pressemitteilung des UFJ vom 8.6.1960, abgedruckt in: BMGF, *Der Staatssicherheitsdienst*, S. 166 f.; Schreiben des Sowjetischen Roten Kreuzes an den Suchdienst des DRK vom 19.7.1960, abgedruckt in: ebd., S. 167 f.; Roginskij u. a., *Erschossen in Moskau*, S. 250.
[17] Mader, Aktenkonvolut, BStU, ZA: ZAIG Nr. 16380 (OibE Julius Mader); BStU, ZA: (Kaderakte) Mader, Julius, Nr. 25225/90.
[18] Siehe AGEA, *Die Nachhut*, Nr. 1, S. 7.
[19] Merseburger, *Willy Brandt*, S. 393 f.
[20] Abgedruckt in: Wehner, *Zeugnis*, S. 3.
[21] O. Verf., »Die Anklage der SPD-Fronde gegen Herbert Wehner«. In: *Die Zeit*, 11.3.1966.
[22] Buschfort, *Parteien im Kalten Krieg*, S. 234 f.
[23] Buschfort, *Munition für Herbert Wehner*, S. 83–92.
[24] Siehe dazu auch: Wolf, *Spionagechef im geheimen Krieg*, S. 92 ff.; Müller u. a., *Gegen Freund und Feind*, S. 323 f. und 400 f.; zur Verfälschung des Sievers-Sachverhalts durch Wolf u. a. siehe: Buschfort, *Parteien im Kalten Krieg*, S. 173.
[25] DKP Darmstadt.
[26] Zit. nach: Buschfort, *Munition für Herbert Wehner*, S. 88.
[27] Zu den erfolgreichen Bemühungen späterer Schönschreiberei siehe: Roewer, *Skrupellos*, S. 620–641.
[28] Reschin, *General von Seydlitz*, S. 180–186, 204 und 215–220.
[29] Siehe etwa Teske, *Wenn Gegenwart Geschichte wird*, S. 18 f.
[30] Wolf, *Im eigenen Auftrag*, S. 150 ff.
[31] ADN vom 20.10.1958; *Neues Deutschland* vom 21.10.1958 und vom 14.11.1958.
[32] Staadt, »Spione im ZK der SED«, S. 22–38; Generalmilitäranwalt, BStU, ZA GM 22/84.
[33] Einerseits: BA Koblenz, B 206/181; andererseits: Zolling u. a., *Pullach intern*, S. 276.
[34] BND, Militärischer Lagebericht Ost, Juli 1961, Bl. 25.
[35] Uhl u. a., *Pullachs Aufklärung gegen sowjetisches Militär in der DDR*.
[36] Fichter, *Die SPD und die Nation*, S. 128–144; Kraushaar, *Protestchronik*, S. 2510–2512; Schmückle, *Ohne Pauken und Trompeten*, S. 223–237; Schwarz, *Die Ära Adenauer 1957–1963*, S. 42–68; Strauß, *Erinnerungen*, S. 357–368.
[37] Stehle, »Geheimes aus Bonn für Moskau aus dem Vatikan«, S. 263–283; ders., »Eigenangaben zum Lebenslauf«. In: Foschepoth, *Adenauer und die Deutsche Frage*, S. 304.
[38] Knabe, *Der diskrete Charme*, S. 111–126.
[39] Subok u. a., *Der Kreml im Kalten Krieg*, S. 331–393.
[40] Militärgeschichtliches Forschungs-

[41] Gehlen, *Der Dienst*, S. 292.
[42] BA, MA BW 2/2044.
[43] Thoß, »Bedingt abwehrbereit«, S. 69–82.
[44] Augstein, *Herr Strauß*, S. 12 ff.; Schwarz, *Die Ära Adenauer 1957 bis 1963*, S. 261–273.
[45] Brawand, *Rudolf Augstein*, S. 136 ff.
[46] Hachmeister, *Der Gegnerforscher*, S. 103–108; Wildt, *Generation des Unbedingten*, S. 374 (dort merkwürdigerweise nur erwähnt, aber nicht beschrieben).
[47] Augstein, *Herr Strauß*, S. 12 ff.
[48] Brawand, *Rudolf Augstein*, S. 155; Seifert, »Die Spiegelaffäre«, S. 68 bis 82.
[49] Bundesverfassungsgericht, Urteil vom 5.8.1966, S. 181–186 und 222; Brawand, *Rudolf Augstein*, S. 152; in Andeutungen ähnlich: Augstein bei Halter, »Es war ein Kampf«, S. 90 f.; und noch ein bisschen anders: Augstein, *Herr Strauß*, S. 35.
[50] Brawand, *Rudolf Augstein*, S. 142.
[51] Bärwald, »›Demokratie mit dicken Prügeln einbläuen‹«; Schmidt-Eenboom, *Undercover*, S. 188.
[52] Sokolowski, *Militärstrategie*, S. 77.
[53] Bessedovsky, *Revelations of a Soviet Diplomat*, passim.
[54] Soltikow, *Ich war mittendrin*; ders.: *Im Zentrum der Abwehr*.
[55] O. Verf., *Sosnowski*«, S. 31–41.
[56] Knabe, *Der diskrete Charme*, S. 267.
[57] Knabe, *Der diskrete Charme*, S. 309; Müller-Enbergs u. a., *Wer war wer*, S. 365; Roewer u. a., *Geheimdienste*, S. 208.
[58] Knabe, *Der diskrete Charme*, S. 297–306.
[59] Kolpakidi u. a., *Enziklopedija*, S. 248 f., 460 f.; Ljubimow, *Rol wojennoj raswedki*; Roewer u. a., *Geheimdienste*, S. 272 und 308.
[60] Wolf, *Spionagechef im geheimen Krieg*, S. 120.
[61] Mader, OibE-Akte Julius Mader, Bl. 254, 259, 263 (BStU-Zählung).
[62] Gehlen, *Verschlußsache*, S. 64–68.
[63] Diehl, *Zwischen Politik und Presse*, S. 316.
[64] Dshirkwelow, *Secret Servant*, S. 298 ff.
[65] Zit. in: Bärwald, »›Demokratie mit dicken Prügeln einbläuen‹«.
[66] Hans Dieter Jaene, »Die vier Freiheiten des Präsidenten Roosevelt«. Zit. in: Brawand, *Die Spiegel-Story*, S. 213–216 (hier: S. 215).
[67] Brawand, *Die Spiegel-Story*, S. 18.
[68] Brawand, *Rudolf Augstein*, S. 201.
[69] Zit. nach Baring, *Machtwechsel*, S. 214 ff.
[70] Baring, *Machtwechsel*, S. 216 ff., 226 und 284; Brawand, *Rudolf Augstein*, S. 263 f.
[71] Bohnsack u. a., *Auftrag Irreführung*, S. 192 f.; Knabe, *Der diskrete Charme*, S. 161 und 262.
[72] Zit. in: Brawand, *Rudolf Augstein*, S. 236.
[73] Zit. in: Knabe, *Der diskrete Charme*, S. 262.
[74] Gehlen, *Verschlußsache*, S. 64–72.
[75] Schmückle, *Ohne Pauken und Trompeten*, S. 264 f.
[76] So im Ergebnis auch Brawand, *Rudolf Augstein*, S. 156 ff.
[77] Bundesgerichtshof, Beschluss vom 13.5.1965, Az. 6 St 4/64 (Einstellung des Verfahrens gegen Rudolf Augstein und Conrad Ahlers).
[78] Bundesverfassungsgericht, Urteil vom 5.8.1966, S. 163 und 191–230.

IV. Kapitel
Zementierung und
Verkalkung.
Die Ära Breshnjew

[1] Zit. in: Schmidt, *Wir sind die Wahnsinnigen*, S. 98.
[2] Trefflich persifliert im 1928 erstmals erschienenen Roman: Ilf u. a., *Die zwölf Stühle*.
[3] Saunders, *Wer die Zeche zahlt*, S. 124–138.
[4] Fricke, *DDR-Schauprozess gegen den RIAS*, S. 63–67; Soldat, *DDR-Schriftsteller, der RIAS und das MfS*, S. 30 f.
[5] MfS/BV Berlin, 238/88, Bl. 147; Knabe, *Der diskrete Charme*.
[6] Leide, *NS-Verbrecher und Staatssicherheit*, S. 401–406; ders., *Der schmutzige Antifaschismus*, S. 5; Löwenthal, *Ich bin geblieben*, S. 125–129; Rexin, *Radio-Reminiszenzen*, S. 444–448.
[7] Knabe, *Der diskrete Charme*, S. 214 ff.
[8] Cramer, *Deutschland nach dem Grundlagenvertrag*, passim; Knabe, *Der diskrete Charme*, S. 146–155.
[9] Cramer, *Presse und Präambel*, S. 155–170.
[10] Wawrzyn, *Der Blaue*, S. 127.
[11] Zit. in: Tumanow, *Geständnisse*, S. 174 f.
[12] Ebd., S. 212 f.
[13] Tumanow, *Geständnisse*, passim; Radio Liberty, »Tumanov«, Fold. 22.
[14] Cummings, »The Psywar Society«, Abschnitt: Operation Spotlight; Gluchowski, *Swiatlo*, S. 11–20; Hodos, *Schauprozesse*, S. 75 f.; Jaros, *Archivalia Józef Swiatlo*; Kaiser, *Kurzen Prozess machen*, S. 65 ff.; Lewis, *Red Pawn*, S. 238 ff.
[15] Voslensky, *Nomenklatura*, S. 374 bis 380.
[16] BMI, *Innere Sicherheit*, 10/1966, S. 2.
[17] Ulfkotte, *Der Krieg im Dunkeln*, S. 238.
[18] Sakharow, *High Treason*, passim.
[19] Poljanski, *Rote Diplomatie*, S. 152.
[20] Morozow, *Der Fall Solschenizyn*, S. 209.
[21] Walther, *Sicherungsbereich Literatur*, S. 391 und 589.
[22] Arnau, *Tätern auf der Spur*, S. 484 bis 498.
[23] Z. B. BMI, *Innere Sicherheit*, 11/1966, passim, und 12/1966, passim.
[24] Müller-Enbergs u. a., *Wer war wer*, S. 146 f.
[25] Podewin, *Braunbuch*, S. 441–445.
[26] Schenke, *Siegerwille und Unterwerfung*, passim.
[27] Schenke (Red.), »An den sowjetischen Sicherheitsdienst«, S. 48–53.
[28] Knabe, *Die unterwanderte Republik*, S. 288–294; Lippmann, Anlage, 13.2.1974; Rabehl, *Feindblick*, S. 19 ff.
[29] Zit. in: Orlowa u. a., *Wir lebten in Moskau*, S. 246.
[30] *Kratki politischeski slowar*, S. 108, übersetzt in: Heller, *Geschichte der Sowjetunion*, Bd. 2, S. 354.
[31] Zahlenwerk in: Fricke, *Politik und Justiz in der DDR*, S. 551.
[32] Wolf, *Die Troika*, S. 97 f.
[33] Krenz, *Herbst '89*, S. 47 ff.; vgl. auch Briefe von Wolf an Erich Honecker vom 26.6.1989 und an Egon Krenz vom 27.7.1989, abgedruckt in: Eberle, *Einverstanden E. H.*, S. 295 f.
[34] Protokoll des Politbüros der SED 25/76 vom 16.11.1976. Zit. in: Berbig u. a., *In Sachen Biermann*, S. 68 f.
[35] Zit. in: Biermann, *Der Sturz des Dädalus*, S. 118 f.

36 Berbig u. a., *In Sachen Biermann*, S. 67–379.
37 Ash, *Akte Romeo*, S. 93 f.
38 BStU, Bestand IM Günter; Roewer u. a., *Geheimdienste*, S. 54.
39 Abgedruckt in: Geppert, *Störmanöver*, S. 161–185.
40 BStU, Bestand IM Günter, Information A/116/1/78.
41 Andrew u. a., *Schwarzbuch des KGB*, S. 540.
42 Roewer, *Skrupellos*, S. 467 f. und 534–542.
43 Wehner, *Zeugnis*, S. 293 f., 297 f.
44 Nollau u. a., *Gestapo*, S. 148 ff.; o. Verf., *Berufsrevolutionär*, S. 67 f.; Uhl, *Stahlmann*, S. 99 f.; Wehner, *Zeugnis*, S. 290 f.
45 Mewis, *Bericht vom Januar 1946*, S. 271 ff.
46 Dimitroff, *Tagebücher*, S. 527 (Tgb. 1.6.1942).
47 Wehner, *Selbstbesinnung*, S. 22 f., 29, Fn. 28.
48 Sozialistische Mitteilungen der London-Vertretung der SPD Nr. 100 (Juni 1947), http://library.fes.de/fulltext/sozmit/1947-100.htm (dort als Johann-Josef Wagner bezeichnet); Hermann Weber u. a., *Deutsche Kommunisten*, S. 828; Holger Dohmen, »Heute wäre Herbert Wehner 100 Jahre alt geworden«. In: *Hamburger Abendblatt*, 11.7.2006; Kaufmann u. a., *Nachrichtendienst der KPD*, S. 398, 404 f. (dort als Johann Wagner bezeichnet).
49 Vermerk der Internationalen Abteilung des ZK der KPdSU vom 10.2.1967, abgedruckt in: Müller, *Akte Wehner*, S. 414 bis 419.
50 Staadt, »Versuche der Einflussnahme«, S. 2425.
51 Staadt, *Die geheime Westpolitik*, S. 100–110.
52 Bohnsack u. a., *Auftrag Irreführung*.
53 Wolf, *Spionagechef*, S. 195–219.
54 Hauptabteilung IX/10 (des MfS), Informationsbericht über die bisherige Arbeit am Komplex Wehner, abgedruckt in: Staadt, »Versuche der Einflussnahme«, S. 2480–2485.
55 HVA Abt. VII/F (des MfS), Vorschlag einer Maßnahme; abgedruckt in: Staadt, »Versuche der Einflussnahme«, S. 2478 f.
56 Zit. in: Staadt, »Versuche der Einflussnahme«, S. 2425.
57 Müller, *Akte Wehner*, S. 414–419.
58 Aktennotiz 290/71 (des MfS); abgedruckt in: Staadt, »Versuche der Einflussnahme«, S. 2495.
59 Großmann, *Bonn im Blick*, S. 73 f.
60 Charisius u. a., *Nicht länger geheim*, S. 276, 362, 689 und 693.
61 Baring, *Machtwechsel*, S. 722–760; Boom u. a., »Mach Dir keine Sorgen«, S. 86–97; Bracher u. a., *Republik im Wandel*, S. 114–128; Guillaume, *Die Aussage*, passim; Happrecht, »Verriet er auch Willy Brandt?«, S. 76–80; Henkel, *Was treibt den Spion?*, S. 325–331; Nollau, *Amt*, S. 254 ff.; Tiedge, *Überläufer*, S. 102–107; Vogel, *Nachsichten*, S. 41–46; Wolf, *Spionagechef*, S. 263–294; BGH, Strafsache Guillaume; BT-Drs. 7/3083, S. 7–32, sowie 7/3246, S. 8–44 und 62–85.
62 Zit. nach: BT-Drs. 7/3246, S. 22.
63 Ebd., S. 23.
64 Regierungserklärung vom 28.10.1969, abgedruckt in: *Jahresbericht der Bundesregierung 1969*, S. 14.
65 Staatsanwaltschaft Berlin, Ermittlungsverfahren 2 P Js 2703/55.
66 Hagemann, *Untersuchungsausschuss Freiheitlicher Juristen*, S. 167–183; Mampel, *Unter-*

grundkampf des Ministeriums für Staatssicherheit gegen den Untersuchungsausschuss, S. 73–82; Schroeder, »Eines der bekanntesten Häuser«. In: *FAZ* 1997.
67 Hagemann, *Untersuchungsausschuss*, S. 147 ff.; Henkel, *Was treibt den Spion?*, S. 422–434; Kühn, *Das Gesamtdeutsche Institut*, S. 53 ff.; Mampel, *Untergrundkampf*, S. 89–101.
68 Tiedge, *Abwehrarbeit der Ämter für Verfassungsschutz*, S. 169.
69 Ebd., S. 95.
70 Genscher, *Erinnerungen*, S. 198.
71 Großmann, *Bonn im Blick*, S. 53.
72 Ebd., S. 46 f.; Grimmer u. a., *Sicherheitspolitik der SED*, S. 99 ff.
73 Falin, *Politische Erinnerungen*, S. 266; s. a. Bogolomow, *Ohne Protokoll*, S. 153.
74 Zit. in: Haase-Hindenberg, »Dumm gelaufen«.
75 Krenz, *Herbst '89*, S. 47 f.
76 Nollau, *Das Amt*, S. 226 ff.
77 Bohnsack u. a., *Auftrag Irreführung*, S. 193; Bohnsack u. a., *Hauptverwaltung Aufklärung*, S. 107; Knabe, *Der diskrete Charme*, S. 225–232; ders., *Die unterwanderte Republik*, S. 191–198; Rabehl, *Feindblick*, S. 19 ff.; Werkentin, »Eine linke Karriere«.
78 Horchem, *Auch Spione werden pensioniert*, S. 102 f.
79 Markwardt, *Erlebter BND*, S. 65 bis 110.
80 BMVG, *Weißbuch 1970*, S. 26 ff.
81 So vorbehaltlos kolportiert bei: Müller u. a., *Gegen Freund und Feind*, S. 404 ff.; so schon in etwa: Tiedge, *Der Überläufer*, S. 222 f.; Gast, *Kundschafterin*, S. 174 f.
82 BMI, *Innere Sicherheit*, 5/1966, S. 8.
83 Mensing, *Nehmen oder annehmen*, S. 89 ff.
84 Mensing, *Wir wollen unsre Kommunisten wieder haben*, S. 14 ff.; Wilke u. a., *DKP*, S. 72.
85 Ebd., S. 27 f.; Voslensky, *Nomenklatura*, S. 467–477; Wilke u. a., *DKP*, S. 72.
86 BMI, *Innere Sicherheit*, 9/1968, S. 3 f.
87 Bärwald, *Missbrauchte Friedenssehnsucht*, S. 96; Baron, »Die verführte Friedensbewegung«, S. 57 f.; Knabe, »MfS und Friedensbewegung«, S. 312; Roewer u. a., *Geheimdienste*, S. 227; Zappe u. a., »Gezielt in die Medien eindringen«.
88 Knauer, »Windspiele aus China«.
89 Staadt, »Die SED und die Generale für den Frieden«, S. 271.
90 Haffner u. a., *Zwecklegenden*, S. 4; dazu: Knabe, *Der diskrete Charme*, S. 319; ders., *Die unterwanderte Republik*, S. 254 f.
91 BStU, AIM 10844/84 (IM-Vorgang Scheumann).
92 BMVG, *Weißbuch 1979*, S. 126 bis 132; Wettig, »Die Bundesrepublik im Brennpunkt der widerstreitenden Interessen«, S. 38–41; BMVG, *Weißbuch 1983*, S. 197.
93 In diesem Sinn z. B. Arbatow, *Das System*, S. 210–218; Wolkogonow, *Lenin*, S. 523; zur Ideologie der Breshnjew-Zeit: Heller u. a., *Geschichte der Sowjetunion*, S. 348 bis 353.
94 KSZE-Schlussakte vom 1.8.1975, abgedruckt in: Jacobsen u. a., *Sicherheit und Zusammenarbeit in Europa*, S. 915.
95 Barron, *KGB*, S. 98 ff.
96 Z. B. Suworow, *GRU*, S. 77 ff.
97 Daschitschew, *Moskaus Griff nach der Weltmacht*, S. 69 ff.
98 Henkys, »Die Anklage lautet auf Verrat«; Knabe, *Der diskrete Charme*, S. 231; ders., *Die un-*

terwanderte Republik, S. 187 ff.;
o. Verf., »Gute Arbeitsbedingungen für Stasi-Agenten in der Westkirche«.

[99] Knabe, Der diskrete Charme, S. 297–300.

[100] Ebd., S. 207–210; Riggs, Hitlers jüdische Soldaten.

[101] Ebd., S. 324.

[102] Knabe, Die unterwanderte Republik, S. 48; Sturm, Schnüffeln im Regierungsviertel.

[103] Knabe, Die unterwanderte Republik, S. 48.

[104] Siehe Großmann, Bonn im Blick, S. 124 f.; Knabe, Der diskrete Charme, S. 177; ders., Die unterwanderte Republik, S. 52; Watson, Never say you're sorry.

[105] Alfred Grosser, »Fühlen Sie sich als Deutscher«. In: Buchjournal, 1/1993, zit. nach: Fichter, Die SPD und die Nation, S. 211, Fn. 10.

[106] Garton Ash, Im Namen Europas, S. 457–503.

[107] Zit. in: ebd., S. 494.

[108] Bleckwehl, »Die SPD und die Deutsche Frage«, S. 54–59.

[109] Voigt, »Deutsch-deutsche Solidarität der demokratischen Linken«, S. 5 f.

[110] Keworkow, Der geheime Kanal, S. 256 ff.

[111] Knabe, Der diskrete Charme, S. 224; ders., Die unterwanderte Republik, S. 48 f.

[112] O. Verf.; »IM Hans und IM Marcella«; Knabe, Die unterwanderte Republik, S. 48.

[113] Staut, »Jetzt sind auch die Wessis dran«, S. 3.

[114] Knabe, Der diskrete Charme, S. 222 f; Zumach, »Spione in der SPD«, S. 2.

[115] Knabe, Die unterwanderte Republik, S. 48.

[116] Zit. in: Keworkow, Der geheime Kanal, S. 238; vgl. auch: Jäger u. a., Republik im Wandel, S. 320.

[117] BMVG, Weißbuch 1985, S. 53 ff.

[118] Honecker in: Neues Deutschland vom 16.2.1981. Zit. in: Spittmann, DDR unter Honecker, S. 82.

[119] Zelikow u. a., Sternstunde der Diplomatie, S. 188 f.

[120] U. Sahm, Rudolf von Scheliha, passim; dagegen: Henkel, Was treibt den Spion?, S. 63–78.

[121] Zu den Agenten im AA s. Gast, »Hagen Blau«; Großmann, Bonn im Blick, S. 229 ff.; Müller-Enbergs, »Unter falscher Flagge gesegelt«; Pragal, »Doppelleben der IM Angelika«; Schwan u. a., Spinnennetz, passim.

[122] Andrew u. a., Schwarzbuch des KGB, S. 475 f.

[123] Liebl, »Schaden«, S. 106 f.; Rombach, »Ziele«, S. 56 ff.; Tuck, »Täter«, S. 30 ff.

[124] Henkel, Was treibt den Spion?, S. 254–261; Kolpakidi u. a., Enziklopedija, S. 249 f.; Schlomann, Operationsgebiet Bundesrepublik, S. 235 f.

[125] Andrew u. a., Schwarzbuch des KGB, S. 566 f.; Emde, Spionage und Abwehr in der Bundesrepublik, S. 169–188; Kahl, Spionage in Deutschland, S. 165 f.; Schlomann, Operationsgebiet Bundesrepublik, S. 235 f.; Tiedge, »Abwehrarbeit der Ämter für Verfassungsschutz«, S. 57.

[126] Schlomann, Operationsgebiet Bundesrepublik, S. 255 f.; Tuck, »Täter«, S. 18–27 und 35 ff.

[127] Ebd., S. 256 f.; ebd., S. 27 ff.

[128] Förster, »Moneten-Müller schweigt sich weiter aus«; ders., Auf der Spur der Stasi-Millionen, S. 40 f.; Koch, Das geheime Kartell; Bülow, Im Namen des Staates, S. 66.

[129] Zur Größenordnung der DDR-Friedensgruppen vgl. z.B. Knabe, *Sprachrohr oder Außenseiter*, S. 23–36.
[130] Arnold, *Schild und Schwert*, S. 69 bis 78.
[131] Möller u.a., »Zur Spionageabwehr«, S. 495.
[132] Bahro, *Die Alternative*, S. 9.
[133] Bilke, »Unerwünschte Erinnerungen«, S. 819; Jesse, »Artikulationsformen und Zielsetzungen«, S. 1014; Wollenberger, *Virus der Heuchler*.
[134] Richter, »Zu den inneren Ursachen der Blockkonfrontation in Europa«. Zit.in: Bickhardt, »DDR-Opposition in den achtziger Jahren«, S. 457.
[135] Andrew u.a., *Schwarzbuch des KGB*, S. 302f., 564f.
[136] Behling, *Nachrichtendienst der NVA*, S. 120–129; Großmann, *Bonn im Blick*, S. 136–141; Wolf, *Spionagechef im geheimen Krieg*, S. 331 ff.

V. Kapitel
Berg runter ist auch Berg rauf. Das Ende der Sowjetunion und die deutsche Einheit

[1] Stärkezahlen in Osteuropa in: BMVG, *Weißbuch 1985*, S. 45–60; Zahlen über die Stärke zu verschiedenen Zeitpunkten in: Frank, »Die Westgruppe der Truppen«, S. 331f.
[2] Presse- und Informationsamt, Bulletin vom 6.6.1959; Edgar u.a., *Spionage in Deutschland*, S. 292, 297f.
[3] Z.B. Großmann, *Bonn im Blick*, S. 165–171; Wolf, *Spionagechef*, S. 324–333.
[4] Befehl des Ministers für Staatssicherheit 11/79 vom 7.6.1979, abgedruckt in: Deutscher Bundestag, Enquete-Kommission, Geschichte und Folgen, Bd. VIII, S. 346f.
[5] Abgedruckt in: Marquardt, »Zusammenarbeit zwischen MfS und KGB«, S. 333 ff.; siehe auch: OLG Düsseldorf, Urteil gegen Wolf, S. 25 ff.
[6] Gorbatschow, *Perestroika*, S. 264; Gorbatschow, *Umgestaltung und neues Denken*, S. 258.
[7] *Neues Deutschland* vom 10.4.1987.
[8] Deutsches Historisches Museum, »Chronik 1986«; vgl. auch: Ash, *In Europe's Name*, S. 107 und 118.
[9] Wolf, *Spionagechef im geheimen Krieg*, S. 423–446.
[10] BMI, *Verfassungsschutzbericht 1993*, S. 206f.; Schaefer u.a., *Stasi-Intelligence and NATO*, S. 3; Roewer u.a., *Geheimdienste*, S. 387.
[11] Auch kolportiert von: Krenz, *Herbst '89*, S. 47 ff.
[12] Großmann, *Bonn im Blick*, S. 112 und 165 ff.; vgl. auch: Wolle, *Die heile Welt der Diktatur*, S. 294f.
[13] Spittmann, *Die DDR unter Honecker*, S. 147f.; zum Mechanismus des Verbots: Eberle, *Kopfdressur*, S. 44 und 203.
[14] Ash, *Im Namen Europas*, S. 297.
[15] Bassistow, »Die DDR – ein Blick aus Wünsdorf«, S. 51f.; Daschitschew, »Moskaus Griff nach der Weltmacht«, S. 304; Przybylski, *Tatort Politbüro*, S. 101–115; Wolle, *Die heile Welt der Diktatur*, S. 35–39.
[16] Z.B. Vernehmungsniederschriften, Berichte und Protokolle von Gestapo und Volksgerichtshof vom 5.12.1935, 10.12.1935, 8.5.1936, 3.11.1936, abgedruckt in: Przybylski, *Tatort Politbüro*, S. 209–230; andererseits: Hone-

cker, *Aus meinem Leben*, S. 91 bis 107.
17 Daschitschew, »Moskaus Griff nach der Weltmacht«, S. 308 f.; Ash, *Im Namen Europas*, S. 245.
18 Strauß, *Erinnerungen*, S. 521–550; Ash, *Im Namen Europas*, S. 231 ff.
19 Schalck-Golodkowski, *Deutschdeutsche Erinnerungen*, S. 229; andererseits: Buthmann, »Die Arbeitsgruppe BKK«, S. 41, Fn. 325; als IM registriert: Wolle, *Die heile Welt der Diktatur*, S. 204.
20 Buthmann, »Die Arbeitsgruppe BKK«, S. 34 f.; Bülow, *Im Namen des Staates*, S. 50; Andreas Förster, »Sind Stasi-Interna jetzt Staatsgeheimnisse?« In: *Berliner Zeitung* vom 31.5.1994; Köppe, *Bericht*, S. 5–43; Koch, *Das Schalck-Imperium lebt*, S. 166–176; o. Verf., *DDR-Lexikon*, Stichwort: Horst Schuster, www.ddr-wissen.de/wiki/ddr.pl?Horst_Schuster; Bundestags-Drucksache 13/10900, S. 169 f.
21 Vgl. z. B.: Antrag auf Einsetzung eines Untersuchungsausschusses, Bundestags-Drucksache 12/629; 1. Beschlussempfehlung und 1. Teilbericht vom 14.10.1992, BT-Drs. 12/3462; 2. Beschlussempfehlung und 2. Teilbericht vom 12.1992, BT-Drs. 12/3920; 3. Beschlussempfehlung und 3. Teilbericht vom 15.3.1993, BT-Drs. 12/4500, nebst Ergänzung vom 30.4.1993, BT-Drs. 12/4832 und vom 17.5.1993, BT-Drs. 12/4970; Bericht und Beschlussempfehlung vom 27.5.1994, BT-Drs. 12/7600.
22 Bundestags-Drucksache 12/7725 (sog. Köppe-Bericht).
23 Staatsanwaltschaft Bonn, Ermittlungen wegen des Verdachts der Verletzung des Dienstgeheimnisses, Az. 50 Gs 154/95.
24 MfS, Befehl Nr. 12/78 zur politisch-operativen Sicherung des Internationalen Handelszentrums in der Hauptstadt der DDR vom 22.8.1978.
25 Wessel, »Frühstück im Hotel Oktjabrskaja«.
26 Daschitschew, *Moskaus Griff nach der Weltmacht*, S. 309.
27 Knabe, *Der diskrete Charme der DDR*, passim.
28 MfS: Notiz über die Besprechung Mielke-Schebarschin am 7.4.1989, in: BStU, ZA ZIAG 5198, Bl. 100 bis 139; hierzu: Marquardt, »Zusammenarbeit zwischen MfS und KGB«, S. 305 ff.; Schell u. a., *Stasi und kein Ende*, S. 264 f.
29 Seit 2001 russischer Generalkonsul in München.
30 Nach 2000 Botschaftsrat an der russischen Botschaft in Berlin, später in Wien.
31 Nach 2001 Direktor des Föderalen Dienstes für militärisch-technische Zusammenarbeit.
32 Daschitschew, *Moskaus Griff nach der Weltmacht*, S. 451 ff.
33 Kusmin, *Schest osennich let*, S. 171 f.
34 O. Verf., *Der KGB hatte die neuen Posten schon verteilt*.
35 Zit. in: Eberle, *Anmerkungen zu Honecker*, S. 108.
36 Zit. in: Seiffert u. a., *Die Schalck-Papiere*, S. 335.
37 Deutscher Bundestag, Antrag der SPD-Fraktion auf Einsetzung eines Untersuchungsausschusses vom 26.9.1985, BT-Drs. 10/3906 (neu); Beschlussempfehlung und Bericht des 2. Untersuchungsausschusses vom 27.11.1986, BT-Drs. 10/6584; Deutscher Bundestag, Plenarprotokoll vom 3.9.1985, S. 11286–11316.
38 Antrag der SPD-Bundestags-

fraktion vom 15.1.1986, BT-Drs. 10/4661.
39 Emde, *Spionage und Abwehr*, S. 7–30; Glocke u. a., *Verratene Kinder*, passim; Henkel, *Was treibt den Spion?*, S. 205; Kahl, *Spionage in Deutschland*, S. 25–36; o. Verf., »Ein Amerikaner in Berlin«; Roewer u. a., *Geheimdienste*, S. 446; Stiller, *Im Zentrum der Spionage*, passim; Stiller u. a., *Beyond the Wall*, passim; Wagner, »The Wagner Blog«, passim.
40 Dzieran, »Verlorene Wurzeln«, passim; Emde, *Spionage und Abwehr*, S. 125–137; Henkel, *Was treibt den Spion?*, S. 439; o. Verf., »Ein Amerikaner in Berlin«.
41 Cramer, »Presse und Präambel«, S. 156–166.
42 Ebd., S. 166 ff.
43 Schwan, »Die Präambel und die europäische Integration«, S. 199.
44 Wieck, »Die DDR-Berichterstattung des BND«, S. 10 ff. In: ders., *Die DDR aus Sicht des BND*.
45 Bericht der Bundesregierung vom 15.2.1989, betreffend die Beteiligung deutscher Firmen an einer C-Waffen-Produktion in Libyen, Bundestagsdrucksache 11/3995.
46 Ebenso: Markwardt, *Erlebter BND*, S. 45.
47 Wieck: Auskünfte.
48 Knabe, *Die unterwanderte Republik*, S. 329 f.; Wilke: Auskunft.
49 Knabe, *Die unterwanderte Republik*, S. 346.
50 Holzweißig, *Klassenfeinde und Entspannungsfreunde*, S. 25; Knabe, *Die unterwanderte Republik*, S. 347 f.; Rabehl, *Feindblick*, S. 19 ff.
51 Bundesministerium für innerdeutsche Beziehungen, Materialien, S. 247.
52 Zit. nach: Arnold, *Schild und Schwert*, S. 235 ff.
53 Andrew u. a., *Schwarzbuch KGB*, S. 552 f.; Markwardt, *Erlebter BND*, S. 115 ff.
54 Vgl. Müller u. a., *Gegen Freund und Feind*, S. 447–454; o. Verf., *Auskünfte aus dem BND*.
55 Andrew u. a., *Schwarzbuch KGB*, S. 787.
56 Schreiben des Ministers für Staatssicherheit vom 14.10.1988 über Verantwortlichkeiten von Diensteinheiten zur Aufklärung, Kontrolle bzw. Bearbeitung feindlicher Stellen und Kräfte im Operationsgebiet. Abgedruckt in: Deutscher Bundestag, Enquete-Kommission SED-Diktatur, Bd. VIII, S. 214 bis 242.
57 Wolfgang Vogel. Zit. in: Ash, *Im Namen Europas*, S. 217 und 690.
58 *Neues Deutschland* vom 21.9.1989.
59 Knauer, »Lied der Tschekisten«. In: Kreisarbeitsgemeinschaft »Schreibende Tschekisten«, *Wir über uns*, S. 72.
60 Knauer, zit. in: Holzweißig, »Zensur ohne Zensor«, S. 116.
61 Labrenz-Weiß, »Hauptabteilung II«, S. 56 f.; verwirrend auch die Angaben bei: Eichner u. a., *Headquarters Germany*, S. 268.
62 Vgl. Regierungserklärung von Bundeskanzler Helmut Schmidt am 17.5.1974, Jahresbericht der Bundesregierung 1974, S. 9–27 (hier: S. 16).
63 Gaus, *Wo Deutschland liegt*, S. 113 und 266 f.
64 Markwardt, *Erlebter BND*, S. 121 bis 125; Müller u. a.: *Gegen Freund und Feind*, S. 426–433; Möller u. a., *Zur Spionageabwehr*, S. 538.
65 *FAZ* vom 14.7.2000, zit. in: www.perlentaucher.de/buch/2867.html (Abruf: 21.3.2006).
66 MfS, Gehaltsliste, 3101294301 65;96;15;00;269/68, P:;MUTH, ROLF;1017;KOPPENSTR. 68.

67 Zit. in: Holzweißig, *Klassenfeinde und Entspannungsfreunde*, S. 42.
68 Goliath, »Das Interview«; Andrew u. a., *Schwarzbuch des KGB*, S. 563; Kahl, *Spionage*, S. 189; Knabe, »Mielkes langer Schatten«, S. 2; Schlomann, *Operationsgebiet Bundesrepublik*, S. 165 f.
69 Holzweißig, *Zensur ohne Zensor*, S. 205.
70 Großmann, *Bonn im Blick*, S. 74 f.
71 BStU/AST Potsdam, AIM 281/84, Bd. I/1, Bl. 214. Zit. in: Walther, *Sicherungsbereich Literatur*, S. 614.
72 *Neues Deutschland* vom 29.11.1989, S. 2; auch: BA, SAPMO DY 2.
73 Bassistow, »Die DDR«, S. 52 f.; Daschitschew, *Moskaus Griff*, S. 453.
74 Kusmin, *Schest ossennich let*, S. 124 f.
75 Vgl. Wessel, »Frühstück im Hotel Okjabrskaja«; auch: Krenz, *Herbst '89*, S. 226 ff.
76 BA Berlin, DL 2 KoKo/1126.
77 BA, SAPMO DY 30/J IV 2/2/2356.
78 Eltgen, *Ohne Chance*, S. 190 ff.
79 Zit. in: Neubert, *Ein politischer Zweikampf*, S. 203.
80 Dornheim, *Das MfS in Thüringen während der Wende*, S. 6 f.; Stein, *Sorgt dafür, dass sie die Mehrheit nicht hinter sich bringen*, S. 38 ff.
81 Ebd.
82 Neubert, *Ein politischer Zweikampf*, S. 252, Fn. 1.
83 Büchner, »Es war wie im Hase-und-Igel-Spiel«, S. 293–303.
84 Süß, *Staatssicherheit am Ende*, S. 385.
85 Wolf, *Spionagechef im geheimen Krieg*, S. 446.
86 Redetext in: *mdv transparent*, Bd. 2, S. 66.
87 Walther, *Sicherungsbereich Literatur*, S. 622 ff.
88 Stefan Heym am 3.1.1988 im ZDF. Zit. in: Spittmann, *DDR unter Honecker*, S. 132.
89 Wortlaut des Schabowski-Auftritts in: Hertle, *Chronik des Mauerfalls*, S. 141–147; auch Wolle, *Die heile Welt der Diktatur*, S. 326.
90 Siehe dazu: § 17 (Grenzverletzungen) und § 27 (Anwendung von Schusswaffen) des Gesetzes über die Staatsgrenze vom 25.3.1982, Gesetzblatt 1982, Teil I, S. 198.
91 Schabowski, *Der Absturz*, S. 311.
92 Empfehlungen von Botschafter Wjatscheslaw Kotschemassow an den DDR-Staatsratsvorsitzenden Egon Krenz vom 16.11.1989, BA: SAPMO DY 30/IV 2/2039/314. In: Nakath u. a., *Im Kreml brennt noch Licht*, S. 68 f.
93 Kusmin, *Verschwörung gegen Honecker*, S. 290.
94 Hierzu und zum Folgenden: Kusmin, »Meldungen aus Ost-Berlin«, S. 100–108.
95 Museum für Kommunikation, Medieninformation Nr. 26/2003, S. 3; Müller-Enbergs, »Geras Aufklärertschekisten«, S. 220.
96 MfS – Der Minister – ZAIG 150/89 vom 1.6.1989. Abgedruckt in: Mitter u. a., *Ich liebe euch doch alle*, S. 46–71; vgl. auch: Ash, *Im Namen Europas*, S. 299.
97 Ebenso: Bassistow, »Die DDR – ein Blick aus Wünsdorf«, S. 53.
98 Notiz von Werner Krolikowski vom 30.3.1983. Abgedruckt in: Przybylski, *Tatort Politbüro*, S. 355 f.
99 Diese Einschätzung wird ähnlich geäußert bei: Przybylski, *Tatort Politbüro*, S. 123; siehe auch: Ash, *Im Namen Europas*, S. 237; die Berichte sind bezeichnenderweise nicht enthalten in: BA, SAPMO, DY 30 (Büro Werner Krolikowski).

[100] Berichtet z. B. bei: Gast, *Kundschafterin des Friedens*, S. 169 f.; Gaus, *Wo Deutschland liegt*, S. 113.
[101] Siehe etwa: Daschitschew, »Aus den Anfängen der Revision der sowjetischen Deutschlandpolitik«, S. 38 (dort als Verfechter der extrem konservativen Haltung bezeichnet).
[102] Daschitschew, *Moskaus Griff nach der Weltmacht*, S. 468 f.
[103] Siehe dazu etwa: Sommer, *Reise ins andere Deutschland*; Holzweißig, *Zensur ohne Zensor*, S. 198 ff.; Knabe, *Der diskrete Charme*, S. 50 ff.
[104] Hajek/Niznansky, »Viliam Salgovic«; Mencl, »Die Unterdrückung des Prager Frühlings«, S. 8; Wladimir K. Wolkow, »Sowjetische Parteiherrschaft und Prager Frühling 1968«, S. 16.
[105] Einschlägige Protokolle und Gesprächsnotizen bei: Nakath u. a., *Im Kreml brennt noch Licht*, S. 104–118, 134–177 und 179–186.
[106] Kroh, *Wendemanöver*, passim.
[107] Gründungsaufruf der SDP, abgedruckt in: Lindner, *Die demokratische Revolution*, S. 49; offener Brief der SDP vom Oktober 1989, abgedruckt in: *mdv transparent*, Bd. 1. S. 77 f.; Rein u. a., *Die Opposition in der DDR*, passim.
[108] Deutscher Bundestag, *Politisches Geschehen 1990*, S. 97; Müller-Enbergs u. a., *Wer war wer*, S. 757 f.; Neubert, *Ein politischer Zweikampf*, S. 195–206; Zimmermann, »Was macht eigentlich Wolfgang Schnur«, S. 238 f.
[109] Glöde, »Was macht eigentlich Martin Kirchner«, S. 128 ff.; Müller-Enbergs u. a., *Wer war wer*, S. 426 f.; Stein, *Sorgt dafür, dass sie die Mehrheit nicht hinter sich bringen*, S. 25; auch: Nichtauskunft der Bundesregierung vom 15.10.1990, Bundestagsdrucksache 11/8119, S. 1 f.
[110] O. Verf., »Ehrlich, treu, zuverlässig«, S. 34; siehe aber: Müller-Enbergs u. a., *Wer war wer*, S. 547 f.; o. Verf., »Lothar de Maizière«; Schlegel, »Was macht eigentlich Lothar de Maizière«, S. 171 ff.
[111] Hasse, Kaderakte.
[112] Deutscher Bundestag, *Politisches Geschehen 1990*, S. 103; Schmidt, *Von der Blockpartei zur Volkspartei*, S. 287; Schönfelder, »Aufstieg und Fall des Josef Duchač«; Thüringer Landesamt für Statistik, *Statistisches Jahrbuch 1993*, S. 34 und 38.
[113] Müller-Enbergs u. a., *Wer war wer*, S. 828 f.; Reuth, *IM Sekretär*, passim; Roßberg u. a., *Das Kreuz mit dem Kreuz*, S. 84–99.
[114] Müller-Enbergs u. a., *Wer war wer*, S. 297; Schäffer, »Der Gegendarsteller«; Scheer, »Hubertas Jagdposse«, S. 24.
[115] Dallmann, Nachlass; Hamacher, *Gegen Hitler*, S. 43.
[116] Müller-Enbergs u. a., *Wer war wer*, S. 353, 527 und 681; Sekretariat der Volkskammer, Die Volkskammer, 7. Wahlperiode, S. 300 und 412; Süß, *Staatssicherheit am Ende*, S. 576 f.
[117] Gerken, *Spione unter uns*; auch: Reuth u. a., *Das Komplott*, S. 96, unter Bezugnahme auf eine Veröffentlichung des UFJ, Fn. 103.
[118] Russische Botschaft Berlin, Pressemitteilung Nr. 36/00 vom 10.8.2000.
[119] Krenz, *Herbst '89*, S. 47 ff.; Wessel, »Frühstück im Hotel Oktjabrskaja«, S. 6.
[120] Stein, *Sorgt dafür, dass sie die Mehrheit nicht hinter sich bringen*, S. 15.

121 Bundesverfassungsgericht, Beschluss vom 15.5.1995, Az. 2 BvL 19/91 u.a., S. 277 f.
122 Z.B. Interview Ex-MfS-Offizier N.N. In: Stein, *Sorgt dafür, dass sie die Mehrheit nicht hinter sich bringen*, S. 50 ff.; o. Verf., »Aufzeichnungen aus meinem Leben«, S. 43–51.
123 Interview Barbara Weißhuhn in: Stein, *Sorgt dafür, dass sie die Mehrheit nicht hinter sich bringen*, S. 46; auch: Bundestags-Drucksache 13/10900, S. 171–196.
124 Siehe z.B. Bastian, *Auf zum letzten Gefecht*, Dokument 1 (6.10.1989).
125 Jakowlew, *In den Stürmen meines Jahrhunderts*, S. 549–556.
126 Zit. in: Nakath u.a., *Im Kreml brennt noch Licht*, S. 110.
127 Prunskiene, *Leben für Litauen*, S. 44–62.
128 Brown, *Der Gorbatschow-Faktor*, S. 467 f.; Pawlow, *Awgust isnutri*, S. 95.
129 Krjutschkow, *Litschnoje Djelo*, Bd. 1, S. 303.
130 United States District Court, Indictment Case No. 8:00-CR-197-T-24C, Unites States of America v. George Trofimoff.
131 Zit. in: Ruge, *Der Putsch*, S. 131 f.
132 Andrew u.a., *Schwarzbuch des KGB*, S. 9–36.
133 BND, Auszeichnungen der Warschauer-Pakt-Staaten, Teil II, Nr. 1–5.
134 Primakow, *Im Schatten der Macht*, S. 148.
135 Vgl. z.B. Müller-Enbergs, »Geras Aufklärertschekisten«, S. 226 ff.
136 Bassistow, »Die DDR«, S. 46; Knabe, »Stasi als Problem des Westens«, S. 15.
137 BMI, *Innere Sicherheit*, 1/1990, S. 9.
138 Grotefend, »Das neue Bundesverfassungsschutzgesetz«, S. 195–230.
139 BMI, *Innere Sicherheit*, 3/1990, S. 21.
140 Großmann, *Bonn im Blick*, S. 89, 101, 147, 242 f. und 245 f.; Wagner, *Schöne Grüße aus Pullach*, S. 172 bis 180.
141 Behling, *Nachrichtendienst der NVA*, S. 32 f.; Wagner, *Schöne Grüße aus Pullach*, S. 176 f.
142 Z.B. Feuerstein, »Aus Überzeugung Kundschafter«.
143 Beyer: Auskunft; Knabe, *Die unterwanderte Republik*, S. 396, 408 f.
144 MfS-Gehaltsliste, Notierung 080357427725; 94:03;00; vgl. auch: Deutscher Bundestag, PKG/Schäfer-Bericht (VS), Ziff. 232; auch: Schirach, »Juretzko-Prozess, Beweisanträge«.
145 Deutscher Bundestag/PKG, Schäfer-Bericht (offene Fassung), S. 121 f.
146 Ebd., S. 113–121.
147 Landgericht Berlin, Urteil gegen Juretzko vom 7.6.2006, S. 8 f.; Deutscher Bundestag/PKG, Schäfer-Bericht (offene Fassung), S. 68–86; Leyendecker, »Der Ausforscher«.
148 In diesem Sinne auch: BStU, Erster Tätigkeitsbericht, S. 66 f.
149 Thüringer Landesamt für Verfassungsschutz: Nachrichtendienst 7/98, S. 8–11.
150 Vgl. z.B. die Auflistung bei: Heinrich-Böll-Stiftung, Operation Unterwanderung.

Abkürzungsverzeichnis und Anmerkungen zur Transkription

AA	Auswärtiges Amt
abgeb.	abgebildet
a.D.	außer Dienst
AGEA	Arbeitsgemeinschaft ehemaliger Abwehrangehöriger
AM-Apparat (M-Apparat)	antimilitärischer (bzw. militärischer) Apparat, Parteigeheimdienst der KPD
APN	Außenpolitischer Nachrichtendienst, in der Frühphase der DDR
Az.	Aktenzeichen
BA	Bundesarchiv, Koblenz
BDO	Bund Deutscher Offiziere, sowjetische Propagandaorganisation 1943–1945
BfV	Bundesamt für Verfassungsschutz, westdeutscher Inlandsdienst seit 1950
BMGF	Bundesminister(ium) für gesamtdeutsche Fragen
BMI	Bundesminister(ium) des Innern
BND	Bundesnachrichtendienst
BOB	Berlin Operation Base, US-amerikanische Geheimdienst-Station in West-Berlin
BpB	Bundeszentrale für politische Bildung
BStU	Bundesbeauftragte(r) für die Unterlagen des ehemaligen Staatssicherheitsdienstes der DDR
BT-Drs.	Bundestagsdrucksache
BZ	*Berliner Zeitung*
CIA	Central Intelligence Service, US-Auslandsdienst ab 1947
DA	Deutschland Archiv
Diss.	Dissertation
DKP	Deutsche Kommunistische Partei
DST	Direction de la Sécurité du Territoire, französischer Geheimdienst
Fallex (Fall Exercise)	Herbstübung der NATO
FAPSI	Federalnoje Agentstwo Prajitelstwennoj Swyasi i Informatsii, Bundesagentur für staatliches Nachrichten- und Informationswesen, russischer Fernmeldedienst nach 1992
FAS	*Frankfurter Allgemeine Sonntagszeitung*
FAZ	*Frankfurter Allgemeine Zeitung*
FHO	Fremde Heere Ost, Feindlageabteilung im Generalstab des Heeres 1938–1945

Fn.	Fußnote
FSB	Federalnaja Slushba Besopasnosti, Föderaler Sicherheitsdienst, russischer Inlandsdienst nach 1992
FWH-Dienst	Friedrich-Wilhelm-Heinz-Dienst, Auslandsdienst in der Frühphase der Bundesrepublik Deutschland
Gestapo	Geheime Staatspolizei, politische Geheimpolizei 1933–1945
GKTSCHP	Gosudarstwenny komitet treswytschainogo poloschenija, Staatskomitee für den Ausnahmezustand, Putschistengremium, Moskau 1991
GlawPURKKA	Glawnoja Polititscheskoje Uprawlenije Rabotsche-Kretjanskoi Armii, Politische Hauptverwaltung der Roten Armee
GRU	Glawnoje raswedywatelnoje uprawlenije, Hauptverwaltung für Aufklärung, sowjetischer/russischer militärischer Auslandsdienst
GSSD	Gruppe der sowjetischen Streitkräfte in Deutschland
H	Hauptmann
HA	Hauptabteilung, Organisationseinheit im MfS sowie in anderen DDR-Behörden
Hg.	Herausgeber
HVA	Hauptverwaltung Aufklärung, Spionageapparat des MfS
IfZ	Institut für Zeitgeschichte, München
i. G.	im Generalstab
IGFM	Internationale Gesellschaft für Menschenrechte
IM	Inoffizieller Mitarbeiter, Agentenbezeichnung beim MfS
IMB	Inoffizieller Mitarbeiter Beobachtung
IME	Inoffizieller Mitarbeiter im besonderen Einsatz
IMEMO	Institut Mirowoj Ekonomiki i Meshdunarodnych Otonoschenij, Institut für Weltwirtschaft und internationale Beziehungen
IMS	Inoffizieller Mitarbeiter Sicherheit
INO	Inostrannyj otdel, Auslandsabteilung, sowjetischer Auslandsdienst 1920–1952
IS	Innere Sicherheit
JF	*Junge Freiheit*
K 14 (oder 14. K)	14. Kommissariat, Organisationseinheit der westdeutschen Kriminalpolizei zur Bekämpfung politischer Delikte
KGB	Komitet Gosudarstwennoj Besopastnosti, Komitee für Staatssicherheit, sowjetische Staatssicherheitsbehörde 1954–1991
KGU	Kampfgruppe gegen Unmenschlichkeit
KPD	Kommunistische Partei Deutschlands
KPdSU	Kommunistische Partei der Sowjetunion
KTB	Kriegstagebuch

KVP	Kasernierte Volkspolizei, verdeckte Armee in der Frühphase der DDR
L	Leutnant
LDPD	Liberaldemokratische Partei Deutschlands, 1990 zur FDP übergegangen
LfV	Landesamt für Verfassungsschutz
M	Major
M-Apparat	(siehe: AM-Apparat)
MA	Militärarchiv
MAD	Militärischer Abschirmdienst, westdeutscher militärischer Abwehrdienst seit 1956
MfS	Ministerium für Staatssicherheit, Geheimpolizei der DDR 1950–1989
MGB	Ministerstwo Gosudarstwennoj Besopasnosti, Ministerium für Staatssicherheit, sowjetische Staatssicherheitsbehörde, 1946–1953
MI5	Secret Service, britischer Inlandsdienst
MI6 (auch MI6/SIS)	Secret Intelligence Service, britischer Auslandsdienst
ML	Marxismus-Leninismus
Ms.	Manuskript
ms.	maschinenschriftlich
MWD	Ministerstwo Wnutrennich Del, Ministerium für Innere Angelegenheiten, vorübergehend auch sowjetische Staatssicherheitsbehörde
m.w.N.	mit weiteren Nachweisen
NA	National Archives
ND	*Neues Deutschland*
NDPD	Nationaldemokratische Partei Deutschlands, 1990 zur FDP übergegangen
NKFD	Nationalkomitee Freies Deutschland, sowjetische Propagandaorganisation
NKGB	Narodnyj Kommissariat Gosudarstwennoj Besopastnosti, Volkskommissariat für Staatssicherheit, sowjetische Staatssicherheitsbehörde 1941, 1943–1946
NKWD	Narodnyj Komissariat Wnutrennich Del, Volkskommissariat für Innere Angelegenheiten, sowjetische zentrale Innenbehörde, zeitweilig auch für Geheimpolizei und Auslandsdienst zuständig
NS	Nationalsozialismus, nationalsozialistisch
NSW	nicht sozialistisches Wirtschaftsgebiet, DDR-Ausdruck
NTS	Narodno Trudwoj Sojus, Volksarbeitsbund, russische antisowjetische Emigrantenorganisation
NW	Nordrhein-Westfalen
O	Oberst
OibE	Offizier im besonderen Einsatz, verdeckt arbeitender MfS-Offizier

o. J.	ohne Jahresangabe
OKW	Oberkommando der Wehrmacht
OMON	Otrjad Milizii Ossobogo Nasnatschenija, Truppen des Innern (in der späten Sowjetunion)
OMS	Otdel meshdunarodnoi swjasi, Abteilung Internationale Verbindungen, Parteigeheimdienst der Komintern 1920–1943
o. O.	ohne Ortsangabe
Org.	Organisation Gehlen, US-gesteuerter deutscher Auslandsdienst 1946–1956
OSS	Office of Strategic Services, US-Auslandsdienst 1942–1945
OTL	Oberstleutnant
OUN	Organisation Ukrainischer Nationalisten, antisowjetische Emigrantenorganisation
o. Verf.	ohne Verfasserangabe
Parlament B	»Aus Politik und Zeitgeschichte«, Beilage zur Wochenzeitung *Das Parlament*
PGU	Erwoe Glawnoe Uprawlenie, Erste Hauptverwaltung des KGB, sowjetischer Auslandsdienst, 1952–1991
PKG	Parlamentarisches Kontrollgremium, Geheimdienste-Kontrollorgan des Deutschen Bundestages
Red.	Redaktion/Redakteur
RFE	Radio Free Europe, US-Propagandasender
RIAS	Radio im Amerikanischen Sektor, US-Propagandasender in West-Berlin
RL	Radio Liberty, US-Propagandasender
ROA	Russkaja Oswoboditelnaja Armija, Russische Befreiungsarmee, antisowjetische Militärformation 1944/45
SAP	Sozialistische Arbeiterpartei
SAPMO	Stiftung Archiv der Parteien und Massenorganisationen der DDR, Teil des Bundesarchivs
SBP	Slushba Besopasnosti Presidenta, Sicherheitsdienst des Präsidenten, russische Präsidentengarde, nach 1992
SBZ	Sowjetische Besatzungszone
SD	Sicherheitsdienst, 1931 bis 1945 Parteigeheimdienst des Reichsführers SS
SED	Sozialistische Einheitspartei Deutschlands
SMAD	Sowjetische Militäradministration Deutschland
Smersch	Smert Schpionam, sowjetische militärische Abwehrbehörde, 1943–1946
SRP	Sozialistische Reichspartei
SSR	Sozialistische Sowjetrepublik, Teilstaat der Sowjetunion
StB	Státní Bezpecnost, Staatssicherheit, Geheimpolizei der Tschechoslowakei
SWR	Sluschba Wneschnej Raswedki, Dienst für Auslands-

	Aufklärung, russischer ziviler Auslands-Aufklärungsdienst, nach 1992
taz	*Die Tageszeitung*
UFJ	Untersuchungsausschuss freiheitlicher Juristen
UPA	Ukrainische Befreiungsarmee
V2	Vergeltungswaffe 2, deutsche Raketenwaffe, gegen Ende des Zweiten Weltkrieges im Einsatz
VA	Verwaltung Aufklärung, militärischer Auslandsdienst der DDR
VjZ	*Vierteljahreshefte für Zeitgeschichte*
VS	Verschlusssache

ANMERKUNGEN ZUR TRANSKRIPTION

Die Umschrift von russischen Namen und Begriffen im Text folgt der überkommenen Umschriftmethode in gängige deutsche Buchstaben (*Duden*-Umschrift). Hierbei entspricht »sh« dem russischen Ж, das man in etwa wie das »J« am Anfang des französischen Wortes Journal ausspricht. Auf die Übertragung der russischen Zeichen ь und ъ wurde weitgehend verzichtet.

Das russische »в« am Ende von Namen wurde im Text durchgängig als »w« wiedergegeben (z. B. Orlow). So weit Namen nach der Einbürgerung ihres Trägers anglisiert wurden und nunmehr mit »ff« oder »v« enden (z. B. Trofimoff), wurde diese Schreibweise beibehalten. Das russische Ц wurde mit »z« (und nicht mit »tz«) wiedergegeben (z. B. Urizki).

Unsicherheiten sind bei der Rückübertragung von russischen Namen aus englischen, polnischen und französischen Quellen aufgetreten. So weit Namen und Begriffe aus anderen Sprachen übernommen wurden, folgt die Schreibweise in der Regel den Quellen.

Bei Ortsangaben wurde nach Möglichkeit der Name verwendet, der zur Zeit des Geschehens gültig war (z. B. St. Petersburg – Petrograd – Leningrad). So weit Orte deutsche Namen hatten, sind diese angegeben (z. B. Königsberg, Krakau, Reval, Insterburg, Moskau). In Zweifelsfällen wurden Ortsnamen so übernommen, wie sie in den Quellen vorkommen.

Quellen- und Literaturverzeichnis

Neben den unten aufgeführten Quellen ist eine Vielzahl von Hinweisen, Einzelauskünften und Zeitungsartikeln in den Text eingegangen, die ausschließlich in den Fußnoten nachgewiesen sind. Weiterführende Literatur und Spezialliteratur findet der Leser zudem in Roewer/Schäfer/Uhl, *Lexikon der Geheimdienste im 20. Jahrhundert,* und in Roewer, *Skrupellos.*

Abshagen, Hans Ulrich, schriftliche Auskunft gegenüber dem Autor zu Wolfgang Abshagen vom 11.9.2006.

Abusch, Alexander, *Der Deckname,* Berlin 1981.

Adenauer, Konrad, *Erinnerungen 1945–1953,* 2. Aufl., Stuttgart 1972.

Agde, Günter, *Die Greußener Jungs. Hitlers Werwölfe, Stalins Geheimpolizisten und ein Prozess in Thüringen. Eine Dokumentation,* Berlin 1995.

Agethen, Manfred/Buchstab, Günter (Hg.), *Oppositions- und Freiheitsbewegungen im früheren Ostblock,* Freiburg i. Brsg. 2003.

Albrecht, Ulrich/Andreas Heinemann-Grüder/Arend Wellmann, *Die Spezialisten. Deutsche Naturwissenschaftler und Techniker in der Sowjetunion nach 1945,* Berlin 1992.

Alt, Franz, *Frieden ist möglich. Die Politik der Bergpredigt,* 26. Aufl., München 1990.

Anders, Karl, *Mord auf Befehl. Der Fall Staschinskij. Eine Dokumentation,* Tübingen 1963.

Anders, Maria/Heinz Göschel, *Lexikon der Großen Sozialistischen Oktoberrevolution,* Leipzig 1976.

Andreas-Friedrich, Ruth, *Der Schattenmann. Schauplatz Berlin. Tagebuchaufzeichnungen 1938–1948,* Berlin 2000.

Andrew, Christopher/Wassili Mitrochin, *Das Schwarzbuch des KGB. Moskaus Kampf gegen den Westen,* Berlin 1999.

Antonow-Owsjenko, Anton, »Der Weg nach oben. Skizzen zu einem Berija-Portrait«. In: Nekrassow, Wladimir F. (Hg.), *Berija. Henker in Stalins Diensten. Ende einer Karriere,* Berlin 1992, S. 11–172.

Arbatow, Georgi, *Das System. Ein Leben im Zentrum der Sowjetpolitik,* Frankfurt am Main 1993.

Arbeitsgemeinschaft ehemaliger Abwehrangehöriger (AGEA), *Die Nachhut,* Nr. 1–32, und Sonderhefte Nr. 1 und 2, München 1967–1975, (BA MA Msg 3-22-1).

Arnau, Frank, *Kunst der Fälscher – Fälscher der Kunst. Dreitausend Jahre Betrug mit Antiquitäten,* Berlin 1961.

Arnau, Frank, *Tätern auf der Spur. Auswahl aus dem Lebenswerk,* 4. Aufl., Berlin 1979.

Arnold, Karl-Heinz, *Schild und Schwert. Das Ende von Stasi und Nasi,* Berlin 1995.

Ash, Timothy Garton, *In Europe's Name. Germany and the Divided*

Continent, London 1993. (Dt.: *Im Namen Europas. Deutschland und der geteilte Kontinent*, München, Wien 1993.)

Ash, Timothy Garton, *Die Akte Romeo. Persönliche Geschichte*, Frankfurt am Main 1999.

Auerbach, Thomas, *Vorbereitung auf den Tag X. Die geplanten Internierungslager des MfS*, Berlin 1994.

Augstein, Rudolf (Hg.), *Überlebensgroß Herr Strauß. Ein Spiegelbild*, Reinbek b. Hamburg 1980.

Ausschuss für deutsche Einheit (Hg.), *Karl Franz Schmidt-Wittmack: So geht es nicht weiter*, Berlin 1954.

Ausschuss für deutsche Einheit (Hg.), *Globkes Braune Notstandsexekutive. Das Bonner Geheimkabinett der Staatssekretäre*, o. O. (Ost-Berlin) o. J.

Bacia, Horst, »Die Quadratur des Königsberger Kreises. Ein Visum und doch kein Visum«. In: *FAZ*, 12.11.2002.

Backes, Uwe/Jesse, Eckard (Hg.), *Jahrbuch Extremismus und Demokratie*. Bonn, später Baden-Baden 1989 ff.

Bärwald, Helmut/Rudolf Maerker, *Der SED-Staat. Das kommunistische Herrschaftssystem in der Sowjetzone*, Köln 1963.

Bärwald, Helmut, *Missbrauchte Friedenssehnsucht. Ein Kapitel kommunistischer Bündnispolitik*, Bonn 1983.

Bärwald, Helmut, *Das Ostbüro der SPD. 1946–1971. Kampf und Niedergang*, Krefeld 1991.

Bärwald, Helmut, »Von der SPD zur Persona non grata gemacht«. In: Konrad Löw, *Verratene Treue. Die SPD und die Opfer des Kommunismus*, Köln 1994.

Bärwald, Helmut, »›Demokratie mit dicken Prügeln einbläuen‹. Die Kompromittierung des Bundesverteidigungsministers Franz Josef Strauß durch den ›Spiegel‹ entsprach den Absichten des KGB«. In: *Junge Freiheit*, 15.11.2002.

Bätzner, Nike/Andrej Sorin, »Chronik 1949–2002«. In: Choroschilow, Pawel u. a., *Berlin–Moskau. Chronik 1950–2000*, Berlin 2003, S. 262–388.

Bahr, Alexander, *Wladimir Putin. Der Deutsche im Kreml*, München 1999.

Bahr, Egon, *Der deutsche Weg. Selbstverständlich und normal*, München 2003.

Bahro, Rudolf, *Die Alternative. Zur Zukunft des real existierenden Sozialismus*, Köln, Frankfurt am Main 1977.

Bailey, George/Sergej A. Kondraschow/David E. Murphy, *Die unsichtbare Front. Der Krieg der Geheimdienste im geteilten Berlin*, Berlin 1997.

Banse, Dirk/Michael Behrendt, »Der Stasi-Maulwurf von Bonn. Neue Details aus den Rosenholz-Unterlagen belasten Rudolf Maerker«. In: *Berliner Morgenpost*, 28.4.2004.

Baring, Arnulf (in Zusammenarbeit mit Manfred Görtemaker), *Machtwechsel. Die Ära Brandt-Scheel*, 2. Aufl., Stuttgart 1982.

Barkleit, Gerhard, »Hochtechnologien in der Zentralplanwirtschaft der DDR. Zum Dilemma der Mikroelektronik in der DDR in den achtziger Jahren«. In: *Parlament B*, 38/1997, S. 18–24.

Baron, Udo, »Die verführte Friedensbewegung. Zum heute nachweisbaren Einfluss von SED und MfS«. In: *Die politische Meinung*, 10/2003, S. 55–61.

Barron, John, *KGB. Arbeit und*

Organisation des sowjetischen Geheimdienstes in Ost und West, München o. J. (ca. 1978).

Bartosek, Karel, *Les Aveux des Archives. Prague–Paris–Prague*, Paris 1996.

Barzel, Rainer, *Im Streit und umstritten. Anmerkungen zu Adenauer, Erhard und den Ostverträgen*, Frankfurt am Main, Berlin 1986.

Bassistow, Jurij W., »Die DDR – ein Blick aus Wünstorf. Persönliche Eindrücke eines russischen Offiziers«. In: *Parlament B*, 40/1994, S. 46–53.

Bassistow, Jurij W., »Oberst Tjulpanow und die Bildungs- und Kulturpolitik der Sowjetischen Militäradministration in Deutschland (SMAD) 1945–1949«. In: *Jahrbuch für Historische Kommunismusforschung*, 1999, S. 305–317.

Bastian, Uwe, *Auf zum letzten Gefecht. Dokumentation über Vorbereitungen des MfS auf den Zusammenbruch der DDR-Wirtschaft*, 2., erweiterte Aufl., Berlin 1994.

Bauer, Frank Heinz, »Vom Interbrigadisten zum Volksarmisten. Die geheime Aufrüstung in der SBZ/DDR zwischen 1945 und 1956.« In: Informationssystem des (österreichischen) Bundesministeriums für Landesverteidigung, 6/2005, www.bmlv.gv.at/omz/ausgaben/artikel.php (Abruf: 2.5.2006).

Bauer, Leo, »Die Partei hat immer recht. Bemerkungen zum geplanten deutschen Rajkprozess (1950)«. In: *Parlament B*, 27/1956, S. 405–419.

Baumann, Fritz-Achim, »Verfassungsschutz und Polizei. Trennungsgebot und Pflicht zur Zusammenarbeit«. In: Franz-Josef Düwell, *Anwalt des Rechtsstaates. Festschrift für Diether Posser zum 75. Geburtstag*, Köln 1996.

Baumann, Fritz-Achim, telefonische Auskünfte an den Verfasser am 14.4.2001 über die VS-Info des Innenministeriums NW.

Baumann, Fritz-Achim/Helmut Rannacher/Helmut Roewer (Hg.), *In guter Verfassung. Erfurter Beiträge zum Verfassungsschutz*, Erfurt 1997.

Baumann, Fritz-Achim/Helmut Rannacher/Helmut Roewer (Hg.), *In guter Verfassung II. Erfurter Beiträge zum Verfassungsschutz*, Erfurt 1998.

Baumann, Fritz-Achim/Helmut Rannacher/Helmut Roewer (Hg.), *In guter Verfassung III. Erfurter Beiträge zum Verfassungsschutz*, Erfurt 1999.

Bayerlein, Bernhard/Wladislaw Hedeler (Hg.), *Kommentare und Materialien zu den Tagebüchern (von Georgi Dimitroff) 1933–1943*, Berlin 2000.

Bechler, Margret, *Warten auf Antwort. Ein deutsches Schicksal*, Dokumentation: Jochen v. Lang, Berlin, Frankfurt am Main 1989.

Behling, Klaus, *Der Nachrichtendienst der NVA. Geschichte, Aktionen und Personen*, Berlin 2005.

Benz, Wolfgang/Walter E. Pehle (Hg.), *Lexikon des deutschen Widerstandes*, Frankfurt am Main 1994.

Berbig, Roland/Jörg Judersleben/Holger Jens Karlson/Dorit Krusche/Christoph Martinkat/Peter Wruck (Hg.), *In Sachen Biermann. Protokolle, Berichte und Briefe zu den Folgen einer Ausbürgerung*, Berlin 1994.

Berg, Hermann von/Franz Loeser/Wolfgang Seiffert, *Die DDR auf dem Weg ins Jahr 2000. Politik, Ökonomie, Ideologie. Plädoyer für *eine demokratische Erneuerung*, Köln 1987.

Bergh, Hendrik van, *ABC der Spione. Eine illustrierte Geschichte der Spionage in der Bundesrepublik Deutschland seit 1945*, Pfaffenhofen 1965.

Bergh, Hendrik van, *Köln 4713*, Würzburg 1981.

Bergsdorf, Wolfgang, »Die Weiterführung der Doppelbeschlusspolitik Helmut Schmidts durch die Regierung Kohl«. In: Maruhn, Jürgen/Manfred Wilke (Hg.), *Raketenpoker um Europa. Das sowjetische SS-20-Abenteuer und die Friedensbewegung*, München 2001, S. 126–133.

Besedovsky, G. (Grigori Bessedowski), *Revelations of a Soviet Diplomat*, London 1931.

Besier, Gerhard, *Der SED-Staat und die Kirche. Der Weg in die Anpassung*, München 1993.

Besier, Gerhard, *Der SED-Staat und die Kirche 1969–1990. Die Vision vom »Dritten Weg«*, Berlin, Frankfurt am Main 1995.

Besier, Gerhard, *Der SED-Staat und die Kirche 1983–1991. Höhenflug und Absturz*, Berlin, Frankfurt am Main 1995.

Besymenski, Lew, »Sowjetischer Nachrichtendienst und Wiedervereinigung Deutschlands. Der Berija-Plan von 1953«. In: Krieger, Wolfgang/Jürgen Weber (Hg.), *Spionage für den Frieden? Nachrichtendienste in Deutschland während des Kalten Krieges*, München 1997, S. 155–159.

Besymenski, Lew, *Stalin und Hitler. Das Pokerspiel der Diktatoren*, Berlin 2002.

Beyer, Achim, schriftliche Auskunft vom 28.12.2006 an den Verfasser über das Institut für Gesellschaft und Wissenschaft (IGW) der Universität Erlangen-Nürnberg.

Beyme, Klaus von, *Die Sowjetunion in der Weltpolitik*, München, Zürich 1983.

Beyme, Klaus von, »Außenpolitik«. In: Bütow, Hellmuth G. (Hg.), *Länderbericht Sowjetunion*, 2. Aufl., Bonn 1988, S. 449–474.

Bickhardt, Stephan, »Die Entwicklung der DDR-Opposition in den achtziger Jahren«. In: Deutscher Bundestag, Enquete-Kommission SED-Diktatur, Br. VII/1, S. 450 bis 503.

Biermann, Wolf, *Der Sturz des Dädalus oder Eizes für die Eingeborenen der Fidschi-Inseln über den IM Judas Ischariot und den Kuddelmuddel in Deutschland seit dem Golfkrieg*, 2. Aufl., Köln 1992.

Biernat, Karl Heinz/Luise Kraushaar, *Die Schulze-Boysen/Harnack-Organisation im antifaschistischen Kampf*, Berlin 1970.

Bilke, Jörg Bernhard, »Unerwünschte Erinnerungen. Gefängnisliteratur 1945/49 bis 1989«. In: Deutscher Bundestag, Enquete-Kommission SED-Diktatur, Br. III/2, S. 796 bis 825.

Birke, Ernst/Rudolf Neumann/Helmuth Weiss, »Die Sowjetisierung Ost-Mitteleuropas«. In: *Parlament B*, 38/1959, S. 477–497.

Bittman, Ladislav, *Geheimwaffe D*, Bern 1973.

Bittman, Ladislav, *Zum Tode verurteilt. Memoiren eines Spions*, München 1984.

Blake, George, *Keine andere Wahl. Die Autobiografie des wichtigsten Doppelagenten aus der Zeit des Kalten Krieges*, Berlin 1995.

Blank, Alexander S./Julius Mader, *Rote Kapelle gegen Hitler*, Berlin 1979.

Blecha, Kurt/Günter Halle/Günther Köhler, »Die Lösung von Aufgaben der staatlichen Öffentlichkeitsarbeit zum Schutz und zur Sicherung der DDR durch Kooperation des Ministeriums für Staatssicherheit und des Presseamtes beim Vorsitzenden des Ministerrats unter besonderer Berücksichtigung der Durchführung gemeinsamer Aktionen im Kampf gegen die subversive Tätigkeit des Feindes«. Diss. (MfS-intern) 1971.

Bleckwehl, Ulrich, »Die SPD und die Deutsche Frage von 1945–1990 unter besonderer Berücksichtigung des Vereinigungsprozesses 1989/90«. Universität Bremen 1994 (Ms.).

Blumenwitz, Dieter (Hg.), *Flucht und Vertreibung*, Vorträge eines Symposiums, veranstaltet vom Institut für Völkerrecht der Universität Würzburg 19.–22. November 1985, Köln, Berlin, Bonn, München 1985.

Bölling, Klaus, *Die letzten 30 Tage des Kanzlers Helmut Schmidt. Ein Tagebuch*, Reinbek b. Hamburg 1982.

Bogomolow, Alexander, *Ohne Protokoll. Amüsantes und Bitteres aus der Arbeit eines sowjetischen Diplomaten in Deutschland*, Berlin 2000.

Bohnsack, Günter/Herbert Brehmer, *Auftrag Irreführung. Wie die Stasi im Westen Politik machte*, Hamburg 1993.

Bohnsack, Günter/Jörg Gförer, *Hauptverwaltung Aufklärung. Eine Legende stirbt. Das Ende von Wolfs Geheimdienst*, Berlin 1996.

Boje, Arthur, *Stalins deutsche Agenten. Ein Kriegsgefangener berichtet*, Graz, Stuttgart 2002.

Bonin, Bogislaw von/Heinz Brill, *Opposition gegen Adenauers Sicherheitspolitik. Eine Dokumentation*, Hamburg 1976.

Boom, Pierre/Henrike Girmond, »›Mach Dir keine Sorgen, es ist alles ein Irrtum.‹ Der Sohn von Günter Guillaume erinnert sich«. In: Stiftung Haus der Geschichte der Bundesrepublik Deutschland/Zeitgeschichtliches Forum Leipzig (Hg.), *Duell im Dunkel. Spionage im geteilten Deutschland*, Köln, Weimar, Wien 2002, S. 86–97.

Borcke, Astrid von, »Vom KGB zum MBRF. Das Ende des sowjetischen Komitees für Staatssicherheit und der neue russische Sicherheitsdienst«. In: *Parlament B*, 21/1992, S. 33–38.

Borgersrud, Lars, *Die Wollweber-Organisation und Norwegen*, Berlin 2001.

Borkenau, Franz, *The Spanish Cockpit. An Eye-Witness Account of the Political and Social Conflicts of the Spanish Civil War*, London 1938. (Dt.: *Kampfplatz Spanien. Politische und soziale Konflikte im Spanischen Bürgerkrieg. Ein Augenzeugenbericht*, Stuttgart 1986.)

Borkenau, Franz, *Der europäische Kommunismus. Seine Geschichte von 1917 bis zur Gegenwart*, München 1952.

Borowsky, Peter, *Deutschland 1969 bis 1982*, 2. Aufl., Hannover 1989.

Borschtschagowski, Alexander, *Orden für einen Mord. Die Judenverfolgung unter Stalin*, Berlin 2000.

Botschkarew, Wiktor, *60 let w GRU*, Moskau 2004.

Bouvier, Beatrix, *Ausgeschaltet! Sozialdemokraten in der Sowjetischen Besatzungszone und in der DDR 1945–1953*, Bonn 1996.

Boveri, Margret, *Der Verrat im XX. Jahrhundert*, Bd. 2: Für und gegen die Nation. Das unsichtbare Geschehen, Hamburg 1956.

Bracher, Karl Dietrich/Wolfgang Jäger/Werner Link, *Republik im Wandel 1969–1974. Die Ära Brandt*, Bd. 5/1. In: Bracher u. a., *Geschichte der Bundesrepublik Deutschland*, Stuttgart 1986.

Brandt, Willy, *Bundestagsreden*, Bonn 1972.

Brawand, Leo, *Die Spiegel-Story. Wie alles anfing*, Düsseldorf 1987.

Brawand, Leo, *Rudolf Augstein*, Düsseldorf 1995.

Brill, Heinz, *Bogislaw von Bonin im Spannungsfeld zwischen Wiederbewaffnung, Westintegration, Wiedervereinigung. Ein Beitrag zur Entstehungsgeschichte der Bundeswehr*, 2 Bde., Baden-Baden 1987/1989.

Brillouet, Alan M., schriftliche Auskünfte an den Verfasser vom 23.3.2005 bis zum 20.5.2006, vor allem über eigene Recherchen, die angloamerikanischen Dienste in Deutschland betreffend.

Browder, George C., »Walter Schellenberg. Eine Geheimdienst-Phantasie«. In: Smelser, Ronald/Enrico Syring (Hg.), *Die SS. Elite unter dem Totenkopf. Dreißig Lebensläufe*, Paderborn, München, Wien, Zürich 2000, S. 418–430.

Brown, Archie, *Der Gorbatschow-Faktor. Wandel einer Weltmacht*, Frankfurt am Main, Leipzig 2000.

Brussig, Thomas, *Helden wie wir*, Berlin 1995.

Bryen, Stephen, »Bedrohung. Nato-Technologie in Ostblock-Waffen«. In: Tuck, Jay/Karlhans Liebl (Hg.), *Direktorat T. Industriespionage des Ostens*, Heidelberg 1988, S. 117–142.

Bubke, Hermann, *Der Einsatz des Stasi- und KGB-Spions Otto Freitag im München der Nachkriegszeit*, Hamburg 2004.

Buch, Günter, *Namen und Daten wichtiger Personen der DDR*, 4. Aufl., Bonn 1987.

Buddrus, Michael, »Wir sind nicht am Ende. Eine Denkschrift aus dem Zivilkabinett der Regierung Dönitz vom 16. Mai 1945«. In: *VjZ*, 1996, S. 605–628.

Büchner, Matthias, »Es war wie im Hase-und-Igel-Spiel. Das Erfurter Bürgerkomitee und die Auflösung des Staatssicherheitsdienstes«. Interview mit Stephan Schnitzler. In: Dornheim, Andreas/Stephan Schnitzler (Hg.), *Thüringen 1989/90. Akteure des Umbruchs berichten*, Erfurt 1995, S. 293–303.

Bülow, Andreas von, *Im Namen des Staates. CIA, BND und die kriminellen Machenschaften der Geheimdienste*, 7. Aufl., München 2002.

Bürgerkomitee des Landes Thüringen (Hg.), *Im Interesse des guten Verhältnisses I. Die Zusammenarbeit der örtlichen Staatsorgane mit dem MfS bei der Realisierung von Maßnahmen, die zum weiteren Differenzierungs-, Zersetzungs- und Verunsicherungsprozess innerhalb der Evangelisch-Lutherischen Kirche in Thüringen beitragen*, Suhl o. J. (ca. 1995).

Bürgerkomitee des Landes Thüringen (Hg.), *Agonie und Auflösung des MfS. Streiflichter aus dem ehemaligen Bezirk Erfurt*, Suhl o. J. (ca. 1995).

Bürgerkomitee Leipzig zur Auflösung des MfS/AfNS (Hg.), *Stasi intern. Macht und Banalität*, 2. Aufl., Leipzig 1992.

Bütow, Hellmuth G. (Hg.), *Länderbericht Sowjetunion*, 2. Aufl., Bonn 1988.

Bullock, Alan, *Hitler und Stalin. Parallele Leben*, Berlin 1991.

Bundesamt für Verfassungsschutz Abteilung IV, Struktur der HVA des ehemaligen Ministeriums für Staatssicherheit, Stand: Ende 1989, Köln 1991 (BfV-intern).

Bundesbeauftragter für die Unterlagen des Staatssicherheitsdienstes der ehemaligen DDR, Bestand IM Günter (= Hermann von Berg), BStU, ZA MfS GH 25/87.

Bundesbeauftragter für die Unterlagen des Staatssicherheitsdienstes der ehemaligen DDR, erster Tätigkeitsbericht, 1993, Bundestagsdrucksache 12/5100, Bonn 1993.

Bundesbeauftragter für die Unterlagen des Staatssicherheitsdienstes der ehemaligen DDR, »›Aktion Rose‹. Die Enteignung der Ostseehotellerie«. www.bstu.de/ddr/aktion_rose/seiten/01.htm (Abruf: 10.11.2006).

Bundesbeauftragter für die Unterlagen des Staatssicherheitsdienstes der ehemaligen DDR, OibE-Akte der ZAIG des MfS, Mader, Julius, ZAIG Nr. 16380.

Bundesbeauftragter für die Unterlagen des Staatssicherheitsdienstes der ehemaligen DDR, Kaderakte des MfS, Mader, Julius, Nr. 25225/90.

Bundesbeauftragter für die Unterlagen des Staatssicherheitsdienstes der ehemaligen DDR, IM-Vorgang Gerhard Scheumann, ZA MfS AIM 10844/84.

Bundesgerichtshof, Strafsache gegen Dr. Otto John wegen Landesverrats, Az. 2 StE 15/56; auch: (Urteil vom 22.12.1956 in der) *Entscheidungssammlung in Strafsachen*, Köln, Berlin 1958, Bd. 10, S. 163–173.

Bundesgerichtshof, Urteil in der Strafsache gegen Bogdan Staschinskij vom 19.10.1962, Az. 9 StE 4/62. In: *Entscheidungssammlung in Strafsachen*, Köln, Berlin 1963, Bd. 18, S. 87–96.

Bundesgerichtshof, Strafsache gegen Rudolf Augstein und Conrad Ahlers, Az. 6 St 4/64, Beschluss vom 13.5.1965.

Bundesgerichtshof, Strafsache gegen Günter Guillaume, Christel Guillaume wegen Landesverrats, Az. 4 StE 1/75; Strafsache gegen Karl Wienand wegen geheimdienstlicher Agententätigkeit, Az. 3 StR 114/97.

Bundesminister der Verteidigung, *Weißbuch 1970. Zur Sicherheit der Bundesrepublik Deutschland und zur Lage der Bundeswehr*, Bonn o. J. (1970).

Bundesminister der Verteidigung, *Weißbuch 1979*, Bonn o. J. (1979).

Bundesminister der Verteidigung, *Weißbuch 1983*, Bonn o. J. (1983).

Bundesminister der Verteidigung, *Weißbuch 1985*, Bonn o. J. (1985).

Bundesminister(ium) des Innern (Hg.), *Innere Sicherheit. Informationen zu Fragen des Staatsschutzes*, Köln (später Bonn) 1966–1993.

Bundesminister(ium) des Innern (Hg.), *Betrifft: Verfassungsschutz* (später: *Verfassungsschutzbericht*); (jährlich), Bonn (später Berlin) 1968 ff.

Bundesminister(ium) des Innern (Hg.), *Erläuterung zu den Sicherheitsrichtlinien*, IS 4-606 541/3, Bonn 1987.

Bundesminister(ium) des Innern (Hg.), Dr. Otto John, Aktenkonvolut mit diversen Aktenzeichen, Fundort: BA Zwischenlager St. Augustin.

Bundesminister(ium) des Innern (Hg.), Aktion Anmeldung, Az. IS 2-M 127 121/2, Bonn 1979 ff. (nicht paginiert).

Bundesminister(ium) des Innern

(Hg.), *Tiedge und Folgen*, Az. IS 2-620000 II, Bonn 1985 ff. (nicht paginiert).

Bundesministerium für gesamtdeutsche Fragen (Hg.), *Der Aufstand vom 17. Juni 1953. Denkschrift über den Juni-Aufstand in der Sowjetischen Besatzungszone und in Ostberlin*, Bonn 1953.

Bundesministerium für gesamtdeutsche Fragen (Hg.), *Der Staatssicherheitsdienst. Ein Instrument der politischen Verfolgung in der Sowjetischen Besatzungszone Deutschlands*, Bonn 1962.

Bundesministerium für innerdeutsche Beziehungen (Hg.), *DDR-Handbuch*, 2 Bde. (fortlaufend paginiert), 3. Aufl., Köln 1985.

Bundesministerium für innerdeutsche Beziehungen (Hg.), *Materialien zum Bericht zur Lage der Nation im geteilten Deutschland 1987*, Bonn 1987.

Bundesminister für Wirtschaft (Hg.), *Illegaler Technologietransfer. Worum geht es? Was ist zu tun?*, Bonn 1985.

Bundesnachrichtendienst (Hg.), *DDR. Namen und Funktionen. Stand: Februar 1985*, o. O., o. J. (Pullach 1985).

Bundesnachrichtendienst (Hg.), *Auszeichnungen der Warschauer-Pakt-Staaten*, T. 2: *Auszeichnungen der Union der Sozialistischen Sowjetrepubliken*, T. 3: *Auszeichnungen der Tschechoslowakischen Sozialistischen Republik*, Pullach 1986.

Bundesnachrichtendienst (Hg.), *DDR. Namen und Funktionen. Stand: November 1987*, o. O., o. J. (Pullach 1987).

Bundesverfassungsgericht, Urteil im Verfahren über den Antrag der Bundesregierung auf Feststellung der Verfassungswidrigkeit der Kommunistischen Partei Deutschlands vom 17.8.1956, Az. 1 BvB 2/51. In: *Entscheidungssammlung*, Bd. 5, Karlsruhe 1956, S. 85–393.

Bundesverfassungsgericht, Urteil in der Verfassungsbeschwerde des Spiegelverlages u. a. vom 5.8.1965, Az. 1 BvR 586/62, 610/63 und 512/64. In: *Entscheidungssammlung*, Bd. 20, Karlsruhe 1966, S. 162–230.

Bundesverfassungsgericht, Beschluss im Vorlageverfahren betreffend die Strafbarkeit der DDR-Spionage vom 15.5.1995, Az. 2 BvL 19/91, 2 BvR 1206, 1584/91 und 2601/93. In: *Entscheidungssammlung*, Bd. 92, Karlsruhe, S. 277–365.

Bundesverwaltungsgericht, Urteil vom 16.7.1954 in Sachen FDJ/Bundesrepublik Deutschland (Bestätigung der Verbotsverfügung des Bundesinnenministeriums). In: *Entscheidungssammlung*, Bd. 1, Köln, Berlin 1955, S. 185 ff.

Bundeszentrale für politische Bildung/Deutschlandradio Berlin (Hg.), *17. Juni 1953. Dokumentation*, www.17juni53.de/chronik/... (Abruf: 22.10.2006).

Burzew, M(ichail) I(wanowitsch), *Einsichten*, Berlin 1981.

Buschfort, Wolfgang, *Das Ostbüro der SPD 1946–1966. Ein Nachrichtendienst im geteilten Deutschland*, Bochum 1990.

Buschfort, Wolfgang, »Munition für Herbert Wehner. Schreiben an Wehner in den Unterlagen der Staatssicherheit entdeckt«. In: *Beiträge zur Geschichte der Arbeiterbewegung*, 4/1998, S. 83–92.

Buschfort, Wolfgang, *Parteien im Kalten Krieg. Die Ostbüros von SPD, CDU und FDP*, Berlin 2000.

Buschfort, Wolfgang/Philipp-Christian Wachs/Falco Werkentin, *Vorträge zur deutsch-deutschen Geschichte*, Berlin 2001, Schriftenreihe des Berliner Landesbeauftragten für die Unterlagen des Staatssicherheitsdienstes der ehemaligen DDR.

Buschfort, Wolfgang, »Aufbau des behördlichen Verfassungsschutzes in Nordrhein-Westfalen«. In: Krüger, Dieter/Armin Wagner (Hg.), *Konspiration als Beruf. Deutsche Geheimdienstchefs im Kalten Krieg*, Berlin 2003, S. 4–30.

Buschfort, Wolfgang, »Fritz Tejessy (1895–1964). Verfassungsschützer aus demokratischer Überzeugung«. In: Krüger, Dieter/Armin Wagner (Hg.), *Konspiration als Beruf. Deutsche Geheimdienstchefs im Kalten Krieg*, Berlin 2003, S. 111–131.

Buschfort, Wolfgang, *Geheime Hüter der Verfassung. Von der Düsseldorfer Informationsstelle zum ersten Verfassungsschutz der Bundesrepublik (1947–1961)*, Paderborn 2004.

Buthmann, Reinhard, »Die Arbeitsgruppe Bericht Kommerzielle Koordinierung« (Klaus-Dieter Henke u. a.). In: *MfS-Handbuch*, T. III/11, Berlin 2003.

Central Intelligence Agency (Hg.), »Porthole to the West. Some resent communist intelligence operations run from East-Berlin«. www.cia.gov/csi/kent_csi/docs/v06i2a09p_0006.htm (Abruf: 30.4.2006).

Charisius, Albrecht/Julius Mader, *Nicht länger geheim. Die Geheimdienste der Bundesrepublik Deutschland und ihre subversive Tätigkeit gegen die Deutsche Demokratische Republik*, Berlin 1966, 2. Aufl., 1975.

Chochlow, Nikolaj, *Recht auf Gewissen. Ein Bericht*, Stuttgart 1959.

Choroschilow, Pawel/Jürgen Harten/Joachim Satorius/Peter-Klaus Schuster, *Berlin-Moskau. Chronik 1950–2000*, Berlin 2003.

Christoforow, W. S./B. K. Winogradow/O. K. Matwejew/W. I. Lasarew/N. N. Lusan/W. G. Makarow/N. M. Peremyschljennikowa/A. P. Tscherepkow (Awtorskij Kollektiw), *Smersch. Istoricheskije otscherki i achiwnyje dokumenty*, Moskau 2003.

Chruschtschow, Nikita, *Chruschtschow erinnert sich*, hrsg. v. Strobe Talbott, Reinbek b. Hamburg 1971.

Chruschtschow, Nikita, »Die Aktion«. In: Nekrassow, Wladimir F. (Hg.), *Berija. Henker in Stalins Diensten. Ende einer Karriere*, Berlin 1992, S. 323–342.

Churchill, Winston, *Der Zweite Weltkrieg*, Frankfurt am Main 2003.

Ciesla, Burghard, »Der Spezialistentransfer in die UdSSR und seine Auswirkungen in der SBZ und DDR«. In: *Parlament B*, 49 bis 50/1993, S. 24–31.

Conquest, Robert, *Der große Terror. Sowjetunion 1934–1938*, 2. Aufl., München 2001.

Cookridge, E. H. (Edward Spiro), *Gehlen. Spy of the Century*, New York 1972.

Cooper, Belinda, »The Fall of the Wall and the East German Police«, www.ncjrs.gov/policing/fall239 (Abruf: 20.7.2006).

Coppi, Hans/Geertje Andresen (Hg.), *Dieser Tod passt zu mir. Harro Schulze-Boysen. Grenzgänger im Widerstand. Briefe 1915 bis 1942*, Berlin 1999.

Corino, Karl, *Außen Marmor, innen Gips. Die Legenden des Stephan Hermlin*, Düsseldorf 1996.

Courtois, Stéphane/Nicolas Werth/ Jean-Louis Panné/Andrzej Paczkowski/Karel Bartosek/Jean Louis Margolin, *Das Schwarzbuch des Kommunismus. Unterdrückung, Verbrechen und Terror*, 2. Aufl., München, Zürich 1998.

Cramer, Dettmar, *Deutschland nach dem Grundlagenvertrag*, Bonn 1973.

Cramer, Dettmar, »Presse und Präambel«. In: Haack, Dieter/Hans-Günter Hoppe/Eduard Lintner/ Wolfgang Seiffert (Hg.), *Das Wiedervereinigungsgebot des Grundgesetzes*, Köln 1989, S. 155–170.

Cramer, Dettmar, »Ach was, der RIAS lügt. Der ›Westsender‹ und der Einfluss auf den Osten«. In: Deutschlandradio, Kultur, 21.1.2006.

Critchfield, James H., *Auftrag Pullach. Die Organisation Gehlen 1948–1956*, Hamburg, Berlin, Bonn 2005.

Cummings, Richard H., »The Psywar Society. Balloons over East Europe. The Cold War Leaflet Campaign of Radio Free Europe«. Vortrag während der Tagung des Arbeitskreises Geschichte der Nachrichtendienste vom 18.–20.6.1999 in Tutzing, www.btinternet.com/ ~rrnotes/psywarsoc/fleaf/rfe.htm (Abruf: 11.1.2006).

Czechowicz, Andrzej, *Sieben schwere Jahre*, 2. Aufl., Berlin 1977.

Dallin, Alexander, *Deutsche Herrschaft in Russland 1941–1945. Eine Studie über Besatzungspolitik*, Düsseldorf 1981.

Dallin, David J., *Die Sowjetspionage. Prinzipien und Praktiken*, Köln 1956.

Dallmann, Siegfried, Nachlass 1933–2001, BA: SAPMO.

Dalos, György, »Der politische Umbruch in Ost- und Mitteleuropa und seine Bedeutung für die Bürgerrechtsbewegung der DDR«. In: Deutscher Bundestag, Enquete-Kommission SED-Diktatur, Bd. VII/1, S. 540–557.

Daniel, Alexander/Arsenij Roginskij, »Vom Untergrund zur Legalität. Sternstunden der sowjetischen Dissidentenbewegung«. In: Choroschilow, Pawel/Jürgen Harten/Joachim Satorius/Peter-Klaus Schuster, *Berlin-Moskau. Chronik 1950–2000*, Berlin 2003, S. 64–70.

Daschitschew, Wjatscheslaw, »Aus den Anfängen der Revision der sowjetischen Deutschlandpolitik. Ein Dokument zur Deutschen Frage aus dem Jahre 1987«. In: *Parlament B*, 14/1994, S. 36–46.

Daschitschew, Wjatscheslaw, *Moskaus Griff nach der Weltmacht. Die bitteren Früchte hegemonialer Politik*, Hamburg, Berlin, Bonn 2002.

Defence Intelligence Agency (DIA), RT-21 M/SS-20 Saber, www. globalsecurity.org/wmd/world/russia/images/ss-20-DNST8201240. JPG&imgrefurl (Abruf: 1.2.2006).

Deres, Michael, »Die Praxis des Vereinsverbotes. Eine Darstellung der materiellen Voraussetzungen«. In: o. Verf. (Grotefend, Klaus/Norbert Jung/Helmut Roewer [Hg.]), *Öffentliche Sicherheit als Aufgabe. Festschrift für Gerhard Heuer*, Bonn 1991, S. 111–157.

Deriabin, Peter (Pjotr Derjabin)/Frank Gibney, *Secret World*, New York 1959.

Deutsche Verwaltung für Volksbildung in der Sowjetischen Besatzungszone (Hg.), Liste der auszusondernden Literatur, (Ost-)Berlin 1946.

Deutscher Bundestag (Hg.), Plenarprotokolle, Bonn 1949 ff. (zit. nach Legislaturperiode u. Seite).
Deutscher Bundestag (Hg.), Drucksachen, Bonn 1949 ff. (zit. nach Legislaturperiode u. Ordnungsnummer).
Deutscher Bundestag (Hg.), *Amtliches Handbuch, 2. Wahlperiode, 1953*, Darmstadt 1954.
Deutscher Bundestag (Hg.), Schriftlicher Bericht des 1. Untersuchungsausschusses, Untersuchung des Falles John, 7.5.1957, BT-DrS. 2/3728.
Deutscher Bundestag (Hg.), Unterrichtung durch die Bundesregierung. Bericht, den die Kommission »Vorbeugender Geheimschutz« über die Prüfung von Sicherheitsfragen im Zusammenhang mit dem Fall Guillaume im November 1974 erstattet hat. Auszug aus dem 2. Teil des Berichts der Mercker-Kommission vom 24. Juli 1969, BT-DrS. 7/3083.
Deutscher Bundestag (Hg.), Bericht und Antrag des 2. Untersuchungsausschusses vom 19.2.1975, BT-DrS. 7/3246.
Deutscher Bundestag (Hg.), Antrag der SPD-Fraktion auf Einsetzung eines Untersuchungsausschusses vom 26.9.1985 (Tiedge-Untersuchungsausschuss), BT-DrS. 10/3906 (neu).
Deutscher Bundestag (Hg.), Antrag der SPD-Bundestagsfraktion aus Ergänzung des 2. Untersuchungsausschusses vom 15.1.1986 (Spranger-Untersuchungsausschuss), BT-DrS. 10/4661.
Deutscher Bundestag (Hg.), Beschlussempfehlung und Bericht des 2. Untersuchungsausschusses vom 27.11.1986 (Tiedge-Untersuchungsausschuss), BT-DrS. 10/6584.
Deutscher Bundestag (Hg.), *Politisches Geschehen 1990. Chronik der wichtigsten Ereignisse 1.12.1989–3.12.1990*, Materialien Nr. 113, Bonn 1990.
Deutscher Bundestag (Hg.), *Materialien der Enquete-Kommission »Aufarbeitung von Geschichte und Folgen der SED-Diktatur in Deutschland«* (12. Wahlperiode des Deutschen Bundestages), 9 Bde. in 18 Teilbänden, Baden-Baden, Frankfurt am Main 1995.
Deutscher Bundestag (Hg.), Schlussbericht der Enquete-Kommission »Überwindung der Folgen der SED-Diktatur im Prozess der deutschen Einheit« vom 10.6.1998, BT-DrS. 13/11000.
Deutscher Bundestag, Parlamentarisches Kontrollgremium (Hg.): Gutachten des Sachverständigen Gerhard Schäfer (betreffend die Führung und Überwachung von Journalisten durch den Bundesnachrichtendienst vom 26.5.2006), Berlin 2006.
Deutscher Offizier-Bund (Hg.), *Ehrenrangliste des ehemaligen Deutschen Heeres. Auf Grund der Ranglisten von 1914 mit den inzwischen eingetretenen Änderungen*, Berlin 1926.
Deutsches Historisches Museum (Hg.), »Biografie Wladimir S. Semjonow«, www.dhm.de/lemo/html/biografien/SemjonowWladimirS/ (Abruf: 2.9.2005).
Deutsch-russisches Museum Berlin-Karlshorst (Hg.), *Juni 1941. Der tiefe Schnitt*, Berlin 2001.
Diedrich, Torsten, »Bernhard Bechler. Der hemmungslose Karrierist«. In: Ehlert, Hans/Armin Wagner, *Genosse General! Die Militärelite der DDR in biografischen Skizzen*, Berlin 2003, S. 61–92.
Diedrich, Torsten, »Vincenz Müller:

Patriot im Zwiespalt«. In: Ehlert, Hans/Armin Wagner, *Genosse General! Die Militärelite der DDR in biografischen Skizzen*, Berlin 2003, S. 125–157.

Diehl, Günter, *Zwischen Politik und Presse. Bonner Erinnerungen 1949–1969*, Frankfurt am Main 1994.

Diels, Rudolf, *Der Fall Otto John. Hintergründe und Lehren*, Göttingen 1954.

Ditfurth, Christian von, *Ostalgie oder linke Alternative. Meine Reise durch die PDS*, Köln 1998.

DKP Darmstadt, »Bereits mehr als 1000 Unterschriften. Dem sozialistischen Cuba gehört unsere Solidarität«, www.dkp-darmstadt. de/frieden/linkspartei-kuba-ofenerbrief-20060210.htm (Abruf: 9.5.2006).

Dohnanyi, Klaus von, *Das deutsche Wagnis*, München 1990.

Dornheim, Andreas, »Das MfS in Thüringen während der Wende 1989/90«. In: *Thüringer Blätter zur Landeskunde*, Erfurt 1995.

Dornheim, Andreas, *Politischer Umbruch in Erfurt 1989/90*, Weimar, Köln, Wien 1995.

Dornheim, Andreas/Stephan Schnitzler (Hg.), *Thüringen 1989/90. Akteure des Umbruchs berichten*, Erfurt 1995.

Dorst, Klaus/Birgit Hoffmann (Hg.), *Kleines Lexikon der Sowjetstreitkräfte*, Berlin 1987.

Duhnke, Horst, *Stalinismus in Deutschland. Die Geschichte der sowjetischen Besatzungszone*, Köln 1955.

Dutschke, Rudi/Manfred Wilke (Hg., unter Mitarbeit von Reinhard Crusius), *Die Sowjetunion, Solschenizyn und die westliche Linke*, Reinbek b. Hamburg 1975.

Dzhirkvelov, Ilja (Dshirkwelow), *Secret Servant. My life with the KGB and the Soviet elite*, London 1987.

Dzieran, Hans, »Verlorene Wurzeln. Das tragische Schicksal eines Ostpreußen aus Tilsit im Kalten Krieg«. In: *Preußische Allgemeine Zeitung*, 15.1.2005.

Eberle, Henrik, *Kopfdressur. Zur Propaganda der SED in der DDR*, Asendorf 1994.

Eberle, Henrik/Denise Wesenberg, *Einverstanden E. H. Parteiinterne Hausmitteilungen, Briefe, Akten und Intrigen aus der Honecker-Zeit*, Berlin o.J. (1999).

Eberle, Henrik, *Anmerkungen zu Honecker*, Berlin 2000.

Eberle, Henrik/Matthias Uhl, *Das Buch Hitler. Geheimdossier für Josef W. Stalin, zusammengestellt aufgrund der Verhörprotokolle des Persönlichen Adjutanten Hitlers, Otto Günsche, und des Kammerdieners Heinz Linge, Moskau 1948/49*, Bergisch Gladbach 2005.

Edgar, J.H./R.J. Armin, *Spionage in Deutschland*, Preetz (Holstein) 1962.

Ehlert, Hans/Armin Wagner, *Genosse General! Die Militärelite der DDR in biografischen Skizzen*, Berlin 2003.

Ehlert, Willi/Heinz Joswig/Willi Luchterhand/Karl-Heinz Stiemerling (Hg.), *Wörterbuch der Ökonomie. Sozialismus*, Neuausgabe, Berlin 1989.

Ehrenburg, Ilja, *Tauwetter*, Berlin 1957.

Ehrenburg, Ilja, *Menschen, Jahre, Leben. Memoiren*, 3 Bde., Berlin 1978.

Eibl, Christina, *Der Physiochemiker Peter Adolf Thiessen als Wissenschaftsorganisator (1899–1990)*.

Eine biografische Skizze, Stuttgart 1999.
Eichner, Klaus, »Der Mann mit dem letzten Öl«, www.sopos.org/aufsaetze/41a6e2fa73771/1.phtm (Abruf: 2.4.2006).
Eichner, Klaus/Andreas Dobbert, *Headquarters Germany. Die USA-Geheimdienste in Deutschland*, Berlin 2001.
Eichner, Klaus/Gotthold Schramm (Hg.), *Kundschafter im Westen. Spitzenquellen der DDR-Aufklärung erinnern sich*, Berlin 2003.
Einsiedel, Heinrich Graf von, *Tagebuch der Versuchung. 1942–1950*, Neuaufl., Frankfurt am Main, Berlin 1985.
Eltgen, Hans, *Ohne Chance. Erinnerungen eines HVA-Offiziers*, Berlin 1995.
Emde, Heiner, *Spionage und Abwehr in der Bundesrepublik Deutschland. Von 1979 bis heute*, Bergisch Gladbach 1986.
Enders, Ulrich/Konrad Reiser (Bearb.), *Die Kabinettsprotokolle der Bundesregierung*, Bd. 2: 1950, Boppard am Rhein 1983.
Engelmann, Roger, »Diener zweier Herren. Das Verhältnis der Staatssicherheit zur SED und den sowjetischen Beratern«. In: Suckut, Siegfried/Walter Süß (Hg.), *Staatspartei und Staatssicherheit. Zum Verhältnis von SED und MfS*, Berlin 1997, S. 51–72.
Ensikat, Peter, *Ab jetzt geb' ich nichts mehr zu. Nachrichten aus den neuen Ostprovinzen*, München 1993.
Erichsen, Johannes/Bernhard M. Hoppe (Hg.), *Peenemünde. Mythos und Geschichte der Rakete 1923–1989*, Museum Peenemünde, Berlin 2004.
Erler, Peter, »Militärische Kommandounternehmen. Deutsche Polit-Emigranten als sowjetische Fallschirmagenten und Partisanen 1941 bis 1945«. In: *Zeitschrift des Forschungsverbundes SED-Staat*, 8/2000, S. 79–101.
Erler, Peter, »Deutsche Emigranten an der Komintern-Schule in Puschkino und Kuschnarenkowo (März 1941 bis Juni 1943)«. In: *Zeitschrift des Forschungsverbundes SED-Staat*, 10/2001, S. 37–56.
Eschenburg, Theodor, *Jahre der Besatzung 1945–1949. Geschichte der Bundesrepublik Deutschland*, Bd. 1, Stuttgart, Wiesbaden 1983.

Faktor, Jan, »Intellektuelle Opposition und alternative Kultur in der DDR«. In: *Parlament B*, 10/1994, S. 30–37.
Falin, Valentin, *Politische Erinnerungen*, München 1995.
Farell, Frank, Papers, Box 30 (Schriftwechsel mit Heinz von Reichenau), Library of Congress, Washington D. C., Manuscript Division.
FDP, Die Liberalen (Hg.), *FDP '80. Fakten, Daten, Personen*, Bd. 7, Bonn o. J. (1980).
FDP, Die Liberalen (Hg.), *FDP '81. Fakten, Daten, Personen*, Bd. 2. Bonn o. J. (1981).
Felfe, Heinz, *Im Dienst des Gegners. Zehn Jahre Moskaus Mann im BND*, Hamburg, Zürich 1986.
Feuersenger, Marianne, *Im Vorzimmer der Macht. Aufzeichnungen aus dem Wehrmachtsführungsstab und Führerhauptquartier 1940 bis 1945*, 2. Aufl., München 1999.
Fichter, Tilman, *Die SPD und die Nation. Vier sozialdemokratische Generationen zwischen nationaler Selbstbestimmung und Zweistaatlichkeit*, Berlin, Frankfurt am Main 1993.

Filippovych, Dimitrij N./Matthias Uhl (Hg.), *Vor dem Abgrund. Die Streitkräfte der USA und der UdSSR sowie ihrer deutschen Bündnispartner in der Kuba-Krise*, München 2005.

Finn, Gerhard, »Die Widerstandsarbeit der Kampfgruppe gegen Unmenschlichkeit«. In: Konrad-Adenauer-Stiftung (Hg.), *Unrecht überwinden. SED-Diktatur und Widerstand*, St. Augustin 1996, S. 23–32.

Fischer, Klaus, »Die Emigration von Wissenschaftlern nach 1933. Möglichkeiten und Grenzen einer Bilanzierung«. In: *VjZ*, 1994, S. 535–588.

Fleischhauer, Ingeborg, *Die Chance des Sonderfriedens. Deutsch-sowjetische Geheimgespräche 1941–1945*, Berlin 1986.

Flicke, Wilhelm F., *Die Rote Kapelle*, Hilden am Rhein 1951.

Flicke, Wilhelm F., *Agenten funken nach Moskau*, München, Wels 1954.

Flocken, Jan von/Michael F. Scholz, *Ernst Wollweber. Saboteur, Minister, Unperson*, Berlin 1994.

Föller, Hans-Joachim, »Genosse Alzheimer. Abwiegeln, verzerren, totschweigen: Das ›Freie Wort‹ in Suhl«. In: *FAZ*, 26.6.1998.

Föller, Hans-Joachim, »Ein ›Spatz‹ pfiff, und ›Ulla‹ weiß von nichts. Der Mitteldeutsche Rundfunk und seine Stasi-Mitarbeiter«. In: *Gerbergasse 18*, Nr. 19, S. 14 f.

Föller, Hans-Joachim, »Herzlich willkommen im Stasi-Stad'l. Der MDR und der lange Schatten der Vergangenheit«. In: *Gerbergasse 18*, Nr. 20, S. 2–5.

Förster, Andreas, »Ein Universitätsprofessor wird entführt«. In: *Berliner Zeitung*, 16.5.1995.

Förster, Andreas, »Was Euch helfen würde, wäre ein richtiger Skandal, T. 2: Wie Willy Brandts Vertrauter Leo Bauer bei der Abfassung des ›Spiegel-Manifestes‹ hilft«. In: *Berliner Zeitung*, 17.5.1995.

Förster, Andreas, »Die Kohl-Regierung setzt auf Stabilisierung der DDR, T. 3 und Schluss: Das Konzept der Reformer um Hermann von Berg zur Wiedervereinigung findet im Westen keinen Widerhall«. In: *Berliner Zeitung*, 18.5.1995.

Förster, Andreas, »Reglos wie eine Puppe starrt Karl Wienand ins Leere«. In: *Berliner Zeitung*, 29.6.1995.

Förster, Andreas, »›Abschaltprämie‹ der Stasi für Karl Wienand?« In: *Berliner Zeitung*, 30.8.1995.

Förster, Andreas, »›Moneten-Müller‹ schweigt sich weiter aus«. In: *Berliner Zeitung*, 19.1.1998.

Förster, Andreas, *Auf der Spur der Stasi-Millionen. Die Wien-Connection*, Berlin 1998.

Foertsch, Hermann, *Der Offizier der deutschen Wehrmacht. Eine Pflichtenlehre*, 2. Aufl., Berlin 1936.

Foertsch, Hermann, *Schuld und Verhängnis. Die Fritsch-Krise im Frühjahr 1938 als Wendepunkt in der Geschichte der nationalsozialistischen Zeit*, Stuttgart 1951.

Foertsch, Volker, schriftliche Auskünfte zur Person vom 18.8.2003, 20.12.2006 und 15.1.2007 an den Verfasser.

Foitzik, Jan, »Kadertransfer. Der organisierte Einsatz sudetendeutscher Kommunisten in der SBZ 1945/46«. In: *VjZ*, 1986, S. 308 bis 334.

Foitzik, Jan, »Sowjetische Hegemonie und Kommunismus in Ostmitteleuropa nach dem Zweiten Weltkrieg«. In: *Parlament B*, 37–38/ 1996, S. 29–37.

Foitzik, Jan, *Sowjetische Militäradministration in Deutschland (SMAD) 1945–1949. Struktur und Funktion*, Berlin 1999.

Foitzik, Jan/Wolfgang Buschfort, *Der sowjetische Terrorapparat in Deutschland. Wirkung und Wirklichkeit. Die Ostbüros der Parteien in den 50er Jahren*, 2. Aufl., Berlin 2000.

Foschepoth, Josef (Hg.), *Adenauer und die Deutsche Frage*, Göttingen 1988.

Frank, Hans, »Die Westgruppe der Truppen (WTG)«. In: Naumann, Klaus (Hg.), *NVA. Anspruch und Wirklichkeit nach ausgewählten Dokumenten*, 2. Aufl., Hamburg, Berlin, Bonn 1996, S. 331–350.

Frederik, Hans, *Das Ende einer Legende*, München 1971.

Freier, Olaf, »Die Transformation der Blockparteien vor und nach der Wende«, www.olaf-freier/blockpt. (Abruf: 20.11.2006).

Fricke, Karl Wilhelm, *Opposition und Widerstand in der DDR*, Köln 1984.

Fricke, Karl Wilhelm, *Politik und Justiz in der DDR. Zur Geschichte der politischen Verfolgung 1945 bis 1968. Bericht und Dokumentation*, 2. Aufl., Köln 1990.

Fricke, Karl Wilhelm/Roger Engelmann, *Konzentrierte Schläge. Staatssicherheitsaktionen und politische Prozesse in der DDR 1953–1956*, Berlin 1998.

Fricke, Karl Wilhelm, »Markus Wolf sentimental«. In: *Deutschland Archiv*, 2001, S. 1038 f.

Fricke, Karl Wilhelm, »Spionage als antikommunistischer Widerstand. Zur Zusammenarbeit mit westlichen Nachrichtendiensten aus politischer Überzeugung«. In: *Deutschland Archiv*, 2002, S. 565–578.

Fricke, Karl Wilhelm, »DDR-Schauprozess gegen den RIAS. Todesurteil auf ›Vorschlag‹ Walter Ulbrichts vor 50 Jahren«. In: *Politische Meinung*, 6/2005, S. 63–67.

Friedrich-Ebert-Stiftung (Hg.), *Martin Luther – Ahnherr der DDR? Zu seinem 500. Geburtstag*, Bonn 1983.

Friedrich-Ebert-Stiftung (Hg.), »Vor 40 Jahren ... Wandel durch Annäherung«, www.fes.de/archiv/_stichwort/wda.htm (Abruf 1.2.2006).

Froh, Klaus/Rüdiger Wenzke, *Die Generale und Admirale der NVA. Ein biografisches Handbuch*, Berlin 2000.

Fuchs, Jürgen, *Magdalena. MfS, Memfisblues, Stasi, die Firma VEB Horch und Gauck*, Berlin 1998.

Fürnberg, Louis, *Ein Lesebuch für unsere Zeit*, 6. Aufl., Berlin, Weimar 1981.

Fuhrmann, Rainer W., *Polen. Handbuch. Geschichte, Politik, Wirtschaft*, Hannover 1990.

Funke, Manfred, »Spurensicherung. Kriegsende 1945: Davor und danach«. In: Bracher, Karl Dietrich/Wolfgang Jäger/Werner Link, *Geschichte der Bundesrepublik Deutschland*, Stuttgart 1986, S. 532–541.

G., H., »Unterdrücken oder drucken. Warum wir das Memorandum gegen Wehner veröffentlichen«. In: *Die Zeit*, 11.3.1966.

Gailat, Kurt, »Ungebrochen bis zuletzt. Ein Nachruf auf Christel Boom, ehemals Guillaume«. In: *Junge Welt*, 19.6.2004.

Gailat, Kurt/Peter Kühn, »Der Kampf zur Durchsetzung demokratischer

Entwicklungsprozesse in Westdeutschland sowie die politisch operativen Aufgaben zur Formierung fortschrittlicher Kräfte und politischer Plattformen«. Diss. Potsdam 1970.

Gast, Gabriele, *Kundschafterin des Friedens. 17 Jahre Topspionin der DDR beim BND*, Berlin 2000.

Gast, Wolfgang, Interview mit Hagen Blau. In: *taz*, 24.5.1995.

Gaus, Günter, *Wo Deutschland liegt. Eine Ortsbestimmung*, Hamburg 1983.

Gebauer, Karl, *Doppelagent. Erinnerungen*, Berlin 1999.

Gehlen, Reinhard, *Der Dienst. Erinnerungen 1942–1971*, Wiesbaden, Mainz 1971.

Gehlen, Reinhard, *Verschlußsache*, Mainz 1980.

Geißel, Ludwig, *Unterhändler der Menschlichkeit. Erinnerungen*, Stuttgart 1991.

Gelfand, Wladimir, *Deutschland-Tagebuch 1945–1946. Aufzeichnungen eines Rotarmisten*, Berlin 2005.

Genscher, Hans-Dietrich, (ohne Titel) 1983. In: Baum, Gerhart Rudolf/Peter Juling, *Auf und ab der Liberalen. Von 1848 bis heute*, Gerlingen 1983.

Genscher, Hans-Dietrich, *Erinnerungen*, München 1997.

Geppert, Dominik, *Störmanöver. Das »Manifest der Opposition« und die Schließung des Ost-Berliner »Spiegel«-Büros im Januar 1978*, Berlin 1996.

Gereke, Günther, *Ich war königlich preußischer Landrat*, Berlin 1970.

Gerken, Richard, *Spione unter uns. Methoden und Praktiken der Roten Geheimdienste nach amtlichen Quellen. Die Abwehrarbeit der Bundesrepublik Deutschland*, Donauwörth 1965.

Gesamtdeutsches Institut, Bundesanstalt für Gesamtdeutsche Aufgaben (Hg.), *Staats- und Parteiapparat der DDR. Personelle Besetzung. Stand: 25. Juni 1989*, o. O., o. J. (Bonn 1989).

Gesellschaft zum Schutz von Bürgerrecht und Menschenwürde (Hg.), *Enteignung der Ostdeutschen. Weißbuch. Unfrieden in Deutschland 6*, Schkeuditz 1999.

Geworkjan, Natalija/Andrei Golesnikow/Natalija Timakowa, *Aus erster Hand. Gespräche mit Wladimir Putin*, München 2002.

Gieseke, Jens (Hg.), *Wer war wer im Ministerium für Staatssicherheit. Kurzbiografien des MfS-Leitungspersonals*, Berlin 1998, MfS-Handbuch T. V/4.

Gieseke, Jens, *Der Mielke-Konzern. Die Geschichte der Stasi 1945 bis 1990*, erweiterte Aufl., München 2005.

Gimbel, John, »Deutsche Wissenschaftler in britischem Gewahrsam. Ein Erfahrungsbericht aus dem Jahre 1946«. In: *VjZ*, 1990, S. 459–484.

Gisevius, Hans Bernd, *Bis zum bitteren Ende*, Neuaufl., Zürich 1954.

Gladkow, Theodor Kirillowitsch, *Korotkow. Shisn sametschatelnich ljudej*, Moskau 2005.

Glocke, Nicole/Edina Stiller, *Verratene Kinder. Zwei Lebensgeschichten aus dem geteilten Deutschland*, München 2005.

Glöde, Winfried, »Was macht eigentlich Martin Kirchner?« In: Zimmermann, Monika (Hg.), *Was macht eigentlich…? 100 DDR-Prominente heute*, Berlin 1994, S. 128 ff.

Gluchowski, L. W., »The Defection of Jozef Swiatlo and the Search for Scapegoats in the Polish United

Workers' Party, 1953–1954«, www. columbia.edu/cu/sipa/REGIONAL/ECE/intermar.html (Abruf 9.1.2006).

Göpel, Helmut, »Aufklärung«. In: Naumann, Klaus (Hg.), *NVA. Anspruch und Wirklichkeit nach ausgewählten Dokumenten*, 2. Aufl., Hamburg, Berlin, Bonn 1996, S. 221–239.

Gössner, Rolf, *Die vergessenen Justizopfer des Kalten Krieges. Verdrängung im Westen, Abrechnung mit dem Osten?*, Berlin 1998.

Goldmann, Avala, »Rotes Köfferchen mit brisantem Inhalt. Nachlass des Stasi-Chefs löst Debatte über Rolle Erich Honeckers in der NS-Haft aus«. In: *Sächsische Zeitung*, 2.4.2004.

Goliath, Inge, *Das Interview. Inge Goliath enthüllt Geheimnisse des Dr. Werner Marx*, o.O., o.J. (Ost-Berlin 1982).

Gorbatschow, Michail, *Umgestaltung und neues Denken für unser Land und für die ganze Welt*, Berlin 1987.

Gorbatschow, Michail, *Perestroika. Die zweite russische Revolution. Eine neue Politik für Europa und die Welt*, München 1989.

Gorbatschow, Michail, *Erinnerungen*, Berlin 1995.

Gosman, Leonid, *Von den Schrecken der Freiheit. Die Russen – ein Psychogramm*, Berlin 1993.

Gossweiler, Kurt, »Geheimmission des BRD-Vizekanzlers beim DDR-Vize-Verteidigungsminister 1955 und 1956. Was wollte der Vizekanzler Schäffer bei seinen Geheimmissionen 1955 und 1956 beim DDR-Vize-Verteidigungsminister Vincenz Müller?« In: *Offensiv. Zeitschrift für Sozialismus und Frieden*, 1/2004, S. 22–34.

Gosztony, Peter, »Der Volksaufstand in Ungarn 1956. Eine Nation wehrt sich gegen die sowjetische Diktatur«. In: *Parlament B*, 37–38/1956, S. 3–14.

Gosztony, Peter (Hg.), *Der ungarische Volksaufstand in Augenzeugenberichten*, München 1981.

Gotto, Klaus (Hg.), *Der Staatssekretär Adenauers. Persönlichkeit und Wirken Hans Globkes*, Stuttgart 1980.

Grasemann, Hans-Jürgen, »Nach dem 13. August 1961. Zentrale Erfassungsstelle Salzgitter vor 45 Jahren errichtet – eine Bilanz«. In: *Recht und Freiheit*, 3/2006, S. 1–5.

Grimm, Thomas/Werner Schweizer, »Gespräch mit Erica Glaser Wallach«. In: *Sinn und Form*, 2003, S. 630–657.

Grimmer, Reinhard/Werner Irmler/Willi Opitz/Wolfgang Schwanitz (Hg.), *Die Sicherheit. Zur Abwehrarbeit des MfS*, 2 Bde., 3. Aufl., Berlin 2003.

Grimmer, Reinhard/Werner Irmler/Gerhard Neiber/Wolfgang Schwanitz, »Sicherheitspolitik der SED, staatliche Sicherheit der DDR und Abwehrarbeit des MfS«. In: Grimmer, Reinhard/Werner Irmler/Willi Opitz/Wolfgang Schwanitz (Hg.), *Die Sicherheit. Zur Abwehrarbeit des MfS*, 2 Bde., 3. Aufl., Berlin 2003, S. 44–238.

Groscurth, Helmuth, *Tagebücher eines Abwehroffiziers 1938 bis 1940*, Stuttgart 1970.

Große-Jütte, Annemarie: »Die Region Kaliningrad/Königsberg. Chance oder Gefahrenherd im Ostseeraum?« In: *Parlament B*, S. 32–45.

Großmann, Werner, *Bonn im Blick. Die DDR-Aufklärung aus Sicht ihres letzten Chefs*, 2. Aufl., Berlin 2001.

Grotefend, Klaus, »Das neue Bundesverfassungsschutzgesetz. Bilanz aus sechs Jahren Novellierungsarbeit des Gesetzgebers«. In: o. Verf. (Grotefend, Klaus/Norbert Jung/Helmut Roewer [Hg.]), *Öffentliche Sicherheit als Aufgabe. Festschrift für Gerhard Heuer*, Bonn 1991, S. 195–230.

Guderian, Heinz, *Erinnerungen eines Soldaten*, 17. Aufl., Stuttgart 2001.

Guillaume, Günter, *Die Aussage*, Berlin 1988.

Haack, Dieter/Hans-Günter Hoppe/Eduard Lintner/Wolfgang Seiffert (Hg.), *Das Wiedervereinigungsgebot des Grundgesetzes*, Köln 1989.

Haase-Hindenberg, Gerhard, »Dumm gelaufen. Vor 30 Jahren flog der Kanzleramtsspion Günter Guillaume auf«. In: *Berliner Morgenpost*, 25.4.2004.

Hachmeister, Lutz, *Der Gegnerforscher. Die Karriere des SS-Führers Franz Alfred Six*, München 1998.

Hacker, Jens, »Die Ostpolitik der konservativ-liberalen Bundesregierung seit dem Regierungsantritt 1982«. In: *Parlament B*, 14/1994, S. 16–26.

Haffner, Sebastian/Stephan Hermlin/Kurt Tucholsky u. a., *Zwecklegenden. Die SPD und das Scheitern der Arbeiterbewegung*, Berlin 1996.

Hafner, Georg M./Edmund Jacoby (Hg.), *Die Skandale der Republik 1949–1989. Von der Gründung der Bundesrepublik bis zum Fall der Mauer*, Reinbek b. Hamburg 1994.

Hagemann, Frank, *Der Untersuchungsausschuss Freiheitlicher Juristen 1949–1969*, Frankfurt am Main 1994.

Hagemann, Frank, »Die Drohung des Rechts«. Der Kampf des Untersuchungsausschusses Freiheitlicher Juristen«. In: Konrad-Adenauer-Stiftung (Hg.), *Unrecht überwinden. SED-Diktatur und Widerstand*, St. Augustin 1996, S. 33 bis 46.

Hagen, Eva-Maria, *Eva und der Wolf*, Düsseldorf, München 1998.

Hagen, Eva-Maria, *Eva jenseits vom Paradies*, Berlin 2006.

Hajek/Niznansky, »Viliam Salgovic. A rising star?« In: Radio Free Europe, 25.6.1975.

Halter, Hans, »›Es war ein Kampf‹. Rudolf Augstein über die Spiegel-Affäre und ihre Folgen«. In: *Der Spiegel*, 43/2002, S. 90–93.

Hamacher, Gottfried (unter Mitarbeit von Andre Lohmar/Herbert Mayer/Günter Wehner/Harald Wittstock), *Gegen Hitler. Deutsche in der Résistance, in den Streitkräften der Anti-Hitler-Koalition und in der Bewegung »Freies Deutschland«*, Berlin 2005.

Hammerstein, Kunrat von, *Spähtrupp*, Stuttgart 1963.

Hanfeld, Michael, »Die Stasi fand viele nützliche Idioten. Gespräch mit dem ehemaligen DDR-Korrespondenten (Hans-Jürgen) Hanfeld zur Stasi-Studie der ARD«. In: *FAZ*, 22.7.2004, S. 36.

Hannover, Heinrich, *Die Republik vor Gericht 1954–1974. Erinnerungen eines unbequemen Rechtsanwalts*, Berlin 2000.

Happrecht, Klaus, »Verriet er auch Willy Brandt?« In: *Cicero*, 9/2004, S. 76–80.

Haumann, Heiko, »Die Geschichte der Sowjetunion. Ein Überblick«. In: Bütow, Hellmuth G. (Hg.), *Länderbericht Sowjetunion*, 2. Aufl., Bonn 1988, S. 20–46.

Hedeler, Wladislaw (Hg.), *Stalinis-*

tischer Terror 1934–1941. Eine Forschungsbilanz, Berlin 2002.

Heilbrunn, Otto, Der sowjetische Geheimdienst, Frankfurt am Main 1956.

Heinrich-Böll-Stiftung (Hg.), Dossier Demokratie in Russland, Operation Unterwanderung, www.boell.de/de/05_world/2647 (Abruf: 25.6.2006).

Heinz, Friedrich Wilhelm, Schreiben an Hans Bernd Gisevius vom 30.5.1947. In: Gisevius, Hans Bernd, Bis zum bitteren Ende, Neuaufl., Zürich 1954, S. 571.

Heinz, Michael, »Friedrich-Wilhelm Heinz«, www.friedrich-wilhelm-heinz.de (Abruf: 30.6.2006).

Heinz, Michael, schriftliche Auskunft an den Verfasser, seinen Vater betreffend.

Helfert, Rolf, »Gedient in fünf Armeen. Deutschland: Erster Stabschef der NVA in Opposition zur SED-Führung«. In: Junge Freiheit, 24.10.1997.

Heller, Michail/Alexander Nekrich, Geschichte der Sowjetunion, 2 Bde., Nachdruck, Frankfurt o.J.

Hempel, Mirko (Hg.), Die Wende in Thüringen. Rückblick zehn Jahre danach, Arnstadt, Weimar 1999.

Henkel, Rüdiger, Was treibt den Spion? Spektakuläre Fälle von der »Schönen Sphinx« bis zum »Bonner Dreigestirn«, Berlin 2001.

Henkys, Reinhard, »Die Anklage lautet auf Verrat. 1988 predigte der mutmaßliche Stasi-Spitzel in der Berliner Hochmeisterkirche«. In: Deutsches Allgemeines Sonntagsblatt, 9.4.1999.

Henning, Detlef, »Lettlands Weg von der sowjetischen Vergangenheit in die europäische Zukunft«. In: Parlament B, 37/1998, S. 27–34.

Herbst, Andreas/Winfried Ranke/Jürgen Winkler, So funktionierte die DDR, Bd. 3: Lexikon der Funktionäre, Reinbek b. Hamburg 1994.

Herbst, Andreas/Gerd-Rüdiger Stephan/Jürgen Winkler, Die SED. Geschichte, Organisation, Politik, Berlin 1997.

Herms, Michael, Heinz Lippmann. Portrait eines Stellvertreters, Berlin 1996.

Herms, Michael/Karla Popp (unter Mitarbeit von Irene Draht), Westarbeit der FDJ. 1946–1989, Berlin 1997.

Herrmann, Dagmar/Volpert, Astrid (Hg.), Traum und Trauma. Russen und Deutsche im 20. Jahrhundert. München 2003.

Herrnstadt, Rudolf, Das Herrnstadt-Dokument. Das Politbüro der SED und die Geschichte des 17. Juni 1953, Reinbek b. Hamburg 1990.

Hertle, Hans-Hermann, Chronik des Mauerfalls. Die dramatischen Ereignisse um den 9. November 1989, 3. Aufl., Berlin 1996.

Hertle, Hans-Hermann/Gerd-Rüdiger Stephan, Das Ende der SED. Die letzten Tage des Zentralkomitees, Berlin 1997.

Herwarth, Hans von, Zwischen Hitler und Stalin. Erlebte Zeitgeschichte 1931–1945, Frankfurt, Berlin 1989.

Hess, Sigurt, »Die Ostseeoperationen des H.H. Klose 1949–1955«, www.VerbandKloseundderbritischeBritishBalticFisheryProtectionService.htm (Abruf: Juli 2005).

Hess, Sigurt, »›Eine klare und gegenwärtige Gefahr‹ oder ›Bedingte Abwehrbereitschaft‹ am Beispiel des 3. Schnellbootgeschwaders während der Kuba-Krise 1962«. In: Filippovych, Dimitrij N./Matthias Uhl (Hg.), Vor dem Abgrund. Die Streitkräfte der USA und der

UdSSR sowie ihrer deutschen Bündnispartner in der Kuba-Krise, München 2005, S. 85–97.

Heubeck, Christian, »Der Mann, der Menschen in brennende Häuser trieb«. In: Frankenpost, 22.7.2005.

Heusinger, Adolf, Militärische Probleme eines Präventivkrieges, vom Standpunkt der S.U. gesehen, Ms. Pullach Juni 1948, BA MA: Dep. Heusinger, Bd. 4.

Heusinger, Adolf, Die Bedeutung des Alpengebietes im Fall eines kriegerischen Ost-West-Konflikts, Ms. Pullach 1949, ebd.

Heusinger, Adolf, Überlegungen über einen möglichen Aufmarsch- und Angriffsplan der Sowjets in Mitteleuropa, Ms. Pullach 1950, ebd., Bd. 5.

Heusinger, Adolf, Befehl im Widerstreit. Schicksalsstunden der deutschen Armee 1921–1945, Tübingen, Stuttgart 1950.

Heydorn, Volker Detlef, Nachrichtennahaufklärung (Ost) und sowjetisches Heeresfunkwesen bis 1945, Freiburg i. Brsg. 1985.

Heyl, Wolfgang, Ergebnisse und Erlebnisse. Zum Weltkongress der Friedenskräfte, Berlin 1976.

Heyl, Wolfgang, Christlicher Glaube und gesellschaftlicher Fortschritt. Christen im Bündnis für Frieden und soziale Gerechtigkeit, Berlin 1977.

Heyl, Wolfgang, Für Sicherheit und Zusammenarbeit in Europa. Zehn Jahre Schlussakte der Konferenz von Helsinki, Berlin 1984.

Heym, Stefan, Nachruf, Berlin 1990.

Heynowski, Walter/Gerhard Scheumann/Gerhard Kade, Generale, Berlin 1986.

Hildermeier, Manfred, Geschichte der Sowjetunion 1917–1991. Entstehung und Niedergang des ersten sozialistischen Staates, München 1998.

Hirsch, Kurt, Die Blutlinie. Zur Geschichte des Antikommunismus in Deutschland, Frankfurt am Main 1960.

Hirsch, Kurt, Kommen die Nazis wieder? Gefahren für die Bundesrepublik, München 1960.

Hirsch, Kurt, Deutschlandpläne. Dokumente und Materialien zur deutschen Frage, München 1967.

Hodos, George Hermann, Schauprozesse. Stalinistische Säuberungen in Osteuropa 1948–1954, Berlin 2001.

Höhne, Heinz, Kennwort Direktor. Die Geschichte der Roten Kapelle, Frankfurt am Main 1970.

Höhne, Heinz, Der Krieg im Dunkeln. Macht und Einfluss des deutschen und russischen Geheimdienstes, München 1985.

Höhne, Heinz, Der Orden unter dem Totenkopf. Die Geschichte der SS, München 2002.

Höpcke, Klaus, Probe für das Leben. Literatur in einem Leseland, Halle (Saale) 1982.

Hoffmann, Christa, »Aufklärung und Ahndung totalitären Unrechts. Die Zentralen Stellen in Ludwigsburg und Salzgitter«. In: Parlament B, 4/1969, S. 35–45.

Hoffmann, Dierk/Michael Schwartz/Hermann Wentker (Hg.), Vor dem Mauerbau. Politik und Gesellschaft in der DDR der fünfziger Jahre, München 2003.

Hoffmann, Joachim, Die Tragödie der Russischen Befreiungsarmee 1944/45. Wlassow gegen Stalin, München 2003.

Holzweißig, Gunther, Klassenfeinde und »Entspannungsfreunde«.

West-Medien im Fadenkreuz von SED und MfS, Berlin 1995.
Holzweißig, Gunther, *Zensur ohne Zensor. Die SED-Informationsdiktatur*, Bonn 1997.
Holzweißig, Gunther, »Der 17. Juni 1953 und die Medien«. In: *Parlament B*, 23/2003.
Home Office/MI5, Fallakten Ursula und Leonard Beurton, NA: KV 6/41–45.
Home Office/MI5, Fallakten Horst Kopkow, NA:KV 2/1500–1501.
Home Office/MI5, Fallakte Rolf Richter, NA: KV 2/1503.
Honecker, Erich, *Aus meinem Leben*, 6. Aufl., Berlin 1981.
Horatzek, Johannes (Johannes Horaczek), »Der Kampf um militärische Geheimnisse«. In: *Die Nachhut*, Nr. 6, S. 1–6.
Horchem, Hans Josef, *Auch Spione werden pensioniert*, Herford, Berlin, Bonn 1993.
Hüttenberger, Peter, *Nordrhein-Westfalen und die Entstehung seiner parlamentarischen Demokratie*, Siegburg 1973.

Ilf, Ilja/Jewgeni Petrow, *Zwölf Stühle*, 2. Aufl., München 2003.
Innenministerium Nordrhein-Westfalen, Akte (Philipp) Auerbach, HSTA Düsseldorf, NW 110.
Innenministerium Nordrhein-Westfalen (Hg.), VS-info NRW 2000, CD-Rom, Schalksmühle o. J. (2000).
Institut für Marxismus-Leninismus beim ZK der SED (Hg.), *Geschichte der deutschen Arbeiterbewegung*, Bde. 3–5, Berlin 1966.
Institut für Marxismus-Leninismus beim ZK der SED (Hg.), *Deutsche Widerstandskämpfer 1933–1945*, 2 Bde., Berlin 1970.
Internationaler Militärgerichtshof (IMT) (Hg.), *Der Prozess gegen die Hauptkriegsverbrecher. Nürnberg 14. November 1945 bis 1. Oktober 1946*, 24 Bde., Nürnberg 1947.
Isaacs, Jeremy/Taylor Downing, *Der Kalte Krieg. Eine illustrierte Geschichte, 1945–1991*, München, Zürich 1999.

J., P. M., »Oleg Kalugin. The ›Man in the News‹ again«. In: Radio Free Europe/Radio Liberty, 9.4.2002.
Jacobsen, Hans-Adolf/Wolfgang Mallmann/Christian Meier, *Sicherheit und Zusammenarbeit (KSZE). Analyse und Dokumente*, 2 Bde., Köln 1978.
Jäger, Wolfgang/Werner Link, *Republik im Wandel 1974–1982. Die Ära Schmidt*, Stuttgart, Mannheim 1987.
Jakowlew, Alexander, *In den Stürmen meines Jahrhunderts*, Leipzig 2003.
Janka, Walter, *Schwierigkeiten mit der Wahrheit*, Reinbek b. Hamburg 1989.
Jankowski, Martin, *Staatsnützliche Idioten*, www.zeus.zeit.de/comments/2006/21/Spitze_21_xml (Abruf: 10.11.2006).
Jaros, Karol, »Archivalia Józef Swiatlo«, www.ipn.gov.pl/a_jozef_swiatlo.html (Abruf: 9.1.2006).
Jegorow, Vladimir K., *Ein Stern verblaßt. Reflexionen einer dramatischen Epoche. Sowjetunion 1917 bis 1991*, Berlin 1991.
Jesse, Eckard, »Artikulationsformen und Zielsetzungen von widerständigem Verhalten in der Deutschen Demokratischen Republik«. In: Deutscher Bundestag, Enquete-Kommission SED-Diktatur, Bd. VII/1, S. 987–1030.
John, Otto, *Ich wählte Deutschland*, Berlin 1954.

John, Otto, *Zweimal kam ich heim. Vom Verschwörer zum Schützer der Verfassung*, Düsseldorf 1969.
John, Otto, *Falsch und zu spät. Der 20. Juli 1944*, München, Berlin 1984.
Johnson, Uwe, *Jahrestage. Aus dem Leben der Gesine Cresspahl*, 4 Bde., Frankfurt am Main 1985.
Jong, Louis de, *Die deutsche Fünfte Kolonne im Zweiten Weltkrieg*, Stuttgart 1959.
Judt, Matthias (Hg.), *DDR-Geschichte in Dokumenten. Beschlüsse, Berichte, interne Materialien und Alltagszeugnisse*, Bonn 1998.
Juretzko, Norbert/Wilhelm Dietl, *Bedingt dienstbereit. Im Herzen des BND. Die Abrechnung eines Aussteigers*, München 2004.
Juretzko, Norbert/Wilhelm Dietl, *Im Visier. Ein Agent enthüllt die Machenschaften des BND*, München 2006.

Kaff, Brigitte (Hg.), *Gefährliche politische Gegner. Widerstand und Verfolgung in der sowjetischen Zone/DDR*, Düsseldorf 1995.
Kahl, Werner, *Spionage in Deutschland*, München 1986.
Kaiser, Gerd, »Kurzen Prozess machen. Hermann Field in den Fängen der polnischen Geheimpolizei«. In: *Utopie kreativ*, 1997, S. 91–97.
Kaiser, Karl/Hans-Peter Schwarz (Hg.), *Weltpolitik. Strukturen, Akteure, Perspektiven*, Bonn 1985.
Kalous, Jan, »General Jan Šejna. Im Visier der militärischen Spionageabwehr«, www.mvcr.cz/policie/udv/deutsch/securita/index (Abruf: 12.12.2006).
Kalugin, Oleg/Fen Montaigne, *My 32 Years in Intelligence and Espionage Against the West*, St. Martins Press 1994.
Karin, Alexander, telefonische Auskunft an den Verfasser vom 21.12.2006, die Gliederung der Verwaltung Aufklärung betreffend.
Karlsch, Rainer, »›Ein Staat im Staate‹. Der Uranbergbau der Wismut AG in Sachsen und Thüringen«. In: *Parlament B*, 49–50/1993, S. 14–23.
Karlsch, Rainer, *Hitlers Bombe. Die geheime Geschichte der deutschen Kernwaffenversuche*, München 2005.
Kaufmann, Bernd/Eckhart Reisener/Dieter Schwips/Henri Walther, *Nachrichtendienst der KPD 1919–1937*, Berlin 1993.
Keil, Lars-Broder, »Geheimoperation Hammer. In den letzten Wochen schickte der US-Geheimdienst zwei deutsche Emigranten nach Berlin«. In: *Berliner Morgenpost*, 21.5.2006.
Keil, Lars-Broder, »Die Zeitreise des Stasi-Häftlings Nr. 225/1. Er wollte in den Westen. Doch die Stasi unterstellte ihm Spionage«. In: *Berliner Illustrierte Zeitung*, 1.10.2006.
Keller, Werner, *Ost minus West gleich Null. Der Aufbau Rußlands durch den Westen*, Stuttgart, Zürich, Salzburg o. J. (ca. 1962).
Kennan, George, *Memoiren eines Diplomaten, 1925–1950*, 5. Aufl., Stuttgart 1969.
Keworkow, Wjatscheslaw, *Der geheime Kanal. Moskau, der KGB und die Bonner Ostpolitik*, Berlin 1993.
Kienbaum, Gerhard, *Am Anfang war der Rat*, Berlin, Frankfurt am Main 1995.
Kießling, Wolfgang, *Partner im*

Narrenparadies. Der Freundeskreis um Noel Field und Paul Merker, Berlin 1994.

Kießling, Wolfgang, »Leistner ist Mielke«. Schatten einer gefälschten Biographie, Berlin 1998.

Kindler, Helmut, Zum Abschied ein Fest. Die Autobiografie eines deutschen Verlegers, München 1992.

Kistler, Helmut, Die Ostpolitik der Bundesrepublik Deutschland 1966–1973, Bonn 1982.

Kittlaus, Manfred, mündliche Auskünfte an den Verfasser über seine Tätigkeit bei der Zentralen Ermittlungsstelle für Regierungs- und Vereinigungskriminalität (ZERV) am 28.11.2003 in Neuhaus an der Pegnitz.

Klein, Thomas, »Die Herrschaft der Parteibürokratie. Disziplinierung, Repression und Widerstand in der SED«. In: Parlament B, 20/1996, S. 3–12.

Kluge, Ulrich/Steffen Birkefeld/Silvia Müller, Willfährige Propagandisten. MfS und Bezirksparteizeitungen: Berliner Zeitung, Sächsische Zeitung, Neuer Tag, Stuttgart 1997.

Knabe, Hubertus, »Die Stasi als Problem des Westens«. In: Parlament B, 50/1979, S. 3–16.

Knabe, Hubertus, »Die geheimen Lager der Stasi«. In: Parlament B, 4/1993, S. 23–34.

Knabe, Hubertus, »Sprachrohr oder Außenseiter? Zur gesellschaftlichen Relevanz unabhängiger Gruppen in der DDR. Aus Analysen des Staatssicherheitsdienstes«. In: Parlament B, 20/1996, S. 23 bis 36.

Knabe, Hubertus, »Der lange Arm der SED. Einflussnahmen des Ministeriums für Staatssicherheit auf politische Protestbewegungen in Westdeutschland«. In: Parlament B, 38/1999, S. 11–17.

Knabe, Hubertus, Der diskrete Charme der DDR. Stasi und Westmedien. Berlin, München 2001.

Knabe, Hubertus, Die unterwanderte Republik. Stasi im Westen, München 2001.

Knabe, Hubertus, »MfS und Friedensbewegung«. In: Maruhn, Jürgen/ Manfred Wilke (Hg.), Raketenpoker um Europa. Das sowjetische SS-20-Abenteuer und die Friedensbewegung, München 2001, S. 298–325.

Knabe, Hubertus, »Der Fall Wallraff ist die Nagelprobe«. In: FAS, 7.9.2003.

Knabe, Hubertus, »Mielkes langer Schatten«. In: FAS, 18.7.2004.

Knauer, Gerd, »Innere Opposition im Ministerium für Staatssicherheit?« In: Deutschland Archiv, 1992, S. 718–727.

Knauer, Sebastian, »Windspiele aus China. DKP nach dem Mauerfall«. In: Spiegel-online, 9.11.2004, www.dkp-online.de/dkp_doku/sp041108 (Abruf: 10.11.2006).

Knightley, Phillip, Geschichte der Spionage im 20. Jahrhundert. Aufbau und Organisation, Erfolge und Niederlagen der großen Geheimdienste, Berlin 1990.

Knoll, Viktor/Lothar Kölm (Hg.), Der Fall Berija. Protokoll einer Abrechnung. Das Plenum des ZK der KPdSU, Juli 1953, Berlin 1993.

Koch, Egmont R., Das geheime Kartell. BND, Schalck, Stasi und Co., Hamburg 1992.

Koch, Peter Ferdinand, Das Schalck-Imperium lebt. Deutschland wird gekauft, München 1992.

Koch, Thilo, Tagebuch aus Washington, Frankfurt am Main 1965.

Köppe, Ingrid, Abweichender Bericht der Berichterstatterin der Gruppe Bündnis 90/Die Grünen im 1. Untersuchungsausschuss. Geheim – amtlich geheim gehalten, BT-Drs., 12/7725.

Kohl, Helmut, *Ich wollte Deutschlands Einheit*, dargestellt von Kai Diekmann u. Ralf Georg Reuth, Berlin 1998.

Kokurin, A. I./N. V. Petrow, *Lubjanka: WTschK-OGPU-NKWD-NKGB-MGB-MWD-KGB 1917–1960*, Moskau 1997.

Kolpakidi, A. I., *Enziklopedija Wojennoj Raswedki Rossii*, Moskau 2004.

Konrad-Adenauer-Stiftung (Hg.), *Unrecht überwinden. SED-Diktatur und Widerstand*, St. Augustin 1996.

Kopelew, Lew, *Im Willen zur Wahrheit. Analysen und Einsprüche*, Frankfurt am Main 1984.

Kopkow, Horst, Personalakte des RSHA, BA: BDC.

Korte, Karl-Rudolf, *Wahlen in der Bundesrepublik Deutschland*, 2. Aufl., Bonn 1999.

Kos, Franz-Josef, »Der Erfurter Schauprozess und die beiden Nachfolgeprozesse 1952/1953«. In: Kaff, Brigitte (Hg.), *Gefährliche politische Gegner. Widerstand und Verfolgung in der sowjetischen Zone/DDR*, Düsseldorf 1995, S. 125–158.

Kosch, Wilhelm, *Biografisches Staatshandbuch. Lexikon der Politik, Presse und Publizistik*, 2 Bde., Bern, München 1963.

Kotze, Hildegard von (Hg.), *Heeresadjutant bei Hitler 1938–1943. Aufzeichnungen des Majors Engel*, Stuttgart 1974.

Kowaljow, Sergej, *Der Flug des weißen Raben. Von Sibirien nach Tschetschenien. Eine Lebensreise*, Berlin 1997.

Kratz, Peter, »Rechte Genossen. Neokonservativismus in der SPD«. www.trend.infopartisan.net/trd7899/t617899.html (Abruf: 2.1.2006).

Krause, Andreas, »Der Dritte Weltkrieg liegt schon hinter uns. Zum Tod von Jürgen von Alten«. In: *BZ*, 29.6.2001.

Kraushaar, Wolfgang, *Die Protest-Chronik 1949–1959. Eine illustrierte Geschichte von Bewegung, Widerstand und Utopie*, 4 Bde., Hamburg 1996.

Kreisarbeitsgemeinschaft »Schreibende Tschekisten« (Hg.), *Wir über uns*, Berlin o. J. (1985).

Krenz, Egon, *Herbst '89*, Berlin 1999.

Kretschmer, Herta, *Autobiographische Aufzeichnungen*, Manuskript, Cottbus ca. 1966 ff.

Krieger, Wolfgang/Jürgen Weber (Hg.), *Spionage für den Frieden? Nachrichtendienste in Deutschland während des Kalten Krieges*, München 1997.

Krjutschkow, Wladimir, *Litschnoje Djelo*, 2 Bde., Moskau 1996.

Kroh, Ferdinand, *Wendemanöver. Die geheimen Wege zur Wiedervereinigung*, München 2005.

Kruber, Karin, schriftliche Auskünfte an den Verfasser vom 10.1.2007, Karl-Edmund Gartenfeld betreffend.

Krüger, Dieter/Armin Wagner (Hg.), *Konspiration als Beruf. Deutsche Geheimdienstchefs im Kalten Krieg*, Berlin 2003.

Krüger, Dieter, »Gerhard Wessel (1913–2002). Der Ziehsohn Gehlens an der Spitze des BND«. In: Krüger, Dieter/Armin Wagner (Hg.), *Konspiration als Beruf. Deutsche Geheimdienstchefs im Kalten Krieg*, Berlin 2003, S. 264–283.

Kubina, Michael, *Von Utopie, Widerstand und Kaltem Krieg. Das unzeitgemäße Leben des Berliner Rätekommunisten Alfred Weiland (1906–1978)*, Hamburg, Berlin, London 2001.
Kühn, Detlef, *Das Gesamtdeutsche Institut im Visier der Staatssicherheit*, Berlin 2001.
Kürschners Volkshandbuch, *Deutscher Bundestag, 10. Wahlperiode*, 39. Aufl., Stand: 15.9.1983, Rheinbreitbach 1983.
Kürschners Volkshandbuch, *Deutscher Bundestag, 14. Wahlperiode*, 83. Aufl., Stand: 15.1.1999, Rheinbreitbach 1999.
Kürschners Volkshandbuch, *Deutscher Bundestag, 15. Wahlperiode*, 100. Aufl., Stand: 26.11.2004, Rheinbreitbach 2004.
Küsters, Hanns Jürgen, »Wiedervereinigung durch Konföderation? Die informellen Unterredungen zwischen Bundesminister Fritz Schäffer, NVA-General Vincenz Müller und Sowjetbotschafter Georgij Maksimimowitsch Puschkin 1955/56«. In: *VjZ*, 1997, S. 107–153.
Kurowski, Franz, *Deutsche Kommandotrupps 1939–1945. Brandenburger und Abwehr im weltweiten Einsatz*, Stuttgart 2000.
Kusmin, Iwan N(ikolajewitsch), »Die Verschwörung gegen Honecker«. In: *Deutschland Archiv*, 1995, S. 287–290.
Kusmin, Iwan N(ikolajewitsch), »Weitgehende Abhängigkeit. Zum Verhältnis von KGB und MfS in der DDR«. In: *Deutschland Archiv*, 1998, S. 285–290.
Kusmin, Iwan N(ikolajewitsch), *Schest ossennich let. Berlin 1985–1991*, Moskau 1999.
Kusmin, Iwan N(ikolajewitsch), »Meldungen aus Ostberlin. Die Krise im Herbst 1989 und die Reaktion der sowjetischen Führung«. In: *Deutschland Archiv*, 2003, S. 100–108.
Kwizinskij, Juli A., *Vor dem Sturm. Erinnerungen eines Diplomaten*, Berlin 1993.
Labrenz-Weiß, Hanna: *Die Hauptabteilung II Spionageabwehr*, Bd. III/7 von: Suckut, Siegfried/ Ehrhart Neubert/Walter Süß/Roger Engelmann/Bernd Eisenfeld/Jens Gieseke (Hg.), *Anatomie der Staatssicherheit. Geschichte, Struktur und Methoden. MfS-Handbuch*, Berlin 1998.
Lahann, Birgit, *Genosse Judas. Die zwei Leben des Ibrahim Böhme*, Reinbek b. Hamburg 1994.
Lahousen, Erwin, (Fragment des) Diensttagebuch(s) des Leiters von Abwehr II. IfZ: Fd 47.
Landgericht Berlin, Urteil gegen Norbert Juretzko vom 7.6.2006 wegen Geheimnisverrats, Az. (525) 78 Js 1212/04 Kls (25/05) (Verfahrensakte Bl. 132–141).
Lang, Jochen von, *Erich Mielke. Eine deutsche Karriere*, Berlin 1991.
Langguth, Gert, *Protestbewegung. Entwicklung, Niedergang, Renaissance. Die neue Linke seit 1968*, Köln 1983.
Lapp, Peter Joachim, »Ursache Fenstersturz? Der erste Generalstabschef der NVA«. In: *Deutschland Archiv*, 1999, S. 79–85.
Lapp, Peter Joachim, »Generale der anderen deutschen Armee«. In: *Deutschland Archiv*, 2001, S. 905 f.
Lapp, Peter Joachim, *General bei Hitler und Ulbricht. Vincenz Müller. Eine deutsche Karriere*, Berlin 2003.
Laufer, Jochen, »Der Friedensvertrag mit Deutschland als Problem der

sowjetischen Außenpolitik. Die Stalin-Note vom 10. März 1952 im Lichte neuer Quellen«. In: *VjZ*, 2004, S. 99–118.

Lebed, Alexander, *Russlands Weg*, Hamburg 1997.

Lehndorff, Hans Graf, *Ostpreußisches Tagebuch. Aufzeichnungen eines Arztes aus den Jahren 1945–1947*, 10. Aufl., München o. J. (1962).

Lenz, Wilhelm (Hg.), *Mensch und Staat in NRW. 25 Jahre Landtag von Nordrhein-Westfalen*, Köln, Berlin 1971.

Leonhard, Wolfgang, »Die Verschwörung der Kremlärzte«. In: *Parlament B*, 28/1957, S. 447–461.

Leonhard, Wolfgang, *Die Revolution entläßt ihre Kinder*, Köln, Berlin 1960.

Leonhard, Wolfgang, *Am Vorabend einer neuen Revolution? Die Zukunft des Sowjetkommunismus*, München, Gütersloh, Wien 1975.

Leonhard, Wolfgang, *Spiel mit dem Feuer. Russlands schmerzhafter Weg zur Demokratie*, Bergisch Gladbach 1996.

Leugers-Scherzberg, August, *Die Wandlungen des Herbert Wehner. Von der Volksfront zur Großen Koalition*, Berlin 2002.

Lewin, Moshe, »Reformkommunist Jurij Andropow«. In: *taz*, 14.3.2003.

Lewis, Flora, *Bauer im roten Spiel. Das Leben von Noel H. Field*, Berlin 1965.

Leyde, Henry, »Der schmutzige Antifaschismus der Stasi. Wie Markus Wolf und sein Dienst Gerhard Löwenthal mit gefälschten Dokumenten zum Gestapo-Spitzel machen wollten«. In: *FAS*, 19.1.2003.

Leyde, Henry, *NS-Verbrecher und Staatssicherheit. Die geheime Vergangenheitspolitik der DDR*, Göttingen 2005.

Leyendecker, Hans, »Der Ausforscher. Nachrichtendienst-Affäre«. In: *Süddeutsche Zeitung*, 12.5.2006.

Lex, Hans Ritter von, »Probleme des Verfassungsschutzes«. In: Bulletin der Bundesregierung, 1956, S. 1849–1852.

Liddell Hart, (Basil Henry), *Geschichte des Zweiten Weltkrieges*, 6. Aufl., Wiesbaden 1985.

Liebl, Karlhans, »Schaden. Eine ökonomische Analyse«. In: Tuck, Jay/Karlhans Liebl (Hg.), *Direktorat T. Industriespionage des Ostens*, Heidelberg 1988, S. 103–116.

Lill, Rudolf/Heinrich Oberreuter (Hg.), *20. Juli. Portraits des Widerstands*, 2. Aufl., Düsseldorf 1993.

Lindner, Bernd, *Die demokratische Revolution in der DDR 1989/90*, Bonn 1998.

Lippe, Peter von der, »Die gesamtwirtschaftlichen Leistungen der DDR-Wirtschaft in den offiziellen Darstellungen. Die amtliche Statistik der DDR als Instrument der Agitation und Propaganda der SED«. In: Deutscher Bundestag, Enquete-Kommission SED-Diktatur, Bd. II/3, A. 1972-2193.

Lippmann, Heinz, *Honecker. Portrait eines Nachfolgers*, Köln 1971.

Ljubimow, Viktor, »Rol wojennoj raswedki w uregulirowanii berlinskogo krisissa«, http://gsvg.ru.kr.html (Abruf: 20.4.2006).

Loest, Erich, *Durch die Erde ein Riss. Ein Lebensbericht*, München 1996.

Löwenthal, Gerhard, *Ich bin geblieben. Erinnerungen*, 2. Aufl., München, Berlin 1987.

Löwenthal, Richard, »Stalinismus ohne Stalin«. In: *Parlament B*, 19, S. 417–420.

London, Artur, *Ich gestehe. Der*

Prozess um Rudolf Slánsky, Hamburg 1970.
Long, Philipp, »Former Intelligence Officer Gets Life Sentence in Tampa«. In: *Miami Herald*, 27.9.2001.
Lota, Wladimir, *GRU I atomnaja bomba*, Moskau 2002.
Lota, Wladimir, *Alta protiw Barbarossa. Kak byli dobyty swedenija o podrotobke germanii k napadeniju na SSSR*, Moskau 2005.
Lücke, Paul, »Freie Bahn für Kommunisten? Gespräch mit Bundesinnenminister Lücke«. In: BMI, IS 1/1966, S. 6 f.
Lustiger, Arno, *Schalom Libertad! Juden im Spanischen Bürgerkrieg*, Berlin 2001.
Lustiger, Arno, *Rotbuch. Stalin und die Juden. Die tragische Geschichte des Jüdischen Antifaschistischen Komitees und der sowjetischen Juden*, 2. Aufl., Berlin 2002.

M., telefonische Auskünfte am 24.11.2005 über die Ausweisungspraxis gegenüber sowjetischen Diplomaten in den 1970er-, 1980er-Jahren.
Maaßen, Hans (Hg.), *Brigada International ist unser Ehrenname. Erlebnisse ehemaliger deutscher Spanienkämpfer*, Bd. 2, Berlin 1983.
Macák, Milan, »Questions about Šejna« (Hg.: Military Intelligence Czech Republic), www.vzcr.cz/?id=sejna&cj=en&styl=graphic (Abruf: 29.11.2006).
Maddrell, Paul, »Einfalltor in die Sowjetunion. Die Besatzung Deutschlands und die Ausspähung der UdSSR durch den britischen Nachrichtendienst«. In: *VjZ*, 2003, S. 183–227.
Mader, Julius, *Die graue Hand. Eine Abrechnung mit dem Bonner Geheimdienst*, Berlin o. J. (ca. 1961).
Mader, Julius, *Die Killer lauern. Ein Dokumentarbericht über die Ausbildung und den Einsatz militärischer Diversions- und Sabotageeinheiten in den USA und in Westdeutschland*, Berlin 1961.
Mader, Julius, *Hitlers Spionagegenerale sagen aus. Eine Chronologie über Aufbau, Struktur und Operationen des OKW-Geheimdienstes Ausland/Abwehr mit einer Chronologie seiner Einsätze von 1933 bis 1944*, Berlin 1970.
Mäkelä, Jukka L., *Im Rücken des Feindes. Der finnische Nachrichtendienst im Krieg*, Frauenfeld, Stuttgart 1967.
Maerker, Rudolf, *Der KZ-Staat. Zonenstrafanstalten nach dem 13. August 1961*, Bonn 1962, Schriftenreihe der Jungsozialisten 3/1962.
Maerker, Rudolf, *Es endete am Admiralspalast. Geschichte einer Vereinigung, die keine war*, Bonn 1962, Schriftenreihe der Jungsozialisten 9/1962.
Mahncke, Dieter, *Berlin im geteilten Deutschland*, München, Wien 1973.
Maibaum, Werner, *Geschichte der Deutschlandpolitik*, Bonn 1998.
Malia, Martin, *Vollstreckter Wahn. Russland 1917–1991*, Stuttgart 1994.
Mallmann, Klaus-Michael, »Brüderlein & Co. Die Gestapo und der kommunistische Widerstand in der Kriegsendphase«. In: Paul, Gerhard/Klaus-Michael Mallmann, *Die Gestapo im Zweiten Weltkrieg. Heimatfront und besetztes Europa*, Darmstadt 2000, S. 270–278.
Malycha, Andreas, »Die Geschichte der SED. Von der Gründung bis

zum Mauerbau«. In: Herbst, Andreas/Gerd-Rüdiger Stephan/Jürgen Winkler, *Die SED. Geschichte, Organisation, Politik*, Berlin 1997, S. 1–55.

Mampel, Siegfried, »Die ideologische Kontrolle der DDR durch das Ministerium für Staatssicherheit«. In: *Parlament B*, 20/1996, S. 13 bis 22.

Mampel, Siegfried, *Untergrundkampf des Ministeriums für Staatssicherheit gegen den Untersuchungsausschuss Freiheitlicher Juristen*, 4. Aufl., Berlin 1999.

Manutscharjan, Aschot, »Russland unter Putin. Bücher über Russland«. In: *KAS Auslandsinformationen*, 8/2005, S. 95–126.

Markwardt, Waldemar, *Erlebter BND. Kritisches Plädoyer eines Insiders*, Berlin 1996.

Maroldt, Lorenz, »Was macht eigentlich Manfred Gerlach?« In: Zimmermann, Monika (Hg.), *Was macht eigentlich…? 100 DDR-Prominente heute*, Berlin 1994, S. 77 ff.

Marquardt, Bernhard, »Die Zusammenarbeit zwischen MfS und KGB«. In: Deutscher Bundestag, Enquete-Kommission SED-Diktatur, Bd. VIII, S. 297–361.

Martin, Bernd, *Deutschland und Japan im Zweiten Weltkrieg 1940–1945. Vom Angriff auf Pearl Harbor bis zur deutschen Kapitulation*, Hamburg 2001.

Maruhn, Jürgen/Manfred Wilke (Hg.), *Raketenpoker um Europa. Das sowjetische SS-20-Abenteuer und die Friedensbewegung*, München 2001.

Marx, Peter, »Das MfS und die Journalisten«. In: Baumann, Fritz-Achim/Helmut Rannacher/Helmut Roewer (Hg.), *In guter Verfassung III. Erfurter Beiträge zum Verfassungsschutz*, Erfurt 1999, S. 163–170.

Mascolo, Georg, »Notorische Aufregung. Aus dem Auswärtigen Amt wurden mehr Geheimnisse verraten als bisher bekannt«. In: *Der Spiegel*, 26/1999.

Maser, Werner, *Hitlers Briefe und Notizen. Sein Weltbild in handschriftlichen Notizen*, Düsseldorf, Wien 1973.

Maslankiewicz, Kazimierz, *Jan Nowak. Br. Agrafe*, Warschau 1964.

Massing, Hede, *Die große Täuschung. Geschichte einer Sowjetagentin*, Freiburg i. Brsg., Basel, Wien 1967.

mdv transparent (Mitteldeutscher Verlag Halle [Hg.]), *Wir sind das Volk. Aufbruch '89*, T. 1: *Die Bewegung. September/Oktober 1989*, T. 2: *Die Bewegung. Oktober/November 1989*, Halle (Saale) 1990.

Mecklenburg, Jens (Hg.), *Handbuch Deutscher Rechtsextremismus*, Berlin 1996.

Mehnert, Klaus, *Der Sowjetmensch. Versuch eines Portraits nach dreizehn Reisen in die Sowjetunion 1929–1959*, Stuttgart, Zürich, Salzburg o. J. (Nachdruck der 6. Aufl., 1959).

Mehnert, Klaus, *Das zweite Volk meines Lebens. Berichte aus der Sowjetunion 1925–1983*, hrsg. v. Alexander Steininger u. Ulrich Frank-Planitz, Stuttgart 1986.

Meinl, Susanne/Dieter Krüger, »Der politische Weg von Friedrich Wilhelm Heinz. Vom Freikorpskämpfer zum Leiter des politischen Nachrichtendienstes im Bundeskanzleramt«. In: *VjZ*, 1994, S. 39–69.

Meinl, Susanne, »Im Mahlstrom des Kalten Krieges«. In: Krieger, Wolfgang/Jürgen Weber (Hg.), *Spionage* für den Frieden? Nachrichtendienste in Deutschland während des Kalten Krieges, München 1997, S. 247–266.

Meinl, Susanne, Nationalsozialisten gegen Hitler. Die nationalrevolutionären Revolutionäre um Friedrich Wilhelm Heinz, Berlin 2000.

Meinl, Susanne, »Friedrich Wilhelm Heinz (1899–1968). Verschwörer gegen Hitler und Spionagechef im Dienste Bonns«. In: Krüger, Dieter/ Armin Wagner (Hg.), Konspiration als Beruf. Deutsche Geheimdienstchefs im Kalten Krieg, Berlin 2003, S. 61–83.

Meissner, Boris, Sowjetische Kurskorrekturen. Breshnew und seine Erben, Zürich, Osnabrück 1984.

Meissner, Boris, »Die Außenpolitik der Sowjetunion. Grundlagen und Strategien«. In: Kaiser, Karl/Hans-Peter Schwarz (Hg.), Weltpolitik. Strukturen, Akteure, Perspektiven, Bonn 1985, S. 435–460.

Mencl, Vojtěch, »Die Unterdrückung des Prager Frühlings«. In: Parlament B, 36/1992, S. 3–17.

Mensing, Wilhelm, Nehmen oder annehmen. Die verbotene KPD auf der Suche nach politischer Teilhabe, Osnabrück 1989.

Mensing, Wilhelm (in Zusammenarbeit mit Manfred Wilke), Wir wollen unsere Kommunisten wieder haben. Demokratische Starthilfen für die Gründung der DKP, Osnabrück 1989.

Merseburger, Peter, Der schwierige Deutsche. Kurt Schumacher, Stuttgart 1995.

Merseburger, Peter, Willy Brandt 1913–1992. Visionär und Realist, Stuttgart, München 2002.

Mewis, Karl, Im Auftrag der Partei. Erlebnisse im Kampf gegen die faschistische Diktatur, 2. Aufl., Berlin 1972.

Meyer, Georg, »General Adolf Heusinger und die Organisation Gehlen«. In: Krieger, Wolfgang/Jürgen Weber (Hg.), Spionage für den Frieden? Nachrichtendienste in Deutschland während des Kalten Krieges, München 1997, S. 225–246.

Mielke, Erich, Sozialismus und Frieden. Sinn unseres Kampfes. Ausgewählte Reden und Aufsätze, Berlin 1987.

Militärgeschichtliches Forschungsamt (Hg.), Verteidigung im Bündnis. Planung, Aufbau und Bewährung der Bundeswehr 1950–1972, München 1975.

Militärgeschichtliches Forschungsamt (Hg.), Deutsche Militärgeschichte 1648–1939 in sechs Bänden, Herrsching 1983.

Ministerium für Staatssicherheit, Bezirksverwaltung Berlin, Maßnahmeplan für das Jahr 1989, BStU: BVFS 238/88.

Ministerium für Staatssicherheit, HA-Kader und Schulung, Gehaltsliste für 1989/90 (Ausdruck: April 1990).

Mitter, Achim/Stefan Wolle, Ich liebe euch doch alle. Befehle und Lageberichte des MfS Januar–November 1989, 2. Aufl., Berlin 1990.

Mitter, Achim/Stefan Wolle, Untergang auf Raten. Unbekannte Kapitel der DDR-Geschichte, München 1993.

Mittmann, Elke, »Der Fall Horst Hesse. Eine Kundschafterkarriere«. In: Stiftung Haus der Geschichte der Bundesrepublik Deutschland/ Zeitgeschichtliches Forum Leipzig (Hg.), Duell im Dunkel. Spionage im geteilten Deutschland, Köln, Weimar, Wien 2002, S. 74–85.

Modrow, Hans (mit Hans-Dieter

Schütt), *Ich wollte ein neues Deutschland*, 2. Aufl., München 1999.

Möller, Günter/Wolfgang Stuchly, »Zur Spionageabwehr (HA II im MfS/Abt. II der BV)«. In: Grimmer, Reinhard/Werner Irmler/Willi Opitz/Wolfgang Schwanitz (Hg.), *Die Sicherheit. Zur Abwehrarbeit des MfS*, 2 Bde., 3. Aufl., Berlin 2003, Bd. 1, S. 431–558.

Montefiore, Simon Sebag, *Stalin. Am Hofe des Roten Zaren*, erweiterte Ausg., Frankfurt am Main 2006.

Moravec, Frantisek, *Master of Spies. The Memoirs of General Frantisek Moravec*, London 1981.

Morozow, Michail, »Der Fall Solschenizyn«. In: Dutschke, Rudi/Manfred Wilke (Hg., unter Mitarbeit v. Reinhard Crusius), *Die Sowjetunion, Solschenizyn und die westliche Linke*, Reinbek b. Hamburg 1975, S. 202–211.

Moskalenko, Kirill, »Wie Berija verhaftet wurde«. In: Nekrassow, Wladimir F. (Hg.), *Berija. Henker in Stalins Diensten. Ende einer Karriere*, Berlin 1992, S. 345–351.

Müller, Peter F./Michael Mueller, *Gegen Freund und Feind. Der BND: Geheime Politik und schmutzige Geschäfte*, Reinbek b. Hamburg 2002.

Müller, Reinhard, *Die Akte Wehner. Moskau 1937 bis 1941*, Berlin 1993.

Müller, Rudolf/Hans-Bernd Wabnitz, »Strafverfolgung. Die Grenzen des Gesetzes«. In: Tuck, Jay/Karlhans Liebl (Hg.), *Direktorat T. Industriespionage des Ostens*, Heidelberg 1988, S. 75–102.

Müller, Vincenz, *Ich fand das wahre Vaterland*, hrsg. v. Klaus Mammach, Berlin 1963.

Müller, Vincenz, Notizen und Niederschriften über das Gespräch mit dem sowjetischen Generalleutnant Mechlis nach der Kapitulation und Gefangennahme der Reste der 4. Armee in der UdSSR am 8.7.1944, BA-MA: N 774/19, Bl. 48 ff. (Nachlass Generalleutnant a. D. Vincenz Müller).

Müller, Werner, »Die Gründung der SED. Zwangsvereinigung, Demokratieprinzip und gesamtdeutscher Anspruch«. In: *Parlament B*, 16–17/1996, S. 12–21.

Müller-Enbergs, Helmut, *Der Fall Rudolf Herrnstadt. Tauwetterpolitik vor dem 17. Juni*, Berlin 1991.

Müller-Enbergs, Helmut, *Inoffizielle Mitarbeiter des Ministeriums für Staatssicherheit*, T. 2, Berlin 1998.

Müller-Enbergs, Helmut, »Garanten innerer und äußerer Sicherheit«. In: Judt, Matthias (Hg.), *DDR-Geschichte in Dokumenten. Beschlüsse, Berichte, interne Materialien und Alltagszeugnisse*, Bonn 1998, S. 431–492.

Müller-Enbergs, Helmut, »Geras Aufklärertschekisten«. In: Baumann, Fritz-Achim/Helmut Rannacher/Helmut Roewer (Hg.), *In guter Verfassung III. Erfurter Beiträge zum Verfassungsschutz*, Erfurt 1999, S. 211–235.

Müller-Enbergs, Helmut/Jan Wielgohs/Dieter Hoffmann, *Wer war wer in der DDR?*, Bonn 2000.

Müller-Enbergs, Helmut, »Wilhelm Zaißer (1893–1958). Vom königlich-preußischen Reserveoffizier zum ersten Chef des MfS«. In: Krüger, Dieter/Armin Wagner (Hg.), *Konspiration als Beruf. Deutsche Geheimdienstchefs im Kalten Krieg*. Berlin 2003, S. 32–60.

Müller-Enbergs, Helmut, »Unter falscher Flagge gesegelt«. In: *ND*, 25.10.2005.

Museum für Kommunikation Nürnberg (Hg.), »Ein offenes Geheimnis. Post- und Telefonkontrolle in der DDR«. In: Medieninformation Nr. 26/2003, www.museumsstiftung.de (Abruf: 9.11.2006).

Musial, Bogdan, *Konterrevolutionäre Elemente sind zu erschießen. Die Brutalisierung des deutsch-sowjetischen Krieges im Sommer 1941*, Berlin, München 2000.

MWD (Ministerium des Innern), Bericht Iwan Serows an Stalin vom 8.2.1948 über Marschall Georgi Shukow. Abgedruckt in: *Wojennyje archivy Rosii*, Nr. 1/1993, S. 209.

N. N. (Offizier des MfS), *Aufzeichnungen aus meinem Leben. Oder der Versuch, etwas Licht in die jüngste Vergangenheit der deutschen Geschichte zu bringen, d. h. die Wahrheit über die DDR und das MfS*, o. O., o. J. (Erfurt 1997, 54 Blatt).

Nagy, László, »Baue ab und nimm mit. Das Paneuropäische Picknick und die Grenzöffnung am 11. September 1989«. In: *Deutschland Archiv*, 2001, S. 943–955.

Naimark, Norman M., *Die Russen in Deutschland. Die Sowjetische Besatzungszone 1945 bis 1949*, Berlin 1999.

Nakath, Detlef/Gero Neugebauer/Gerd-Rüdiger Stephan, *Im Kreml brennt noch Licht. Die Spitzenkontakte zwischen SED/PDS und KPdSU 1989–1991*, Berlin 1998.

Naumann, Klaus (Hg.), *NVA. Anspruch und Wirklichkeit nach ausgewählten Dokumenten*, 2. Aufl., Hamburg, Berlin, Bonn 1996.

Navara, Luděk, *Der Tod heißt Tutter. Ein Nazi-Verbrecher in Diensten der Staatssicherheit der ČSSR*, Straubing 2005.

Nekrassow, Wladimir F. (Hg.), *Berija. Henker in Stalins Diensten. Ende einer Karriere*, Berlin 1992.

Nekrassow, Wladimir F., »Das Ende der Macht (nach den Akten des Gerichtsprozesses)«. In: Nekrassow, Wladimir F. (Hg.), *Berija. Henker in Stalins Diensten. Ende einer Karriere*, Berlin 1992, S. 454–490.

Neubert, Ehrhart, *Geschichte der Opposition in der DDR 1949–1989*, Bonn 1997.

Neubert, Ehrhart, *Ein politischer Zweikampf in Deutschland. Die CDU im Visier der Stasi*, Freiburg i. Brsg., Basel, Wien 2002.

Nguyen, Dong-Phuong, »Video recounts 25 years of spying«. In: *St. Petersburg Times*, 13.6.2001.

Niebling, Gerhard/Wolfgang Schwanitz, »Das Ende«. In: Grimmer, Reinhard/Werner Irmler/Willi Opitz/Wolfgang Schwanitz (Hg.), *Die Sicherheit. Zur Abwehrarbeit des MfS*, 2 Bde., 3. Aufl., Berlin 2003, Bd. 1, S. 12–37.

Nitz, Jürgen (Hg.), *Lauschangriff. Das Buch zur Wanze*, Berlin 1995.

NKWD (Volkskommissariat des Innern), Bericht vom 13.4.1945 über den Fortgang der Säuberungen im Bereich der 2. Baltischen, 1. und 3. Belorussischen, 1. und 4. Ukrainischen Front, GARF, Register 9401, Vorgang 2, Akte 95, Bl. 21.

NKWD (Volkskommissariat des Innern), Bericht Berijas an Stalin vom 17.4.1945 über die Ergebnisse der Säuberungen des Hinterlandes der Roten Armee von feindlichen Elementen vom 1. Januar bis zum 15. April 1945, ebd., Bl. 253 f.

NKWD (Volkskommissariat des Innern), Bericht von Tutuschkin

an Berija vom 6.8.1945 über die Arbeit der Operativsektoren in Ostpreußen, ebd., Akte 98, Bl. 39, 44 f.

NKWD (Volkskommissariat des Innern), Bericht Serows an Berija vom 22.8.1945 über die Arbeit der Operativgruppen des NKWD auf dem Territorium Deutschlands, ebd., Bl. 284.

NKWD (Volkskommissariat des Innern), Bericht Berijas an Stalin vom 24.10.1945 über die Tätigkeit der Operativgruppen im September 1945, ebd., Akte 100, Bl. 91 f.

NKWD/NKGB, Bericht Kruglows und Merkulows an Stalin vom 31.1.1946 über die Zweckmäßigkeit der Ernennung von General Serow zum Bevollmächtigten des NKGB in der SBZ, GARF, Register 9401, Vorgang 2, Akte 134, Bl. 231.

Nollau, Günther, *Das Amt. Fünfzig Jahre Zeuge der Geschichte*, München 1978.

Nollau, Günther/Ludwig Zindel, *Gestapo ruft Moskau. Sowjetische Fallschirmagenten im 2. Weltkrieg*, München 1979.

Norden, Albert, *So werden Kriege gemacht*, Berlin 1950.

Norden, Albert, *Zwischen Berlin und Moskau. Zur Geschichte der deutsch-sowjetischen Beziehungen*, Berlin 1954.

Norden, Albert, *Fälscher*, Berlin 1959.

Norden, Albert, *Das ganze System ist braun*, Berlin 1971.

Norden, Albert, *Ereignisse und Erlebtes*, Berlin 1981.

Nowak, Jan, *Courier from Warsaw*, Detroit 1982.

NTS (Nationalno Trudowoi Sojus/ Hg.), *Dokumente zur Entführung von Alexander Rudolf[owitsch] Truschnowitsch*, o. O. 1954.

Oberlandesgericht Düsseldorf, Urteil in der Strafsache gegen Markus Wolf vom 6.12.1993, Az. IV 40/92 (8/92 VS-Geheim), Düsseldorf 1994.

Oberstes Gericht der DDR (Hg.), Urteil in der Strafsache gegen Burianek und 6 andere, Az. 1 Zst (I) 6/52 vom 25.5.1952. In: *Urteile des Obersten Gerichtes*, Bd. 1, Berlin 1952, S. 230–280.

Oberstes Gericht der DDR (Hg.), Urteil in der Strafsache gegen Silgradt u. a. vom 14.6.1954, Az. 1 ZSt (1) 7/54. In: *Neue Justiz*, 1954, S. 459 ff.

Office of Military Government in Germany (OMGUS), Intelligence Division (Hg.), »Weekly Intelligence Reports 1946–1948«. In: BA Kolbenz, OMGUS/3/429-2 bis 3/430-1.

Oliva, Hans (Hans Hagen), *Im Sonderauftrag*, Berlin 1960.

Ollenhauer, Erich, »Max Kukil«. In: *Sozialdemokratischer Pressedienst*, P XIV/14 vom 17.1.1959, S. 1–1a.

Olt, Reinhard, »Großer Verrat an der Sache der Freiheit. Die Übergabe von gestrandeten Kosaken und Kaukasiern an die sowjetischen Behörden im Sommer 1945«. In: *FAZ*, 9.7.2005.

Orlowa, Raissa/Lew Kopelew, *Wir lebten in Moskau*, München, Hamburg 1987.

Oswald, Bernd/Daniela Dau, »Von Gier und Größenwahn. Die Affären des Strauß-Clans«. In: *Süddeutsche Zeitung*, 27.7.2004.

Otto, Wilfriede, *Zur Biographie von Erich Mielke. Legende und Wirklichkeit*, Berlin 1994.

Otto, Wilfriede, *Erich Mielke. Biografie. Aufstieg und Fall eines Tschekisten*, Berlin 2000.

O. Verf., *László Rajk und Komplizen vor dem Volksgericht*, Budapest 1949.
O. Verf., »So was wie Feme«. In: *Der Spiegel*, 19.11.1952.
O. Verf., *Prozess gegen die Leitung des staatsfeindlichen Verschwörerzentrums mit Rudolf Slansky an der Spitze*, Prag 1953.
O. Verf., *Ich sollte morden. Ein Tatsachenbericht nach amtlichen Protokollen und Schilderungen des MWD-Stabsoffiziers Nicolaj Ewgenjewitsch Chochlow*, Frankfurt 1954.
O. Verf., *... im Dienste der Unterwelt. Dokumentarbericht über den »Untersuchungsausschuss freiheitlicher Juristen, Verein kraft Verleihung«, Berlin Zehlendorf-West, Limastraße 29*, Berlin 1959.
O. Verf. (Hg.: OUN), *Russischer Kolonialismus in der Ukraine. Berichte und Dokumente*, München 1962.
O. Verf., »Double-agent breaks out jail«. In: BBC News, 22.10.1966.
O. Verf., »Die Anklage der SPD-Fronde gegen Herbert Wehner«. In: *Die Zeit*, 11.3.1966.
O. Verf., »Czech Found Dead. Linked To Masaryk«. In: *The New York Times*, 20.4.1968.
O. Verf., *Kleines politisches Wörterbuch*, 3. Aufl., Berlin 1978, 7. Aufl., 1988.
O. Verf. (Michael Decker), *Deckname Stabil. Stationen aus dem Leben und Wirken des Kommunisten und Tschekisten Paul Laufer*, Leipzig 1988 (MfS-interne Schrift).
O. Verf., »Neue Chronik DDR«. 24. Oktober 1989, www.infopartisan.net/archive/1989/chronik/ch891024.html (Abruf: 31.3.2006).
O. Verf., »Ehrlich, treu, zuverlässig«. In: *Der Spiegel*, 10.12.1990.

O. Verf. (Hg.: Grotefend, Klaus/ Norbert Jung/Helmut Roewer), *Öffentliche Sicherheit als Aufgabe. Festschrift für Gerhard Heuer*, Bonn 1991.
O. Verf., »OibE-Liste«. In: *taz*, stasi2004.tripod.com/oibe/htoibeah.htm (Abruf: 11.11.2004).
O. Verf., »Entlastung«. In: *Neue Thüringer Illustrierte*, 6/1992.
O. Verf., »Der KGB-Apparat hatte die Posten im neuen SED-Apparat schon verteilt. Eine geheime Gruppe des Moskauer Dienstes wählt ab 1988 DDR-Kader aus. Zur selben Zeit taucht ein neues Spiegel-Manifest auf«. In: *BZ*, 18.5.1995.
O. Verf., »IM Hans und IM Marcella«. In: *taz*, 12.5.1995.
O. Verf., *Otscherki istorii rossijskoj wneschnej raswedki*, Bd. 3, Moskau 1997.
O. Verf., *Otscherki istorii rossijskoj wneschnej raswedki*, Bd. 4, Moskau 1999.
O. Verf., »Gute Arbeitsbedingungen für Stasi-Agenten in der Westkirche. Der Historiker Hubertus Knabe schildert die MfS-Infiltration am Beispiel der Evangelischen Akademie Berlin«. In: *Die Welt*, 12.10.1999.
O. Verf., *Imperija GRU*, Tom 1, Moskau 2001.
O. Verf., »Sosnowski«, August 2001, http://www.agentura.ru/Forum/archive2001/5620.html (Abruf: März 2006).
O. Verf., »Ein Amerikaner in Berlin. Im Gespräch mit Major Arik K. Komets, USAF Ret., dem letzten Leiter der Amerikanischen und Britischen Sichtungsstelle im Notaufnahmelager Berlin-Marienfelde«. In: *Der Stacheldraht*, 8/2004.

O. Verf., Ministerium für Staatssicherheit, Diensteinheitenschlüssel, Version 2.0, o. O., o. J., 69 Blatt.

Paczkowski, Andzej, *Terror und Überwachung. Die Funktion des Staatssicherheitsdienstes in Polen von 1944 bis 1956*, Berlin 1999.

Panfilow, Artjom/Jurij Kartschewski, *Radiodiversanten. Enthüllungen über Radio »Liberty« und Radio »Free Europe«*, Moskau 1974.

Parrish, Michael, »The last relict: Army General I. E. Serov, 1905 to 1990«. In: *The Journal of Slavic Military Studies*, 1997, Bd. 10, S. 109–129.

Patka, Marcus G., *Zu nahe der Sonne. Deutsche Schriftsteller im Exil in Mexico*, Berlin 1999.

Pauer, Jan, »Die historische Bedeutung des Prager Frühlings 1968«. In: Agethen, Manfred/Günter Buchstab (Hg.), *Oppositions- und Freiheitsbewegungen im früheren Ostblock*, Freiburg i. Brsg. 2003, S. 130–168.

Paul, Gerhard/Klaus-Michael Mallmann (Hg.), *Die Gestapo. Mythos und Realität*, Darmstadt 1995.

Paul, Gerhard/Klaus-Michael Mallmann (Hg.), *Die Gestapo im Zweiten Weltkrieg. Heimatfront und besetztes Europa*, Darmstadt 2000.

Pawlow, Walentin, *Awgust isnutri. Gorbatschow putsch*, Moskau 1993.

Penkowskij, Oleg, *Geheime Aufzeichnungen*, hrsg. v. Frank Gibney, München, Zürich 1966.

Petrow, N. V., »Perwyj predsedatel KGB General Iwan Serow«. In: *Otezestwennaja istorija*, 1997, Nr. 5, S. 23–43.

Petscherskij, W. L., »Warg mojego wraga«. In: *Wojenno-istoritscheskij shurnal*, 1998, Nr. 3, S. 59–71.

Pfeiffer, Gerd/Hans-Georg Strickert (Hg.), *KPD-Prozess. Dokumentarwerk zu dem Verfahren über den Antrag der Bundesregierung auf Feststellung der Verfassungswidrigkeit der Kommunistischen Partei Deutschlands vor dem Ersten Senat des Bundesverfassungsgerichts*, 3 Bde., Karlsruhe 1955.

Pfister, Elisabeth, *Unternehmen Romeo. Die Liebeskommandos der Stasi*, Berlin 2000.

Picker, Henry/Heinrich Hoffmann, *Hitlers Tischgespräche im Bild*, hrsg. v. Jochen v. Lang, Stuttgart, München o. J. (ca. 1980).

Piekalkiewicz, Janusz, *Weltgeschichte der Spionage*, Frechen o. J. (ca. 2000).

Plato, Alexander von, »Sowjetische Speziallager in Deutschland 1945 bis 1950. Ergebnisse eines deutsch-russischen Kooperationsprojekts«. In: Reif-Spirek, Peter/Bodo Ritscher (Hg.), *Speziallager in der SBZ. Gedenkstätten mit doppelter Vergangenheit*, Berlin 1999, S. 124–148.

Platzdasch, Günter/Rainer Fromm, *Die sogenannte Internationale Gesellschaft für Menschenrechte*, Wiesbaden 1990.

Platzdasch, Günter, »Schwierigkeiten beim Landesverrat im geteilten Deutschland«. In: Wolfschlag, Claus-M. (Hg.), *Bye-bye '68... Renegaten der Linken, APO-Abweichler und allerlei Querdenker berichten*, Graz, Stuttgart 1998, S. 49–70.

Platzdasch, Günter, Homepage, www.platzdasch.homepage.t-online.de/3_okt.htm (Abruf: 5.3.2006).

Podewin, Norbert (Hg.), *Braunbuch. Kriegs- und Naziverbrecher in* der *Bundesrepublik und in Berlin (West)*, Reprint d. Ausg. v. 1968, 3. Aufl., Berlin o. J. (ca. 2000).

Pötzl, Norbert F., *Basar der Spione. Die geheimen Missionen des DDR-Unterhändlers Wolfgang Vogel*, München 1999.

Poljanski, Nikolai, *Rote Diplomatie. Gespräche mit Urs Graf*, Zürich 1988.

Popow, B(oris)/W(itali) Oppokow, »Die Berija-Zeit (nach Unterlagen der Beweisaufnahme)«. In: Nekrassow, Wladimir F. (Hg.), *Berija. Henker in Stalins Diensten. Ende einer Karriere*, Berlin 1992, S. 369–454.

Portugalow, Nikolai, »Zwei sind besser als eins. Sowjetische Überlegungen zur Zukunft Deutschlands«. In: *Die Zeit*, 26.1.1990.

Potichnyj, Peter J./Yevhen Shtendera, *Political Thought of the Ukrainian Underground 1943–1951*, Edmonton 1986.

Pragal, Peter, »Das Doppelleben der IM Angelika. Stasi-Spione im Auswärtigen Amt«. In: *Das Parlament*, 5.12.2005.

Praun, Albert (unter Mitarbeit v. Kunibert Randewig), »Eine Untersuchung über den Funkdienst des britischen, amerikanischen und russischen Heeres im Zweiten Weltkrieg vom deutschen Standpunkt aus«. Ms. o. O. 1950, Bibliothek der Führungsakademie der Bundeswehr.

Presse- und Informationsamt der Bundesregierung (Hg.), Jahresbericht der Bundesregierung, Bonn 1950 ff. (1950 erstmals unter dem Titel: Deutschland im Wiederaufbau; später: Deutsche Politik; dann: Jahresbericht der Bundesregierung).

Presse- und Informationsamt der Bundesregierung (Hg.), Bulletin der Bundesregierung vom 6.6.1959.

Primakow, Jewgenij, *Im Schatten der Macht. Politik für Russland*, München 2001.

Prinz, Friedrich (Hg.), *Böhmen und Mähren. Deutsche Geschichte im Osten Europas*, Berlin 1993.

Prochorow, D. P., *Skolko stoit prodat podinu?*, St. Petersburg, Moskau 2005.

Prunskiene, Kazimiera, *Leben für Litauen. Auf dem Weg in die Unabhängigkeit*, Berlin, Frankfurt am Main 1992.

Przybylski, Peter, *Tatort Politbüro. Die Akte Honecker*, Berlin 1991.

Purschke, Thomas, »Verstehe noch einer die Welt der Suhler. Die Staatssicherheit und das ›Freie Wort‹«. In: *Gerbergasse 18*, Nr. 22, S. 21 ff.

Pustejovsky, Otfrid, *Die Konferenz von Potsdam und das Massaker von Aussig am 31. Juli 1945*, München 2001.

Rabehl, Bernd, *Feindblick. Der SDS im Fadenkreuz des »Kalten Krieges«*, Berlin 2000.

Raddatz, Karl, *Der Herrenspiegel*, Berlin 1954.

Radio Free Europe, (Akten zu) Andrzej Czechowicz u. a. HU OSA 300-50-9 (Open Society Archives, Budapest/Ungarn, Fond 300: Records of Radio Free Europe/Radio Liberty Research Institute, Subfonds 50: Polish Unit, Series 9: Interviews with Andrzej Czechovicz, Mieczyslaw Lach and Andrzej Smolinski).

Radio Liberty, Tumanov, Oleg, Hoover Institution Achives, Corporate Records of Radio Free Europe/Radio Liberty, Inc. Box 30, Folder 22.

Rauchhaupt, Ulf von, »Basteln an Hitlers Bombe«. In: *FAZ*, 13.3.2005.

Rauschning, Dietrich (Hg.), *Rechtsstellung Deutschlands. Völkerrechtliche Verträge und andere rechtsgestaltende Akte*, 2., erweiterte Aufl., München o. J. (1989).

Reese, Mary Ellen, *Organisation Gehlen. Der Kalte Krieg und der Aufbau des deutschen Geheimdienstes*, Berlin 1992.

Reich, Jens, »Warum ist die DDR untergegangen? Legenden und sich selbst erfüllende Prophezeiungen«. In: *Parlament B*, 46/1996, S. 3–7.

Reich-Ranicki, Marcel, *Mein Leben*, Stuttgart 1999.

Reif-Spirek, Peter/Bodo Ritscher (Hg.), *Speziallager in der SBZ. Gedenkstätten mit doppelter Vergangenheit*, Berlin 1999.

Reile, Oscar, *Treff Lutetia Paris. Der Kampf der Geheimdienste im westlichen Operationsgebiet, in England und Nordafrika 1939–1945. Im »Dienst« Gehlens 1949–1961*, München, Wels 1973.

Rein, Gerhard/Ibrahim Böhme (Hg.), *Die Opposition in der DDR. Entwürfe für einen anderen Sozialismus*, Berlin 1989.

Reschin, Leonid, *General von Seydlitz in sowjetischer Gefangenschaft und Haft 1933–1955*, Augsburg 2000.

Reuth, Ralf Georg, *IM Sekretär. Die Gauck-Recherche und die Dokumente zum Fall Stolpe*, Frankfurt am Main, Berlin 1992.

Reuth, Ralf Georg/Andreas Bönte, *Das Komplott. Wie es wirklich zur deutschen Einheit kam*, München 1993.

Rexin, Manfred (Hg.), *Radio-Reminiszenzen. Erinnerungen an RIAS Berlin*, Berlin 2002.

Richter, Michael, »Vom Widerstand der christlichen Demokraten in der DDR«. In: Kaff, Brigitte (Hg.), *Gefährliche politische Gegner. Widerstand und Verfolgung in der sowjetischen Zone/DDR*, Düsseldorf 1995, S. 107–124.

Richter, Michael, *Die Staatssicherheit in ihrem letzten Jahr*, Weimar 1996.

Richter, Michael/Mike Schmeitzner, *Einer von beiden muss so bald wie möglich entfernt werden. Der Tod des sächsischen Ministerpräsidenten Rudolf Friedrichs vor dem Hintergrund des Konfliktes mit Innenminister Kurt Fischer 1947*, Leipzig 1999.

Rieke, Dieter (Hg.), *Sozialdemokraten als Opfer im Kampf gegen die rote Diktatur*, Bonn 1994.

Rigg, Bryan Mark, *Hitlers jüdische Soldaten*, Paderborn 2004.

Riggert, Ernst, »Zur Lage in den deutschen Soldatenbünden«. In: *Gewerkschaftliche Monatshefte*, 1/1953, S. 39–44.

Röder, Werner/Herbert A. Strauss (Hg.), *Biografisches Handbuch der deutschsprachigen Emigration nach 1933*, München, New York, London, Paris 1980.

Röhl, Klaus Rainer, *Fünf Finger sind keine Faust. Eine Abrechnung*, 3. Aufl., München 1998.

Röhl, Klaus Rainer, mündliche Auskünfte an den Verfasser am 29.11.2003 über die Tätigkeit bei der Zeitschrift *konkret*.

Rösel, Fritz/Günter Funke, »Die Überführung des Renten- und Versorgungssystems der DDR in das Rentenrecht der BRD«. In: Gesellschaft zum Schutz von Bürgerrecht und Menschenwürde (Hg.), *Enteignung der Ostdeutschen. Weißbuch. Unfrieden in*

Deutschland 6, Schkeuditz 1999, S. 241–383.
Roewer, Helmut, *Nachrichtendienstrecht der Bundesrepublik Deutschland. Kommentar und Vorschriftensammlung für die Praxis der Verfassungsschutzbehörden, des Bundesnachrichtendienstes und des Militärischen Abschirmdienstes*, Köln, Berlin, Bonn, München 1986.
Roewer, Helmut, »Russische Firmen als Instrument russischer Wirtschaftsspionage«. In: Baumann, Fritz-Achim/Helmut Rannacher/Helmut Roewer (Hg.), *In guter Verfassung. Erfurter Beiträge zum Verfassungsschutz*, Erfurt 1997, S. 185–194.
Roewer, Helmut/Stefan Schäfer/Matthias Uhl, *Lexikon der Geheimdienste im 20. Jahrhundert*, München 2003.
Roewer, Helmut, *Skrupellos. Die Machenschaften der Geheimdienste in Russland und Deutschland 1914–1941*, Leipzig 2004.
Roewer, Helmut/Stefan Schäfer/Matthias Uhl, *Encyklopedie tajných služeb ve 20. století*, Prag 2006.
Roewer, Karl, Ansprache anlässlich der Verleihung des Bundesverdienstkreuzes am 26.2.1986 in Wuppertal (Mitschrift).
Roginskij, Arsenij/Jörg Rudolph/Frank Drauschke/Anne Kaminsky (Hg.), *Erschossen in Moskau. Die deutschen Opfer des Stalinismus auf dem Friedhof Donskoje 1950–1953*, Berlin 2005.
Rombach, Bert, »Ziele. Was suchen Spione?« In: Tuck, Jay/Karlhans Liebl (Hg.), *Direktorat T. Industriespionage des Ostens*, Heidelberg 1988, S. 54–74.
Roßberg, Klaus (aufgezeichnet v. Peter Richter), *Das Kreuz mit dem Kreuz. Ein Leben zwischen Staatssicherheit und Kirche*, Berlin 1996.
Roth, Karl Heinz, »Die ›Kampfgruppe gegen Unmenschlichkeit‹: Fünfte Kolonne des Kalten Krieges«. In: *Invasionsziel: DDR. Vom Kalten Krieg zur Neuen Ostpolitik, konkret extra*, Bd. 7, Hamburg 1971.
Ruge, Gerd, *Der Putsch. Vier Tage, die die Welt veränderten. Reportagen aus dem ARD-Studio Moskau mit Thomas Roth, Hans-Josef Dreckmann und Tatjana Mitkowa*, Frankfurt am Main 1991.
Ruggenthaler, Peter, *Stalins großer Bluff. Die Geschichte der Stalin-Note in Dokumenten der sowjetischen Führung*, München 2007.
Rybakow, Anatoli, *Roman der Erinnerung. Memoiren*, Berlin 2001.

Sägebrecht, Willy, *Nicht Amboss, sondern Hammer sein*, Berlin 1968.
Sahm, Ulrich, *Rudolf von Scheliha 1897–1942. Ein deutscher Diplomat gegen Hitler*, München 1990.
Sakharow, Vladimir (Wladimir Sacharow), *High treason*, o. O. 1985.
Salamon, Pavol, »Open Society Archives. An Overview«. www.columbia.edu/cu/spia/REGIONAL/ECE/vol3no1/salamon.pdf (Abruf: 10.1.2006).
Salewski, Michael, »Die bewaffnete Macht im Dritten Reich 1933–1939«. In: Militärgeschichtliches Forschungsamt, *Deutsche Militärgeschichte 1648–1939 in sechs Bänden*, Bd. 4, Herrsching 1983, S. 13–287.
Sassning, Ronald, »Thälmann, Wehner, Kattner, Mielke. Schwierige Wahrheiten«. In: *Utopie Kreativ*, 114/2000, S. 362–375.
Sassning, Ronald, »Thälmann, Dünow, Wehner, Mewis. Bilder

mit Radierungen. Vom Kippenberger-Apparat zum IM-System Mielkes«. In: *Utopie Kreativ*, 115–116/2000, S. 558–583.

Saunders, Frances Stonor, *Wer die Zeche zahlt. Der CIA und die Kultur im Kalten Krieg*, Berlin 2001.

Schabowski, Günter, *Der Absturz*, Berlin 1991.

Schaefer, Bernd/Christian Nuenlist, *Stasi-Intelligence on Nato. Parallel History Project on Nato and Warshaw Pact*, Washington, Zürich 2003.

Schäffer, Albert, »Der Gegendarsteller«. In: *FAZ*, 6.8.2001.

Schäffer, Albert, »Die Opfer der Anonymität entrissen. Der ehemalige ›Edelweiß‹-Soldat Nižanský streitet die Beteiligung an den Massakern in der Slowakei ab«. In: *FAZ*, 10.9.2004.

Schalck-Golodkowski, Alexander/Heinz Volpert, »Zur Bekämpfung der imperialistischen Störtätigkeit auf dem Gebiet des Außenhandels. Zur Vermeidung ökonomischer Verluste und zur Erwirtschaftung zusätzlicher Devisen im Bereich Kommerzielle Koordinierung des Ministeriums für Außenwirtschaft der Deutschen Demokratischen Republik«, Diss., Hochschule des Ministeriums für Staatssicherheit, Potsdam 1970.

Schalck-Golodkowski, Alexander, *Deutsch-deutsche Erinnerungen*, Reinbek b. Hamburg 2000.

Schecter, Jerrold L./Peter S. Deriabin, *Die Penkowski-Akte. Der Spion, der den Frieden rettete*, Frankfurt am Main, Berlin 1993.

Scheer, Udo, »Hubertas Jagdposse. ›Wir Brüder und Schwestern‹ hat ein juristisches Nachspiel«. In: *Gerbergasse 18*, Nr. 20, S. 23 ff.

Scheibert, Peter, *Lenin an der Macht. Das russische Volk in der Revolution 1918–1922*, Weinheim 1984.

Schell, Manfred/Werner Kalinka, *Stasi und kein Ende. Die Personen und Fakten*, Frankfurt am Main, Berlin 1991.

Schellenberg, Walter, *Aufzeichnungen des letzten Geheimdienstchefs unter Hitler*, hrsg. v. Gita Petersen, München 1981.

Schenke, Wolf (Red.), »An den sowjetischen Sicherheitsdienst. Ein Bericht des Spitzels Wetrow alias Alexander Solschenizyn. Aus den nachgelassenen Papieren von Frank Arnau«. In: *Neue Politik*, 2/1978, S. 48–53.

Schenke, Wolf, *Siegerwille und Unterwerfung. Auf dem Irrweg zur Teilung. Erinnerungen 1945–1955*, München, Berlin 1988.

Schestjanoi, Elke, »Zum Verhältnis zwischen SED- und KPdSU-Führung«. In: Herbst, Andreas/Gerd-Rüdiger Stephan/Jürgen Winkler, *Die SED. Geschichte, Organisation, Politik*, Berlin 1997, S. 177–196.

Schestjanoi, Elke (Hg.), *Das SKK-Statut. Zur Geschichte der Sowjetischen Kontrollkommission in Deutschland 1949 bis 1953*, München 1998.

Schiffers, Reinhold, *Verfassungsschutz und parlamentarische Kontrolle in der Bundesrepublik Deutschland 1949–1957. Mit einer Dokumentation zum Fall John im Bundestagsausschuss zum Schutz der Verfassung*, Düsseldorf 1998.

Schilling, Walter, »Tendenzen zur politischen Entwicklung Russlands«. In: *Parlament B*, 46/1995, S. 3–11.

Schirach, Ferdinand von, Juretzko-Prozess, www.schirach.de/wordpress (Abruf: 11.12.2006).

Schlaack, Joachim, *Der Stasi-Auflöser*, Paderborn 1997.

Schlegel, Matthias, »Was macht eigentlich Lothar de Maizière?« In: Zimmermann, Monika (Hg.), *Was macht eigentlich...? 100 DDR-Prominente heute*, Berlin 1994, S. 171–177.

Schlomann, Friedrich-Wilhelm, *Operationsgebiet Bundesrepublik. Spionage, Sabotage und Subversion*, 3. Aufl., München 1986.

Schlomann, Friedrich-Wilhelm, *Die heutige Spionage Russlands*, München 1999.

Schlüpmann, Klaus, »Vergangenheit im Blickfeld eines Physikers. Kapitel Diplomaten und Grenzgänger«, aleph99.org/etusci/ks/t2a9 (Abruf: 9.8.2005).

Schmidt, Christian, *Wir sind die Wahnsinnigen. Joschka Fischer und seine Frankfurter Gang*, München, Düsseldorf 1998.

Schmidt, Christian, »Deckname Waldhaus. Hansjoachim Tiedge: Der Überläufer«. In: *JF*, 5.3.1999.

Schmidt, Siegfried, »Stasi-Aktion-Rose auf der Insel Rügen«, www.aktionrose.de (Abruf: 10.11.2006).

Schmidt, Ute, *Von der Blockpartei zur Volkspartei? Die Ost-CDU im Umbruch 1989–1994*, Opladen 1997.

Schmidt-Eenboom, Erich, *Undercover. Wie der BND die deutschen Medien steuert*, München 1999.

Schmidt-Eenboom, Erich, »Empfänglich für Geheimes. Die (west)deutschen Nachrichtendienste im Äther«, www.ffi-weilheim.de-files/bnd%20im%aether (Abruf: 10.10.2002).

Schmidt-Wittmack, Karl Franz, *So geht es nicht weiter*, hrsg. v. Ausschuss für deutsche Einheit, Berlin 1954.

Schmidt-Wittmack, Karl Franz, *Globkes Braune Notstandsexekutive. Das Bonner Geheimkabinett der Staatssekretäre*, o.O. (Ost-Berlin), o.J. (1963?).

Schmückle, Gerd, *Ohne Pauken und Trompeten. Erinnerungen an Krieg und Frieden*, Stuttgart 1982.

Schneider, Hermann, *3787 Tage unter Stalins Knute*, o.O. 1984.

Schneider, Wolfgang (Hg.), *Leipziger Demontagebuch. Demo Montag. Tagebuch Demontage*, Leipzig, Weimar 1990.

Schnitzler, Norbert, »Aus dem Nachlass von Rudolf Maerker«, www.norbert-schnitzler.de/Sammlungen/DDR/Maerker/Maerker.html (Abruf: 25.1.2006).

Schöllgen, Gregor, *Willy Brandt*, München 2003.

Schönfelder, Jan, »Aufstieg und Fall des Josef Duchac«, mdr.de/thueringen-journal/archiv/139840.html (Abruf: 30.3.2006).

Schöps, Joachim, *Die Spiegel-Affäre des Franz Josef Strauß*, Hamburg 1983.

Scholz, Michael F., *Herbert Wehner in Schweden 1941–1946*, Berlin 1997.

Schramm, Percy E(rnst) (Hg.), *Das Kriegstagebuch des Oberkommandos der Wehrmacht (Wehrmachtsführungsstab)*, 4 Bde. in 8 Teilbänden, Augsburg 2002.

Schramm, Wilhelm von, *Verrat im Zweiten Weltkrieg. Vom Kampf der Geheimdienste in Europa*, Düsseldorf, Wien 1967.

Schramm, Wilhelm von, *Geheimdienste im Zweiten Weltkrieg*. Nach Öffnung der alliierten Geheimarchive fortgeführt, ergänzt und erweitert von Hans Büchler, 6., überarbeitete u. erweiterte Aufl., München 2002.

Schreiber, Jürgen, »Wie kam die Stasi auf Günter Wallraff?« In: *Der Tagesspiegel*, 7.9.2003.

Schröder, Gerhard, »Amnestie jetzt? Weder Hexenjagd noch Konkurrenz in Menschlichkeit«. In: Bulletin der Bundesregierung, 1957, S. 77 f.

Schröder, Jürgen, »Die Westarbeit der SED am Beispiel der DKP«. In: Deutscher Bundestag, Enquete-Kommission SED-Diktatur, Bd. 5/3, S. 2294–2330.

Schuchardt, Jochen, »Erfurt«. In: Hempel, Mirko (Hg.), *Die Wende in Thüringen. Rückblick 10 Jahre danach*, Arnstadt, Weimar 1999, S. 73–80.

Schüle, Friedhelm, »Naziverbrecher und Top-Agent der ČSSR beim Fernmeldesektor F«, www.traditionsverein.de/tuter001.html (Abruf: 6.6.2006).

Schuler, Ralf, »Was macht eigentlich Ibrahim Böhme?« In: Zimmermann, Monika (Hg.), *Was macht eigentlich…? 100 DDR-Prominente heute*, Berlin 1994, S. 38 ff.

Schulze, Hans-Michael, *In den Villen der Agenten. Die Stasi-Prominenz privat*, Berlin 2003.

Schunke, Joachim, »Von der HVA über die KVP zur NVA«. In: Wünsche, Wolfgang (Hg.), *Rührt euch. Zur Geschichte der NVA*, Berlin 1998, S. 39–74.

Schwan, Gesine, »Die Präambel und die europäische Integration«. In: Haack, Dieter/Hans-Günter Hoppe/Eduard Lintner/Wolfgang Seiffert (Hg.), *Das Wiedervereinigungsgebot des Grundgesetzes*, Köln 1989, S. 199–208.

Schwan, Heribert, *Erich Mielke. Der Mann, der die Stasi war*, München 1997.

Schwan, Heribert/Helgard Heindrichs, *Das Spinnennetz. Die geheimen Akten der Rosenholz-Datei*, München 2005.

Schwanitz, Wolfgang, »MfS und Verteidigungszustand«. In: Grimmer, Reinhard/Werner Irmler/Willi Opitz/Wolfgang Schwanitz (Hg.), *Die Sicherheit. Zur Abwehrarbeit des MfS*, 2 Bde., 3. Aufl., Berlin 2003, Bd. 2, S. 492–525.

Schwarz, Hans-Peter, *Die Ära Adenauer. Gründerjahre der Republik 1949–1957. Geschichte der Bundesrepublik Deutschland*, Bd. 2, Stuttgart, Wiesbaden 1981.

Schwarz, Hans-Peter, *Die Ära Adenauer. Gründerjahre der Republik 1957–1963. Epochenwechsel. Geschichte der Bundesrepublik Deutschland*, Bd. 3, Stuttgart, Wiesbaden 1983.

Schwarz, Josef, *Bis zum bitteren Ende*, Schkeuditz 1994.

Schwarze, Hanns Werner, *Die DDR ist keine Zone mehr*, Köln 1969.

Schwarze, Hanns Werner, *DDR heute*, Köln, Berlin 1970.

Schwarze, Hanns Werner, Nachlass, BA: N 1442.

Schwarzer, Alice, *Eine tödliche Liebe. Petra Kelly und Gert Bastian*, München 1994.

Schwenger, Hannes, »Briefkästen in der DDR«. In: *Die Welt*, 24.2.2001.

Schwenger, Hannes, »Lenins Lehrling. Herbert Wehner«. In: *Der Tagesspiegel*, 22.7.2002.

Searle, Alaric, »Vopo-General Vincenz Müller and Western Intelligence, 1948–1954. CIC, the Gehlen Organization and two Cold War Operations«. In: *Intelligence and National Security*, 2/2002, S. 27 bis 50.

Seebacher-Brandt, Brigitte, »Komplott zur deutschen Einheit?« In: Backes, Uwe/Eckard Jesse (Hg.),

Jahrbuch Extremismus und Demokratie, Baden-Baden 1994, S. 333 ff.

Seeger, Andreas, »Vom bayerischen ›Systembeamten‹ zum Chef der Gestapo. Zur Person und Tätigkeit Heinrich Müllers (1900–1945)«. In: Paul, Gerhard/Klaus-Michael Mallmann (Hg.), *Die Gestapo. Mythos und Realität*, Darmstadt 1995, S. 255–267.

Seibt, Ferdinand, *Deutschland und die Tschechen. Geschichte einer Nachbarschaft in der Mitte Europas*, 2. Aufl., München 1995.

Seifert, Jürgen, »Die Spiegel-Affäre«. In: Hafner, Georg M./Edmund Jacoby (Hg.), *Die Skandale der Republik 1949–1989. Von der Gründung der Bundesrepublik bis zum Fall der Mauer*, Reinbek b. Hamburg 1994, S. 68–82.

Seiffert, Wolfgang, *Die Deutschen und Gorbatschow. Chancen für einen Interessenausgleich*, Erlangen 1989.

Seiffert, Wolfgang, »Entscheidungsstrukturen in der SED-Führung. Verknüpfung zwischen Partei und Staat in der DDR. Mittel und Wege der sowjetischen Einflussnahme in den sechziger und siebziger Jahren«. In: Deutscher Bundestag, Enquete-Kommission SED-Diktatur, Bd. 2, S. 436–463.

Seiffert, Wolfgang/Treutwein, Norbert, *Die Schalck-Papiere. DDR-Mafia zwischen Ost und West. Die Beweise*, München 1991.

Seiffert, Wolfgang, *Wladimir Putin. Russlands Rückkehr zur Macht*, München 2000.

Seiffert, Wolfgang, Interview mit Henrik Eberle und dem Verfasser am 9.12.2005 in Wendgräben.

Sekretariat der Volkskammer (Hg.), *Die Volkskammer der Deutschen Demokratischen Republik, 7. Wahlperiode*, Berlin 1977.

Semirjaga, Michail Iwanowitsch, *Wtoraja mirowaja woina i proletarski internazionalism*, Moskau 1962.

Semirjaga, Michail Iwanowitsch, *Kak my uprawili Germaniy. Politika I schisn*, Moskau 1995.

Serén, Egon, »Revisionistische Tendenzen und sinnstiftende Publizistik seit 1989 auf dem Gebiet der ehemaligen DDR. Organisationen, Meinungen und Literatur«. In: Baumann, Fritz-Achim/Helmut Rannacher/Helmut Roewer (Hg.), *In guter Verfassung. Erfurter Beiträge zum Verfassungsschutz*, Erfurt 1997, S. 33–108.

Serén, Egon, »Linker Revisionismus? Allgemeines, Theoretisches, Organisatorisches, Argumentativ-Exemplarisches mit Blick auf Thüringen«. In: Baumann, Fritz-Achim/Helmut Rannacher/Helmut Roewer (Hg.), *In guter Verfassung II. Erfurter Beiträge zum Verfassungsschutz*, Erfurt 1998, S. 179–276.

Shukow, G(eorgi) K(onstantinowitsch), *Erinnerungen und Gedanken*, 2 Bde., 5., überarbeitete u. erweiterte Aufl., Berlin 1976.

Shukow, G(eorgi) K(onstantinowitsch), »Eine riskante Operation«. In: Nekrassow, Wladimir F. (Hg.), *Berija. Henker in Stalins Diensten. Ende einer Karriere*, Berlin 1992, S. 342 ff.

Silver, Arnold M., »Questions, Questions, Questions. Memories of Oberursel«, www.cia.gov/csi/kent_csi/docs/v37i4a07p_0001.htm (Abruf: 10.7.2006).

Simon, Gerhard, »Die Osteuropaforschung, das Ende der Sowjetunion und die neuen Nationalstaaten«.

In: *Parlament B*, 52–53/1992, S. 32–38.
Smelser, Ronald/Enrico Syring (Hg.), *Die SS. Elite unter dem Totenkopf. 30 Lebensläufe*, Paderborn, München, Wien, Zürich 2000.
Sokolowski, W. D. (Hg.), *Militärstrategie*, Frauenfeld 1965.
Soldat, Hans-Georg, »DDR-Autoren, der RIAS und das MfS. Work in Progress«, www.hgsoldat.de/st-stasi-rias.pdf (Abruf: 9.1.2006).
Solschenizyn, Alexander, *Ein Tag im Leben des Iwan Denissowitsch*, München 1999.
Solschenizyn, Alexander, *Der Archipel Gulag*, Bern, München 1974.
Soltikow, Michael Graf (Walter Benneke), *Die Katze*, Hamburg 1956.
Soltikow, Michael Graf (Walter Benneke), *Rittmeister Sosnowski*, München 1961.
Soltikow, Michael Graf (Walter Benneke), *Ich war mittendrin. Meine Jahre bei Canaris*, Berlin 1980.
Soltikow, Michael Graf (Walter Benneke), *Im Zentrum der Abwehr*, Gütersloh 1986.
Sommer, Theo (Hg.), *Reise ins andere Deutschland*, Reinbek b. Hamburg 1986.
SPD-Unterbezirk Bonn (Hg.), *Rudolf Maerker 1927–1987. Nekrolog anlässlich der Einweihung des Rudolf-Maerker-Hauses der SPD, Bonn, am 24. November 1989*, o. O., o. J. (Bonn 1989).
Spittmann, Ilse/Karl Wilhelm Fricke (Hg.), *17. Juni 1953. Arbeiteraufstand in der DDR*, Köln 1982.
Spittmann, Ilse, *Die DDR unter Honecker*, Köln 1990.
Staadt, Jochen, *Die geheime Westpolitik der SED 1960–1970. Von der gesamtdeutschen Orientierung zur sozialistischen Nation*, Berlin 1993.
Staadt, Jochen, »Versuche der Einflussnahme der SED auf die politischen Parteien der Bundesrepublik seit dem Mauerbau«. In: Deutscher Bundestag, Enquete-Kommission SED-Diktatur, Bd. V/3, S. 2406–2600.
Staadt, Jochen, »Die SED und die Generale für den Frieden«. In: Maruhn, Jürgen/Manfred Wilke (Hg.), *Raketenpoker um Europa. Das sowjetische SS-20-Abenteuer und die Friedensbewegung*, München 2001, S. 270–280.
Staadt, Jochen, »Spione im ZK der SED. Der Fall Arno Heine«. In: *Zeitschrift des Forschungsverbundes SED-Staat*, 14/2003, S. 22–38.
Staatsanwaltschaft Berlin, Ermittlungsverfahren gegen Walter Rosenthal, Az. 2 P Js 2703/55.
Stade, Heinz, »Bücher über Geheimdienste. Der Schriftsteller Harry Thürk im Alter von 78 Jahren in Weimar gestorben«. In: *Berliner Zeitung*, 25.11.2005.
Starzynski, Krysztof, *Doppelagent zwischen Diensten, Diplomaten und Dementis. Erinnerungen eines polnischen Geheimdienstoffiziers*. Aufgezeichnet von Karsten Lohmeyer, Berlin 1997.
Staut, Toralf, »Jetzt sind auch die Wessis dran. Stück für Stück kehrt die Personenkartei des DDR-Geheimdienstes zurück nach Deutschland. Was kann man damit anfangen? Eine Gebrauchsanleitung«. In: *Die Zeit*, 22/2001, www.zeit.de/2001/22/200122_rosenholz (Abruf: 21.7.2006).
Steenbeck, Max, *Impulse und Wirkungen. Schritte auf meinem Lebensweg*, 3. Aufl., Berlin 1980.
Stehle, Hansjakob, »Geheimes aus Bonn für Moskau vom Vatikan. Der vielseitige Agent Monsignore

Edoardo Prettner-Cippico und sein Nachlass«. In: *VjZ*, 2003, S. 263–283.

Stein, Eberhard, *Sorgt dafür, dass sie die Mehrheit nicht hinter sich bringen. MfS und SED im Bezirk Erfurt. Die Entmachtung der Staatssicherheit in den Regionen*, T. 5, Berlin 1999.

Stein, Hannes, »Ein Herrgott aus Blech und Stacheldraht. Elogen deutscher Schriftsteller auf Stalin«. In: *FAZ*, 19.10.1991, Tiefdruckbeilage.

Steven, Steward, *Sprengsatz. Die Operation Splinter Factor*, Stuttgart 1975.

Stiftung Haus der Geschichte der Bundesrepublik Deutschland/Zeitgeschichtliches Forum Leipzig (Hg.), *Duell im Dunkel. Spionage im geteilten Deutschland*, Köln, Weimar, Wien 2002.

Stiller, Werner, *Im Zentrum der Spionage*, 5. Aufl., Mainz 1986.

Stiller, Werner/Jefferson Adams, *Beyond the Wall. Memoirs of an East and West German Spy*, Washington D. C. 1992.

Stöver, Bernd, »Der Fall Otto John«. In: *VjZ*, 1999, S. 103–113.

Stöver, Bernd, »Otto John (1909 bis 1997). Ein Widerstandskämpfer als Verfassungsschutzchef«. In: Krüger, Dieter/Armin Wagner (Hg.), *Konspiration als Beruf. Deutsche Geheimdienstchefs im Kalten Krieg*, Berlin 2003, S. 160–178.

Strauß, Franz Josef, *Erinnerungen*, München 2001.

Strik-Strikfeldt, Wilfried, *Gegen Stalin und Hitler. General Wlassow und die russische Freiheitsbewegung*, 2. Aufl., Mainz 1970.

Stuckart, Wilhelm/Hans Globke, *Kommentar zur deutschen Rassengesetzgebung*, München 1936.

Stumberger, Rudolf, schriftliche Auskunft an den Verfasser vom 7.10.2006, seine vom MfS behauptete Agententätigkeit für den BND betreffend.

Sturm, Daniel Friedrich, »Schnüffeln im Regierungsviertel. Henning Nase alias IM Dorn soll Kabinettsprotokolle an die Stasi weitergegeben haben«. In: *Die Welt*, 11.5.2000.

Subok, Wladislaw/Konstantin Pleschakow, *Der Kreml im Kalten Krieg. Von 1945 bis zur Kuba-Krise*, Hildesheim 1997.

Suckut, Siegfried/Ehrhart Neubert/ Walter Süß/Roger Engelmann/ Bernd Eisenfeld/Jens Gieseke (Hg.), *Anatomie der Staatssicherheit. Geschichte, Struktur und Methoden. MfS-Handbuch*, Berlin 1995 ff.

Suckut, Siegfried/Walter Süß (Hg.), *Staatspartei und Staatssicherheit. Zum Verhältnis von SED und MfS*, Berlin 1997.

Suckut, Siegfried, *Parteien in der SBZ/DDR 1945–1952*, Bonn 2000.

Sudholt, Gert, *Das Geheimnis der Roten Kapelle. Das US-Dokument 0/7708. Verrat und Verräter gegen Deutschland*, Leoni am Starnberger See 1978 (Übersetzung des CIA-Dokuments 0/7708 = CIA [Hg.], *The Rote Kapelle. History of Soviet Intelligence and Espionage Networks in Western Europe 1936–1945*, Washington D. C. 1979).

Sudoplatow, Pawel Anatoljewitsch/ Anatolij Sudoplatow (unter Mitarbeit von Jerrold L. u. Leona P. Schecter), *Der Handlanger der Macht. Enthüllungen eines KGB-Generals*, Düsseldorf, Wien, New York, Moskau 1994.

Süß, Walter, *Staatssicherheit am Ende. Warum es den Mächtigen nicht gelang, 1989 eine Revolution*

zu verhindern, 2. Aufl., Berlin 1999.
Supreme Court of the United States of America, Petitioner versus Hanna Kroecher. Az. 84-1922, http://www.usdoj.gov/osg/briefs/1984/sg840016.txt (Abruf: 11.1.2006).
Suworow, Viktor (Wladimir Resun), *GRU. Die Speerspitze. Spionage-Organisation und Sicherheitsapparat der Roten Armee. Aufbau, Ziele, Strategie, Arbeitsweise und Führungskader*, Bern, München, Wien 1985.
Suworow, Viktor (Wladimir Resun), *Der Eisbrecher. Hitler in Stalins Kalkül*, 11. Aufl., Stuttgart 2001.
Swiatlo, Józef, Tonbandprotokolle, Milwaukee 1954, HU: OSA (Open Society Archives, Budapest/Ungarn, 300-50-6, Fonds 300: Records of Radio Free Europe/Radio Liberty Research Institute, Subfonds 50: Polish Unit, Series 6: Interviews with Józef Swiatlo).
Swiatlo, Józef, *Behind the Scene of Bezpieka and the Party*, New York, München 1955.

Tarnow, Alexander von, *Demokratie in der Illegalität. Die Chronik der laufenden Ereignisse – ein Untergrund-Informationsblatt in der Sowjetunion*, Stuttgart 1971.
Teske, Hermann, *Wenn Gegenwart Geschichte wird...*, Neckargemünd 1974.
Theiler, Olaf, »Abschreckung oder Verteidigung. Das Sicherheitsdilemma der Bundesrepublik. Gescheiterter Außenseiter: Der Rebell Bogislaw von Bonin«, www.ifdt.de/0101/Artikel/Theiler (Abruf: 1.5.2006).
Thiele, Georg, »Alle Wege führen nach Deutschland«. In: Maaßen, Hans (Hg.), *Brigada International ist unser Ehrenname. Erlebnisse ehemaliger deutscher Spanienkämpfer*, Bd. 2, Berlin 1983, S. 387 bis 392.
Thier, Peter de, »Ex-Oberst der US-Armee wegen Spionage angeklagt«. In: *Berliner Zeitung*, 16.6.2000.
Thorwald, Jürgen (Heinz Bongartz), *Die Illusion. Rotarmisten in Hitlers Heeren*, Zürich 1974.
Thoß, Bruno, »›Bedingt abwehrbereit‹. Auftrag und Rolle der Bundeswehr als NATO-Mitglied während der Kuba-Krise«. In: Filippovych, Dimitrij N./Matthias Uhl (Hg.), *Vor dem Abgrund. Die Streitkräfte der USA und der UdSSR sowie ihrer deutschen Bündnispartner in der Kuba-Krise*, München 2005, S. 65–84.
Thüringer Landesamt für Statistik (Hg.), *Statistisches Jahrbuch Thüringen*, Erfurt 1993.
Thüringer Landtag (Hg.), *Handbuch*, 1. Wahlperiode, Weimar 1991, 2. Wahlperiode, Erfurt 1994.
Thürk, Harry, *Der Gaukler*, Berlin 1978.
Tiedge, Hansjoachim, »Die Abwehrarbeit der Ämter für Verfassungsschutz in der Bundesrepublik Deutschland«. Diss. zur Erlangung des akademischen Grades Dr. jur., vorgelegt der Gesellschaftswissenschaftlichen Fakultät des Wissenschaftlichen Rates der Humboldt-Universität zu Berlin, Berlin 1988.
Tiedge, Hansjoachim, *Der Überläufer. Eine Lebensbeichte*, Berlin 1998.
Timpel, Claudia, mündliche Auskünfte an den Verfasser am 7.3.2007, ihre Verantwortung für die NATO-Hochrüstung betreffend.
Timpel, Wolfgang, mündliche Auskunft an den Verfasser am

25.12.2002 in Weimar über den Fall Benkowitz und Recherchen im Stadtarchiv Weimar.

Tjulpanow, Sergej, *Deutschland nach dem Kriege (1945–1949). Erinnerungen eines Offiziers der Sowjetarmee*, hrsg. v. Stefan Doernberg, Berlin 1986.

Truschnowitsch, Alexander Rudolf(owitsch), *Deutsch-russische Stoßrichtung*, Limburg 1951.

Tschechowa, Olga, *Meine Uhren gehen anders*, München, Berlin 1973.

Tschernjawski, Vitali, »Der KGB fährt die Ernte ein. Verfassungsschutzchef John bleibt im Osten«. In: *Berliner Zeitung*, 29.9.1995.

Tuchel, Johannes, »Zwischen kriminalistischer Recherche und brutaler Folter. Zur Tätigkeit der Gestapo-›Sonderkommission Rote Kapelle‹«. In: Paul, Gerhard/Klaus-Michael Mallmann, *Die Gestapo im Zweiten Weltkrieg. Heimatfront und besetztes Europa*, Darmstadt 2000, S. 373–387.

Tuck, Jay/Karlhans Liebl (Hg.), *Direktorat T. Industriespionage des Ostens*, Heidelberg 1988.

Tuck, Jay, »Täter. Ein Megabyte-Makler für Moskau«. In: ders./Karlhans Liebl (Hg.), *Direktorat T. Industriespionage des Ostens*, Heidelberg 1988, S. 18–38

Tumanow, Oleg, *Geständnisse eines KGB-Agenten*, Berlin 1993.

Uhl, Matthias, »›Und deshalb besteht die Aufgabe darin, die Aufklärung wieder auf die Füße zu stellen‹. Zu den Großen Säuberungen in der sowjetischen Militäraufklärung 1937/38«. In: *Jahrbuch für die Historische Kommunismusforschung 2004*, Berlin 1995, S. 80–97.

Uhl, Matthias, »Skizzen zur Tätigkeit der sowjetischen Nachrichtendienste in Deutschland 1930–1947«. In: Baumann, Fritz-Achim/Helmut Rannacher/Helmut Roewer (Hg.), *In guter Verfassung III. Erfurter Beiträge zum Verfassungsschutz*, Erfurt 1999, S. 485–559.

Uhl, Matthias, »Westberlin stellt also ein großes Loch inmitten unserer Republik dar«. In: Hoffmann, Dierk/Michael Schwartz/Hermann Wentker (Hg.), *Vor dem Mauerbau. Politik und Gesellschaft in der DDR der fünfziger Jahre*, München 2003, S. 311–330.

Uhl, Matthias, »›Rakete ist Verteidigung und Wissenschaft‹. Die militärische Raketenentwicklung der Sowjetunion im Kalten Krieg 1945–1989«. In: Erichsen, Johannes/Bernhard M. Hoppe (Hg.), *Peenemünde. Mythos und Geschichte der Rakete 1923–1989*, Museum Peenemünde, Berlin 2004, S. 87–97.

Uhl, Matthias, »›Jederzeit gefechtsbereit‹. Die NVA während der Kuba-Krise«. In: Filippovych, Dimitrij N./Matthias Uhl (Hg.), *Vor dem Abgrund. Die Streitkräfte der USA und der UdSSR sowie ihrer deutschen Bündnispartner in der Kuba-Krise*, München 2005, S. 99–119.

Uhl, Matthias, »Am 17.6.1953 fuhren sowj. Panzer auf, die das Feuer eröffneten«. Die militärische Berichterstattung der »Organisation Gehlen« über den 17. Juni 1953, Ms., 29 Seiten.

Uhl, Matthias/Armin Wagner, »Die Möglichkeit, aber auch die Grenzen nachrichtendienstlicher Aufklärung in besonders verständlicher Weise«. Bundesnachrichtendienst und Mauerbau, Juli–September 1961, Ms. 2006, 42 Seiten.

Uhl, Matthias/Armin Wagner, »Pullachs Aufklärung gegen sowjetisches Militär in der DDR. Umfang, Potenzial und Grenzen der order-of-battle-intelligence von Organisation und Bundesnachrichtendienst«, Ms. 2006, 32 Seiten.

Ulfkotte, Udo, *Der Krieg im Dunkeln. Die wahre Macht der Geheimdienste*, Frankfurt am Main 2006.

Ullmann, Alfred, mündliche Auskünfte an den Verfasser am 18.4.2002 in Weimar über die sowjetische Lagerhaft als angeblicher Werwolf.

United States Army, Europe, Office of the Deputy Chief of Staff, Intelligence, USAREUR Intelligence Estimate 1961 (336 Blatt geheim, deklassifiziert).

United States District Court, Middle District of Florida, Tampa Division, Indictment Case No. 8:00-CR-197-T-24C, Unites States of America v. George Trofimoff, cicentre.com/Documents/DOC_Trofimoff_Affidavit.htm (Abruf: 4.4.2006).

Urban, Thomas, »Ilja Ehrenburg als Kriegspropagandist«. In: Herrmann, Dagmar/Astrid Volpert (Hg.), *Traum und Trauma. Russen und Deutsche im 20. Jahrhundert*, München 2003, S. 241–273.

Urban, Thomas, *Der Verlust. Die Vertreibung der Deutschen und Polen im 20. Jahrhundert*, München 2006.

Vándor, Györgyi, *Mehr als eine Stimme im Chor. Erinnerungen einer Frau an Ungarn 1948–1956*, Berlin 1999.

Venohr, Wolfgang, *Aufstand der Slowaken. Der Freiheitskampf von 1944*, Frankfurt am Main, Berlin 1992.

Veser, Reinhard, »Nach schrillen Tönen um Kaliningrad. Putin schreibt einen Brief: Russland und die EU sollen die Visumspflicht langfristig aufheben«. In: *FAZ*, 29.8.2002.

Vogel, Hans-Jochen, *Nachsichten. Meine Bonner und Berliner Jahre*, München, Zürich 1996.

Voigt, Heinz, »November '76: Biermann oder der Anfang vom Ende. Spitzel im nervenaufreibenden Dauereinsatz«. In: *Gerbergasse 18*, Nr. 23, S. 2–6.

Voigt, Heinz, »Zeitgeist, revolutionär und sprachgewandt ... aber leider bei der Stasi. Pawel als IM Oertel«. In: *Gerbergasse 18*, S. 10f.

Voigt, Karsten D., »Deutsch-deutsche Solidarität der demokratischen Linken«. In: *Sozialdemokratischer Pressedienst*, 30.11.1989.

Voslensky, Michael (Michail Sergejewitsch Wosslenskij), *Nomenklatura. Die herrschende Klasse der Sowjetunion*, 3. Aufl., Wien, München, Zürich, Innsbruck o. J. (Erstauflage 1980).

Wachs, Philipp-Christian, *Der Fall Theodor Oberländer (1905–1998). Ein Lehrstück deutscher Geschichte*, Frankfurt am Main 2000.

Wagenlehner, Günther, »Zur Auseinandersetzung der PSV der Bundeswehr mit der Friedensbewegung«. In: Maruhn, Jürgen/Manfred Wilke (Hg.), *Raketenpoker um Europa. Das sowjetische SS-20-Abenteuer und die Friedensbewegung*, München 2001, S. 281–297.

Wagner, Helmut, *Schöne Grüße aus Pullach. Operationen des BND gegen die DDR*, 2., korrigierte Aufl., Berlin 2001.

Wagner, Thomas, »The Wagner Blog. If it had not been for 15 minutes ...«, radio.weblogs.

com/0101986/stories/2002/01/21/ifItHadNotBeenFor15Minutes.html (Abruf: 4.6.2006).

Wahl, Volker, *Der »Thüringen-Ausschuss« 1945. Dokumente zum Wirken eines vorparlamentarischen Gremiums auf Landesebene während der amerikanischen Besatzungszeit und nach dem Besatzungswechsel Juni/Juli 1945*, o.O., o.J. (Erfurt, ca. 1995).

Wallach, Erica, *Licht um Mitternacht*, München 1969.

Walther, Joachim, *Sicherungsbereich Literatur. Schriftsteller und Staatssicherheit in der Deutschen Demokratischen Republik*, Berlin 1996.

Waskowytsch, Hryhorij, »Die letzte Periode der Tätigkeit Banderas«. In: o. Verf. (Hg.: OUN), *Russischer Kolonialismus in der Ukraine. Berichte und Dokumente*, München 1962, S. 404–415.

Watson, Russell, »Never say you're sorry. Exclusive: His carrier unharmed. A top politican tells about his affair with an East German ›spy‹ (Karsten Voigt, Brigitta Richter)«. In: *Newsweek*, 25.6.1997.

Wawrzyn, Lienhard, *Der Blaue. Das Spitzelsystem der DDR*, Berlin 1990.

Weber, Hermann, *Kleine Geschichte der DDR*, 2., ergänzte Aufl., Köln 1988.

Weber, Hermann/Andreas Herbst, *Deutsche Kommunisten. Biografisches Handbuch 1918 bis 1945*, Berlin 2004.

Wehner, Herbert, *Zeugnis*, hrsg. v. Gerhard Jahn, 2. Aufl., Bergisch Gladbach 1985.

Wehner, Herbert, *Selbstbesinnung und Selbstkritik. Erfahrungen und Gedanken eines Deutschen, aufgeschrieben im Winter 1942/43 in der Haft in Schweden*, hrsg. v. August Hermann Leugers-Scherzberg, Köln 1994.

Wehner, Markus, »Ich werde nie ein ganz freier Mensch sein. (Interview mit) Sandra Kalniete über den Gulag, das Elend ihrer Familie und die Gleichgültigkeit des Westens«. In: *FAS*, 13.11.2005.

Wehner, Markus, »Eine Katastrophe, eine Niederlage, eine Episode«. In: *FAZ*, 19.8.2006.

Weiss, Gebhardt, »Die Russische Föderation zwischen imperialer Versuchung und legitimer Interessenpolitik«. In: *Parlament B*, 46/1995, S. 13–23.

Weiße, Günther K., *Geheime Funkaufklärung in Deutschland*, Stuttgart 2005.

Wenzke, Rüdiger, »Rudolf Bamler. Karrierebruch in der Kasernierten Volkspolizei«. In: Ehlert, Hans/Armin Wagner, *Genosse General! Die Militärelite der DDR in biografischen Skizzen*, Berlin 2003, S. 33–60.

Werkentin, Falko, »Eine linke Karriere in roter und schwarzer Zeit«. In: *taz*, 20.8.1996.

Werkentin, Falko, *Politische Strafjustiz in der Ära Ulbricht. Vom bekennenden Terror zur verdeckten Repression*, 2., überarbeitete Aufl., Berlin 1997.

Werkentin, Falko, *Recht und Justiz im SED-Staat*, Bonn 1998.

Werneburg, Joachim, *Die Reise nach Südost. Gedichte nach Pe-Lo-Thien mit Grafiken von Walter Werneburg*, München 1991.

Werneburg, Joachim, mündliche Auskünfte an den Verfasser am 22.12.2005 in Weimar über das Leben in der DDR und die Durchsuchung seiner Wohnung.

Werner, Ruth (Ursula Kuczynski), *Olga Benario. Die Geschichte eines tapferen Lebens*, 13. Aufl., Berlin 1979.
Werner, Ruth (Ursula Kuczynski), *Sonjas Report*, 7. Aufl., Berlin 1980.
Wessel, Harald, »Frühstück im Hotel Okjabrskaja. Oktober 1989: Honecker stürzt und ein letzter Besuch in Moskau«. In: *FAZ*, 23.5.1998.
Wettig, Gerhard, »Die Bundesrepublik im Brennpunkt der widerstreitenden Interessen von Nato und UdSSR während des Raketenstreits 1979–1983«. In: Maruhn, Jürgen/Manfred Wilke (Hg.), *Raketenpoker um Europa. Das sowjetische SS-20-Abenteuer und die Friedensbewegung*, München 2001, S. 36–47.
Wettig, Gerhard, »Der Aufstand des 17. Juni 1963 in der DDR. Vorgeschichte und Folgen«. In: Agethen, Manfred/Günter Buchstab (Hg.), *Oppositions- und Freiheitsbewegungen im früheren Ostblock*, Freiburg i. Brsg. 2003, S. 56–88.
Whiting, Charles, *The Spymaster. The True Story of Anglo-American Intelligence Operations within Nazi Germany 1939–1945*, New York 1976.
Whitney, Craig R., *Advocatus Diaboli. Wolfgang Vogel – Anwalt zwischen Ost und West*, Berlin 1993.
Wieck, Hans-Georg, »Die DDR aus Sicht des BND 1985–1990«, hans-georg-wieck.com (Abruf: 15.3.2006).
Wieck, Hans-Georg, schriftliche Auskünfte an den Verfasser vom 9.9. und 10.9.2006, seine Dienstzeit betreffend.
Wildt, Michael, *Generation des Unbedingten. Das Führungskorps des Reichssicherheitshauptamtes*, Hamburg 2003.
Wilhelm, Hans-Heinrich, »Die Prognosen der Abteilung Fremde Heere Ost 1942–1945. Quellenkritische Studie«. In: Institut für Zeitgeschichte (Hg.), *Zwei Legenden*, Stuttgart 1974, S. 5–75.
Wilke, Manfred/Hans-Peter Müller/Marion Brabant, *Die Deutsche Kommunistische Partei (DKP). Geschichte, Organisation, Politik*, Köln 1990.
Winzer, Bruno, *Soldat in drei Armeen*, 5. Aufl., Berlin 1972.
Wippermann, Klaus, *Politische Propaganda und staatsbürgerliche Bildung. Die Reichszentrale für Heimatdienst in der Weimarer Republik*, Köln 1976.
Wistrich, Robert, *Wer war wer im Dritten Reich. Anhänger, Mitläufer, Gegner aus Politik, Wirtschaft, Militär, Kunst und Wissenschaft*. Überarbeitete, erweiterte u. illustrierte Ausgabe, München 1983.
Wittkowski, Joachim, »Die DDR und Biermann. Über den Umgang mit kritischer Intelligenz. Ein gesamtdeutsches Resümee«. In: *Parlament B*, 20/1996, S. 37–45.
Wolf, Markus, *Die Troika*, 3. Aufl., Düsseldorf 1989.
Wolf, Markus, *Im eigenen Auftrag. Bekenntnisse und Einsichten*, München 1991.
Wolf, Markus, *Die Kunst der Verstellung. Dokumente, Gespräche, Interviews*, Berlin 1998.
Wolf, Markus, *Spionagechef im geheimen Krieg. Erinnerungen*, 3. Aufl., München 1999.
Wolf, Markus, *Freunde sterben nicht. Erinnerungen an Weggefährten*, München 2004.
Wolff, Bertram D., »Der Kampf um die Nachfolge in der Sowjetunion«.

In: *Parlament B*, 8/1954, S. 77 bis 83.
Wolkogonow, Dimitri, *Lenin. Utopie und Terror*, Düsseldorf 1994.
Wolkow, Wladimir K., »Sowjetische Parteiherrschaft und Prager Frühling 1968«. In: *Parlament B*, 36/1992, S. 11–17.
Wolle, Stefan, *Die heile Welt der Diktatur. Alltag und Herrschaft in der DDR 1971–1989*, Bonn 1998.
Wollenberger, Vera, *Virus der Heuchler. Innenansicht aus Stasi-Akten*, Berlin 1993.
Wünsche, Wolfgang (Hg.), *Rührt euch. Zur Geschichte der NVA*, Berlin 1998.
Wüst, Jürgen, *Menschenrechtsarbeit im Zwielicht. Zwischen Staatssicherheit und Antifaschismus*, Bonn 1999.
Wulffen, Christian, *Mitteldeutsches Tagebuch. 1952–1954*, Esslingen 1955.
Wundshammer, Benno, *Deutsche Chronik 1954*, Stuttgart, Zürich, Salzburg 1955.

Załuski, Zbigniew, *Das Jahr 44*, Berlin 1978.
Zappe, Frank/Moritz Schwarz, »Gezielt in die Medien eindringen. Stasi im Westen: Günter Bohnsack über die Hauptverwaltung Aufklärung des MfS«. In: *Junge Freiheit*, 31.3.2000.
Zeidler, Stephan, »Entstehung und Entwicklung der Ost-CDU 1945–1989. Zum Wandlungs- und Gleichschaltungsprozess einer Blockpartei«. In: *Parlament B*, 16–17/1996, S. 22–30.
Zeigerer, Uwe, mündliche Auskünfte an den Verfasser am 4.10.2005 auf der Fahrt von Dortmund nach Weimar über das Leben in der DDR und die Ausweisung in die Bundesrepublik Deutschland.
Zentner, Christian (Hg.), *Der Zweite Weltkrieg. Ein Lexikon*, Wien 1998.
Zentner, Kurt, *Illustrierte Geschichte des Zweiten Weltkrieges*, 12. Aufl., München 1976.
Zernack, Klaus, *Polen und Russland. Zwei Wege in der europäischen Geschichte*, Berlin 1994.
Zierer, Otto, *Nur der erste Schritt ist frei. Der Roman unserer Zeit*, Kiel 1956.
Zimmermann, Monika (Hg.), *Was macht eigentlich…? 100 DDR-Prominente heute*, Berlin 1994.
Zimmermann, Monika, »Was macht eigentlich Wolfgang Schnur?« In: dies. (Hg.), *Was macht eigentlich…? 100 DDR-Prominente heute*, Berlin 1994, S. 238 f.
Zolling, Hermann/Heinz Höhne, *Pullach intern. General Gehlen und die Geschichte des Bundesnachrichtendienstes*, Hamburg 1971.
Zumach, Andreas, »Spione in der SPD? Bundesanwaltschaft legt keine Beweise vor, die den Spionageverdacht gegen zwei SPD-Mitglieder begründen«. In: *taz*, 12.9.1992.

Personenregister

(*Kursive* Seitenangaben verweisen auf Bildlegenden zu Fotos.)

Abakumow, Viktor Semjonowitsch (NKGB-Chef, Chef v. Smersch, Minister f. Staatssicherheit d. UdSSR, Vorsitzender d. KGB) 55, 58, *59*
Abel, Rudolf (MfS-Agent) 330
Abraham (MfS-Objektquelle) 386
Abshagen, Hans Ulrich (Sohn v. Wolfgang Abshagen) 22
Abshagen, Wolfgang (Offizier d. Abwehr II) 22 f., *23*
Abusch, Alexander (stellvertretender Vorsitzender d. DDR-Ministerrates) 264 ff.
Ackermann, Anton (d. i. Eugen Harnisch) 45 f., 48 f., 105, *149*
Adenauer, Konrad (Bundeskanzler) 89 f., 102, 106, 111, 115, 121, 129, 167, 359
Adieu (KGB-Überläufer) 392, 394
Agajanz, Iwan (Generalmajor d. KGB) 173, 389 f.
Alt, Franz (Journalist) 399
Alten, Jürgen v. (Leiter d. BND-Auswerteabteilung) 355
Ampletzer, Thomas (Gestapo-Kommissar) 39
Anders, Władysław (poln. General) 74
Anderson, Sascha (Schriftsteller; IM) 310 f.
Andreas-Friedrich, Ruth (Schriftstellerin, Journalistin) 44
Andropow, Jurij Wladimirowitsch (KGB-Chef; Generalsekretär d. KPdSU) 286, 291 f., 292, 301, 344,
369, 371, 377 f., 380, 400 f., 413 f., 479
Anlauf, Paul (Polizeioffizier) 134
Antonow, Alexej Innokentjewitsch (Chef d. sowjet. Generalstabs) 34
Ardenne, Manfred v. (Naturwissenschaftler, Forscher) 37
Aretz, Walter (Mitarbeiter beim BfV) 168
Arnau, Frank (d. i. Helmut Schmitt; Journalist) 295, 297 ff., *298*
Arnim (MfS-Objektquelle) 386
Arnold, Gerhard (Computerfachmann) 445
Arnold, Karl (Ministerpräsident v. NRW) 91, *93*
Asbeck, Günter (Überläufer) 425
Ash, Timothy Garton (Historiker) 312, 375, 512
Auerbach, Philipp (Hochstapler) 92
Augstein, Rudolf (Chefredakteur d. *Spiegel*) 247–250, 263, 267 ff.
Auguste (NKWD-Agent) 70
Augustin, Jindrich (alias Frank Altmann; StB-Agent) 165–168
Axen, Hermann (Mitglied d. Politbüros d. ZK d. SED) 364

Bafile, Corrado (päpstlicher Nuntius; KGB-Agent) 239
Bahr, Egon (SPD-Politiker) 279, 317, 377 f.
Bahro, Rudolf (Schriftsteller; Dissident) 403–405, 407
Baitz, Georg (KgU) 200
Bakatin, Wadim (KGB-Chef) 534, 539
Balkan (MfS-Objektquelle) 386
Bamler, Rudolf 68
Bandera, Stepan (Chef d. OUN) 81, *182*, 183
Barczatis, Elli (BND-Agentin Gänseblümchen) 228, *229*
Barta, Alois (StB-Major) 161
Bartels, Herbert (d. i. Herbert Bremer; MfS) 194 f.
Barth, Gerhard 40
Barthel, Kurt (KuBa; Schriftsteller) 140
Barthel, Walter (IM Kurt; Journalist) 350
Bärwald, Helmut (Chef d. SPD-Ostbüros) 221
Barzel, Rainer (CDU-Mitglied, MdB) 331
Bastian, Gert (General a. D.; MdB f. d. Grünen) 363, *363*
Baum, Gerhart (FDP-Mitglied, MdB) 552
Baumann, Edith (1. Ehefrau Erich Honeckers) 420
Baumann, Winfried (BND-Agent) 447
Baun, Friedrich (Org. Gehlen) 120 f.
Bechler, Bernhard (Offizier; Innenminister d. Landes Brandenburg i. d. SBZ) 66 ff., *68*
Bechler, Margret (geb. Dreykorn) 67 f., *68*
Becker, Hans Detlev (stellvertretender *Spiegel*-Chefredakteur) 260, 263
Beetz, Dietmar (IM Rubianus alias Schriftsteller) 296
Behrends, Hermann (Chef SD-Inland) 29

Behrens, Karl (Funker; NKWD-Agent »Lutschist«) 70
Benjamin, Hilde (Rechtsanwältin, Justizministerin d. DDR) 200, 491
Benkowitz, Gerhard (angeblicher Rädelsführer) 202, 203
Bentivegni, Franz-Eccard v. (Chef d. Abwehr III) 24, 25
Berg, Hermann v. (DDR-Presseamt; MfS-Agent Günter) 264–267, 278, 313–316, 313
Berger, Helge (Sekretärin; MfS-Agentin) 386
Bergmann, Helmut (BfV) 340
Bergner, Thomas (siehe: Mader, Julius)
Berija, Lawrenti Pawlowitsch (sowjet. Geheimdienstchef) 12 f., 17, 34, 56, 58 ff., 59, 69 f., 87, 141 f., 145 f., 151 f., 154, 284, 287, 289
Berkel, Friedrich (SS-Mann) 37
Beschanow, Grigorj (Generalmajor) 61
Bessedowski, Grigori (Diplomat) 252
Beurton, Len (Agent) 71
Biermann, Wolf (Komponist, Liedersänger) 300, 303 bis 309, 306, 311, 486
Biermann, Wolfgang (IM Akker) 379
Biesenbaum, Doris (Sekretärin; IM Irmgard) 379 f.
Bischoff, Charlotte (Kommunistin) 320
Bishop, W. H. (brit. Regionalkommissar) 91
Bismarck, Otto v. (Reichskanzler) 52, 67
Bittman, Ladislaw (StB) 169, 172–175
Blake, George (alias Diomed; KGB-Agent) 191 ff., 193
Blau, Hagen (Diplomat; Exagent) 386 f., 554
Blecha, Kurt (Leiter d. Presseamtes beim Vorsitzenden d. Ministerrates d. DDR; KGB-Agent) 264 ff.
Blohm, Bernd (Fotograf) 513

Blötz, Dieter (Vizepräsident d. BND) 352 f., 355, 459, 461
Blücher, Franz (Bundesminister f. wirtschaftliche Zusammenarbeit, Stellvertreter d. Bundeskanzlers d. BRD) 105 f.
Blume (MfS-Objektquelle) 386
Bobrowski, Johannes (Schriftsteller) 312
Bogolomow, Alexander (KGB-Agent Alexander Sacharowski) 389 f.
Bogye, János (KGB) 240
Böhme, Ibrahim (IM Maximilian, Paul Bonkarz, Doktor Rohloff; Mitbegründer d. SDP) 508 f.
Boldin, Waleri (Büroleiter v. Michail Gorbatschow) 529
Boley, Bärbel (Bürgerrechtlerin) 376
Böll, Heinrich (Schriftsteller) 294
Bolschakow, Georgij (GRU-Resident) 242, 244
Bonde-Henriksen, Henrik (Journalist) 114
Bonin, Bogislaw v. (Org. Gehlen) 230 f.
Borchardt, Robert (Leiter d. Auswerteabteilung beim BND) 355
Borkenau, Franz (Historiker) 184 f.
Bór-Komorowski, Tadeusz (poln. Armeechef; Ministerpräsident d. poln. Exilregierung) 79
Borm, William (FDP-Politiker; MfS-Agent) 391
Bormann, Martin (Leiter d. Parteikanzlei u. Sekretär Adolf Hitlers) 38 f.
Brandt, Willy (Bundeskanzler) 216, 223, 317 ff., 325, 328–333, 335, 342–350, 354 f., 358 f., 377 f., 381, 419, 469
Branting, Georg (Rechtsanwalt; NKWD-Agent Senator) 323
Bräutigam, Hans-Otto

(Diplomat; Leiter d. StäV) 471 ff.
Brawand, Leo (Journalist) 250, 259
Brecht, Bertolt (Schriftsteller) 310
Bremer, Herbert (siehe: Bartels, Herbert)
Breshnjew, Leonid Iljitsch (Parteichef d. KPdSU, Staatsoberhaupt d. UdSSR) 344 f., 360, 367 f., 377, 390, 413 f., 419, 460, 477, 522, 538
Brill, Hermann (Regierungspräsident) 64
Britta (MfS-Objektquelle) 386
Brocke, Rudolf Horst (IM Thomas Müntzer; Politologe) 554 f.
Bronska, Wanda (Schriftstellerin) 284
Bruchhausen, Werner (Händler mit Embargoware) 395 f., 396
Brüning, Claus (Oberstleutnant; Leiter d. Abt. XV) 482
Brussig, Thomas (Schriftsteller) 489
Büchel (Oberleutnant; VfK) 138
Büchner, Matthias (MdL im Thüringer Landtag) 484 ff.
Bugenhagen, Hans (DDR-Agent) 106
Burda (Hauptmann; alias Otto Wenzel Löffler, Otto Wagner) 161 f.
Burde, Fritz (KPD-Geheimdienstmann) 222
Burianek, Johann (KgU) 200 f.
Burzew, Michail (Politkommissar) 47
Bush, George H. (US-Präsident) 385, 434

Canaris, Wilhelm (Admiral; Leiter d. Amtes Ausland/Abwehr im OKW) 109, 124
Čebotarev, Boris (alias Schramkow) 31 ff., 33
Čebotarev, Irina (Agentin) 32, 33
Chanum (NKWD-Agent) 70

Chochlow, Nikolaj (alias Otto Witgenstein; MfS-Agent) 179f.
Chruschtschow, Nikita Sergejewitsch (1. Sekretär d. ZK d. KPdSU, Ministerpräsident d. UdSSR) 89, 141 f., 156, *189*, 189f., 214f., 290
Churchill, Winston S. (brit. Premier) 28, 40
Clemens, Hans (KGB-Agent) 194
Cookridge, E. H. (siehe: Spiro, Edward)
Cramer, Dettmar (Journalist) 278f.
Cremer, Friedrich (IM Bäcker) 446

Dahlem, Franz (KPD-Funktionär) 322
Dahlem, Liesl (Kommunistin) 322
Dall, Karl (Komiker) 279
Dallmann, Siegfried (Sekretär d. Hauptausschusses d. NDPD) 514, *514*
Daschitschew, Wjatscheslaw (Vorsitzender d. Konsultativen Wissenschaftlichen Beirats im Außenministerium d. UdSSR) 432
Dehler, Thomas (Bundesvorsitzender d. FDP; Bundesjustizminister) 264
Delmer, Sefton (Leiter d. britischen Foreign Office) 102
Dengler, Gerhard (Autor) 297
Denskewitsch, Michail (Oberst) 61
Derjabin, Pjotr (MGB-Major) 181
Dibrowa, Pawel T. (Generalmajor; Militärkommandant d. Sowjet. Sektors v. Berlin) 155
Diehl, Günter (Journalist) 89
Diestel, Peter-Michael (stellvertretender Ministerpräsident, Minister d. Inneren d. DDR) 493
Dietl, Wilhelm (Autor) 558
Dietzen, Ferdinand (franz. Agent) 195 f., *196*
Dimitrijew, Michail (KGB-Offizier) 432
Dimitroff, Georgi (Generalsekretär d. Komintern) 322 f.
Ditfurth, Christian v. (Verlagslektor, Buchautor) 194
Dobertin, Rolf (Physiker) 445
Dombrowski, Siegfried (alias Hirsch; Vize d. VfK) 137 ff., *139*
Dönitz, Karl (Großadmiral; Oberbefehlshaber d. Kriegsmarine) 27
Dörhöfer, Elisabeth (Mitarbeiterin d. Pan Am) 162
Dreßler, Rudolf (SPD-Politiker, MdB) 374
Dreykorn, Margret (siehe: Bechler, Margret)
Drosdow, Jurij (Mitarbeiter d. Direktorats S) 559
Dsershinski, Felix Edmundowitsch (Leiter d. bolschewistischen Geheimpolizei Tscheka) 243, 462, 533, 539
Dshirkwelow, Ilja (Überläufer) 260
Dubček, Alexander (1. Sekretär d. KPČ) 505
Duchač, Josef (Ministerpräsident v. Thüringen) 508, 511 f., 561

Ehmke, Horst (Kanzleramtschef) 335 f., 352, 354, 359 f.
Ehrenburg, Ilja (Schriftsteller) 140
Eichner, Klaus (Ex-MfS-Oberst) 434
Einsiedel, Heinrich Graf v. (Bismarck-Enkel) 52
Ejtingon, Naum 180
Eland, Jan (Nachrichtenhändler) 125
Engelmann, Bernt (Schriftsteller) 254
Engels, Friedrich (Begründer d. Kommunismus) 382
Erdmann, Horst (d. i. Dr. Theo Friedenau; UFJ-Vorsitzender) 209, 337
Erhard, Ludwig (Bundeskanzler) 264
Eue, Agnes (Mutter v. Alexander Schalck-Golodkowski) 423

Fadejkin, Iwan (KGB-Resident) 328
Falin, Valentin (Leiter d. Internationalen Abt. im ZK d. KPdSU) 504f.
Feder (MfS-Objektquelle) 386
Fedortschuk, Witali Wassiljewitsch (KGB-Chef) 413
Feist, Margot (siehe: Honecker, Margot)
Fejgin, Anatol (poln. Agent) 284
Felfe, Heinz (KGB-Agent) 121, 193 ff., 436, 460
Feuchtinger, Edgar (GRU-Agent) 257 f.
Feuerstein, Dieter W. (Ex-agent) 554
Fickel, Peter (MfS-Oberleutnant) 235
Filatow, Stepan (Generalmajor; MGB-Resident in Brandenburg) 61
Filip, Vojtěch (KSČM-Vorsitzender) 177
Fischer, Josef (gen. Joschka; Außenminister) 272
Fischer, Karl (Oberst; Leiter d. Pressestelle im MfS) 466
Fischer, Kurt (Innenminister v. Sachsen) 49 f., *50*
Fischer, Peter (siehe: Stiller, Werner)
Flegel, Erwin 40
Flegl, Vlastimir (alias Ernst Langer; StB-Kurier) 165–168
Flicke, Wilhelm (Schriftsteller) 184, 186
Florin, Peter (Geheimdienstler) 49, *50*
Foertsch, Hermann (General d. Infanterie) 127
Foertsch, Volker (Beschaffungsleiter d. BND) 556ff.
Fokin, Pjotr (Generalleutnant; MGB-Resident in Brandenburg) 61
Forgber, Günther (Mitarbeiter d. KoKo) 396
Förster, Andres (Journalist) 316

Frank, Bernd (Überläufer) 425
Franke, Arthur (Chef d. VfK) 139
Frederik, Hans (Autor; MfS-Agent Freddy) 324f., 325
Freitag, Otto (MGB-Agent) 188
Frenzel, Alfred (alias Anna; StB-Agent) 163, 163–168, 170
Friedensburg, Friedrich 75, 76
Fruck, Hans (Generalmajor; stellvertretender Leiter d. HVA) 421f., 423, 423f.
Fuchs, Klaus (Wissenschaftler) 34, 71
Fülle, Rainer (Betriebsbuchhalter) 445f.
Funke, Rainer (FDP-Mitglied, MdB) 551
Fürnberg, Louis (Schriftsteller) 159

Gaida, Erich (MfS) 159
Gaida, Wilhelm (MfS) 159
Gailat, Kurt (Oberst; Leiter d. SPD-Referats d. HVA) 346ff., 347, 351
Gallwitz, Karl-Ludwig 458
Gast, Gabriele (BND-Agentin) 417, 455f., 461, 553f.
Gaus, Günter (Journalist, Buchautor; Leiter d. StäV) 469f., 503
Gebauer, Karl (Exagent) 554
Gebhardt, Josef (DDR-Agent) 106
Gehlen, Reinhard (alias Dr. Schneider; BND-Chef) 24, 38, 115ff., 119ff., 126ff., 131f., 188, 193f., 227, 231, 235, 245f., 257, 260, 267f., 351ff., 436
Geiger, Hansjörg (BND-Chef) 556
Geisler, Otto (MfS) 159f.
Geißler, Heiner (Generalsekretär d. CDU) 450
Genscher, Hans-Dietrich (Bundesaußenminister) 264ff., 340ff., 383, 385, 387, 390f.
Gericke (Leutnant; Leiter d. Abt. D bei d. VfK) 138
Gerken, Richard (Kriminaldirektor; Leiter d. Abt. II beim BfV) 94f., 103
Gerlach, Manfred (Vorsitzender d. LDPD; Staatsoberhaupt d. DDR) 515f., 517
Gerlach, Walter (Physiker) 38f.
Gerschuni, Wladimir (Maurer) 293
Gerstenmaier, Eugen (Bundestagspräsident) 267
Glaeske, Heinz (MfS-Agent) 180f.
Globke, Hans (Staatssekretär im Bundeskanzleramt) 129
Glocke, Karl-Heinz (Personalchef bei RWE, Essen) 445
Goebbels, Joseph (Reichsminister f. Volksaufklärung u. Propaganda, Präsident d. Reichskulturkammer) 44, 47, 122, 155, 415
Gold, Franz (MfS) 159f.
Goleniewski, Michal (alias Alexej Nikolajewitsch Romanow; poln. Überläufer) 192ff., 193, 241
Goliath, Inge (Sekretärin v. Werner Marx) 472
Golodkowski, Pjotr (Vater v. Alexander Schalck-Golodkowski) 423
Gomez (General; siehe: Zaisser, Wilhelm)
Gorbanewskaja, Natalja 293
Gorbatschow, Michail Sergejewitsch (Generalsekretär d. KPdSU, sowjet. Präsident) 274, 371, 414f., 418, 420, 434, 476f., 479, 495, 497, 500, 503, 507, 508, 518, 522–525, 527–533, 537, 539, 543
Götting, Gerald (Vorsitzender d. Ost-CDU) 515
Göttling, Willy (zum Tode Verurteilter West-Berliner) 155
Grashoff, Eberhard (Pressesprecher d. StäV) 470f.
Gregori, Theo (Generalleutnant) 553
Gromnica, Erica 223
Gromnica, Michael (Journalist; alias Günter Milau bzw. Heinz Karow; MfS-Agent) 223
Gromyko, Andrej Andrejewitsch (Außenminister d. UdSSR, Vorsitzender d. Obersten Sowjets) 344, 380
Gröndahl, Knut (IM Töpfer) 473
Grosser, Alfred (Politologe, Autor) 374f.
Großmann, Werner (HVA-Chef) 416f., 455, 473, 524
Großstück, Ingeborg (Dolmetscherin) 195, 196
Grotewohl, Otto (Ministerpräsident d. DDR) 228, 229, 233, 382
Grzesinski, Albert (preuß. Innenminister) 100
Güde, Max (Generalbundesanwalt) 167
Guderian, Heinz (Generaloberst; Chef d. Generalstabes d. Heeres) 116
Guggomos, Carl (Chefredakteur; MfS-Agent Gustav) 225
Guillaume, Christel (HVA-Agentin) 334f., 346f.
Guillaume, Günter (HVA-Agent) 223, 333ff., 339 bis 349, 346, 373, 437, 469
Gundarew (KGB-Überläufer) 282
Gutmann (siehe: Schalck-Golodkowski, Alexander u. Sigrid)
Gwyer (MI5-Major) 28
Gyptner, Richard (Geheimdienstler) 49, 50
Gysi, Gregor (Rechtsanwalt; Parteivorsitzender, MdB) 507, 509, 512f.

Häber, Herbert (Mitglied d. Politbüros d. ZK d. SED) 364
Hädrich, Uwe (Spitzenfunktionär d. DDR-Handelsorganisation) 468
Haffner, Sebastian (Journalist, Publizist) 364

Hagen, Eva-Maria (Schauspielerin) 205, 206
Hagen, Hans (alias Oliva; IM Schulz) 204 ff., 206
Hagen, Karl-Heinz (Journalist) 204 ff., 206
Hagen, Nina (Catharina; Sängerin) 205
Hager, Kurt (Mitglied d. Staatsrates d. DDR) 415, 417
Halle, Günter (MfS) 211, 266
Hambleton, George (KGB-Agent) 177, 255 f.
Handke, Peter (Schriftsteller) 301
Hanna (MfS-Objektquelle) 386
Hansson, Solveig (schwed. Kommunistin) 162
Harich, Wolfgang (Philosoph, Journalist) 491
Harnack, Arvid (Agent »Korse«) 70, 130
Harnisch, Eugen (siehe: Ackermann, Anton)
Hasse, Edgar (Exmajor d. Staatssicherheit) 511
Haufe, Eberhard (Lektor) 312 f.
Havemann, Robert (Regimekritiker) 303, 486
Heilmann, Peter (MfS-Agent Adrian Pepperkorn) 299 f., 373
Heim, Max (MfS-Hauptmann) 411
Heine, Arno (Mitarbeiter d. Org. Gehlen u. d. BND) 234 f.
Heine, Fritz (SPD-Mitglied) 95, 219 f.
Heinemann, Gustav (Bundespräsident) 359 f.
Heino (d. i. Heinz Georg Kramm; Schlagersänger) 159
Heinrich, Burkhard (MfS) 159
Heinz, Friedrich Wilhelm (militär. Nachrichtendienstchef) 115, 123, 123–132
Helfmann, Carl (MfS-Agent) 386
Hellenbroich, Heribert (Präsident d. BfV) 437, 440

Hennecke, Ulrich (Schuldirektor) 407 f.
Henschel, Fritz 201
Henschke, Ernst (sowjet. Agent) 72
Hentschke, Herbert (Geheimdienstler) 49
Herger, Wolfgang (Mitglied d. ZK d. SED) 479
Hering, Horst (IM Alexander; Deckname beim BND: Sissi) 447
Herrnstadt, Rudolf (alias Arbin; GRU-Agent) 49 f., 50, 146–151, 155
Hertz, Gustav (Mathematiker) 37
Heusinger, Adolf (alias Dr. Horn; Generalleutnant) 119 f., 126 f., 129, 230
Heusinger, Hans-Joachim (IM Knebel; stellvertretender Vorsitzender d. LDPD) 514
Heydrich, Reinhard (Chef d. SS u. d. SD, Leiter d. RSHA) 11, 29
Heyl, Wolfgang (IM Herold; stellvertretender Vorsitzender d. Ost-CDU) 515
Heym, Stefan (Schriftsteller) 376, 492 f.
Hildebrandt, Rainer (Gründer d. KgU) 200, 205
Hinkeldey, Carl-Otto v. (Bundeswehr-Oberst) 258
Hinrichs, Armin (MfS-Agent Talar) 379
Hirsch, Burkhard (FDP-Mitglied, MdB) 551
Hirsch, Kurt (MfS-Agent Helm) 254, 373
Hirschfeld, Alexander (sowjet. Agent) 130
Hitler Adolf (dt. Diktator) 12, 15, 23, 27 f., 48, 77, 107, 119 f., 124 f., 129, 153 f., 399, 415, 467, 506
Hitzegrad, Ernst (SS-Gruppenführer u. Generalleutnant d. Polizei) 167
Hofé, Günter (Verleger; KGB-Agent) 254
Hofer, Heidrun (KGB-Maulwurf) 460

Hoffmann, Alfred 164
Hofmann, Arthur (Geheimdienstler) 49
Hohenlohe, Max v. (Agent) 174
Holländer, Margot (Stenotypistin) 195, 196
Honecker, Erich (Staatsratsvorsitzender d. DDR) 306, 314, 316, 326, 347 ff., 350, 380–383, 417, 419 ff., 434, 464, 471, 473, 476, 479 f., 488, 497, 499 f., 502, 503 f., 517
Honecker, Margot (2. Ehefrau Erich Honeckers) 420
Höpcke, Klaus (stellvertretender Minister f. Kultur; MdL im Thüringer Landtag) 304, 484 f.
Horatzeck (Horaczek), Johannes (Oberstleutnant) 98 f., 99, 101
Horb, Robert (MfS) 159 f.
Horchem, Hans Josef (BfV) 352
Houska, Josef (tschechoslowak. Geheimdienstchef) 172
Houtermans, Friedrich Georg (Physiker) 37
Hugo (Agent) 85
Hummitzsch, Manfred (MfS-Generalleutnant; Leiter d. BV) 482
Huppenkothen, Walter (SS-Standartenführer im RSHA) 122
Hüttenhain, Rudolf 458

Ignatjew, Semjon (Minister f. Staatssicherheit d. UdSSR) 196
Ilgner, Major (VfK) 138
Ilitschew, Iwan Iwanowitsch (auch: Illischew, Iljischow, Ilitschow, Ilischew; GRU-Chef) 34 ff., 59 f., 150 f.
Illner, Arthur (GRU-Agent Richard Stahlmann) 321 f.

Jacob, Albert (KPD-Mitglied) 67
Jacobi, Werner (Staatskommissar) 93 ff., 98 ff., 99

Jacobsen, Hanns-Dieter (IM Hoffmann; Direktor d. Otto-Suhr-Instituts, West-Berlin) 454
Jaene, Hans-Dieter (stellvertretender *Spiegel*-Chefredakteur) 204, 262 f., 265 ff.
Jakowlew, Alexander Nikolajewitsch (Mitglied d. Politbüros d. KPdSU) 524 bis 527, 534
Janajew, Gennadi Iwanowitsch (Vizepräsident d. UdSSR) 531
Janka, Walter (Verleger, Buchautor) 490 ff.
Jansen, Günther (Sozialminister v. Schleswig-Holstein) 374
Jaruzelski, Wojciech (General; Staatspräsident v. Polen) 477
Jasmina (MfS-Objektquelle) 386
Jasow, Dmitri Timofejewitsch (Verteidigungsminister d. UdSSR) 531
Jegischin, Kusma (Oberst) 61
Jelzin, Boris Nikolajewitsch (Vorsitzender d. Obersten Sowjets d. Russ. Republik, Präsident Russlands) 522, 529, 530, 531–534, 537 ff., 541, 543, 564
Jess, Hans (Präsident d. BfV) 103, 112
Joffe, Olga 293
John, Otto (Präsident d. BfV) 101 ff., *107 f.*, 107–111, *113*, 113 f., 117, 125, 128 f., 195, 233, 437
Juna (NKWD-Agent) 70
Juretzko, Norbert (Autor) 558

Käber, Wilhelm (Innenminister v. Schleswig-Holstein) 94
Kade, Gerhard (Professor f. Nationalökonomie; MfS-Agent Super) 363 ff.
Kaiser, Jakob (MdB, Minister f. gesamtdeutsche Fragen) 75, 76
Kaiser, Karl-Heinz (Journalist; MfS-Agent Alexander Prinz) 277 f.
Kalugin, Oleg Danilowitsch (Generalmajor d. KGB) 521 ff., *524, 531, 534* f.
Kant, Immanuel (Philosoph) 87
Kapp, Wolfgang (Putschist) 530
Karlsch, Rainer (Wirtschaftshistoriker, Autor) 35
Karwath, Siegfried 458
Kastner, Hermann (stellvertretender Ministerpräsident d. DDR; BND-Agent Helwig) 228 f., *229*
Kedrow, Viktor (GRU-Konfident) 395
Kegel, Gerhard (GRU-Agent) 50
Keitel, Wilhelm (Generalfeldmarschall) 11, *11*
Kelly, Petra (Gründungsmitglied d. Partei Die Grünen, MdB) 363
Kempinski (BND-Quelle; siehe: Tumovec, Thomas)
Kemritz, Hans (NKGB-Agent) 196 ff.
Kennedy, John F. (US-Präsident) 242 ff., 319
Kennedy, Robert (US-Justizminister) 242
Kerau, Gerd (siehe: Knauer, Gerd)
Kerenski, Alexander Fjodorowitsch (russ. Politiker) 179
Keworkow, Wjatscheslaw (KGB-Offizier) 377 ff.
Kienbaum, Gerhard (Leutnant zur See) 27
Kiesinger, Kurt Georg (Bundeskanzler) 359
Kindler, Helmut (Verleger) 146 f.
Kinkel, Klaus (Bundesaußenminister) 340, 342
Kippenberger, Hans (Reichstagsabgeordneter d. KPD; Parteigeheimdienstchef) 134
Kirchner, Martin (IM Küster, Theodor Körner, Hesselbach; Generalsekretär d. Ost-CDU) 508, 510

Kirsarow, Alexander (Obrist) 50
Klepatskij, Lew (KGB-Offizier) 432
Klepow, Sergej (Generalmajor) 61
Klose, Hans-Helmut (Vizeadmiral; Befehlshaber d. Flotte) 84 ff.
Kloss, Herbert (Exagent) 554
Klusak, Norbert (Vizepräsident d. BND) 356
Knabe, Hubertus (Autor) 431
Knauer, Gerd (Publizist) 467
Knoppe, Wolf-Diethardt (Rechtsanwalt; MfS-Agent) 393, *394*
Koch, Erich (Gauleiter d. NSDAP in Ostpreußen; Reichskommissar in d. Ukraine) 80
Koch, Horstmar (Leiter d. Spionageabwehr im Thüringer Landesamt f. Verfassungsschutz) 480, 559, 561–564, *565*
Köcher, Hanna 286
Köcher, Karl (StB) 285 f.
Kogel, Hans-Dietrich (KgU) 202 f., *203*
Kohl, Helmut (Bundeskanzler) 382, 391, 415
Kolb, Jakob 131
Kollontai, Alexandra Michailowna (russ. Revolutionärin, Diplomatin, Schriftstellerin) 54
Komar, Waclaw 74
Kondraschow, Sergej (KGB-Mann) 192
Konjew, Iwan Stepanowitsch (sowjet. Marschall) 49
Kopf, Hinrich Wilhelm (1. Ministerpräsident v. Niedersachsen) 94
Kopelew, Lew Sinowjewitsch (russ. Germanist, Schriftsteller, Dissident) 300
Kopkow, Horst (alias Cordes; SS-Standartenführer) 28
Köppe, Ingrid (Abgeordnete v. Bündnis 90/Die Grünen) 416
Korotkow, Alexander (d. i. Alexander Erdberg, alias

Karl Kaufmann, alias Wassili Berger; KGB-Mann) 68 ff., *71*, 75, 113
Korotkow, Witalij (PGU-Vize) 194
Korschakow, Alexander (Chef v. Boris Jelzins Leibwache; Chef d. Sicherheitsdienstes SBP) *530*, 541
Koshewnikow, Boris (KGB-Agent) 391
Koslikin, Viktor (KGB-Offizier) 432
Kotschemassow, Wjatscheslaw (Botschafter d. UdSSR in d. DDR) 496
Kowaljow, Sergej (Herausgeber d. *Chronik der laufenden Ereignisse*) 301
Kowaltschuk, Nikolai (Generaloberst) 61
Kratsch, Günther (Generalleutnant; Leiter d. HA II) 468
Kraus, Alfred (MfS) 159 f.
Kraus, Gotthold (DDR-Agent) 105 f.
Krenz, Egon (Staatsratvorsitzender d. DDR) 347, 479 f., 496, 503, 507, 513 f.
Kretschmer, Alfred (Generalleutnant) 127
Kretschmer, Herta (Biologielehrerin) 64
Krichbaum, Willi (Polizeioberst) 121
Krjutschkow, Wladimir Alexandrowitsch (Mitglied d. Politbüros d. KPdSU, KGB-Chef) 371 f., *372*, 380, 518, 523 f., 528 f., 531, 534, 538
Krolikowski, Werner (Mitglied d. Politbüros d. ZK d. SED, 1. Stellvertreter d. Vorsitzenden d. Ministerrates d. DDR) 500 ff., *502*
Krüger (MfS-Vernehmer) 315
KuBa (siehe: Barthel, Kurt)
Kuczinski Ursula (sowjet. Agentin) 34, 71 f.
Kuczinski, Jürgen (sowjet. Agent) 71, 73
Kühlmann-Stumm, Knut v. (FDP-Fraktionsvorsitzender i. Bundestag) 264

Kukil, Max (d. i. Kukielczynski; SPD-Politiker) 184, 186 f., *187*
Kulikowsky, Traudl (IM Galina Mark) 473 f., *474*
Kunze, Rosalie (MfS-Agentin Roberta König) 258 f., *259*
Kuron, Klaus (MfS-Spion beim BfV) 441, *442*, 460, 553
Kurt, Michael (Fotograf) *482*
Kuschinskij (poln. Agent) 74
Kusmin, Iwan (KGB-Oberst) 432 f., 500
Kusnezow, Fjodor Issidorowitsch (Generaloberst) 59
Kutschin, Wadim (oder: Oberst Karpow; KGB-Mann) 108, *109*, 110 f., 113
Kwizinski, Juli A. (Botschafter d. UdSSR in Bonn) 496

Lahousen, Erwin (Generalmajor) 184 f.
Laufer, Paul (MfS, Deckname Stabil) 222 f.
Laurenz, Karl (BND) 228
Lebed, Alexander (Generalmajor d. Luftlandeverbände) 532 f.
Lednjew, Waleri (KGB-Offizier) 377
Lehmann, Eberhard (MfS-Major) 553
Lehmann, Josef (siehe: Staschinskij, Bogdan)
Lehmann, Willi (Agent »Breitbach«) 70
Lemmer, Ernst (Mitbegründer d. CDU in Ostdeutschland) 75, 76
Lengsfeld, Vera (Mitbegründerin d. Kirche v. unten; MdB) 405, 407
Lenin, Wladimir Ilitsch (russ. Staatsmann) 53 f., 57, 151, 178, 364, 368, 398, 404, 462, 478, 504, 518, 527, 544
Lenk, Franz (Polizeioffizier) 134
Leonjenko, N. A. (KGB) 192
Lindner, Gerhard (stellvertretender Vorsitzender d. LDPD) 514

Linke, Karl (Chef d. VfK) 137, *139*
Linowski, Josef (MfS-Agent) 393, *394*
Linse, Walter (UFJ) 207 f.
Lippmann, Heinz (FDJ-Funktionär; Herausgeber v. *Der Dritte Weg*; SPD-Mitglied) 348–351, *350*
Ljubimow, Viktor (GRU-Resident) 256
Lockhart, Bruce (brit. Geheimdienstler) 42
Loest, Erich (Schriftsteller) 15 f., *139*, 143 f.
Löffler, Anneliese (IM Döbl) 295 f.
Lompscher, Fritz (alias Frederick Noel Layton; SPD-Mitglied; MfS-Agent) 224 f.
Longo, Luigi (ital. Kommunistenchef) 358
Lorenz, Hans (Vermessungstechniker) 195, *196*
Lorenzen, Ursel (Agentin) 177
Löwenthal, Gerhard (TV-Journalist) 277
Lübke, Heinrich (Bundespräsident) 174, 297, 467
Lüdke, Hermann (Admiral) 175 ff., *177*
Ludwig, Emil (Fotohändler) 85
Ludwig, Horst (Militäragent) 84 f.
Lukasjewitsch (NKGB-General) 85
Lukjanow, Anatoli Iwanowitsch (Vorsitzender d. Obersten Sowjets d. UdSSR) 531
Luther, Martin (Reformator) 488
Luxemburg, Rosa (Politikerin) 405

Mader, Adolf (IM Mathes) 425
Mader, Julius (MfS-Major) 116, 159, 210–214, *214*, 259, 332, 425
Maerker, Rudolf (alias Rudi Baumann; SPD-Mitglied; MfS-Agent Max) 224 f., *373*

Mahnke, Horst (Journalist) 248
Maizière, Lothar de (Rechtsanwalt; Ministerpräsident d. DDR, Bundesminister f. bes. Aufgaben) 508, 510 f.
Malenko, Georgi Maximilianowitsch (1. Sekretär d. ZK d. KPdSU, Vorsitzender d. Ministerrates d. UdSSR) 142
Malinin, Leonid (sowjet. Resident) 75 f., 76
Mampel, Siegfried (UFJ) 337
Mangelsdorf (angebl. Putschist d. 17. Juni 1953) 156
Mann, Thomas (Schriftsteller) 299
Marcinkevičus, Justinas (Deputierter aus Litauen) 530
Mark, Galina (siehe: Kulikowsky, Traudl)
Maro (MfS-Objektquelle) 386
Martha (NKWD-Agent) 70
Martin, Alfred (Oberst im Generalstab) 250, 259
Martirossow, Georgi (Generalmajor) 61
Martschenko, Viktor (GRU-Agent) 391
Marx, Karl (Philosoph, Revolutionär) 310, 382, 406, 442, 478, 490
Marx, Werner (CDU-Abgeordneter) 472
McCarthy, Joseph Raymond (republikanischer Senator) 118
McCloy, John (Hochkommissar) 197 f.
Medwedjew, Wadim (Leiter d. Abt. f. d. Beziehungen zu d. sozialistischen Ländern im ZK d. KPdSU) 430
Mehnert, Klaus (Schriftsteller) 273
Meier, Richard (Präsident d. BfV) 437
Mellenthin, Horst v. (Generalleutnant) 127
Melsheimer, Ernst (Generalstaatsanwalt) 275
Mende, Erich (FDP-Vorsitzender) 264 f.

Menzel, Walter (Innenminister v. NRW) 93, 100
Merkulow, Wsjewolod Nikolajewitsch (NKGB-Chef) 55 f., 59
Merz, Rudolf 103
Mettke, Jörg (Journalist) 315
Mewis, Karl (Kommunist) 322
Michael, Hermann (MfS-Agent Paul) 207
Michaela (MfS-Abschöpfquelle) 386
Michelberger, Julius (MfS) 159
Michels, Bernd (Journalist; IM Bernhard) 373 f.
Michl, Milan (alias Moser; tschechoslowak. Geheimdienstler) 160 f., 163, 165, 171
Michnowski, Helga (Geliebte v. Werner Stiller) 443 f., 443, 448
Mielke, Erich (alias Fritz Leistner, alias Richard Hebel; Armeegeneral; Minister f. Staatssicherheit) 134 f., 136, 304, 307, 326, 328, 330, 332, 346, 380, 401, 416, 419–422, 425, 428 f., 431, 438, 463, 470 f., 478–481, 490, 500
Mihailovič, Draza (jugoslaw. Nationalistenführer) 125
Miller, Jaroslav (Chef d. Auslands-StB) 160, 165
Miroschnitschenko, Andrej (Oberst) 61
Mitrochin, Wassili Nikititsch (Mitarbeiter im Zentralarchiv d. KGB-Auslandsdienstes; sowjet. Überläufer) 535, 545, 545
Mittag, Günter (ZK-Sekretär d. SED f. Wirtschaftsfragen) 501
Mittig, Rudi (MfS) 159 f.
Möbius, Ernst 205
Modrow, Hans (Vorsitzender d. Ministerrates d. DDR) 482 f., 489, 507, 508, 520
Molnár, Bohumir (alias Drábek; Vize d. Auslands-Stb) 160, 165, 172
Molotow (d. i. Wjatscheslaw Michajlowitsch Skrjabin; Außenminister d. UdSSR) 13, 34, 156, 196

Morell, Thomas (Leibarzt Adolf Hitlers) 108
Moros, Valentin (Historiker) 293
Motieka, Kazimieras (Deputierter aus Litauen) 530
Müllenmeister (BfV) 103
Müller, Friedel (Kellnerin) 195, 196
Müller, Hans-Erich (Oberamtsrat i. Bundesinnenministerium) 439
Müller, Heiner (Dramatiker; Stalin-Preisträger) 490
Müller, Richard (Money-Muller; GRU-Agent) 396, 396 f.
Müller, Vincenz (Doppelagent?) 229–234
Murat (Mjurat; GRU-Agent) 177, 256
Muth, Rolf (IM Peter; Offizier im besonderen Einsatz) 471

Nagy, Imre (Ministerpräsident v. Ungarn) 477
Nase, Henning (IM Dorn; SPD-Politiker) 374
Neiber, Gerhard (MfS) 159 f.
Neubert, Ehrhart (Bundesbeauftragter f. d. Stasi-Akten) 488
Neumann, Erwin (UFJ) 208
Nikitin, Dmitri (Generalmajor) 61
Nikolaus II. (russ. Zar) 193
Nixon, Richard M. (US-Präsident) 241
Nižanský, Ladislav (Doppelagent) 170 f.
Nollau, Günther (Präsident d. BfV) 340 ff., 349 f., 384, 385, 437
Nosek, Václav (tschech. Innenminister) 17
Nová, Elsa (Tochter v. Alfred Frenzel) 164
Nowikow, Anatolij (Generalmajor; KGB-Resident in Ost-Berlin) 479, 495

Okolowitsch, Alexander (NTS) 180
Ollenhauer, Erich (SPD-Parteivorsitzender, Fraktionsvorsitzender d. SPD im Deutschen Bundestag) 98
Orlowa, Raissa (Frau v. Lew Kopelew) 300
Ostendorf (Amtsgerichtsrat) 94 f.
Oster, Hans (General; Hitler-Gegner) 122, 124
Oster, Joachim (Wehrmachtsoffizier) 122 f.
Otto (Regierungsdirektor im BfV) 336

Panzinger, Friedrich (SS- und Gestapo-Mann) 25 f.
Pape, Hans Kurt 161 f.
Papen, Franz v. (Reichskanzler) 100
Paul, Wolfgang 64
Pauli, Ludwig (Oberamtsrat; MfS-Agent) 386
Pechstein (Major; VfK) 138
Pelny, Stefan (Vizepräsident d. BfV) 441
Penkowskij, Oleg (brit. Agent) 243 f., 289
Penser, Ruth (MfS-Agentin) 205
Peuker, Emil (Doppelagent) 170 f.
Pfahls, Holger (Präsident d. BfV) 437 ff., *438*
Philby, Kim (sowjet. Agent) 108
Pieck, Wilhelm (Mitbegründer d. KPD u. d. SED; Präsident d. DDR) 45, 151, 382
Piekenbrock, Hans (Chef d. Abwehr I) 24, *25*
Plechanow, Jurij (Leiter d. f. d. Personenschutz zuständigen 9. Verwaltung) 529
Pleitgen, Fritz (ARD-Korrespondent) 316
Pokorny, Bedrich (Geheimdiensthauptmann) 17
Poljanski, Nikolaj (Diplomat) 292
Polte, Ruth (Seniorenbeauftragte; IM Blumenfeld) 374
Ponomarjow, Boris (Kandidat d. Politbüros, Sekretär d. ZK d. KPdSU) 360
Popp, Dieter (Exagent) 554
Portugalow, Nikolaj (Mitarbeiter d. Internationalen Abt. im ZK d. KPdSU) 504
Porzner, Konrad (SPD-Abgeordneter; BND-Chef) 556
Pöttrich, Lilli (Legationsrätin; MfS-Agentin) 386
Powers, Francis Gary (West-Agent) 330
Praun, Albrecht (General d. Nachrichtentruppe) 116
Prettener-Cippico, Edoardo (Priester; KGB-Agent) 240 f.
Primakow, Jewgenij Maximowitsch (PGU-Quelle Maxim; Chef d. russischen Auslandsdienstes SWR) 542 f., 545 f.
Propolzew, Valentin (KGB-Agent) 257
Prunskiene, Kazimiera (Wirtschaftsprofessorin; Ministerpräsidentin v. Litauen) 527 f., *530*
Prützmann, Hans (SS-Obergruppenführer) 15
Pugo, Boris Karlowitsch (Innenminister d. UdSSR) 528, 531, 538
Puls, Wolfgang (Führungsoffizier v. Traudl Kulikowsky) 474
Puschkin, Georgij (Hoher Kommissar u. Botschafter in d. DDR) 232 f.
Pustiovsky, Hermann (MfS) 159
Putin, Wladimir Wladimirowitsch (Präsident Russlands) 565

Radke, Albert (Vizepräsident d. BfV) 103
Radó, Sandor (Alexander) (sowjet. Agent) 184, 186
Radziwill, Janusz Fürst v. (sowjet. Agent) 152 f.
Ramminger, Manfred (MfS-Agent) 393, *394*
Raspe, Hans-Dieter (IMS Jurist; stellvertretender Vorsitzender d. LDPD) 514
Raufeisen, Armin (Geophysiker) 445 ff.
Raufeisen, Charlotte 447
Raussendorff, Klaus v. (Exagent) 386 ff., 554
Rebet, Lew (NTS) *182*, 183
Reich, Jens (Mitbegründer d. Neuen Forums) 490
Reich-Ranicki, Marcel (Literaturkritiker) 74 f.
Reile, Oscar (Abwehroffizier; BND-Mitarbeiter) 132
Reilly, Sidney (brit. Geheimdienstler) 42
Reimann, Max (Parteisekretär d. KPD) 360
Reinke, Willi (Hafenarbeiter) 188
Resun, Wladimir (GRU-Oberst; Autorenname: Viktor Suworow) *545*, 545 ff.
Richter, Bernd 446
Richter, Birgitta (Redakteurin) 374, 376
Richter, Edelbert (Pfarrer) 406 f., 519
Rieck, Herbert (BND-Mitarbeiter) 352
Riekstins, Alfreds (lett. Untergrundkämpfer) 82, 82
Roemer, Beppo (Freikorpsmitglied) 130
Roewer, Karl (Fernlenkwaffen-Spezialist; Vater d. Autors) 25 f., 43, *43*, 567
Roewer, Stefan (Großvater d. Autors) 567
Rokossowski, Konstantin Konstantinowitsch (Marschall) 49
Römer, Irmgard (Sekretärin; MfS-Agentin) 385 f.
Rose (MfS-Objektquelle) 386
Rosenthal, Walter (UFJ-Chef; Beamter im Gesamtdeutschen Institut) 336 ff., *337*
Rosulek, Kurt (MfS) 159
Roth, Karl Heinz (IM Zeus) 204
Roth, Thomas (ARD-Korrespondent in Moskau) 537
Rotsch, Manfred (KGB-Agent Emil) 393 f., *395*

Ruge, Manfred (Ingenieur) 486
Ruh, Anton (sowjet. Agent) 71 ff., 73
Runge, Jewgeni (KGB-Überläufer) 345, 386
Rupp, Rainer (Agent) 416, 553
Rybkina, Soja (sowjet. Agentin) 152, 154, 320

Saalmann 200
Sacharow, Andrej Dmitrijewitsch (Physiker; Dissident; Nobelpreisträger) 286, 293
Sacharow, Wladimir (Diplomat) 292
Sacharowski, Alexander (siehe: Bogolomow, Alexander)
Sägebrecht, Willy (Chef d. VfK) 138 f., *139*
Šalgovič, Viliam (StB-General) 505
Salus, Wolfgang (Trotzkist) 187 f.
Sänger, Günter (Maschinenbau-Ingenieur) 445
Sascha (MfS-Abschöpfquelle) 386
Sauerbruch, Ferdinand (Arzt, Chirurg) 108
Schabowski, Günter (Mitglied d. Politbüros d. ZK d. SED) 479, 493 ff., *495*, 508
Schäffer, Fritz (CSU-Mitglied; Bundesminister d. Finanzen, Bundesminister d. Justiz) 232
Schalck-Golodkowski, Alexander (Oberst d. Staatssicherheit; Leiter d. KoKo) 423–427, 427, 429, *438*, *438*, *439*, 480, 488 f.
Schalck-Golodkowski, Sigrid 426 f., *427*, *438*
Schäuble, Wolfgang (Bundesinnenminister) 425 f.
Schebarschin, Leonid (Generalmajor; Spionagechef d. KGB) 431
Scheel, Walter (Bundespräsident) 330 f.
Scheibe (Oberleutnant; VfK) 138

Scheidt, Wilhelm (Historiker) 184
Scheliha, Rudolf v. (Botschaftsrat) 147 f., 385
Scheljepin, Alexander Nikolajewitsch (KGB-Chef) *182*, *183*, 289 ff., *290*
Schellenberg, Walter (Chef d. vereinigten Geheimdienste v. SD u. Abwehr, Chef d. militärischen Geheimdienste im Dritten Reich) 23 f., 38
Schestakow, Michail (Oberst) 61
Scheumann, Gerhard (IM Gerhard Friedrich; Dokumentarfilmer) 364 f.
Schewtschenko, Oleg (KGB-Botschaftsrat) 390
Schily, Otto (Rechtsanwalt; Politiker) 397
Schkopik, Franz (MfS) 159
Schlaack, Joachim (Offizier) 484
Schlicht, Götz (MfS-Agent Dr. Lutter) 337, 338 f.
Schmagin, Jewgeni (KGB-Agent) 390
Schmidt, Helmut (Bundeskanzler) 327, 355, 366, 374, 378, 380 ff., 391, 441, 450, 470, 472, 503, *513*
Schmidt, Richard (General) 167
Schmückle, Gerd (Pressesprecher d. Bundesverteidigungsministeriums; General) 267
Schnur, Wolfgang (IM Torsten; Rechtsanwalt; Gründungsmitglied d. DA) *482*, 508 ff.
Scholz, Alfred (MfS) 159 f.
Scholz, Fritz (BND-Mitarbeiter) 194
Schön, Kerstin (Ärztin) 486
Schötzki, Evelyn (MfS-Agentin) 259
Schötzki, Horst (MfS-Agent Martin Kiessler) 259
Schramm, Percy Ernst (Historiker; Führer d. Kriegstagebuchs d. OKW) 116

Schröder, Gerhard (Bundesinnenminister) 107, 112, *113*
Schröder, Johannes (MfS-Major) 444
Schröter, Gerda (Sekretärin; MfS-Agentin) 386, *387*
Schröter, Herbert (MfS-Agent) *387*
Schrübbers, Herbert (Präsident d. BfV) 103, 437
Schtscharanskij, Anatolij 286
Schtscholokow, Nikolaj (Innenminister d. UdSSR) 414
Schuchewitsch, Roman (alias Taras Tschuprynka) 80 f., *81*
Schulze-Boysen, Harro (alias Starschina; Widerstandskämpfer) 70, 130
Schumacher, Kurt (SPD-Parteivorsitzender) 95, 97, 216–219, *219*
Schumann, Christa-Karin (Ärztin) 447
Schumann, Erich 37 f.
Schuster, Horst (Überläufer) 425
Schwabe, Ernst-Otto (Chef d. *Horizont*) 471 ff.
Schwanitz, Wolfgang (Minister f. Staatssicherheit) 481
Schwarte, Vera (DDR-Agentin) 109, 113
Schwarz, Josef (MfS-Bezirkschef v. Erfurt) 159 f., 483, 485 f., 488
Schwarz, Ulrich (Journalist) 314
Schwarze, Hanns Werner (Journalist) 276 f.
Schwerin, Gerhard Graf v. (General d. Panzertruppen a. D.) 122, *123*
Šejna, Jan (StB-General; Überläufer) 175 f.
Semitschastnij, Wladimir (KGB-Chef) 261, 289, 290, 291
Semjonow, Wladimir Semjonowitsch (Hoher Kommissar; stellvertretender Außenminister d. UdSSR; Botschafter in

Bonn) 52–55, *53*, 64, 154, 318
Serow, Iwan Alexandrowitsch (KGB-Chef, GRU-Chef) *11*, 11–14, 60, 62 f.
Shukow, Georgi Konstantinowitsch (Marschall) *11*, 13, 49, 142
Sidnjew, Alexej (Generalmajor) 61 f.
Sievers, Susanne (Journalistin; MfS-Agentin) 223
Silgradt, Werner 156
Sitnikow, Michail (KGB-Mitarbeiter) 261
Skorzeny, Otto (NS-Geheimdienstchef) 211
Smirnow, Andrej A. (sowjet. Botschafter) 13
Sokolowski, Wassili Danilowitsch (Marschall) 251
Solschenizyn, Alexander Issajewitsch (Schriftsteller) 293–299
Soltikow, Michael Graf v. (d. i. Richard Max Benneke) 252
Sommer, Theo (Chefredakteur v. *Die Zeit*) 504
Sosnowski, Georg (poln. Agent) 252
Spiro, Edward (Ps. E. H. Cookridge; Schriftsteller) 115
Spuhler, Alfred (MfS-Agent) 456, 460 f., 553 f.
Spuhler, Ludwig (MfS-Agent) 456, 460 f., 553 f.
Stahlmann, Richard (siehe: Illner, Arthur)
Stalin, Josef (sowjet. Diktator) 12 f., 34, 37, 40 ff., 47, 54, 56–59, 69 f., 74, 77, 79, 89, 96, 139 ff., 145, 151 f., 156, 158, 190, 196, 369, 462, 490, 496, 500, 506, 531, 546
Staritz, Dietrich (Wissenschaftler, Publizist) 454
Starzynski, Krystof (poln. Geheimdienstoffizier) 75
Staschinskij, Bogdan (alias Siegfried Träger, alias Josef Lehmann, alias Hans Joachim Budeit;

KGB-Auftragsmörder) 178, *182*, 183 f.
Stauffenberg, Claus Graf Schenk v. (Generalstabsoffizier; Hitler-Attentäter) 23
Stehle, Hansjakob (Journalist) 241
Steidl, Rudolf (Journalist; KGB-Agent) 254
Steiner, Julius (CDU-MdB; Doppelagent) 330–333
Steinmann, Ulrich 554
Stejskal, Jiří (alias Borecký; StB) 171 f.
Stelzer, Ehrenfried (Rechtsanwalt; Professor an d. Humboldt-Universität) *298*
Stemmler, Kurt (Stahlbauschlosser) 358
Stennes, Walter (Freikorpsmitglied) 130
Stezko, Jaroslaw (Chef d. OUN) 81
Stibi, Georg (GRU-Agent) 50
Stiller, Werner (Oberleutnant d. HVA; neuer Name: Peter Fischer) 391, 442–448, *443*
Stöbe, Ilse (sowjet. Agentin Alta) 146 ff.
Stolpe, Manfred (Kirchenjurist; Ministerpräsident v. Brandenburg) 508, 512 f., *513*
Stolze, Erwin (Obrist) 20–24, *21*, 185
Stoot, Rudolf (Journalist; MfS-Agent Stola) 276
Stoph, Willi (Vorsitzender d. Ministerrates d. DDR) 264, 278, 314, 381, 551
Stöß, Herbert (MfS) 159 f.
Strauß, Franz Josef (Ministerpräsident v. Bayern) 261, 421, 437 f., *438*, 439
Štrougal, Lubomir (Innenminister, Ministerpräsident d. ČSSR) 172
Strübing, Johannes (Mitarbeiter beim BfV) 168
Stumberger, Rudolf 458 f.
Stürmer (Ministerialrat) 94
Sudoplatow, Pawel Anatoljewitsch (NKWD-Mitarbeiter) 152, 154, 179

Susemihl, Igor (Kurier zum KGB) 536
Suslow, Michail Andrejewitsch (Chefideologe d. KPdSU) 360
Süß, Walter (Bundesbeauftragter f. d. Stasi-Unterlagen) 490, 492
Sütterlin, Heinz 345
Sütterlin, Eleonore (KGB-Agentin) 345, 386
Suworow, Alexander (russ. Heerführer d. 18. Jahrhunderts) 546
Suworow, Viktor (siehe: Resun, Wladimir)
Swatek, Rudolf (MfS) 159
Swiatlo, Józef (d. i. Isaak Fleischfarb; poln. Überläufer) 283 f.

Tarnow, Alexander v. (Autor) 301
Tejessy, Fritz (Chef d. LfV Düsseldorf) 99, 101 f.
Templin, Wolfgang (Bürgerrechtler) 376
Teske, Hermann (Mitarbeiter d. Org. Gehlen) 230
Thälmann, Ernst (Vorsitzender d. KPD) 382
Thiele, Georg 39
Thiessen, Peter Adolf (Chemiker) 37 ff.
Thomas, Bodo (IM Hans) 379
Thomas, Helga (IM Marcella) 379
Thomas, Stephan (d. i. Grzeskowiak; Chef d. SPD-Ostbüros) 217–220, *219*
Thürk, Harry (Schriftsteller; MfS-Agent) *295*, 295 f., 299
Tiedge, Hansjoachim (Gruppenleiter im BfV) 436 f., 439 ff., 460
Tillich, Ernst (KgU-Chef) 200, 203
Timpel, Claudia (Oberschülerin) 407 f.
Tisch, Harry (Chef d. DDR-Gewerkschaft FDGB) 488
Tito, Josip (Marschall; Staatspräsident v. Jugoslawien) 125, 222
Titow, Gennadi (General-

leutnant; KGB-Resident in Ost-Berlin) 495
Tjulpanaow, Sergej Iwanowitsch (Oberst) 52f., *53*
Toussaint, Rudolf (General d. Infanterie) 167
Trepper, Leopold (alias Jean Gilbert, alias Otto) 25
Trofimoff, George (US-Army Colonel; russ. Agent) 535 ff.
Trotzki, Leo Dawidowitsch (russ. Volkskommissar f. Äußeres, Volkskommissar f. Militärwesen) 180
Truman, Harry S. (US-Präsident) 40 f.
Truschnowitsch, Alexander (NTS-Vorsitzender in West-Berlin) 180f., *181*
Tschaikowski, Pjotr Iljitsch (Komponist) 531, 533
Tschebrikow, Viktor Michailowitsch (KGB-Chef) 414
Tschechow, Anton Pawlowitsch (Schriftsteller) 155
Tschechowa, Olga (sowjet. Agentin) 152 ff.
Tschernjawski, Witali (KGB-Resident) 111
Tschernjenko, Konstantin Ustinowitsch (Staatsoberhaupt d. UdSSR) 414
Tschernow (sowjet. Chefberater beim StB) 165
Tschiersky, Karl (SD-Funktionär) 15
Tuchatschewski, Michail Nikolajewitsch (Generalstabschef; stellvertretender Verteidigungskommissar) 29, 478
Tumanow, Oleg Alexandrowitsch (KGB-Agent) 280ff., 282
Tumovec, Thomas (BND-Quelle Kempinski) 557f.
Tutter, Werner (alias Konrad II) 168 ff., *170*, 175
Tutuschkin, Fjodor (NKWD-Kommissar) 86

Ulbricht, Walter (Staatsratsvorsitzender d. DDR) 45, 48f., 134, 150f., 154–157, 202, 203, 215, 222, 231, 233, 236, 275, 324, 326, 382, 419 f.
Ullmann, Alfred 18 f.
Ullmann, Wolfgang (Theologe, Kirchenhistoriker; Mitglied v. Bündnis 90/Die Grünen) 490
Uschner (MfS-Mitarbeiter) 376

Varré, Mathilde (Doppelagentin) 253
Vogel, Bernhard (Ministerpräsident v. Thüringen) 512
Vogel, Wolfgang (DDR-Anwalt) 326, 330, 422
Vogt (Hauptmann; VfK) 138
Voigt, Karsten (SPD-Politiker) 374ff., *377*, 558
Völkel, Walter (IM Walter Rosenow) 454
Vollert, Ursula (SPD-Referentin; IM Udo) 380
Volpert, Heinz (MfS-Offizier) 421 f., *423*, 423f., 427ff.

Wagenbreth, Rolf (MfS-Oberstleutnant) 327 f.
Wagner (Admiral) 258
Wagner, Emil (MfS) 159
Wagner, Frieda 321, 323
Wagner, Josef (genannt Willi) 321 ff.
Wagner, Ruprecht (MfS-Agent) 201, *201*
Waldheim, Kurt (österreich. Bundespräsident) 67
Walentina (Studentin) 148
Walters, Vernon (Botschafter d. USA in Bonn) 434
Wassiljew, Andrej (NTS-Chef) 282
Watschounek, Hans (BfV) 339
Watutin, Nikolaj (General) 81, *81*
Wawilow, Anatoli (Major) 41
Wawrzyn, Lienhard (MfS) 279
Weckwerth, Manfred (Intendant d. Berliner Ensembles) 492

Wehner, Herbert (alias Funk; SPD-Politiker) 45, 187, 218–221, *219*, 224ff., 320–331, *325*, 342, 348, 374, 492
Weikert, Martin (MfS) 159 f.
Weiland, Alfred (Rätekommunist) 182
Weinert, Erich (Schriftsteller) 48
Weiss, Irmgard 358
Weiss, Ludwig (DDR-Agent) 106
Weiss, Peter (Kripobeamter; MfS-Agent) 358
Weizsäcker, Richard v. (Bundespräsident) 337, 414
Wendland, Horst (BND-Vizepräsident) 178
Wenger, Erwin (BfV) 166, 168
Wenzel, Johann (alias Hermann/German, alias Professor) 25
Werneburg, Joachim 311
Wessel, Gerhard (Präsident d. BND) 351 ff., 355
Whiting, Charles (Autor) 115
Wiatrek, Heinrich (Mitglied d. Auslandsleitung d. KPD) 321
Wicht, Adolf (BND-Mitarbeiter) 259 ff.
Wiebach, Joachim (Dekorateur) 275
Wieck, Hans Georg (Präsident d. BND) 449, 452 f., 556
Wienand, Karl (SPD-Politiker, MdB; IM Streit) 330ff., 346f., 373
Wilke, Manfred (Soziologe) 454
Winter, Eduard (Historiker; Mehrfachagent) 30f., *31*
Winterfeld (NKWD-Agent) 70
Winzer, Otto (Außenminister d. DDR) 49, 50
Witzel, Dietrich (alias Kirn; Hauptmann) 81
Wlassow, Andrej Andrejewitsch (General; Gründer d. Russischen Befreiungsarmee [ROA]) 30, 158, 180, 252
Wohlgemut, Wolfgang *107*, 107f., 110, 114f.

ANHANG – PERSONENREGISTER 651

Wolf, Christa (Schriftstellerin) 489
Wolf, Friedrich (Dramatiker u. Erzähler) 66
Wolf, Markus (Mischa Fridrichowitsch; Generaloberst, HVA-Chef) 213, 232, 253, 259, 277, 287, 304, 307, 325 ff., 330, 332 f., 340, 343 f., 373, 380, 391, 416 f., 419, 433, 446, 489 ff., 505, 517 ff.
Wolf, Willi (Kommunist) 20
Wolff, Theodor (Publizist u. Kritiker) 146
Wollenberger, Knut (IM Donald) 405
Wollweber, Ernst (Minister f. Staatssicherheit) 156 f.
Wonsig, Max (KGB-Agent) 110
Wul, Alexej (Generalmajor) 61
Wulffen, Christian (Ps.) 140
Zaisser, Wilhelm (Minister f. Staatssicherheit) 133 ff., 136, 146, 151, 155
Zaun, Inge 44
Zeigerer, Uwe 311 f.
Ziegenhain, Erich (Beamter) 446
Zimmermann, Friedrich (Bundesinnenminister) 440
Zopp, Gerd (Exagent) 554
Zwolski, Major (VfK) 138

Ortsregister

(Kursive Seitenangaben verweisen auf Bildlegenden zu Fotos.)

Aachen 95
Afghanistan 81, 291, 293, 532
Afrika 217, 370
Ahrtal 433
Albanien 118
Allenstein 86
Alpen 127
Amerikanische Besatzungszone 161
Apolda 422
Auschwitz (KZ) 348
Asien 192, 370
Aussig 16f., 159

Babowka 134
Bad Godesberg 329
Bad Nauheim 132
Bad Saarow 115
Bad Salzuflen 96
Balkan 45, 386, 530
Baltikum 77, 82–86, 148, 506, 527, 529, 545
Bartenstein 86
Bautzen (Stadt/Stasi-Zuchthaus) 67, 234, 306, 405, 447, 491
Bayerischer Wald 169
Bayern 25, 92, 164
Belgrad 29, 178
Beresina 77
Berlin (siehe auch: Ost-Berlin/West-Berlin) 13, 15, 20, 24, 29, 37–40, 49, 53, 60f., 69f., 72f., 75f., 95, 100, 102, 105, 107f., 124f., 130ff., 134f., 143, 149f., 153, 155f., 181, 187, 189–192, 195, 197, 199f., 202, 204f., 210, 214, 216, 219ff., 222ff., 226, 228, 234, 236, 238f., 245f., 249, 261, 265, 276f., 295, 299, 310, 316–320, 330, 336, 373, 377, 379, 387, 403, 405, 407, 423, 433, 444, 454, 459, 465, 477, 484, 486, 492, 536, 558, 563, 567
Berlin-Charlottenburg 108
Berlin-Dahlem 39
Berlin-Hohenschönhausen 208f.
Berlin-Karlshorst 11, *11*, 55, 60f., 75, 76, 108, 132, 146, 183, 194, 206, 208, 214, 230f., 413, 495, 497, 499, 501ff., 526, 547
Berlin-Kreuzberg 354
Berlin-Prenzlauer Berg 305 f., 310
Berlin-Lichterfelde 207
Berlin-Mitte 204, 444, 484
Berlin-Moabit 426
Berlin-Plötzensee 110, 148
Berlin-Wannsee 209
Berlin-Weißensee 195
Bielefeld 95
Bodensee 291
Böhmen 31, 49
Bonn 43, 54, 110, 112, 129, 165f., 175f., 187, 212, 223f., 239f., 258, 264, 278, 307, 335, 339, 348, 352, 355, 359, 372, 376, 379, 384f., 387, 415, 434, 441, 445, 449, 451, 469, 471, 473, 496, 510, 512, 554, 556, 559, 567
Brandenburg (Land) 49, 61, 68, 185, 262, 512
Brandenburg an der Havel 423
BRD (siehe: Bundesrepublik Deutschland)
Bregenz 291
Bremen 96, 384, 458
Bremerhaven 85
Breslau 187
Brest 22
Britische Besatzungszone 83, 91, 97

Brünn (Brno) 17, 100
Brüssel 24, 175 f., 255, 366, 416, 449, 553
Buchenwald (KZ, Mahn- und Gedenkstätte) 19, 67, 348, 408
Budapest 448, 466, 468
Bukarest 72
Bulgarien 118
Bundesrepublik Deutschland (BRD) 21, 32, 75, 91, 93, 102–107, 110f., 114, 116, 118f., 160ff., 164f., 169, 174, 176f., 179, 182, 184, 188, 197, 211, 214, 228f., 238ff., 245f., 248, 253, 255ff., 259, 261, 268f., 272, 281, 294f., 297, 300, 302f., 305ff., 316ff., 323, 325f., 333f., 351, 355–360, 362, 364, 372, 376, 379f., 382f., 385–392, 394, 397f., 400f., 405, 408, 413, 419ff., 425ff., 430, 434ff., 441f., 445, 447–450, 452, 455f., 463, 468ff., 469, 472, 488f., 497, 507, 510, 517, 519, 548, 550f., 562f.

Chadrusk 85
Charkow 37
Chemnitz 224
China 154
Coburg 443
ČSSR (siehe: Tschechoslowakei)

Dänemark 114
Danzig 27, 43, 423
DDR (siehe: Deutsche Demokratische Republik)
Detmold 95
Deutsche Demokratische Republik (DDR) 30, 37, 54f., 72, 105f., 111, 114,

116, 128, 133f., 136–139, 142–145, 149f., 134ff., 159, 161, 165, 182, 186, 190, 195f., 200ff., 204, 206, 208, 213–218, 221, 223f., 226–230, 233f., 236f., 246, 258f., 264ff., 276–279, 295ff., 300, 302–307, 309 bis 314, 316, 318, 323f., 326, 329f., 332f., 338, 342f., 346, 348f., 351, 360f., 364f., 372, 374ff., 381f., 394f., 397–403, 405–408, 411–414, 416 bis 437, 439–443, 445ff., 449ff., 453–460, 462, 464f., 467–478, 480–484, 487, 489, 490, 490–493, 495–505, 507–517, 519ff., 526, 533, 547f., 550ff., 555, 559, 562ff.
Deutschland 13f., 17f., 22, 28f., 31f., 34, 40, 42, 44f., 49, 53f., 61f., 66, 69f., 72, 75f., 90f., 102f., 113, 118–121, 123, 126, 128, 130, 141f., 145f., 148, 150–155, 158, 161, 171, 174f., 177, 185, 189, 192, 198, 207, 217, 230f., 245, 248f., 255f., 271, 287, 299f., 318, 320, 322ff., 331, 335, 353, 357, 383, 386, 396f., 448, 450f., 454, 463, 479, 495f., 502, 503f., 507f., 517, 519, 530, 533–537, 546ff., 554f., 557
Donau (Fluss) 393
Dortmund 95
Dresden 49, 202, 228, 258, 276, 279, 320, 393, 564
Düsseldorf (Stadt/Regierungsbezirk) 92f., 95, 97–101, 332, 394

Ebenhausen 454
Echternach 210
Eisenach 95
Elbe (Fluss) 19, 77
Elbing 86
England (siehe auch: Großbritannien, Vereinigtes Königreich) 37, 71, 74
Erfurt 116, 140, 311, 381,

483–486, 488, 511, 521, 559, 561ff.
Erkner 200
Erlangen 555
Essen 445
Eurasien 117
Europa 11, 25, 135, 241, 245, 251, 312, 317, 356f., 368, 370, 451, 463, 476, 496, 541

Feuchtwangen 169
Finnland 154
Flensburg 15, 27f., 43
Florida 536
Foros auf d. Krim 531
Frankfurt/Main 90, 95, 161f., 178, 180, 254, 272, 335, 448, 467, 470, 528, 546
Frankfurt/Oder 414
Frankreich 46, 69, 74, 118, 135, 252, 256f.
Friedland (Lager) 126
Fürstenberg an d. Havel 559

Gdingen (Gotenhafen) 27
Gelsenkirchen 28
Genf 445f.
Gera 498, 562
Gießen 335, 387, 465
Glauchau 464
Gleiwitz 146
Godesberg (Bad) 329
Gorki 293
Görlitz 16
Göttingen 126
Greußen (Thüringen) 19
Griechenland 118
Großbritannien (siehe auch: England, Vereinigtes Königreich) 17, 71, 102, 163, 192, 217–224, 353, 396, 544f.
Grünheide 486
Güstrow 381

Halle 30f., 134, 383
Hamburg 188, 193, 218, 248, 260, 305, 323, 352, 358, 374, 389, 397, 469
Hannover 73f., 94f., 216, 247, 445f.
Heimerzheim 339
Helsinki 368, 445
Hessen 94, 180, 446, 552
Hinterpommern 86

Hof-Moschendorf 170

Iberische Halbinsel 102
Immental 175
Indien 244
Ingolstadt 138
Insterburg 86
Irak 530
Isar (Fluss) 125
Italien 118, 174

Jalta 41
Jamlitz (Lager) 65, 67
Japan 40
Jassenjewo 542
Jena 210
Johanngeorgenstadt 18
Johannisburg 86
Jugoslawien 29, 118, 222, 530

Kaliningrad (siehe auch: Königsberg) 87
Karibik 241, 243, 245
Karlshorst (siehe: Berlin-Karlshorst)
Karlsruhe 241, 445
Kasachstan 42
Kassel 100, 554
Kattowitz 146
Kaukasus 81, 155
Kiel 84, 94
Klaipeda (siehe: Memel)
Klein-Machnow 44
Klosterfelde 471
Klosterlechfeld 164
Köln 95, 109, 165f., 257, 307, 335f., 351, 384, 390, 425, 434, 458, 536, 551
Königsberg (siehe auch: Kaliningrad) 86f., 140
Königswinter 374
Konstantinopel 191, 297
Kötzting 169
Krasnogorsk 47, 514, *514*
Krim 94f., 345, 531, 533, 539
Kronstadt 478
Kuba 189, 223, 241–247, 249, 289, 369
Kureverebucht 84
Kurland 29, 82

Lauf an d. Pegnitz 186
Leipzig 45, 266, 312, 383, 406, *438*, 442, 446, 466, 482, 515f., *517*

Leipzig-Meusdorf 446
Lemberg 21
Leningrad (siehe auch: Sankt Petersburg) 43, 52, 522 f.
Lettland 82 f., 527
Libau 84
Lieberose 65
Linderbach 559
Litauen 506, 527 f., *530*
Lodz 473
London 72, 75, 78, 185, *193*, 260, 396
Los Angeles 396
Lübbenau 65
Lübeck 95, 318, 321, 397
Lunjowo 48

Magdeburg 326, 446
Mähren 31
Meckenheim b. Bonn 445, 559
Mecklenburg 49, 61
Memel (Klaipeda) 84
Meuselwitz 487
Milwaukee 284
Mitteleuropa 127
Montenegro 29
Moskau 12 f., 21, 23, 34, 36, 38 ff., 45–48, 54, 60, 69, 71 f., 76, 105, 108, 110, 113, 134, 142, 146, 148, 152 ff., 157, 165, 173, 177, 180, 182–186, 193–196, *196*, 208, 218, 231, 236, 240, 242, 244, 247, 253, 256, 267, 281 f., 289, 299, 301, 316, 320, 322, 324, 326, 344 f., 347, 349, 351, 358, 360 f., 377 f., 382, 392 f., *395*, 400, 411, 419, 431–434, 441, 449, 478 f., 499 f., 502, 504, 507, *508*, 521 ff., 525 f., *530*, 531–537, 539, 545
Mühlberg 19, 65, 67
Mülheim an d. Ruhr 96
München 74, 96, 143, 170 f., 179, 188, 275, 280, 282 ff., 286, 297 f., 325, 445, 458
Münster 95

Naher Osten 370
Nauheim (Bad) 132
Naumburg an d. Saale 406
Neiße (Fluss) 77, 330, 553
Neuburg an d. Donau 393

Neu-Delhi 453
Neustrelitz 509
New York 180, 189, *189*, 274, 522
Niedersachsen 552
Nordhorn 95
Nordirland 91
Nordkorea 192
Nordrhein-Westfalen 92, 94 ff., 98, 100 f.
Nordsee 83 f.
Norwegen 84
Nowosibirsk 75
Nowotscherkassk 292
Nürnberg 21, 129, 138, 156, 498, 535 f.

Oberhof 443 f.
Oberschlesien 146
Oder (Fluss) 48, 77, 330, 553
Odessa 120, 186
Oesel (Insel) 84
Ohrdruf 34, 36, 38 f.
Osnabrück 95
Ost-Berlin 30 f., 54, 104, 107 f., 110 f., 117, 129, 131 f., 144, 151 f., 154, 183, 187 f., 204, 206 f., 223, 225, 232 f., 258, 264, 275–278, 284, 298, 302, 306, 314, 325, 329, 333, 335, 343 f., 348 ff., 354, 358, 364, 375, 382 f., 418, 426, 427, 432, 435, 438, 449, 462, 468–471, 473 ff., 476, 479, 489 ff., 490, 494 ff., *495*, 503, 505, 525 f., 550, 560
Ostdeutschland 196, 217, 223, 233, 450, 496, 516, 547, 552, 556
Österreich 69, 151, 154, 160, 165, 171, 174, 179, 254, 325, 477, 519
Österreich-Ungarn 100
Osteuropa 11
Ostpreußen 66, 77, 86 f.
Ostsee 27, 29, 83 ., 86

Palanga 84
Paris 24, 132, 166, 179, 252, 255, 294, 297, 374, 392, 546
Peenemünde 41
Pegnitz (Fluss) 186
Peitz 65
Pieskow-Saarow 125

Pinneberg 95
Plöckensteiner See 172 ff.
Plotschtina 169
Polen 12 f., 73 f., 77 ff., 98, 118, 148, 155, 178, 283 f., 291, 381, 447, 477, 506
Pommern 49, 258
Portugal 102
Potsdam 17, 40, 55, 87, 252, 332, 355, 374, 424, 470
Potsdam-Cecilienhof 413
Prag 30 f., 134, 140, 146, 160 f., 164, 168 f., 171, 173, 177, 180, 285 f., 293, 505
Preußisch-Eylau 86
Pullach 128, 143, 193 f., 234 f., 332, 355, 379, 425, 434, 447 ff., 452 f., 455, 536

Quedlinburg 95

Rabta 452
Radzein 210
Reichenberg 171
Remscheid 95
Rhein (Fluss/Operation) 92, 125, 161, 180, 230 f., 478
Rheinland 234
Riga 25, 79, 100, 506, 527 f.
Rigaer Bucht 84
Rolandseck 389
Rom 240, 358 f., 404
Rottach-Egern 427
Rotterdam 191
Rowno 128
Rudolstadt 208
Ruhrgebiet 133, 195
Rumänien 118, 179
Russland 14, 29, 77, 96, 119 f., 133, 157, 243, 273, 293, 400, 423, 462, 496, 500, 506, 521, 529, 533, 537 f., 540 f., 543 f., 546, 555 f., 564 f.

Saale (Fluss) 383
Saarow (Bad) 115
Sachsen 49, 61, 134
Sachsen-Anhalt 61, 73
Sachsenhausen (KZ) 81
Salum (Golf v.) 280
Salzgitter 375
Salzuflen (Bad) 96
Sandschak 29
Sankt Petersburg (siehe auch: Leningrad) 43, 82

Satarow 478
SBZ (siehe: Sowjetische Besatzungszone)
Schanghai 134
Schleswig 95
Schleswig-Holstein 28, 73, 83, 187, 373 f.
Schweden 24, 54, 155, 157, 218, *219*, 318, 320, 323
Schweiz 71, 96, 165, 184, 186, 254
Schwerin 195 f., *196*
Semipalatinsk 42, 118
Seoul 192
Serbien 29
Sibirien 19, 75
Skagerrak 84
Skandinavien 54, 317, 324
Slowakei 168, 170
Soltau 86
Sondershausen 26, 43
Sowjetische Besatzungszone (SBZ) 43, 48, 50–55, 60–63, 65 f., 72, 77, 97 f., 128, 132, 134 f., 159, 161, 188, 190, 192, 195, 199, 206, 214, 216 f., 221, 227, 234, 262, 299, 336, 338, 348, 514
Sowjetunion (UdSSR) 12 f., 15, 17, 28, 30 f., 37 f., 41 ff., 56, 62 f., 71, 77, 80, 83, 86, 92, 100, 110, 113, 116 ff., 120 f., 126 f., 129, 134 f., 140, 148, 150 f., 157 f., 174 f., 178, 180, 185, 190, 193 ff., 208, 226, 238, 244, 250, 252, 256, 271, 273 f., 280, 283, 286 f., 291–294, 296, 300 f., 318, 320, 356, 360, 363 f., 367–370, 377, 379, 382, 388, 392 f., 398 f., 401, 404, 408, 411–420, 430, 432 f., 442, 449, 460, 477, 499, 505–508, 518 f., 521–527, 529 ff., 533 f., 538 ff., 543 bis 546
Spanien 102, 135, 185
Spree (Fluss) 64, 208
Stadtilm 37
Stalingrad 47, 52, 57, 66, 371
Stettin 49, 95

Stockholm 53 f., 319 f., 322
Stolpmünde 84
Stuttgart 95, 219
Suchumi 37
Süddeutschland 117, 137
Sudetenland 17, 163
Suhl 562

Tapiau 86
Tarnopol 283
Tegernsee 427
Teheran
Teufelssee 172
Thüringen 35 f., 41, 61, 64, 67, 405, 512, 514, 561
Tirschenreuth 285
Tobol (Fluss) 85
Triest 240
Tschechoslowakei 16 f., 31 ff., 100, 118, 157 f., 160–164, 167 ff., 171, 177 f., 210, 224, 291, 293, 360 f.
Tukums 82
Tula 532
Türkei 243, 354
Tutzing 317

Uckermark 381
UdSSR (siehe: Sowjetunion)
Ukraine 12 f., 15, 77, 79 bis 82, 174, 178, 286, 289, 540
Ungarn 118, 285, 291, 371, 477, 483, 491 f.
Untertürkheim 428
Uruguay 197
USA (Vereinigte Staaten v. Amerika) 34, 40, 100, 117 f., 174 f., 180, 189, 197, 207, 211, 241, 243 f., 246, 286, 292, 353 f., 356, 363, 395, 448, 456, 522, 534 f., 541, 544

Vereinigte Arabische Republik 280
Vereinigte Staaten v. Amerika (siehe: USA)
Vereinigtes Königreich (siehe auch: England, Großbritannien) 85, 91, 390

Vilnius (Wilna) 301, 527 f.
Vulkaneifel 175, *177*

Wales 29
Wannsee 209
Warschau 74, 78 f., 140, 146 ff., 224, 230, 236, 246, 283, 343, 353, 385, 444 f.
Washington, D. C. 143, 242, 284, 434, 522
Weichsel (Fluss) 62, 78
Weimar 19, 67, 85, 161, 202, 203, 237, 296, 311 ff., 407 f., 519
Weißrussland 540
Werra (Fluss) 41
West-Berlin 32, 110 f., 144, 155, 180, 190 ff., 197 ff., 205, 207, 215, 223, 225 f., 235 f., 249, 275 f., 278, 299 f., 317 f., 334, 337, 350, 354, 358, 373, 418, 454, 510, 560
Westdeutschland 42, 68, 75, 94, 100, 109, 125, 128, 142, 154 f., 170, 194 ff., 204 f., 211 f., 231, 238, 248, 254, 262, 282, 284, 305, 334, 351, 357 f., 360, 362, 365, 395, 397, 414, 417, 422, 435, 443, 450, 454, 472, 491, 498, 506, 547, 552
Westeuropa 138, 367 f., 372
Westpreußen 86
Wien 30, 164, 174, 181, 242, 466, 536
Wiesbaden 95, 335
Wilna (siehe: Vilnius)
Winniza 15
Wittenberg *513*
Wolgograd 371
Wormditt 86
Wünsdorf 60, 137
Wunsiedel 169
Wuppertal 98

Zakopane 77
Zerbst (in Anhalt) 95
Zürich 185
Zwickau 19